Der Abbruch intensivmedizinischer Maßnahmen
in den Ländern Österreich und Deutschland

Recht und Medizin

Bd./Vol. 108

PETER LANG
Frankfurt am Main · Berlin · Bern · Bruxelles · New York · Oxford · Wien

Kathrin Decker

Der Abbruch intensivmedizinischer Maßnahmen in den Ländern Österreich und Deutschland

PETER LANG
Internationaler Verlag der Wissenschaften

Bibliografische Information der Deutschen Nationalbibliothek
Die Deutsche Nationalbibliothek verzeichnet diese Publikation in der Deutschen Nationalbibliografie; detaillierte bibliografische Daten sind im Internet über http://dnb.d-nb.de abrufbar.

ISSN 0172-116X
ISBN 978-3-631-63289-5

www.peterlang.de

Vorwort

Die vorliegende Arbeit wurde im September 2007 von der rechtswissenschaftlichen Fakultät der Universität Wien als Promotion angenommen. Rechtsprechung und Literatur sind bis einschließlich Dezember 2010 berücksichtigt.

Mein Dank gilt an dieser Stelle meinem Doktorvater, Herrn Prof. Dr. Dr. Christian Kopetzki, welcher mir die Arbeit durch die Annahme des Themas erst ermöglicht hat. Er stand mir stets mit Vorschlägen und Anregungen („Ein Gedanke – ein Satz") unterstützend zur Seite, hatte immer ein offenes Ohr für sämtliche anfallenden Probleme und erstellte trotz seiner starken universitären Eingebundenheit innerhalb eines kurzen Zeitraumes sein Erstgutachten. Zudem möchte ich Herrn Prof. Dr. Hannes Schütz, welcher die Zeit der Bearbeitung ebenfalls durch diverse Hinweise hilfreich begleitet hat, für die Anfertigung des Zweitgutachtens danken.

Mein besonderer Dank gebührt den beiden Menschen, die mir in meinem Leben alles bedeuten: Meinen Eltern Ute und Horst Decker. Ohne sie hätte diese Arbeit nicht realisiert werden können, da sie mich auch während dieser Phase meines Lebens - insbesondere weit über das normale finanzielle Ausmaß hinausgehend - ohne Einschränkungen in jeder Hinsicht liebevoll unterstützt und immer wieder bestärkt haben.

Abschließend möchte ich mich bei meinen *„Wiener Mädels"* bedanken, die mich so herzlich aufgenommen und zu großen Teilen dazu beigetragen haben, dass ich mich während meiner Wiener Zeit so wohl in dieser wunderschönen Stadt gefühlt habe. Ob in Regie, Pädagogik oder den *„Médecins Sans Frontières"* - ich wünsche ihnen von Herzen alles Gute für ihre Zukunft.

Hamburg, im Dezember 2010 Kathrin Decker

Nanni und Dicki
In Liebe

Inhaltsübersicht

Inhaltsverzeichnis

Abkürzungsverzeichnis

aA	andere Ansicht
AB	Abschlussbericht
ABGB	Allgemeines Bürgerliches Gesetzbuch (Österreich)
Abg.	Abgeordneten
AcP	Archiv für civilistische Praxis
AE-Sterbehilfe 1986	Alternativentwurf eines Gesetzes über Sterbehilfe 1986
a. E.	am Ende
a. F.	alte Fassung
All E. R.	All England Reports
AMG	Arzneimittelgesetz
Appl	Application
AWMF	Arbeitsgemeinschaft Akademisch Wissenschaftlicher Fachgesellschaften
BeurkG	Beurkundungsgesetz
BtMG	Betäubungsmittelgesetz
BtMVV	Betäubungsmittel-Verschreibungsverordnung
BÄK	Bundesärztekammer (Deutschland)
Begr.	Begründer
BGB	Bürgerliches Gesetzbuch
BGBl.	Bundesgesetzblatt
BGH	Bundesgerichtshof
BGHSt	Entscheidungen des Bundesgerichtshofes in Strafsachen
BGHZ	Entscheidungen des Bundesgerichtshofes in Zivilsachen
BlgNR.	Beilagen zu den Stenographischen Protokollen des Nationalrates
BMGF	Bundesministerium für Gesundheit, Familie und Jugend
BMJ	Bundesministerium der Justiz
BMSG	Bundesministerium für soziale Sicherheit, Generationen und Konsumentenschutz
BNotO	Bundesnotarordnung
BR-Drucks.	Bundesratsdrucksache
BT-Drucks.	Bundestagsdrucksache
BtMG	Betäubungsmittelgesetz
BTMVV	Betäubungsmittelverschreibungsverordnung
BtPrax	Betreuungsrechtliche Praxis
BVerfG	Bundesverfassungsgericht
BVerfGE	Entscheidung des Bundesverfassungsgerichts

DÄBl.	Deutsches Ärzteblatt
DMW	Deutsche Medizinische Wochenschrift
DRiZ	Deutsche Richterzeitung
EBRV	Erläuternde Bemerkungen zur Regierungsvorlage
EGMR	Europäischer Gerichtshof für Menschenrechte
EF-Z	Zeitschrift für Ehe- und Familienrecht
EGMR	Europäischer Gerichtshof für Menschenrechte
ELGA	Elektronische Gesundheitsakte
EMRK	Europäische Menschenrechtskonvention
ErläutRV	Amtliche Erläuterungen zur Regierungsvorlage
et al.	et alia = und andere
Ethik Med	Ethik in der Medizin
EvBl	Evidenzblatt der Rechtsmittelentscheidungen
FamFG	Gesetz über das Verfahren in Familiensachen und i n den Angelegenheiten der freiwilligen Gerichtsbarkeit
FamZ	interdisziplinäre Zeitschrift für Familienrecht, bis Heft 2 aus 2007
FamRZ	Zeitschrift für das gesamte Familienrecht
FGG	Gesetz über die Angelegenheiten der freiwilligen Gerichtsbarkeit
FGG-RG	Gesetz zur Reform des Verfahrens in Familiensachen und den Angelegenheiten der freiwilligen Gerichtsbarkeit
FPR	Familie Partnerschaft Recht
FS	Festschrift
FuR	Familie und Recht
GA	Goltdammer's Archiv für Strafrecht
GesR	Gesundheitsrecht
GP	Gesetzgebungsperiode
GRÄG	Gesundheitsrechts-Änderungsgesetz
GedS	Gedenkschrift, Gedächtnisschrift
GHA	Gesundheitsausschuss
GOÄ	Gebührenordnung für Ärzte
GUKG	Gesundheits- und Krankenpflegegesetz
GZ	Geschäftszeichen
Hmb-Ärztebl	Hamburger Ärzteblatt
HVD	Humanistische Verband Deutschland
idF	in der Fassung
iFamZ	interdisziplinäre Zeitschrift für Familienrecht, ab Heft 2/2007
iSd	im Sinne des

iVm	in Verbindung mit
JAB	Justizausschussbericht
JAP	Juristische Ausbildung und Praxisvorbereitung
JBl	Juristische Blätter
JR	Juristische Rundschau
JRP	Journal für Rechtspolitik
Jura	Juristische Ausbildung
juridicum	juridicum (Zeitschrift)
JuS	Juristische Schulung
JZ	Juristenzeitung
KAG-Novelle1993	Beschluss des Nationalrates vom 29. November 1993 betreffend ein Bundesgesetz, mit dem das Kranken-anstaltengesetz geändert wurde
KAKuG	Bundesgesetz über Krankenanstalten und Kuranstalten
KastrG	Kastrationsgesetz
Kennedy Inst Ethics	Kennedy Institute of Ethics Journal
KindRÄG	Kindschaftsrechts-Änderungsgesetz
Mat	Materialien
MDR	Monatsschrift für deutsches Recht
ME 2004	Entwurf eines Patienten- und Patientinnenverfügungs-Gesetzes 2004
MedR	Medizinrecht
MEntw	Ministerialentwurf
mwN	mit weiteren Nachweisen
MMW	Münchner Medizinische Wochenschrift – Fortschritte der Medizin
MT	Medical Tribune
n. F.	Neue Fassung
New Engl J Med	The New England Journal of Medicine
NJW	Neue Juristische Wochenschrift
NO	Notariatsordnung (Österreich)
NStZ	Neue Zeitschrift für Strafrecht
n. w.	neben weiteren
NZ	Notariatszeitung
Ob	Aktenzeichen des OGH für Zivilsachen
öÄrzteG	Ärztegesetz (Österreich)
öAnwBl.	Anwaltsblatt (Österreich)
ÖBIG	Österreichisches Bundesinstitut für Gesundheitswesen
ÖJZ	Österreichische Juristenzeitung
östOGH	Oberste Gerichtshof Österreichs

öStGB	österreichisches Strafgesetzbuch
öStPO	österreichische Strafprozessordnung
öStVG	Österreichisches Strafvollzugsgesetz
OLG	Oberlandesgericht
PatVG	Patientenverfügungs-Gesetz
RAO	Rechtsanwaltsordnung (Österreich)
RdM	Recht der Medizin
Rdn.	Randnummer
RefE	Referentenentwurf eines 3. Betreuungsrechts-änderungsgesetzes des Bundesministeriums der Justiz vom 1.11.2004"
RG	Reichsgericht
RGSt	Entscheidungen des Reichsgerichtshofes in Strafsachen
RStGB	Reichsstrafgesetzbuch
RV	Regierungsvorlage
RZ	Richterzeitung
SAMW	Schweizerische Akademie der medizinischen Wissenschaften
SchStGB	Strafgesetzbuch Schweiz
SN	Stellungnahme
StGB	Strafgesetzbuch
StGG	Staatsgrundgesetz
StVollzG	Strafvollzugsgesetz
SWRÄG	Sachwalterrechts-Änderungsgesetz
SZ	Entscheidungen des östOGH in Zivilsachen
TPG	Transplantationsgesetz
Urt.	Urteil
uU	unter Umständen
Vorbem.	Vorbemerkung
WmW	Wiener medizinische Wochenschrift
WK	Wiener Kommentar zum Strafgesetzbuch
WklW	Wiener klinische Wochenschrift
Zak	Zivilrecht aktuell
ZBiopolitik	Zeitschrift für Biopolitik
ZEE	Zeitschrift für evangelische Ethik
ZEV	Zeitschrift für Erbrecht und Vermögensnachfolge
ZME	Zeitschrift für medizinische Ethik
ZRP	Zeitschrift für Rechtspolitik
ZStW	Zeitschrift für die gesamte Strafrechtswissenschaft

§ 1 Einleitung

„Ich lobe mir den *freien* Tod, der kommt, weil *ich* ihn will"

Friedrich Nietzsche (15. Oktober 1844 – 25. August 1900),
„Lied vom freien Tod",
in: „Also sprach Zarathustra, Ein Buch für Alle und Keinen"

Die Thematik des *Abbruchs intensivmedizinischer Maßnahmen*[1] ist seit etwa 20 Jahren konstanter Gegenstand der weltweiten judikativen, legislativen und gesellschaftspolitischen Kontroverse: So sorgte Ende der 90er Jahre in den Vereinigten Staaten der Arzt *Dr. Jack Kervorkian* für erhebliches Aufsehen, als er ein automatisiertes Verfahren zur Selbsttötung entwickelte[2]. In den letzten Jahren rückte die Thematik unter dem Schlagwort der *Sterbehilfe* zudem zunehmend durch Fälle wie *Ada Rossi ua gegen Italien*[3], den Fall der Amerikanerin *Terri Schiavo*[4], *Pretty gegen das Vereinigte Königreich*[5] sowie die aktuellen Schicksale von *Piergiorgio Welby*[6] *und Debbie Purdy*[7] in den Blickpunkt der

---

1 Unter den Begriff der intensivmedizinischen Maßnahme ist die künstliche Aufrechterhaltung bereits ausgefallener vitaler Funktion zu fassen, z. B. die Gewährleistung einer konstanten Sauerstoffzufuhr durch Inbetriebnahme eines Beatmungsgerätes sowie die künstliche Versorgung des Patienten mit Nahrung und Flüssigkeit.

2 Dr. Jack Kevorkian, ein US-amerikanischer Pathologe, konzipierte Ende der 1980er Jahre einen Injektionsapparat, der, vom Sterbewilligen mittels eines Schalters bedient, elektromotorgetrieben über einen intravenösen Zugang zunächst Thipental und dann Kaliumchlorid injizierte bzw. Kohlenmonoxyd freigab, vgl. Benzenhöfer DÄBl. 1999, A 1708 ff.

3 EGMR 16.12.2008, Appl. 55185/08 ua, *Ada Rossi ua gegen Italien* (Keine Beschwerdelegitimation am Verfahren unbeteiligter Dritter gegen gerichtliche Genehmigung eines Behandlungsabbruchs), verfügbar unter http://dejure.org/dienste/vernetzung/rechtsprechung?Gericht=EGMR&Datum=16.12.2008&Aktenzeichen=55185/08 (Stand: 22. September 2009).

4 Die Amerikanerin Terri Schiavo lag infolge einer durch Sauerstoffmangel ausgelösten schweren Gehirnschädigung in den Jahren von 1990 bis 2005 im Wachkoma, siehe hierzu Vogel/Hocke, Jura 2005, S. 709 ff.

5 EGMR 29.4.2002, Appl 2346/02 (*Pretty gegen das Vereinigte Königreich*) = EGMR NJW 2002, S. 2851 (2852).

6 *Welby* litt an progressiver Muskeldystrophie und verstarb am 20.12.2006 infolge der Verabreichung eines Betäubungsmittels und der Abschaltung seines Beatmungsgerät durch seinen behandelnden Arzt, nachdem er ohne Erfolg einen *gerichtlichen* Antrag auf Leistung von passiver Sterbehilfe gestellt hatte, siehe die Hintergründe etwa unter http://www.spiegel.de/panorama/0,1518,456392,00.html (Stand: 27. August 2008).

Weltöffentlichkeit. Schätzungen zufolge werden gegenwärtig bei insgesamt 850.000 Sterbefällen pro Jahr rund 300.000 bis 400.000 sog. *behandlungsbegrenzende Entscheidungen am Lebensende* getroffen[8].

Als Begründung für die zunehmende Aktualität der Thematik des medizinischen Behandlungsabbruchs ist insgesamt auf den institutionellen Ausbau der Intensivmedizin zu verweisen, welcher es ermöglicht, dass moderne Apparaturen menschliche Vitalfunktionen ersetzen: Mit Hilfe modernster Beatmungstechnologien wird die optimale Versorgung des Patienten[9] mit Sauerstoff gewährleistet, mittels einer PEG-Sonde[10] lassen sich Maßnahmen der künstlichen Ernährungs- und Flüssigkeitszufuhr realisieren und notwendige Medikationen werden über intravenöse Zugänge verabreicht. Insgesamt ist es somit möglich, einen Patienten, welcher physisch nicht mehr in der Lage dazu ist, von selbst zu leben, über Jahre künstlich am Leben zu erhalten, sog. *irreversible Langzeitpatienten*. Im Ergebnis wurde dadurch eine Tendenz eingeleitet, dass der Tod eines Menschen nicht mehr auf natürlichem Wege eintritt, sondern in Form einer rechtlich abgesicherten Entscheidung über den Abbruch der in seiner Person bestehenden medizinischen Maßnahmen herbeigeführt werden muss.

Den Gegenstand der vorliegenden Untersuchung bilden die Fragen, die im Rahmen einer solchen Entscheidung eine grundlegende Rolle spielen: Wie kann im Falle der Entscheidungsunfähigkeit des Patienten dessen Recht auf Selbstbestimmung gewahrt werden bzw. welche Vorgaben und Grenzen werden den an einem Abbruch intensivmedizinischer Maßnahmen Beteiligten (Arzt, Betreuer, Bevollmächtigter) durch das geltende Recht gesetzt? Zur Beantwortung dieses Fragenkreises kann im österreichischen Recht de lege lata sowohl auf verschiedene Regelungen im Straf- und Zivilrecht als auch auf Bestimmungen im von

---

7 Das Oberhaus entschied Anfang August 2009, dass bereits das nicht kalkulierbare Risiko, dass Debbie Purdys Ehemann nach ihrem eventuellen assistierten Suizid angeklagt werden würde, einen nicht akzeptablen Eingriff in ihr Recht auf Privatheit aus Art. 8 Absatz 1 EMRK darstelle, abrufbar unter http://www.faz.net/s/Rub117C535CDF4144 15BB243B181B8B60AE/Doc~E2E4A3830B55C43D2A063B717352BC75A~ATpl~Ecommon~Scontent.html (Stand: 26. September 2009).

8 Vgl. die Ausführungen bei Strätling u. a, MedR 2005, S. 579 (581) mit Blick auf die Bundesrepublik Deutschland.

9 Im Interesse der Lesbarkeit wird nachfolgend auf die gleichzeitige Nennung der weiblichen und männlichen Form verzichtet und nur die männliche Form verwendet.

10 Die *„perkutane enterale Gastrostomie"* (abgekürzt: PEG; lateinisch: *„Perkutan"* = „durch die Haut hindurch"; griechisch: *„gaster"* = „Magen, Bauch" und *„stoma"* = „Mund", „Öffnung") ist ein zum Zwecke der Ernährung endoskopisch angelegter direkter Zugang zum Magen, der die Bauchwand durchdringt, zitiert nach *Kern* in: Memmer/Kern, S. 67 (74), Fn. 19. Eingeführt wurde die PEG-Sonde im Jahre 1986, vgl. die Ausführung bei *Lautenschläger* in: Lilie, S. 20.

der Europäischen Menschenrechtskonvention (EMRK)[11] beeinflussten Verfassungsrecht verwiesen werden. Insbesondere im Zivilrecht hat der österreichische Gesetzgeber im Jahre 2006 umfangreiche Gesetzesnovellierungen vorgenommen, welche sich grundlegend auf die aufgeworfenen Fragen auswirken: Im Zuge des *Sachwalterrechts-Änderungsgesetzes* (SWRÄG)[12] wurden zahlreiche Änderungen im Sachwalterrecht eingeführt, die auch den Abbruch medizinischer Maßnahmen betreffen. Des Weiteren trat zum 01. Juli 2006 das österreichische Bundesgesetz über Patientenverfügungen, sog. *Patientenverfügungs-Gesetz* (PatVG)[13] in Kraft, welches die Verbindlichkeit und die Beachtlichkeit von Vorausverfügungen regelt, die auf die Ablehnung einer medizinischen Maßnahme abzielen.

Mit einem Blick auf die Rechtsordnungen anderer europäischer Länder ist festzustellen, dass auch hier eine für die Thematik des intensivmedizinischen Behandlungsabbruchs vergleichbare Novellierungs- bzw. Regelungstendenz besteht. Dies ist nicht nur für den Bereich des Zivilrechts, sondern vielmehr auch für den strafrechtlichen Bereich festzuhalten: So wurde insbesondere das Vorsorgeinstitut der sog. *Patientenverfügung* in den Niederlanden[14], Dänemark[15], Spanien[16], Belgien[17], Finnland[18], Großbritannien[19], Frankreich[20] sowie der

11 Abrufbar unter http://conventions.coe.int/treaty/ger/treaties/html/005.htm (Stand: 01. September 2010).

12 BGBl I Nr. 92/2006.

13 BGBl I Nr. 55/2006.

14 Art. 450 Absatz 3 des *„Act on the Medical Contract"*, 1995, abgedruckt bei *Markenstein* in: Taupitz, S. 743 ff.; der Text des Gesetzes kann auch abgerufen werden über: www.toetsingscommissieuthanasie.nl (Stand: 16. Juli 2008).

15 *„Act of Patients Rights"*, 1998, abgedruckt in Meran et al.

16 *„Grundgesetz 41/2002"*, vgl. Kalchschmid FamZ 2006, S. 90 (93).

17 *„Gesetz über Patientenrechte"*, 2002, abrufbar unter http://www.dglive.be/PortalData/2/Resources/downloads/gesundheit/Broschure_Das_Gesetz_zu_den_Patientenrechte.pdf, ab S. 31 (Stand: 22. September 2009).

18 *„Gesetz über Patientenrechte"*, 2005, siehe die Ausführungen bei Kalchschmid FamZ 2006, S. 90 (92).

19 *„Mental Capacity Act"*, 2005, vgl. hierzu Röthel/Hesseler FamRZ 2006, S. 529 ff. - zusammen mit den *Explanatory Notes* einsehbar unter www.opsi.gov.uk.

20 *„Loi n° 2005-370 relatives aux droits des malades et à fin de la vie"* vom 22. April 2005, Journal Officiel de la République Francaise n° 95 vom 23. 4. 2005, S. 7089, abrufbar über den juristischen Internetdienst der Republik Frankreich: www.legifrance.gouv.fr); hierzu ausführlich Alfandari/Pedrot RDSS 2005, S. 751 ff.; Seibert FamRZ 2006, S. 11 ff.

Schweiz[21] zum Gegenstand legislativer Regelungen gemacht[22]. Des Weiteren wurde in den Niederlanden[23], Belgien und in Luxemburg die aktive direkte Sterbehilfe legalisiert, jeweils in den Jahren 2001, 2002[24] sowie 2009[25], zudem ist auf die diesbezüglich extensive Gesetzeslage in der Schweiz zu verweisen[26].

Für einen Vergleich mit den in Österreich bestehenden rechtlichen Vorgaben und Grenzen für den Abbruch intensivmedizinischer Maßnahmen bietet sich

---

21 Art. 370 ff. im Rahmen der *„Botschaft zur Änderung des Schweizerischen Zivilgesetzbuches"*, 2006, siehe http://www.admin.ch/ch/d/ff/2006/7001.pdf (Stand: 14. April 2009).

22 Eine Vorreiterstellung im Bereich der Patientenverfügung kommt den Vereinigten Staaten zu. Hier wurde die Thematik (*„advance directive"*, *„medical directive"*, *„living will"*, *„durable power of attorney"*), schon vor fast 40 Jahren aufgegriffen: Der rechtspolitische Vorschlag des Anwaltes Luis Kutner führte 1976 im Bundesstaat Kalifornien zur Verabschiedung des *„California Natural Death Act"*, vgl. die Ausführungen bei *Bernat* in: Körtner u.a., S. 43 ff., in welchem die Verbindlichkeit von sog. *„living wills"* gesetzlich anerkannt wurde.

23 *„Termination of Life on Request and Assisted Suicide Act"*, zugänglich unter http://www.minbuza.nl/binaries/en-pdf/pdf/euthanasie-wetsvoorstelned.pdf (Stand: 09. September 2008). Zwar bleiben sowohl Lebensbeendigung auf Verlangen als auch die Beihilfe zur Selbsttötung grundsätzlich strafbar, von einer strafrechtlichen Sanktion wird jedoch abgesehen, wenn der handelnde Arzt bei der aktiven Sterbehilfemaßnahme einen Katalog von bestimmten Sorgfaltskriterien befolgt, siehe hierzu *Markenstein* in: Taupitz, S. 743 ff.; Oduncu MedR 2005, S. 437 (443 ff.); Tak ZStW 113, S. 905; Taupitz JBl 2001, S. 557 (558, Fn. 3 und 16); *Schreiber* in: FS-Rudolphi, S. 543 ff.

24 *„Loi relative à l'euthanasie et l'assistance au suicide""*, zugänglich unter http://www.aerzteblatt.de/v4/plus/down.asp?typ=PDF&id=1408 (Stand 09. September 2008). Danach muss ein Patient volljährig sein und schriftlich seinen Todeswunsch mitteilen. Ist er dazu nicht fähig, muss eine Person seines Vertrauens den Wunsch niederschreiben, zudem muss zwischen der Bitte des Patienten und der Durchführung der aktiven Sterbehilfemaßnahme mindestens ein Monat vergehen. Weiter muss der Patient unheilbar krank sein und physisch oder psychisch permanent an der Krankheit leiden. Befindet sich die Krankheit bei dem betroffenen Patienten noch nicht im Endstadium, muss der behandelnde Arzt einen zweiten Mediziner konsultieren.

25 *„Loi sur l'euthanasie et l'assistance au suicide"*. Das Gesetz, verfügbar unter http://www.legilux.public.lu/leg/a/archives/2009/0046/a046.pdf, sieht vor, dass es keine straf- oder zivilrechtliche Verfolgung in Fällen gibt, wenn ein Arzt einer Bitte um aktive Sterbehilfe oder Beihilfe bei der Selbsttötung folgt. Grundlage dafür ist, dass ein Patient sich in einer medizinisch ausweglosen Situation befindet und ausdrücklich um Sterbehilfe nachsucht.

26 In § 114 SchStGB, Tötung auf Verlangen, wird die aktive direkte Sterbehilfe zwar unter Strafe gestellt, gemäß § 115 SchwStGB, Verleitung und Beihilfe zum Selbstmord, ist die Beihilfe zur Selbsttötung jedoch nur dann strafbar, wenn der Hilfeleistende aus selbstsüchtigen Beweggründen handelt.

gegenwärtig aufgrund der Aktualität der Gesetzesänderungen in diesem Bereich insbesondere die Rechtsordnung Deutschlands an: Zum 01. September 2009 wurde im Wege des *Dritten Gesetzes zur Änderung des Betreuungsrechts*[27] eine grundlegende Novellierung des Betreuungsrechts durchgeführt. In diesem Rahmen wurde sowohl das Institut der Patientenverfügung gesetzlich geregelt als auch insgesamt das rechtliche Vorgehen bei einem medizinischen Behandlungsabbruch für die daran Beteiligten festgelegt.

Ziel der vorliegenden Untersuchung ist es, die derzeitige Rechtslage hinsichtlich des Abbruchs intensivmedizinischer Maßnahmen in den Ländern Österreich und Deutschland herauszustellen. Insbesondere sollen dabei die rechtlichen Möglichkeiten aufgezeigt werden, welche de lege lata bestehen, um das Selbstbestimmungsrecht des Patienten umfassend zu wahren. Zunächst erfolgt unter **§ 2** eine Kategorisierung und Erläuterung der Patientengruppe des entscheidungsunfähigen Patienten. Im Anschluss daran konzentrieren sich die Ausführungen in den Länderberichten unter **§ 3** und **§ 4** darauf, die bestehenden Vorgaben und Grenzen für den intensivmedizinischen Behandlungsabbruch in Österreich und Deutschland herauszuarbeiten: Den Anfang bildet die Erörterung der verfassungsrechtlichen Bewertung. Grundsätzlich eröffnet die Frage nach der Zulässigkeit des Abbruchs intensivmedizinischer Maßnahmen ein verfassungsrechtliches Spannungsfeld, in dessen Rahmen sich zwei Grundprinzipien des staatlichen Wertesystems gegenüberstehen: Auf der einen Seite obliegt dem Staat die Pflicht zum *Schutze des Lebens* seiner Bürger, auf der anderen Seite steht dem Einzelnen als Ausdruck des Grundsatzes *voluntas aegroti suprema lex esto* das *Recht zur Selbstbestimmung* zu. Es stellt sich somit die Frage, ob und inwieweit dieses Spannungsverhältnis geeignet ist, den Abbruch intensivmedizinischer Maßnahmen bei einem entscheidungsunfähigen Patienten zu begrenzen. Danach erfolgt die Darstellung der rechtlichen Bewertung des intensivmedizinischen Behandlungsabbruchs im Kontext des Strafrechts unter dem Stichwort der *Sterbehilfe*[28]. Die Schwerpunkte bilden die Erörterung der Zulässigkeit des

27 BGBl I Nr. 48/2009, S. 2286; insgesamt zugänglich unter http://dip21.bundestag.de/dip21/btd/16/084/1608442.pdf (Stand: 09. September 2009).

28 Der Begriff der Sterbehilfe umfasst jedes aktive oder passive Verhalten durch einen Dritten, welches das Sterben in der Person des Patienten erleichtert, beschleunigt oder herbeiführt und zudem auf seinem Willen basiert oder aber nach Abwägung aller Umstände seinem Interesse in der konkreten Behandlungssituation entspricht, siehe hierzu die Ausführungen bei Bertel/Schwaighofer, BT 1, § 78 Rdn. 3 unter dem Begriff der *Euthanasie*; Foregger/Kodek/Fabrizy § 78 Rdn. 4; Kienapfel/Schroll, Studienbuch BT 1, Vorbem §§ 75 ff. Rdn. 21; Leukauf/Steininger § 75 Rdn. 6; *Moos* in: WK Vorbem. zu §§ 75 – 79 Rdn. 17; *Schick* in: Bernat, S. 121 (130 ff.); Stellamor/Steiner, Bnd. 1, S. 65 f. (Österreich) sowie aktuell Burgstaller JAP 2009/20, S. 200; Heun JZ

mutmaßlichen Behandlungsabbruchs sowie des sog. *einseitigen Behandlungsabbruchs,* welcher auf einer *hypothetischen Behandlungsverweigerung*[29] gründet. Anschließend wird der Umgang mit dem Abbruch intensivmedizinischer Maßnahmen innerhalb des Zivilrechts erörtert. In diesem Rahmen wird der Fokus der Bearbeitung neben der Darstellung der antizipierten Vorsorgeinstitute der *Patientenverfügung* sowie der *Vorsorgevollmacht* auf die Auseinandersetzung mit der inhaltlichen Ausgestaltung einer Vertretung des entscheidungsunfähigen Patienten im *Sachwalterrecht* und im *Betreuungsrecht* gelegt.

Im Anschluss daran werden die in der *Ausgangsrechtsordnung* Österreich und der *Vergleichsrechtsordnung* Deutschland bestehenden Gemeinsamkeiten und Unterschiede im rechtlichen Umgang mit dem Abbruch intensivmedizinischer Maßnahmen unter **§ 5** herausgearbeitet und wertend gegenübergestellt. Den Abschluss bildet der Ausblick unter **§ 6**.

2006, S. 425 ff.; Kutzer ZRP 2008, S. 197 ff.; derselbe FPR 2007, S. 59 ff.; *Merkel* in: FS-Schroeder, S. 297 ff.; *Wolfslast* in: FS-Schreiber, S. 916 ff. (Deutschland).

29 Im Rahmen der Ausarbeitung wird der Begriff des mutmaßlichen Behandlungsabbruches in Abgrenzung zu dem des einseitigen Behandlungsabbruches verwendet, welcher auf einer hypothetischen Einwilligung des Betroffenen basiert. Zur Begründung dieser Differenzierung ist auf die klarstellenden Ausführungen von *Otto* zu verweisen: Dieser unterscheidet zwischen der *gemutmaßten* und der *mutmaßlichen* Einwilligung, da sich seiner Ansicht nach unter diesen Begriffen zwei methodisch ganz unterschiedliche Sachverhalte verbergen: Im ersten Fall geht es um die Ermittlung des individuellen, realen Willens des Betroffenen, wenn eine ausdrückliche Einwilligung nicht vorliegt und im zweiten Fall um die Ermittlung des hypothetischen Willens des Betroffenen, wenn keine Anhaltspunkte vorliegen, die eine Erschließung des wirklichen Willens des Betroffenen ermöglichen, Otto Jura 1999, S. 434 (435). Diese Unterteilung ist meines Erachtens sinnvoll, insbesondere da sie im Rahmen der noch folgenden Erörterung von Relevanz ist; zu wählen sind vorliegend zur deutlicheren Abgrenzung jedoch vielmehr die Begrifflichkeiten der *mutmaßlichen* sowie der *hypothetischen* Einwilligung.

§ 2 Kategorisierungen und Erläuterungen zum irreversiblen Langzeitpatienten

A. Der zerebral schwerstgeschädigte Langzeitpatient

Die größte Gruppe des Untersuchungsgegenstandes bilden die sog. *zerebral schwerst geschädigten Patienten*[30]. Als solche sind Patienten zu bezeichnen, bei welchen krankheits- oder verletzungsbedingte Hirnschädigungen zu einem lang andauernden Zustand der persistierenden[31] Bewusstlosigkeit oder schwerster Beeinträchtigung des Bewusstseins mit höchstwahrscheinlich irreversiblem Verlust der Kommunikations- sowie Wahrnehmungsfähigkeit geführt haben. Ein Wiedererlangen des Bewusstseins oder der Fähigkeit zu selbstständigen Willensäußerungen ist kaum mehr zu erwarten[32]. Grundsätzlich ist diese besondere Gruppe von Entscheidungsunfähigen in drei Grundtypen aufzuteilen: Patienten mit dem Krankheitsbild des sog. *apallischen Syndroms,* Patienten mit schwersten psychischen Erkrankungen neurodegenerativer Art[33] sowie Patienten mit seit der Geburt oder der frühen Kindheit vorliegenden schwersten geistigen Behinderungen[34].

I. Das apallische Syndrom, Wachkoma

Den ersten Typus bildet das sog. *apallische Syndrom*[35]. Dies ist ein Krankheitsbild, welches in der Neurologie besiedelt ist, und durch krankheits- oder verlet-

30 Zerebral = zum Gehirn gehörende Strukturen.

31 Lat. *persistere* = verharren, andauernd, langfristiges Fortbestehen.

32 Richtlinie der Schweizerischen Akademie der Medizinischen Wissenschaften (SAMW) zur Behandlung und Betreuung von zerebral schwerst geschädigten Langzeitpatienten von 2003, verfügbar unter http://www.samw.ch/docs/Richtlinien/d_RL_PVS.pdf (Stand: 06. September 2008).

33 Da Patienten mit dem Krankheitsbild der Demenz zum Teil in den strafrechtlichen Abschnitten der Länderberichte unter **§ 3 B.** (Österreich) sowie **§ 4 B.** (Deutschland) Erwähnung finden, ist dieses nachstehend ebenfalls in gebührender Kürze zu erläutern.

34 Siehe zur *intellektuellen Minderbegabung*, sog. *Oligophrenie,* etwa Kopetzki UnterbR Bnd. 1, S. 289. Diese Gruppe von Patienten ist für die Untersuchung ohne eigenständige Bedeutung, von weiteren Erläuterungen wird somit abgesehen.

35 Erstmal beschrieben wurde das apallische Syndrom im Jahre 1940 durch den Neurologen Ernst Kretschmer, siehe Kretschmer Zschr Neurol Psychiatr 169, S. 576 ff.; zudem

zungsbedingte schwerste Schädigungen des Gehirns hervorgerufen wird[36]. Häufige Ursachen hierfür sind das Vorliegen eines Schädel-Hirn-Traumas (traumatische Hirnschädigung) oder von Hypoxie (hypoxische Hirnschädigung)[37], eines Schlaganfalls, einer Meningitis bzw. Enzephalitis, von Hirntumoren oder neurodegenerativen Erkrankungen wie etwa der Parkinsonschen Krankheit. Der betroffene Patient befindet sich in einem dem Schlaf bzw. Koma nicht unähnlichen, vegetativen Status. Dieser wird aufgrund des Umstandes, dass der Betroffene mit in der Regel offenen Augen daliegt, jedoch über keine fassbare Wahrnehmung verfügt[38], als *Wachkoma*[39] bezeichnet.

Die meist als Ursache vorliegende, schwere Hirnschädigung führt dazu, dass das Großhirn gänzlich funktionslos ist, während der Hirnstamm, der die bloß vegetativen Körperfunktionen steuert, den Patienten (vorläufig) am Leben erhält. Insgesamt sind solche Patienten vollkommen bewusstlos, zumindest lassen ihre Reaktionen auf äußere Einflüsse nicht den Schluß zu, dass sie mit ihrer Umwelt in Kontakt treten können[40]. Wegen des teilweise funktionierenden Hirnstammes sind die Patienten jedoch in der Lage Zyklen des Schlafes und des Wachens zu entwickeln, so dass sie etwa, wenn sie die Augen offen haben, umherzuschauen scheinen. Nach einheitlicher medizinischer Beurteilung soll dies aber gerade kein Hinweis auf eine wie auch immer geartete Wahrnehmungsfähigkeit sein. In diesem Sinne wird auch die Reaktion von Apallikern auf Schmerzreize gedeutet: Sie zucken zwar zurück und es kann vorkommen, dass ein schmerzinduziertes Verhalten ihrerseits zu einer Grimasse oder zu einem Stöhnen führt. Wegen des Funktionsausfalles des Großhirnes lässt dies jedoch nicht den Schluß

---

ist auf die Ausführungen von *Nacimiento* in: Höfling, S. 29 ff., und *Lücking* in: Eser/v. Lutterotti/Sporken, S. 74 ff. zu verweisen.

36 Derzeit existieren unterschiedlichen Schätzungen zufolge in Deutschland etwa 15.000 bis 30.000 *lebende* Wachkoma-Patienten; pro Jahr wird bei 3000 bis 6000 Menschen ein Wachkoma festgestellt, zitiert nach Markus Becker *„Beunruhigende Studie – Tausende Wachkoma-Diagnosen zweifelhaft"*, Der Spiegel, 23. November 2009, abrufbar unter http://www.spiegel.de/wissenschaft/medizin/0,1518,645620,00.html (Stand: 23. November 2009).

37 Zum Eintritt des apallischen Syndroms infolge einer mangelnden Sauerstoffversorgung im Zusammenhang mit einer Operation siehe östOGH vom 19.12.1984, Ob562/84.

38 Aller Wahrscheinlichkeit nach haben die betroffenen Patienten kein Bewusstsein und - bis auf die Möglichkeit der *basalen Stimulation* - so gut wie keine Möglichkeiten zur Kommunikation mit der Außenwelt, vgl. Fricke, S. 139 ff.

39 Lat. *coma vigile* = Wachkoma, auch *Lucid Stupor*, *Vita Reducta* oder neokortikaler Tod genannt; siehe zu den verschiedenen Bezeichnungen: *Schäfer* in: Höfling, S. 11; Nacimiento DÄBl. 1997, S. A 661 ff.; Thias, S. 171 ff. mwN.

40 *Jenett* in: Keown, S. 169 (171), zitiert nach *Bernat* in: Bernat/Kröll, S. 47, Fn. 3; siehe aber die gegenteiligen Ausführungen von Dörner ZRP 1996, S. 93.

darauf zu, dass die Patienten insgesamt in der Lage sind, Schmerz oder Leid zu empfinden[41].

In der ersten Zeit des infolge einer schweren Erkrankung eingetretenen apallischen Syndroms sind die Betroffenen meist noch gänzlich komatös und müssen sowohl künstlich mit Nahrung und Flüssigkeit versorgt als auch intubiert und somit gleichfalls künstlich beatmet werden. Insgesamt sind Apalliker nach dieser ersten Phase ihrer Erkrankung jedoch wieder fähig, eigenständig zu atmen. Da die Betroffenen jedoch in der Regel infolge der Störung ihrer Körperreflexe an einer Schluckstörung oder einer Apraxie leiden und somit weder selbstständig essen noch trinken können, sind sie gleichwohl weiterhin auf intensivmedizinische künstliche Maßnahmen angewiesen. International hat sich für dieses spezielle Krankheitsbild die Begrifflichkeit des *vegetative state* verfestigt, wobei, abhängig vom jeweils bei dem Betroffenen vorliegenden Stadium des Wachkomas, eine weitere Unterteilung in *persistent vegetative state* bzw. *permanent vegetative state* vorzufinden ist[42]: Dauert der vegetative Status länger als einen Monat[43], spricht man von einem *persistierenden vegetativen Status* (PVS), dem andauernden vegetativen, jedoch zumindest teilweise rückbildungsfähigen Zustand; ist dieser höchstwahrscheinlich irreversibel geworden, was nach vorherrschender Ansicht medizinischer Experten bei nichttraumatischer Hirnschädigung nach drei Monaten, bei traumatischer Hirnschädigung mit an Sicherheit grenzender Wahrscheinlichkeit nach spätestens einem Jahr zutrifft[44], spricht man hingegen von einem *permanenten, ständigen vegetativen Status*[45].

---

41 Zitiert nach *Bernat* in: Bernat/Kröll, S. 47, vgl. jedoch die gegenteiligen Ausführungen bei Markus Becker *„Beunruhigende Diagnose – Tausende Wachkoma-Diagnosen zweifelhaft“*, Der Spiegel, 23. November 2009, http://www.spiegel.de/wissenschaft/medizin/0,1518,645620,00.html (Stand: 23. November 2009).

42 Der Begriff des *persistent vegetative state* fand erstmals Erwähnung in der Arbeit von Jenett/Plum, Lancet 1972, S. 734 ff.; die Aufteilung in persistent und permanent geht auf die durch das interdisziplinäre US-amerikanische Gremium *„Multi-Society-Task-Force“* im Jahre 1994 in *„Multi-Society-Task-Force on PVS“* definierten Kriterien im Zusammenhang mit Wachkomapatienten zurück, abgedruckt in New Engl J Med 1994, S. 1499 ff., 1572 ff.

43 Diagnostischer Begriff mit Blick auf die bisherige Situation.

44 Vgl. etwa The *Multi-Society Task Force on PVS*, New Engl J Med 1994, S. 1499 ff., 1572 ff.; zudem ist anzuführen, dass bei Patienten mit einem hypoxischen Hirnschaden bestimmte klinische, apparative und laborchemische Untersuchungsergebnisse zwischen dem zweiten und dem fünften Tag mit hinlänglicher Sicherheit Aussagen zur Irreversibilität des Hirnschadens erlauben, siehe *Haupt et al;* zudem Höfling/Rixen JZ 2003, S. 884; dagegen etwa Dörner ZRP 1996, S. 93 f.

45 Vgl. die Ausführungen in der Richtlinie der SAMW zur Behandlung und Betreuung von zerebral schwerst geschädigten Patienten von 2003.

Einigkeit herrscht insbesondere in medizinischen Expertenkreisen im Zusammenhang mit diesem Syndrom wohl nur dahingehend, dass dieses auch in der heutigen Zeit des rapiden medizinischen Fortschrittes noch nicht hinreichend erforscht ist. Das Vorliegen des apallischen Syndroms bedeutet nicht zwangsläufig, dass der betroffene Patient das Bewusstsein unwiderruflich verloren hat und zwingend sein gesamtes weiteres Leben auf die Hilfe Dritter sowie der modernen Medizintechnik angewiesen ist: So besteht u. a. eine günstigere Prognose bei jungen Menschen, zudem wenn die Hirnschädigung traumatischer Natur ist. Je besser und intensiver der Patient nach Auftreten der Hirnschädigung betreut wird, desto positiver werden seine Chancen eingeschätzt, das Bewusstsein zumindest teilweise wieder zu erlangen. Eine verlässliche Prognose ist dahingehend von ärztlicher Seite jedoch nicht möglich[46]. Auch wenn eine Erlangung des Bewusstseins jedenfalls partiell erreicht wird, ist nach medizinischen Erkenntnissen jedoch in jedem Falle davon auszugehen, dass die betroffenen Patienten schwerste Behinderungen davontragen[47] - im Ergebnis ist der betroffene Patient somit dauerhaft entscheidungsunfähig[48].

II. Patienten mit schwersten psychischen Erkrankungen

Den zweiten Typus bilden Patienten mit *schwersten psychischen Erkrankungen*[49] wie neurodegenerativen Hirnerkrankungen im Spätstadium. Dies sind im Wesentlichen[50] Spätstadien der Demenz[51], sog. *präsenile Demenz* im Rahmen

---

46 Insgesamt zitiert nach *Bernat* in: Bernat/Kröll, S. 47 (49); siehe zudem die ausführlichen Ausführungen bei Dörner ZRP 1996, S. 93.

47 *Bernat* in: Bernat/Kröll, S. 47 ff.

48 Darüber, ob das apallische Syndrom als irreversibel tödliches Grundleiden einzuordnen ist, herrscht Uneinigkeit: So führt die Enquete-Kommission *Ethik und Recht in der modernen Medizin* in ihrem Zwischenbericht, S. 38, aaO, an *„Demenz und Wachkoma als solches fallen nicht unter irreversibel tödliche Grundleiden"*, Verrel NStZ 2003, S. 449 (451) hingegen steht auf dem Standpunkt, dass auch bei Patienten mit einem apallischen Syndrom eine *„irreversibel tödlich verlaufende Krankheit"* vorliegt.

49 Sowohl die Umschreibungen der *psychischen Krankheit* als auch die der *geistigen Behinderung* sind Rechtsbegriffe, für deren Auslegung das medizinische Begriffsverständnis Ausgangspunkt ist; sie sind nur als solche und zu keiner Zeit als Bezeichnung mit diskriminierender Tendenz zu verstehen, siehe hierzu Kopetzki, Grundriss, Rdn. 75.

50 Ohne einen Anspruch auf Vollständigkeit.

51 Das Krankheitsbild der sog. *Demenz* (lat. *dementia* = ohne Geist) ist gekennzeichnet durch den *„Verlust erworbener intellektueller Fähigkeiten, vor allem des Gedächtnisses, und die Veränderung der Persönlichkeit als Folge einer Hirnschädigung"*, Zierl,

einer Alzheimererkrankung, der Parkinsonkrankheit mit Demenz, der frontotemporalen Demenzerkrankung (seltene Ausformung eines fortschreitenden intellektuellen Abbaus unter Veränderung der Persönlichkeit und des Sozialverhaltens[52]), der Chorea Huntington und der vaskulären[53] Demenz[54].

S. 51; zu unterscheiden ist die Demenz als Krankheitsbild dabei von der *gewöhnlichen* mit dem Alter einhergehenden *Senilität*, welche nicht mit einer Erkrankung im Zusammenhang steht, sondern rein als ein altersbedingtes Symptom einzuordnen ist. Zudem ist darauf zu verweisen, dass das Vorliegen einer psychischen Erkrankung die Einsichts- und Urteilsfähigkeit *nicht generell* ausschließen muss, da etwa Personen, welche unter Demenz im Anfangsstadium erkrankt sind, in ihrer Einsichts- und Urteilsfähigkeit zunächst nur gemindert sein werden; schreitet die Krankheit jedoch bis zum Spätstadium fort, wird es regelmäßig gänzlich zum Eintritt einer Entscheidungsunfähigkeit kommen. Zusammenfassend ist anzuführen, dass in dem Fall, in welchem es einer psychisch schwer kranken Person an *Krankheitseinsicht* fehlt, davon auszugehen ist, dass es ihr im Rahmen der Behandlung dieser Krankheit in der Regel grundsätzlich an der erforderlichen Einsichts- und Urteilsfähigkeit insgesamt mangeln wird, da sie dann auch Grund und Bedeutung der Behandlung selbst nicht wird erkennen können, insgesamt zitiert nach *Pschyrembel*, S. 403; vgl. auch östOGH 5.9.1996, 2 Ob 2215/96s.

52 Vereinzelt auch als *Morbus Pick* bezeichnet.

53 Vasculär = die Körpergefäße betreffend; bei der vasculären Demenz, die zumeist im Anfangsstadium einer Demenzerkrankung auftritt, handelt es sich um ein Syndrom, welches einerseits durch die psychiatrischen Zeichen eines zunehmenden hirnorganischen Abbauprozesses gekennzeichnet ist, andererseits wird mit diesem Namen ausgedrückt, dass der Abbauprozess in erster Linie durch Veränderungen an den kleinen und kleinsten Hirngefäßen gefördert wird. Damit ist aber auch impliziert, dass es bei Verbesserung der Hirndurchblutung, durch welche Maßnahmen auch immer, auch wieder zu einer Verbesserung der Konzentration und Aufmerksamkeit kommen kann. Dieses Phänomen wird in der alten und heute nicht mehr gebräuchlichen forensischen Literatur als *„luzides Intervall"* bezeichnet. Dieses luzide Intervall bedeutet aber nicht, dass das einmal zugrunde gegangene Hirngewebe nicht wiederhergestellt werden kann und auch wird nicht ausgedrückt, dass die einmal zugrunde gegangene Intelligenz nicht mehr wieder aufgebaut werden kann. Vielmehr ist es bei einer derartigen Art der Demenz möglich, dass etwa vorliegende Störungen der Wortfindung oder Schwierigkeiten in der Ausdrucksweise durch eine Verbesserung der Hirndurchblutung vorübergehend ebenfalls gebessert werden können, siehe östOGH, 6 Ob 286/07p, S. 3, zugänglich unter http://www.ris.bka.gv.at/Dokument.wxe?Abfrage=Justiz&Dokumentnummer=JJT_20080707_OGH0002_0060OB00286_07P0000_000&WxeFunctionToken=7acd96e5-ef7c-43bf-bcf0-1f568e16da44 (Stand: 18. Mai 2009); zur *Demenz* siehe insgesamt *Pschyrembel*, S. 403.

54 Siehe zur Frage der Aufnahme von künstlichen Maßnahmen der Ernährungs- und Flüssigkeitszufuhr bei einem Patienten im Stadium der fortgeschrittenen Demenz: Wedler Ethik Med 2004, S. 211 ff.

Diese fortgeschrittenen Erkrankungen sind charakterisiert durch schwersten kognitiven Abbau wie die Reduzierung des Wortschatzes auf lediglich vereinzelte Worte, zudem liegt eine Unmöglichkeit der verbalen Kommunikation vor und es tritt ein Verlust der motorischen Fertigkeiten ein[55].

Insgesamt verlieren solche schwerstkranken Patienten die natürliche Fähigkeit zur Eigeninitiative, was dazu führt, dass sie letztlich nicht mehr in der Lage sind, sich ausreichend zu ernähren. Jedoch verlieren sie in diesem Stadium nicht nur das Gefühl für Hunger und Durst, sondern vielmehr vergessen sie auch, Nahrung zu kauen und herunter zu schlucken, gleiches gilt für Flüssigkeit. Wie schon für die Gruppe der Apalliker angeführt, sind auch diese Patienten der Gruppe dauerhaft Entscheidungsunfähiger somit darauf angewiesen stets intensivmedizinisch betreut zu werden, wobei der Schwerpunkt auf der künstlichen Verabreichung von Nahrung und Flüssigkeit liegen wird.

B. *Der Sonderfall*: Die amyotrophe Lateralsklerose

Bei dem Krankheitsbild der sog. *amyotrophen Lateralsklerose* (ALS; ALS-Syndrom)[56] handelt es sich um ein insgesamt selten auftretendes Leiden in Form einer zunehmenden Degeneration hauptsächlich der oberen, aber auch der unteren motorischen Nervenbahnen, deren Ursache auch gegenwärtig noch nicht abschließend erforscht ist. Infolgedessen kommt es zu einer fortschreitenden irreversiblen Muskellähmung am ganzen Körper, so dass letztlich sowohl die Atem- als auch die Schluckfähigkeit unterbunden werden. Der betroffene Patient muss intensivmedizinisch überwacht, d. h. sowohl künstlich beatmet als auch künstlich ernährt und mit Flüssigkeit versorgt werden. Insbesondere im letzten Stadi-

55 Siehe auch hierzu die Richtlinien der SAMW zur Behandlung und Betreuung zerebral schwerst geschädigter Langzeitpatienten von 2003.

56 Bei der ALS handelt es sich um eine zunehmende Degeneration vor allem der oberen, aber auch der unteren motorischen Nervenbahnen, infolgedessen es zu einer fortschreitenden irreversiblen (Total-) Muskellähmung am ganzen Körper kommt, so dass der betroffene Patient – da sowohl die Atem- und Kau- als auch die Schluckfähigkeit durch die Lähmung unterbunden werden - letztendlich intensivmedizinisch zu überwachen ist und somit künstlich beatmet, künstlich ernährt und mit Flüssigkeit versorgt werden muss; der Tod tritt bei der ALS durch Ersticken ein, wenn die Lähmung im letzten Krankheitsabschnitt auch die Atemmuskulatur erfasst, insgesamt zitiert nach Zierl, S. 51, vgl. hierzu auch Borasio/Voltz ZME 1994, S. 143 f.

um der Erkrankung weisen ALS-Patienten das sog. *Locked-In-Syndrom* (LIS)[57] auf. Jedoch stellt auch dieses letztlich nur ein Durchgangsstadium dar, da der Tod bei vom ALS betroffenen Patienten durch Ersticken eintritt, wenn die Lähmung im letzten Krankheitsabschnitt auch die Atemmuskulatur erfasst und der Betroffene nicht bereits intubiert wurde.

Zunächst verbleibt dem Patienten jedoch noch eine minimale Beweglichkeit der Finger, zudem wird auch eine vertikale Augenbeweglichkeit erhalten bleiben, so dass dadurch zumindest rudimentäre Möglichkeiten zur Kommunikation bestehen[58]. Beim Verlust auch dieser Fähigkeit ist die letzte Möglichkeit, dem Betroffenen die Kommunikation mit der Außenwelt zu ermöglichen, die Verwendung eines sog. *Brain-Computer-Interface,* einem Verfahren, durch welches mittels einer Verbindung zwischen dem Gehirn und einem Computer Aktivitäten des Gehirns mit Hilfe von Rechnern analysiert und in Steuersignale umgewandelt werden.

Auch wenn der betroffene Patient aufgrund der fortschreitenden Lähmung zwar letztlich physisch so gut wie gänzlich unfähig sein wird, sich sprachlich[59] oder durch Bewegungen[60] verständlich zu machen bzw. seinen tatsächlichen Willen kundzutun, bleiben dessen sog. *höhere Fähigkeiten* gleichwohl vollständig erhalten. So ist er bei klarem Bewusstsein und sein Sprachverständnis sowie seine intellektuellen bzw. voluntativen Fähigkeiten sind ebenfalls gänzlich vorhanden. Der Betroffene kann somit alles in seiner Umgebung hören und verstehen, sich jedoch nicht mitteilen. Bei voller Aufklärung über den progredienten Verlauf seiner Erkrankung weiß er somit, was auf ihn zukommt.

Dieser Umstand ist es, welcher die Besonderheit dieses speziellen Krankheitsbildes darstellt und dahingehend grundsätzlich von dem des im Wachkoma belegenden, bewusstlosen Apallikers *abzugrenzen* ist. Rein abgestellt auf seinen psychischen Zustand ist der ALS-Patienten *nicht* entscheidungs*unfähig*, durch die fortschreitende Lähmung wird es ihm bis hin zur gänzlichen physischen Unfähigkeit zur Kommunikation nur in zunehmenden Maße unmöglicher, seinen

---

57 Zur Beschreibung dieser Krankheit siehe etwa *Schick* in: GedS-Zipf, S. 393 ff.; die Definition in Pschyrembel, S. 974 lautet:„*Locked-In-Syndrome (engl. eingesperrt): Unfähigkeit, sich bei erhaltenem Bewusstsein sprachlich od. durch Bewegungen spontan verständlich zu machen: Urs.: beidseitige Querschnittsläsion des Tractus corticobulbaris u. Tractus corticospinalis im Bereich der Pons Varioli, z.B. bei Arteria-basilaris-Thrombose*“.

58 Etwa mit Hilfe eines Spezialcomputers oder durch Beantwortung direkter Fragen mittels Augenzwinkern, wobei hauptsächlich nur solche möglich sind, welche entweder mit *Ja* oder *Nein* bzw. *und/oder* beantwortet werden können.

59 Dysathrie bzw. Anathrie.

60 Tretraplegie – Lähmung aller vier Gliedmaßen.

Willen mitzuteilen. Er ist durch Eintritt des LIS somit lediglich *faktisch* entscheidungsunfähig. Verweisend auf die Ausführungen von *Bernat*[61] ist anzuführen, dass die Krankheitsprognose auch beim ALS-Patienten insgesamt sehr schlecht ist: Der betroffene Patient verstirbt im Mittel nach 37 bis 49 Monaten, also drei bis fünf Jahren nach Erkrankungsbeginn. Für den ALS-Patienten besteht weder eine Chance auf Spontanbesserung, noch grundsätzlich eine Therapiechance. Wie der Apalliker kann der ALS-Patient unter Zuhilfenahme modernster Medizintechnik durch künstliche Beatmung, Ernährungs- und Flüssigkeitszufuhr über einen konstanten Zeitraum am Leben erhalten werden[62].

C. Zusammenfassung

Der Apallikers ist nicht *per se* als dauerhaft entscheidungsunfähig zu bezeichnen. Vielmehr ist von einer dauerhaften Entscheidungsunfähigkeit nach medizinischen Erkenntnissen erst ab einem Zeitraum von drei Monaten bzw., bei traumatischer Hirnschädigung, ab etwa einem Jahr der Bewusstlosigkeit zu sprechen und somit erst im permanent vegeative status. Vergleichbares gilt im Falle des ALS-Patienten, bei welchem der Grad der Entscheidungsunfähigkeit mit dem Fortschreiten der Ganzkörperlähmung zunimmt, aber ebenfalls nicht *per se* vorliegt.

Unterschiede ergeben sich bei den beiden Patientengruppen in der Art des Defizits, welches zur Entscheidungsunfähigkeit führt: Beim ALS-Patienten resultiert die zunehmende Entscheidungsunfähigkeit aus der fortschreitenden Lähmung und ist somit allein *physischer* Ursache. Gänzlich different gestaltet sich die Ausgangslage hingegen bei den Apallikern. Bei diesen folgt die Entscheidungsunfähigkeit aus ihrer Bewusstlosigkeit. Der nächste Unterschied besteht darin, dass der Krankheitsverlauf beim ALS-Patienten mit drei bis fünf Jahren zumindest zum Gegenstand einer sog. *letalen Prognose über weite Sicht* gemacht werden kann, beim Apalliker hingegen ist dies aller Wahrscheinlichkeit nach nicht möglich. Zwar ist nach derzeitigem Stand der medizinischen Wissenschaft nach Ablauf einer Sicherheitsmarge von 12 Monaten, in deren Verlauf keine Anzeichen für eine Rückbildung des Bewusstseinsverlusts aufgetreten sind, eine klinisch-prognostische Gewissheit der Irreversibilität des apallischen

61 Bernat WmW 1996, S. 195 unter Bezugnahme auf Borasio/Voltz ZME 1994, S. 145 ff.

62 Vgl. die Ausführungen bei *Schick* in: GedS-Zipf, S. 393 (395); *Weissauer* in: Mazal, S. 24.

Syndroms gegeben[63]. Gleichfalls liegen jedoch Belege[64] von Überlebensraten bis zu 37 und 41 Jahren vor.

Aus dem Umstand, dass der ALS-Patient lediglich faktisch entscheidungsfähig ist, resultiert zudem die unterschiedliche Relevanz der Patientengruppen für die Ausarbeitung: Während dem irreversibel bewusstlosen Apalliker im permanent vegetative state in den strafrechtlichen Abschnitten der Länderberichte insbesondere im Rahmen der passiven Sterbehilfe Bedeutung zukommt, ist im Zusammenhang mit dem ALS-Patienten hingegen vornehmlich auf die Zulässigkeit aktiver Sterbehilfemaßnahmen einzugehen. Da der ALS-Patient auch im Stadium des LIS seinen Willen in eingeschränktem Maße noch kundtun kann, werden die bestehenden Möglichkeiten der antizipierten Vorsorge in den zivilrechtlichen Abschnitten primär in Hinblick auf den dauerhaft entscheidungsunfähigen Apalliker diskutiert. Gleiches gilt für den Umgang mit dem medizinischen Behandlungsabbruch im Sachwalter- sowie Betreuungsrecht.

63 Vgl. die Ausführungen bei Weimer, S. 13 ff.; zudem *Jörg* in: Korff/Beck/Mikat, S. 184 (185).

64 The *Multi-Society Task Force on PVS*, New Engl J Med 1994, S. 1499 ff., 1576 f.; aktuell verweist etwa *Becker* darauf, dass die Lebenserwartung nach der Diagnose Wachkoma bei durchschnittlich fünf Jahren liege, vgl. Markus Becker *„Beunruhigende Diagnose – Tausende Wachkoma-Diagnosen zweifelhaft"*, Der Spiegel, 23. November 2009, http://www.spiegel.de/wissenschaft/medizin/0,1518,645620,00.html (Stand: 23. November 2009).

§ 3 Länderbericht Österreich

A. Verfassungsrechtliche Aspekte des Behandlungsabbruchs

I. Innerstaatliche Verankerung der Grundrechte auf Leben und Selbstbestimmung

Zur Klärung der Frage, ob und inwieweit das Spannungsverhältnis zwischen der aus dem Recht auf Leben resultierenden Schutzpflicht des Staates und dem Selbstbestimmungsrecht des Einzelnen die Zulässigkeit des Abbruchs einer medizinischen Behandlung zu begrenzen vermag[65], ist zunächst festzuhalten, dass das österreichische Verfassungsrecht hierzu ausdrücklich keine Ansatzpunkte bietet. Bis auf nicht weiter ins Gewicht fallende Ausnahmen fehlt es vielmehr an einer innerstaatlichen Verankerung der Grundrechte auf Leben und Selbstbestimmung[66]. Aus diesem Grunde sind für die Frage nach der Zulässigkeit des Abbruches intensivmedizinischer Maßnahmen die Bestimmungen der EMRK von zentraler Bedeutung[67], welche völker- und verfassungsrechtliche Garantien aufweisen, deren Inhalte der Disposition des Gesetzgebers entzogen sind[68].

---

65 Siehe hierzu die umfassenden Ausführungen von Kneihs, Grundrechte und Sterbehilfe.

66 Das Recht auf Selbstbestimmung wird allgemein bspw. aus den wirtschaftsrechtlichen Grundrechten der Art. 5 sowie 6 Staatsgrundgesetz (StGG), der Unverletzlichkeit des Eigentums und Freiheit von Erwerbsbetätigung und Liegenschaftsverkehr, abgeleitet. Durch Art. 5 StGG werden alle vermögenswerten Privatrechte geschützt, woraus sich die Garantie der selbstbestimmten rechtlichen Gestaltung im privaten Bereich zumindest für das Vermögensrecht ergibt; zu nennen ist zudem Art. 4 Absatz 1 StGG, das Recht auf Freizügigkeit der Person und des Vermögens, Art. 6 Absatz 1 StGG, Art. 10 und 10a StGG sowie Art. 12 StGG. Des Weiteren wird das Selbstbestimmungsrecht allgemein durch die Meinungs- und Glaubensfreiheit gemäß Art. 13 und 14 StGG, die Freiheit der Berufswahl und der Berufsausbildung aus Art. 18 StGG und einfachgesetzlich als Recht auf informationelle Selbstbestimmung durch das Recht auf Datenschutz aus § 1 Datenschutzgesetz (DSG) geschützt, vgl. u. a. *Ganner* in: Barta/Kalchschmid, S. 132 (138).

67 Siehe hierzu *Kopetzki* in: Kröll/Schaupp, S. 61 (77) im Zusammenhang mit Art. 2 EMRK:“ Als grundsätzlich staatsgerichtetes Grundrecht kann Art. 2 EMRK zwar keine unmittelbaren Determinanten (…) geben. Über den Umweg staatlicher Schutz- und Gewährleistungspflichten stellt das Grundrecht (…) aber einen für die gesamte Rechtsordnung gültigen verfassungsrechtlichen Beurteilungsspielraum dar, der bei der Auslegung der in Betracht kommenden einfachgesetzlichen Regelungen zu beachten und von den allenfalls befassten Gerichten auch unmittelbar anzuwenden ist“.

68 *Kopetzki* in: Kopetzki, S. 38 (39).

In der EMRK ist das Recht auf Leben zum eigenständigen Schutzgut des Art. 2 EMRK erhoben worden und das Recht des Einzelnen auf Selbstbestimmung wird durch den Europäischen Gerichtshof für Menschenrechte (EGMR) sowohl aus Art. 2 und Art. 3[69] als auch aus Art. 5[70] EMRK abgeleitet[71]. Die zentrale Bestimmung im Zusammenhang mit dem Selbstbestimmungsrecht des Einzelnen stellt jedoch Art. 8 EMRK dar[72]: Dieser beinhaltet grundsätzlich das Recht auf Privatsphäre. Dadurch wird nicht nur eine Pflicht des Staates statuiert, in dieses Recht *nicht* einzugreifen, sondern auch positive Gewährleistungspflichten gebildet, woraus folgt, dass der Staat rechtliche Regelungen zu schaffen hat, die dem Betroffenen die Möglichkeit eröffnen, sich gegen Beeinträchtigungen der Privatsphäre zu schützen. Insgesamt verbürgt Art. 8 EMRK den Anspruch des Einzelnen auf Selbstbestimmung in allen seine persönliche Sphäre betreffenden Angelegenheiten. Umfasst ist in diesem Rahmen neben der Entscheidungsfreiheit des Betroffenen über medizinische Behandlungen bzw. künstliche Maßnahmen der Ernährungs- und Flüssigkeitszufuhr auch die Selbstbestimmung über den eigenen Tod. Nicht begrenzt wird diese Autonomie dabei durch Art. 2 EMRK: Dieser schützt einzig das individuelle Leben, hingegen nicht das menschliche Leben als objektives Schutzgut. [73] Das Recht auf Leben schützt grundsätzlich nicht vor Maßnahmen, die auf dem Willen des Grundrechtsträgers selbst beruhen, da keine Verpflichtung des Staates besteht, dem Einzelnen den Schutz seines Lebens aufzudrängen[74].

---

69 Art. 3 EMRK, Verbot der Folter sowie der unmenschlichen oder erniedrigenden Strafe oder Behandlung.

70 Art. 5 EMRK, Recht auf Freiheit und Sicherheit.

71 Auf supranationaler Ebene ist zudem auf Art. 3 Absatz 2 lit. a) der Grundrechtscharta der Europäischen Union (*"Im Rahmen der Medizin und der Biologie muss insbesondere Folgendes beachtet werden: die freiwillige Einwilligung der betroffenen Person nach vorheriger Aufklärung"*) sowie auf Art. 5 und 9 Biomedizin-Konvention (*„Convention for the Protection of Human Rights and Dignity of the Human Being with regard to the Application of Biology and Medicine: Convention on Human Rights and Biomedicine"*, European Treaty Series, SEV–Nr. 164, zugänglich unter http://conventions.coe.int/Treaty/ger/Treaties/Html/164.htm (Stand: 31. Juli 2008) zu verweisen.

72 Art. 8 EMRK, Recht auf Schutz des Privat- und Familienlebens, vgl. u. a. Kopetzki UnterbR, Bnd. 2, S. 470 ff.; Kneihs, S. 342 ff.; *Kopetzki* in: Kopetzki, Antiz. PatV, S. 38 (39).

73 *Kopetzki* in: Kröll/Schaupp, S. 61 (78); siehe zudem grundsätzlich Kneihs, S. 256 ff. sowie *Schick* in: GedS-Zipf, S. 393 (400).

74 So etwa *Schick* in: GedS-Zipf, S. 393 (399).

II. *Exkurs:* Pretty gegen das Vereinigte Königreich sowie Ada Rossi ua gegen Italien

Bestätigt wird diese Aussage im Ergebnis grundsätzlich auch durch die Rechtsprechung des EGMR in den Fällen *Pretty gegen das Vereinigte Königreich* aus dem Jahre 2002 sowie *Ada Rossi ua gegen Italien* aus dem Jahre 2009.

1. EGMR 29.4.2002, Appl. 2346/02, Pretty gegen das Vereinigte Königreich

Die 43-jährige Diane Pretty litt an ALS im fortgeschrittenen Stadium und war vom Hals abwärts gelähmt, konnte nicht mehr verständlich sprechen und wurde durch eine Sonde ernährt. Ihre Lebenserwartung betrug nur noch wenige Wochen oder Monate, ihre Entscheidungsfähigkeit war grundsätzlich nicht beeinträchtigt. Da sie selbst aufgrund ihres körperlichen Zustandes nicht mehr in der Lage war, ihrem Leiden ein Ende zu setzen, wollte sie erreichen, dass ihr Ehemann bei ihr Sterbehilfe leistet. Nach dem in England und Wales geltenden Recht ist der Suizid zwar seit dem Jahre 1961 nicht mehr unter Strafe gestellt, die Beihilfe zum Suizid jedoch schon.[75] Nachdem Pretty in letzter Instanz mit ihrer Klage vor dem House of Lords gescheitert war, wandte sie sich im Rahmen einer Individualbeschwerde nach Art. 34 EMRK an den EGMR.

Im Rahmen dieser Beschwerde stellte sich die Beschwerdeführerin auf den Standpunkt, dass es Art. 2 EMRK nicht widerspreche, ihr zu ermöglichen, Sterbehilfe zu erhalten – andernfalls würden die Staaten, in welchen die Beihilfe zum Suizid straflos ist, Art. 2 EMRK verletzen. Schutzgut des Art. 2 EMRK sei nicht nur das Recht auf Leben, sondern auch das Recht darüber zu entscheiden, ob man weiterleben wolle oder nicht. Der EGMR führte hingegen aus, dass Art. 2 EMRK nur eng umgrenzte Umstände bestimme, unter denen eine Tötung gerechtfertigt sein kann, in erster Linie beinhalte er jedoch eine positive Verpflichtung des Staates, das Rechtsgut Leben zu schützen[76]. Ohne Verdrehung des Wortlauts könne Art. 2 EMRK nicht so ausgelegt werden, dass er das diametral entgegengesetzte Recht enthält, nämlich das Recht zu sterben. Es könne ihm auch nicht ein Recht zur Selbstbestimmung entnommen werden in dem Sinne, dass eine Person das Recht habe, den Tod zu wählen anstelle des Lebens.

75 § 2 Absatz 1 Suicide Act 1961.

76 Der Staat ist verpflichtet, das Recht auf Leben durch Erlass effektiver Strafvorschriften zu schützen, um vor dem Begehen von Straftaten gegen die Person abzuschrecken, und dies durch ein System zur Durchsetzung des Gesetzes mit dem Ziel der Prävention, der Unterdrückung und Bestrafung von Verletzungen dieser Vorschriften zu unterstützen, vgl. EGMR NJW 2002, S. 2851 (2851 f.).

Zudem wies er darauf hin, dass es nicht die Aufgabe des EGMR sei, bei der Entscheidung des zugrunde liegenden Falles zu prüfen, ob es die Rechtsordnung eines andern Staates versäume, das Recht auf Leben zu schützen[77].

Im Zusammenhang mit Art. 3 EMRK trug die Beschwerdeführerin vor, ihr Leben sei eine erniedrigende Behandlung im Sinne des Art. 3 EMRK. Zwar sei die englische Regierung dafür nicht direkt verantwortlich, aber dazu verpflichtet, sie vor einer solchen Behandlung zu schützen. Die Weigerung des Generalbundesanwaltes, eine Zusicherung zu geben, ihren Ehemann nicht strafrechtlich zu verfolgen, wenn er ihr helfe Selbstmord zu begehen und zudem das Verbot der Beihilfe zum Selbstmord selbst stellen eine unmenschliche und erniedrigende Behandlung dar. Für diese sei der Staat verantwortlich, weil er ihr dadurch den Schutz vor dem Leid versage, das sie erwarte, da ihre Krankheit das Endstadium erreicht habe[78]. Der EGMR führte aus, dass im zugrunde liegenden Fall die positive Verpflichtung des Staates nicht auf Beseitigung oder Milderung von Schäden zum Beispiel durch Verhinderung von Misshandlungen seitens öffentlicher Institutionen oder Privatpersonen abziele oder darauf, bessere Bedingungen oder Behandlungen zur Verfügung zu stellen. Vielmehr würde sie es erforderlich machen, dass der Staat Handlungen nicht billigen dürfe, die darauf abzielen, das Leben zu beenden. Eine Verpflichtung, solche Handlungen zu billigen, könne jedoch nicht aus Art. 3 EMRK abgeleitet werden. Im Ergebnis folge aus Art. 3 EMRK somit keine Verpflichtung für die beklagte Regierung, eine Zusicherung zu geben, den Ehemann der Beschwerdeführerin nicht strafrechtlich zu verfolgen, wenn er ihr helfe, Selbstmord zu begehen oder eine andere rechtmäßige Möglichkeit der Sterbehilfe zu Verfügung zu stellen[79].

Zudem berief sich die Beschwerdeführerin darauf, dass Art. 8 EMRK das Recht umfasse, Entscheidungen über den eigenen Körper zu treffen und somit das Recht, über das eigene Leben zu verfügen. Für eine Beschränkung der Entscheidung über die Art und den Zeitpunkt ihres Todes, welche einen Eingriff in den intimsten Bereich ihres Privatlebens darstelle, müssten besonders triftige Gründe vorliegen, die von der Regierung nicht vorgetragen worden seien[80]. Der EGMR führte aus, dass es *„bisher noch nicht entschieden worden (sei), dass Art. 8 EMRK auch ein Recht auf Selbstbestimmung beinhaltet. (...) ist aber der Ansicht, dass die Vorstellung von der Autonomie der Person ein wichtiger Grundsatz ist, welcher der Auslegung der Garantien von Art. 8 EMRK zu Grunde liegt“*. Zudem merkte er an, das die Fähigkeit, sein Recht so zu leben wie

77 EGMR NJW 2002, S. 2851 (2852).
78 EGMR NJW 2002, S. 2851 (2852).
79 EGMR NJW 2002, S. 2851 (2853).
80 EGMR NJW 2002, S. 2851 (2853).

man selbst bestimmt hat, auch die Möglichkeit einschließen kann, Dinge zu tun, die für die Person körperlich oder seelisch schädlich oder gefährlich sind.

Da der Gerichtshof somit nicht ausschließen konnte, dass die gesetzliche Hinderung der Beschwerdeführerin die Wahl über ihren Tod zu treffen und das zu vermeiden, was sie als unwürdiges und qualvolles Ende ihres Lebens ansieht, ein Eingriff in ihr von Art. 8 Absatz 1 EMRK geschütztes Recht auf Achtung ihres Privatlebens ist, hatte er zu prüfen, ob dieser Eingriff mit Art. 8 Absatz 2 EMRK vereinbar ist. Unstreitig ist das Verbot der Beihilfe zum Suizid vom englischen Gesetz vorgesehen und verfolgt das Ziel, das Leben und somit Rechte anderer zu schützen, so dass sich der Gerichtshof damit auseinanderzusetzen hatte, ob der Eingriff notwendig war, d. h. dieser musste einem dringenden sozialen Bedürfnis entsprechen und zu dem verfolgten Ziel verhältnismäßig sein. Hierzu führte der EGMR aus, dass Staaten berechtigt seien, mit Mitteln des Strafrechts Handlungen zu regeln, die für das Leben und die Sicherheit einer Person schädlich seien. Der hier einschlägige § 2 Suicide Act 1961 habe zum Ziel, Leben zu erhalten, indem Schwache und Verletzbare geschützt werden; zwar sei die Lage, in der sich tödlich erkrankte Personen befinden, zweifellos unterschiedlich, jedoch im Sinne der ratio des in Frage stehenden Gesetzes *„verletzbar“*.

Im Ergebnis war der Gerichtshof somit nicht der Ansicht, dass das unbedingte Verbot der Beihilfe zum Suizid unverhältnismäßig oder willkürlich sei, da es der Bedeutung des Rechts auf Leben Rechnung trage. Zudem sehe es ein System der Durchsetzung und Aburteilung vor, das es erlaube, in jedem Einzelfall dem öffentlichen Interesse an der Strafverfolgung Rechnung zu tragen.[81].

2. EGMR 16.12.2008, Appl. 55185/08 ua, *Ada Rossi ua gegen Italien*

Im Fall Ada Rossi u.a. gegen Italien[82] hatten gesetzliche Vertreter von Wachkomapatienten zusammen mit unterschiedlichen Interessenverbänden (Vereine, Eltern und Freunde von schwer behinderten Personen und diese betreuende Ärzte, Psychologen und Anwälte sowie ein Verein zur Wahrung der Menschenrechte) vor dem EGMR Individualbeschwerde nach Art. 34 EMRK erhoben.

---

81 EGMR NJW 2002, S. 2851 (2853 ff.).

82 EGMR 16.12.2008, Appl. 55185/08 ua, *Ada Rossi ua gegen Italien* (Keine Beschwerdelegitimation am Verfahren unbeteiligter Dritter gegen gerichtliche Genehmigung eines Behandlungsabbruchs), verfügbar unter http://dejure.org/dienste/vernetzung/rechtsprechung?Gericht=EGMR&Datum=16.12.2008&Aktenzeichen=55185/08 (Stand: 22. September 2009).

Dabei bezogen sie sich auf einen in Italien judiziell heftig umkämpften Fall von Sterbehilfe: Die Italienerin Eluana Englaro war 1992 im Alter von 21 Jahren nach einem Unfall zunächst ins Koma und sodann ins Wachkoma gefallen. Bereits zwei Jahre später wurde ihr gesundheitlicher Zustand von ärztlicher Seite als irreversibel eingeordnet. Ihr Vater, welcher im Dezember 1996 zu ihrem gesetzlichen Betreuer bestellt worden war, strengte Anfang 1999 unter Berufung auf die Persönlichkeit seiner Tochter und deren vor ihrem Unfall ihm gegenüber geäußerten Ansichten über das Leben und die Würde der Person ein gerichtliches Verfahren an, um die Erlaubnis zum Abbruch der künstlichen Ernährung zu erwirken. Nach einem langen gerichtlichen Instanzenzug begleitet von Interventionen des Vatikans sowie der italienischen Regierung bestätigte das oberste italienische Berufungsgericht, das Verfassungsgericht in Rom[83], im November 2008 in letzter Instanz durch eine Abweisung der seitens der Staatsanwaltschaft erneut eingelegten Berufung die Anordnung des Mailänder Berufungsgerichts, wonach die künstliche Ernährung der Italienerin eingestellt werden könne. Der Urteilsspruch wurde aber – wegen des generellen Verbots der aktiven und passiven Sterbehilfe in Italien – zunächst vom Regionalpräsidenten der Lombardei nicht umgesetzt und vom italienischen Gesundheitsministerium politisch blockiert. Erst Anfang Februar 2009 wurde die Patientin aus einer Klinik im lombardischen Lecco in ein Altersheim im friaulischen Udine verlegt, wo sie am 9. Februar sodann verstarb[84].

Die Beschwerdeführer, die sich als Vertreter der Interessen von sich im Wachkoma befindlichen Personen sehen, machten geltend, die von Englaros Vater als gesetzlichem Vertreter beantragte und auf den mutmaßlichen Willen der Patientin gestützte gerichtliche Genehmigung des Ernährungsabbruches durch das Berufungsgericht Mailand habe Auswirkungen u. a. für die Grundrechte von Personen mit schweren Gehirnverletzungen aus Art. 2 EMRK sowie Art. 3 EMRK. Zudem würde die Entscheidung Personen mit schweren Gehirnverletzungen ethisch, psychologisch, sozial und rechtlich berühren und ihnen schwere und unbillige, zu einer erheblichen Diskriminierung schwer behinderter Personen führende Schäden zufügen.

Obwohl die Klage in der Sache zurückgewiesen wurde[85] und der EGMR zu den inhaltlichen Kriterien für die Zulässigkeit eines Behandlungs- bzw. Ernäh-

83 Nachweise hierzu insgesamt bei Luther EuGRZ 2009, S. 198 (199).

84 Die Thematik ist u. a. verfügbar unter http://www.spiegel.de/panorama/gesellschaft/0,1518,605164,00.html (Stand: 05. Februar 2009).

85 Hierzu Kopetzki RdM 2009, S. 100 *„Aus juristischer Sicht verwundert die Zurückweisung der Beschwerde durch den EGMR nicht. Sie erfolgte auch zu Recht: Denn die von den Beschwerdeführern angeführten „ethischen, psychologischen, sozialen und juristischen" Auswirkungen der bekämpften Gerichtsentscheidung auf andere Personen im*

rungsabbruches bei entscheidungsunfähigen Patienten somit nicht Stellung nehmen musste, führte er *orbiter dictu* gleichwohl aus, dass *„Art. 2 und Art. 3 EMRK (...) gewisse Aspekte der körperlichen Integrität schützen und (...) den Konventionsstaaten positive Verpflichtungen auferlegen. Die Anwendung einer medizinischen Behandlung ohne Einwilligung des erwachsenen, geistig gesunden Patienten oder des Sachwalters eines rechtlich nicht einwilligungsfähigen Patienten stellt einen Eingriff in die physische Integrität dar, der diese Rechte in Frage stellen kann"* - im Ergebnis sprach sich der EGMR somit dafür aus, dass passive Sterbehilfemaßnahmen auf Grundlage des durch die gesetzlichen Vertreter ausgedrückten Willens des Kranken zumindest im Prinzip anzuerkennen seien.

B. Die rechtliche Bewertung des medizinischen Behandlungsabbruchs im Strafrecht

I. Überblick über die Rechtsprechung: Die Entscheidung des östOGH vom 07. Juli 2008

Im Rahmen des der zivilrechtlichen Entscheidung des östOGH vom 07. Juli 2008, 6 Ob 286/07p zugrunde liegenden Lebenssachverhaltes hatten sich die Richter des 6. Senats des österreichischen Höchstgerichts zum ersten Mal mit der Strafbarkeit des Abbruchs der lebenserhaltenden künstlichen Ernährung bei einer entscheidungsunfähigen Patientin zu befassen. Sie kamen zu dem Urteil, dass ein solcher Behandlungsabbruch in engen Grenzen über die Fälle einer erklärten Behandlungsverweigerung hinaus auch bei einer bloß mutmaßlichen Verweigerung zulässig sei.

1. Der zugrunde liegende Sachverhalt

Der Entscheidung vom 07. Juli 2008 lag eine Erbrechtsklage[86] zugrunde, in deren Rahmen auch zu prüfen war, ob in der Sache ein Fall von versuchter passiver Sterbehilfe vorlag.

Wachkoma waren rein symbolischer Art und richteten sich gegen eine Rechtslage bzw. gegen gerichtliche Verfahren, durch die die Beschwerdeführer rechtlich in keiner Weise betroffen waren. Die Individualbeschwerde der EMRK, bietet kein Instrument, um in ethisch und gesellschaftspolitisch strittigen Fragen in abstracto und im Wege einer „Popularklage" eine bekenntnishafte Entscheidung des EGMR zu erzwingen".

86 Ungültigkeit eines Testaments; Erbunwürdigkeit nach § 540 Absatz 1, Alt. 1 ABGB.

Klägerin war die gemeinsame eheliche Tochter des Beklagten sowie der am 14. November 2002 verstorbenen Erblasserin. Diese waren je zur Hälfte Eigentümer einer Liegenschaft samt einem darauf errichteten Hotel, in welchem sie gemeinsam wohnten. Zum Todeszeitpunkt waren die Erblasserin und der Beklagte bereits um die 60 Jahre verheiratet. Am 02. Februar 2000 hatte die Erblasserin ihr Testament abgeändert und seitdem nicht mehr wie in den Jahren 1968 und 1983 die Klägerin, sondern den Beklagten als Alleinerben eingesetzt. Am 23. März 2001 erlitt die Erblasserin sodann einen Hirnschlag und wurde ins Krankenhaus eingeliefert, wo man sie primär wegen eines zerebralen Multiinfarktgeschehens sowie verschiedener Organschäden behandelte. Aufgrund ihres äußerst schlechten Gesundheitszustandes waren der Beklagte und die schon seit längerer Zeit engagierte Betreuerin (Pflegerin) der Ehegatten nicht mehr in der Lage, die Erblasserin zu Hause entsprechen zu versorgen, so dass sie am 19. April 2001 in die Pflegeabteilung einer Seniorenwohnanlage eingeliefert und ihr letztlich die Pflegestufe 7 anerkannt wurde. Ihren gesundheitlichen Zustand betreffend ließ sich das Pflegepersonal im Rahmen des Pflegegeldverfahrens dahingehend ein, dass die Erblasserin ein kompletter Pflegefall sei, da sie nur gelegentlich einige Antworten geben sowie nicht essen könne und wolle, weshalb ihr eine PEG-Sonde gesetzt wurde. Sie könne weder gehen noch stehen, sei harn- und stuhlinkontinent und eine zielführende verbale Kommunikation sei mit ihr nicht mehr möglich. Am 26. April 2001 wurde bei der Erblasserin im Krankenhaus eine demenzielle Entwicklung mit zeitweisen Verwirrtheitszuständen bei Parkinson-Syndrom festgestellt. Am 10. Juli 2002 klagte die Klägerin vor dem Landgericht Salzburg auf Feststellung, dass ein am 13. Juli 2001 abgeschlossener Schenkungsvertrag zwischen der Erblasserin und ihr betreffend den Hälfteanteil der Erblasserin an der Liegenschaft rechtswirksam sei. Dem Begehren wurde stattgegeben, obwohl der Beklagte die Geschäftsfähigkeit der Erblasserin bestritt.

Am 15. September 2001 erstattete die Klägerin Anzeige bei der Bundespolizeidirektion Salzburg und führte Folgendes an: Sie habe am 13. September 2001 ihre Mutter im Seniorenwohnheim besucht und von einer ihrer Mitbewohnerinnen die Auskunft erhalten, der sie behandelnde Arzt[87] habe bereits am 08. September 2001 im schriftlichen Auftrag des Beklagten[88] angeordnet[89], bei

87 Welcher die Eheleute zuvor als Hausarzt betreut hatte.

88 Der dabei zugrunde gelegte Brief des Beklagten lautete wie folgt: „*Nach allen intensiven Versuchen ärztlicherseits, die schwere Krankheit mit ihren starken Beschwerden für die Patientin zu mildern, ist nach Ansicht aller, die mit der Behandlung und Betreuung befasst sind, nach menschlichem Ermessen eine Besserung nicht zu erwarten. Daher möchte ich die eventuell lebensverlängernden Maßnahmen nicht mehr angewendet wis-*

der Erblasserin die breiige Nahrung einzustellen. Heimlich wurde ihr jedoch durch einen der Pfleger weiter Flüssigkeit verabreicht sowie Nahrung zugeführt. Auf die mündliche Anordnung des ehemaligen Hausarztes wurden der Erblasserin dann ab dem 13. September 2001 keine Medikationen und keine Nahrung mehr verabreicht, mit Flüssigkeit wurde sie hingegen weiter versorgt. Bis dahin hatte sich ihr gesundheitlicher Zustand noch nicht verschlechtert.

Am 16.09.2001 ordnete die zuständige Staatsanwältin an, die Versorgung der Erblasserin mit Nahrung und Medikamenten wieder aufzunehmen, woraufhin sich zum einen gegen Mittag der Beklagte telefonisch bei der Polizei meldete und aufgebracht fragte, warum man seiner Ehegattin wieder Nahrung gebe, wo er doch sogar schriftlich darum ersucht habe, keine lebensverlängernden Maßnahmen mehr zu setzen. Diesen Brief habe er geschrieben, weil seine Frau nicht mehr in der Lage sei, den Wunsch zu äußern, Nahrung und Medikamente abzusetzen. Zum anderen legte der ehemalige Hausarzt in weiterer Folge die Behandlung der Erblasserin nieder, die er seit Jahrzehnten behandelt und auch durch wöchentliche Besuche im Seniorenheim weiter betreut hatte.

Durch das Landesgericht Salzburg wurden wegen des Verdachts des versuchten Mordes nach §§ 15, 75 öStGB gegen den ehemaligen Hausarzt und den Beklagten Vorerhebungen eingeleitet[90], seitens der Staatsanwaltschaft Salzburg im September 2002 nach Einholung eines Gutachtens der Gerichtsmedizin Salzburg-Linz gemäß § 90 öStPO jedoch wieder eingestellt[91]. Es wurde angemerkt,

---

sen. Diese meine Anordnung erfolgt nach reiflicher Überlegung, um meiner geliebten Frau auch in dieser Situation zu helfen".

89 Er führte an, dass es lediglich um die Einstellung der permanenten Nahrungszufuhr durch die Magensonde gegangen sei, weil sich die Erblasserin regelmäßig erbrochen und erhebliche Schmerzen gehabt habe; eine vollständige Beendigung lebenserhaltender Maßnahmen sei nicht intendiert gewesen, siehe östOGH 6 Ob 286/07.

90 28 Ur 1153/01a

91 In diesem Gutachten war dargelegt worden, dass die Erblasserin im Jahr vor ihrem Tod an einer ganzen Reihe schwerer Erkrankungen gelitten hatte, angefangen von chronischem Nierenversagen, koronarer Herzkrankheit, Schilddrüsenüberfunktion, Diabetes mellitus Grad II, Erkrankungen der Leber und der Gallenwege sowie Arthrose der Kniegelenke bis hin zu einem demenziellen Syndrom. Sie sei eine schwerstkranke Patientin gewesen, bei welcher spätestens ab April 2001 keine Besserung, geschweige denn eine Heilung mehr zu erwarten gewesen sei. Wenn die Erblasserin im März 2001 nach Verweigerung einer Nahrungsaufnahme in das Krankenhaus eingeliefert worden sei, so könne das nicht unbedingt als Willenserklärung bei klarem Bewusstsein und erhaltener Entscheidungsfähigkeit gedeutet werden, sondern ebenso als Folge krankhafter Veränderungen und einer körperlich bedingten Unmöglichkeit zu schlucken. Abschließend verwies das Gutachten auf medizinische Literatur, wonach gerade für alte und sterbende

dass der Beklagte im September 2001 - nach eingehender Beratung mit dem ehemaligen Hausarzt - tatsächlich das Leiden seiner Frau nicht mehr unnötig verlängern, sondern allenfalls abkürzen wollte. Weder dem Beklagten noch dem Hausarzt könnten für ihre Anweisungen an das Pflegepersonal negative oder niedere Motive unterstellt werden. Mitleid als Motiv erscheine sogar wahrscheinlicher. Irgendein finanzielles Interesse des Beklagten an einem früheren Tod seiner Ehegattin sei nicht zu erkennen, zumal der Beklagte von der Schenkung der Erblasserin an die Klägerin Kenntnis hatte und sich daher aufgrund ihres Todes um so mehr von einer möglichen Teilungsklage seiner mit ihm verfeindeten Tochter hätte bedroht fühlen müssen.

2. Die Entscheidungen der Vorinstanzen

Durch das Landesgericht Salzburg als Erstgericht wurde das Klagebegehren abgewiesen und angeführt, dass dem Beklagten ein charakterlich verwerfliches Verhalten nicht vorwerfbar sei. Er habe nicht leichtfertig den Wunsch auf Einstellung lebensverlängernder Maßnahmen bei der Erblasserin geäußert, sondern nach eingehender Beratung mit deren jahrzehntelangem Vertrauensarzt, weil er den Eindruck gehabt habe, dass das Weiterleben für sie nur mehr eine Qual darstelle. Zu berücksichtigen sei auch, dass seine Ehegattin ursprünglich die Nahrungsaufnahme verweigert und sodann die Sondennahrung häufig erbrochen habe. Es sei somit wahrscheinlich, dass der Beklagte nach bestem Wissen und Gewissen zu seiner Auffassung gekommen sei[92]. Damit scheide aber die Annahme einer Erbunwürdigkeit des Beklagten aus.

Das Berufungsgericht - Oberlandesgericht Linz - bestätigte diese Entscheidung und vertrat in der Sache selbst die Auffassung, die von der Klägerin geltend gemachte Verletzung der ehelichen Beistandspflicht (keine Besuche im Seniorenwohnheim und im Krankenhaus, mehrtägige Verweigerung von Nahrung und Medikamenten) durch den Beklagten könne lediglich einen Enterbungsgrund darstellen, nicht jedoch Erbunwürdigkeit begründen. Enterbt habe die Erblasserin den Beklagten aber nicht. In Anbetracht des Leidenszustands der Erblasserin sei dem Beklagten im Übrigen auch kein versuchtes vorsätzliches Tötungsdelikt vorzuwerfen, vielmehr liege allenfalls eine straflose versuchte passive Sterbehilfe vor. Zudem hätte es gar nicht in der Macht des Beklagten selbst gestanden, die Unterlassung allfälliger lebenserhaltender oder lebensver-

---

Menschen Nahrungs- und Flüssigkeitszufuhr oftmals eine unerträgliche Belastung darstellten, die man in solchen Fällen nicht vorschreiben dürfe.

92 Dass es der Wunsch der Erblasserin gewesen wäre, ihre Qualen nicht unnötig zu verlängern.

längernder Maßnahmen zu bewirken oder durchzusetzen[93]. Der bloße Ausdruck seines Wunsches mit dem Motiv, die Qualen und Leiden seiner Ehegattin nicht unnötig zu verlängern, sei nicht strafbar.

3. Die relevanten Entscheidungsgründe

Um den Stellenwert der Entscheidung des östOGH deutlich vor Augen zu führen, ist erneut Grundsätzliches anzuführen: Die ärztliche Behandlungspflicht entfällt nicht nur, sondern wird durch ein Verbot der Behandlung ersetzt, wenn im konkreten Fall eine ausdrückliche, tatsächliche Behandlungsverweigerung durch den betroffenen Patienten vorliegt. Dieser Grundsatz ergibt sich schon aus § 110 Absatz 1 öStGB und wurde[94] innerhalb der gesetzlichen Normierung der Patientenverfügung[95] sowie der Vorsorgevollmacht noch bestärkt.

Hieran knüpft der östOGH in seiner Entscheidung nicht nur an, er geht sogar noch weiter, indem er, mit den Worten *Bernats*[96] gesprochen, *„die Idee des Selbstbestimmungsrechts auf Fälle des (irreversibel) entscheidungsunfähigen Patienten) erstreckt"*. Es wird ein Wegfall der Behandlungspflicht auch im Falle einer nur sog. *inneren* Verweigerungshaltung des betroffenen Patienten angenommen und sich somit für die Zulässigkeit eines Behandlungsabbruchs aufgrund einer bloß mutmaßlichen Einwilligung ausgesprochen. Betont wird gleichfalls, dass mit der Annahme einer solchen mutmaßlichen Einwilligung aus Gründen des Lebensschutzes Zurückhaltung geboten sei. Daher sei eine mutmaßliche Einwilligung in das Sterbenlassen *primär* nur anzuerkennen, wenn sich der Patient dazu vor Verlust seiner Entscheidungsfähigkeit *mündlich* oder *schriftlich* entsprechend geäußert habe. Mit den Ausführungen des östOGH ist somit festzuhalten: Auch wenn der Patient *bloß* mutmaßlich keine weitere Behandlung will, hat der Arzt nicht nur das Recht, sondern die Pflicht, seine therapeutischen Bemühungen abzubrechen[97].

Insgesamt folgt der östOGH damit einer zwar auch in der Vergangenheit schon durch österreichische Strafrechtler[98] vor allem in Anlehnung an angloamerikanische sowie deutsche Rechtsauffassungen mit Nachdruck vertretene,

---

93 Da er *nicht* der gesetzliche Vertreter/Sachverwalter/Vorsorgebevollmächtigte war.

94 Ohne noch folgende Ausführungen vorweg nehmen zu wollen.

95 Wie noch zu erläutern sein wird, kann die Ablehnung einer medizinischen Behandlung iSd § 2 PatVG dabei gleichwohl das Legen einer PEG-Sonde als auch die dadurch ermöglichte künstliche Ernährungs- und Flüssigkeitszufuhr enthalten, siehe JAB 1381 BlgNR 22. GP, S. 2.

96 Bernat JBl 2009, S. 129.

97 Bernat JBl 2009, S. 129 (130).

98 Siehe grundlegend Bernat 1995, S. 51 (56 ff.).

bislang jedoch lediglich als Mindermeinung angesehene Position. Verfolgt insbesondere wiederum *Bernat*[99] nach den Vorgaben der viel beachteten deutschen *„Kemptener-Entscheidung"* des BGH[100] aus dem Jahre 1994 zudem durch einen ergänzenden Rückgriff auf allgemeine Wertvorstellungen eine Lückenschließung für den Fall, dass sich auch die innere bzw. mutmaßliche Haltung des betroffenen Patienten nicht feststellen lässt, lehnt der östOGH ein solches Vorgehen als bloße Verweigerungsfiktion ausdrücklich ab. Unter Bezugnahme auf den ärztlichen Heilauftrag lautet das Fazit hier vielmehr: *„Im Zweifel für das Leben"*[101].

Somit ist festzuhalten, dass der östOGH durch seine Entscheidung vom 07. Juli 2008 zwar grundsätzlich einen Abbruch der lebenserhaltenden Behandlung bei einem entscheidungsunfähigen Patienten auch bei einer bloß mutmaßlichen Einwilligung für zulässig erachtet, die Frage, welche Anforderungen an die Feststellung eines solchen lediglich inneren Willens zu stellen sind, jedoch offen lässt.

II. Die Sterbehilfe als Gegenstand von Reformbemühungen

In Österreich existieren insgesamt nur sehr wenige schriftliche Leitlinien oder Standpunkte der betroffenen Berufsstände oder Gesellschaften, welche sich mit

99 Jüngst etwa wieder Bernat JBl 2009, S. 129 (131).

100 BGH, Urteil vom 13.9.1994, BGHSt 40, 257 ff. = NJW 1995, 204 ff.

101 In der Sache führte der östOGH insgesamt aus, bestanden weder schriftliche noch mündliche Äußerungen der Erblasserin, dass sie möglichst rasch sterben wolle, so dass der Beklagte nicht davon ausgehen durfte, seine Frau sei im Jahre 2001 mit der Leistung passiver Sterbehilfe mutmaßlich einverstanden gewesen. Daher habe sich der Beklagte der Anstiftung zum Mord durch Unterlassen, §§ 2, 12 Absatz 1, Alt. 2, 15 Absatz 2, 75 öStGB, strafbar gemacht und sei aufgrund dessen erbunwürdig nach § 540 Absatz 1, Alt. 1 ABGB geworden. Dem Erstgericht wurde im Rahmen der lediglich kassatorischen Entscheidung weiter aufgetragen, festzustellen, ob der Beklagte sein Schreiben an die Pflegeleitung in der *irrigen Annahme* verfasst habe, seine Frau (die Erblasserin) habe sich vormals dahingehend erklärt, sie wolle, wenn ihr Leben absehbar dem Ende zugeht, möglichst rasch sterben. Sollte der Prozessrichter im zweiten Rechtsgang entsprechende Feststellungen treffen, müsste das Feststellungsbegehren *nach den Vorgaben des östOGH* aufgrund eines Erlaubnistatbestandsirrtums, § 8 Absatz 1 öStGB, abgewiesen werden, siehe insgesamt Bernat JBl 2009, S. 129 (130 f.). Dieser verweist jedoch darauf, dass es sich in der Sache wohl eher um einen indirekten Verbotsirrtums handeln wird, welcher als Erlaubnisirrtum in dem Falle, dass er nicht vorwerfbar war, die Schuld entfallen ließe, § 9 Absatz 1 öStGB.

der Thematik der Sterbehilfe in ihren verschiedenen Ausformungen auseinandersetzen. Zu verweisen ist in diesem Zusammenhang etwa auf den Standpunkt der Österreichischen Ärztekammer, welche im Rahmen ihrer *„Resolution zur aktiven Sterbehilfe"* aus dem Jahre 2001[102] Maßnahmen der aktiven direkten Sterbehilfe eindeutig ablehnt. Vielmehr fordert sie, die derzeitige Rechtslage beizubehalten. Gleiches gilt für den Ökumenischen Rat der Kirchen in Österreich[103]. Des Weiteren haben die Intensivmedizinischen Gesellschaften Österreichs[104] ein Konsenspapier mit der Grundaussage veröffentlicht, *„...dass es Aufgabe und Ziel der Intensivmedizin ist, Leben zu erhalten und nicht Sterben zu verlängern"*. Dieses orientiert sich jedoch in erster Linie an den gesetzlichen Vorgaben, welche das österreichische Strafrecht de lege lata im Zusammenhang mit dem Abbruch medizinischer Maßnahmen bereithält, und verzichtet auf die Aufstellung novellierender Thesen.

In Hinsicht auf Reformbemühungen zur Thematik der Sterbehilfe, insbesondere der aktiven Sterbehilfemaßnahmen, ist allein auf das durch den privaten Arbeitskreis[105] *Menschenwürdig sterben* erarbeitete *„Manifest für die Selbstbestimmung"*[106] zu verweisen. In diesem traten die Verfasser mit konkreten Vorschlägen für umfassende Änderungen des geltenden österreichischen Strafrechts an die Öffentlichkeit. Diese zielen primär auf grundlegende Einschränkungen der strafrechtlichen Sanktionierung der Tötung auf Verlangen durch den § 77 öStGB sowie der Mitwirkung an der Selbsttötung eines anderen durch den § 78 öStGB ab. Zudem sprechen sie sich für die Zulässigkeit der Unterlassung lebenserhaltender Maßnahmen aus. Die Grundposition des Manifests ist: *„Jeder Mensch muss das Recht haben, über das Wann und Wie seines Todes selbst zu entscheiden. Nur dieses Recht garantiert ein menschenwürdiges Sterben"*. Nach Art. I soll das Sterben in Würde der letzte Akt persönlicher Lebenskultur sein. Art. II thematisiert das Ende des Lebens im Zusammenhang mit den Möglichkeiten, welche durch die moderne Medizin offeriert werden. In Art. III werden

---

102 Siehe http://www.aerztekammer.at/?type=module&aid=convert&url=%2Fsrv%2Fdav%2Foak%2Fak-website%2Faktuelles%2Fpa05220601.htm (Stand: 17. Oktober 2010).

103 Erklärung des Ökumenischen Rates der Kirchen in Österreich zum *„Menschenwürdigen Sterben"*, abrufbar unter http://www.oekumene.at/dokumente/mwuerdsterben.htm (Stand: 17. Oktober 2010).

104 Interdisziplinärer österreichischer Konsensus-Arbeitskreis Therapiebegrenzung an der Intensivstation „Empfehlungen zum Thema Therapiebegrenzung und –beendigung an Intensivstationen", WklW 2004, S. 763 ff.

105 Der Arbeitskreis setzte sich zusammen aus Philosophen, Ärzten, Juristen sowie einem Journalisten und Politiker.

106 Arbeitskreis „Menschenwürdig Sterben", Menschenwürdig sterben. Ein Teil unserer Lebenskultur. Ein Manifest für die Selbstbestimmung, Wespennest 1998, S. 7.

darüber hinaus drei Voraussetzungen aufgeführt, welche einem Missbrauch in diesem Zusammenhang vorbeugen sollen[107]. In Art. IV wird schließlich hervorgehoben, dass die Mitwirkung eines Arztes freiwillig zu erfolgen hat und zudem für die aktive Sterbehilfe eine abschließende und klarstellende gesetzliche Regelung gefordert. Das Ende des Manifests bildet Art. V, Information der Bevölkerung, in welchem die Institutionen dazu aufgefordert werden, der Bevölkerung die erforderlichen Informationen zugänglich zu machen. Auch wenn dieses Manifest bereits am 11. Februar 1998 dem damaligen Präsidenten des Österreichischen Nationalrates übergeben wurde, haben sich aus diesem neben grundlegenden öffentlichen Diskussionen[108] jedoch keine Änderungen des geltenden Strafrechts entwickelt, welche den Bereich des medizinischen Behandlungsabbruches einer klarstellenden Regelung zuführen.

III. Sterbebegleitung

Unter den Begriff der *Sterbebegleitung* bzw. dem *Sterbegeleit* oder *-beistand*, auch als *Hilfe im Sterben* sowie in der Literatur als *reine* oder *echte* Sterbehilfe bezeichnet[109] werden neben der Verabreichung von Medikationen zur Schmerzlinderung oder einer zusätzlichen Sauerstoffzufuhr[110], gleichfalls die Gewährung von psychologischen und psychotherapeutischem Beistand und somit seelischem Zuspruch[111] sowie die menschliche Zuwendung und Begleitung des Sterbenden verstanden[112]. Gerade diese Ausformung der Sterbehilfe beinhaltet somit ein starkes gemeinschaftliches ärztlich-pflegerisches (interdisziplinäres) Zusammenspiel[113], welches sich insbesondere Hospize zum Ziel setzen.

---

107 Freiwilliger und schriftlicher Wunsch vor zwei unabhängigen Ärzten, notarielle Beglaubigung bei einem verhandlungsunfähigen Patienten und nachträgliche Benachrichtigung des Gerichtsmediziners.

108 Siehe hierzu die Ausführungen bei Burgstaller JAP 2009/10, S. 200 (203).

109 Vgl. hierzu Erhardt, S. 1 ff.; Geilen JZ 1968, S. 145 ff.; Kienapfel/Schroll, BT 1, Vorbem §§ 75 Rdn. 14 ff.; Verrel JZ 1996, S. 224 (225) Fn. 9; diese Art der Sterbehilfe kommt somit bei ALS-Patienten als auch Apallikern in Betracht.

110 Um dem betroffenen Patienten die Atmung zu erleichtern (die körperliche Stärkung des Betroffenen).

111 Auch für die Angehörigen des betroffenen Patienten.

112 Siehe die Auflistung bei Kneihs, S. 36.

113 Die Richtlinie zur Betreuung von Patientinnen und Patienten am Lebensende der SAMW von 2004 führt in diesem Zusammenhang etwa aus, dass eine weitere zentrale Aufgabe des *Betreuungsteams* in einer wirksamen Symptomtherapie besteht, wozu das Eingehen auf Nöte sowie die Verfügbarkeit und die Begleitung für den Patienten und seine Angehörigen gehören. Dabei sollen alle potentiell hilfreichen technischen und

Dabei ist anzuführen, dass das Ziel einer Schmerztherapie einzig die Schmerzfreiheit bzw. -linderung des Patienten ist, nicht jedoch die Bewusstseinsdämpfung oder -eintrübung, wenn diese auch, abhängig von der Schwere der verabreichten Medikamente, eintreten kann[114].

Ein solches rein auf den Aspekt der Milderung bzw. Linderung abgestelltes Vorgehen unterfällt als *palliative Pflege*[115] einer therapeutischen Maßnahme im weiteren Sinne. Diese ist ebenfalls von der aus dem Behandlungsvertrag resultierenden Pflicht des Arztes umfasst ist, dem Patienten die den Umständen entsprechende bestmögliche medizinische Versorgung zukommen zu lassen[116]. Unabhängig davon, ob der Patient noch entscheidungsfähig ist und somit seinen Wunsch nach einer derartigen Verabreichung noch äußern kann oder aber nicht, ist diese somit nicht nur *zulässig*, sondern vielmehr auch *geboten.*

Dass diese Ausformung des intensivmedizinischen Behandlungsabbruchs grundsätzlich *nicht* den Tatbestand eines Tötungsdeliktes verwirklicht, ist als hM einhellig anerkannt[117], fehlt es bei dieser Fallkonstellation schon am nur bedingten Willen des Helfenden zur Tatbestandsverwirklichung. Bleibt der behandelnde Arzt, welcher zur Schmerzbekämpfung bzw. -linderung bei dem betroffenen Patienten aus dem Behandlungsvertrag primär verpflichtet ist, in dieser Hinsicht untätig, so dass Schmerzen nicht abgewendet werden, kommt eine

---

personellen Ressourcen wie Fachpersonen für psychische, soziale und seelsorgerliche Begleitung bei Bedarf hinzugezogen werden.

114 Insgesamt umfasst das Drei-Stufen-Schema der modernen Schmerztherapie, die sog. *Analgetika-Leiter*, Nichtopiate, schwache Opiate (wie etwa Codein, nicht suchtrezeptpflichtig) und starke Opiate wie etwa Morphium; in allen drei Stufen ist dabei, wenn erforderlich, auch eine Verabreichung von adjuvanten Therapien möglich (Angstlöser, Antidepressiva, Krampfmittel, Neuroleptika, Muskelrelaxantien, Cortison, regionalanästhesiologische Methoden wie gezielte Infiltrationen, Nervenblockaden, Lasertherapie, Akkupunktur, Biofeedback etc.); reicht die Opiatgabe nicht aus, kommt die sog. Patient-Controlled-Analgesis-Pumpe (PCA-Pumpe) zum Einsatz, die vom Patienten per Knopfdruck nach Bedarf selbstständig reguliert wird, vgl. Stellamor/Steiner, S. 68 f., und somit nur beschränkt einsatzfähig ist, da sie dessen körperliche Funktionstüchtigkeit voraussetzt.

115 So auch die Richtlinien der SAMW zur Betreuung von Patientinnen und Patienten am Lebensende von 2004.

116 Die Grundsätze der BÄK zur ärztlichen Sterbebegleitung von 2004 führen hierzu an, dass *„der Arzt (...) verpflichtet (ist), Sterbenden (...), bei denen der Eintritt des Todes in kurzer Zeit zu erwarten ist, so zu helfen, dass sie unter menschenwürdigen Bedingungen sterben können“.*

117 Fabrizy § 75 Rdn. 5; Leukauf/Steininger § 75 Rdn. 7; *Moos* in: WK Vorbem. zu §§ 75 – 79 Rdn. 17.

Strafbarkeit der Beteiligten wegen vorsätzlicher Körperverletzung durch Unterlassen, §§ 83, 2 öStGB, in Betracht.

IV. Sterbehilfe

1. Aktive Sterbehilfe

Unter aktiver Sterbehilfe werden insgesamt Maßnahmen verstanden, welche sich in Form eines aktiven Tuns des Täters in der Person des Patienten lebensbeendend bzw. -verkürzend auswirken. In diesem Rahmen sind mit der *aktiven indirekten Sterbehilfe* sowie der *aktiven direkten Sterbehilfe* grundsätzlich zwei verschiedene Ausformungen mit differenzierender rechtlicher Bewertung erfasst.

a. Die aktive indirekte Sterbehilfe

Den ersten Unterfall der aktiven Sterbehilfe bilden die aktiven indirekten Sterbehilfemaßnahmen.

aa. Begriff

Von aktiver *indirekter* Sterbehilfe[118] ist die Rede, wenn schmerzstillende oder -lindernde Medikationen wie etwa Morphium verabreicht werden[119], die im Unterschied zur obig angeführten *Sterbebegleitung* jedoch als Nebenwirkung mit dem Risiko einer möglichen Beschleunigung des Todeseintritts und somit mit

118 Für die zugrunde liegende Bearbeitung kann diese Form der Sterbehilfe und die Erörterung der Frage einer damit einhergehenden Strafbarkeit der Beteiligten insbesondere Bedeutung für den ALS-Patient erlangen: Dies ist namentlich der Fall, wenn ein solcher in einer Patientenverfügung für den späteren Eintritt seiner faktischen Entscheidungsunfähigkeit festgelegt hat, dass von dem behandelnden Arzt Medikationen verwendet werden sollen, welche in seiner Person eine lebensverkürzende Wirkung nach sich ziehen können. Für den Apalliker entfaltet diese Art der Sterbehilfe hingegen keine eigenständige Bedeutung, da dieser in der Regel, wie ausgeführt, nicht mehr über ein Schmerzempfinden verfügt.

119 Hierbei ist darauf zu verweisen, dass im Rahmen der indirekten aktiven Sterbehilfe lediglich solche Dosierungen zulässig sind, welche zur Schmerzlinderung bei dem jeweiligen Patienten medizinisch indiziert sind, es gilt somit, je stärker die Schmerzen, desto höher die Dosierung und desto größer die Beschleunigung des Todeseintrittes. Eine eindeutige Überdosierung hingegen geht in die Richtung der direkten aktiven Sterbehilfe und ist gemäß der §§ 75 bzw. 77 öStGB strafbar, bei Fahrlässigkeit ist auf § 80 öStGB zurückzugreifen, siehe hierzu *Moos* in: WK Vorbem. §§ 75 – 79 Rdn. 23.

einer Lebensverkürzung[120] bei dem betroffenen Patienten verbunden sind[121]. In diesem Fall handelt der *Täter* in der primären Absicht, die Schmerzen des betroffenen Patienten zu lindern und nimmt zu diesem Zwecke dessen ernstlich für mögliche gehaltene Tötung in Kauf, d. h. er findet sich mit der lebensverkürzenden Wirkung des schmerzstillenden oder -lindernden Medikamentes iSd § 5 Absatz 1 Zeile 1, HS. 2 öStGB[122] ab[123].

Bevor im Folgenden nun auf die im Zusammenhang mit dieser Form von Sterbehilfe vertretene rechtliche Bewertung einzugehen ist, soll zunächst in einem kurzen Überblick die ethisch begründete Argumentation bei der Lösung dieses Problems zur Darstellung gelangen.

bb. Die ethische Grundlage der indirekten Sterbehilfe: principium duplicis effectus

Zur Differenzierung zwischen aktiver direkter sowie aktiver indirekter Sterbehilfe wurde in der ethisch angesiedelten Literatur die Figur des sog. *principium duplicis effectus*[124], dem *Prinzip der Doppelwirkung*, auch als *actio duplicis effectus*[125] oder *rule of double effect*[126] bekannt. Diese kommt in Situationen zur Anwendung, in denen es für eine Person unmöglich ist, alle gefährdenden Handlungen zu vermeiden und in welcher der Betroffene somit entscheiden muss, ob eine potentiell schädliche Handlung[127] einer anderen, ebenso gearteten Handlung vorzuziehen ist[128].

Insgesamt hat diese Regel vier Voraussetzungen: Zum einen muss die Natur der schädlichen Handlung gut sein, was im Falle der Schmerzstillung bzw. –linderung gegeben ist. Zudem muss der Handelnde seine Intention gerade auf die positive (Schmerzstillung oder –linderung) und nicht die negative Wirkung (Lebensverkürzung) legen, auch wenn die negative Wirkung vorhersehbar war.

---

120 Etwa durch eine dadurch hervorgerufene bzw. damit einhergehende Beeinträchtigung des Kreislaufes, des Atemzentrums im Gehirn, der Sauerstoffsättigung des Blutes etc.

121 So auch angeführt in der Richtlinie zur Betreuung von Patientinnen und Patienten am Lebensende der SAMW von 2004 sowie in den Grundsätzen der BÄK zur ärztlichen Sterbebegleitung von 2004.

122 *Schick* in Bernat, S. 121 (133).

123 *Moos* spricht etwa davon, dass bei der indirekten aktiven Sterbehilfe – er verwendet hier die Begrifflichkeit Euthanasie – der Körper so beeinflusst wird, dass das Leben für den Patienten erträglich bleibt, siehe *Moos* in WK, Vorbem zu §§ 75 – 79 Rdn. 23.

124 Stellamor/Steiner, S. 66.

125 *Schick* in: Bernat, S. 121 (134).

126 Quill/Dresser/Brock N Engl J Med 1997, S. 1768.

127 Die Verabreichung des schmerzstillenden oder –lindernden Medikaments.

128 Die damit einhergehende Lebensverkürzung bei dem betroffenen Patienten.

Dies ist ebenfalls gegeben, da der Hauptzweck in der Linderung des Schmerzes des betroffenen Patienten liegt. Des Weiteren darf die positive Wirkung nicht das Mittel zu dem Zweck sein, die negative herbeizuführen, was sich schon aus vorherig Angeführten gleichsam ergibt. Als letzte Voraussetzung hat eine Abwägung zwischen positiver und negativer Wirkung stattzufinden, welche zugunsten der positiven auszugehen hat. Der Handelnde hat somit eine alle drei Voraussetzungen umfassende Güterabwägung vorzunehmen und sich für die Handlung zu entscheiden, welche den höheren Rang einnimmt[129].

Im Zusammenhang mit aktiven direkten Sterbehilfemaßnahmen ist somit folgende Abwägung zu tätigen: Hat der betroffene Schwerstkranke mit infauster Prognose bzw. moribunde Patient oder aber der ALS-Patient[130] unerträgliche Schmerzen, muss die notwendige Leidensminderung gegenüber der grundsätzlichen ärztlichen Pflicht, dessen Leben zu erhalten bzw. zu bewahren, überwiegen[131].

cc. Die rechtliche Begründung der aktiven indirekten Sterbehilfe

Hinsichtlich der aktiven indirekten Sterbehilfe herrscht innerhalb der in der Literatur hierzu vertretenen Ansichten überwiegend Konsens darüber, dass diese als zulässig anzusehen und frei von einer strafrechtlichen Sanktionierung zu stellen ist[132] - im Ergebnis wird sie der Sterbebegleitung gleichgestellt[133].

Moos[134] führt in diesem Zusammenhang jedoch an, dass die erlaubte indirekte aktive Euthanasie lediglich für tödlich Kranke gedacht sei und erläutert diese Begrifflichkeit dahingehend, dass er auf Personen verweist, die entweder unmittelbar im Sterben liegen oder die in absehbarer Zeit sterben werden, so dass der Todeseintritt durch die Verabreichung der jeweiligen Medikation nur

---

129 Quill/Dresser/Brock N Engl J Med 1997, S. 1768 ff.

130 Der zerebral Schwerstgeschädigte ist grundsätzlich nicht mehr zu einer Kommunikation fähig und wird in der Regel kein Schmerzempfinden mehr haben. Dieser ist in diesem Rahmen somit nicht gegenständlich.

131 A. A. etwa Stellamor/Steiner, welche davon sprechen, dass das *principium duplicis effectus* im Falle aktiver indirekter Sterbehilfemaßnahmen nicht erfüllt ist, da die Lebensverkürzung als mehr oder minder erwünschte Nebenwirkung dem Tatbild eines mit dolus eventualis ausgeführten Mordes entspreche.

132 Leukauf/Steininger § 75 Rdn. 9; *Moos* in: WK Vorbem. zu §§ 75 – 79 Rdn. 20 ff.; *Schick* in: GedS-Zipf, S. 393 (401); Schmoller ÖJZ 2000, S. 361 (371 ff.).

133 Vgl. hierzu etwa schon von Liszt, S. 183, welcher in diesem Kontext vom *„Gebot reiner Menschlichkeit"* spricht.

134 *Moos* in: WK Vorbem zu §§ 75 – 79 Rdn. 23.

beschleunigt wird. Er führt weiter aus, dass die Einschränkung auf Moribunde[135] allerdings bei der Definition der indirekten aktiven Sterbehilfe nicht immer beachtet werde, so dass sich ihr Anwendungsbereich theoretisch auch auf Fälle aussichtslos unerträglicher Schmerzen, aber ohne Letalität der Krankheit erstrecken könne[136]. Er kommt daher zu dem Fazit, dass solche Fälle vom Grunde her zwar nicht erfasst werden sollen, sich jedoch kaum ausschließen ließen.

Um einiges diffiziler gestaltet sich wegen des doch zumindest bedingten Tötungsvorsatzes hingegen die rechtliche Begründung dieser Ausnahme vom strafrechtlichen Tötungsverbot der §§ 75 ff. öStGB und gehört in der österreichischen Rechtsordnung zu einer der umstrittensten Fragen der strafrechtlichen Dogmatik[137]:

Vereinzelt wird die Frage der Straflosig- oder Strafbarkeit anhand einer Abgrenzung nach der Willensausrichtung beurteilt und somit auf die jeweilige Art des in der Person des Verabreichenden vorliegenden Vorsatzes abgestellt. So wird die Straflosigkeit im Allgemeinen formelhaft bejaht, wenn die Lebensverkürzung eine unbeabsichtigte, aber in Kauf genommene, unvermeidbare Nebenfolge der Verabreichung eines schmerzstillenden bzw. schmerzlindernden Medikamentes durch den Verabreichenden ist. Daraus würde folgen, dass die Abgrenzung innerhalb der Vorsatzformen je nach der Intensität des Willens zu treffen wäre: Bei Absicht des Verabreichenden, § 5 Absatz 2 öStGB, wäre ein Fall der strafbaren direkten aktiven Sterbehilfe anzunehmen, bei Normalvorsatz, § 5 Absatz 1 Satz 1 öStGB, Wissentlichkeit, § 5 Absatz 3 öStGB, sowie Eventualvorsatz, § 5 Absatz 1 Satz 2 öStGB, läge jedoch ein Fall der straflosen indirekten aktiven Sterbehilfe vor. Dem wird jedoch entgegengehalten, dass die Grenze zwischen strafbarer direkter und nicht strafbarer indirekter aktiver Sterbehilfe praktisch davon abhänge, wie der Arzt, welcher eine derartige Medikation verabreicht hat, seine hinter der Verabreichung stehende Gesinnung darstelle. Im Ergebnis würde eine solche rein subjektive Differenzierung somit willkürlichen Charakter aufweisen. Da sie zudem auch keine Stütze im Gesetz selbst finde, sondern § 5 Absatz 1 öStGB vielmehr widerspreche, sei sie somit als untauglich zu verwerfen[138].

---

135 Der Vollständigkeit müsste hier zudem die Gruppe der Schwerstkranken mit infauster Prognose angeführt werden.

136 Was unter Bezugnahme auf die der Ausarbeitung zugrunde liegenden Patientengruppen etwa im Falle eines Locked-In-Patienten der Fall sein kann.

137 Siehe hierzu insgesamt *Moos* in: WK Vorbem. zu §§ 75 – 79 Rdn. 26 f.; derselbe JZ 1991, S. 9 ff.

138 Vgl. *Moos* in: WK Vorbem. zu §§ 75 – 79, Rdn. 27; Schmoller ÖJZ 2000, S. 361 (372).

Im Gegensatz zur diesbezüglichen Haltung in der Rechtsprechung und im Schrifttum Deutschlands[139] wird die Anwendung von Rechtfertigungsgründen zur dogmatischen Begründung der Straflosigkeit im Zusammenhang mit indirekten aktiven Sterbehilfemaßnahmen in Österreich überwiegend als zweifelhaft angesehen[140]. Im Rahmen des Diskurses um eine Rechtfertigung in Form des in Österreich gesetzlich nicht geregelten, jedoch allgemein anerkannten Instituts *des rechtfertigenden Notstandes* wird als Kontra-Argument das Hauptaugenmerk darauf gelegt, dass die Einwilligung in die eigene Tötung für den Einzelnen nicht möglich sei. Dieser Ausweg über eine Interessenabwägung des Patienten scheide somit aus[141]. Die indirekte Herbeiführung des Todes ändere lediglich den Modus der Tötung, jedoch nichts an dieser selbst. Zudem wird angeführt, die Schmerzlinderung sei kein höherwertiges Rechtsgut als das Leben selbst, der Wert des Lebens hänge nicht von seiner voraussichtlichen Dauer ab. Dieser Ansicht wird in Anlehnung an die deutsche Grundhaltung in diesem Zusammenhang innerhalb des österreichischen Schrifttums insbesondere u. a. von *Bernat*[142] und *Schmoller*[143] entgegengehalten, dass die Schmerzlinderung als höherer Wert als das Leben des Betroffenen eingeschätzt werden müsse, sofern der betroffene Patient ausdrücklich[144] seinen Wunsch gegenüber einer solchen Art von Sterbehilfe geäußert bzw. normiert habe. Das Leben des Betroffenen dürfe als ultima ratio somit *aufgeopfert* werden.

Neben der Möglichkeit der Rechtfertigung der indirekten Sterbehilfe über den rechtfertigenden Notstand, werden jedoch noch weitere Begründungsmodelle angeführt: Dies ist etwa die Rechtfertigung (oder schon der Tatbestandsausschluss) durch einen Rückgriff auf den medizinisch indizierten und lege artis ausgeführten *Heileingriff* bzw. durch die ärztliche *Berufspflicht* zur Linderung von Schmerzen[145]. Eine solche scheide nach Ansicht einiger[146] jedoch aus dem Grunde aus, dass eine aktive *Heil*behandlung (bzw. ein Heileingriff), die bewusst und gewollt den Tod des betroffenen Patienten herbeiführt, ein Widerspruch in sich selbst sei. Als weiteres Begründungsmodell wird zudem auf eine Rechtfertigung über die Figur des *erlaubten Risikos* zurückgegriffen. Dieser spezielle Rechtfertigungsgrund für die riskante Verletzung Verunglückter, wel-

139 Siehe hierzu noch an anderer Stelle.

140 Siehe hierzu etwa *Moos* in: WK Vorbem. zu §§ 75-79 Rdn. 28.

141 Diesen Weg gehen etwa in Deutschland jedoch sowohl die Rechtsprechung als auch der Großteil der Lehre, siehe dazu noch im Folgenden.

142 Bernat WmW 1996, S. 195 (196).

143 Schmoller ÖJZ 2000, S. 361 (372).

144 Bzw. *mutmaßlich*, dazu aber erst im Folgenden.

145 Diesem zustimmend: Gunzinger, S. 128.

146 Etwa *Moos* in: WK Vorbem. zu §§ 75-79, Rdn. 28.

che wiederum hauptsächlich im deutschen Schrifttum Anwendung findet, wird von österreichischer Seite[147] Folgendes entgegengehalten: Er greife deswegen nicht durch, weil in seinem Rahmen ein Tötungsrisiko mit ungewissem Ausgang bestehen müsse. Bei der indirekten aktiven Sterbehilfe gestaltet sich die Lage jedoch in der Regel so, dass der Umstand einer Lebensverkürzung resultierend aus der Verabreichung schmerzstillender bzw. schmerzlindernder Medikationen ein Faktum ist. *Lediglich* in den Fällen, in denen die Kausalität der Verabreichung einer derartigen Medikation zwar nachgewiesen werden könne, deren lebensverkürzende Nebenwirkung jedoch gleichwohl aus ex ante-Sicht objektiv als ungewiss eingeschätzt wurde, käme die Anwendung des erlaubten Risikos als Rechtfertigung *analog* in Betracht.

Einer *generellen* Exkulpierung einer aktiven indirekten Sterbehilfemaßnahme aus Mitleid durch den Entschuldigungsgrund des entschuldigenden Notstandes des § 10 Absatz 1 öStGB wird entgegengehalten, dass diese an dessen objektiven Korrektiv der Unverhältnismäßigkeit scheitere, da die (auch indirekte) Tötung eines Sterbenden in Anbetracht des Grundsatzes, dass das Leben bis zu seinem Ende rechtlich vollwertig ist[148], unverhältnismäßig schwerer wiege[149] als die Beendigung seiner Qualen[150].

Nachdem vorgenannte Begründungsversuche im österreichischen Schrifttum in der Regel als nicht überzeugend abgelehnt werden, besteht hingegen in Bezug auf das folgende Modell ein überwiegender Konsens: Die Straflosigkeit im Falle einer indirekten aktiven Sterbehilfemaßnahme damit zu begründen, dass dem Handelnden der durch die Verabreichung eines Medikamentes zum Zwecke der Schmerzstillung bzw. –linderung als Nebenwirkung mit einhergehende, beschleunigte Todeseintritt *nicht objektiv zurechenbar* sei[151]. Dabei wird angeführt, dass sich die objektive Zurechnung auf das Unrecht der zur Beurteilung anstehenden Handlung beziehe. Die Zurechnung der Handlung als Unrecht erfolge nach dem objektiven Urteil über den spezifischen Unwert der konkreten Handlung. Im Falle der Verabreichung eines medizinisch indizierten Medikamentes zum Zwecke der Schmerzbekämpfung überschreite diese jedoch nicht die verbotstypische Risikoschwelle der Unrechtszurechnung zum Mord bzw. Totschlag, ein solches Verhalten sei vielmehr nicht vom sozial relevanten Risi-

147 So *Moos* in: WK Vorbem. zu §§ 75-79 Rdn. 28.

148 *Moos* in: WK Vorbem. zu §§ 75 – 79 Rdn. 7.

149 Bzw. aus der Perspektive des objektiven materiellen Rechts vielmehr schwerer wiegen muss.

150 *Schick* in: Bernat, S. 121 (132); Schmoller ÖJZ 2000, S. 361 (369).

151 So *Bernat* in: FS-Deutsch, S. 443; Kienapfel/Schroll, BT 1, Vorbem §§ 75 ff. Rdn. 18; Leukauf/Steininger § 75 Rdn. 9; *Moos* in: WK Vorbem. zu §§ 75 – 79 Rdn. 29 f.; *Schick* in: Bernat, S. 121 (134; 139); *Steininger* in: Triffterer, Vorbem. zu § 2, Rdn. 82.

kobereich bzw. dem Schutzzweck der §§ 75 ff. öStGB erfasst. In einem Falle dieser Art von indirekter aktiver Sterbehilfe greife die Sozialadäquanz[152] als Schranke mit der Folge ein, dass dem Handelnden der durch die Verabreichung einer solchen Medikation eintretende Tod nicht objektiv zurechenbar sei. *Moos*[153] führt in diesem Zusammenhang an[154], dass ein Verbot der Schmerzstillung[155] sowohl eine unerträgliche Rohheit gegen den betroffenen Patienten wäre als auch eine unerträgliche Rücksichtslosigkeit gegen andere, die helfen könnten, aber zur Untätigkeit und zum Mitleiden verurteilt wären.

dd. Ergebnis

Insgesamt ist somit zu dem Ergebnis zu gelangen, dass diese Ausformung der Sterbehilfe übereinstimmend als nicht strafbar zu bewerten ist, unabhängig davon, welche rechtliche Begründung der einzelne für überzeugend halten mag, sei es somit aufgrund des Fehlens eines dem Verabreichenden objektiv zurechenbaren Verhaltens oder aber bei der Anwendung des Rechtfertigungsgrundes des rechtfertigenden Notstandes. Folglich darf bei einem Patienten in Anbetracht der aufgrund unerträglicher Schmerzen notwendigen Leidensminderung eine etwaige Lebensverkürzung in Kauf genommen werden, da einer solchen Minderung gegenüber – wenn der Betroffene ALS-Patient dies entweder ausdrücklich wünscht bzw. seitens des Patienten im Rahmen einer Vorausverfügung deklariert wurde - der grundsätzlichen ärztlichen Pflicht Leben zu erhalten bzw. zu bewahren, der Vorrang einzuräumen ist.

b. Die aktive direkte Sterbehilfe

Unter aktiver direkter Sterbehilfe werden Maßnahmen verstanden, welche von dem Vorsatz getragen werden, aktiv den Eintritt des Todes eines anderen Menschen herbeizuführen bzw. zumindest mit zu verursachen[156], auch als *unechte Sterbehilfe* bzw. generell als *Hilfe zum Sterben* bezeichnet[157]. Diese Art der

152 D. h. die sozialethische Akzeptanz der einen Schmerz bekämpfenden Handlung.

153 *Moos* in: WK Vorbem. zu §§ 75-79 Rdn. 30.

154 Was verwundert, da gerade dieser Autor auf dem restriktiven Standpunkt steht, aaO, dass dem Einzelnen die Einwilligung in seine Tötung nicht zustehe und auch im Falle der indirekten Sterbehilfe hiervon keine Ausnahme zu machen sei; zudem führt er im Rahmen der Auseinandersetzung rund um die dogmatische Begründung einer indirekten Sterbehilfe u. a. des Weiteren an, dass diese eine bewusste und gewollte Tötung sei, eine Differenzierung findet jedoch nicht statt.

155 Durch die Folge einer Strafbarkeit wegen der lebensverkürzenden Nebenwirkung.

156 Stellamor/Steiner, S. 276.

157 Siehe Kienapfel/Schroll, BT 1, Vorbem §§ 75 ff. Rdn. 15.

Sterbehilfe ist in Österreich als Ausdruck der in den §§ 75 ff. öStGB generell angeordneten Pönalisierung der Tötung eines anderen Menschen grundsätzlich verboten[158].

Im Fall der Vornahme von Maßnahmen durch den Arzt, die als direkte Folge die Lebensverkürzung des betroffenen Patienten nach sich ziehen, kommen grundsätzlich folgende strafrechtliche Bewertungen in Betracht. Vollzieht sich die Vornahme einer Maßnahme durch den Ausübenden gegen den Willen des Patienten, kommt Mord gemäß § 75 öStGB bzw. Totschlag gemäß § 76 öStGB in Betracht. Da Sterbehilfemaßnahmen nach dem gewählten Verständnis jedoch zumindest dem Willen des Patienten *entgegenkommen* müssen, sind in diesem Zusammenhang vielmehr die beiden folgenden Tatbestände von vordergründiger Relevanz[159]: Erfolgt die Tötung des Betroffenen auf dessen ernstlichen und eindringlichen Wunsch, kann der Tatbestand der Tötung auf Verlangen, § 77 öStGB, erfüllt sein und zudem ist grundsätzlich auch an die in Österreich strafrechtlich sanktionierte Mitwirkung an einer Selbsttötung in der Tatbestandsalternative der Hilfeleistung gemäß § 78 Absatz 1 Zeile 1, Alt. 2 öStGB zu denken.

Zwar erscheint es schon nicht angebracht, darauf zu verweisen, dass die aktive direkte Tötung in jedem Fall dann strafwürdig ist, wenn der betroffene Patient einen wie auch immer gearteten Lebenswunsch hat[160]. Jedoch scheint der generellen Selbstverständlichkeit des Tötungsverbotes unter Heranziehung der von alters her geltenden Rechtsmaxime *„volenti non fit iniuria“*[161] eine Einschränkung zu widerfahren, wenn der entscheidungsfähige Patient die Herbeiführung seines Todes vom Arzt ernstlich und eindrücklich verlangt oder diesen bittet, ihm bei der Selbsttötung Hilfe zuleisten. Vielmehr ist dieser Hypothese jedoch damit zu begegnen, dass auch eine Einwilligung in die Verletzung die Verletzungshandlung nicht in jedem Falle zulässig macht, wobei etwa auf das Sittenwidrigkeitskorrelat des § 90 öStGB verwiesen werden kann. Die Rechtsordnung billigt der Einwilligung somit nicht generell ihre rechtfertigende Wirkung dahingehend zu, den Unrechtsgehalt einer Tat zu beseitigen. Das Ergebnis

---

158 *Schick* in: Bernat, S. 121 ff.; Schöch ZRP 1986, S. 236 ff.; *Starz* in: Bernat, S. 97 ff., wobei anzumerken ist, dass daraus nicht zwingend die Strafbarkeit des agierenden Täters folgen muss, siehe hierzu noch im Folgenden.

159 Oftmals ist aufgrund des im Nachhinein bestehenden Unvermögens, den jeweiligen Willen eines verstorbenen Patienten abschließend und verbindlich zu eruieren, eine exakte rechtliche Einordnung von Sterbehilfemaßnahmen, welche aktiv vorgenommen wurden, sehr schwierig.

160 Zudem wäre ein solches Vorgehen vielmehr auch nicht unter den dieser Ausarbeitung zugrunde liegenden Sterbe*hilfe*begriff zu subsumieren.

161 *„Dem Einwilligenden geschieht kein Unrecht“.*

hängt entweder ab von der Beantwortung der Frage über die Reichweite der Einwilligung bzw. entscheidet sich an der jeweils vertretenen Bedeutung des Rechtsgutes Leben. Hierzu führt *Bernat*[162] Folgendes aus: Er weist darauf hin, dass an dem Bestand des Rechtsgutes Leben nicht nur dessen Rechtsinhaber, sondern auch die Rechtsgemeinschaft selbst ein überragendes Interesse besäße, aus welchem für diese zudem besondere Schutzpflichten resultieren. Werde dieses Rechtsgut in Mitleidenschaft gezogen, seien der Verfügbarkeit dieses Rechts auch für den Rechtsinhaber selbst Grenzen absoluter Art gesetzt. Zur Verdeutlichung ist in diesem Zusammenhang anzumerken, dass diese Aussage jedoch nicht dahingehend verstanden werden darf, dass der einzelne Rechtsgutträger *gegen* seinen Willen die Pflicht zum Weiterleben hat oder eine solche Pflicht etwa aus dem Interesse des Staates bzw. der Allgemeinheit an der Erhaltung des Schutzgutes Leben resultiert. Vielmehr kann er grundsätzlich[163] in seinem Sinne über den Bestand seines Lebens entscheiden. So ist auch in diesem Zusammenhang erneut zu betonen, dass das Selbstbestimmungsrecht des Patienten höher bewertet wird als die Lebenserhaltungspflicht des Arztes[164].

Die einzige strafrechtliche Grenze dieser Autonomie liegt darin, dass ein Sterbewilliger de lege lata keine aktive Tötungshandlung *eines anderen* verlangen darf. Er kann somit nicht rechtlich zulässig mit der Wirkung in seine Tötung im Rahmen einer aktiven direkten Sterbehilfemaßnahme einwilligen bzw. diese verlangen, dass das Vorgehen des Täter dadurch gerechtfertigt und somit im Ergebnis straflos sein würde. Dies beansprucht nach der hM in der Regel auch für die Einwilligung bzw. das Verlangen eines Sterbewilligen in extremen Leidensfällen Geltung für sich[165].

aa. Tötung auf Verlangen, § 77 öStGB

§ 77 öStGB, welcher von der herrschenden Meinung[166] in Österreich als eine Privilegierung des Mordes eingeordnet wird und die Strafbarkeit desjenigen festlegt, der einen anderen auf dessen ernstliches und eindringliches Verlangen

---

162 Bernat WmW 1996, S. 195 (196).

163 Jedenfalls solange keine anderen Rechtsgüter Dritter in Mitleidenschaft gezogen werden.

164 *Schick* in: Kopetzki Einwilligung, S. 54 (76).

165 Kienapfel/Schroll, BT 1, Vorbem §§ 75 ff. Rdn. 16; Leukauf/Steininger § 75 Rdn. 8; Lewisch BT 1, S. 14; Nowakowski, S. 133; *Schick* in: Bernat, S. 121 (132); Schmoller ÖJZ 2000, S. 361 (368).

166 Etwa Kienapfel/Schroll, Studienbuch, BT I, § 77 Rdn. 1; Leukauf/Steininger § 77 Rdn. 1; Lewitsch BT I, S. 10; früher sahen etwa Seiger JBl 1931, S. 458 sowie Tanzer JBl 1946, S. 417 (418) in der Tötung auf Verlangen ein *delictum sui generis* bzw. einen Spezialfall der Selbsttötung.

hin tötet, wird als klassischer Fall der aktiven direkten Sterbehilfe angesehen[167]. Die im Verlangen selbst liegende Zustimmung des Opfers in die Rechtsgutverletzung *„Tötung"* hebt dessen Unrechtsgehalt zwar nicht auf, da diese ansonsten nicht strafbar wäre; die besondere Art der Zustimmung kommt jedoch dem Rechtfertigungsgrund der Einwilligung nahe, so dass der Unrechtsgehalt des § 77 öStGB insgesamt erheblich herabgesetzt ist. Dies schlägt sich in seiner Strafdrohung nieder, welche mit einer Mindeststrafe von sechs Monaten und einer Höchststrafe von fünf Jahren im Verhältnis gesehen zu den sonstigen Tötungsdelikten des öStGB, §§ 75, 76 öStGB, vergleichsweise niedrig bemessen ist[168].

aaa. Grundsätzliches

Als *besondere Krux* dieses Delikts wird zum einen seine enge Verwandtschaft zu § 78 öStGB[169] angeführt[170], da keine feste oder zumindest verlässliche Grenzlinie zwischen den beiden Delikten existiert. Vielmehr tötet sich der Betroffene, das *Opfer*, in beiden Fällen selbst, gemäß § 77 öStGB durch einen anderen, gemäß § 78 öStGB durch Mitwirkung eines anderen. Bei § 77 öStGB steht normativ die Fremdtötung im Vordergrund und die Selbsttötung im Hintergrund, bei § 78 öStGB verhält es sich genau entgegengesetzt. Als weitere Komponente wird dessen sog. *januskopfiger Charakter* angeführt: Im eigentlichen Sinne ist er bezogen auf das *Opfer*, welches selbst nicht mehr in der Lage ist, Hand an sich zu legen, eine Art *Selbsttötung durch fremde Hand* bzw. indirekte Selbsttö-

167 *Moos* in: WK § 77 Rdn. 9.

168 *Moos* in: WK § 77 Rdn. 1 spricht davon, dass bei § 77 öStGB wie bei § 78 öStGB de lege ferenda in Anbetracht der Verurteilungspraxis, die in zwei Drittel der Fälle vom außerordentlichen Strafmilderungsrecht Gebrauch macht, aufgrund der Motivation des Opfers sowie der sittlich verständlichen Konfliktsituation des Täters eine Herabsetzung der Höchststrafdrohung auf Freiheitsstrafe bis zu drei Jahren und Entfall der Untergrenze angebracht wäre.

169 So spricht *Moos* in: WK § 77 Rdn. 5 etwa davon, dass *„vom Opfer her gesehen (...) § 77 und § 78 als unterschiedliche Fälle der Beteiligung an einer Selbsttötung wie ein Geschwisterpaar zusammen (gehören)."*

170 Da dies sowohl in der Theorie als auch in der Praxis nicht selten Abgrenzungsschwierigkeiten in sich birgt, hat der Gesetzgeber die beiden Delikte im Zuge der Gesamtreform von 1975 mit derselben Strafdrohung in Form der Freiheitsstrafe von sechs Monaten bis zu fünf Jahren belegt, siehe hierzu die Ausführungen von Burgstaller JAP 2009/10, S. 200.

tung[171], wird jedoch bezogen auf den Täter als Fall einer *Fremdtötung* angesehen und strafrechtlich sanktioniert[172].

In diesem Zusammenhang gilt es klarzustellen, dass die österreichische Rechtsordnung in § 77 öStGB nicht den durch das Verlangen zum Ausdruck kommenden Wunsch des Betroffenen nach einem *Suizid durch fremde Hand* missbilligt, sondern allein *das Nachkommen* dieses Verlangens *durch einen Dritten* pönalisiert[173], folglich allein die *Involvierung Dritter*. Jedoch kommt hier wie auch in § 78 öStGB gleichwohl die gesellschaftlich ethische Missbilligung der gewaltsamen (Selbst)tötung zum Ausdruck.

bbb. Materiell-rechtliche Ausführungen

Steigt man in die dem § 77 öStGB zugrunde liegende materielle Dogmatik ein, ist festzuhalten, dass für ein *Verlangen* iSd § 77 öStGB nach der hM[174] weder ein bloßes Einverständnis noch ein Hinnehmen oder Billigen einer Tötung durch einen anderen genügt, da es graduell mehr ist als eine Einwilligung. Darüber hinaus darf das Verlangen weder in sich widersprüchlich, noch unbestimmt oder unklar sein[175]. Die *Ernstlichkeit* des Sterbewillens bedeutet des Weiteren etwa, dass der Äußernde seinen Tod wirklich zielstrebig und mit Bestimmtheit wollen muss[176], was darüber hinaus durch das Erfordernis der *Eindringlichkeit* unterstrichen wird, wonach das Verlangen *eindeutig* sein muss. Zudem wird durch die geforderte Eindringlichkeit das schon in der Ernstlichkeit steckende Erfor-

---

171 Für den Selbsttötungscharakter spricht die Tatsache, dass dieses Delikt mit dem Sterbewillen des Opfers steht und fällt. Das Opfer entscheidet über das *„Ob“* und *„Wie“* der Tat, vgl. Kienapfel/Schroll, BT I, § 78 Rdn. 58.

172 Vgl. die Ausführungen bei *Moos* in: WK § 77 Rdn. 5.

173 Zunächst vermag diese Pönalisierung auf den ersten Blick zwar aufgrund der obig zur aktiven indirekten Sterbehilfe erfolgten Ausführungen verwundern: In deren Rahmen wurde angemerkt, dass (auch) der antizipiert geäußerte Wunsch des Patienten nach schmerzlindernden Mitteln im Verhältnis zur Pflicht des Arztes, *dessen Leben zu erhalten,* auch dann überwiegt, wenn diese als Nebenwirkung sein Leben verkürzen und ihn somit töten können. Der Unterschied zu § 77 öStGB liegt jedoch darin, dass die Lebensverkürzung als nur *mögliche* unmittelbare Folge einer Maßnahme durch den Helfer eben nicht dessen Hauptziel ist, sondern *nur zur Vermeidung* von unerträglichen Qualen des Patienten *lediglich* in Kauf genommen wird und dem *principium duplicis effectus* entsprechend auch werden darf. Insgesamt muss jedoch eingestanden werden, dass eine Abgrenzung anhand der entscheidenden jeweiligen *inneren Tatseite des Täters* oftmals schwierig sein kann.

174 Kienapfel/Schroll, BT 1, § 77 Rdn. 12; Leukauf/Steininger § 77 Rdn. 2; *Moos* in: WK § 77 Rdn. 13; Nowakowski, S. 134.

175 *Moos* in: WK § 77 Rdn. 14.

176 *Moos* in: WK § 77 Rdn. 11.

dernis einer besonderen Intensität des Sterbewillens zum Ausdruck gebracht und der Unterschied zwischen dem Verlangen im Sinne einer Aufforderung und einer bloßen Einwilligung verdeutlicht. Insgesamt muss somit ein *besonderes psychologisches Zudringen* bzw. die *Inständigkeit* der Aufforderung an einen Dritten gegeben sein, durch welche/s der spätere Täter von der subjektiven Endgültigkeit des Sterbewillens bei dem betroffenen Patienten überzeugt werden muss[177]. Vereinzelt wird vertreten, dass eine Tötung auf Verlangen auch durch Unterlassen möglich sei[178], etwa dergestalt, dass ein Patient sein Veto gegen die Aufnahme bzw. Fortsetzung jeglicher weiterer medizinischer Maßnahmen kundtut, die sich in Hinsicht auf seine Lebensdauer verlängernd auswirken würden. Nach herrschender Meinung[179] scheidet das Unterlassen der Todesabwehr durch einen Garanten gemäß § 2 öStGB auf Verlangen eines tödlich Erkrankten insgesamt jedoch aus der Strafbarkeit des § 77 öStGB aus, da unter die von diesem erfasste *Selbsttötung durch fremde Hand* nur die Todesverursachung auf sog. *selbstmörderische Weise* falle. Ist aus irgendeinem Grund das Verlöschen des Lebens bereits *körperlich* im Patienten angelegt (Krankheit, Unfall, Drittverschulden etc.) und möchte der Patient dieser schicksalhaften Entwicklung nicht entgegentreten, so greife an dieser Stelle das Selbstbestimmungsrecht aus § 110 öStGB ein und die Garantenpflicht des Arztes erlösche, sog. *Garantenpflichtsperre*[180].

Hinsichtlich der Strafbewertung einer Tötung auf Verlangen ist darüber hinaus Folgendes anzuführen: Nach der herrschenden Meinung in der Lehre[181] sind ärztliche Maßnahmen, welche vorsätzlich gesetzt werden, um das Leben des Patienten zu verkürzen, stets als rechtswidrig einzuordnen. Dies sei auch dann der Fall, wenn sie[182] zum Zwecke der Abkürzung eines qualvollen Sterbens geleistet werden und auf dem ernstlichen und eindringlichen Verlangen eines schwer leidenden Patienten beruhen, dessen Sterbewunsch auch für einen mit den rechtli-

---

177 *Moos* in: WK § 77 Rdn. 28.

178 Siehe hierzu etwa die Ausführungen von *Moos* in: WK § 77 Rdn. 29 ff.

179 Statt vieler etwa *Moos* in: WK Vorbem. zu §§ 75 – 79, § 77 Rdn. 1, § 78 Rdn. 9, so auch *Schick* in: Kopetzki Einwilligung, S. 54 (76).

180 Insgesamt ist diese Thematik dem Bereich der passiven Sterbehilfemaßnahmen zuzuordnen, eine vertiefende Erörterung schließt sich somit sodann in diesem Zusammenhang an. Jedoch ist zur Abgrenzung Folgendes anzuführen: Verlangt der Patient *antizipiert* oder *tatsächlich* seine aktive Tötung durch einen Dritten, greift der Tatbestand des § 77 öStGB, verlangt er hingegen nach einem Unterlassen jeglicher weiterer lebensverlängernden Maßnahmen wird der Bereich passiver Sterbehilfemaßnahmen betreten, welcher sich, siehe oben, nach der herrschenden Meinung nicht nach § 77 öStGB richtet.

181 *Schick* in: Bernat, S. 121 ff.; Schöch ZRP 1986, S. 236 ff.; *Starz* in: Bernat, S. 97 ff.

182 Gleichwohl wie indirekte Maßnahmen.

chen Werten verbundenen Menschen verständlich sein könne[183]. Es wird darauf verwiesen, dass dem Arzt auch beim qualvollen Sterben des betroffenen Patienten keine Befugnis zur aktiven direkten Tötung eingeräumt werden dürfe, sei sie auch von noch so empathischen Beweggründen geleitet. Vielmehr widerspreche dies den grundlegenden ärztlichen Maximen und könnte dazu führen, dass der Behandelnde auch in weniger eindeutigen Fällen zu – etwa nur aus seiner Sicht - erlösenden Mitteln greife[184].

Lediglich vereinzelt wird dieser Ansicht entgegengehalten, dass bei allem Respekt vor dem Achtungsanspruch, den das Leben an sich verdiene[185], dieser nicht dazu führen dürfe, den Respekt vor dem Menschen zu vernachlässigen[186]: Ist die Lage eines Menschen[187] so verzweifelt, dass sein Wille zu sterben auch für einen geistig gesunden, normal veranlagten und rechtstreuen anderen Menschen verständlich sei, so sei dieser *(der Täter)*, der dem Verzweifelten (*dem Opfer)* seinen Willen erfüllt, generell[188] *nicht* nach den §§ 77 f. öStGB zu bestrafen. Solche Fälle bildeten keine Grundlage für eine Kriminalstrafe und seien daher von den Tatbildern der §§ 77 f. öStGB nicht erfasst[189].

Von der österreichischen Rechtslehre[190] nicht anerkannt wird die in Deutschland von verschiedenen Autoren[191] vorgeschlagene Legitimation von aktiven direkten Sterbehilfemaßnahmen *generell* durch den *Rechtfertigungsgrund des Notstandes*[192]. Gleiches gilt für die von einigen wenigen[193] angeführte

183 So auch die diesbezüglichen Ausführungen der SAMW in den Richtlinien zur Betreuung von Patientinnen und Patienten am Lebensende von 2004 sowie in den Grundsätzen der BÄK zur ärztlichen Sterbebegleitung.

184 *Moos* in: Birklbauer, S. 15 (22) mwN, welcher in diesem Zusammenhang das Schlagwort *Mercykilling* verwendet.

185 *Moos* in: WK § 78 Rdn. 3; *Schick* in: Geds-Zipf, S. 393 (405).

186 Schmoller Imago Hominis 1999, S. 115 (122).

187 Etwa im Zusammenhang mit einem an ALS erkrankten Patienten.

188 Wohl im Wege einer teleologischen Reduktion.

189 Bertel/Schwaighofer, BT 1, § 78 Rdn. 3, welche dabei jedoch offen lassen, wie sich eine generelle Straflosigkeit in solchen Fällen rechtlich begründet ließe; jedoch verweist *Moos* in: WK Vorbem. zu §§ 75 – 79 Rdn. 21 darauf, dass sich diese *wohl* auf eine objektive Nichtzurechnung des Handlungsunrechtes berufen würde.

190 Vgl. hierzu nur Lewisch BT 1, S. 14; *Schick* in Bernat, S. 121 (132); Schmoller ÖJZ 2000, S. 361 (368).

191 Herzberg NJW 1986, S. 1635 (1639); Merkel JZ 1996, S. 1145 (1151); *derselbe* in: Hegselmann/Merkel, S. 71 (97) sowie Merkel, S. 552 (578 sowie 639); Otto 56. DJT, S. D 1 (60); dazu Näheres im Rahmen von **§ 4**.

192 Nach welchem es erlaubt sein soll, bei der Interessenabwägung zwischen der Erlösung von großem Leiden einerseits und der Erhaltung einer kurzen Lebensfrist andererseits das Leben des Patienten zu opfern.

193 Vgl. *Hirsch* in: FS-Lackner, S. 597 (609 ff.), ausführlich dazu im Rahmen von **§ 4**.

Auffassung, dass sich *lediglich* im Einzelfall die Möglichkeit des Täters zu rechtstreuem Verhalten aufgrund eines schwerwiegenden Gewissenskonflikt so weit reduzieren könne, dass der Entschuldigungsgrund des (übergesetzlichen) entschuldigenden Notstandes greifen und somit ein Schuldvorwurf nicht zu erheben sei. Hauptsächlich wird ablehnend angemerkt, dass in solchen Fällen, in denen der Täter das Opfer, welches sich aufgrund einer Krankheit in einer verzweifelten Lage befindet, aus Mitleid auf seinen Wunsch hin tötet, eine Rechtfertigung bzw. Entschuldigung kraft Notstandes ausscheide. Diese Rechtsfigur setze stets die Abwendung einer Gefahr voraus, bei der Tötung zum Zwecke der Leidensverkürzung werde aber gerade kein Rechtsgut errettet, sondern vielmehr das Rechtsgut Leben vernichtet[194].

Einer *generellen* Exkulpierung einer Tötung auf Verlangen aus Mitleid durch den Entschuldigungsgrund des entschuldigenden Notstandes des § 10 Absatz 1 öStGB scheitere an dessen objektiven Korrektiv der Unverhältnismäßigkeit, da die Tötung eines Sterbenden bzw. unabhängig von der jeweils vorliegenden pathologischen Prognose unheilbar Kranken in Anbetracht des Grundsatzes, dass das Leben bis zu seinem Ende rechtlich vollwertig sei[195], unverhältnismäßig schwerer wiege[196] als die Beendigung seiner Qualen[197]. Insgesamt wird jedoch darauf verwiesen, dass der Schuldgehalt des § 75 öStGB in § 77 öStGB sehr stark herabgesetzt ist, weil das eindringliche Verlangen des *„Opfers"* für den Täter ein von außen an ihn herangetragener Umstand sei, der wegen der Reife der Motivation für ihn begreiflich sei und auch bei einem rechtstreuen anderen Menschen die innere Hemmung zur Tötung herabsetzen könne. Diese spezielle Motivationslage mindere die Schuld des Täters gemäß § 32 Absatz 2 Zeile 2 öStGB, sie komme somit einem Schuldausschließungsgrunde, § 10 Absatz 1 öStGB, nahe[198]. Die schuldmindernde Wirkung des Verlangens dürfe jedoch nicht erneut in der Strafbemessung berücksichtigt werden, § 32 Absatz 2 Zeile 1 öStGB. Das spezielle Maß der Schuld durch das Verlangen werde im Einzelfall jedoch je nach dem quantifiziert, wie sehr einem rechtstreuen Menschen von der Art des Täters in einer solchen Situation die Befolgung des Verlangens nahe gelegen hätte. Die Tötung eines anderen aus Mitleid und

---

194 Lewisch BT 1, S. 14; *Schmoller* in: Strafrechtliche Probleme, S. 1 (27).

195 *Moos* in: WK Vorbem. zu §§ 75 – 79 Rdn. 7.

196 Bzw. aus der Perspektive des objektiven materiellen Rechts vielmehr schwerer wiegen muss.

197 *Schick* in: Bernat, S. 121 (132); Schmoller ÖJZ 2000, S. 361 (369).

198 Kienapfel/Schroll, BT I, § 77 Rdn. 25; *Moos* in: WK § 77 Rdn. 36.

aus sittlich besonders achtenswerten Beweggründen auf dessen Verlangen hin führen daher zumindest zu milderer Strafe[199].

ccc. Ergebnis

Bittet ein ALS-Patient ernstlich und eindringlich darum, ihn sterben zu lassen und zu diesem Zweck etwa seine künstliche Beatmung sowie seine künstliche Ernährungs- und Flüssigkeitszufuhr zu unterbrechen bzw. nicht fortzuführen, wird nicht der Tatbestand des § 77 öStGB tangiert, sondern in den Problemkreis der passiven Sterbehilfe vorgedrungen. Dies liegt darin begründet, dass im österreichischen Strafrecht nach der herrschenden Meinung[200] eine Tötung auf Verlangen nicht durch Unterlassen verwirklicht werden kann.

Bittet der betroffene Patient jedoch um eine aktive Tötung etwa in Gestalt der Verabreichung einer tödlichen Injektion ist der Anwendungsbereich der Tötung auf Verlangen des § 77 öStGB nicht nur einschlägig, sondern in der Regel auch verwirklicht. Unter Bezugnahme auf obige Ausführungen ist es in diesem Falle de lege lata für den Arzt bzw. einen Dritten in Konformität mit dem österreichischen (Straf-) Recht nicht möglich, dem Wunsch des ALS-Patienten *aktiv* nachzukommen. Daran ändert in der Regel auch dessen spezielle verzweifelte Lage nichts[201], in welcher es emotional verständlich sein wird, dass ein Mensch mit einem solch grausamen Leiden sterben dürfen sollte. So lange jedoch keine grundlegende Änderung der vorherrschenden rechtlichen Situation durch den Gesetzgeber geschaffen wird[202], kann hier in Konformität des Gesetzes *jedenfalls im Allgemeinen* in Anbetracht des hohen Stellenwertes des Schutzgutes Leben kein zur herrschenden Meinung differenzierendes Ergebnis angeführt werden, vom jeweiligen Einzelfall einmal abgesehen. *Bertel/Schwaighofer*[203] führen daher als Konsequenz der herrschenden Meinung sowie der herrschenden Sozi-

---

199 *Moos* in: WK § 77 Rdn. 3, 52.

200 Statt vieler etwa *Moos* in: WK Vorbem. zu §§ 75 – 79, § 77 Rdn. 1, § 78 Rdn. 9, so auch *Schick* in: Kopetzki Einwilligung, S. 54 (76).

201 So beschreibt etwa *Schick* in: GedS-Zipf, S. 393 (394) wie der Locked-In-Patient, dessen Fall im Rahmen seiner Ausführungen u. a. geschildert wird, im Laufe seiner Leidensgeschichte alle Phasen einfühlsamer Reaktionen auf seinen Zustand mitmachte: Ratlosigkeit und Verzweiflung, Zorn, Traurigkeit sowie Phasen des Versuchs, sich mit seinem Schicksal abzufinden bzw. sich zu arrangieren.

202 Siehe etwa diesbezüglich die in dieser Hinsicht grundlegenden Vorschläge im Rahmen des *„Alternativ-Entwurfes eines Gesetzes über Sterbehilfe"* des mit namhaften Professoren besetzten deutschen *Arbeitskreises Sterbehilfe* aus dem Jahre 2006, abgedruckt in Wolfslast/Conrads.

203 So noch Bertel/Schwaighofer, BT 1, in der 9. Auflage von 2006: *"Der Mann muss sich erhängen, solange er dazu fähig ist".*

alethik an, dass eine Person ihrem Leben durch eigene Hand ein Ende setzen muss, so lange sie dazu körperlich noch fähig ist.

Festzuhalten ist somit Folgendes: Verlangt ein ALS-Patient unter Aufwendung seiner ihm letztlich verbliebenen Kommunikationsfähigkeit aufgrund seiner verzweifelten Lage ernstlich und eindringlich darum, ihn zu töten, zieht dieses Vorgehen in der Regel eine Strafbarkeit gemäß § 77 öStGB nach sich. Im Ergebnis kann der Motivation des *„Opfers"* auf der einen sowie der besonderen Konfliktsituation des *„Täters"* auf der anderen Seite[204] jedoch dadurch Rechnung getragen werden, dass der besondere Umstand des Verlangens nach dem Tod in der Strafzumessung berücksichtigt wird. Dies kann zu einer Strafmilderung gemäß § 41 Absatz 1, Zeile 5 öStGB führen, im Einzelfall sogar zu einer Herabsetzung der Strafe auf bis zu *einem Tag*. Von einigen[205] wird in Anlehnung an den deutschen AE - Sterbehilfe von 1986[206] - namentlich an § 216 Absatz 2 AE - ein völliges *Absehen von Strafe* gefordert[207].

bb. Mitwirkung an der Selbsttötung des Patienten, § 78 öStGB

Neben der Tötung auf Verlangen, § 77 öStGB, kommt im Rahmen der aktiven direkten Sterbehilfe generell der nach österreichischem Recht[208] strafbaren Mitwirkung an der Selbsttötung einer anderen Person, § 78 öStGB, ein weiterer entscheidender Stellenwert zu. Wie der Tötung auf Verlangen kommt dieser eine

204 Wobei sich deutlich das Spannungsverhätlnis zwischen dem Selbstbestimmungsrecht des Patienten und der Pflicht des Arztes, Leben zu retten bzw. zu erhalten, akzentuiert.

205 So schon Seiger JBl 1931, S. 456; Schmoller ÖJZ 2000, S. 361 ((370, 377); auch *Moos* in: WK § 77 Rdn. 52 weist darauf hin, dass das allgemeine Rechtsempfinden nicht darunter leiden würde, wenn der Gesetzgeber für solche Extremfälle ein Absehen von Strafe gestatten würde.

206 In welchem zahlreiche namhafte Rechtsgelehrte sowie Angehörige der Praxis aus den Feldern Recht, Medizin und Ethik Vorschläge zur Änderungen in Hinsicht auf die Bewertung von Sterbehilfemaßnahmen zusammengetragen und eine mögliche Modifizierung des Gesetzes unterbreitet haben, insgesamt abgedruckt in Wolflast/Conrads.

207 Ein solches Absehen von Strafe sei gemäß § 216 Absatz 2 AE etwa zu fordern, *„wenn die Tötung der Beendigung eines schwersten, vom Betroffenen nicht mehr zu ertragenen Leidenszustandes dient, der nicht durch andere Maßnahmen behoben oder gelindert werden kann";* siehe hier jedoch schon die Abkehrung von diesem Vorschlag im Rahmen des AE-Sterbebegleitung von 2005, in welchem auf § 216 Absatz 2 AE gänzlich verzichtet wurde, siehe dazu noch im Folgenden.

208 *Moss* in: WK § Vorbem. zu den §§ 75 – 79 Rdn. 22 weist hinsichtlich der Strafbarkeit der Mitwirkung an der Selbsttötung eines anderen nach § 78 öStGB daraufhin, dass das österreichische Recht in dieser Hinsicht im Verhältnis etwa zum deutschen sowie schweizerischen Recht, wo diese nicht oder nur im Fall eines selbstsüchtigen Beweggrundes des Mitwirkenden strafbar ist, *„ebenso konsequent wie unbarmherzig ist"*.

Strafdrohung mit Freiheitsstrafe von sechs Monaten bis fünf Jahren zu[209]. Zur Beantwortung der Frage, warum im österreichischen Recht die Mitwirkung am Suizid eines anderen zum Gegenstand einer Pönalsierung gemacht wird, ist zunächst auf die Bewertung des Suizids selbst einzugehen.

aaa. Die Bewertung des Suizids im österreichischen Recht

Seit Art. XVI des kaiserlichen Patentes vom 17. Januar 1850[210] ist sowohl der Suizid selbst[211] als auch nach dazu im Verhältnis gesehen jüngerer Lehre dessen Versuch[212] in der österreichischen Rechtsordnung nicht mehr strafbar[213].

Der traditionellen herrschenden Meinung im österreichischen Schrifttum gemäß[214] weist der Suizid nichtsdestotrotz einen Unrechtsgehalt auf, er wird trotz eigentlicher Tatbestandslosigkeit[215] rechtlich nicht neutral bewertet[216]. Nicht selten wird innerhalb der Literatur[217] sogar die Ansicht der *Rechtswidrig-*

---

209 Siehe Fn. 163.

210 RGBl. 24, siehe Stellamor/Steiner Bnd. 1, S. 279 Fn. 246.

211 *Moos* in: WK § 78 Rdn. 1; Schmoller ÖJZ 2000, S. 361 (363); so auch Stellamor/Steiner Bnd. 1, S. 279, welche im Nachsatz jedoch widersprüchlich dazu gleichwohl anführen, dass *„das Leben eines anderen aber (...) ein unverzichtbares Rechtsgut (sei)"*.

212 Foregger/Kodek § 78 Anm. II; Kienapfel/Schroll, BT I, § 78 Rdn. 38a; Leukauf/Steininger § 78 Rdn. 6a.

213 *Kneihs* führt hierzu als Beispiel etwa die Formulierung des Tatbestandes des § 78 öStGB an und verweist darauf, dass *„das Gesetz die Ausdrücke „verleiten" statt „anstiften" und „Hilfe leisten" statt „Beihilfe leisten" verwendet"*.

214 Anmerkend sei hier auf die im Verhältnis deutlich liberaleren Einstellungen zur Thematik des Suizides in den Nachbarländern Deutschland sowie auch der Schweiz verwiesen: Dem deutschen StGB ist die Bestrafung einer Mitwirkung am Suizid, ausgehend auch von der Lehre der Akzessorietät von Teilnehmerhandlungen im Verhältnis zur Haupttat, unbekannt, hierzu ausführlich noch im Folgenden; in der Schweiz ist zwar der Selbstmordversuch straflos, die Verleitung und Beihilfe zum Selbstmord gemäß § 115 schwStGB jedoch als Teilnahme an einer nicht tatbestandsmäßigen Haupttat strafbar. Dies seit jeher jedoch mit der gewichtigen Einschränkung, dass der Täter aus selbstsüchtigen Beweggründen handeln muss. Im Falle einer schuldmindernden, altruistischen Motivation wie Mitleid oder bei Gleichgültigkeit ist eine Mitwirkung somit straflos.

215 Kienapfel/Schroll, Studienbuch, BT 1. Vorbem §§ 75 ff, Rdn. 5; *Moos* in: WK § 78 Rdn. 2 führt hierzu begründend an, dass sich die Tötungsdelikte im öStGB auf *„einen anderen"* (Fremdtötung) beziehen, wodurch klargestellt werde, dass die Selbsttötung tatbestandslos sei.

216 Auch als sog. *Verbotslösung* bezeichnet.

217 *Brandstetter* in: Mazal, S. 45 ff.; Leukauf/Steininger § 110 Rdn. 19.

keit des Selbstmordes zu finden sein[218]. Die zugrunde liegende Begründung gestaltet sich durchaus unterschiedlich: So wird von einigen angeführt, dass diese Bewertung aus einem unmittelbaren Rückschluss aus § 78 öStGB selbst erfolge[219], andere wiederum verweisen darauf, dass diese aus einer ebenfalls aus § 78 öStGB herzuleitenden, der Allgemeinheit gegenüber bestehenden Verpflichtung zum Weiterleben zu folgern sei[220]. Wie bereits an anderer Stelle angeführt, sei das menschliche Leben zwar das höchste Rechtsgut des Einzelnen, jedoch lasse sich daraus nicht ableiten, dass dieser frei verfügungsberechtigt sei[221], vielmehr beinhalte es eine besondere indisponible Pflicht. Im Ergebnis sei das Rechtsgut Leben für den Einzelnen somit unverzichtbar[222]. Der Schutz- und Achtungsanspruch des Lebens, den das Wertbewusstsein der Allgemeinheit fordert, umfasse demnach auch den Schutz des eigenen Lebens *vor* dem Rechtsgutsträger selbst. Auch bzw. sogar von gesetzgeberischer Seite wurde sich ausdrücklich zur sozialethischen Verwerflichkeit des Selbstmordes bekannt und das Leben als unverzichtbares Rechtsgut eingestuft[223].

Grundsätzlich ist hierzu anzuführen, dass schon die Einordnung des Suizids als *rechtswidrig* nicht zutrifft, da sich an keiner einzigen Stelle innerhalb der österreichischen Rechtsordnung eine Ge- oder Verbotsnorm erkennen lässt, aus welcher die Pönalisierung des Suizids auch nur hervorgeht[224]. Zudem kann zur Begründung einer *Rechtswidrigkeit* des Suizids nicht formelhaft auf § 78 öStGB verwiesen bzw. eine solche aus diesem hergeleitet werden, da dieser nichts über den Handlungsunwert der gegen sich selbst gerichteten *Tat* des Suizidenten aussagt und diese auch nicht pönalisiert, sondern allein die *Mitwirkung eines Dritten* in den Alternativen des Verleiten sowie des Hilfeleistens daran sanktioniert[225]. In dieser generellen Belegung der Mitwirkung am Suizid mit einer

---

218 Siehe so ebenfalls in den EBRV 1971, S. 242.

219 Leukauf/Steininger § 110 Rdn. 19.

220 *Moos* in: WK § 78 Rdn. 3.

221 Etwa Lotheissen RiZ 1975, S. 2; *Moos* in: WK § 78 Rdn. 3.

222 Stellamor/Steiner Bnd. 1, S. 209, führen etwa aus, dass der Einzelne kein Recht hat, *„sein Leben nach eigenem Gutdünken zu beenden"*.

223 Der sozialethische Sinngehalt der Verwerflichkeit des Selbstmordes ist zurückzuführen auf die Vorschrift des § 139 b StGB, durch welchen 1934 die Teilnahme am Selbstmord als eigenes Delikt eingeführt wurde, siehe das Strafrechtsänderungsgesetz vom 19. Juli 1934, BGBl II Nr. 77/1934; da diese Vorschrift – bis auf eine Herabsetzung des Strafrahmens - unverändert Eingang in den § 78 öStGB gefunden hat, wird diese Intention nunmehr auch darauf bezogen, vgl. EBRV 1971, S. 197. Dem entspricht zudem § 77 öStGB, der die rechtfertigende Einwilligung des Sterbewilligen ausschließt.

224 Siehe hierzu vertiefend bereits die Ausführungen von Kneihs, S. 469 f. sowie insbesondere 485 ff.

225 Siehe Kneihs, S. 487.

Strafbarkeit geht das österreichische Strafrecht im Vergleich mit Deutschland und der Schweiz[226] insgesamt am weitesten, es bestraft unbarmherzig ohne Ausnahme[227]. Festzuhalten ist jedoch, dass § 78 öStGB selbst *nicht* als Ausdruck der Missbilligung des Suizids einzuordnen ist[228] und somit auch nicht als Rettungsanker für die Begründung der Rechtswidrigkeit des Suizids zweckentfremdet werden kann.

Zwar wird argumentiert, die Strafbarkeit des Mitwirkenden lasse sich aus Art. 8 EMRK ableiten, da dieser die durch Art. 2 EMRK gewährte Freiheit sowohl bestätige als auch beschränke. Hierzu wird darauf verweisen, dass unter Art. 8 EMRK etwa der Schutz der Moral in der Gemeinschaft und somit die Sozialethik falle, welche in der Gesellschaft Beiträge Dritter zur Selbsttötung verwerflich erscheinen lasse. Daran ändere auch nichts, dass sich das eigentliche Objekt des Schutzes im Ergebnis rechtmäßig tötet[229]. Dem wird jedoch entgegenzuhalten, dass Art. 2 EMRK kein staatlicher Schutzanspruch zu entnehmen sei, den Rechtsgutsträger vor sich selbst zu schützen, sondern vielmehr iVm Art. 8 EMRK die freie Gestaltung des Privatlebens geschützt werde, von welcher auch das Selbstbestimmungsrecht des Menschen für seine Selbsttötung erfasst werde[230]. Zudem könne die Gegenansicht des Weiteren deswegen nicht überzeugen, weil sich das Verhältnis des Menschen zu sich selbst – wenn dadurch nicht in Rechte Dritter eingegriffen wird - gänzlich der Relevanz für das Recht entziehe[231], was schon aus dem Recht des Einzelnen zur Selbstbestimmung folge. Zudem ließen sich (auch) in der österreichischen Rechtsordnung keine Belege dafür erkennen, dass der Einzelne eine Rechtspflicht zum Weiterleben gegen seinen Willen habe[232] oder eine solche etwa gegenüber der Allgemeinheit bestehe[233].

Abschließend deutlich wird die rechtliche Bewertung des Suizids im österreichischen Recht insbesondere durch die folgenden Ausführungen von *Moos*[234] sowie *Schmoller*[235]: Wenn zwar die Selbsttötung sozialethisch nicht toleriert werde, sei sie für sich aber doch immerhin *rechtlich neutral.* Das heißt im Er-

---

226 Siehe die diesbezüglichen Ausführungen aaO.

227 *Moos* in: WK § 78 Rdn. 4.

228 So *Hirsch* in: FS-Lackner, S. 597 (612); vertiefend zudem Wach, S. 483.

229 Vgl. hierzu die Ausführungen bei Kneihs, S. 360, 493 sowie 503.

230 *Wildhaber* in: Karl, Art. 8 Rdn. 268 f.

231 Fischer, S. 18 f.

232 Siehe hierzu schon Bertel/Schwaighofer, BT 1, § 77 Rdn. 3.

233 So jedoch etwa *Moos* in: WK § 78 Rdn. 3.

234 *Moos* in: WK § 78 Rdn. 3.

235 Schmoller ÖJZ 2000, S. 361 (363), welcher von der Rechtmäßigkeit eines nicht der Ethik entsprechenden Verhaltens spricht.

gebnis, dass der Suizid an sich auch in der österreichischen Rechtsordnung *keinerlei* strafrechtliches Unrecht erfüllt, sondern sich seine grundsätzliche sozialethische Ablehnung allein auf die einvernehmliche Mitwirkung eines Dritten an der Selbsttötung auswirkt. Durch das Verbot des § 78 öStGB ist die Disponibilität über das eigene Leben – wie auch bei § 77 öStGB - somit nur bei Einwirkungen Dritter[236] ausgeschlossen. Der Erhalt des eigenen Lebens hat somit nur dadurch eine überindividuelle, gesellschaftliche Dimension, dass er zur generellen Kriminalisierung der einverständlichen Einwirkung Dritter führt[237].

Das Rechtsgut Leben vereint nach österreichischer Rechtsauffassung somit zwei Wertunsgsaspekte in sich: Zum einen das individuelle Interesse des Einzelnen an der Erhaltung seines Lebens und zum anderen das allgemeine Interesse der Rechtsgutgemeinschaft an der Erhalt des Lebens durch Dritte. Über sein eigenes Interesse kann der Rechtsgutsträger frei verfügen, was zur Straflosigkeit des Selbstmordes sowie des Versuches führt[238]. Über das Interesse der Rechtsgemeinschaft an der Erhaltung des Lebens durch Dritte kann der Rechtsgutsträger jedoch nicht frei verfügen; für Dritte soll das Leben anderer vielmehr *„heilig"* sein, auch wenn es diesem selbst nichts mehr wert ist[239].

Zu verweisen ist abschließend auf die Ausführungen von *Moos*[240], welcher anmerkt, dass die Beurteilung der individuellen Moral eines Menschen, der

236 Zur Ausnahmen im Rahmen von passiven Sterbehilfemaßnahmen noch im Folgenden.

237 *Moos* in: WK § 78 Rdn. 3, führt in diesem Zusammenhang aus, dass nichtsdestotrotz die sozialethische Verwerflichkeit der Selbsttötung zur Grundlage der Rechtswidrigkeit von Eingriffen Dritter werde; unter der Voraussetzung der Beteiligung Dritter wird die Selbsttötung in die gesetzliche Rechtswidrigkeit dieser Beteiligung *hineingezogen*; warum die Mitwirkung an einem Suizid, der für sich betrachtet straflos ist, im österreichischen Recht jedoch gleichfalls mit Strafe belegt wird, ist mit der vorherrschenden Einheitslehre zu begründen: Da die Mitwirkung stets eigenes Unrecht enthalte und vom Unrecht der eigentlichen Haupttat unabhängig sei, wird durch einen Rückgriff auf das Prinzip der objektiven Zurechnung eine angemessene Lösung erzielt: Jeder Deliktserfolg stelle sich als Verwirklichung des speziellen rechtswidrigen Risikos einer Tathandlung dar. Beherrschen bei einem Delikt somit verschiedenen Personen verschiedene Risikosphären für dasselbe Rechtsgut, so sind diese gegeneinander abzuwägen. Für § 78 öStGB bedeutet dies, dass das rechtlich missbilligte Risiko des Mitwirkens an der Selbsttötung gegenüber der vorsätzlichen, einvernehmlichen Fremdgefährdung überwiegt. Trotz einer straflosen (Haupt-) Tat in Form des Suizides ist die Mitwirkung nach österreichischem Recht diesen Grundsätzen zufolge somit gleichwohl eigenständig zu bestrafen, vgl. ebenfalls *Moos* in: WK, § 78 Rd. 4.

238 So schon Liszt, S. 155.

239 *Moos* in: WK § 77 Rdn. 8.

240 *Moos* in: WK § 78 Rdn. 3, welcher zudem anmerkt, dass dieses mitmenschliche Verständnis wohl hinter Art. 115 schwStGB steht, der die Strafbarkeit beteiligter Dritter, wie angeführt, auf deren Selbstsüchtigkeit beschränkt.

selbst Hand an sich legt, im Einzelfall dem generellen gesellschaftlichen ethischen Verdikt entzogen bleiben sollte – die persönliche Moralität, etwa dergestalt, dem eigenen, unerträglichen Leiden selbst ein Ende zu setzen[241], könne bzw. müsse sogar die persönliche Hochachtung des Einzelnen verdienen.

bbb. Die Relevanz des Suizids für die gegenständlichen Patientengruppen

Grundsätzlich liegt *Selbstmord* im spezifischen Sinne des § 78 öStGB begrifflich nur dann vor, wenn jemand vorsätzlich und freiwillig den Tod an sich selbst unmittelbar verursacht. Wie die Mitwirkung an der Selbsttötung auch für die Gruppe der entscheidungsunfähigen Patienten Geltung für sich beanspruchen kann, welche vorliegend gegenständlich sind, zeigen die folgenden Ausführungen. Bezogen auf die äußeren Tatumstände kommt eine Strafbarkeit wegen der Mitwirkung an der Selbsttötung eines anderen in der Alternative der Hilfeleistung gemäß § 78 Absatz 1 Zeile 1, Alt. 2 öStGB im Fall des ALS-Patienten in Betracht[242], wenn man auf ein Vorgehen verweist, welches für diesen Fall primär von *Borasio/Voltz*[243] angeführt wird: Verfügt der ALS-Patient zumindest noch über eine minimale Bewegungsfähigkeit[244] kann ihm mittels eines Berührungsschalters, welcher etwa mit einem Beatmungsgerät[245] verbunden ist, ermöglicht werden, durch dessen Betätigung die Stromzufuhr des für ihn lebenserhaltenden Gerätes zu unterbrechen und in diesem Sinne somit selbstständig über den Zeitpunkt seines Ablebens zu entscheiden. Betätigt der Betroffene den Schalter, hat der Arzt bis zur Einsetzung der Atemnot dergestalt eine medikamentöse Sedierung (etwa wie bei einer Narkose, welche per se für den Patienten nicht gesundheitsschädlich ist) vorzunehmen, dass der unbeatmete Patient diese nicht mehr als solche durchleiden kann und somit zumindest nicht *qualvoll* er-

241 Inwieweit dies für die zugrunde liegende Ausarbeitung mit Bezugnahme auf den entscheidungsunfähigen Patienten Geltung für sich beansprucht noch im Folgenden.

242 Für den Fall des aufgrund einer schwersten zerebralen Schädigung dauerhaft entscheidungsunfähigen Patienten scheidet diese Alternative der Sterbehilfe aus.

243 Borasio/Voltz ZME 1994, S. 145 ff.

244 Nachfolgend ist darauf zu verweisen, dass diese Alternative hauptsächlich im Zusammenhang mit ALS – Patienten angeführt wird und auch für diese nur dann in Betracht kommt, wenn sie noch über die für eine Druckausübung erforderliche, selbst minimalste Bewegungsfähigkeit verfügen; für einen Appaliker, welcher evtl. zwar über diese Fähigkeit verfügen kann, eine Umsetzung jedoch am Bewusstsein über sein Bestehen selbst scheitern wird, scheidet eine solche Alternative jedoch aus.

245 Denkbar wäre grundsätzlich auch eine derartige Vorrichtung, durch welche der Patient seine künstliche Nahrungs- und Flüssigkeitszufuhr unterbindet, infolge dessen er – wenn auch über einen längeren Zeitraum hinweg – sodann verstirbt.

stickt[246]. Nachdem der Patient sediert ist, könnte die künstliche Beatmung abgesetzt und der Eintritt des Todes bei dem Betroffenen abgewartet werden[247].

(1) Rechtliche Bewertung

Grundsätzlich ist in diesem Zusammenhang[248] darauf hinzuweisen, dass die herrschende Meinung[249] den Fall, dass eine Person, welche an einem lebensgefährlichen Körperschaden leidet[250] und nun eines natürlichen Todes sterben möchte, indem sie etwa weitere medizinische künstlich lebensverlängernde Behandlungen ablehnt bzw. in einer Vorausverfügung abgelehnt hat, *nicht* vom Verständnis des Suizids iSd § 78 öStGB umfasst sieht. *Bernat*[251] führt in diesem Zusammenhang aus, dass der Gesetzgeber als Suizid nur jene Handlungen des Sterbewilligen begreift, die dieser gegen sich selbst ausführt, um einen *nicht* von der Natur vorher bestimmten tödlichen Kausalverlauf in Gang zu setzen. Im Falle der Abschaltung eines Beatmungsgerätes mittels selbstständiger Betätigung sensorischer Schaltmechanismen sei dieses Vorgehen somit deswegen *nicht* als Suizid einzuordnen, da es sich lediglich um eine Betätigung des rechtlich verbindlichen Patientenwillens, eine lebenserhaltende Behandlung zu beenden, handele. Namentlich werde dadurch lediglich der Ablauf eines von der Natur *vorherbestimmten* tödlichen Kausalverlaufes ermöglicht, indem der betroffene Patient dafür sorgt, dass *dem natürlichen Sterbeprozess* sein Lauf gelassen wird.

Noch weiter gehen hier zudem *Bertel/Schwaighofer*[252], welche in solchen Konstellationen sogar *generell* von einer Strafbarkeit nach den §§ 77 f. öStGB absehen wollen, da sie darauf verweisen, dass diese in einem solchen Zusam-

---

246 Insbesondere Bernat WmW 1996, S. 195 (197 f.) verweist in diesem Fall zudem auf die damit einhergehenden größeren Beweisrisiken: Verabreicht der behandelnde Arzt das sedierende Medikament so rasch, dass man ihm im Nachhinein vorwerfen könnte, der Tod des Patienten sei nicht durch die selbstständige Unterbrechung der Beatmung, sondern vielmehr durch die Gabe des Sedativums eingetreten, könnten wiederum vielmehr die Tatbestände der § 76 öStGB bzw. § 77 öStGB einschlägig sein.

247 Vgl. hier etwa den Fall von Jack Kervorkian, welcher in den Vereinigten Staaten für Aufsehen sorgte, siehe bereits **§ 1.**

248 Dies gilt jedoch lediglich dann, wenn sich die betroffene Person den Schaden nicht selbst durch eigene Hand bzw. durch Ausnutzen des unabänderlichen Verhaltens eines anderen in Selbsttötungswillen zugefügt hat, siehe *Moos* in: WK § 78 Rdn. 9; ausführlich nimmt hierzu insgesamt Kneihs Stellung, siehe aaO.

249 Kienapfel/Schroll, BT 1, § 78 Rdn. 14; *Moos* in: WK § 78 Rdn. 9.

250 Krankheit, Unfall, Verletzung oder Schwäche.

251 Bernat WmW 1996, S. 195 (197) unter Verweis auf die Schaffung des § 110 öStGB, siehe hierzu die ErläutRV des öStGB, 30 der BlgNR, 13. GP, S. 242.

252 Bertel/Schwaighofer, BT 1, § 78 Rdn. 3.

menhang keine Grundlage für eine Kriminalstrafe bilden und somit vom Tatbild nicht nur des § 77 öStGB, sondern auch des § 78 öStGB insgesamt nicht umfasst seien.

(2) Ergebnis

Wenn man der dargelegten Argumentation folgt, stellen solche Fälle, wie der obig angeführte, in der Person des Patienten keinen Suizid im Sinne des § 78 öStGB dar. Eine Strafbarkeit gemäß § 78 Absatz 1 Zeile 1, Alt. 2 öStGB desjenigen, welcher seinem Patienten eine derartige technische Vorrichtung zur Verfügung stellt, würde folglich entfallen. Somit würde man im Rahmen dieser Argumentationskette zu dem Ergebnis gelangen, dass eine Ausformung des medizinischen Behandlungsabburches im beschriebenen Sinne insbesondere bei einem ALS-Patienten nach dem österreichischen Strafrecht zulässig wäre.

2. Passive Sterbehilfe

Passive Sterbehilfe wird definiert als *der Verzicht auf lebensverlängernde Maßnahmen*. In diesen Fällen wird der unwiderruflich tödliche Verlauf einer Krankheit akzeptiert und von einer weiteren künstlichen Lebensverlängerung[253] abgesehen, sei es, dass eine solche gar nicht begonnen oder nicht fortgesetzt wird, sei es, dass der Verzicht direkt zum Zweck der Tötung oder indirekt zur lebenshemmenden Schmerzbekämpfung erfolgt[254].

In Anlehnung an das deutsche Recht wird in der österreichischen Rechtslehre im Zusammenhang mit der rechtlichen Bewertung passiver Sterbehilfemaßnahmen unterschieden zwischen solchen *im engeren* und solchen *im weiteren Sinne*[255]: Bei der Sterbehilfe im engeren Sinne ist der Zeitpunkt des Todes vorhersehbar, die Lebenserwartung des betroffenen Patienten tendiert vielmehr gen

---

253 Wie etwa eine künstliche Nahrungs- sowie Flüssigkeitszufuhr, die künstliche Zufuhr von Sauerstoff, Maßnahmen der künstlichen Beatmung generell, die Verabreichung lebensverlängernder Medikationen sowie Bluttransfer und Dialysemaßnahmen, siehe hierzu bereits unter § 1.

254 Kert JAP 2005/2006, S. 207 f.; Kneihs, S. 514 ff.; Maleczky iFamZ 2008, S. 141; *Moos* in: WK Vorbem zu §§ 75-79 Rdn. 31; *Pesendorfer* in Barth/Ganner, S. 418; Schmoller ÖJZ 2000, 361.

255 Siehe hierzu insgesamt *Moos* in: WK Vorbem. zu §§ 75 – 79 Rdn. 32 in Anlehnung an BGHSt 40, S. 257 (260), sog. *Kemptener Fall,* in welchem diese Differenzierung angeführt wurde: Für die Ausformung der passiven Sterbehilfe ist nicht erforderlich, dass das Leiden des Betroffenen irreversibel tödlich ist (Moribunde) bzw. dieser sich bereits im Endstadium einer tödlichen Krankheit befindet, der Tod somit unmittelbar bevorsteht (infauste Prognose), siehe hierzu ausführlich im Folgenden.

Null, auch als Verkürzung des Lebens bei Sterbenden bezeichnet[256]. Solche passiven Sterbehilfemaßnahmen beanspruchen lediglich im Zusammenhang mit Moribunden und somit Menschen Geltung, bei welchen der Sterbevorgang entweder schon eingesetzt hat oder aber unmittelbar bevorsteht[257]. Gleichwohl werden auch Patienten mit infauster Prognose mit einbezogen, bei denen der Eintritt des Todes zwar noch nicht unmittelbar bevorsteht, jedoch die Krankheit so weit fortgeschritten ist, dass dieser in absehbarer Zeit eintreten wird.

Von Interesse für den Arbeitstitel ist jedoch vielmehr die strafrechtliche Bewertung von lebensbeendenden Maßnahmen der passiven Sterbehilfe im weiteren Sinne, auch bezeichnet als *Verkürzung des Leidens lebensfähiger Kranker*[258]. Diese besondere Ausformung der Sterbehilfe betrifft entscheidungsunfähige Patienten mit unheilbaren, progressiv verlaufenden Krankheiten[259], für welche sich keine abschließende Verlaufsprognose stellen lässt[260].

a. Exkurs: Die Einstellung der künstlichen Ernährung und Flüssigkeitszufuhr

Vor dem nachfolgenden Einstieg in die rechtliche Bewertung passiver Sterbehilfemaßnahmen ist sich zunächst mit der in diesem Zusammenhang grundsätzlich relevanten Frage auseinanderzusetzen, ob es im Rahmen eines medizinischen Behandlungsabbruches rechtlich zulässig ist, gleichfalls die künstliche Ernährungs- und Flüssigkeitszufuhr des Patienten einzustellen[261] – eine Thematik, die sowohl auf internationaler Ebene[262] als auch auf nationaler Ebene Österreichs[263] nachhaltig diskutiert wird. Die Rechtsordnung selbst enthält weder explizit noch implizit besondere Regelungen für den Abbruch solcher Maßnahmen bereit.

---

256 Vgl. hierzu etwa *Moos* in: WK Vorbem zu §§ 75 – 79 Rdn. 17.

257 *Schick* in: GedS-Zipf, S. 393 (410).

258 Vgl. wiederum *Schick* in: GedS-Zipf, S. 393 (401).

259 Und somit solchen wie im Falle des ALS-Patienten sowie insbesondere des Apallikers.

260 Siehe unter **§ 2 A.**

261 Unterbrechung der Zufuhr selbst bzw. durch das Entfernen einer zum Zwecke der Verabreichung gelegten Sonde.

262 Unter Verweis auf die in diesem Rahmen schon seit längerer Zeit bestehende Diskussion in den Vereinigten Staaten, siehe *Lynn/Childress* in: Lynn, S. 47 ff.; Meisel, Kennedy Inst Ethics J 2 1992, S. 309 (325 f.); Veatch, Kennedy Inst Ethics J 3 1993, S. 3 f.

263 Siehe hierzu insgesamt etwa die Beiträge in Bockenheimer-Lucius (Hrsg.), Ethik in der Medizin 2004, S. 205 ff., in deren Rahmen die Thematik sowohl in juristischer, medizinischer als auch ethischer Hinsicht beleuchtet wird.

aa. Pflicht zur Aufrechterhaltung trotz sonstigem Behandlungsabbruch

Vom Großteil der österreichischen Rechtslehre[264] wird die Ansicht vertreten, dass selbst dann, wenn die eigentliche medizinische Behandlung abgebrochen bzw. auf deren Aufnahme verzichtet werden darf, Maßnahmen der künstlichen Ernährungs- und Flüssigkeitszufuhr aufrecht zu erhalten sind, wenn der betroffene Patient durch diese noch geraume Zeit am Leben erhalten werden könnte. Die Aufrechterhaltung der künstlichen Ernährungs- und Flüssigkeitszufuhr wird vielmehr als eine unbedingt geschuldete Leistung angesehen.

Würden hingegen auch solche Maßnahmen eingestellt und das Hunger- und Durstgefühl eines Patienten somit nicht mehr gelindert werden, zöge ein solches *Verhungernlassen* (bzw. Verdurstenlassen) eine Strafbarkeit nach den Tötungsdelikten §§ 75 ff. iVm § 2 öStGB oder aber nach § 95 öStGB[265] nach sich[266].

bb. Zulässigkeit der Einstellung künstlicher Maßnahmen

Lediglich vereinzelt[267] wird abweichend die Ansicht vertreten, dass im Falle des Abbruchs der medizinischen Behandlung auch die gleichfalls erfolgende Einstellung der künstlichen Ernährungs- und Flüssigkeitszufuhr rechtlich zulässig sei. Geboten sei die Behandlung eines permanent entscheidungsunfähigen Patienten nur dann, sofern der jeweilige medizinische Eingriff für ihn in irgendeiner Weise von Nutzen sei bzw., anders formuliert, seinen sog. *best interests* entspreche. Dies sei jedoch in Bezug auf eine Behandlung, deren lebensspendende Auswirkung der betroffene Patient nicht wahrnehmen kann[268], nicht der Fall,

---

264 Kienapfel/Schroll, BT I, Vorbem §§ 75 Rdn. 21; *Schick* in: Pump/Klobassa, S. 54 (55); *derselbe* in: GedS-Zipf, S. 393 (401); *Tipold* in: Aigner u. a., II/43; für eine Sonderstellung der künstlichen Ernährung etwa Kopetzki iFamZ 2007, S. 197 (201); differenziert: *Moos* in: WK Vorbem. zu §§ 75 - 79 Rdn. 44.; vermittelnd etwa Schmoller ÖJZ 2000, S. 361 (374).

265 So rechnen etwa Kienapfel/Schroll, BT I, Vorbem §§ 75ff. Rdn. 21, die Missachtung der Linderungspflicht in Hinsicht auf die natürlichen Hunger- und Durstempfindungen eines Menschens noch unter die selbstständige *Hilfeleistungspflicht Jedermanns* nach § 95 öStGB.

266 In diesem Rahmen wird lediglich der Fall ausgenommen, dass der Patient die Fortsetzung der künstlichen Ernährungs- und Flüssigkeitszufuhr antizipiert im Rahmen einer Vorausverfügung normiert hat, siehe *Tipold* in: Aigner u. a. II/43.

267 So etwa Bernat RdM 1995, S. 51 (59 f.); *derselbe* in: Bernat/Kröll, S. 34 (57 f.); *derselbe* in: FS-Deutsch, S. 443 (458 f.); auch derselbe EF-Z 2006 Teil II, S. 74 (74 f.), hier allerdings speziell im Zusammenhang mit Patientenverfügungen; Kert JAP 2005/06, S. 207 f.; von der Tendenz her ebenfalls Schütz iFamZ 2009, S. 32 (34).

268 Weil er wie etwa der Apalliker irreversibel bewusstlos ist.

vielmehr stehe eine solche nicht im Dienste seiner Interessen, da ein solcher Patient die Fähigkeit, Interessen auszubilden, unwiederbringlich verloren habe[269].

Insgesamt sei der Verzicht der künstlichen Ernährungs- und Flüssigkeitszufuhr nicht anders zu beurteilen als die Einstellung der eigentlichen medizinischen Behandlung, da es keinen Grund gebe, das erste zu verbieten und das zweite als zulässig zu akzeptieren[270]. Dies bekräftigt aktuell insbesondere auch *Schütz*[271]: Zum einen verweist er auf die Einordnung von Maßnahmen der künstlichen Ernährungs- und Flüssigkeitszufuhr als medizinische Maßnahme iSd § 2 PatVG und zum anderen führt er an, dass der Nutzen von künstlicher Nahrungs- und Flüssigkeitszufuhr für den Patienten lediglich im Zusammenhang mit seiner körperlichen Verfassung und unter Berücksichtigung der damit verbundenen Belastungen oder Einschränkungen beurteilt werden könne. Daraus zieht er den Schluß, dass die künstliche Nahrungs- und Flüssigkeitszufuhr in die medizinische Abwägung einbezogen werden müsse und nicht von ihr abgekoppelt werden sollte.

cc. Darstellung der Argumente

Die Vertreter der ersten Ansicht führen grundsätzlich an, dass das Leben des Einzelnen per se auch für denjenigen einen Wert habe, der es wie insbesondere der Apalliker nur mehr vegetativ verkörpert. Nach dem Grundsatz der Menschenwürde dürfe ein Menschenleben vielmehr nicht als wertlos eingestuft werden, da dieses immer einen positiven Wert beinhalte, zu dessen Erhalt auch ein nur geringer Behandlungsaufwand in keinem Fall außer Verhältnis stehe. Daraus folge, dass *stets* zumindest ein relativ geringer Behandlungsaufwand für die Verlängerung des Lebens einer Person geleistet werden müsse und eine einfache medizinische Maßnahme zum Zwecke der Lebensverlängerung[272] in keinem Falle zu unterlassen sei. Selbst, wenn die Weiterführung der eigentlichen medizinischen Behandlung als *unverhältnismäßig* eingeordnet werden kann, da sie einen hohen *„Aufwand“* an Kosten und Personal erfordere und somit von ärztlicher Seite abgebrochen werden dürfe, sei die künstliche Ernährungs- und Flüssigkeitsverabreichung als *einfache* medizinische Maßnahme *in jedem Falle* fort-

---

269 So *Bernat* insbesonderre in: Bernat/Kröll, S. 47 (55 f.) unter Anlehnung an die Ausführungen des *House of Lords*, dem englischen Höchstgericht in der Causa Airdale NHS Trust v Bland, All E.R. 1993, S. 821.

270 So Kert JAP 2005/06, S. 207 ff.; Maleczky iFamZ 2008, S. 141 (142); Schütz iFamZ 2009, S. 32 (34).

271 Schütz iFamZ 2009, S. 32 (34).

272 Als welche die künstliche Ernährungs- und Flüssigkeitszufuhr in diesem Rahmen bezeichnet wird.

zuführen[273]. Unter einer Hinwendung an die Maßstäbe bzw. Standards unserer heutigen Wohlstandsgesellschaft könnten diese in Hinblick auf eine Lebensverlängerung niemals unverhältnismäßig erscheinen. Aufgrund dessen sei der Verzicht auf die künstliche Ernährungs- und Flüssigkeitszufuhr einhergehend mit dem Abbruch der eigentlichen medizinischen Behandlung als strafrechtlich zu sanktionierendes Verhungern- bzw. Verdurstenlassen des betroffenen Patienten zu werten, welches zudem als Bruch eines Tabus gesellschaftlich nicht abschätzbare negative Konsequenzen nach sich ziehen könne. Begründend wird hierfür angeführt, dass der betroffene Patient im Falle der parallelen Einstellung von eigentlichen medizinischen Maßnahmen und künstlicher Ernährungs- und Flüssigkeitszufuhr nicht durch die hier unbehandelbare Grundkrankheit getötet werde, sondern durch den pathologischen Zustand, der allein durch die Entscheidung zum Verzicht auf die Ernährungs- und Flüssigkeitszufuhr verursacht werde[274].

Aufgrund dessen sei wie folgt zu differenzieren: Es sei darauf abzustellen, ob es gerade die künstliche Ernährungs- und Flüssigkeitszufuhr sei, deren Unterlassung in der Person des betroffenen Patienten zum Tode führe. Bewirke bereits das Unterlassen anderer Maßnahmen[275] den Tod bei dem Patienten, sei es angebracht, nicht auch die künstliche Ernährung und Flüssigkeitsverabreichung einzustellen. Ist sie jedoch einzustellen, so sei sie gleichwohl in vermindertem Umfange fortzusetzen, um Hunger und Durst zu lindern[276]. Neben der eigentlichen medizinischen Behandlung *grundsätzlich* einzustellen sei die Ernährungs- und Flüssigkeitseinstellung jedoch nur in dem Fall, dass der Sterbeprozess bei dem betroffenen Patienten selbst schon eingetreten ist, da hier die Linderung des natürlichen Hunger- und Durstgefühls nicht mehr erforderlich bzw. möglich sei. Nach der ersten Ansicht entfällt die Zweckbestimmung von künstlichen Maßnahmen der Ernährung und Flüssigkeitszufuhr somit lediglich dann, wenn das Leben eines Menschen bereits aufgrund seines pathologischen Zustandes dem Ende zugehe[277] und bietet daher insbesondere keine Lösungsansätze.

Im Rahmen der Argumente der zweiten Ansicht ist unter Verweis auf *Bernat*[278] zunächst mit dem folgenden Begründungsmodell zu beginnen: Er führt an, dass mit den Begriffen Ernährungs- und Flüssigkeitszufuhr in der Gesellschaft in der Regel Empfindungen wie Hunger und Durst hervorgerufen werden und

273 So insbesondere Schmoller ÖJZ 2000, S. 361 (375 f.).

274 So auch *Schick* in: Pump/Klobassa, S. 54 (55 f.); *derselbe* in: Bernat/Kröll, S. 34 (46); auch Kienapfel/Schroll, BT I, Vorbem §§ 75 ff. Rdn. 21.

275 Worunter wohl der Abbruch der eigentlichen medizinischen Behandlung zu fassen ist.

276 So insbesondere *Moos* in: WK Vorbem. zu §§ 75 – 79 Rdn. 44.

277 *Schick* in: Pump/Klobassa, S. 54 (55); *derselbe* in: GedS-Zipf, S. 393 (401).

278 *Bernat* in: Bernat/Kröll, S 47 (58); derselbe EF-Z 2006, S. 74 (75).

mit einem Verhungern- bzw. Verdurstenlassen insbesondere dasjenige Bild des Menschen aus der dritten Welt verbunden werde, der aufgrund von Hunger und Durst qualvoll an Auszehrung stirbt, dies aber bei entsprechend gesicherter Grundversorgung nicht müsste. Zwar sei es verständlich, dass sich gegen ein solches Vorgehen, welches zudem noch in einem sog. *zivilisierten* und in der Regel nicht vergleichbar Not leidenden Umfeld stattfinden soll, schon vom Gefühl her ausgesprochen werde. In diesem Zusammenhang ist jedoch wiederum unter Bezugnahme auf die Ausführungen von *Bernat*[279] vorzubringen, dass Folgendes übersehen wird: Die von ärztlicher Seite überwachte Einstellung der künstlichen Ernährungs- und Flüssigkeitszufuhr, bezeichnet als Verhungern- und Verdurstenlassen des Patienten, führt nicht zu jenen grausamen Symptomen, die normalerweise auftreten, wenn ein Mensch aufgrund von Nahrungs- und Flüssigkeitsentzug verstirbt[280]. Vielmehr werden die betroffenen Patienten im Falle der gänzlichen Einstellung jeglicher medizinischer Maßnahmen[281] in jedem Fall mit palliativ wirkenden Medikationen versorgt, welche es somit abschließend ausschließen, dass sie[282] das Gefühl von Hunger und Durst verspüren.

Darüber hinaus ist für Fälle, bei denen dem Arzt im Rahmen des einseitigen Behandlungsabbruches erst eine Kosten-Nutzen-Analyse hilft, die angemessene Entscheidung zu fällen, auch auf Folgendes zu verweisen: Insbesondere mit Bedeutung für den nicht intubierten, jedoch bereits künstlich ernährten und mit Flüssigkeit versorgten ALS-Patienten ist anzuführen, dass dessen sich infolge des Flüssigkeitsverzichts einstellende Dehydrierung laut Angaben in der medizinischen Literatur[283] vor allem den positiven Effekt haben kann, ihm das Sterben zu erleichtern[284]: So könne die Reduktion der Harnausscheidung einen Blasendauerkatheter unnötig machen, die Verringerung der Magensekretion viel-

279 *Bernat* in: Bernat/Kröll, S 47 (58); derselbe EF-Z 2006, S. 74 (75).

280 So wiederum Bernat unter Hinweis auf die Ausführungen von Ahronheim/Gasner Lancet 1990, S. 278 f.

281 Der eigentlichen medizinischen Behandlung und der Ernährungs- und Flüssigkeitszufuhr.

282 Auch wenn davon auszugehen ist, dass Apalliker über ein solches Empfinden gar nicht verfügen.

283 Vorwiegend aus der Schweiz sowie den USA, zitiert nach Bernat RdM 1995, S. 51 ff., welcher in diesem Zusamenhang in Fn. 98 etwa auf Binsack MMW 1994, S. 550 (551) verweist; vgl. hierzu auch die Ausführungen bei *Virt* in: König/Wolkinger, S. 353 (356 f.), insbesondere Fn. 7, sowie *Wolkinger* in: Bernat, S. 43 (54 f.).

284 Hinsichtlich der negativen Folgen einer künstlichen Verabreichung von Nahrung und Flüssigkeit siehe die Ausführungen bei Eibach/Zwirner Med Klein 1997, S. 558 ff. (hier insbesondere jedoch im Zusammenhang mit Demenz und anderen schweren Erkrankungen im Alter), zitiert nach Wedler Etik Med 2004, S. 211 ff., Fn. 3.

fach zu einer deutlichen Verminderung von Erbrechen führen und die Herabsetzung der Bronchialsekretion Symptome wie Husten sowie Verschleimung im Rachen verhindern und damit Erstickungsangst und Atemnot entgegenwirken. Zudem komme es zu einer Abnahme der Ausbildung von Lungenödemen und von Druck in etwaigen Tumoren. Weiter gibt es auch Hinweise darauf, dass unter Dehydrierung die Endorphin-Produktion ansteigt, was die klinisch beobachtete Verminderung von Schmerzen in den letzten Lebenstagen erklären könnte, es wird letztlich somit eine natürliche Anästhesie herbeigeführt[285]. Da sich das Durstgefühl zudem mit guter Mundpflege beherrschen lasse, sei die von ärztlicher Seite überwachte Einstellung der künstlichen Ernährungs- und Flüssigkeitszufuhr somit nicht als ein gesellschaftlich tabuisiertes *qualvolles* Verhungern- sowie Verdurstenlassen zu bezeichnen.

Die Vertreter der zweiten Ansicht[286] entgegnen zudem, dass die angeführten Argumente der ersten Meinung grundsätzlich auch aus den folgenden Gründen nicht überzeugen: Es könne auch Situationen geben, die ein Absetzen der Ernährungs- und Flüssigkeitszufuhr nicht nur erlauben, sondern geradezu gebieten. Geht man von der Grundannahme aus, dass alles zu unterlassen ist, was dem Patienten mehr schadet als nützt oder überhaupt keinen Nutzen nach sich zieht, bzw., anders formuliert, dass die Medizin keine andere Zielsetzung haben soll, als dem Wohl des jeweiligen Patienten zu dienen, ist auf Folgendes Bezug zu nehmen: Das Charakteristikum insbesondere im Falle eines dauerhaft entscheidungsunfähigen Apallikers ist der völlige und irreversible Mangel jeglichen Bewusstseins. Ein solcher Patient hat die Fähigkeit zur Ausbildung erlebnisorientierter Interessen somit unwiederbringlich verloren, er kann jegliche ärztliche Hilfe, und somit auch die zur künstlichen Verlängerung seines Lebens, vielmehr nicht mehr empfinden, nicht mehr psychisch sowie physisch wahrnehmen. Einem solchen Patienten fehle das subjektive Interesse weiterzuleben. Insbesondere auch empirisch betrachtet, sei es von ärztlicher Seite aus somit nicht mehr möglich, diesem *zu helfen*, da die ärztliche Behandlung in diesem Fall *nicht* mehr dazu beitragen könne, das individuelle Wohl sowie die Interessen des Pati-

---

285 Siehe hierzu folgende Ausführungen von de Ridder BtPrax 2009, S. 14 (15): *„Dehydration ist weder schmerzhaft noch ein Zustand, der mit Unruhe oder anderen unangenehmen Empfindungen einhergeht. Im Gegenteil: Vieles spricht dafür, dass die Natur auf diese Weise lindernd in den Sterbeprozess eingreift: Beispielsweise ist es wahrscheinlich, dass durch den Abbau des Körperfetts gebildete und ins Blut übergetretende Stoffe, die sog. Ketone, sowie andere Stoffwechseländerungen, die mit verminderter Kalorienaufnahme einhergehen, einen wilkommenen anästhetischen Effekt haben. Dehydration dämpft zudem die Bewusstseinslage; sie trägt vermutlich auch dazu bei, terminale Angstzustände zu mildern"*.

286 Bernat RdM 1995, S. 51 ff.

enten zu fördern. Im Ergebnis mache es für einen solchen Patienten somit keinen Unterschied, ob er nun infolge der Nichtbehandlung eines durch sein Grundleiden bedingtes Lungenödem oder aber infolge der Einstellung der künstlichen Ernährungs- und Flüssigkeitszufuhr versterbe[287]. Folglich entbehre es jeglicher Grundlage, warum der in beiden Fällen letztlich lebensbeendend wirkende Behandlungsabbruch im ersten Fall zulässig, im zweiten Fall jedoch unzulässig sein soll, der behandelnde Arzt nach der ersten Ansicht in diesem Zusammenhang vielmehr sogar zur weiteren künstlichen Lebensverlängerung verpflichtet werden müsse.

Abschließend ist zudem darauf zu verweisen, dass die Grundtendenz, die Einstellung einer künstlichen Ernährungs- und Flüssigkeitszufuhr *nicht* anders bzw. nicht losgelöst von der Frage des Abbruchs der eigentlichen medizinischen Behandlung zu beurteilen, zudem bestärkt wird durch die Materialien zum PatVG: Zumindest im JAB zum PatVG[288] wird angeführt, dass die Sondenernährung als medizinische Behandlung einzuordnen ist, so dass sich schon danach eine unterschiedliche Bewertung ausschließt.

dd. Eigene Stellungnahme

Die seitens der Vertreter der ersten Ansicht angeführten Abstufungen bzw. Differenzierungen, nach denen neben dem Abbruch der eigentlichen medizinischen Behandlung auch die Einstellung der künstlichen Ernährungs- und Flüssigkeitszufuhr zulässig sein soll, bieten insbesondere für den speziellen Fall des dauerhaft entscheidungsunfähigen Apallikers schon grundsätzlich keine Lösung. Dies trifft sowohl auf die Ansichten zu, welche zumindest eine teilweisen Verzicht als zulässig erachten als auch für solche, wonach sogar ein gänzlicher zulässig sein soll: Nach den erfolgten Ausführungen richtet sich ein Verbot des Abbruchs der künstlichen Ernährungs- und Flüssigkeitszufuhr danach aus, ob es gerade deren Unterlassung ist, die bei dem betroffenen Patienten zum Tode führt. Schon diese Basis einer Differenzierung überzeugt meines Erachtens jedoch nicht, da auch der Abbruch der eigentlichen medizinischen Behandlung zum Tode des Patienten führt, wenn auch bei gleichzeitiger Aufrechterhaltung der künstlichen Ernährungs- und Flüssigkeitszufuhr zeitlich verzögert.

Nicht abschließend konsequent ist zudem die Differenzierung, dass von einer Einstellung abzusehen sei[289], wenn schon der Wegfall anderer Maßnahmen den Tod bei dem Betroffenen bewirkt. Hier stellt sich die Frage, warum der so-

287 *Bernat* in: Bernat/Kröll, S. 47 (58).

288 JAB 1381 BlgNR 22. GP, S. 2.

289 D. h. dass die künstliche Ernährungs- und Flüssigkeitsverabreichung somit fortzuführen ist.

wieso eintretende Tod durch die Aufrechterhaltung dieser einfachen medizinischen Maßnahmen künstlich verlängert werden soll. Gleiches gilt zudem für die weitere Abstufung, die seitens der Vertreter der ersten Ansicht gemacht wird: Die künstlichen Ernährungs- und Flüssigkeitszufuhr einzustellen und *gleichwohl* in vermindertem Maße fortzuführen, um Hunger und Durst zu lindern. Jedoch kann in ein und demselben Kontext nicht überzeugend auf der einen Seite von einer Einstellung gesprochen, auf der anderen Seite jedoch darauf verwiesen werden, dass diese – trotz Einstellung – gleichwohl vermindert fortzusetzen ist: (Teilweise) Fortsetzung trotz Einstellung? Hier lassen es die angeführten Abstufungen bzw. Differenzierungen der ersten Ansicht somit an überzeugender Konsequenz fehlen. Vergleichbares lässt sich zudem für den seitens der Vertreter der ersten Ansicht einzig als zulässig angesehenen Fall der gänzlichen Einstellung der künstlichen Ernährungs- und Flüssigkeitszufuhr bemerken: Dem Vorliegen eines bereits abschließend terminalen Stadiums. So ist bei dem Apalliker der Grad seiner Erkrankung im Falle des permanent vegetativen Status zwar in der Regel irreversibel, er ist jedoch gleichzeitig noch nicht todgeweiht, da er aufgrund der Angedeihung von künstlich lebensverlängernden medizinischen Maßnahmen noch Jahre im Wachkoma verbringen kann. Eine Zeit, in welcher unter Ansetzung des Kriteriums der finalen Terminierung des pathologischen Grundleidens die künstliche Ernährungs- und Flüssigkeitszufuhr konstant aufrechterhalten werden müsste. Gleiches gilt auch für den ALS-Patienten: Unter exakter Ansetzung der Ausführungen der Vertreter der ersten Ansicht könnte bei diesem auf die Weiterführung der künstlichen Ernährung und der Flüssigkeitsverabreichung parallel zum Abbruch der eigentlichen medizinischen Behandlung nicht bereits dann verzichtet werden, wenn bei dem betroffenen Patient die Lähmung zwar zunehmend fortschreitet, er trotz dieser aufgrund von Maßnahmen der künstlichen Beatmung, Ernährungs- und Flüssigkeitszufuhr jedoch durchaus noch eine ungewisse Zeit lang weiter leben könnte. Um genau zu sein, müsste bei einem solchen Patienten erst ein pathologischer Zustand abgewartet werden, bei welchem die Lähmung so weit fortgeschritten ist, dass auch die künstliche Beatmung nicht mehr weiterhelfen könnte, wodurch der Sterbevorgang eingeleitet werden würde. Erst dann dürfte auch die künstliche Ernährung und Flüssigkeitszufuhr parallel abgesetzt werden.

Dass unter Zugrundelegung der Argumente der herrschenden Meinung im österreichischen Schrifttum ohne den Eintritt in die Sterbephase die künstliche Ernährung sowie Flüssigkeitszufuhr parallel zum Abbruch der eigentlichen medizinischen Behandlung nicht (auch) abgebrochen werden darf, führt somit zu dem paradoxen Ergebnis, dass das Leben des betroffenen Patienten, obwohl es durch den rechtlich zulässigen Abbruch der eigentlichen medizinischen Behandlung nicht mehr künstlich verlängert werden soll, durch die weiterhin aufrechtzuerhaltende künstliche Ernährungs- und Flüssigkeitszufuhr gleichwohl verlängert wird.

Jedoch überzeugen die Ausführungen der Vertreter der zweiten Ansicht, welche das Missverhältnis der Maxime der Ausgestaltung einer medizinischen Behandlung zum Zwecke des Wohles des betroffenen Patienten im Zusammenhang mit einem irreversibel bewusstlosen Apalliker widerspiegeln: Das Charakteristikum im Falle eines dauerhaft entscheidungsunfähigen Apallikers ist der völlige und irreversible Mangel jeglichen Bewusstseins aufgrund einer gänzlichen Funktionslosigkeit seines Großhirns. Da der apallische Patient aufgrund dessen nicht mehr über die Fähigkeit zur Wahrnehmung verfügt, ist es überzeugend, dass er medizinische Behandlungen weder als Wohl oder als seinen Interessen entsprechend wahrnehmen noch in diesem Zusammenhang Schmerzen oder Leiden empfinden kann. Es kann somit nicht darauf verwiesen werden, dass die Weiterführung der künstlichen Ernährungs- und Flüssigkeitszufuhr als einfache medizinische Maßnahme das individuelle Wohl oder die Interessen des betroffenen apallischen Patienten fördere. Da ein irreversibel bewusstloser Apalliker insgesamt sein Dasein nicht mehr als Leben erleben kann[290], überzeugt es somit, wenn die Vertreter der zweiten Ansicht anführen, dass es aus dessen Sicht keinen Unterschied mache, ob sein Dasein nun infolge der Nichtbehandlung seines Grundleiden bei einem Abbruch der eigentlichen medizinischen Behandlung endet oder aber infolge der Einstellung der künstlichen Ernährungs- und Flüssigkeitszufuhr. Gerade anhand dieser Gegenüberstellung wird insbesondere deutlich, dass es keinen Grund gibt, die erste Variante als zulässigen Abbruch der eigentlichen medizinischen Behandlung zu bewerten, die zweite hingegen nicht zuzulassen.

Zudem kann die Einstellung der künstlichen Ernährung und Flüssigkeitsverabreichung nicht als solches Verhungern- bzw. Verdurstenlassen gewertet werden, wie es sich im Allgemeinen ausgestaltet: Im Falle des Verzichts auf Maßnahmen der künstlichen Ernährungs- und Flüssigkeitszufuhr im Rahmen eines medizinischen Behandlungsabbruchs verstirbt der betroffene Patient unter ständiger ärztlicher Aufsicht und nicht infolge qualvoller Auszehrung. Für den irreversibel bewusstlosen Apalliker ist anzunehmen, dass er Hunger- bzw. Durstgefühle grundsätzlich nicht mehr wahrnehmen kann. Für den Sonderfall des ALS-Patienten, bei welchem das mit dem Endstadium seiner Erkrankung einhergehende Locked-In-Syndrom eingetreten ist, muss angeführt werden, dass von ärztlicher Seite in diesem Fall palliative Medikationen verabreicht werden, welche diesem ein Empfinden von Hunger- und Durstqualen in Gänze ersparen. Da-

290 Womit auch das Argument nicht abschließend überzeugend erscheint, das Leben habe auch für denjenigen einen Wert, der es nur mehr vegetativ verkörpert.

raus folgt, dass es im Zusammenhang mit einer parallel zum Abbruch der eigentlichen medizinischen Maßnahmen erfolgenden Einstellung der künstlichen Ernährung und der Flüssigkeitsverabreichung keinesfalls zu dem angeprangerten Bruch eines gesellschaftlichen Tabus durch qualvolles Hungern und Dursten kommt.

Abschließend ist sich zudem noch dem Argument der Vertreter der ersten Ansicht zu stellen, dass nach dem Grundsatz der Menschenwürde ein Menschenleben nicht als wertlos eingestuft werden dürfe, da dieses immer einen positiven Wert verkörpere, zu dessen Erhalt ein geringer Behandlungsaufwand in keinem Fall außer Verhältnis stehe. Zunächst ist anzuführen, dass diesem Grundsatz nicht widersprochen werden soll, da es zu den Grundprinzipien zumindest unserer freiheitlichen demokratischen Grundordnung zählt, ein Menschenleben nicht niedriger einzustufen als ein anderes. Es ist jedoch darauf zu verweisen, dass dieses Argument insbesondere im Falle des Apallikers nicht direkt zutrifft:

Das Leben eines irreversibel bewusstlosen Apallikers wird im Falle der Entscheidung für einen Verzicht auf künstliche Nahrungs- und Flüssigkeitsverabreichung nicht als *wert*los eingestuft und deswegen einer Beendung zugeführt[291], sondern die einfache lebensverlängernde medizinische Behandlung wird unterbrochen, weil sie nicht mehr der grundsätzlichen ärztlichen Maxime des Handelns *zum Wohle* bzw. *im Interesse* des betroffenen apallischen Patienten entsprechen kann. Da dieser nicht mehr fähig ist, seinen Zustand als Dasein oder Leben wahrzunehmen, kann er auch eine Behandlung, die sich lebensverlängernd für ihn auswirkt, nicht mehr als in seinem Wohle oder Interesse liegend registrieren, so dass eine solche auch nicht mehr in Dienste seiner Interessen stehen kann – sie ist für ihn vielmehr wertfrei. Wird diese Überlegung jedoch weitergeführt, kann das Dasein des Apallikers auch nicht von außen als wertvoll- bzw. wertlos eingeschätzt werden. Zudem ist für diesen Zusammenhang abschließend anzuführen, dass mitunter in derlei Fällen vielmehr angenommen wird, nicht der Abbruch jeglicher medizinischer Behandlung - da einem solchen Vorgehen ein innewohnendes Moment von Unwertigkeit nachgesagt wird - verstoße gegen die Würde des Betroffenen, sondern vielmehr jede *weitere* Behandlung als lebender Leichnam, weshalb ein Behandlungsabbruch schon aus diesem Grund geboten sei[292]. Es ist somit vielmehr zutreffend, wenn fortgeführt wird,

---

291 So spricht insbesondere *Steffen* im Hinblick auf die Schlagworte *„Lebensschutz"* sowie *„Menschenwürde"* – ohne diese auch nur ansatzweise diskreditieren zu wollen - im Rahmen der Auseinandersetzung mit einem lebensbeendenden Vorgehen von etwa ärztlicher Seite von *„diskurserstickenden Killervokabeln"*, vgl. Steffen NJW 1996, S. 1581.

292 Bernat RdM 1995, S. 51 ff., verweist darauf, dass diese Ansicht am ehesten plausibel erscheine, wenn man mit Jonas, S. 262, sowie unter Hinwendung an Otto, 56. DJT, S. D

die Maxime der Würde jeglichen menschlichen Lebens im Zusammenhang mit dem medizinischen Behandlungsabbruch wie folgt einzuordnen: Nicht das Sterbenlassen, sondern die medizinische Versorgung bis zum letzten Atemzug verletzt mitunter den hohen Wert, den die Gesellschaft dem menschlichen Leben zuspricht.

Gleichwohl ist auch dem Argument der Vertreter der ersten Ansicht, dass für den Erhalt eines jeden Menschenlebens ein geringer Behandlungsaufwand in keinem Fall außer Verhältnis stehe, nicht zu widersprechen. Nur muss im Zusammenhang sowohl mit dem irreversibel bewusstlosen Apalliker als auch dem ALS-Patienten darauf verwiesen werden, dass nur durch die Aufrechterhaltung der künstlichen Ernährungs- und Flüssigkeitsverabreichung das Leben eines Patienten der beiden vorgenannten Patientengruppen nicht abschließend erhalten, sondern lediglich um einen gewissen Zeitraum künstlich verlängert wird.

ee. Ergebnis

Übereinstimmend zur zweiten Ansicht ist somit zu dem Ergebnis zu gelangen, dass der Verzicht auf die Weiterführung der künstlichen Ernährungs- und Flüssigkeitszufuhr nicht anders zu beurteilen ist als der Abbruch der eigentlichen medizinischen Behandlung. Im Falle der Entscheidung für einen Abbruch der medizinischen Behandlung muss somit auf *jegliche* medizinische Behandlung verzichtet werden *können*, ohne dass dies eine strafrechtliche Sanktionierung nach sich zieht. Insgesamt sollte zwischen der *eigentlichen* medizinischen Behandlung und Maßnahmen der künstlichen Ernährungs- und Flüssigkeitszufuhr kein Spannungsverhältnis mehr propagiert, sondern vielmehr durch eine Abstellung auf beide *gleichermaßen* versucht werden, ein gemeinsames Behandlungsziel zu erreichen[293]. Ergibt sich im Rahmen einer solchen umfassenden medizinischen Abwägung sodann, dass der Nutzen der Weiterführung von künstlichen Maßnahmen der Ernährungs- und Flüssigkeitszufuhr im Hinblick auf die körperliche Gesamtverfassung bzw. den –zustand sowie die damit für den Patienten verbundenen Belastungen nicht überwiegt, sollte auch davon rechtlich zulässig Abstand genommen werden dürfen.

Abschließend zu betonen gilt jedoch, dass die Entscheidung *für einen Behandlungsabbruch* nicht impliziert, dass *zwingend* auch die Absetzung von künstlichen Maßnahmen der Ernährungs- und Flüssigkeitszufuhr zu erfolgen hat. Wie angeführt, ist vielmehr eine beide Komponenten und somit sowohl die eigentliche medizinische Behandlung als auch die künstliche Ernährungs- und

---

1 (73), dem Menschen ein posthumes Erinnerungsrecht zugesteht, das dafür sorgen soll, daß der Mensch als jene Person in Erinnerung behalten wird, die er einmal war.

293 So Schütz iFamZ 2009, S. 32 (34).

Flüssigkeitszufuhr beinhaltende umfassende medizinische Abwägung vorzunehmen. Überwiegen die Nutzen der Aufrechterhaltung von künstlicher Nahrungs- und Flüssigkeitszufuhr im Hinblick auf seinen körperlichen Gesamtzustand sowie der daraus für ihn resultierenden Nachteile, ist diese vielmehr fortzusetzen.[294]

b. Die auf dem erklärten Willen des Patienten beruhende Nichtbehandlung

aa. Der Behandlungsverzicht

Bei einem sog. *Behandlungsverzicht* geht es um die Thematisierung, ob der Arzt unter allen Umständen verpflichtet ist, durch die Aufnahme einer medizinischen Behandlung das Leben eines Patienten zu verlängern oder ob vielmehr ein Verzicht auf lebensverlängernde medizinische Maßnahmen in bestimmten Fällen zulässig sein kann. Strafrechtliche Relevanz haben nur die Fälle, in denen eine medizinische Behandlung mindestens kurzfristig eine Lebensverlängerung erzielt hätte und dem Unterlassenden zumindest eine Erfolgsabwendungspflicht, § 2 öStGB, oblag, da sonst eine Strafbarkeit wegen fehlender Garantenstellung ausscheidet.

Im Zusammenhang mit den gegenständlichen Fallgruppen kommt diesem Fall der passiven Sterbehilfe lediglich wie folgt Bedeutung zu: Da sowohl der ALS-Patient als auch der Apalliker bereits (intensiv-) medizinisch behandelt werden, tritt die Frage nach der Zulässigkeit eines Behandlungsverzichts, d. h. einer Nicht*aufnahme* einer medizinischen Behandlung, lediglich in dem Zusammenhang auf, dass zum Grundleiden des Betroffenen ein weiterer akut pathologischer Zustand *hinzu*tritt, welcher sich für diesen im Falle eines Behandlungsverzichts lebensgefährlich auswirken kann. So etwa, wenn der ALS-Patient aufgrund der fortschreitenden Lähmung seines Körpers einen lebensgefährlichen Erstickungsanfall erleidet oder wenn sich bei einem Apalliker ein akutes Lungenödems ausbildet etc.

---

294 Auch in diesem Zusammenhang ist zudem hervorzuheben, dass dabei in der Regel nicht ein sog. totaler Behandlungsabbruch durchgeführt werden darf, sondern nur das Unterlassen derjenigen Behandlungsmaßnahme, deren Aufwand zum erreichbaren Vorteil außer Verhältnis steht – sonstige Behandlungsmöglichkeiten, die für das Wohlergehen nützlich und nicht unverhältnismäßig sind, wie insbesondere die Basisversorgung, müssen von ärztlicher bzw. pflegerischer Seite in der Regel vielmehr auch weiterhin durchgeführt werden. Es darf somit nicht grundsätzlich von Maßnahmen im Rahmen einer Sterbebegleitung abgesehen werden, vgl auch Kert JAP 2005/06, S. 207 ff.

aaa. Materiell-rechtliche Bewertung

Bleibt der behandelnde Arzt auf den tatsächlichen oder antizipiert geäußerten Wunsch bzw. durch bestellte Dritte zulässig verwirklichten Willen hinsichtlich der Aufnahme einer weiteren medizinischen Behandlung untätig, beruht der Tod des Patienten zwar nicht auf einem im Rahmen der Delikte der §§ 75 ff. öStGB sanktionierten aktiven Tun des Ausübenden[295]. Jedoch ist zu fragen, ob sich eine Strafbarkeit nach den §§ 75 ff. öStGB nicht aus dem Unterlassen, § 2 öStGB, jeglicher weiterer Maßnahmen ergibt, und ob somit zu sanktionierendes, unechtes Unterlassendelikt vorliegt. Zudem kommt ebenfalls eine Unterlassung der Hilfeleistung, § 95 öStGB, in Betracht.

Hinsichtlich der Frage der Strafbarkeit des untätig Bleibenden im Zusammenhang mit dem durch den Patientenwillen determinierten Behandlungsverzicht wegen Mordes, § 75 öStGB, Totschlag, § 76 öStB, Tötung auf Verlangen, § 77 öStGB sowie einer Mitwirkung am Suizid eines anderen in Form einer Hilfeleistung, § 78 Absatz 1 Alt. 2 öStGB, durch Unterlassen, § 2 öStGB, ist[296] darauf zu verweisen, dass dem behandelnden Arzt, um als Unterlassungstäter in Frage zu kommen, hinsichtlich der Abwendung einer Gefahr für die Gesundheit seines Patienten eine sog. *Garantenstellung* zukommen müsste. D. h., ihm müsste aufgrund seiner besonderen Stellung im Verhältnis zum Patienten die Pflicht zu dessen Sorgetragung obliegen[297].

Grundsätzlich sind Ärzte gemäß § 49 ÄrzteG-Ö zur *Ersten Hilfe* verpflichtet, wobei daraus allein jedoch noch keine generelle Garantenpflicht gegenüber dem betroffenen Patienten erwächst[298]. Vielmehr ergibt sich eine solche erst aus der *Übernahme* der medizinischen Behandlung des Patienten durch den Arzt, wodurch dieser gegenüber dem jeweiligen Patienten zum Beschützergaranten wird, welchem die Pflicht obliegt, den Patienten vor Gefahren für seine Gesundheit bzw. sein Leben zu schützen[299]. Dies ist jedoch gerade dann nicht mehr der Fall, wenn die aus dem Behandlungsvertrag primär resultierende Pflicht des Arztes zur Behandlung des Patienten nicht mehr besteht, was im Falle der aktu-

---

295 Weder in Form eines alleinigen Einwirkens auf den Patienten noch als mitwirkender Helfer iSd § 78 öStGB.

296 Ohne auf die jeweiligen deliktischen Besonderheiten im Falle einer Unterlassenssanktionierung einzugehen: So ist etwa die Tötung auf Verlangen, § 77 öStGB, nach der herrschenden Meinung nicht durch Unterlassen zu verwirklichen, siehe hierzu jedoch bereits an anderer Stelle.

297 So auch Schütz iFamZ 2009, S. 32.

298 *Burgstaller* in: WK § 80 Rdn. 58; Leukauf/Steininger § 78 Rdn. 5.

299 Dabei ist anzumerken, dass diese Pflicht nicht allein aus dem Abschluss des Behandlungsvertrages resultiert, sondern vielmehr erst aus der Übernahme der Sorgetragung für den Schutz des *Rechtsgutes* Patient.

ellen oder antizipierten Ablehnung des Patienten hinsichtlich jeglicher weiterer Behandlung[300] gegeben ist. Durch diese Ablehnung fehlt jedweder weiterer Behandlung durch den Arzt die rechtliche Legitimation[301] in Gestalt der *informierten Einwilligung* des Patienten. Folglich ist der jeweilige Arzt dann kein Garant mehr für die Abwendung einer Gefahr für das Leben bzw. die Gesundheit seines Patienten, so dass eine Strafbarkeit nach den §§ 75 ff öStGB durch Unterlassen, § 2 öStGB, grundsätzlich ausscheidet[302]. Zudem ist darauf zu verweisen, dass die Pflicht des Arztes zur Behandlung des Patienten nicht nur entfällt, sondern sich vielmehr in ein Behandlungsverbot umwandelt. Ein Verstoß dagegen ist nach § 110 Absatz 1 öStGB mit Strafe bedroht.

Hinsichtlich einer materiell-rechtlich grundsätzlich ebenfalls in Betracht kommenden Strafbarkeit wegen Unterlassens einer Hilfeleistung ist anzuführen, dass § 95 öStGB für Ärzte keine Sonderpflichten statuiert[303]. Ist der betroffene Patient etwa bereits moribund, wird schon der Tatbestand hinsichtlich des Merkmals *Unglücksfall* nicht erfüllt sein, da etwa *fortschreitendes Siechtum* nicht als Unglücksfall iSd § 95 öStGB anzusehen ist[304]. Des Weiteren entfällt die in § 95 öStGB normierte *Hilfsbedürftigkeit* und somit die Hilfeleistungspflicht gegenüber dem *Verletzten*, wenn dieser wirksam auf Hilfe verzichtet hat[305], was im Falle einer tatsächlich oder antizipiert geäußerten Ablehnung jeglicher weiterer medizinischer Maßnahmen gegeben ist. Dies wird zudem schon aus dem Grundsatz deutlich, dass die von ärztlicher Seite bestehende Möglichkeit, das Leben eines Patienten künstlich verlängern zu können, nicht einmal aus § 95 öStGB die Rechtspflicht begründet, dies auch zwingend zu tun[306]. Insgesamt ist anzuführen, dass im Falle eines Behandlungsvetos die Strafbarkeit jedermanns wegen unterlassener Hilfeleistung nach § 95 öStGB bereits unter Anführung des § 110 Absatz 1 öStGB entfällt. Die von § 95 öStGB erfasste Todesgefahr wird auch von § 110 öStGB geschützt, so dass § 95 öStGB zurückzutreten hat, wenn der Schutz des Lebens einer Person aufgrund eines geäußerten Behandlungsvetos rechtlich nicht mehr geboten ist[307].

---

300 Dem Behandlungsveto in *subjektiver* Hinsicht.

301 Bernat WmW 1996, S. 195 (197).

302 Kert JAP 2005/2006, S. 207 (209 f.); Maleczky iFamZ 2008, S. 141 (142); Schütz iFamZ 2009, S. 32.

303 Vgl. Kienapfel/Schroll, Studienbuch, BT 1, § 95 Rdn. 38.

304 14 Os 104/95.

305 Kienapfel/Schroll, BT 1, § 95 Rdn. 30; zudem § 94 Rdn. 46.

306 *Bernat* in: Bernat/Kröll, S. 47 ff.; Kienapfel/Schroll, BT 1, Vorbem §§ 75 ff. Rdn. 20 mwN; Schmoller ÖJZ 2000, S. 361 (374 ff.).

307 Kienapfel/Schroll, BT I, § 95 Rdn. 30, 37.

bbb. Ergebnis

Passive Sterbehilfemaßnahmen in Form eines einvernehmlichen Behandlungsverzichts tragen nicht die Folge einer Strafbarkeit eines Tötungsdelikts durch Unterlassen in sich.

bb. Der Behandlungsabbruch

Von dem Begriff des sog. *Behandlungsabbruchs* sind solche Fälle erfasst, in welchen die Frage thematisiert wird, ob ein Arzt die bei einem Patienten bereits aufgenommene, künstlich lebensverlängernde medizinische Behandlung rechtlich zulässig abbrechen darf. Zu differenzieren ist grundsätzlich zwischen dem *medizinisch-therapeutischen* sowie dem *technisch-apparativen* Abbruch einer Behandlung.

aaa. Der medizinisch-therapeutische Behandlungsabbruch

Die erste Konstellation ist diejenige, dass der behandelnde Arzt in Übereinstimmung mit dem erklärten oder antizipiert geäußerten Willen des betroffenen Patienten die Fortsetzung jeder weiteren, lebensverlängernden *medizinischen* Behandlung unterlässt.

In einem solchen Fall verschiebt sich der Therapiefokus von lebensverlängernden Maßnahmen iSd ärztlichen Heilauftrag hin zu solchen, welche ein Leiden lindern bzw. einem schwerstkranken Patienten das Optimum an verbliebener Lebensqualität ermöglichen: Maßnahmen der Schmerz*linderung*[308], des Weiteren die Gewährleistung der Basispflege und Grundversorgung mit Nahrung und Flüssigkeit. Namentlich ist somit die jedem Menschen nahe liegende Befriedigung der Grundbedürfnisse des Lebens sicherzustellen[309]. Insgesamt werden solche Maßnahmen unter dem Begriff der sog. *palliativmedizinischen Therapie geführt.*

Da sich die den unterschiedlichen Therapiezielen entsprechenden Erfolgsabwendungspflichten, § 2 öStGB, somit verschieben, müssen sie fortlaufend neu geordnet und gewichtet werden. Das ursprünglich verfolgte Behandlungsziel der Lebensrettung oder der Lebensverlängerung ist dann nicht mehr um jeden Preis, sondern nur in dem Fall zu verfolgen, dass der betroffene Patient dadurch nicht

---

308 Mit der allenfalls die Gefahr eines früheren Todes als Nebenwirkung verbunden ist, hierzu ausführlich an anderer Stelle.

309 Insbesondere, wenn sie als subjektives Leiden durch den betroffenen Patienten empfunden werden, wie etwa das Stillen von Hunger und Durst das Freihalten der Atemwege, das Benetzen der Lippen sowie der betreuende Beistand des Betroffenen.

unerträglich leidet[310]. In der Regel ist ein Abbruch der medizinisch-therapeutischen Behandlung insgesamt stufenweise vorzunehmen, kann im Falle unmittelbar auftretender Ereignisse, welche eine Gefahr für das Leben oder die Gesundheit des Kranken darstellen, jedoch auch ad hoc erfolgen[311].

Hinsichtlich der rechtlichen Bewertung eines medizinisch-therapeutischen Behandlungsabbruches ist anzuführen, dass dieser für den untätig bleibenden Arzt somit keine strafrechtlichen Konsequenzen eines Tötungsdeliktes durch Unterlassen nach sich zieht, vielmehr ist auch diese Ausformung einer Nichtbehandlung als passive Sterbehilfe daher zulässig[312]. Setzt der behandelnde Arzt entgegen des tatsächlich oder antizipiert geäußerten Wunsches bzw. durch bestellte Dritte zulässig verwirklichten Willens des Patienten die medizinisch-therapeutische Behandlung nicht ab, kommt eine Strafbarkeit nach § 110 Absatz 1 öStGB in Betracht.

bbb. Der technisch-apparative Behandlungsabbruch

Jedoch ist auch die Konstellation möglich, dass der behandelnde Arzt nicht im eigentlichen Sinne passiv bleibt, indem er jegliche weitere medizinische Behandlung schlicht unterlässt, sondern vielmehr *aktiv* in den Sterbeprozess eines Patienten eingreift, in dem er durch das Abschalten der Herz-Lungen-Maschine bzw. der Unterbindung der künstlichen Beatmung durch einen Respirator dessen bereits eingeleitete, technisch bzw. maschinell unterstützte Behandlung unterbricht.

(1) Materiell-rechtliche Bewertung: Die Figur des Unterlassens durch ein Tun

Rein deskriptiv auf die zugrunde liegende Situation bezogen, wird der Patient im Falle des technisch-apparativen Behandlungsabbruchs durch ein aktives Tun des Unterbrechenden versterben, so dass eine Strafbarkeit nach den §§ 75 ff. öStGB in Betracht kommt.

Nach der herrschenden Meinung im österreichischen Schrifttum[313] ist ein derartiger *technisch-apparativer* Behandlungsabbruch jedoch nach den gleichen

---

310 Schütz iFamZ 2009, S. 32 (33).

311 Hierzu *Bart/Dokalik* in: Bart/Ganner, 192 f.

312 Maleczky iFamz 2008, S. 141 (143).

313 Bernat RdM 1995, S. 51 (59); *derselbe* in: Bernat/Kröll, S. 47 (53); Kienapfel/Schroll, BT 1, Vorbem §§ 75 ff. Rdn. 26; *Moos* in: WK Vorbem. zu §§ 75 – 79 Rdn. 45; *Schick* in: Bernat, S. 121 (138); Schütz iFamZ 2009, S. 32; so auch das Ergebnis in der deutschen Strafrechtswissenschaft, bekannt unter dem Schlagwort *Unterlassen durch Tun*, siehe hierzu insbesondere *Roxin* in: FS-Engisch, S. 380 ff.

Grundsätzen zu bewerten, wie das schlichte Untätigkeitsein des behandelnden Arztes. Es ist somit als *Unterlassen* jeglicher weiteren medizinisch bzw. ärztlich-pflegerischen Behandlungen einzuordnen.

Zwar verwundert es bei dieser Art von Behandlungsabbruch, bei dem ein aktives Tun im Vordergrund steht, nicht, dass ein Vorgehen des Arztes in diesem Zusammenhang früher vereinzelt[314] durchaus als aktive direkte Sterbehilfe qualifiziert wurde[315]. Jedoch ist eine Einordnung des Unterbrechens einer technischen bzw. maschinellen Behandlung durch *Abschalten derselben* nicht rein anhand der zugrunde liegenden Situation zu beurteilen, sondern vielmehr auf den hinter dieser Maßnahme stehenden *sozialen Sinn* des Verhaltens des *agierenden* Arztes abzustellen[316]. Dieser besteht jedoch wie im Falle eines medizinisch – therapeutischen Behandlungsabbruchs[317] in einem Unterlassen des betroffenen Patienten, denn er ändert durch eine unterschiedliche technische Gestaltung nicht sein Wesen[318]. Zur Veranschaulichung ist hier auf das von *Bernat*[319] angeführte Argument zu verweisen, dass ein solches Verhalten sich rein deskriptiv zwar als Tun darstelle[320], es jedoch *normativ* keinen Unterschied mache, *„ob der Arzt es bloß unterlässt, eine leere Sauerstoffpatrone durch eine volle zu ersetzen oder aber die Sauerstoffzufuhr durch Knopfdruck unterbindet“*[321].

Zudem ist darüber hinaus darauf zu verweisen, dass die Abgrenzung zwischen aktivem Tun und Unterlassen im Allgemeinen nach dem Schwerpunkt der Vorwerfbarkeit bzw. dem strafrechtlich relevanten Verhalten vorgenommen wird. Somit ist weder allein das Geschehen zu bewerten, wie es sich von außen präsentiert, noch der Energieeinsatz des Vorgehenden selbst entscheidend. Auch darf nicht lediglich auf die Kausalität abgestellt werden. Insgesamt ist somit anzuführen, dass immer dann von einem Unterlassen weiterer Behandlung zu sprechen ist, wenn das Verhalten des Arztes es ermöglicht, das in der Person des

---

314 Bockelmann, S. 112.

315 In Anlehnung an den in Italien für Aufsehen sorgenden Fall *Welby,* siehe hierzu bereits aaO, vertritt etwa Schütz ÖÄZ 2007, S. 50 (51), auch gegenwärtig noch die Ansicht, dass dieses Vorgehen nach der Definition ein Fall einer direkten Sterbehilfemaßnahme und daher *„an sich verboten“* sei.

316 Bernat RdM 1995, S. 51 ff.

317 Hier in einer ausbleibenden Fortführung einer medizinisch-therapeutischen Maßnahme.

318 So etwa *Moos* in: WK Vorbem. zu §§ 75 – 79 Rdn. 45, unter Verweis auf das deutsche Schriftum, hier wiederum auf Geilen JZ 1968, S. 145 (151); Sax JZ 1975, S. 137 (149).

319 Bernat WmW 1996, S. 195 (197).

320 In diesem Zusammenhang spricht er speziell davon, dass nicht das phänomenologische Moment in den Vordergrund zu rücken ist.

321 Oder etwa, um diesen Gedankengang fortzuführen, den Respirator gar nicht erst ein- oder etwa auf Raumluft umschaltet.

betroffenen Patienten (durch sein Grundleiden) innewohnende bzw. angelegte Sterben *geschehen zu lassen*[322].

(2) Ergebnis

Zusammengefasst ist nach heute praktisch anerkannten Grundsätzen somit das Abstellen lebenserhaltender Maschinen nicht im Sinne eines aktiven Tuns nach den §§ 75 ff. öStGB strafbar. Es ist vielmehr geboten[323] und lässt dadurch auch eine Strafbarkeit wegen Unterlassen hinfällig werden, wenn die ärztliche Garantenpflicht durch den tatsächlich oder antizipiert geäußerten Wunsch des betroffenen Patienten aufgrund der dadurch entfallenden Legitimation jeglicher gegenteiliger ärztlicher Maßnahmen erloschen ist.

Im Ergebnis ist das Absetzen von Maßnahmen der künstlichen Ernährungs- und Flüssigkeitszufuhr nicht anders zu behandeln als das Absetzen anderer Intensivbehandlungsmethoden: Die (Garanten-) Pflicht des Arztes reicht vielmehr nicht soweit, dass er künstliche Maßnahmen so lange aufrecht erhalten muss, bis der Patient aus anderen Gründen stirbt[324]. Dabei macht es auch keinen erheblichen Unterschied, ob nur die Nahrungszufuhr eingestellt oder die Sonde zur Gänze entfernt wird[325]. Beides ist dem Sinngehalt nach somit als durch den Patientenwillen legitimiertes Unterlassen einer lebensverlängernden Maßnahme einzuordnen und somit nicht mit Strafe bedroht.

Auch im Zusammenhang mit einem Behandlungsabbruch, welcher sich technisch-apparativ ausgestaltet, wird in der Regel keine abrupte Beendigung von jetzt auf gleich durchgeführt werden, vielmehr bietet sich auch hier ein stufenweiser Rückzug an. Um dem Patienten etwa im Zusammenhang mit der Abschaltung eines Beatmungsgerätes keinen qualvollen Erstickungstod zuzumuten, kann unter Anlehnung an bereits an anderer Stelle erwähnte Ausführungen von *Borasio/Voltz*[326] rechtlich zulässig wie folgt vorgegangen werden: Vor dem Abschalten etwa des Beatmungsgerätes wäre die Einleitung einer Narkose, die per se für den betroffenen Patienten nicht gesundheitsschädlich ist, hierfür die sicherste Methode. Nachdem der Patient sodann narkotisiert ist, könnte die künstliche Beatmung abgesetzt und der wohl alsbaldige Todeseintritt abgewartet werden. Vergleichbares ist auch für die Einstellung einer künstlichen Ernährungs- und Flüssigkeitszufuhr anzuführen: In deren Rahmen wird das Gefühl für Hun-

---

322 Birnbacher, S. 342, zitiert nach *Bernat* in: Bernat/Kröll, S. 47 (53), Fn. 30.

323 Vgl. Bernat WmW 1996, S. 195 (197).

324 Kert JAP 2005/06, S. 207 ff.

325 Siehe hierzu Kopetzki iFamZ 2007, S. 197 Fn. 4, unter Bezugnahme auf *Kerschner/Kneihs/Vollmann* in: ÖJK, S. 217 f.

326 Borasio/Voltz Fallbericht ZME 1994, S. 145 ff.

ger und Durst durch das Verabreichen lindernder Medikationen erzielt, zudem sind palliativ-medizinische Maßnahmen wie das Benetzen der Lippen mit Feuchtigkeit bzw. das Feuchthalten des Mundes angezeigt.

c. *Die nicht auf dem erklärten Willen beruhende Nichtbehandlung*

aa. *Der mutmaßliche Behandlungsabbruch*

Nachstehend ist zu erörtern, wie in dem Fall vorzugehen ist, dass eine Behandlungsentscheidung ansteht, der davon betroffene Patient jedoch weder seinen Willen im Voraus normiert hat noch sich aufgrund von dauerhafter Entscheidungsunfähigkeit aktuell äußern kann. Es ist somit zu fragen, wie auch bei dieser besonderen Ausgangskonstellation im Zusammenhang mit einem Behandlungsabbruch das Selbstbestimmungsrecht des Einzelnen gleichwohl gewahrt werden kann.

Wird auf der Suche nach einer Antwort etwa auf die im Zusammenhang mit Willenserklärungen des Einzelnen in der österreichischen Rechtsordnung bestehende Rechtslage de lege lata verwiesen, ist lediglich Allgemeines vorzufinden: So ist etwa in der Regelung des § 863 ABGB lediglich grundsätzlich normiert, dass der rechtsrelevante Wille auf verschiedene Arten erklärt werden kann, sowohl *„ausdrücklich"* durch Worte sowie allgemein angenommene Zeichen als auch schlüssig, d. h. *„konkludent"*; ausnahmsweise zudem *„stillschweigend"*. Darüber hinaus wird angeführt, dass die Textierung des § 863 ABGB auf *alle* Willenserklärungen und nicht etwa nur rechtsgeschäftliche anzuwenden ist[327]. Diese Ausführungen gehen jedoch ins Leere, wenn die Person des Erklärenden, wie im vorliegend zu untersuchenden Fall, dauerhaft entscheidungsunfähig ist und sich diese Ausgangslage zudem auch noch dahingehend verschärft, dass nicht auf einen antizipiert normierten Willen zurückgegriffen werden kann. Gleiches gilt unter Verweisung auf § 110 Absatz 2 öStGB oder aber § 8 Absatz 3 Krankenanstalten- und Kuranstaltengesetz (KAKuG), in welchen lediglich die medizinische Behandlung im Falle der *vorübergehenden* Entscheidungsunfähigkeit einer Rechtfertigung unterzogen ist.

Zu erläutern gilt es in diesem Zusammenhang somit, ob es rechtlich zulässig sein kann, eine medizinische Behandlung[328] auch aufgrund einer *bloß* mutmaßlichen Ablehnung des betroffenen Patienten abzubrechen. Insbesondere Geltung beansprucht diese Thematik für den Fall des vorliegend gegenständlichen, all-

---

327 Barta/Kalchschmid WklW 2004, S. 442 (445).

328 Welche sich im Falle ihrer Weiterführung tatsächlich lebensverlängernd auswirken könnte, *ohne dass* aus der Behandlung selbst für den Patienten Nachteile resultieren, die die damit einhergehenden Vorteile überwiegen.

umfassend dauerhaft entscheidungsunfähigen Kranken, bei welchem noch kein pathologischer Zustand eingetreten ist, der von ärztlicher Seite als aussichtslos einzuschätzen ist.

aaa. Grundsätzliches

Dogmatisch betrachtet wird die mutmaßliche Behandlungsverweigerung angelehnt an die Rechtsfigur der mutmaßlichen Einwilligung[329]. Diese gelangt in Situationen zur Anwendung, in denen der Täter in ein fremdes disponibles Rechtsgut eingreift[330], nach den Umständen des Falles und bei Würdigung der Interessenlage jedoch davon ausgegangen werden darf, dass er seine Einwilligung in die Rechtsgutsbeeinträchtigung wirksam erteilen würde, hätte er im Zeitpunkt der Entscheidungsnotwendigkeit dazu faktisch die Möglichkeit[331]. Dabei soll die Interessenlage des Rechtsgutsträgers soweit wie möglich subjektiv bestimmt werden. Weichen die individuellen Interessen des Rechtsgutsträgers also erkennbar von den Interessen des vernünftigen Menschen in dessen konkreter Lage ab, haben gleichwohl die ersteren zu überwiegen.

Innerhalb der österreichischen Rechtsordnung wird die mutmaßliche Einwilligung in Anlehnung an die Wertung des § 110 Absatz 2 öStGB und auch unter Hinwendung an das deutsche Recht[332] zwischen der *echten*, d. h. der tatsächlichen Einwilligung[333] und dem übergesetzlichen Notstand[334] eingeordnet und insgesamt als eigenständiger, wenn auch ungeschriebener Rechtfertigungsgrund angesehen[335].

Im Gegensatz zur Haltung innerhalb der amerikanischen Judikatur[336] - in welcher die Frage des medizinischen Behandlungsabbruchs schon seit über 30 Jahren Gegenstand der Diskussionen ist[337], ist die Bewertung des mutmaßlichen Behandlungsabbruchs in der österreichischen Rechtslehre nicht einheitlich. Insgesamt zeichnet sich jedoch eine schrittweise Annäherung ab. Einen gewichtigen Schritt markierte die folgende wegweisende Entscheidung des östOGH vom

---

329 Schütz iFamZ 2009, S. 32 (33).

330 Dessen Rechtsgutsträger nicht handlungsfähig oder nicht rechtzeitig erreichbar ist.

331 Wiederum Bernat RdM 1995, S. 51 ff. Fn. 56, unter Verweis auf Maurach/Zipf AT I, S. 396; derselbe JBl 2009, S. 129 (130).

332 Siehe hierzu grundlegend *Roxin* in: FS-Welzel, S. 447 (448).

333 Prinzip der rechtlichen Berücksichtigung des mangelnden Interesses.

334 Prinzip der rechtlichen Berücksichtigung des überwiegenden Interesses.

335 Bernat RdM 1995, S. 51 ff., Fn. 55; Triffterer Ö-Strafrecht AT, S. 244.

336 Siehe den Überblick bei Meisel, § 9.7 bis § 9.35.

337 Welcher sich, wie noch zu zeigen sein wird, auch die deutsche Rechtslehre sowie Rechtsprechung in den letzten Jahren so gut wie überwiegend angeschlossen hat, vgl. BGHSt 40, S. 257 ff.; BGHZ 154, S. 205 ff.

07. Juli 2008 zum Abbruch der künstlichen Ernährung bei einer entscheidungsunfähigen Patientin, durch welche der Umstand, dass im österreichischen Rechtskreis bis dato eigene Gerichtsentscheidungen für diese spezielle Thematik in Gänze fehlten, egalisiert wurde.

bbb. Die Entscheidung des östOGH vom 07. Juli 2008

Im Rahmen seiner Entscheidung vom 07. Juli 2008[338] spricht sich der östOGH für einen Wegfall der Behandlungspflicht auch im Falle einer nur sog. *inneren* Verweigerungshaltung des betroffenen Patienten aus. Im Ergebnis erkennt der östOGH somit die Zulässigkeit des medizinischen Behandlungabbruches aufgrund einer mutmaßlichen Einwilligung des Patienten an. Betont wird gleichfalls, dass mit der Annahme einer mutmaßlichen Einwilligung aus Gründen des Lebensschutzes jedoch Zurückhaltung geboten sei. Daher sei eine mutmaßliche Einwilligung in das Sterbenlassen *primär* nur anzuerkennen, wenn sich der Patient dazu vor Verlust seiner Entscheidungsfähigkeit *mündlich* oder *schriftlich* entsprechend geäußert hat.

ccc. Konservative Lehre

Nach einer über lange Zeit verbreiteten Ansicht innerhalb des österreichischen Schrifttums[339] kann bei einem (dauerhaft) Entscheidungsunfähigen ein Behandlungsabbruch nicht allein durch den mutmaßlichen Willen des betroffenen Patienten legitimiert werden und ist danach somit unzulässig. Im Ergebnis scheitere die Anerkennung eines Instituts der mutmaßlichen Einwilligung grundsätzlich daran, dass diese nach strafrechtlichen Wertvorstellung wie §§ 110 Absatz 2, 90 Absatz 1 öStGB nicht die Einwilligungssperre aus § 77 öStGB brechen könne.

Insgesamt könne sich die Abstellung auf die Mutmaßlichkeit des Patientenwillens aufgrund fehlender dokumentierter Anhaltspunkte dahingehend gefährlich auswirken, dass sie sich als bloßes Einfallstor für allgemeine Rechts- und Interessenabwägungen erweise: Da der ermittelte mutmaßliche Wille letztlich lediglich fiktiv sei, könne in diesem Zusammenhang ein Einfluss etwaig bestehender Interessenausrichtungen Dritter nicht abschließend verhindert werden.

---

338 Siehe ausführlich unter **§ 3 B. I.**

339 *Schick* in: GedS-Zipf, S. 393 (413 ff.); *derselbe* in: Pump/Klobassa, S. 54 (56); vermittelnd Schmoller ÖJZ 2000, S. 361 (374).

ddd. Aufkommende Lehre

Entsprechend einer anderen Ansicht[340], welche nach und nach eine immer stärker werdende Unterstützung erfährt[341], kann ein Behandlungsabbruch auch auf dem nur mutmaßlichen Patientenwillen bzw. dessen Veto in Bezug auf die Aufnahme oder Fortführung einer medizinischen Behandlung beruhen, die sich in seiner Person lebensverlängernd auswirkt. Eine medizinische Heilbehandlung sei somit nicht bloß bei ausdrücklicher, sondern auch bei mutmaßlicher Verweigerung des Patienten eigenmächtig iSd § 110 Absatz 1 öStGB und somit unzulässig. Daraus ergebe sich der Schluß, dass ein Abbruch der Behandlung nicht rechtsmäßig, sondern sogar geboten sei, wenn er auf dem mutmaßlichen Willen des Patienten beruht.

Insgesamt lehnt sich diese Auffassung insbesondere an den ersten Leitsatz des BGH an, welchen dieser im Kemptener Fall verkündet hat und kommt zu dem Schluß, dass diese Wertvorstellungen sowohl auf die österreichische Straf- als auch Zivilrechtsebene übertragbar erscheinen bzw. die österreichische Rechtsordnung nach diesen Wertvorstellungen interpretierbar sei. In Fortführung dessen verweisen die Vertreter dieser Ansicht hinsichtlich der streitigen Frage, welche Anforderungen an die Feststellung eines mutmaßlichen Patientenwillens zu stellen sind, auf den zweiten Leitsatz des vorbenannten Urteils.

Aktuell wird zudem darauf verwiesen, dass sogar qua Gesetz selbst für die Zulässigkeit eines Behandlungsabbruches basierend auf einer bloß mutmaßlichen Einwilligung indirekt eine positiv-rechtliche Stütze geboten werde, indem in den Erläuterungen zu den §§ 8, 9 PatVG[342] die Ermittlung des tatsächlichen inneren, d. h. mutmaßlichen Patientenwillens zur zentralen Maxime erhoben wird.[343]

---

340 In Österreich insbesondere Bernat RdM 1995, S. 51 (55 f.); *derselbe* in: FS-Deutsch, S. 443 (455 f.); *derselbe* in: Bernat/Kröll, S. 47 (55 f.); *Koller* in: Bernat, S. 71 (89); nur indirekt Foregger/Kodek/Fabrizy § 75, Rd. 7 *„aber auch wenn kein erklärter Wille vorliegt, wird die Lebensverlängerung um jeden Preis von der Rechtsordnung nicht verlangt"*; des Weiteren, wenn auch differenzierend, *Moos* in: WK Vorbem. zu §§ 75 – 79 Rdn. 36 ff.; vermittelnd zudem Schmoller ÖJZ 2000, S. 361 (374).

341 Bernat JBl 2009, S. 129; Kletecka Zak 2008, S. 332 (333); Schütz iFamZ 2009, S. 32 (33).

342 *„(...) kann (eine einfache beachtliche) Patientenverfügung somit eine gewichtige und authentische Entscheidungshilfe für die Ermittlung des mutmaßlichen Willens des Patienten sein"*, Erläut RV 1299 BlgNR 22. GP, S. 8 f.

343 Wenn auch im Zusammenhang mit einer bestehenden Normierung des Patientenwillens in Form einer Patientenverfügung nicht verbindlicher Art, siehe hierzu Schütz iFamZ 2009, S. 32 (33).

eee. *Darstellung der Argumente*

Aus Gründen der Übersichtlichkeit ist nachfolgend zwischen dem Für und Wider der grundsätzlichen Zulässigkeit des Abbruchs einer lebenserhaltenden Behandlung beim entscheidungsunfähigen Patienten und der in der Sache eigentlich entscheidenden Frage zu trennen, welche Anforderungen an dessen Feststellung zu stellen sind.

(1) Die Zulässigkeit eines nur mutmaßlich begründeten Behandlungsabbruchs

Die Vertreter der ersten Ansicht[344] heben hervor, dass die Wertungsgrundlagen der österreichischen Strafrechtsdoktrin in den Fällen, in welchen die betroffenen Patienten weder moribund sind, noch sich in einem terminalen Stadium ihrer Krankheit befinden, eher vom Vorrang des Lebensschutzes ausgehen und ein Eingehen auf den nur mutmaßlichen Willen solcher Patienten somit durch die Tatbestände der §§ 75, 77, 78 öStGB verboten werde.

So wird sich mit primärer Bezugnahme auf den zerebral schwerstgeschädigten Entscheidungsunfähigen gegen den seitens der Vertreter der zweiten Ansicht in diesem Zusammenhang aufgenommenen ersten Leitsatz des BGH in BGHSt 40, S. 257 ff. gewendet. Danach könne die Entscheidung über den Abbruch einer ärztlichen Behandlung bei einem unheilbar kranken, nicht mehr entscheidungsfähigen Patienten, dessen Lebenserwartung bei Fortführung der künstlichen Ernährungs- und Flüssigkeitszufuhr als unbestimmt lange zu prognostizieren ist, aufgrund des bloß mutmaßlichen Patientenwillens auch dann zulässig sein, *„wenn der Sterbevorgang noch nicht eingesetzt hat"*. Die Formulierung *„auch dann zulässig"* bedeute, dass das, was im Zusammenhang mit Sterbehilfemaßnahmen in aussichtslosen, terminalen Fällen gelte, auch auf nicht terminale Fälle zu übertragen sei. Insbesondere wird an diesem Grundsatz kritisiert, dass er nicht auf die unterschiedlichen Wertungshintergründe eingehe. Übertragen in das österreichische Recht bedeute dies vielmehr, dass der frei gefasste und klar geäußerte Todeswunsch des noch entscheidungsfähigen Betroffenen *ebenso* wie eine nur mutmaßliche Willensrichtung zum Sterben die Rechtfertigungssperre des § 77 öStGB für § 90 Absatz 1 öStGB aufhebe. Dadurch werde ein Paradigmenwechsel vollzogen, infolge dessen das Recht auf Selbstbestimmung auch die Bestimmung des Todeszeitpunktes umfassen und daher dem Recht auf Erhaltung des Lebens eindeutig vorgehen würde.

Zudem wird auf Folgendes hingewiesen: In dem Beschluss selbst werde lediglich ausgeführt, dass die mutmaßliche Einwilligung als eigenständiger Recht-

---

344 *Schick* in: GedS-Zipf, S. 393 (412).

fertigungsgrund für beide Angeklagten gelte, so dass diese aus rechtlichen Gründen freizusprechen seien. Eine dezidierte Auseinandersetzung mit den strafrechtlichen Hintergrundwertungen des § 216 StGB, Tötung auf Verlangen[345], finde jedoch nicht statt. Es werde lediglich darauf hingewiesen, *„die mutmaßliche Einwilligung sei ein eigenständiger Rechtfertigungsgrund, der aus dem Selbstbestimmungsrecht des Patienten als Ausdruck seiner allgemeinen Entscheidungsfreiheit folge"*[346]. In diesem Zusammenhang sei jedoch anzuführen, dass im österreichischen Strafrecht eine Vergleichsnorm, welche die Wertigkeit der mutmaßlichen Einwilligung als eigenständigen Rechtfertigungsgrund ausdrücke, vielmehr fehle: So folge diese *nicht* aus einem Rückschluss aus § 110 Absatz 1 öStGB. Nach diesem könne der *voll entscheidungsfähige Patient* zwar eine Heilbehandlung auch dann ablehnen, wenn diese vital indiziert sei, er dieses auch wisse und mit der Ablehnung der Heilbehandlung somit in seinen Tod einwillige. Dieser Schluß sei jedoch nicht zu erweitern auf Fälle des Todesverlangens, *ohne* dass eine vitale Behandlungsindikation vorliege oder aber auf Fälle eines bloß mutmaßlichen Verlangens. Dies treffe lediglich bei einem ausdrücklichen Sterbeverlangen eines voll entscheidungsfähigen Patienten zu[347]. Ein solches werde jedoch als Fremdtötung auf ernstes und eindringliches Verlangen durch § 77 öStGB gerade pönalisiert. Im Ergebnis ließe sich somit weder aus § 90 noch aus § 110 Absatz 2 öStGB die Existenz einer mutmaßlichen Einwilligung ableiten, so dass auch kein sog. *de-facto-Dispens der passiven Sterbehilfe* in Form des medizinischen Behandlungsabbruchs von der Einwilligungssperre des § 77 öStGB bestehe[348].

Zudem wird grundsätzlich angeführt, dass die Abstellung auf einen bloß mutmaßlichen Patientenwillen sich trotz der anzusetzender Kriterien, wie sie in BGHSt 40, S. 257 ff. aufgestellt wurden, wegen fehlender dokumentierter Anhaltspunkte gefährlich auswirken könne. Es müsse verhindert werden, dass sich durch die Zulässigkeit des Abstellens auf einen nur mutmaßlichen Willen des betroffenen Patienten ein Einfallstor für allgemeine Rechts- und Interessenabwägungen öffne. Nichts anderes vollziehe sich jedoch im Fall der Zulässigkeit des Instituts des mutmaßlichen Willens im Zusammenhang mit dem einseitigen medizinischen Behandlungsabbruch auch im österreichischen Recht. Da der hier ermittelte hypothetische Wille im Ergebnis letztlich fiktiv bleibe[349], könne in

345 Das deutsche Pendant zum österreichischen § 77 öStGB.

346 BGHSt 40, S. 257 ff.

347 Auch wenn dadurch eine Inkongruenz der Wertung zu § 77 öStGB vorliege.

348 So aber Saliger KritV 1998, S. 118 (127).

349 In diese Richtung gehen wohl auch die Ausführungen von *Kopetzki* in: Taupitz, S. 1 (27), wenn dieser anführt, *„da sich letzterer (der mutmaßliche Wille, Anm. der Verfasserin) in der konkreten ärztlichen Entscheidungssituation in aller Regel ohnehin nicht*

diesem Zusammenhang ein Einfluss etwaig bestehender Interessenausrichtungen Dritter nicht abschließend verhindert werden[350].

Innerhalb der Gegenansicht vertritt insbesondere *Bernat*[351] die Ansicht, dass eine Heilbehandlung nicht bloß bei ausdrücklicher, sondern auch bei mutmaßlicher Ablehnung des Patienten eigenmächtig und somit unzulässig sei. Daraus ergebe sich die Schlussfolgerung, dass ein Behandlungsabbruch nicht nur rechtswidrig, sondern auch geboten sei, wenn ihn der mutmaßliche Wille des Patienten fordert. Begründend führt er an, dass das Institut der mutmaßlichen Einwilligung zwar bislang in der österreichischen Rechtsordnung ausschließlich als ungeschriebener Rechtfertigungsgrund anerkannt gewesen[352], sich bei näherer Betrachtung jedoch zeige, dass die mutmaßliche Behandlungsverweigerung nichts anderes als die Kehrseite der Medaille sei. Liegt keine mutmaßliche Einwilligung in die Heilbehandlung (mehr) vor, sei somit von einer mutmaßlichen Behandlungsverweigerung auszugehen. Dies werde vom Ergebnis her auch durch folgende Ausführungen deutlich: Wenn die Rechtsfigur der mutmaßlichen Einwilligung in einer Situation anwendbar sein soll, in welcher der betroffene Rechtsgutsträger handlungsunfähig ist, nach den Umständen des Falles und nach Würdigung der Interessenlage seine Zustimmung jedoch zu erwarten wäre, müsse bei Übertragung dieser Wertungsgesichtspunkte auf die Frage der Zulässigkeit eines medizinischen Behandlungsabbruchs bei einem entscheidungsunfähigen Patienten im Wege eines argumentum e contrario Folgendes gelten. Seitens des behandelnden Arztes könne dann auf die *Rechtsfigur der mutmaßlichen Verweigerung* des Betroffenen zurückgegriffen werden, wenn die Umstände des Falles und die Würdigung der Interessenlage *eben keine* Zustimmung des Patienten erwarten ließen. Wenn der Patient entscheidungsunfähig ist, müsse vielmehr in *jedem* Falle eine Entscheidung gefällt werden, die den mutmaßlichen Willen des Patienten berücksichtige. Daraus folge somit, dass der behandelnde Arzt versuchen müsse, möglichst all die Wertmaßstäbe zu ermitteln, die für den konkreten Patienten in der konkreten Situation wahrscheinlich eine Grundlage für die Frage nach der Fortführung einer medizinischen Behandlung oder einem Abbruch derselben darstellen würden. Das Ergebnis, das aus diesem, dem Patienten zugeschriebenen Werturteil abgeleitet werden dürfe, entscheide dann als

---

verläßlich ermitteln lässt, handelt es sich bei diesen Alternativen aber zumeist weniger um ein praktisches Rechtsproblem des medizinischen Alltags, als um ein Thema für Liebhaber medizinethischer Grundsatzdiskussionen".

350 So etwa *Schick* in: Pump/Klobassa, S. 54 (56).

351 Bernat RdM 1995, S. 51 ff.

352 So etwa Triffterer Ö-Strafrecht AT, S. 244 f.

mutmaßlicher Wille des Betroffenen allein über Fortführung *oder* Abbruch der weiteren medizinischen Behandlung[353].

Zudem wird sich mit der grundlegenden Kritik der Vertreter der ersten Ansicht auseinandergesetzt, die Entscheidung des BGH in BGHSt 40, S. 257 ff. beinhalte übertragen in das österreichische Recht, dass der frei gefasste und klar geäußerte Todeswunsch des Betroffenen für § 90 Absatz 1 öStGB ebenso wie eine mutmaßliche Willensrichtung zum Sterben die Rechtfertigungssperre des § 77 öStGB aufhebe: Kritisieren die Vertreter der ersten Ansicht, dass es dadurch zu einem Paradigmenwechsel komme, da das Recht auf Selbstbestimmung so auch die Bestimmung des Todeszeitpunktes umfasse und somit im Ergebnis dem Recht auf Erhaltung des Lebens vorgehe, wird entgegnet, dass dieser Grundsatz vielmehr schon vorher Geltung für sich beansprucht habe. Hierfür wird auf die supranationale Ebene verwiesen. Auf dieser verbürge, wie bereits angeführt, Art. 8 EMRK den Anspruch des Einzelnen auf Selbstbestimmung in *allen* Angelegenheiten, die seine persönliche Sphäre betreffen. Davon sei die Selbstbestimmung über die medizinische Heilbehandlung jedoch ebenso erfasst wie *die Selbstbestimmung über den Tod*[354], woraus folge, dass von einem Paradigmenwechsel in diesem Zusammenhang vielmehr nicht die Rede sein könne.

Des Weiteren wird seitens der Vertreter der zweiten Ansicht darauf verwiesen, dass die Problematik rund um die mutmaßliche Entscheidung des Patienten durchaus im Zivilrecht zu finden sei. Zudem wird die Frage nach ihrer Zulässigkeit im Zusammenhang mit dem Abbruch einer medizinischen Behandlung aufgrund eines nur mutmaßlichen Patientenwillens dort in Ansätzen auch einer Lösung unterzogen, welche Signalwirkung habe: Der zwischen den Parteien Arzt – Patient geschlossene Behandlungsvertrag bilde die Grundlage für das zwischen diesen bestehende rechtliche Verhältnis. Bei der Auslegung des Vertrages sei auf § 914 ABGB zurückzugreifen, welcher besage, dass die *Absicht* der Parteien zu ermitteln ist. In diesem Zusammenhang laufe es im Ergebnis somit auf dieselbe Frage hinaus, die das Strafrecht unter Bezugnahme auf die Rechtsfigur der mutmaßlichen Einwilligung stelle, namentlich, ob man (bloß) mutmaßen und das weitere Vorgehen danach ausrichten dürfe, dass der Patient eine Fortführung oder einen Abbruch seiner lebensverlängernden medizinischen Behandlung wünsche. Im Gegensatz zum materiellen Strafrecht sei für diese Frage jedoch auch ein erster innergesetzlicher Lösungsansatz zu erkennen: Erfolge eine ärztliche Behandlung aufgrund vorübergehender Bewusstlosigkeit vertragslos, sei auf die Regeln der Geschäftsführung ohne Auftrag, §§ 1035 ff. ABGB, zurückzu-

353 So Bernat RdM 1995, S. 51 ff.

354 *Schick* in: GedS-Zipf, S. 393 (400).

greifen[355]. Angeführt wird hierbei der Wortlaut des § 1037 Absatz 1 ABGB: *„Wer fremde Geschäfte bloß, um den Nutzen des Andern zu befördern, übernehmen will, soll sich um dessen Einwilligung bewerben"*. In analoger Erweiterung dieses Grundgedankens sei für den Fall des entscheidungsunfähigen Patienten somit zu schlussfolgern, dass auch bei vertragsloser Erbringung ärztlicher Leistungen für die Frage, ob der betroffene Patient im Rahmen einer Fortführung der medizinischen Behandlung weiter am Leben erhalten werden oder hingegen infolge eines Behandlungsabbruches sterben möchte, primär auf die subjektiven und somit mutmaßlichen Interessen des entscheidungsunfähigen Patienten abzustellen. Diese gelte es somit zu ermitteln[356].

Weiter wird ausgeführt, dass es vielmehr nicht überzeugend sei, warum im Falle einer zu erwartenden Einwilligung des betroffenen entscheidungsunfähigen Patienten dessen mutmaßlicher Wille zu berücksichtigen sein soll, gleiches jedoch nicht im Falle einer zu erwartenden Behandlungsverweigerung gelte. Dies hätte zum Ergebnis, dass die Wahrung des Selbstbestimmungsrechts des Entscheidungsunfähigen mit zweierlei Maß gemessen werde.

Diese Ausführungen werden nun seit der Entscheidung des östOGH vom 07. Juli 2008, 6 Ob 286/07p auch durch die Rechtsprechung bestätigt. Danach entfalle die Behandlungspflicht nicht nur bei Vorliegen einer Verweigerungsentscheidung auf Basis einer früheren Willenserklärung des im aktuellen Behandlungszeitpunkt entscheidungsunfähigen Patienten iSd § 2 PatVG, sondern auch im Falle einer nur sog. *inneren* Verweigerungshaltung des betroffenen Patienten. In der Rechtsprechung wird sich somit *für* die Zulässigkeit eines Behandlungsabbruches aufgrund einer bloß mutmaßlichen Einwilligung ausgesprochen. Dadurch werde auch deutlich, dass das PatVG nicht als Gegenargument angeführt werden könne, sondern indirekt in den §§ 8, 9 PatVG vielmehr sogar eine positivrechtliche Stütze für den Behandlungsabbruch aufgrund einer bloß mutmaßlichen Einwilligung enthalten sei[357].

Bestätigt werde dieses gewonnene Fazit zudem durch die deutsche Rechtsprechung in BGHSt 40, S. 257 ff., an welcher sich die Vertreter der zweiten Ansicht insbesondere orientieren: In diesem Beschluss wurden *in concreto*[358] grundsätzlich drei Regeln formuliert, die einen Behandlungsabbruch auch schon im *nicht terminalen* Stadium rechtfertigen können und welche nach dieser Ansicht auch Geltung für die österreichische Rechtsordnung beanspruchen[359]. Für

355 *Rummel* in: Rummel, Bnd. 1, § 1036 Rdn. 2, § 1035 Rdn. 6.

356 So insbesondere etwa Bernat RdM 1995, S. 51 ff.

357 Schütz iFamZ 2009, S. 32 (33).

358 Und somit im Gegensatz zu der Entscheidung des östOGH vom 07. Juli 2008.

359 So hauptsächlich *Bernat* in: FS-Deutsch, S. 443 (455 ff.); *derselbe* RdM 1995, S. 51 ff.; *derselbe* in: Kröll, S. 47 (60 f.).

die grundsätzliche Frage der Zulässigkeit eines nur mutmaßlichen Behandlungsabbruches entfalte zunächst nur der erste Leitsatz Geltung: In dessen Rahmen wird unter Anlehnung an bereits vorherig in dieser Hinsicht ergangene Entscheidungen im deutschen Strafrecht[360] betont, dass sowohl die Verbindlichkeit einer mutmaßlichen Einwilligung in eine Heilbehandlung als auch deren Ablehnung dem Grunde nach anzuerkennen seien[361]. Dies gelte auch im Zusammenhang mit der Frage der Zulässigkeit eines Behandlungsabbruchs im nicht schon terminalen Stadium. Ist der Patient mit dem Abbruch mutmaßlich einverstanden, sei dieser nicht von vornherein ausgeschlossen, da auch in diesem Zusammenhang das Selbstbestimmungsrecht des Patienten zu achten sei. Gegen dessen Willen darf eine ärztliche Behandlung somit grundsätzlich weder eingeleitet noch fortgesetzt werden. Der erste Leitsatz im Kemptener Fall entspreche somit durchaus dem Fazit des östOGH in seiner Entscheidung vom 07. Juli 2008.

Insgesamt ist somit festzuhalten, dass sich die insbesondere in der deutschen Rechtsprechung ausgebildete Grundhaltung, einen Abbruch der medizinischen Behandlung auf den nur mutmaßlichen Patientenwillen stützen zu können, auch auf die österreichische Rechtsebene übertragen lassen kann. Wer nicht tatsächlich selbst über die Würde seines eigenen Todes entscheiden kann, soll gleichfalls würdig sterben können[362]. Im Ergebnis muss der behandelnde Arzt somit die vorliegende Situation des betroffenen Patienten hinsichtlich Freude und Leid normativ beurteilen und gegeneinander aufrechnen, nicht jedoch hat er im Zweifel nach eigenem, nicht weiter zum Gegenstand einer Überprüfung gemachten arztethischen Ermessen zu entscheiden[363].

---

360 BGHSt 32, S. 367 ff; 35, S. 246 ff.; 37, S. 376 ff.

361 In diesem Zusammenhang ist weiter auf die Ausführungen von *Moos* in: WK Vorbem. zu §§ 75 – 79 Rdn. 38 zu verweisen, welcher die Ermittlung des mutmaßlichen Patientenwillen nur im Zusammenhang mit einem irreversibel bewusstlosen Patient thematisiert. Dann, wenn diese Erforschung zu dem Ergebnis führt, dass der Patient in der konkreten Situation in Anbetracht der Aussichtslosigkeit der Heilung und auch der Todesnähe mit dem Unterlassen lebenserhaltender Maßnahmen einverstanden wäre, so sei gemäß § 110 öStGB die passive Euthanasie erlaubt. Jedoch erscheint das Abstellen auf die Todesnähe in diesem Zusammenhang nicht hilfreich, da, wie mehrfach angeführt, im Falle eines irreversibel bewusstlosen Apallikers nicht abschließend verlässlich prognostiziert werden kann, wann dessen Tod nun tatsächlich bevorsteht.

362 *Moos* in: WK Vorbem. zu §§ 75 – 79 Rdn. 41.

363 So iE jedoch noch Kienapfel/Schroll, BT I, Vorbem §§ 75 ff. Rdn. 25; *Moos* in: WK, 1. Aufl. Vorbem. zu §§ 75 - 79 Rdn. 27.

(2) Die Anforderungen an die Feststellung des mutmaßlichen Patientenwillens

Wurde zuvor die grundsätzliche Zulässigkeit des Abbruchs einer lebenserhaltenden Behandlung bei einem entscheidungsunfähigen Patienten auf der Grundlage einer nur mutmaßlichen Einwilligung bejaht, ist nachfolgend zu einem in diesem Zusammenhang bestehenden, weiteren Streitpunkt zu kommen: Die Frage, auf welche Gesichtspunkte bei dessen Ermittlung abzustellen ist.

(a) Der Zeitpunkt der Ermittlung des mutmaßlichen Willens

Grundsätzlich ist fraglich, *welcher Zeitpunkt* zur Ermittlung des Willens des Patienten von Relevanz ist. Nach den Ausführungen des östOGH in seiner Entscheidung vom 07. Juli 2008 sei eine mutmaßliche Einwilligung in das Sterbenlassen *primär* nur anzuerkennen, wenn sich der Patient dazu vor Verlust seiner Entscheidungsfähigkeit *mündlich* oder *schriftlich* geäußert habe. D. h. der östOGH stellt auf den Zeitpunkt *vor* der in Frage stehenden Behandlungsentscheidung ab. Diese Grundhaltung findet Bestätigung in den Ausführungen des Rechtsphilosophen Dworkins[364], welcher bei einer Person zwischen *werte- und erlebnisbezogenen Interessen* differenziert: Wertebezogene Interessen seien danach kritische Urteile und nicht nur Erlebnisvorliegen und beruhen auf Werthaltungen eines Menschen, die sein Leben prägen. Erlebnisbezogene Interessen seien hingegen keine Determinanten der individuellen Lebenskonzeption, da sie lediglich auf den punktuellen Genuss des konkreten Erlebens gerichtet seien. Dabei sei den wertebezogenen Interessen ein höherer Stellenwert zusprechen als den erlebnisbezogenen. Die Ansicht eines Menschen darüber, wie er leben möchte, präge auch sein Urteil darüber, wie er sterben möchte. Der Tod eines Menschen soll somit Ausdruck seiner Überzeugung sein, dass sein Leben seinen Wert aus dem gezogen hat, was es (ihm früher) zu tun und zu fühlen ermöglichte[365].

---

364 Dworkin, S. 277 ff.

365 Nicht einzugehen ist im Folgenden dabei auf den nachfolgenden, bei *Bernat* in: FS-Deutsch, S. 443 (452 ff.), angeführten Fall: Bei einem entscheidungsunfähigen Patienten ergibt die Ermittlung seiner wertebezogenen Interessen, dass er sich im Stadium früherer Entscheidungs- und somit Selbstbestimmungsfähigkeit im Falle des Eintritts einer (späteren) Krankheit, die zum Verlust seiner Entscheidungsfähigkeit führt, gegen eine medizinische Behandlung ausgesprochen hat. Diese Situation ist im zugrunde liegenden Fall zwar auch eingetreten, in der aktuellen Krankheitssituation macht der betroffene Patient jedoch nun den Anschein, ein absolut sorgenfreies Leben zu führen, dass glücklich zu ein scheint. Im Rahmen der Frage, wie es somit iE zu beurteilen ist, dass die Interpretation der erlebnisbezogenen Interessen im Gegensatz zu den wertebe-

Dem ist jedoch Folgendes entgegen zu halten: Schon das PatVG führt in § 10 Absatz 2 PatVG aus, dass eine Patientenverfügung ihre Wirksamkeit verliere, *„wenn sie der Patient selbst widerruft oder zu erkennen gibt, dass sie nicht mehr wirksam sein soll"*. Dadurch wird deutlich, dass auch nach den Vorgaben des PatVG *nicht abschließend* der zum Zeitpunkt der Errichtung der Verfügung bestehende Wille des betroffenen Patienten ausschlaggebend ist. Hat sich bei dem betroffenen Patient vielmehr später ein davon differenzierender Wille ausgebildet, ersetzt dieser den vormals normierten Willen, was der Patient durch den Widerruf zum Ausdruck bringt; erfolgt kein Widerruf, gilt das in der Patientenverfügung normierte. Diese Ausführungen lassen sich entsprechend auf den Fall des unvertretenen entscheidungsunfähigen Patienten übertragen, so dass festzuhalten ist, dass entgegen den Ausführungen des östOGH primär auf die erlebnisbezogenen Interessen des betroffenen Patienten abzustellen ist und erst sekundär auf die wertebezogenen. Gleichfalls ist auf § 283 Absatz 2 ABGB hinzuweisen. Darin ist festgehalten, dass der entscheidungsunfähige Patient lediglich dann einer schwerwiegenden medizinischen Behandlung unterzogen werden darf, wenn diese zur Wahrung seines Wohles erforderlich ist. Dies lässt aber keinen anderen Schluß zu, als dass in diesem Zusammenhang der zur Ermittlung des Wohles relevante Wille des Betroffenen *zum Zeitpunkt der in Frage stehenden Behandlung* den Ausschlag gibt[366].

Auch wenn diese eine andere als die gegenständliche Patientengruppe zum Adressaten haben, wird dieses Fazit im Ergebnis durch folgende Ausführungen von *Bernat*[367] bestätigt: Er merkt an, dass der Wille eines Patient zum Zeitpunkt

---

zogenen dahingehend ausfällt, dass der Betroffene weiterleben zu scheinen möchte, kommt der Autor zu dem folgenden Fazit: Die einstmals gesunde, entscheidungsfähige Person sei nicht mehr identisch mit der Person im gegenwärtigen pathologischen Zustand. Daraus schlussfolgert er, dass es somit nicht richtig sein könne, einen Menschen sterben zu lassen, wenn dieser glücklich zu leben scheint und ihn seine seinerzeitigen wertebezogenen Interessen gar nicht mehr berühren, da sie nicht mehr Bestandteil seiner jetzigen Persönlichkeit seien. Ohne auf vorgenannte Ausführungen näher einzugehen, ist anzumerken, dass dieser Fall für die vorliegende Ausarbeitung keinen Bezug hat: Zwar wurde sich in diesem mit einer zwar aufgrund des Vorliegens von Morbus Alzheimer dementen und somit entscheidungsunfähigen Frau auseinandergesetzt, diese hat jedoch nichts gemein mit den hier gegenständlichen Patientengruppe des zerebral schwerstgeschädigten Patienten wie dem Apalliker oder dem ALS-Patienten. Diese werden im Gegensatz zu der Patientin weder den Anschein machen, ein sorgenfreies, glückliches Leben zu führen und zudem werden sie lediglich noch aufgrund von technischen Apparaturen künstlich am Leben gehalten. Eine Auseinandersetzung mit dieser Problematik entfällt in diesem Zusammenhang somit.

366 Siehe Bernat JBl 2009, S. 129 (131).

367 Bernat JBl 2009, S. 129 (130).

seiner Entscheidungsunfähigkeit dahingehend im Gegensatz zu seinem im entscheidungsfähigen Zustand normierten Willen stehen könne, dass die ehemalig normierten Sterbeinteressen aktuellen Interessen gegenüber stehen können, die auf ein Weiterleben gerichtet sind. Bestehe zwischen diesen ein deutlicher Konflikt, erscheine es nach seinem Dafürhalten unzweifelhaft, den gegenwärtigen persönlichen Interessen den Vorrang einzuräumen.

Gleichfalls unterstrichen wird das obig gewonnene Fazit weiter durch die deutsche Rechtsprechung in BGHSt 40, S. 257 ff., insbesondere durch den darin aufgestellten zweiten Leitsatz. Wie angeführt, besagt dieser, dass hinsichtlich der Frage des Zeitpunkts zur Feststellung eines mutmaßlichen Einverständnisses des Patienten im Zusammenhang mit einem medizinischen Behandlungsabbruch ärztlicherseits auf dessen mutmaßlichen Willen *im Tatzeitpunkt* abzustellen sei, wie er sich nach sorgfältiger Abwägung aller Umstände darstellt. Erst in dem Fall, das keine erlebnisbezogenen Interessen feststellbar sind, die einen Weiterlebenswunsch indizieren, bzw. wenn diese im Zweifel stehen, sei die medizinische Behandlung jedenfalls dann abzubrechen, wenn die wertebezogenen Interessen des Patienten einer Behandlung *"bis zum letzten Atemzug"* entgegenstehen.

(b) Die zugrunde zu legenden Kriterien

Hinsichtlich der Frage, welche Kriterien der Ermittlung des mutmaßlichen Patientenwillens zugrunde zu legen sind[368], wird insbesondere durch *Bernat*[369] ebenfalls auf den zweiten Leitsatz des Beschlusses des BGH im Kemptener Fall verwiesen. Bei der Abstellung auf die zur Feststellung des mutmaßlichen Willens des Patienten relevanten Interessen des entscheidungsunfähigen Patienten seien insbesondere frühere mündliche oder schriftliche Äußerungen des Kranken ebenso zu berücksichtigen, wie seine religiöse Überzeugung, sonstige persönlichen Wertvorstellungen, seine altersbedingte Lebenserwartung oder das Erleiden von Schmerzen im Rahmen seines aktuellen pathologischen Zustandes. Unterstützt wird diese Grundhaltung von *Schmoller*[370], welcher anführt, dass als

368 Im Rahmen einer vermittelnden Ansicht wird den Vertretern der zweiten Ansicht etwa durch Schmoller ÖJZ 2000, S. 361 (374), dahingehend zugestimmt, dass zur Ermittlung des mutmaßlichen Willens auf frühere Äußerungen des betroffenen Patienten sowie seine Lebenshaltung abzustellen sei, siehe hierzu insbesondere in Fn. 115, allerdings lediglich im Zusammenhang der Frage, ob ein medizinischer Behandlungsabbruch aufgrund der Behandlungsverweigerung eines Stellvertreters erfolgen kann.

369 aaO.

370 Schmoller ÖJZ 2000, S. 361 (374).

Anhaltspunkt zur Ermittlung des mutmaßlichen Willens auf frühere Äußerungen des betroffenen Patienten sowie seine Lebenshaltung abzustellen sei.

Hierbei gilt anzumerken, dass diese rechtliche Einschätzung auch weitestgehend einhergeht mit der Auffassung zur Zulässigkeit eines medizinischen Behandlungsabbruchs in der amerikanischen Zivilrechtsjudikatur: Zur Ermittlung des mutmaßlichen Willens, auf welchen die amerikanischen Gerichte ebenfalls abstellen, wird die wertanamnesische Frage gestellt, welche als erwiesen angesehene Fakten aus dem früheren Leben des Patienten klar und überzeugend zu der Annahme führen, dass der entscheidungsunfähige Patient die Vornahme einer (weiteren) medizinischen Behandlung ablehnen würde, wäre er zum gegenwärtigen Entscheidungszeitpunkt noch entscheidungsfähig, sog. *substituted judgement standards*[371].

(3) Übertragung der Ergebnisse auf die gegenständlichen Patientengruppen

Angewendet auf die der Bearbeitung zugrunde liegenden Patientengruppen gilt somit Folgendes: Grundsätzlich ist ein Abbruch der lebenserhaltenden Behandlung im Falle der Entscheidungsunfähigkeit des betroffenen Patienten auch aufgrund einer mutmaßlichen Einwilligung zulässig.

Hinsichtlich der zugrunde zu legenden Anforderungen ist in Bezug auf den Hauptanwendungsfall des mutmaßlichen Behandlungsabbruches beim irreversibel bewusstlosen Apalliker, insbesondere an die Ausführungen von *Bernat*[372] anknüpfend, anzuführen, dass ein solcher nicht mehr Träger erlebnisbezogener Interessen sein kann, da der irreversible Bewusstseinsverlust die Entstehung erlebnisbezogener Wünsche ausschließt. Aufgrund dessen gibt es keinen Grund mehr, die Behandlung um eines solchen Patienten *willen* fortzusetzen. Für den betroffenen Patienten wirkt sich ein lebensbeendender Behandlungsabbruch weder positiv noch negativ aus, da es naturwissenschaftlich betrachtet, keine Anzeichen gibt, dass es einem irreversibel bewusstlosen Apalliker *aus seiner Sicht* nutzen oder schaden würde, weiter am Leben zu bleiben. Jemanden zu dem Zwecke zu behandeln, seine physische Existenz zu sichern, macht aus der Sicht des Betroffenen keinen Sinn. Zudem ist in diesem Zusammenhang auch darauf zu verweisen, dass der irreversibel bewusstlose Apalliker, der wider Erwarten nach über einem Jahr der Bewusstlosigkeit erwacht, mit an Sicherheit grenzender Wahrscheinlichkeit so schwer behindert wäre, dass sich die Frage, ob ein

371 Vgl. hierzu etwa Kielstein/Sass, Kennedy Inst. Ethics 1993, S. 303 ff.

372 Bernat RdM 1995, S. 51 ff.; *derselbe* in: FS-Deutsch, S. 443 ff.

solcher Patient mutmaßlich in die Fortführung seiner medizinischen Behandlung einwilligen würde oder nicht, erneut stellen würde[373].

Für den faktisch entscheidungsunfähigen ALS-Patienten gestaltet sich die Lage hingegen wie folgt: Wenn nicht schon dessen erlebnisbezogene Interessen den Anknüpfungspunkt für einen Abbruch der lebenserhaltenden Behandlung bieten[374], ist darauf abzustellen, ob unter der Zugrundelegung obig angeführter Kriterien wertebezogene Interessen vorhanden bzw. feststellbar sind. Ist dies der Fall und kommt man zu dem Ergebnis, dass sich diese gegen eine Fortführung einer lebenserhaltenden Behandlung in einem solchen Krankheitsstadium ausrichten, ist die Entscheidung, einen solchen Patienten infolge eines medizinischen Behandlungsabbruchs sterben zu lassen, sowohl unter Beachtung seines Selbstbestimmungsrechts als auch seines zum Zeitpunkt des in Frage stehenden Behandlungsabbruches vorliegenden Gesundheitszustandes, nicht nur zulässig, sondern vielmehr geboten.

bb. Der einseitige Behandlungsabbruch

Von weiterer Relevanz im Zusammenhang mit dem Abbruch einer medizinischen Behandlung, welche nicht auf dem erklärten Willen des betroffenen Patienten basiert, ist der Sonderfall, dass keine Anhaltspunkte vorliegen, die eine Erschließung des mutmaßlichen Willens des Betroffenen ermöglichen, der Fall des sog. *einseitigen* Abbruchs einer medizinischen Behandlung.[375]

aaa. Grundsätzliches

Grundsätzlich ist der einseitige Abbruch von lebenserhaltenden Maßnahmen, welcher unter Zugrundelegung objektiver Kriterien allein auf dem hypotheti-

---

373 *Bernat* in: Bernat/Kröll, S. 47 (56 f).

374 Was unter Zugrundelegung des speziellen Zustandes des Betroffenen, namentlich bei vollem Bewusstsein und in Besitz seiner kognitiven Fähigkeiten in seinem eigenen Körper ohne Aussicht auf Heilung vielmehr gefangen zu sein, verständlich erscheinen würde.

375 Grundsätzlich besteht die Problematik des einseitigen Behandlungs- bzw. Ernährungs- und Flüssigkeitsabbruchs lediglich in dringenden Notfällen, da im Falle einer längeren Entscheidungsunfähigkeit des betroffenen Patienten das Sachwalterrecht zur Anwendung gelangt und somit - falls der Patient in einer verbindlichen Patientenverfügung bzw. einer gewillkürten Vertretung keine eigenen Vorkehrungen getroffen hat - nach den §§ 268 ff. ABGB ein Sachwalter zu bestellen wäre, vgl. Kopetzki iFamZ 2007, S. 197 (201); *derselbe* in: Kröll/Schaupp, S. 61 (71).

schen Willen des Patienten beruht, im Prinzip anerkannt[376]. So besteht im Schrifttum grundlegende Einigkeit dahingehend[377], dass die ärztliche Behandlungspflicht dann entfällt und somit nicht mehr legitimiert ist, wenn die Weiterführung der medizinischen Behandlung aus medizinischen Gründen nicht mehr indiziert ist. Im Verhältnis zu dieser ist dann die Nichtbehandlung fachlich begründet vielmehr überlegen. Zudem wird weiter angeführt, dass ein einseitiger Abbruch einer medizinischen Behandlung insbesondere dann eine straflose passive Sterbehilfemaßnahme und kein Mord oder keine Tötung durch Unterlassen, §§ 75 ff. öStGb, darstellt, wenn die in Frage stehende medizinische Behandlung aus medizinischer Sicht nicht als sinnvoll zu bezeichnen ist oder die damit einhergehende Belastung des Patienten im Verhältnis zu dem aus der Behandlung zu erwartenden Vorteil überwiegt[378].

Weissauer/Opderbecke[379] führen zwar an, dass eine Behandlungspflicht des Arztes mit dem Ergebnis der Straflosigkeit eines passiven Verhaltens objektiv dann entfalle, wenn die Wiederherstellung der vitalen Funktionen des betroffenen Patienten zwar möglich erscheine, wegen Art und Schwere des Grundleidens eine Besserung aber mit Sicherheit nicht erreicht werden könne und eine *Re*animation nur die Verlängerung eines qualvollen Sterbens und eine Erneuerung des Todeskampfes bedeute. Gleichwohl bereitet eine Abgrenzung nach objektiven Kriterien Schwierigkeiten in den Fällen von Patientengruppen, wie sie der vorliegenden Ausarbeitung zugrunde liegen. Dies liegt darin begründet, dass sich bei diesen, wie angeführt, eine Weiterführung der medizinischen Behandlung tatsächlich lebensverlängernd auswirken könnte und eine solche somit *zumindest in Hinsicht auf die Lebenserhaltung* des betroffenen Patienten indiziert ist, wenn sie auch nicht mehr vermag, sein Grundleiden einer Heilung zuzuführen. Hier ist sich somit der Frage zu stellen, ob in solchen Fällen *jede* solche Möglichkeit, die hinsichtlich einer Lebensverlängerung für den betroffenen Patienten *theoretisch* besteht, von ärztlicher Seite vollends auszuschöpfen ist oder ob vielmehr auch hier eine objektive und somit im Zusammenhang mit einem

376 Vgl. Kert JAP 2005/06, S. 207 (210); Kopetzki iFamZ 2007, S. 197 (201); Maleczky iFamZ 2008, S. 141 (142 f.); insbesondere und umfangreich *Moos* in: WK Vorbem zu §§ 75 – 79; Schmoller ÖJZ 2000, S. 361 (375).

377 Siehe hierzu etwa Kert JAP 2005/06, S. 207 (210); Kopetzki iFamZ 2007, S. 197 (201); Maleczky iFamZ 2008, S. 141 (142 f.); Schmoller ÖJZ 2000, S. 361 (374 f.); Schütz iFamZ 2009, S. 32 (33).

378 *Moos* in: WK Vorbem. zu §§ 75 ff. Rdn. 39 ff.; Schmoller ÖJZ 2000, S. 361 (374 ff.); *„kein Kriterium in diesem Zusammenhang ist für sich genommen jedoch die durch die Behandlung zu erwartende Lebensqualität des betroffenen Patienten"*, vgl. *Kopetzki* in: Taupitz, S. 1 (10), Fn. 45 a. E.

379 Weissauer/Opderbecke MedR 1998, S. 395 (397).

einseitigen Behandlungsabbruch spezielle Begrenzung der Pflicht zur medizinischen Behandlung besteht[380].

bbb. Die Orientierung am „ethischen Minimum"

Im Allgemeinen garantiert die Rechtsordnung lediglich ein sog. *ethisches Minimum*, nicht jedoch ein ethisch optimales Verhalten[381], woraus folgt, dass die Gesellschaft zumindest nicht verpflichtet ist, *unbegrenzte* Aufwendungen für den Einzelnen zu leisten.

Diese allgemeine Grenze der rechtlichen Pflicht zum Einsatz für andere Personen gilt insbesondere auch für medizinische Maßnahmen und ist somit für die Thematik des Behandlungsabbruchs von Bedeutung. So weist etwa *Schmoller*[382] darauf hin, dass weder der behandelnde Arzt selbst noch die Gesellschaft zu einer medizinischen Maßnahme verpflichtet ist, deren *„Aufwand"* etwa an Kosten, Personal etc. zu dem durch sie erreichbaren Vorteil außer Verhältnis stehe[383]. Aus diesem Grunde dürfe der behandelnde Arzt einen im Verhältnis zum

380 Insbesondere im Zusammenhang mit den für die zugrunde liegende Ausarbeitung einschlägigen Patienengruppen darf im Rahmen dieser sehr normativ anmutenden Ausführungen dabei *zu keiner Zeit* außer Acht gelassen werden, dass die Verabreichung von Medikationen, insbesondere jedoch die Nahrungs- und Wasserzufuhr bzw. die künstliche Zufuhr von Sauerstoff für diese lebenserhaltend ist und deren Entzug bzw. Unterlassung indirekt die Tötung bzw. zumindest die Beschleunigung des Todes des Patienten bedeutet, vgl. Kuhse, S. 46, welche plakativ etwa von *Töten durch Sterbenlassen* spricht.

381 Siehe hierzu die Ausführungen von Jellinek, S. 42, auf welchen diese Formulierung zurückzuführen ist. Der Hintergrund des sog. ethischen Minimums liegt in den wesensgemäß unterschiedlich ausgerichteten Anforderungen von Ethik, Moral und dem Recht begründet: Während sich ethische Ansprüche in der Regel an dem in einer bestimmten Situation optimalen Verhalten ausrichten, zielt die Rechtsordnung darauf ab, lediglich solche ethischen Mindestanforderungen anzusetzen, ohne die ein geordnetes Zusammenleben in einer Gesellschaft nicht möglich ist. So spricht auch Kaufmann, S. 217 f., von zu setzenden Durchschnittsanforderungen gegenüber Durchschnittsmenschen; das Recht sei beschränkt auf den Bereich der einfachen elementaren Sittlichkeit.

382 Schmoller ÖJZ 2000, S. 361 (375).

383 Auch wenn *Moos* in: WK Vorbem. zu §§ 75 – 79 Rdn. 41 betont, dass im Rahmen der Frage nach einem Behandlungsabbruch nicht Gesichtspunkte des individuellen oder gesellschaftlichen Interesses an der Lebenserhaltung, sondern die Würde menschlichen Lebens und Sterbens letztlich ausschlaggebend sein sollten, kommt er zu keinem anderen Ergebnis. Vielmehr steht er ebenfalls auf dem Standpunkt, dass in den Fällen, in denen ein Todgeweihter aussichtlos leidet oder aber das Leben eines Nichtmoribunden insbesondere durch den intensiven und dauernden Einsatz moderner Medizintechnik in einer Art und Weise aufrechterhalten wird, die den Patienten als eine Art lebende medi-

erreichbaren Vorteil *unangemessenen Behandlungsaufwand* von sich aus unterlassen – insofern ist somit ein einseitiger Behandlungsabbruch rechtlich zulässig. Zudem wird ausgeführt, dass es unter Zugrundlegung ethischer Gesichtspunkte nicht unmoralisch erscheine, innerhalb der Entscheidung über die Verhältnismäßigkeit einer medizinischen Behandlung bzw. deren Weiterführung derartig ökonomische Kriterien anzusetzen, da es nicht moralisch verwerflich sein könne, die in der Regel begrenzten ökonomischen Ressourcen im Ganzen möglichst *„sinnvoll"* und nicht zum Nachteil anderer Patienten zu nutzen[384]. Einen unmoralischen Beigeschmack erzeugt allein die Verwendung derart rationaler Gesichtspunkte im Zusammenhang mit dem sensiblen Kontext des menschlichen Lebens und seiner Beendigung. Die Frage nach der Beendigung des Lebens eines Menschen anhand einer Gegenüberstellung von Aufwand sowie daraus resultierendem Vorteil und somit einer Kosten – Nutzen – Analyse zu beantworten passt rein vom ethischen Grundverständnis der Gesellschaft nicht zusammen. Nur ist es in diesem Kontext wichtig einen Ansatzpunkt zu suchen, wie die nicht enden wollenden sowie bereits Jahrzehnte andauernden Diskussionen in diesem Bereich zeigen.

Insbesondere wiederum *Schmoller*[385] stellte sich der Aufgabe, in Hinsicht auf die Kriterien, die innerhalb der obig angeführten *Kosten-Nutzen-Überschlagung* einschlägig sein können, konkret zu werden und führt als Beispiele für das mögliche Vorliegen eines unverhältnismäßigen Kosten-Nutzen-Aufwandes im Zusammenhang mit der Frage, ob eine medizinische Behandlung weiter zu führen ist oder nicht, folgende Abstufungen an: Unverhältnismäßigkeit im Verhältnis zwischen Behandlungsaufwand und daraus resultierendem Vorteil kann vorliegen, wenn **1.** mit einem hohen Behandlungsaufwand lediglich eine Lebensverlängerung weniger Stunden oder weniger Tage ermöglich werde, **2.** eine auch etwas weitergehende Lebensverlängerung für den betroffenen Patienten mit andauernden und nicht linderungsfähigen Qualen verbunden wäre[386] sowie **3.** al-

---

zinische Konserve dahinvegetieren lässt, von einer *objektiven Unzumutbarkeit* weiterer Lebenserhaltung für den Patienten, Arzt und die Gesellschaft zu sprechen ist.

384 Mit Bedeutung auch für das österreichische Recht hierzu *Eser* in: Eser, S. 392 (404); *derselbe* in: Auer/Menzel/Eser, S.75 (132 ff..); speziell im Rahmen des diesbezüglichen Schrifttums Österreichs siehe die Ausführungen bei *Moos* in: WK Vorbem. zu §§ 75 – 79 Rdn. 41 ff., welcher anführt , dass dann, wenn eine Weiterbehandlung ökonomisch undurchführbar sei, die Garantenpflicht des behandelnen bzw. weisungsbefugten Arztes entfalle und es zudem an einer objektiven Unrechtszurechnung fehle; siehe zudem die Ausführungen in Kopetzki/Zahrl.

385 Schmoller ÖJZ 2000, S. 361 (375).

386 Wobei insbesondere das spezielle Bild des ALS-Patienten einschlägig sein kann.

lein die Verlängerung eines bereits irreversibel bewusstlosen Lebens möglich sei[387].

Unter Zugrundelegung dieser Kriterien kommt er zu folgenden Schlussfolgerungen: Zunächst führt er aus, dass sich hier schwierige Abgrenzungsfragen insbesondere hinsichtlich des Ausmaßes des noch verhältnismäßigen Behandlungsaufwandes stellen, so dass aufgrund dessen jener Person, welche eine solche Abwägung in der konkreten Situation zu treffen hat, ein hinreichender Bewertungsspielraum eingeräumt werden müsse. Dies bedeute, dass das sich an eine solche Abwägung knüpfende Verhalten *stets als rechtmäßig* bewertet werden sollte, *wenn* die zugrunde liegende Abwägung *vertretbar* vorgenommen wurde. Damit ein solches Vorgehen nicht wie ein Freifahrtschein anmute, seien an die Vertretbarkeit einer solchen Entscheidung sehr hohe Anforderung zu stellen, immer getragen von der Intention, dass es *im Zweifel* zu einer Entscheidung pro-Leben des Betroffenen kommen müsse. Auch wenn derartige Entscheidungen durch den behandelnden Arzt nicht selten unter großem psychischen Druck getroffen werden, sollte eine jede, nicht durchgehend vertretbar erscheinende Entscheidung, in jedem Falle einer rechtlichen Prüfung unterzogen werden.

Da eine Kosten – Nutzen – Analyse im Zusammenhang mit einem menschlichen Leben jedoch stets den Beigeschmack des Unmoralischen in sich trägt, ist abschließend insbesondere Folgendes zu betonen: Angesichts des hohen Wertes eines menschlichen Lebens sei für eine Lebensverlängerung grundsätzlich stets ein hoher Behandlungsaufwand angemessen und dass jedenfalls so lange, wie die reale Aussicht besteht, dass ein Patient nach einer medizinischen Behandlung wieder fähig ist, in einem guten Allgemeinbefinden weiter zu leben – dafür lohne sich *jeder* in der konkreten Situation verfügbare Behandlungseinsatz[388]. Dabei dürfen die getätigten Ausführungen nicht so verstanden bzw. so hingestellt werden, dass etwa die letzte Lebensphase eines Sterbenden, Tod- oder Schwerstkranken oder aber irreversibel bewusstlosen Patienten sinnlos sei. Stellt man bei den beiden Erstgenannten die medizinische Behandlung ein, wird lediglich dem natürlichen Gang des Lebens dahingehend sein Lauf gelassen, dass es bedingt durch den pathologischen Zustand des Betroffenen zu Ende geht bzw. gehen darf. In Bezug auf einen irreversibel bewusstlosen Patienten, etwa dem wachkomatösen Apalliker, wird dadurch gleichfalls nicht zum Ausdruck gebracht, dass seine physische Existenz wert- oder sinnlos sei. Es ist in diesem Zusammenhang jedoch zugrunde zu legen, dass diese Patienten in der Regel ihr

387 Somit ist es nicht zutreffend, wenn *Moos* in: WK Vorbem zu §§ 75 – 79 Rdn. 40 anführt, das Konzept Schmollers sei bedenklich, weil etwa die zerebral schwerstgeschädigten Nichtmoribunden unberücksichtigt blieben.

388 So Schmoller ÖJZ 2000, S. 361 (375).

Leben nie wieder psychisch oder physisch werden erleben können, sondern vielmehr ohne jegliches Reaktions- sowie Kommunikationsvermögen in einem Zustand verharren, welcher zwischen Leben und Tod liegt. Auch wenn insbesondere nicht abschließend bekannt ist, was ein solcher Patient wirklich wahrnehmen bzw. empfinden kann und auch die Chance einer völlig überraschenden Entwicklung im Sinne eines Heilungswunders nie gänzlich auszuschließen ist, wird folgende Behauptung gewagt: Auch derjenige, der sich in einem Zustand irreversibler Bewusstlosigkeit befindet, hätte sich in Anbetracht der verschwindend geringen Wahrscheinlichkeit dafür, dass in solchen Fällen jemals eine Besserung eintreten wird - und wenn höchstwahrscheinlich in Verbindung mit verbleibenden schweren Behinderungen -, *nicht* für dessen Aufrechterhaltung ausgesprochen, wenn er vormals dahingehend befragt worden wäre[389].

Letztlich ist dem in diesem Zusammenhang immer wieder vorgebrachten Argument, durch solche Überlegungen die Würde des Menschen als eine der höchsten Maximen zu verletzen, niemals etwas wirklich abschließend Überzeugendes entgegenzusetzen, da das Leben und die Frage über sein Ende bzw. seine Beendigung derart höchstpersönlich sind, dass eigentlich nur der jeweils Betroffene Entscheidungen fällen darf. Falsch ist es jedoch auch, auf die zwingende Beachtlichkeit der Menschenwürde immer dann als ultima ratio zu verweisen, wenn wirklich überzeugende Argumente gegen die Durchführung eines auch nur einseitigen Behandlungsabbruchs fehlen[390], denn in diesem Kontext erforderlich ist ein Ansatzpunkt für eine Lösung - und als ein solcher sind die vorherigen Überlegungen aus den vorgenannten Gründen durchaus zu sehen.

ccc. Die Abstellung auf allgemeine Wertvorstellungen

Von weiterer Relevanz im Zusammenhang mit dem Sonderfall des sog. *einseitigen medizinischen Behandlungsabbruches* ist die Frage, ob zur Ermittlung eines zumindest hypothetischen Patientenwillens auf allgemeine Wertvorstellung abgestellt werden darf.

Zur Beantwortung wird innerhalb der österreichischen Rechtslehre[391] auf den dritten Leitsatz des BGH zurückgegriffen, welcher dieser 1994 im Kemptener Fall aufgestellt hat: Sind überhaupt keine Anhaltspunkte für die Feststellung des individuellen mutmaßlichen Willens des Patienten erkennbar, sei auf objektive Kriterien zurückzugreifen, *die allgemeinen Wertvorstellungen entsprechen*.

---

389 Siehe hierzu auch Coeppicus, S. 81: *„Niemand will in einem Zustand unumkehrbaren Siechtums existieren, wenn er sein Leben nicht mehr wahrnehmen kann"*.

390 So spricht etwa *Thielicke* - zitiert nach *v. Loewenich* in: Hegselmann/Merkel, S. 128 (139) - von dem sog. *„Terror der Humanität"*.

391 Vgl. Bernat JBl 2009, S. 129 (131).

Im Zweifelsfalle gelte jedoch die Regel *"in dubio pro vita"*, der Schutz des menschlichen Lebens habe somit immer Vorrang vor persönlichen Überlegungen des Arztes, der Angehörigen oder anderer beteiligter Personen. Im Einzelnen nennt der BGH die nachstehenden Wertungsmaßstäbe, die bei der Abstellung auf sog. *allgemeine Wertvorstellungen* von Belang sind: Die Aussicht, die die medizinische Therapie dem Patienten verheißt, die konkrete Todesnähe und zudem die Möglichkeit der Wiederherstellung eines menschenwürdigen Lebens. Im Einzelfall wird die Entscheidung somit davon abhängen, wie aussichtslos die Prognose - in diesen Fällen in medizinischer Hinsicht - und wie nahe der Patient dem Tode ist. Dabei gelte: Je weniger die Wiederherstellung eines nach den allgemeinen Wertvorstellungen menschenwürdigen Lebens zu erwarten ist und je kürzer der Tod bevorsteht, desto eher wird ein Behandlungsabbruch vertretbar erscheinen[392]. Zu betonen gilt, dass auch der BGH hervorhebt, dass allgemeine Wertvorstellungen *nur aushilfsweise* Bedeutung haben[393].

Neben verschiedenen Vertretern in der Lehre[394] hat sich einem solchen Vorgehen auch der östOGH in seiner Entscheidung vom 07. Juli 2008 ausdrücklich entgegengestellt[395]. Er lehnt eine Lückenschließung bei der Willensfeststellung

---

392 Vgl. BGHSt 40, S. 257 ff.

393 Vgl. BGHSt 40, S. 257 ff.

394 So führt etwa Schmoller ÖJZ 2000, S. 361 (374, hauptsächlich in Fn. 115) an, dass als Anhaltspunkte zur Ermittlung des mutmaßlichen Willens zwar frühere Äußerungen des betroffenen Patienten sowie seine Lebenshaltung heranzuziehen seien, betont jedoch weiter, dass dann, wenn Anhaltspunkte für den wirklichen mutmaßlichen Willen fehlen, nicht auf allgemeine Wertvorstellungen bzw. objektive Kriterien zurückzugreifen, sondern in dem Fall direkt unmittelbar dem Lebensschutz der zwingende Vorrang einzuräumen sei; zudem ist auf die Richtlinien der SAMW zur Betreuung von Patientinnen und Patienten am Lebensende, aaO, zu verweisen, in welchen angeführt wird, dass in den Fällen, in denen jegliche Möglichkeit fehlt, einen Hinweis auf den mutmaßlichen Willen des Patienten zu erhalten, *„sich der Entscheid des behandelnden Arztes an den wohlverstandenen Interessen des Patienten orientieren (soll)"*.

395 Unter Verweis auf die folgenden Sachverhaltsangaben: *„Eine verbale Kommunikation zwischen der Erblasserin und dem Pflegepersonal hat während ihres gesamten Aufenthalts im Seniorenwohnheim praktisch nicht stattgefunden; (...). Ob demgegenüber die Erblasserin mit der Klägerin und deren Ehegatten verbal kommuniziert hat, und zwar praktisch nur mit ihnen, wie sie selbst behaupten, steht nicht fest. Es sind daher auch keine Äußerungen der Erblasserin, dass sie so lang wie möglich weiterleben möchte oder - im Gegenteil - möglichst rasch sterben wolle, überliefert. Sie hat jedenfalls die Klägerin und deren Ehegatten auch nicht darauf aufmerksam gemacht, dass ihr keine Nahrung oder Medikamente mehr zugeführt werden sollen; (...)"* ist anzuführen, dass es sich bei dem der Zivilentscheidung des östOGH zugrunde liegenden Lebenssachverhalt in der Sache um einen Behandlungsabbruch gehandelt haben wird, welcher *nicht* durch den Willen der betroffenen Patienten determiniert war und sich insbesondere auch kein

mithilfe eines ergänzenden Rückschlusses auf allgemeine Wertvorstellungen als bloße Verweigerungsfiktion ausdrücklich ab: *Ein Behandlungsabbruch sei dann kein Ausfluss einer Behandlungsverweigerung des betroffenen Patienten mehr, welche dieser selbstbestimmt getroffen hat.* Dabei wird jedoch nicht darauf eingegangen, dass die Möglichkeit eines solchen *einseitigen* Abbruchs von lebenserhaltenden Maßnahmen im Prinzip Annerkennung genießt, wenn auch mit deutlich unterschiedlichen Akzentuierungen[396]. Vielmehr führte der östOGH weiter aus: *„Ist jedoch der mutmaßliche Wille des Patienten nicht feststellbar, gilt im Zweifel der Wille, durch die medizinische Behandlung weiterzuleben, also der normale ärztliche Heilauftrag".*

Jedoch ist auf die Ausführungen von *Bernat*[397] zu verweisen, wonach auch in Patientenverfügungen[398] letztlich nichts anderes eingemahnt werde, als die Beachtung allgemeiner Wertvorstellungen. Solche Verfügungen hätten primär den Zweck, den Arzt daran zu erinnern, dass der Heilauftrag dann ein Ende finde, wenn dem Patienten die Fortsetzung seines Lebens im Zeitpunkt einer zur Entscheidung stehenden Beendigung einer lebenserhaltenden Behandlung keinen Grenznutzen mehr verschaffe und eine Remission – wie im Falle des ALS-Patienten sowie des Apallikers – nicht mehr zu erwarten sei. Es entspreche vielmehr allgemeinen Wertvorstellungen, dass niemand in einem Zustand unumkehrbaren Siechtums existieren wolle, wenn er sein Leben selbst nicht mehr wahrnehmen könne[399]. Nicht einzusehen sei es somit, auf allgemeine Wertvorstellungen in dem Fall nicht mehr abzustellen, dass der Patient keine Patientenverfügung verfasst hat, in welcher er deren Einhaltung im Zeitpunkt seiner späteren etwaigen Entscheidungsunfähigkeit anmahnen kann[400].

Hervorzuheben gilt zudem Folgendes: Ist aufgrund eines nicht zu ermittelnden mutmaßlichen Patientenwillens auf allgemeine Wertvorstellungen abzustellen, ist dies nicht so zu verstehen, dass einer undifferenzierten Interpretationen der vorliegenden Behandlungssituation nun sprichwörtlich Tür und Tor geöffnet

---

bloß mutmaßlicher nicht abschließend ermitteln ließ - folglich gestaltete sich der vorübergehende Abbruch jeglicher medizinischer Behandlung bei der Betroffenen *einseitig* aus. Jedoch bestand in der Sache die Besonderheit, dass der behandelnde Arzt bzw. die von ihm angewiesenen Pflegekräfte *im Auftrag* bzw. *auf Wunsch* des beklagten Ehemannes der Patienten handelten. Festzuhalten ist daher, dass der Behandlungsabbruch sich *tatsächlich* für die Betroffenen als ein solcher determinierter Art darstellte, es sich *rechtlich* gesehen jedoch um einen einseitigen Abbruch der Behandlung gehandelt hat.

396 Vgl. die Ausführungen bei Schütz iFamz 2009, S. 32 (33).

397 So Bernat JBl 2009, S. 129 (131), Fn. 26.

398 Insbesondere, wenn der betroffene Patient irreversibel entscheidungsunfähig ist.

399 Coeppicus, S. 81.

400 Bernat JBl 2009, S. 129 (131).

seien: Vielmehr hat sich eine Feststellung des hypothetischen Patientenwillens *stets patientenzentriert* auszurichten[401]. Dadurch werde somit ausgeschlossen, dass abstrakte Gemeinwohlinteressen Einfluss auf die Entscheidungsfindung haben. Zudem ist mit *Kämpfer*[402] anzuführen, dass besagte Wertvorstellungen auch nur dahingehend als *allgemein* zu bezeichnen sind, als dass sie auf die typischerweise von einem Individuum in der spezifischen Situation des entscheidungsunfähigen Patienten gehegten Wünsche und Präferenzen abstellen. Sie bleiben als die Anschauungen eines *vernünftigen oder normalen* Menschen jedoch stets an subjektiven Grundhaltungen und Wertestrukturen ausgerichtet.

Der besonderen Situation im Zusammenhang mit einem einseitigen Behandlungsabbruch, über den von ärztlicher Seite aufgrund des Fehlens verlässlicher werte- bzw. erlebnisorientierter Interessen anhand von allgemeinen Wertvorstellungen entschieden wird, möchte *Bernat*[403] wie folgt begegnen: Stelle sich heraus, dass eine ärztliche Weiterbehandlung trotz des Umstandes erfolgte, dass unter Zugrundelegung allgemeiner Wertvorstellungen ein Abbruch der medizinischen Behandlung geboten wäre, sollte eine solche nicht als *eigenmächtige* Heilbehandlung iSd § 110 öStGB strafrechtlich sanktioniert werden. Da dieser das Selbstbestimmungsrecht des Patienten schütze, sei sein Tatbestand gerade nicht verwirklicht, wenn ein Behandlungsabbruch rein aufgrund allgemeiner Wertvorstellungen erfolgen soll, denn diese stünden zumindest nicht direkt im Zusammenhang mit einem ausdrücklichen oder mutmaßlichen Willen des konkreten Patienten. Andererseits sei es jedoch auch konsequent, einen trotz ermittelter gegenteiliger mutmaßlicher Patienteninteressen gleichwohl durchgeführten medizinischer Behandlungsabbruch in der Regel ebenso nach den §§ 75 ff öStGB zu bestrafen wie unzulässige Sterbehilfemaßnahmen direkter aktiver Art[404]. Ein solches Vorgehen stelle dann wiederum auch eine eigenmächtige Heilbehandlung nach § 110 öStGB dar.

ddd. Ergebnis

Im Rahmen des einem medizinischen Behandlungsabbruchs zugrunde liegenden, umfassenden ärztlichen Abwägungsprozesses ist es nach den angeführten Ansichten aus der Literatur für den behandelnden Arzt im Extremfall rechtlich zulässig, unter Zugrundelegung allgemeiner Wertvorstellungen zu entschieden. Der Arzt hat sich unter einer patientenzentrierten Ausrichtung der Frage zu stellen, welche Wünsche und Präferenzen eine Person in der spezifischen Situation

401 Bernat JBl 2009, S. 129 (131).

402 Kämpfer, S. 343.

403 Bernat RdM 1995, S. 51 ff.

404 *Moos* in: WK Vorbem. zu §§ 75 – 79 Rdn. 37.

des entscheidungsunfähigen Patienten typischerweise hegt. Auch wenn die bestehenden Anhaltspunkte nicht zur Ermittlung eines mutmaßlichen Patientenwillen genügen konnten, muss soweit wie möglich versucht werden, *im Sinne* des betroffenen Patienten zu handeln. Insgesamt sollte sich die Frage nach einem Verzicht auf lebensverlängernde Maßnahmen im Falle sog. *Nichtmoribunder*, d. h. lebensfähiger Kranker, daran orientieren, ob ihr Leben, durch den intensiven und dauerhaften Einsatz moderner Medizintechnik in einer Art und Weise aufrechterhalten wird, die sie als eine Art lebende medizinische Konserve dahin vegetieren lässt. Moos[405] führt dies dahingehend aus, dass es „*(...) in Extremfällen an sich nicht todgeweihter, aber für immer bewusstloser oder doch fast kommunikationsunfähiger zerebral Schwerstgeschädigter, (...) erlaubt (ist), (...) (deren) Tod durch Unterlassen der medizinischen Versorgung herbeizuführen*[406].

Da sich der östÖGH jedoch in seiner jüngsten Entscheidung zumindest in Bezug auf den Abbruch einer Sodenernährung gegen die Zulässigkeit einer einseitigen Einstellung ausgesprochen hat, ist mit *Burgstaller*[407] anzuführen, dass „*die in der Literatur differenziert diskutierten Möglichkeiten eines sog. einseitigen Behandlungsabbruches wegen fehlender medizinischer Indikation derzeit mit einem erheblichen Risiko belastet sind.*"

3. Abschließendes Ergebnis und Stellungnahme

Abschließend ist die strafrechtliche Bewertung des Abbruches intensivmedizinischer Maßnahmen somit wie folgt zusammenzufassen: Maßnahmen, die unter dem Begriff der Sterbebegleitung gefasst werden, entbehren einer strafrechtlichen Sanktionierung grundsätzlich. In der Ausformung von aktiven Sterbehilfemaßnahmen indirekter Art ist zu dem Ergebnis zu gelangen, dass diese übereinstimmend als nicht strafbar bewertet werden, unabhängig davon, welche dogmatische Begründung der Einzelne für überzeugend halten mag. Folglich darf bei einem Patienten in Anbetracht der aufgrund unerträglicher Schmerzen notwendigen Leidensminderung eine etwaige Lebensverkürzung in Kauf genommen werden, da einer solchen Minderung gegenüber[408] der grundsätzlichen

405 *Moos* in: WK Vorbem zu §§ 75 – 79 Rdn. 41; Kert JAP 2005/06, S. 207.

406 *Moos* in: WK Vorbem zu §§ 75 – 79 Rdn. 39, welcher unter den Begriff des einseitigen Behandlungsabbruches auch den Fall des Abbruchs der medizinischen Behandlung *gegen* den ausdrücklichen oder mutmaßlichen Willen des Betroffenen fasst.

407 Burgstaller JAP 2009/10, S. 200 (202).

408 Wenn der Betroffene ALS-Patient dies entweder ausdrücklich wünscht bzw. dies seitens des Patienten im Rahmen einer Vorausverfügung deklariert wurde.

ärztlichen Pflicht Leben zu erhalten bzw. zu bewahren, der Vorrang einzuräumen ist.

In Hinsicht auf aktive direkte Sterbehilfemaßnahmen ist als Ergebnis festzuhalten, dass derjenige, der einem Intensivpatienten eine Vorrichtung bereitstellt, durch die der Betroffene selbstständig eine lebensbeendende Maßnahme einleiten kann, aus obig angeführten Gründen nicht wegen der Hilfeleistung an der Selbsttötung eines anderen gemäß § 78 Absatz 1 Zeile 1, Alt. 2 öStGB zu bestrafen ist. Es ist jedoch mit *Bernat*[409] auch auf die mit diesem Fall einhergehenden größeren Beweisrisiken zu verweisen: So können sich im Falle einer solchen Methodik Beweisschwierigkeiten hinsichtlich des Zeitpunktes und der Auswirkung der jeweiligen Sedierung durch den Arzt ergeben, welche wiederum eine Strafbarkeit nach den §§ 75 – 77 öStGB mit sich bringen würden[410]: Verabreicht der behandelnde Arzt das sedierende Medikament so rasch, dass man ihm im Nachhinein vorwerfen könnte, der Tod des Patienten sei *nicht* durch die selbstständige Unterbrechung der Beatmung, sondern *vielmehr* durch die Gabe des Sedativums eingetreten, könnten die Tatbestände der § 76 öStGB bzw. § 77 öStGB einschlägig sein. Obwohl auch in diesem Rahmen das Handeln des Arztes gerechtfertigt sein kann und dieser somit straflos wäre, erscheint diese Methode aufgrund der gleichwohl bestehenden Möglichkeit des Verhängens einer Strafe aus ärztlicher Sicht somit weniger empfehlenswert[411]. Im Zusammenhang mit einer aktiven Tötung des Patienten auf dessen geäußertes ernstes und eindringliches Verlangen, häufig auch als sog. *Mitleidstötung* bezeichnet, greift de lege lata weder generell ein Rechtfertigungsgrund noch ein Entschuldigungsgrund. Eine Exkulpierung nach § 10 Absatz 1 öStGB scheidet aus den genannten Gründen aus. Im Ergebnis bleibt somit lediglich Raum für eine Strafmilderung nach § 41 Absatz 1 öStGB. Für die hier erörterten Varianten der Tötung auf Verlangen sowie der Hilfeleistung bei der Selbsttötung, §§ 77 f öStGB, ist *in Extremfällen* aufgrund ihres herabgesetzten Strafmaßes gemäß § 41 Absatz 1 Zeile 1 Nr. 5 öStGB eine Reduktion der Strafe sogar bis auf die Untergrenze von einem Tag möglich. Zudem wird durch *Moos*[412] bei solchen Fällen de lege ferenda die Möglichkeit des gänzlichen Absehens von Strafe diskutiert.

In Bezug auf die rechtliche Bewertung des Abbruchs intensivmedizinischer Maßnahmen unter dem Begriff der passiven Sterbehilfe ist zusammenfassend anzuführen, dass durch das Vetorecht des Patienten gegen die Aufnahme bzw. Weiterführung von *medizinischen* Maßnahmen nicht nur solche im *eigentlichen*

---

409 Bernat WmW 1996, S. 195 (197 f.)

410 Siehe hierzu Müller/Schöch ZME 1994, S. 321 ff.

411 Siehe hierzu Müller/Schöch ZME 1994, S. 321 ff.

412 *Moos* in: WK Vorbem. zu §§ 75 – 79 Rdn. 22.

Sinne, d. h. in Form der Anwendung bestimmter ärztlicher Behandlungsmethoden oder der Verabreichung von Medikationen, erfasst sind. Vielmehr bezieht sich dieses auch auf die Ernährungs- und Flüssigkeitszufuhr[413], die im Wege einer Sonde durch den Mund, die Nase oder die Bauchdecke bzw. venöse Zugänge erfolgt und sich beruhend auf einem ärztlichen Eingriff somit künstlich ausgestaltet[414]. Im Ergebnis ziehen weder der Behandlungsverzicht noch der medizinisch-therapeutische oder der technisch-apparative Abbruch lebenserhaltender medizinischer Maßnahmen für den untätig bleibenden Arzt strafrechtliche Konsequenzen einer Tötung durch Unterlassen nach sich[415], wenn das natürliche Ende des Lebens des betroffenen Patienten nur noch künstlich hinausgezögert wird. Aufgrund des tatsächlich oder antizipiert geäußerten Wunsches des betroffenen Patienten entfällt die rechtliche Legitimation für die Durchführung einer weiteren Behandlung und die ärztliche Garantenpflicht erlischt, so dass eine Strafbarkeit wegen Unterlassens ausscheidet.

Als Fazit des Abbruchs einer medizinischen Behandlung aufgrund einer nur mutmaßlichen Einwilligung ist zu folgendem Ergebnis zu gelangen: Die Durchführung eines solchen ist auch im österreichischen Recht als zulässig anzuerkennen, eine Grundhaltung, welche aktuell auch durch die Entscheidung des östOGH vom 07.07.2008 konturiert wird. Den getätigten Argumenten ist zudem dahingehend zuzustimmen, dass die Bezugnahme auf bloß wertebezogene Interessen, die der noch entscheidungsfähige Patient vertreten hat, verfehlt zu sein scheint. Sind diese nicht normiert, kann eine solche Äußerung erstens tatsächlich nur einer momentanen Stimmung entsprungen sein, und zweitens wird es schwierig, wenn diese etwa nur einmal getätigt, jedoch weder mündlich noch schriftlich wiederholt wurde. Drittens dürfen derartige Stellungnahmen nie völlig losgelöst von der tatsächlichen Situation interpretiert werden, in der sich der Patient befindet, nachdem er die Entscheidungsfähigkeit verloren hat. Wertebezogene Interessen müssen nicht notwendig mit den dann vorliegenden erlebnisbezogenen übereinstimmen - vielmehr werden wertebezogene und erlebnisbezogene Interessen mitunter stark voneinander abweichen. Zur Ermittlung eines solch mutmaßlichen Patientenwillens ist somit primär auf die erlebnisbezogenen

---

413 Sog. *medizinische Behandlung im weiteren Sinne*, siehe hierzu Kert JAP 2005/06, S. 207 ff.; aktuell weist darauf auch Schütz iFamZ 2009, S. 32 (34) erneut hin.

414 Keinen Unterschied kann es in diesem Zusammenhang machen, ob lediglich die weitere Nahrungs- und Flüssigkeitszufuhr im Wege des Unterlassens jedweder weiterer Verabreichung unterbrochen wird oder aber eine nasale Magensonde oder eine PEG-Sonde bzw. ein intravenös gelegter Zugang in Gänze entfernt wird, vgl. die Diskussionsbeiträge von *Kerschner/Kneihs/Vollmann* in: ÖJK 2006, S. 217 f.; für das deutsche Recht ist auf Dörner ZRP 1996, S. 93 (94) zu verweisen.

415 Maleczky iFamz 2008, S. 141 (143).

Interessen des betroffenen Patienten und erst sekundär auf solche wertebezogener Art abzustellen. Je stärker jedoch wertebezogene und erlebnisbezogene Interessen des Patienten einander entsprechen, desto eher repräsentieren diese gleichlaufenden Interessen den *"wirklichen"* mutmaßlichen Willen des Kranken. Wie bereits ausgeführt, erübrigt sich eine Abstellung auf derart erlebnisbezogene Interessen im Falle eines Apallikers jedoch schon aufgrund seines speziellen pathologischen Zustandes, im Zusammenhang mit einem ALS-Patienten, können solche jedoch zur Ermittlung des mutmaßlichen Willens des Betroffenen herangezogen werden.

Darüber hinaus ist abschließend anzuführen, dass sich ein medizinischer Behandlungsabbruch auch auf einen nur hypothetischen Patientenwillen stützen lassen kann, zu dessen Ermittlung im Extremfall auf allgemeine Wertvorstellungen abzustellen ist. Unter einer patientenzentrierten Ausrichtung hat sich der Arzt dann der Frage zu widmen, welche Wünsche und Präferenzen eine Person in der spezifischen Situation des entscheidungsunfähigen Patienten typischerweise hegt. Den Ausgangspunkt der Überlegungen muss dann ein Vergleich der Belastungen bilden, die das medizinisch aufrechterhaltene Leben für den Patienten nach sich ziehen würde, mit den Vorteilen, die ein solches Leben dem Kranken noch bringen kann. Überwiegen die Nachteile der Behandlung gegenüber ihren Vorteilen, weil sein Leid ob seines Zustandes die ihm verbliebene Lebensfreude derartig übersteigt, dass eine Entscheidung, die medizinische Behandlung abzubrechen, allgemein plausibel erscheint, verstößt die Aufrechterhaltung der Therapie gegen die Interessen des durchschnittlichen Patienten, welche dieser in der Situation des betroffene Patienten haben würde[416]. Als Fazit ist somit festzuhalten, dass stets versucht werden muss, so weit wie möglich *im Sinne* des betroffenen Patienten zu handeln, wenn die bestehenden Anhaltspunkte auch nicht zur Ermittlung eines mutmaßlichen Patientenwillen genügen konnten, sondern ein lediglich hypothetischer zu entwickeln ist.

Noch hervorzuheben gilt in diesem Zusammenhang, dass in der Regel nicht ein sog. *totaler Behandlungsabbruch* durchgeführt werden darf, sondern nur das Unterlassen derjenigen Behandlungsmaßnahme, deren Aufwand zum erreichbaren Vorteil außer Verhältnis steht. Sonstige Behandlungsmöglichkeiten, die für das Wohlergehen des Betroffenen nützlich und nicht unverhältnismäßig sind, müssen von ärztlicher bzw. pflegerischer Seite vielmehr auch weiterhin durch-

416 *Bernat* in: FS-Deutsch, S. 443 (459) verweist darauf, dass in diesem Zusammenhang Kriterien, die für die sog. Früheuthanasie entwickelt wurden, hier – mutatis mutandis – eine Hilfestellung bieten können, siehe hierzu auch *Starz* in: Bernat, S. 97 ff.; Ulsenheimer MedR 1994, S. 425 ff.

geführt werden[417]. Unberührt vom Abbruch intensivmedizinischer Maßnahmen im Rahmen einer passiven Sterbehilfe bleiben somit die Pflicht zur Basispflege des betroffenen Patienten, zur Zuwendung, Körperpflege, Schmerzlinderung, Freihalten der Atemwege sowie die Linderung von Hunger und Durstgefühlen[418].

C. Der medizinische Behandlungsabbruch als Gegenstand des Zivilrechts

I. Höchstrichterliche Rechtsprechung im Bereich des Zivilrechts

Bislang hatte sich ein österreichisches Höchstgericht im Zivilrecht nur in einem einzigen Fall mit dem medizinischen Behandlungsabbruch auseinanderzusetzen: Als sich der östOGH im Jahre 1998 im Rahmen der Entscheidung über die Rechtsverbindlichkeit eines sog. *psychiatrischen Testaments* mittelbar mit der Frage der rechtlichen Einordnung von Patientenverfügungen zu befassen hatte[419].

In diesem Fall berief sich eine untergebrachte Psychiatriepatientin auf ihre bestehende Patientenverfügung, um die Rechtswidrigkeit gewisser eingeleiteter Behandlungsmaßnahmen unter Beweis zu stellen, die durch diese ausgeschlossen wurden. Diese Verfügung wurde durch die Patientin zu einem Zeitpunkt verfasst, in welchem sie sich schon in der Unterbringung der psychiatrischen Klinik befand, zudem nur wenige Wochen vor der Durchführung der von ihr im Nachhinein bekämpften Behandlungsmaßnahmen. Dieser Umstand war es jedoch, der nach Ansicht des östOGH die Vermutung indizierte, dass die Patientin schon im Zeitpunkt der Abfassung der Patientenverfügung nicht mehr ausreichend entscheidungsfähig gewesen sei. Ob die in einer solchen Patientenverfügung gewünschte Behandlung oder der Behandlungsverzicht jedoch etwa aufgrund objektiver Kriterien legitimiert sein konnte, führte er hingegen nicht aus. Zudem traf der östOGH keine abschließende Entscheidung die Rechtsverbindlichkeit von Patientenverfügungen betreffend, vielmehr führte er aus *„dass er keinen Anlass habe, obiter dictu zu sagen, ob und unter welchen Voraussetzungen eine*

---

417 Der sog. *Gnadentod durch Unterlassen* darf nicht dazu führen, dass dem Patienten keine *Sterbebegleitung* gewährt wird, vgl. Kert JAP 2005/06, S. 207 ff.

418 So die herrschende Meinung: Kienapfel/Schroll, BT I, Vorbem §§ 75ff. Rdn. 21; *Schick* in: Bernat, S. 121 (134); Schmoller ÖJZ 2000, S. 361 (375).

419 östOGH, 16.07.1998, 6 Ob 144/98i, 147/98f = RdM 1999, S. 21 f.

Patientenverfügung, die von einer einwilligungsfähigen Person verfasst wurde, die Ärzte im Hinblick auf die weitere Behandlung des später einwilligungsunfähigen Patienten binde".

II. Das Institut der Patientenverfügung

1. Überblick über die Entstehungsgeschichte des Patientenverfügungs-Gesetzes 2006

Die ersten juristischen Überlegungen zu Patientenverfügungen kamen in Österreich gegen Ende der 1980er bzw. zu Beginn der 1990er Jahre auf[420]. Der Meinungsstand in der Lehre war vielfältig ausgeprägt und reichte vom Postulat grundsätzlicher Verbindlichkeit über alle möglichen vermittelnden Positionen bis hin zu der These, antizipierte Patientenverfügungen seien lediglich ein Indiz für den mutmaßlichen Willen des Patienten, der als ein Element unter vielen in die durch den behandelnden Arzt zu treffende Entscheidung einfließen müsse[421].

Erste Bestrebungen, dem Patienten qua Gesetz ein Instrument anzubieten, mit dessen Hilfe rechtsverbindliche Verfügungen getroffen werden können, um im Fall des Verlustes von Einsichts- und Urteilsfähigkeit Behandlungsmaßnahmen auszuschließen, wurden im Rahmen der *„KAG-Novelle 1993"*[422] Anfang der 90er-Jahre umgesetzt: In § 5a KAKuG wurde ein Katalog von *„Patientenrechten"* eingeführt, insbesondere verpflichtete dieser die Träger von Krankenanstalten dazu, *„ein würdevolles Sterben (...)"* sicherzustellen, § 5a Absatz 1 Zeile 1 Nr. 9 KAKuG. Zum anderen wurde der Umfang der Dokumentationspflicht in der Krankengeschichte des Patienten in § 10 Absatz 1 Zeile 7 KAKuG[423] im Verhältnis zum KAG erweitert[424]. Zudem wurden mit den Patien-

420 Eine erste ausführliche Stellungnahme erfolgte durch Lachmann öAnwBl 1991, S. 74, zu verweisen ist zudem auf die Ausführungen von u. a. *Brandstetter* in Kampits, S. 171 (175).

421 So etwa *Kopetzki* in Duttge, S. 79 (80), welcher in Fn. 2 zur Übersicht auf den Meinungsstand vor dem PatVG insgesamt auf die Beiträge in dem Sammelband Kopetzki (Hrsg.) Antizipierte Patientenverfügungen, Wien 2000, verweist.

422 BGBl I Nr. 801/1993.

423 *Memmer* in: Kopetzki Antiz. PatV, S. 1, führt in diesem Zusammenhang etwa an, dass der Gesetzgeber in § 10 Absatz 1 Zeile 7 KAKuG etwa implizit die Idee des Patiententestaments anerkannte.

424 *„Verfügungen des Pfleglings zu dokumentieren (sind), durch die dieser erst für den Fall des Verlustes seiner Handlungsfähigkeit das Unterbleiben bestimmter Behandlungsmethoden wünscht, um darauf bei allfälligen künftigen Entscheidungen Bedacht nehmen zu können".*

tenanwaltschaften bzw. Patientenvertretungen eigene Einrichtungen zur Unterstützung der Patienten geschaffen, welche eine professionelle und kostenlose Rechtsverfolgung und Wahrung der Patientenrechte ermöglichen sollen[425]. Des Weiteren wurde der Forderung nach einem verbesserten Patientenschutz im Jahre 1993 mit dem Entwurf einer ersten *„Österreichischen Patientenrechtscharta“*[426] nachgekommen, in welcher unter Abschnitt 4 Regelungen zur Selbstbestimmung und Information des Patienten vorgesehen waren[427].

In den Folgejahren nahm die rechtswissenschaftliche Erörterung speziell zum Thema von Vorausverfügungen zu[428], zudem verabschiedeten die Bundesländer in den Jahren 1994 und 1995[429] gleich lautende Bestimmungen zu der Dokumentationsvorschrift § 10 Absatz 1 Zeile 7 KAKuG[430], welche sie in ihre Landes-Krankenanstaltengesetze bzw. Landes-Krankenanstaltenordnungen aufnahmen. 1999 erfolgten weitere Ansätze einer Fortentwicklung im Rahmen der von der Oberösterreichischen Ärztekammer verabschiedeten *„Richtlinie für Sterbebegleitung“*[431], welche als Ausdruck ethischer Grundwerte und als eine Hilfe für die Gewissensentscheidung der Betroffenen gedacht war. Daneben kam es 1999 zwischen dem Bund und dem Bundesland Kärnten zum Abschluss der *„Vereinbarung zur Sicherstellung der Patientenrechte“*, ebenfalls bezeichnet als sog. *Patientencharta*[432]. Dieser schlossen sich in den folgenden Jahren zudem die Länder Burgenland, Oberösterreich, Niederösterreich, Steiermark, Tirol und Vorarlberg an[433].

---

425 Ein Überblick hierzu gibt *Bachinger* in: Aigner/Kletecka/Kletecka-Pulker/Memmer, II/51 ff.; *derselbe* in: Kern/Kopetzki, S. 87 ff.

426 *„Vereinbarung zur Sicherstellung der Patientenrechte in Österreich“*, BMGSK 21.645/7-II/A/93; siehe hierzu Pichler JRP 1994, S. 127.

427 BMGSK 21.645/7-II/A/93, der Entwurf formulierte *“das Patienten und Patientinnen das Recht haben im Vorhinein Willensäußerungen abzugeben, durch die sie für den Fall des Verlustes ihrer Handlungsfähigkeit das Unterbleiben einer Behandlung oder bestimmter Behandlungsmethoden wünschen”.* Dieses angestrebte Instrumentarium zum Schutze des Patienten hatte zunächst jedoch nicht einmal die Möglichkeit, sich in der Praxis zu bewähren, da die Bundesländer sich nicht zum Abschluss dieser Vereinbarung bereit fanden und die Patientenrechtscharta 1993 somit nicht über das Stadium des Entwurfes hinaus kam.

428 *Memmer* in: Kopetzki, Antiz. PatV, S. 1 (2) mwN.

429 Detailliert nachgewiesen etwa bei *Memmer* in: Kopetzki Antiz. PatV, S. 1 (2), Fn. 4.

430 Welcher, wie angeführt, keine wirkliche Verbesserung der Stellung der Patientenrechte erwirkt hat, so dass für die Bundesländer nichts Anderes erwartet werden konnte.

431 ÖÄZ 21/10. November 1999, S. 12 (13).

432 BGBl I Nr. 195/1999.

433 Burgenland BGBl I Nr. 89/2001, Oberösterreich BGBl I Nr. 116/2001, Niederösterreich BGBl I Nr. 36/2002, Steiermark BGBl I Nr. 153/2002, Tirol BGBl I Nr. 88/2003 und

Eine weitere Etappe auf dem Weg zur Schaffung eines Patientenverfügungs-Gesetzes wurde sodann im Jahre 2001 absolviert. Nachdem der Gesundheitsausschuss des Nationalrats die Ergebnisse der am 29. Mai 2001 abgehaltenen parlamentarischen Enquête zum Thema *„Solidarität mit unseren Sterbenden – Aspekte einer humanen Sterbebegleitung in Österreich"*[434] in seine Sitzungen am 08. November sowie am 06. Dezember 2001 aufgenommen hatte, stellten dessen Mitglieder an das BMSG folgende Forderung: *„Gemeinsam mit dem BMJ mit Hilfe einer einzurichtenden Expertengruppe praxisorientierte Lösungsvorschläge für Patientenverfügungen auf der Basis des geltenden Rechts zu erarbeiten, aber auch allfälligen legislativen Handlungsbedarf zu ermitteln".*[435] Daraufhin erfolgte durch das BMGF[436] in Zusammenarbeit mit dem BMJ die Einsetzung der interdisziplinären[437] Expertengruppe *„Patientenverfügung"*, welche sich in der Zeit von Frühjahr 2002 bis Sommer 2003 mit dieser Thematik auseinandersetzte.

Aufbauend auf deren Ergebnissen kam es durch das BMGF im Frühjahr 2004 zur Ausarbeitung des ersten Ministerialentwurfes zu einem Patienten-/Patientinnenverfügungs-Gesetz[438] (ME 2004), der im Herbst des gleichen Jah-

---

Vorarlberg BGBl I Nr. 127/2003; in dieser wird das Recht des Patienten zur Abfassung einer Vorausverfügung ausdrücklich in Art. 18 normiert. Insgesamt bot die Patientencharta zwar sowohl eine rasche Übersicht über die Patientenrechte als auch eine Orientierung an ihrem Inhalt zum Zwecke der Auslegung bestimmter Normen, letztlich kommt ihr in Richtung Stärkung und Fortentwicklung der Patientenrechte jedoch nicht mehr als eine bloße Signalwirkung zu, siehe hierzu Aigner RdM 1999, S. 151;*Memmer* in: Aigner/Kletecka/Kletecka-Pulker/Memmer, I/33.

434 III-106 BlgNR 21. GP; der Schwerpunkt der stattfindenden Beratungen war die Stärkung der *„Palliative Care"*, als unmittelbare Folge auf die Enquete wurde zudem etwa noch im selben Jahr die so genannte Familienhospizkarenz eingeführt, nach welcher Berufstätige das Recht zusteht, sich von ihrem Arbeitgeber für einen Zeitraum von drei bis sechs Monaten freistellen zu lassen, um einen sterbenden Angehörigen zu pflegen, zitiert nach Körtner ZEE 2006, S. 221 (222).

435 AB 933 BlgNR 21. GP.

436 Nach der zu dieser Zeit geltenden Zuständigkeitsverteilung zwischen den Bundesministerien (BMG 1986 idF BGBl I Nr. 17/2003) richtete sich die Entschließung sodann an das spätere BMGF, siehe hierzu die Anmerkung von Bachinger PatR 2006, S. 109 (110), Fn. 3.

437 Der Expertengruppe gehörten Mitglieder der verschiedenen Professionen, nämlich Mediziner, Juristen und Ethiker an, die in den unterschiedlichsten Berufen und Organisationen – praktisch tätige Ärzte, Mitglieder der österreichischen Ärztekammer, Juristen der beiden genannten Bundesministerien, Vertreter der Patientenanwaltschaften bzw. –vertretungen, Wissenschaftler, Mitglieder der Hospizbewegung usw. – tätig waren, zitiert nach *Memmer* in: Kern/Kopetzki, S. 45 (52).

438 GZ.BMGF- 92645/0020-I/B/8/2004 = 223/ME XXII. GP.

res dem allgemeinen Begutachtungsverfahren zugeleitet wurde[439]. Dieser setzte weitestgehend die bestehende Ansicht der Literatur um, Neuerungen fanden sich jedoch im Zusammenhang mit den Vorschriften zur erforderlichen Form bei der Aufsetzung einer Vorausverfügung durch den Patienten. Grundsätzlich war der Entwurf als Leitfaden konzipiert, welcher all diejenigen Punkte thematisierte, die bei der Erstellung bzw. bei der Anwendung einer solchen Verfügung zu beachten sind[440]. Insgesamt führte der ME 2004 zu umfangreichen Diskussionsprozessen, die sich durch die verschiedensten gesellschaftlichen Ebenen zogen[441].

Nach der Beendigung des Verfahrens der Begutachtung zum Ende des Jahres 2004 hin[442], wurde der ME 2004 Anfang des Jahres 2005 unter Berücksichtigung der dabei gewonnenen Ergebnisse[443] in Zusammenarbeit des BMGF sowie des BMJ und unter Einbindung der Expertengruppe nochmals überarbeitet sowie in einzelnen Punkten modifiziert. Der daraus hervorgehende revidierte Entwurf (Entwurf 2005) beinhaltete im Verhältnis zum ME 2004 weitgehend ähnliche Regelungen[444]. Wie schon der ME 2004 im Rahmen der Begutachtung wurde jedoch auch dieser durch das Bundeskanzleramt kritisiert[445]. Im März des Jahres 2005 wurde der nochmals revidierte Entwurf 2005 im Anschluss an die am 04.

---

439 GZ 92645/0020-I/B/8/2004.

440 So waren die Gültigkeitsvoraussetzungen in den §§ 2 – 10 geregelt, unterteilt in allgemeine Gültigkeitserfordernisse, §§ 2 – 4, sowie Formvorschriften, §§ 6 f., und in das Erfordernis der *„aufrechten Geltung“*, §§ 8 – 10. Lagen diese Vorschriften nicht vor, bestand keine Vorausverfügung des Patienten im Sinne des ME 2004 mit der Folge, dass ein solches den Ärzten vorliegende Dokument unbeachtlich war. §§ 11 sowie 12 nannten darüber hinausgehende Kriterien, die eine verbindliche Verfügung erfüllen musste und § 13 behandelte abschließend die Konsequenz, die aus dem Fehlen eines Kriteriums der Verbindlichkeit resultieren sollte, hierzu insgesamt dazu *Memmer* in: Kern/Kopetzki, S. 45 (53).

441 Vereinzelt wurde ein sehr weitgehendes Verständnis des Rechts des Patienten, eine Behandlung zu verweigern mit der Folge vertreten, dass sogar *„törichte Gründe“* verbindlich sein sollten, siehe *Bertel* in: WK, § 110 StGB Rdn. 32.

442 Insgesamt gingen 29 Stellungnahmen ein, deren Mehrzahl dem Gesetzesprojekt positiv gegenüberstand; vehement abgelehnt wurde dieser jedoch durch die Österreichische Ärztekammer, siehe 27/SN-223/ME 22. GP.

443 223/ME 22. GP, GZ BMGF-92645/0020-I/B/8/2004.

444 Unterschiede gab es jedoch sowohl in der Wortwahl als auch in der zugrunde gelegten Systematik. Zudem kannte der Entwurf im Falle von begründeten Zweifeln an der Verbindlichkeit einer Vorausverfügung die Möglichkeit einer diesbezüglichen gerichtlichen Kontrolle an und bezog im Rahmen der anzusetzenden Verbindlichkeitskriterien den *„Stand der medizinischen Wissenschaft“* und die *„sonstigen Lebensumstände des Patienten“* mit ein.

445 Siehe die SN BKA 13/SN-223/ME 22. GP.

sowie 05. Februar 2005 in St. Virgil, Salzburg stattfindende internationale Tagung *„Patientenverfügungen in der Praxis von Pflege und Medizin“* der im Bundeskanzleramt eingerichteten *„Bioethikkommission“* mit der Bitte um Stellungnahme zugeleitet.

Am 02. Februar 2006 wurde der Entwurf eines *„Patientenverfügungs-Gesetzes“* durch die Bundesregierung beschlossen. Nach der Verabschiedung durch den österreichischen Nationalrat in seiner Sitzung am 29. März 2006, der Passierung des Bundesrates am 23. April 2006 sowie nach Kundmachung am 08. Mai 2006 trat das Gesetz entsprechend § 18 mit dem der Kundgebung folgenden Monatsersten am 01. Juli 2006 in Kraft.[446]

2. Die Patientenverfügung nach den Vorgaben des PatV

Das erklärte Ziel des PatVG[447] ist die Schaffung von Rechtssicherheit und die Stärkung der Patientenautonomie. Nicht verändert werden soll dadurch jedoch der Kreis derjenigen Entscheidungen, welche ein Patient durch die Abgabe einer eigenen Willenserklärung grundsätzlich selbst rechtswirksam treffen kann. Gleiches gilt für die strafrechtlichen Grenzen medizinischer Behandlungen, insbesondere im Zusammenhang mit aktiven Sterbehilfemaßnahmen[448].

a. Allgemeine Bestimmungen, §§ 1 – 3 PatVG

Der 1. Abschnitt des PatVG gliedert sich in den §§ 1 – 3 PatVG in *„Allgemeine Bestimmungen“*, welche als Grundvoraussetzungen einzuordnen sind, die sowohl Geltung für verbindliche als auch für beachtliche Patientenverfügungen iSd PatVG beanspruchen.

---

446 Weitere Neuerungen für den Themenkomplex der Patientenverfügungen wurden zudem im Rahmen des am 24. Mai 2006 beschlossenen SWRÄG geschaffen. Zudem wurde durch das Gesundheitsrechts-Änderungsgesetz (GRÄG 2006), BGBl I Nr. 122/2006, auch das KAKuG der neuen Rechtslage angepasst, RV 1414 BlgNR 22. GP.

447 *Kopetzki* umschreibt die Ziele des PatVG wie folgt: Er führt an, das Gesetzeswerk ziele *nicht* auf eine Neubestimmung der Demarkationslinie zwischen der Selbst- und Fremdbestimmung des Patienten ab, *sondern* auf eine klare Ausformulierung jener Voraussetzungen, unter denen ein Patient im Vorfelde eine bindende Verfügung für später anstehende Entscheidungen im Zusammenhang mit medizinischen Behandlungen für den Fall treffen kann, dass er zu diesem Zeitpunkt nicht mehr entscheidungsfähig ist. Das PatVG regelt somit primär das Transportmittel für den antizipierten Willen des Patienten, und erst sekundär dessen Inhalt, vgl. *Kopetzki* in: Duttge, S. 79 (82).

448 Erläut RV 1299 BlgNR 22. GP, S. 4.

aa. Anwendungsbereich, § 1 PatVG

Gemäß § 1 Absatz 1 PatVG umfasst der Anwendungsbereich des PatVG *„die Voraussetzungen und die Wirksamkeit von Patientenverfügungen"*. Einleitend wird sodann[449] in § 1 Absatz 2 PatVG darauf Bezug genommen, dass eine Patientenverfügung iSd PatVG *„(...) verbindlich oder zur Ermittlung des Patientenwillens beachtlich sein (kann)"*. Der Begriff der *„Wirksamkeit"*, welcher auch in § 2 Absatz 1 PatVG, § 10 Absatz 1 und 2 PatVG und den §§ 11 und 18 PatVG Verwendung findet, wird im PatVG selbst nicht eingehender definiert, auch die Erläuterungen zur Regierungsvorlage enthalten hierzu keine Ausführungen, es ist jedoch davon auszugehen, dass damit die *rechtliche Relevanz* von Patientenverfügungen für den Arzt und die anderen im Behandlungsgeschehen beteiligten Personen oder Stellen gemeint ist[450].

bb. Begriffe, § 2 Absatz 1 PatVG

Zunächst ist in § 2 Absatz 1 PatVG eine Legaldefinition betreffend die Natur, den zulässigen Regelungsinhalt sowie den Geltungsbereich einer Patientenverfügung iSd PatVG enthalten: *„Eine Patientenverfügung ist eine Willenserklärung, mit der der Patient eine medizinische Behandlung ablehnt und die dann wirksam werden soll, wenn er im Zeitpunkt der Behandlung nicht einsichts-, urteils- oder äußerungsfähig ist"*, wodurch zugleich der sachliche Anwendungsbereich des PatVG umschrieben wird: Dessen Regeln gelten nur für antizipierte Erklärungen, bei denen zwischen dem Erklärungs- und dem Behandlungszeitpunkt ein gewisser Zeitraum liegt. Nicht erfasst sind hingegen aktuelle Behandlungsablehnungen, welche daher auch zukünftig nach den formlosen Maßstäben des § 110 öStGB möglich sind[451]. Zum anderen gilt das PatVG nur für ablehnende Willenserklärungen des Patienten, nicht hingegen für Behandlungseinwilligungen oder sonstige Wünsche nach bestimmten Maßnahmen.

Sodann schließt sich in § 2 Absatz 2 PatVG eine weitere Legaldefinition zum Verständnis des „Patienten" an: *„(Ein) Patient iSd (PatVG) ist eine Person, die eine Patientenverfügung errichtet, gleichgültig, ob sie im Zeitpunkt der Errichtung erkrankt ist oder nicht"*. Daran wird deutlich, dass es für die Wirksamkeit einer Patientenverfügung keine Rolle spielt, ob der Betroffene zum Zeitpunkt der Errichtung bereits aktuell erkrankt ist oder aber nicht. Auch auf die

449 Die Erläuterungen zur Regierungsvorlage verweisen auf die dadurch bezweckte bessere Unterrichtung des Rechtsanwenders, so die ErläutRV 1299 BlgNR 22. GP, abgedruckt in Langer AußStrG, S. 433 ff.

450 Kathrein ÖJZ 2006, S. 555 ff.

451 So *Kopetzki* in: Duttge, S. 79 (83), derselbe zudem aktuell wieder in: FS-Metzler, S. 38 (43).

Art oder die Vorhersehbarkeit der künftigen Erkrankung und bzw. oder der abgelehnten Maßnahmen sowie die Nähe zum Tod kommt es nicht an. Patientenverfügungen iSd PatVG haben somit keine sog. *Reichweitenbegrenzung*, da sie keinen Zusammenhang mit dem Sterbevorgang aufweisen müssen[452].

aaa. Die Ablehnung einer medizinischen Behandlung

Zunächst wird durch die Beschränkung des zulässigen Regelungsinhaltes einer Patientenverfügung auf die *Ablehnung* einer medizinischen Behandlung, § 2 Absatz 1 PatVG, deutlich, dass im PatVG[453] auf den restriktiven Patientenverfügungsbegriff zurückgegriffen wurde und nicht auf den von einem Teil der Literatur[454] ebenso wie vom östOGH in seinem Erkenntnis zum *„psychiatrischen Testament"*[455] sowie im ME 2004 in § 1 Absatz 1 des Entwurfs vertretenen extensiven Begriff einer Patientenverfügung[456]. Dieser umfasst neben der Ablehnung einer medizinischen Maßnahme auch die antizipierte Behandlungseinwilligung[457].

(1) Ablehnung

Grundsätzlich normiert der im PatVG festgelegte Regelungsinhalt einer Patientenverfügung den allgemein anerkannten und als Ausfluss von Art. 8 EMRK geltenden Grundsatz, dass ein Patient in Ausübung seines Selbstbestimmungsrechts zu jeder Zeit das Recht hat, eine medizinische Behandlung abzulehnen.

(2) Medizinische Behandlung

Der Begriff der „medizinischen Behandlung" in § 2 Absatz 1 PatVG umfasst neben dem eigentlichen Verständnis der Heilbehandlung als „therapeutische Maßnahme" „alle diagnostischen, prophylaktischen und palliativen Maßnahmen,

452 *Kopetzki* in: Duttge, S. 79 (84), hierzu noch im Folgenden.

453 Wie zuvor bereits sowohl in § 10 Absatz 1 Zeile 7 KAKuG in der Fassung von 1993 als auch gegenwärtig noch in Art. 18 Patientencharta.

454 U. a.: Lachmann, öAnwBl 1991, S. 74; Memmer RdM 1996, S. 99 (100); Frauscher, S. 4; *Memmer* in: Kopetzki, Antiz. PatVG, S. 1 (8); Barta/Kalchschmid WklW 2004, S. 442 (445); Kneihs juridicum 2005, S. 5; Kalchschmid FamZ 2006, S. 90; Kathrein ÖJZ 2006, S. 555 (556).

455 östOGH 16.7.1998, 6 Ob 144/98i, RdM 1999/21 = EvBl 1999/21.

456 Nach diesem ist eine Patientenverfügung eine Erklärung, welche zeitlich vor der aktuellen Entscheidungssituation abgegeben wird und in der für den Fall eines bestimmten Krankheitsstadiums Wünsche für die Behandlung zum Ausdruck gebracht werden.

457 Vgl. Memmer RdM 2006, S. 163 (164).

die von ärztlicher Seite oder nach ärztlicher Anordnung vorgenommen werden“[458]. Ausgeschlossen vom Regelungsinhalt einer Patientenverfügung nach § 2 Absatz 1 PatVG sind hingegen reine Pflegemaßnahmen[459] wie etwa die Versorgung des Patienten mit Nahrung und Flüssigkeit sowie seine Hygiene etc.

(a) Die Einstellung der künstlicher Maßnahmen aufgrund von § 2 Absatz 1 PatVG?

Fraglich ist, ob auch die Ablehnung des Patienten gegenüber einer bereits aufgenommenen Sondenernährung bzw. gegenüber Maßnahmen der künstlichen Flüssigkeitszufuhr zulässiger Regelungsgehalt einer Patientenverfügung iSd PatVG sein kann[460]. Dies setzt voraus, dass die künstliche Ernährung sowie die künstliche Flüssigkeitszufuhr als *„medizinische Behandlung“* iSd § 2 Absatz 1 PatVG zu qualifizieren sind[461].

Grundsätzliche Einigkeit besteht im Zusammenhang mit der Verabreichung von Nahrung und Flüssigkeit dahingehend, dass diese, wenn sie im Wege der *Basisversorgung* auf natürlichem Wege als sog. *Handfütterung* bzw. *händischen Verabreichung*[462], durchgeführt werden, als Elemente der Pflege des Patienten

---

458 Vgl. die Mat zu § 146c ABGB (ErläutRV KindRÄG 296 BlgNR 21.GP, S. 54 f.), das Schreiben des BMJ vom 26.3.2003, GZ 4.601 A/126-I.1/2002 = RdM 2003/39; die Stellungnahme des BMGF zum MEntw SWRÄG (SN/40 – 385/ME 22.GP) und ErläutRV SWRÄG 1420 BlgNR 22.GP.

459 N. w. : *Kern* in Memmer/Kern, S. 67 (73).

460 Beachte die bereits erfolgten Ausführungen zum einseitigen Behandlungsabbruch.

461 Zu der Frage, ob die Sonderernährung sowie die künstlicher Flüssigkeitszufuhr als *„medizinische Maßnahme“* im Sinne des § 2 Absatz 1 PatVG mit der Folge einzuordnen sind, dass diese zulässiger Regelungsgegenstand einer Patientenverfügung im Sinne des PAtVG sein können, herrschte hauptsächlich aufgrund von nicht eindeutigen Formulierungen im den Erläuterungen zur Regierungsvorlage kurz vor der Verabschiedung des PatVG durch den Nationalrat am 29. März 2006 zunächst einige Unklarheit. So führten die Erläuterungen zur Regierungsvorlage diesbezüglich aus: *„Maßnahmen der Pflege unterliegen nicht dem Anwendungsbereich des Gesetzes. Deshalb kann der Patient nicht vorweg seine Grundversorgung mit Nahrung und Flüssigkeit, die Teil der Pflege sind, ausschließen“, vgl.* ErläutRV 1299 BlgNR 22.GP, zu § 2. Ebenfalls aufgenommen wurde diese Aussage durch eine am 3. Februar 2006 veröffentlichte Presseinformation des BMGF, wonach *„pflegerische Maßnahmen wie z. B. die künstliche Ernährung und Flüssigkeitszufuhr von der Patientenverfügung ausgeklammert bleiben,* zitiert nach *Memmer* in: Memmer/Kern, S. 31 (35).

462 Etwa die Ernährung eines zum selbstständigen Essen zu schwachen Patienten mit Hilfe eines Löffels oder die Verabreichung von Flüssigkeit über eine sog. *„Schnabeltasse“* durch eine Pflegeperson, zitiert nach Kathrein ÖJZ 2006, S. 555 ff.

einzustufen sind[463]. Diese Ausformung der Verabreichung von Nahrung und Flüssigkeit stellt keine *„medizinische Maßnahme“* gemäß § 2 Absatz 1 PatVG dar und kann daher nicht zum Gegenstand einer Ablehnung des Patienten in seiner Patientenverfügung gemacht werden. Von diesem Grundsatz ist jedoch dann eine Ausnahme zu machen, sobald die Nahrungs- sowie Flüssigkeitszufuhr unter Einsatz spezifisch medizinischer Methoden erfolgt – wie etwa mittels nasaler Magensonde[464] oder *„PEG-Sonde“*[465] bzw. intravenös – und somit zur *„Sondenernährung“* bzw. zur *„künstlichen“* Flüssigkeitszufuhr wird. In diesem Fall unterliegt[466] sowohl das invasive Setzen des Zugangs der Sonde als auch die Durchführung der Sondenernährung bzw. künstlichen Flüssigkeitszufuhr selbst[467] aus rechtlicher Perspektive den Regeln der *„medizinischen Behandlung“*[468].

(b) Exkurs: Der Umgang mit pflegerischen Maßnahmen

Der Umstand, dass in einer verbindlichen Patientenverfügung nur eine medizinische Behandlung abgelehnt werden kann[469], bedeutet jedoch keineswegs, dass Maßnahmen, die diesem Begriff nicht unterfallen, nicht auch schon wie bisher aufgrund bereits allgemein gültiger Rechtsgrundsätze ausgeschlossen werden können[470]. Vielmehr ist auch die Vornahme einer Pflegemaßnahme nach herrschender Lehre vom Konsens des Patienten abhängig, was insbesondere durch § 8 Absatz 3 KAKuG – hier jedoch lediglich im Zusammenhang mit entscheidungsfähigen Patienten - deutlich wird[471].

---

463 *Kern* in: Memmer/Kern, S. 67 (76).

464 Eine Sonde, die über Nase, Rachen und Speiseröhre in den Magen reicht.

465 aaO.

466 Vgl. Gmeiner/Kopetzki ZBiopolitik 2005, S. 67 (73); *Kalchschmid* in: Memmer/Kern, S. 87 (92); Kathrein, ÖJZ 2006, S. 555 (561); Kert JAP 2005/06, S. 207 (209); Körtner ZEE 2006, S. 221 (225); Kopetzki, EthikMed 2004, S. 275.

467 Diese sind einzuordnen als ärztliche Tätigkeiten, so dass deren Vornahme etwa durch Angehörige der im Gesundheits- und Krankenpflegegesetz (GUKG) geregelten Berufe daher auch der ärztlichen Anordnung bedarf, § 15 Absatz 1 und 5 Zeile 7 sowie § 84 Absatz 4 Zeile 4 GUKG.

468 *Bernat* verweist darauf, dass die Patientenverfügung im klinischen Alltag völlig ihre praktische Bedeutung verlieren würde, wenn es nicht möglich wäre, auch auf die Sondenernährung zu verzichten, EF-Z 2006, Teil II, S. 74 (74 f.).

469 *Kern* in: Memmer/Kern, S. 67 (74).

470 So grundsätzlich auch *Ganner* in: Barta/Kalchschmid, S. 150; *Memmer* in: Memmer/Kern, S. 31 (36).

471 *Ganner* in: Barta/Kalchschmid Die PatV, S. 132 (150) verweist darauf, *„dass auch in diesem Bereich der aufgeklärte und einwilligungsfähige Patient selbst entscheidet, da*

Dies bedeutet somit, dass der Patient auch pflegerische Maßnahmen zum Gegenstand einer Patientenverfügung machen kann[472], welche dann zwar nicht als zulässiger Regelungsinhalt einer Patientenverfügung iSd PatVG gelten, jedoch nach den allgemeinen Rechtsvorschriften durchaus verbindlich sein können. Unterstrichen wird dies insbesondere durch eine Ausschlussfeststellung des Justizausschusses[473], worin darauf verwiesen wird, dass dieser *„außerhalb des Anwendungsbereiches des Patientenverfügungs-Gesetz (...) (davon ausgeht), dass es im Rahmen der Pflege jedem freisteht, angebotene Leistungen abzulehnen“*.

(c) Ergebnis

Nach § 2 Absatz 1 PatVG kann der Patient nicht *„jene“* Grundversorgung mit Nahrung und Flüssigkeit mittels einer Patientenverfügung iSd PatVG ablehnen, die Teil der Pflege ist. Spezifisch medizinische Maßnahmen, die ärztliche Eingriffe darstellen, wie das Setzen einer Magensonde sowie die Durchführung der Sondenernährung und künstlichen Flüssigkeitszufuhr, sind hingegen als medizinische Behandlungen im Sinne des § 2 Absatz 1 PAtVG einzuordnen[474] und können durch den Patienten somit in einer Patientenverfügung iSd PatVG abgelehnt werden.[475]

Auch wenn der zulässige Inhalt einer Patientenverfügung durch die Entscheidung des Gesetzgebers auf den restriktiven Patientenverfügungsbegriff beschränkt ist, bieten sich für den Patienten gleichwohl umfassende Möglichkeiten. Obwohl er auch aus der Aussage des § 2 Absatz 1 PatVG nicht das Recht zur *„Therapieauswahl“*[476] ableiten kann, ist es ihm in einer Patientenverfügung

---

das Ausmaß der Selbstbestimmung nicht davon abhängen darf, ob es sich um eine medizinische oder pflegerische Maßnahme handelt“.

472 Vgl. in diesem Zusammenhang auch den von der Tiroler Hospiz Gemeinschaft und von der Caritas Diözese Innsbruck am 15. März 2006 verfassten *„Offenen Brief zum geplanten Patientenverfügungsgesetz“*, zugänglich unter: http://www.caritas-innsbruck/upload/offener_brief_pv_gesetz10.pdf (Stand: 13. Juli 2008).

473 JAB 1381 BlgNR 22.GP, S. 2, siehe im Anhang.

474 Dies wurde aufgrund der misslichen Formulierung im Rahmen der Erläuterungen zur Regierungsvorlage durch eine Ausschlussfeststellung richtig gestellt, vgl.: AB 1381 BlgNR 22.GP, 2; Parlamentskorrespondenz 02/23.03.2006/Nr. 249; wonach *„Maßnahmen, die einer ärztlichen Anordnung bedürfen, wie etwa die Einsetzung einer PEG-Sonde, als medizinische Behandlung zu verstehen sind“*.

475 Und das auch in dem Fall, dass dadurch der Tod des betroffenen Patienten eintritt, vgl. Gmeiner/Kopetzki ZBiopolitik 2005, S. 67 (73); Memmer RdM 2006, S. 163 (164).

476 *Kletecka* in: Aigner/Kletecka/Kletecka-Pulker/Memmer, I/152, der ausführt, dass der Patient im Verhältnis zum behandelnden Art und zum Krankenanstaltenträger keinen

möglich, durch die Ablehnung einer oder mehrerer medizinischer Methoden die Wahlfreiheit des Arztes einzuschränken[477]. Des Weiteren steht dem Patienten daraus folgend zwar nicht das Recht auf *„freie Arztwahl"* in der allgemeinen Gebührenklasse[478] zu, er kann jedoch bestimmte Ärzte von der medizinischen Behandlung auszuschließen und somit zumindest indirekt darüber zu verfügen, welche Person in seine persönliche Integrität eingreifen darf[479].

(3) Keine Beschränkung der Reichweite auf ein Krankheitsstadium

§ 2 PatVG bestimmt: *"Eine Patientenverfügung im Sinne dieses Bundesgesetzes ist eine Willenserklärung, mit der ein Patient eine medizinische Behandlung ablehnt und die dann wirksam werden soll, wenn er im Zeitpunkt der Behandlung nicht einsichts-, urteils- oder äußerungsfähig ist"*. Aus dieser Bestimmung geht somit hervor, dass der österreichische Gesetzgeber im Wege des PatVG darauf verzichtet hat, Patientenverfügungen mit einer Reichweitenbegrenzung oder –beschränkung zu versehen.

Insgesamt war die Frage nach der Normierung einer Reichweitenbegrenzung im Vorfelde der gesetzlichen Änderungen einer der zentralsten Streitpunkte[480]. So wurde von manchen gefordert, dass ein Patient eine bereits begonnene lebenserhaltende medizinische Behandlung oder deren Aufnahme iSd PatVG lediglich dann ablehnen könne, wenn sein pathologisches Grundleiden bereits ein *terminales Stadium* erreicht, der Sterbevorgang somit bereits begonnen habe. Andere sprachen sich für die Begrenzung auf *irreversible Grundleiden* aus und somit solche Krankheiten, die nach ärztlicher Prognose den Tod des Patienten nach sich ziehen[481]. Dies hätte zur Folge, dass sich verbindliche Patientenverfü-

---

unmittelbaren Anspruch auf eine bestimmte, seinen Wünschen entsprechenden Therapie hat; weiters Kathrein ÖJZ 2006, S. 555, Fn. 5, welcher darauf verweist, dass sich *„substanzielle Beschränkungen für die Selbstbestimmung des Patienten darüber hinaus aus den gesetzlichen oder satzungsgemäßen Grenzen der Leistungspflichten der gesetzlichen Krankenversicherungsträger ergeben"*.

477 Memmer RdM 1996, S. 99.

478 Dem *„Pflegling"* einer Krankenanstalt steht in der allgemeinen Gebührenklasse kein gesetzliches Recht auf die freie Wahl des Arztes zu; dazu näher Resch RdM 2004, S. 169 ff.

479 Kopetzki UnterbR Bnd. 2, S. 802.

480 Zum einen innerhalb der 29 Stellungnahmen zum ME 2004, zitiert nach *Memmer* in: Kern/Kopetzki, S. 45 (54), Fn. 29, sowie zum anderen im Bericht der Bioethikkommission des Bundeskanzleramtes zum revidierten Entwurf 2005, siehe die Ausführungen in Gmeiner/Kopetzki ZBiopolitik 2004, S. 67 (72).

481 Vgl. die Ausführungen bei *Aigner* in: Barta/Kalchschmid, S. 59 (65); Gmeiner/Kopetzki ZBiopolitik 2005, S. 67 (71); siehe auch Memmer RdM 2006, S. 163 (164).

gungen lediglich auf solche Krankheitsstadien beziehen könnten, die unumkehrbar zum Tode führen, nicht jedoch auf solche, bei welchen eine medizinische Behandlung noch aussichtsreich ist[482].

Im Rahmen der diesem Themenkomplex zugrunde liegenden Kontroverse wurde seitens der Gegner einer Reichweitenbeschränkung darauf hinwiesen, dass es grundsätzlich schon in verfassungsrechtlicher Hinsicht fraglich sei, ob es zulässig sei, dass der Patient im entscheidungsfähigen Zustand als Ausfluss seines verfassungsrechtlich legitimierten Selbstbestimmungsrecht *jede* medizinische Behandlung ablehnen dürfe, im Zustand der Entscheidungsunfähigkeit sein vorab dahingehend geäußerter Willen jedoch nur im Falle des bevorstehenden Todes oder absehbaren Todes verbindlich sein solle. Vielmehr sei unter Verweisung auf Art. 8 EMRK anzuführen, dass dieser das grundrechtlich gewährleistete Selbstbestimmungsrecht des Patienten und dessen Entscheidungsfreiheit unabhängig davon schütze, auf welche Phase im Krankheitsverlauf sich die Entscheidung des Patienten beziehe[483]. Auch im österreichischen Verfassungsrecht lasse sich ein rechtliches Fundament für eine Reichweitenbegrenzung von Patientenverfügungen nicht erkennen, eine darüber hinausgehende Schutzpflicht des Staates[484] bestehe vielmehr nicht. Gleiches gelte unter Hinwendung an den Inhalt des § 110 öStGB. Aus diesem folge, dass die Entscheidung des Patienten für einen Behandlungsabbruch *unabhängig* von dem Umstand rechtsverbindlich sei, ob bei diesem bereits die Sterbephase eingesetzt habe, unmittelbar bevorstehe oder die diagnostizierte Krankheit anhand einer medizinischen Prognose bereits als infaust festgestellt worden sei und daher in jedem Fall zum Tode führen werde[485]. Das Verbot der eigenmächtigen Heilbehandlung sei somit nicht lediglich auf die letzte Lebensphase eines Menschen beschränkt, sondern beanspruche für sich vielmehr für *alle* medizinischen Maßnahmen unabhängig von ihrem Vornahmezeitpunkt Geltung. Zudem wurde darauf verwiesen, dass auch im Falle einer Bluttransfusion bei einem Zeugen Jehovas die Wirksamkeit einer Behandlungsablehnung *unbestritten* sei. Dies gelte jedoch auch unabhängig davon, ob der Sterbevorgang bereits begonnen habe bzw. unmittelbar bevorstehe, auf-

---

482 Vgl. die Ausführungen hierzu bei *Aigner* in: Barta/Kalchschmid, S. 59 (65); Gmeiner/Kopetzki ZBiopolotik 2005, S. 67 (71).

483 Wobei anzumerken ist, dass für diesen umfassender Schutz hinreichend sicher gestellt sein muss, indem im Rahmen der Patientenverfügung der Wille des Betroffenen authentisch sowie ausreichend bestimmt ist.

484 Welche sich gegen den dahingehend und gültig erklärten Willen des Patienten richtet, dass dieser die Vornahme einer medizinischen Behandlung ablehnt, siehe Gmeiner/Kopetki ZBiopolitik 2005, S. 67 (72).

485 Gmeiner/Kopetzki ZBiopolitik 2005, S. 67 (72), so auch Körtner ZEE 2006, S. 221 (225).

grund einer medizinischen Prognose zumindest in absehbarer Zeit eintreten werde oder aber zu keinem verlässlichen Prognosegegenstand gemacht werden könne. Dieser bislang anerkannten Entscheidungsmöglichkeit des Patienten und der längst abgesicherte Umfang der Ausübung des Selbstbestimmungsrechts würde jedoch dann im Sinne eines Rückschrittes gegenüber der aktuellen Rechtslage wieder preisgegeben werden, wenn eine derartige Reichweitenbeschränkung der Patientenverfügung zugelassen werden würde. Eine Beschränkung der Reichweite von Patientenverfügungen würde die Patientenautonomie somit schwächen, obwohl diese im Wege der Normierung des PatVG gerade gestärkt werden sollte[486].

Zudem wird angeführt, dass eine Reichweitenbegrenzung auf die terminale Phase einer Krankheit oder das Vorliegen eines irreversiblen Grundleidens, welches trotz medizinischer Behandlung nach ärztlicher Prognose zum Tode führen wird, praxisfern wäre. Patienten würden häufig eine *Multimorbidität* aufweisen, namentlich somit nicht nur unter einem, sondern vielmehr unter mehreren Grunderkrankungen leiden, die in ihrer Summe gegen eine weitere Therapie bzw. lebensverlängernde Maßnahmen sprechen, nicht hingegen würden die einzelnen Krankheiten für sich allein zwingend zum Tode führen. Zudem wird darauf hingewiesen, dass eine Reichweitenbeschränkung von Patientenverfügungen weitere Rechtskonflikte schaffe, indem die Frage, wann im Einzelfall von *Todesnähe* zu sprechen sei, einer grundsätzlichen rechtlichen Definition bedürfe.[487]

bbb. Zwischenergebnis

Zusammenfassend für den materiellen Regelungsbereich, der einer Patientenverfügung iSd PatVG gegenständlich sein kann, ist somit Folgendes festzuhalten: Nicht möglich ist es für den Patienten in seiner Vorausverfügung die Grundversorgung mit Nahrung und Flüssigkeit, die Teil der Pflege ist, abzulehnen, spezifisch medizinische Maßnahmen, die ärztliche Eingriffe darstellen, wie das Setzen einer Magensonde sowie die Durchführung der künstlichen Ernährungs- und Flüssigkeitszufuhr hingegen schon. Weiterhin hat der österreichische Gesetzgeber im PatVG von der Aufnahme einer Reichweitenbeschränkung abgesehen. Dem Verfasser einer Vorausverfügung ist es somit rechtlich wirksam möglich, für den Falle der in seiner Person später etwaig eintretenden Entscheidungsunfähigkeit auch spezielle pathologische, aber noch nicht terminale Leiden wie die irreversible Bewusstlosigkeit, namentlich das apallische Syndrom, zum Regelungsgegenstand zu machen.

---

486 Gmeiner/Kopetzki ZBiopolitik 2005, S. 67 (72).

487 Körtner ZEE 2006, S. 221 (225).

cc. *Voraussetzungen an die Person des Patienten, § 3 PatVG*

aaa. *Einsichts- und Urteilsfähigkeit*

Gemäß § 3 Absatz 1 Zeile 1 PatVG kann *„eine Patientenverfügung (...) nur höchstpersönlich errichtet werden“*, d. h., dass deren Errichtung einzig durch den Patienten selbst vollzogen werden kann, nicht jedoch durch dessen Vorsorgebevollmächtigten, Sachwalter, Angehörige oder durch den behandelnden Arzt.

Zudem normiert § 3 Absatz 1 Zeile 2 PatVG weiter, dass *„der Patient (...) bei Errichtung einer Patientenverfügung einsichts- und urteilsfähig sein (muss)“*, sog. *Selbstbestimmungs- bzw. Einwilligungsfähigkeit*[488]. Die Einsichts- und Urteilsfähigkeit hängt zwar grundsätzlich eng mit der zivilrechtlichen Kategorie der Geschäftsfähigkeit zusammen, ist jedoch nicht mit ihr gleichzusetzen[489], was bedeutet, dass ein Patient, der zwar nicht geschäftsfähig, jedoch einsichts- und urteilsfähig ist, eine wirksame Patientenverfügung errichten kann[490]. Insgesamt orientiert sich das Vorliegen der Selbstbestimmungsfähigkeit des Patienten an seinen im Augenblick der Errichtung gegenwärtigen kommunikativen, kognitiven, voluntativen sowie autonomen Fähigkeiten. Der verfügende Patient muss somit in der Lage sein, den Grund und die Bedeutung der Ablehnung einer medizinischen Behandlung einzusehen und seinen Willen nach dieser Einsicht zu bestimmen[491]. Diese Voraussetzungen sind gegeben, wenn die betreffende Person in der Lage ist, selbstständig den Grund und die Tragweite der Vornahme bzw. Unterlassung einer medizinischen Maßnahme bzw. Medikation einzusehen, so genanntes *kognitives bzw. intellektuelles Element*, und ihren Willen nach dieser Einsicht zu bestimmen, so genanntes *voluntatives Element.*

In der Regel ist bei volljährigen Patienten, sofern keine gegenteiligen Anhaltspunkte bewiesen sind[492], von Einsichts- und Urteilsfähigkeit auszugehen, § 17 ABGB. Anders gestaltet sich die Lage etwa bei psychisch Kranken, bei denen zumindest dann keine allgemeine Vermutung zugunsten der Handlungsfähigkeit zum Zeitpunkt der Errichtung einer Patientenverfügung aufgestellt werden kann, wenn es sich in ihrer Person um eine bereits über einen längeren Zeitraum bestehende Krankheit handelt und eine im Entscheidungszeitpunkt krankheitsbedingt fehlende Einsichts- und Urteilsfähigkeit unter Zugrundelegung rea-

---

488 § 3 PatVG entspricht der in § 10 Absatz 1 Ziffer 7 KaKuG idF von 1993/801 sowie Art. 18 Patientencharta umschriebenen *„besonderen Handlungsfähigkeit“* bzw. *„Handlungsfähigkeit in persönlichen Angelegenheiten“*, vgl. hierzu etwa: *Kletecka* in: Koziol/Welser, Bnd. 1, S. 54.

489 *Schwimann* in: Schwimann, Bnd. 1, § 151 Rdn. 23.

490 Bachinger PatR 2006, S. 109 (111).

491 Bachinger PatR 2006, S. 109 (111).

492 Demenz, Alkohol- oder aber Drogenabusus etc.

listischer Gesichtspunkte schon zu einem früheren Zeitpunkt gefehlt haben könnte[493]. Keinen Rückschluss auf die Einsichts- und Urteilsunfähigkeit des Patienten lässt jedoch der Umstand zu, dass die Ablehnung einer medizinischen Maßnahme *unvernünftig* erscheint, da sie dem objektiven Wohl des Patienten widerspricht, was auch in den Materialien zum PatVG selbst betont wird: *„Ob eine Behandlung dem Wohl des Patienten entspricht, ist nicht allein nach objektiven Kriterien zu messen. Vielmehr spielen auch hier subjektive Momente eine Rolle“.*[494]

Insgesamt kann der *behandelnde* Arzt bei verbindlichen Patientenverfügungen jedoch von der Selbstbestimmungsfähigkeit des Patienten im Errichtungszeitpunkt ausgehen. Er darf somit auf den Vermerk des aufklärenden Arztes und die Bestätigung durch den Notar, Rechtsanwalt oder Patientenvertreter vertrauen[495].

bbb. Minderjährigkeit

Hervorzuheben gilt des Weiteren, dass die Bestimmung des § 3 Absatz 1 Zeile 2 PatVG statt auf die Geschäftsfähigkeit auf die Einsichts- und Urteilsfähigkeit des Verfassenden abstellt. Dies zieht die Konsequenz nach sich, dass neben Personen, die unter Sachwalterschaft stehen, auch Minderjährige nicht aus dem Kreis derer, die eine Patientenverfügung errichten können, ausgeschlossen sind[496]. Als Voraussetzung müssen jedoch auch sie gleichwohl über die erforderliche Einsichtsfähigkeit verfügen, was für (mündige) Minderjährige ab dem 14. Lebensjahr gemäß § 146c Absatz 1 ABGB zu vermuten ist. Die rechtliche Fähigkeit zur Errichtung einer verbindlichen bzw. beachtlichen Patientenverfügung wird ihnen somit widerlegbar anheim gestellt.

Festzuhalten gilt, dass der mündige Minderjährige nach den Regeln des PatVG somit durchaus eine (auch) schwerwiegende medizinische Behandlung ablehnen kann: Verweigert er seine Zustimmung in die Vornahme einer medizinischen Behandlung, kann diese nicht durch die Eltern bzw. den Obsorgeberechtigten ersetzt werden. Gleichwohl wird ihm dieses Zugeständnis an die Ausübung seines Selbstbestimmungsrechts jedoch nicht im Zusammenhang mit

493 Vielmehr kann in einer Situation des berechtigten Zweifels nicht von einer gültigen Behandlungsablehnung ausgegangen werden, sondern die Entscheidung des behandelnden Arztes muss aus Gründen der ganz unterschiedlich gewichteten Haftungsfolgen zugunsten der Behandlung ausfallen, vgl. die Entscheidung des östOGH zum sog. *psychiatrischen Testament* in RdM 1999, S. 21.

494 Vgl. ErläutRV 1299 BlgNR 22 GP, S. 8.

495 Vgl.: Memmer RdM 2006, S. 163 (165).

496 Siehe hierzu Kathrein ÖJZ 2006, S. 555 (561).

der Einwilligung in die Vornahme einer solchen Maßnahme gewährt. Nach § 146c Absatz 2 ABGB reicht die Einwilligung des mündigen Minderjährigen vielmehr nicht aus, sondern es bedarf darüber hinaus der Zustimmung des Obsorgeberechtigten. Im Ergebnis beinhaltet das PatVG somit eine Ausweitung der Rechte des Minderjährigen in Zusammenhang mit medizinischen Behandlungen, obwohl die Einwilligung bei schwerwiegenden Behandlungsentscheidungen hinsichtlich ihrer Folgen wohl im Verhältnis zu einer in einem solchen Rahmen erfolgenden Ablehnung durchaus gleich zu gewichten sein wird[497].

b. Die unterschiedlichen Arten von Patientenverfügungen nach dem PatVG

Wie bereits angeführt, wurden im PatVG zwei verschiedene Kategorien von Patientenverfügungen geschaffen, indem es in § 1 Absatz 2 PatVG zwischen der *verbindlichen* Patientenverfügung, die in den §§ 4 ff. PatVG geregelt ist, sowie der für die Ermittlung des Patientenwillens *beachtlichen* Patientenverfügung, §§ 8 f. PatVG, differenziert.

aa. Die verbindliche Patientenverfügung, §§ 4 – 7 PatVG

Wurde die zumindest in der Lehre seit Jahren kontrovers geführte Diskussion um die Frage, unter welchen Voraussetzungen eine Patientenverfügung verbindlich sei, in der einzigen Entscheidung des östOGH zur Bedeutung von Patientenverfügungen im Jahre 1998 noch unbeantwortet gelassen, lässt sich dies hingegen nicht auf das PatVG übertragen. Vielmehr wurde diese in dessen 2. Abschnitt durch die Normierung der §§ 4 – 7 PatVG einer abschließenden rechtlichen Klärung unterzogen, indem als deren Rechtsfolge festgehalten wird, dass die Erklärung so zu gelten hat als ob sie der Patient aktuell in der Behandlungssituation vorgenommen hätte[498]. Diese Klarstellung wird als insgesamt wohl wichtigster Fortschritt des PatVG bezeichnet.[499] Der Stellenwert einer verbindlichen Patientenverfügung wird zudem auch aus § 268 Absatz 2 Zeile 2 ABGB deutlich, welcher diese als eine die Sachwalterbestellung vermeidende Selbstvorsorge des Betroffenen ausdrücklich anführt, sog. *Subsidiaritätsprinzip des Sachwalterrechts*[500]. Trotz der etwaigen Entscheidungsunfähigkeit des Patienten ist eine Sachwalterbestellung im Falle des Vorliegens einer verbindlichen Patientenverfügung somit *nicht* erforderlich.

---

497 *Kopetzki* in: Duttge, S. 79 (85).

498 Barth FamZ 2006, S. 72 (74).

499 Vgl. Memmer RdM 2006, S, 163 (167).

500 Barth FamZ 2006, S. 72 (73).

Als Kennzeichen der verbindlichen Patientenverfügung wird die in den §§ 4 bis 7 PatVG enthaltene Trias *Aufklärung, Förmlichkeit* und *Befristung* verstanden.

aaa. Inhaltliche Anforderungen, § 4 PatVG

Inhaltlich werden im PatVG in § 4 PatVG folgende Anforderungen gestellt: Zum einen müssen die medizinischen Behandlungen, die Gegenstand der Ablehnung sind, *konkret beschrieben* sein oder *eindeutig aus dem Gesamtzusammenhang der Verfügung hervorgehen*. Des Weiteren muss aus der Patientenverfügung *„zudem hervorgehen, dass der Patient (deren) Folgen (...) zutreffend einschätzt"*.

(1) Hinreichende Bestimmtheit der medizinischen Behandlungen

Das Paradebeispiel einer hinreichend bestimmten Patientenverfügung wird lediglich dann vorliegen, wenn die abgelehnte Maßnahme eindeutig und für Dritte[501] nachvollziehbar bezeichnet wird. Gleiches gilt für Verfügungen, in welchen Formulierungen enthalten sind, die *zumindest aus dem Kontext* bestimmbar sind, da sie den Willen des betroffenen Patienten hinreichend erkennen lassen. Nicht zu übertragen ist dies jedoch auf allgemein und vage formulierte Erklärungen sowie Wünsche, die kein eindeutiges oder sich aus dem Kontext erschließendes Fazit[502] auf die von der Verfügung erfassten Maßnahmen zulassen[503].

Grundsätzlich wird es im Wege der Errichtung einer Patientenverfügung nicht immer leicht sein, alle später hypothetisch eintretenden Krankheitssituationen hinreichend konkret zu beschreiben. Auch wird der Gesamtzusammenhang nicht immer einen eindeutigen Aufschluss über die medizinischen Behandlungen geben, die in einer Patientenverfügung gegenständlich sind. Zur Illustration dieses Problems gibt *Tolmein*[504] ein anschauliches Praxisbeispiel: Eine 74-jährige Frau hatte nach dem Leitfaden des Bayerischen Staatsministeriums der Justiz eine mit einer Vorsorgevollmacht verbundene Standardpatientenverfügung verfasst. Zwei Jahre nach deren Errichtung war die Frau nun nach einer schweren Unterzuckerung bewusstlos geworden, infolge dessen sie unter einem erheblichen Sauerstoffmangel gelitten hatte. Es wurde ein Notarzt gerufen, wel-

---

501 Insbesondere Ärzte.

502 Die Materialien selbst führen in diesem Zusammenhang etwa den Wunsch nach einem *natürlichen Sterben* oder aber das *Verbot künstlicher Lebensverlängerung* an, siehe ErläutRV 1299 BlgNR 22. GP, S. 4.

503 *Kopetzki* in: Duttge, S. 79 (86).

504 *Tolmein* in: Körtner/Kopetzki/Kletecka-Pulker, S. 34 (40 f.).

cher die Frau reanimierte, sie wurde auf die Intensivstation eines Krankenhauses gebracht, künstlich beatmet, mittels Magensonde künstlich ernährt, erhielt Dialysemaßnahmen und die Verabreichung von Antibiotika. Die Patientenverfügung der Patientin, die erst nach dem Notarzteinsatz gefunden wurde, erhielt folgende Inhalte: *Im Falle einer dauerhaften schweren Unterzuckerung sollte kein Notarzt gerufen werden, im Falle einer schweren Hirnschädigung, die von zwei Neurologen begutachtet werden sollte, sollten Behandlungsmaßnahmen wie die künstliche Ernährung und Beatmung unterbleiben*. Die behandelnden Ärzte verweigerten dies mit der Begründung, dass eine entsprechende neurologische Begutachtung noch nicht stattgefunden habe und beim gegenwärtigen Zustand der Patientin die Dauerhaftigkeit und Schwere der Hirnschädigung nicht zuverlässig festgestellt werden könne. Als Kompromissmaßnahme wurde dann vereinbart, die Sauerstoffsättigung deutlich herunterzufahren und gleichzeitig die Antibiotikabehandlung der Betroffenen abzubrechen. In dieser Situation erwachte die Patientin nun völlig unerwartet und war offenbar auch in der Lage zu kommunizieren, reagierte jedoch nicht auf Anfragen ihre weitere medizinische Behandlung betreffend. Zwei Tage nach diesem plötzlichen Erwachen verstarb die Patientin an einem Multiorganversagen.

Obwohl die Inhalte der Patientenverfügung hinsichtlich der medizinischen Behandlung der Patientin im Verhältnis gesehen relativ klar und unmissverständlich formuliert waren, wird daran offenbar, zu welchen Problemen die gewählten Formulierungen in der ärztlichen und auch juristischen Praxis bei Eintritt des Ernstfalles führen können. Als keinesfalls ausreichend müssen in diesem Zusammenhang Formulierungen angesehen werden, welche zu allgemein sind: *„Werde ich im Falle der Entscheidungsunfähigkeit über einen längeren Zeitraum bewusstlos, sollen keine weiteren medizinischen Behandlungen aufgenommen werden“*. Was bedeutet die Bezeichnung *längerer Zeitraum*? Sollen gleichfalls bestehende medizinische Behandlungen abgebrochen oder nur keine weiteren *mehr aufgenommen* werden?

Ungeachtet der Tatsache dass die dem Fall zugrunde liegende Patientenverfügung nicht die Kriterien einer verbindlichen nach dem PatVG erfüllen würde[505], wird im Verlaufe der Schilderung des Geschehens deutlich, dass schon die Wahl *einzelner Formulierungen* dazu führen kann, dass die vorliegende Situation als nicht mit der Lage übereinstimmend bewertet wird, die der Patient in seiner Patientenverfügung umschrieben hat. Obwohl die Richtung, in welche der Patient möchte, durchaus erkennbar ist und auch in diesem Fall klar erschien.

505 So fehlt es allem Anschein nach sowohl an einer vorangegangenen Beratung, § 5 PatVG, als auch an einer Errichtung vor einem Rechtskundigen, § 6 PatVG.

In diesem Zusammenhang haben somit sowohl der aufklärende Arzt, § 5 PatVG, als auch der beratende Jurist, § 6 PatVG, die Weichen für eine hinreichend konkrete Patientenverfügung zu stellen, um dem Selbstbestimmungsrecht des Patienten im Falle seiner Entscheidungsunfähigkeit die Gewährleistung zukommen zu lassen, welche der Betroffene mit der Errichtung einer solchen Verfügung bezweckt.

(2) Zutreffende Einschätzung der Folgen einer Patientenverfügung

Aus der Patientenverfügung muss der Schluss gezogen werden können, dass der Patient *deren Folgen zutreffend einschätzt*. Insbesondere muss die Verfügung nach außen deutlich werden lassen, dass ihm die medizinischen Konsequenzen einer Behandlungsverweigerung und somit die daraus für den Gesundheits- bzw. Krankheitszustand erwachsenden Vor- und Nachteile, bewusst sind. Dies ergibt sich in der Regel aus dem gemäß § 5 PatVG zwingend erforderlichen Aufklärungsgespräch zwischen Arzt und Patient, sofern letzterer die ihm gegebenen Informationen verstanden hat. Nicht beschränken darf sich der Patient jedoch darauf, dass er die abgelehnten Maßnahmen *nur* klar formuliert. Insgesamt soll dies verhindern, dass die Behandlung bestimmter Krankheiten nicht unreflektiert abgelehnt werden kann[506]. Dies bürdet dem Patienten zwar keine Begründungs- und Rechtfertigungspflicht auf, zwingt ihn aber gleichwohl zu einer eingehenden Befassung mit den Konsequenzen seiner Entscheidung und dient dadurch somit *dem Schutz vor sich selbst*[507].

Zu verweisen ist jedoch darauf, dass der Wunsch des Einzelnen, eine verbindliche Patientenverfügung aufzusetzen, wohl stets mit einer intensiven Auseinandersetzung mit dem Inhalt und den Auswirkungen einer solchen einhergehen wird. Gerade eine antizipierte Behandlungsverweigerung resultiert in der Regel aus Erfahrungen, die anlässlich einer eigenen früheren Erkrankung oder Erkrankungen von Dritten gemacht worden sind und die beim Patienten den Entschluss hervorgerufen haben, was mit ihm in einer bestimmten Krankheitssituation gerade nicht geschehen soll. Gleiches gilt zudem dann, wenn der Patient selbst an einer chronischen oder aktuellen Krankheit leidet. Eine zutreffende Einschätzung der Folgen einer Behandlungsablehnung wird dann bereits infolge der regelmäßigen Arztkonsultationen und der erfolgenden ärztlichen Aufklärungsgespräche bestehen[508]. Insgesamt bestimmt § 5 PatVG somit als Indizien für eine zu treffende Einschätzung wie folgt: „(...), *etwa weil sie sich auf eine Behandlung bezieht, die mit einer früheren oder aktuellen Krankheit des Patien-*

506 Erläut RV 1299 BlgNR 22. GP, S. 6.

507 *Kopetzki* in: Duttge, S. 79 (87).

508 Memmer RdM 2006, S. 165 (168).

ten oder eines nahen Angehörigen zusammenhängt". Diese Aufzählung ist jedoch lediglich beispielhaft zu verstehen, weitere Gründe können z. B. in der beruflichen Erfahrung oder in religiösen Motiven begründet liegen[509].

bbb. Die Mitwirkungspflichten des Arztes, § 5 PatVG

In Anlehnung an die von Lehre und Rechtsprechung für die Behandlungszustimmung entwickelten Grundsätze des *informed consent* normiert § 5 PatV das grundsätzlich im Verhältnis der Parteien Arzt und Patient geltende Prinzip der *ärztlichen Aufklärung* des Patienten als weitere Voraussetzung der Errichtung einer verbindlichen Patientenverfügung. Des Weiteren hat der aufklärende Arzt die Vornahme der Aufklärung sowie das Vorliegen von Einsichts- und Urteilsfähigkeit zu *dokumentieren* und darzulegen, dass und aus welchen Gründen der Patient die Folgen der Patientenverfügung *zutreffend einschätzt.*

(1) Ärztliche Aufklärung über Wesen und Folgen, § 5 Zeile 1 PatVG

Gemäß § 5 Zeile 1 PatVG muss *„der Errichtung einer verbindlichen Patientenverfügung (...) eine umfassende ärztliche Aufklärung einschließlich einer Information über Wesen und Folgen der Patientenverfügung für die medizinische Behandlung vorangehen".*

Um sein Recht auf Selbstbestimmung in Anspruch nehmen zu können, muss der Patient durch den Arzt in einer auf einen medizinischen Laien abgestimmten Form alle Informationen erhalten, die für diesen grundlegend sind, damit Fehlvorstellungen über Mittel und Möglichkeiten der Medizin vorgebeugt werden. In den Erläuterungen zur Regierungsvorlage wird hierzu ausgeführt, dass *„dies (...) nicht nur für die Entscheidung eines Patienten über die aktuelle Vornahme einer Behandlung gelten (soll), sondern auch für die verbindliche Patientenverfügung, bei der die Erklärung des Patienten und die Behandlung zeitlich auseinander fallen"*[510].

Die im Vorfelde einer Patientenverfügung erforderliche ärztliche Aufklärung ist dahingehend als *umfassend* zu bezeichnen, dass in jedem Fall die in der Verfügung genannten Krankheitssituationen und die jeweils abgelehnten Maßnahmen thematisiert werden müssen[511]. Insbesondere ist es die Aufgabe des

509 Kathrein ÖJZ 2006, S. 555 (564).

510 Siehe ErläutRV 1299 BlgNR 22. GP, S. 6.

511 Als insgesamt sinnvoll zur Vorbereitung einer Patientenverfügung zu bezeichnen ist eine Thematisierung der Frage nach dem Einsatz von lebenserhaltenden Therapien und Dialysemethoden, von Wiederbelebungsmaßnahmen und operativen Interventionen unter prognostisch äußerst ungünstigen Aussichten oder im Wissen um eine lediglich minimale Verbesserung des Gesamtbildes. Dazu zählen weiter die Ablehnung möglicher

Arztes, die verschiedenen Konstellationen, die sich aus den Vorstellungen des Patienten ergeben können, durchzusprechen. Insgesamt hat sich der Umfang der ärztlichen Aufklärung nach den in der Rechtsprechung entwickelten Leitlinien auszurichten, was bedeutet, dass der behandelnde Arzt in der konkreten Situation zu einer Totalaufklärung verpflichtet ist, da weder eine zeitliche noch eine sachliche Dringlichkeit gegeben ist und die Folgen einer Behandlungsablehnung in der Regel schwerwiegend sind.

Zwar ist die ärztliche Aufklärung grundsätzlich ein Patientenrecht, auf welches der Patient wirksam verzichten kann. Aufgrund der Ausgestaltung des § 5 PatVG als *Muss-Bestimmung* ist dies jedoch nicht der Fall, es sei denn für den Preis, dass die dann errichtete Patientenverfügung keine solche verbindlicher Natur mehr sein kann. Die ärztliche Aufklärung des Patienten ist in diesem Zusammenhang somit vielmehr obligatorisch[512].

Keine expliziten Festlegungen lässt § 5 PatVG hingegen über weitere Einzelheiten erkennen, die im Zusammenhang mit der ärztlichen Aufklärung bestehen müssen, etwa hinsichtlich des Ortes der Dokumentation oder des zeitlichen Zusammenhangs zwischen Aufklärung und Errichtung. Was die Person des aufklärenden Arztes und seine fachliche Qualifikation selbst betrifft, ist mit *Kopetzki*[513] anzuführen, dass sich die maßgeblichen Kriterien dabei aus dem ärztlichen Berufsrecht ergeben. Tendenziell wird die Befugnis zur Aufklärung nach § 5 PatVG bei Ärzten für Allgemeinmedizin – wenn auch abhängig davon, ob sie über die nötigen Kenntnisse verfügen - zu bejahen sein, wohingegen sich dies nicht auch auf Fachärzte übertragen lässt, da deren Tätigkeit nach § 31 Absatz 3 ÄrzteG-Ö auf ihr jeweiliges Sonderfach beschränkt ist. Ihre Zuständigkeit ergibt sich somit lediglich aus der jeweils in der Patientenverfügung zum Gegenstand gemachten Behandlungsmaßnahme[514].

---

kurativer Behandlungsformen zugunsten einer rein symptomatischen Betreuung, künstliche Ernährungsmaßnahmen oder eine umfassende Lebensgestaltung unter der Erwartung von großen Funktions- und Mobilitätsverlusten. Auch die Frage nach der Sinnhaftigkeit therapeutischer Maßnahmen bei weitreichender Einbuße der kognitiven Fähigkeiten durch Demenzerkrankungen oder bei völligem und bleibendem Bewusstseinsverlust wie etwa im Falle des Apallikers, werden häufig thematisiert, siehe hierzu die Ausführungen von Peintinger FamZ 2006, S. 78.

512 *Kopetzki* in: Duttge, S. 79 (87).

513 *Kopetzki* in: FS-Metzler, S. 38 (51): In Bezug auf Fachärzte, welche im Zusammenhang mit einer Patientenverfügung tätig werden, führt er insbesondere Internisten, Intensivmediziner und Chirurgen, jedoch auch Psychiater an.

514 *Kopetzki* in: Duttge, S. 79 (88).

Da die Beratung und die Aufklärung durch den Arzt im Sinne des § 5 PatVG keine Leistung ist, die von den Sozialversicherungen getragen wird, muss der Patient diese Kosten selbst tragen.

(2) Dokumentationspflicht des Arztes, § 5 Zeile 2, HS. 1 PatVG

Zudem hat der aufklärende Arzt gemäß Art. 5 Zeile 2 PatVG neben der Vornahme der Aufklärung „*das Vorliegen von Einsichts- und Urteilsfähigkeit des Patienten (...) zu dokumentieren und dabei auch darzulegen, dass und aus welchen Gründen der Patient die Folgen der Patientenverfügung zutreffend einschätzt, etwa weil sie sich auf eine Behandlung bezieht, die mit einer früheren oder aktuellen Krankheit des Patienten oder eines nahen Angehörigen zusammenhängt*“[515].

Auch wenn in § 5 PatVG keine expliziten Festlegungen den Ort der Dokumentation betreffend enthalten sind, verweisen die Materialien darauf, dass der Arzt seiner Pflicht zur Dokumentation entweder in der Patientenverfügung selbst oder aber in einer gesonderten Urkunde nachzukommen hat, welche später als Anhang der Patientenverfügung beigefügt wird[516]. Für Details der Dokumentation werden zudem die allgemeinen berufs- und krankenanstaltenrechtlichen Regeln über die Führung der ärztlichen Dokumentation bzw. der Krankengeschichte heranzuziehen sein.

ccc. Weitere Voraussetzungen an die Errichtung einer Patientenverfügung, § 6 PatVG

Gemäß § 6 Absatz 1 PatVG ist „*eine Patientenverfügung (...) verbindlich, wenn sie schriftlich unter Angabe des Datums vor einem Rechtsanwalt, Notar oder rechtskundigen Mitarbeiter einer Patientenvertretung (§ 11e KAKuG, BGBl. Nr. 1/1957) errichtet worden ist und der Patient über die Folgen der Patientenverfügung sowie die Möglichkeit des jederzeitigen Widerrufs belehrt worden ist*“; § 6 Absatz 2 PatVG normiert darüber hinaus dass „*der Rechtsanwalt, Notar oder rechtskundige Mitarbeiter einer Patientenvertretung (...) die Vornahme*

515 Dieser Aufzählung werden im Rahmen der Materialien zum PatVG zudem neben eigenen beruflichen Gründen auch religöse Hintergründe hinzugefügt, vgl. ErläutRV 1299 BlgNR 22. GP, S. 7; *Kopetzki* in: Taupitz, S. 1 (31) verweist diesbezüglich darauf, der Gesetzgeber trage dadurch der Ansicht Rechnung, dass Zeugen Jehovas im Voraus die Einwilligung zur Behandlung mit Fremdblut ausschließen können.

516 ErläutRV 1299 BlgNR 22. GP, S. 7.

dieser Belehrung in der Patientenverfügung unter Angabe seines Namens und seiner Anschrift durch eigenhändige Unterschrift zu dokumentieren (hat)"[517].

(1) Schriftform, Angabe des Datums

Eine zwingende Formvoraussetzung bei der Errichtung einer Patientenverfügung stellt die Angabe des Datums unter dem Aspekt dar, dass Patientenverfügungen gemäß § 7 Absatz 1 Zeile 1 PatVG lediglich für die Dauer von fünf Jahren *ab der Errichtung* verbindlich sind.

Hinsichtlich des Erfordernisses der *schriftlichen* Errichtung ist grundsätzlich auf die Voraussetzungen des § 886 ABGB[518] zu verweisen, welcher die Schriftform zum Regelungsgegenstand hat und auf einseitige Erklärungen Anwendung findet[519]. Angewendet auf § 6 Absatz 1 PatVG bedeutet Schriftlichkeit damit, dass der Verfasser seine Patientenverfügung in Anwesenheit eines der drei in § 6 Absatz 1 PatVG aufgeführten Rechtskundigen unter Angabe des Datums *eigenhändig unterschreiben muss*. Gleichfalls steht die Errichtung einer wirksamen Patientenverfügung auch Personen zu, die zwar einsichts- und urteilsfähig und somit entscheidungsfähig sind, aufgrund des Vorliegens eines körperlichen Gebrechens jedoch nur noch mit Mühe bzw. gar nicht mehr selbst schreiben können. Liegt ein solcher Fall vor, kann der Errichtende in Anwesenheit von zwei Zeugen als abgekürzte Form einer Unterschrift bzw. Unterschriftenersatz ein *Handzeichen* geben. Sodann hat einer der beiden den Namen des Errichtenden unter dieses Handzeichen zu setzen und beide Zeugen haben mit ihrem Namen den gesamten Vorgang zu bezeugen. Unzulässig ist es hingegen, wenn der Betroffene sich die Hand führen lässt. Kann der Errichtende infolge seiner fortge-

517 Zudem ist hinsichtlich der vom PatVG vorgeschriebenen zeitlichen Abfolgung von ärztlicher Aufklärung sowie Errichtung vor einem Juristen in §§ 5, 6 PatVG darauf zu verweisen, dass dadurch grundsätzlich zwei Errichtungsszenarien möglich sind: So kann die ärztliche Aufklärung im Vorwege der Errichtung erfolgen oder im Zuge dessen, siehe Bernat EF-Z 2006, Teil I, S. 42 (46 f.); zudem ist die Variante eines Dreiergespräches bspw. bereits von der Wiener Ärztekammer und der Wiener Rechtsanwaltskammer in die Wege geleitet worden, siehe hierzu Memmer RdM 2006, S. 165 (171).

518 § 886 ABGB: Schriftform: *„Ein Vertrag, für den Gesetz oder Parteiwille Schriftlichkeit bestimmt, kommt durch die Unterschrift der Parteien oder, falls sie des Schreibens unkundig oder wegen Gebrechens unfähig sind, durch Beisetzung ihres gerichtlich oder notariell beglaubigten Handzeichens oder Beisetzung des Handzeichens vor zwei Zeugen, deren einer den Namen der Partei unterfertigt, zustande. Der schriftliche Abschluss des Vertrages wird durch gerichtliche oder notarielle Beurkundung ersetzt. Eine Nachbildung der eigenhändigen Unterschrift auf mechanischem Wege ist nur da genügend, wo sie im Geschäftsverkehr üblich ist".*

519 Dittrich/Tades § 886 E 9.

schrittenen Erkrankung nicht einmal mehr ein Handzeichen setzen, sind die Sonderregeln für schreibunfähige Personen anzuwenden. In diesem Fall wird das Erfordernis der schriftlichen Errichtung einer Patientenverfügung lediglich in Form eines *Notariataktes*, §§ 52 ff. Notariatsordnung (NO), gewahrt.

Nicht verlangt wird eine *eigenhändige Errichtung* der Verfügung, auch ist eine Auftragserteilung des Patienten an den Rechtsanwalt, Notar oder den rechtskundigen Mitarbeiter einer Patientenvertretung, eine seinen Wünschen entsprechende Patientenverfügung inhaltlich zu erstellen, vielmehr nicht von Nöten[520]. Erteilt der Patient hingegen einem Rechtsanwalt oder Notar den Auftrag, für ihn eine Patientenverfügung zu erstellen, trägt der Beauftragte die Textverantwortlichkeit mit allen haftungsrechtlichen Folgen. Da daraus folgt, dass die Patientenverfügung schon vor dem Zeitpunkt ihrer förmlichen Errichtung[521] vorformuliert werden kann[522], unterscheidet sich diese trotz der in § 6 Absatz 1 PatVG eigens normierten Formerfordernisse nicht von anderen Rechtsgeschäften, die häufig unter Zuhilfenahme des Textes von Vertragsformblättern abgeschlossen werden.

Zwar differenziert § 6 Absatz 1 PatVG nicht zwischen einer intra- und extramuralen Errichtung einer Patientenverfügung, d. h. einer Differenzierung danach, ob der Patient seine Verfügung während oder bereits vor einem stationären Aufenthalte errichtet hat[523], legt jedoch fest, dass die Errichtung einer Pati-

---

520 Vgl. *Bernat* in: Körtner u. a., S. 43 (64 f.) unter Verweis auf den Wortlaut des § 6 PatVG *„eine Patientenverfügung (...) (ist) verbindlich, wenn sie schriftlich unter Angabe des Datums vor einem Rechtsanwalt, Notar oder rechtskundigen Mitarbeiter einer Patientenvertretung (§ 11e KAKuG, BGBl. I Nr. 1/1957) errichtet worden ist (...)"*.

521 Hierzu Kunz/Geppart FamZ 2006, S. 157 ff.

522 Zu denken ist hier an vorformulierte Formularblätter, wie sie in unterschiedlicher Form von verschiedenen Institutionen herausgegeben werden. Hierzu ist anzuführen, dass solche Formulare den Vorteil haben, dass sie die anvisierten Situationen und Wünsche mit einem medizinisch und rechtlich eindeutigeren Wortschatz umschreiben, als dies Patienten ohne diesbezügliche Fachkenntnisse und somit laienhaft tun können. Von Nachteil ist jedoch, dass dabei oftmals schematische Formulierungen verwendet werden können, die nicht in allen Teilen Ausdruck der persönlichen Willensbildung sind oder die unreflektiert übernommen werden - es besteht bei dieser Variante somit eine erhöhte Gefahr für Manipulationen bei der Errichtung durch den Patienten, vgl. hierzu Frauscher, S. 149; Memmer RdM 1996, S. 163 (167); Schöllhammer, S. 77.

523 So hatte der Ministerialentwurf zu einem Patienten-/Patientinnenverfügungs-Gesetz (ME 2004), siehe GZ.BMGF- 92645/0020-I/B/8/2004 = 223/ME XXII. GP, im vorgeschlagenen § 6 eines PatVG noch versucht, den intramuralen Bereich einzugliedern, im Begutachtungsverfahren ist dieses Unterfangen jedoch insbesondere im Hinblick auf die Kompetenzrechtslage auf Kritik gestoßen, da angeführt wurde, eine solche Bestimmung, die durch die Einbeziehung des intramuralen Bereiches auch die Krankenanstalten mit umfasst, unterfalle keinem der dem Bund durch die österreichische Bundesver-

entenverfügung *vor* einem Rechtsanwalt etc. zu erfolgen hat. Während der Patient nach § 10 Absatz 1 Ziffer 7 KAKuG in der Fassung vor Aufnahme der im Wege des GRÄG eingeführten Änderungen seine Wünsche mit dem behandelnden Arzt besprochen hat, welcher sie in der Krankenakte dokumentierte, muss der stationär aufgenommene Patient nach den Bestimmungen des PatVG nun aus dem Krankenhaus heraus dafür sorgen, dass ein Notar, Rechtsanwalt oder der Mitarbeiter einer Patientenvertretung zu ihm in die Krankenanstalt kommt.

(2) Mitwirkungspflicht eines Juristen

§ 6 Absatz 1 PatVG legt als Pflicht der Rechtskundigen im Rahmen der Errichtung einer Patientenverfügung *ausdrücklich* die Belehrung über die Folgen einer Patientenverfügung sowie über die Möglichkeit des jederzeitigen Widerrufs fest. In § 6 Absatz 2 PatVG ist zudem die Pflicht zur Dokumentation der erfolgten Belehrung des Patienten niedergelegt.

Die wesentliche Rolle des mitwirkenden Rechtskundigen wird jedoch vielmehr darin zu sehen sein, dass ihm eine Garantiefunktion hinsichtlich des Vorliegens der rechtlichen Verbindlichkeitsvoraussetzungen zukommt – hauptsächlich hat er somit zu überprüfen, ob die juristischen Voraussetzungen für eine verbindliche Patientenverfügung erfüllt sind[524]. Der anzusetzende Prüfungskatalog wird abschließend in § 52 NO bzw. § 10 Absatz 4 Rechtsanwaltsordnung (RAO) aufgezählt[525]. Die essenzielle Pflicht des beratenden Juristen ist zum einen die Kontrolle der Verständlichkeit der Formulierungen sowie die Feststellung der Identität des Patienten, da eine Patientenverfügung höchstpersönlich zu errichten ist, zum anderen hat er zu überprüfen, ob der Patient einsichts- und urteilsfähig ist, ob die Verfügung frei und ernstlich erklärt wird und nicht durch Irrtum, List, Täuschung oder Zwang veranlasst wurde. Des Weiteren wird auch das Vorliegen der ärztlichen Aufklärung seitens des Rechtskundigen zu überprü-

---

fassung zugewiesenen Kompetenztatbestände, vgl. BKA 13/SN-223/ME 22. GP sowie Gmeiner/Kopetzki ZBiopolitik 2005, S. 67 (70).

524 Erläut RV 1299 BlgNR, 22. GP, S. 7.

525 § 10 Absatz 4 RAO: *„Sieht das Gesetz vor, dass eine Urkunde vor einem Rechtsanwalt zu errichten ist, so hat der Rechtsanwalt die Identität der Partei anhand eines amtlichen Lichtbildausweises zu überprüfen, die Partei umfassend über die mögliche Gestaltung der Urkunde und deren Rechtswirkungen zu belehren und sich zu vergewissern, dass die Partei die Tragweite und die Auswirkungen ihrer rechtsgeschäftlichen Verfügung verstanden hat. Zum Nachweis der Erfüllung dieser Pflicht ist die Urkunde auch vom Rechtsanwalt zu unterfertigen";* nach JAB, 1513 BlgNR 22. GP, S. 1, wurde § 10 Absatz 4 RAO aus Anlass von § 6 PAtVG sowie § 284f ABGB idF des SWRÄG 2006 verankert.

fen sein – sofern die Aufklärung und die Errichtung nicht sowieso in einem gemeinsamen Akt erfolgen.

Somit folgt aus dem Pflichtenkatalog des § 6 Absatz 1 PatVG für einen den Patienten bei der Errichtung einer Patientenverfügung beratenden Juristen, dass dieser hinsichtlich des Inhaltes der Verfügung textverantwortlich ist und folglich dafür Sorge zu tragen hat, dass die vom Patienten zu errichtende bzw. bereits vorformulierte Verfügung alle inhaltlichen und formalen Kriterien hinsichtlich einer Wirksamkeit erfüllt[526]. Insgesamt hat die Mitwirkung des Juristen zur Folge, dass die allgemeinen Wirksamkeitsvoraussetzungen an die Errichtung einer Patientenverfügung außer Streit gestellt sind, d. h. der behandelnde Arzt und die übrigen in das Behandlungsgeschehen einbezogenen Personen können von der Wirksamkeit der so errichteten Verfügung ausgehen[527].

Grundsätzlich ist die Errichtung einer Patientenverfügung bei der Wiener Patientenanwaltschaft gratis, zudem können die Kosten in anderen Bundesländern Österreichs nach dem Einkommen der Patienten abgestuft werden. Insgesamt belaufen sich die *regulären*, zusätzlich anfallenden Kosten für den beratenden Rechtsanwalt bzw. Notar jedoch auf etwa 250 bis 300 Euro[528].

ddd. Die zeitliche Reichweite der Patientenverfügung, § 7 PatVG

Gemäß § 7 Absatz 1 Zeile 1 PatVG *„(verliert) eine Patientenverfügung (...) nach dem Ablauf von fünf Jahren ab ihrer Errichtung ihre Verbindlichkeit, sofern der Patient nicht eine kürzere Frist bestimmt hat*“. In § 7 Absatz 1 Zeile 2 PatVG ist des Weiteren festgehalten, dass die Patientenverfügung *„(...) unter Einhaltung der Formerfordernisse des § 6 nach entsprechender ärztlicher Aufklärung erneuert werden kann; damit beginnt die Frist von fünf Jahren neu zu laufen“.*

(1) Nachträgliche Änderung der Patientenverfügung, § 7 Absatz 2 PatVG

Nach § 7 Absatz 2 PatVG ist es *„einer Erneuerung (...) gleichzuhalten, wenn einzelne Inhalte der Patientenverfügung nachträglich geändert werden. Dabei sind die Bestimmungen über die Errichtung entsprechend anzuwenden. Mit jeder nachträglichen Änderung beginnt die in Absatz 1 genannte Frist für die gesamte Patientenverfügung neu zu laufen“.*

Unter Zugrundelegung des Gesetzestextes ist eine Abänderung des Inhaltes einer verbindlichen Patientenverfügung lediglich unter Einhaltung aller im

---

526 Memmer RdM 2006, S. 165 (170).

527 ErläutRV 1299 BlgNR 22. GP, S. 9; Kathrein ÖJZ 2006, S. 555 (567).

528 Vgl. etwa *Memmer* in: Memmer/Kern, S. 31 (45).

PatVG normierten Errichtungsvoraussetzungen möglich. Insbesondere *Memmer* verweist in diesem Zusammenhang darauf, dass aufgrund dessen folgende Befürchtung bestehe: Um die mit einer Abänderung verbundenen Kosten zu sparen, liege die Vermutung nahe, dass die Patienten die Verfügung nicht ihrem jeweils aktuellen Willen entsprechend anpassen, sondern dies erst im Zuge der nächsten Erneuerung normieren[529]. Dies hätte jedoch zur Folge, dass Patientenverfügungen im Allgemeinen nicht, wie vom Gesetzgeber intendiert, den tatsächlichen Willen des Patienten widerspiegeln; zudem könne es in manchen Fällen dann für eine spätere Abänderung des Inhaltes einer Vorausverfügung schon zu spät sein.

(2) Erneuerungsunfähigkeit des Patienten, § 7 Absatz 3 PatVG

Zudem wird in § 7 Absatz 3 PatVG klargestellt, dass *„eine Patientenverfügung (...) nicht ihre Wirksamkeit (verliert), solange sie der Patient mangels Einsichts-, Urteils- oder Äußerungsfähigkeit nicht erneuern kann*".

§ 7 Absatz 3 PatVG bildet die Ausnahme von der Erneuerungspflicht des § 7 Absatz 1 PatVG, indem er bestimmt, dass die Patientenverfügung im Falle der eintretenden Entscheidungs- oder Äußerungsunfähigkeit des Patienten nach deren Abfassung unbestimmt lange verbindlich bleibt. Dabei ist die Verbindlichkeit so lange prolongiert, wie der betroffene Patient seine Entscheidungs- sowie Kommunikationsfähigkeit wiedererlangt und damit in die Lage versetzt wird, seine Verfügung wieder erneuern zu können, evtl. nach § 7 Absatz 1 PatVG sogar zu müssen. Dabei bleibt fraglich, wie rasch eine Erneuerung in so einem Falle zu erfolgen hat und ob die Verfügung automatisch bei Wiedererlangung der Selbstbestimmungsfähigkeit ihre Verbindlichkeit verliert. In der alltäglichen Praxis werden derartige Fälle jedoch dadurch zugunsten des betroffenen Patienten abgemildert, dass demjenigen, der sich auf den kurzfristigen Zustand der Selbstbestimmungsfähigkeit und den daraus folgenden Wegfall der Verbindlichkeit beruft, die Beweislast auferlegt wird[530].

bb. Die beachtliche Patientenverfügung, §§ 8 f. PatVG

Grundsätzlich liegt es nahe, dass ein Gesetzgeber, der die Errichtung einer Patientenverfügung speziellen Regeln unterstellt, auch entscheiden muss, welche Folgen die Nichteinhaltung dieser Regeln nach sich zieht. Der österreichische Gesetzgeber ist dem nachgekommen, indem er in § 8 PatVG normiert hat, dass *„eine Patientenverfügung, die nicht alle Voraussetzungen der §§ 4 bis 7 erfüllt,*

529 *Kern* in: Memmer/Kern, S. 67 (82).
530 Memmer RdM 2006. S. 165 (171).

(...) dennoch für die Ermittlung des Willens des Patienten beachtlich (ist)" und des Weiteren in § 9 PatVG Kriterien zum jeweiligen Grad der Beachtlichkeit festlegt hat.

aaa. Grundsätzliches zum Bedeutungsgehalt der Beachtlichkeit

In den Erläuterungen zur Regierungsvorlage wird für eine Patientenverfügung, welche im Einzelfall zwar wirksam, aber nicht verbindlich[531] iSd §§ 4 ff. PatVG ist[532], ausgeführt[533], dass dies *nicht* zur Folge haben soll, die Erklärung des Patienten als *bedeutungslos* einzuordnen. Vielmehr ist auch eine nur beachtliche Patientenverfügung nach den Materialien *„eine gewichtige und authentische Entscheidungshilfe für die Ermittlung des mutmaßlichen Patientenwillens"*. Dass der Wille des Patienten nicht wie im Falle der verbindlichen Patientenverfügung durch den behandelnden Arzt, sondern durch einen zu bestellenden Sachwalter zu ermitteln ist, stellt bereits den nächsten bedeutsamen Unterschied zwischen den beiden Arten von Patientenverfügungen iSd PatVG dar[534]. Hat dieser über die Vornahme einer medizinischen Behandlung zu entscheiden, ist die beachtliche Patientenverfügung nach den Erläuterungen zum PatVG von ihm *„ins Kalkül zu ziehen*[535].

Augenscheinlich wird zudem noch etwas anderes: Indem es für die beachtliche Patientenverfügung heißt, dass diese *„eine gewichtige und authentische Entscheidungshilfe für die Ermittlung des mutmaßlichen Patientenwillens sein (kann)"*, wird deutlich, dass im PatVG die Ermittlung des inneren Patientenwillens zur zentralen Maxime erhoben und dadurch indirekt für die zuvor angeführte Entscheidung des östOGH vom 07. Juli 2008 eine positivrechtliche Stütze geliefert wird – wenn auch stets auf der Grundlage einer bestehenden Patientenverfügung und somit nur im Zusammenhang mit einem (vormals) niedergelegten und dies ausdrückenden Patientenwillen[536].

Insgesamt ist zudem zu betonen, dass auch die nur beachtliche ebenso wie die verbindliche Patientenverfügung als Willenserklärung zu betrachten ist. Dies ergibt sich zum einen aus dem Wortlaut des § 2 Absatz 1 PatVG, zum anderen aus den allgemeinen Grundsätzen, handelt es sich doch um eine Erklärung, die

---

531 *Kopetzki* in: Duttge, S. 79 (90).

532 Weil sie nicht ausreichend bestimmt ist, der Patient nicht ausreichend aufgeklärt wurde, die Erklärung nicht nach den Voraussetzungen des § 6 PatVG errichtet oder nicht rechtzeitig erneuert wurde.

533 ErläutRV 1299 BlgNR 22. GP, S. 8.

534 Erläut RV 1299 BlgNR 22. GP, S. 9.

535 ErläutRV 1299 BlgNR 22. GP, S. 9.

536 Schütz iFamZ 2009, S. 32 ff.

auf die Herbeiführung von Rechtsfolgen, hier in der Regel in Form der Unterlassung bestimmter medizinischer Behandlungen gerichtet ist[537].

bbb. Das Ausmaß der Beachtlichkeit, § 9 PatVG

Das Ausmaß der aus einer nur beachtlichen Patientenverfügung resultierenden Bindungswirkung richtet sich nach dem sog. *beweglichen System* des § 9 PatVG.

Dieser legt fest, dass „*eine beachtliche Patientenverfügung (...) bei der Ermittlung des Patientenwillens umso mehr zu beachten (ist), je eher sie die Voraussetzungen einer verbindlichen Patientenverfügung erfüllt. Dabei ist insbesondere zu berücksichtigen, inwieweit der Patient die Krankheitssituation, auf die sich die Patientenverfügung bezieht, sowie deren Folgen im Errichtungszeitpunkt einschätzen konnte, wie konkret die medizinischen Behandlungen, die Gegenstand der Ablehnung sind, beschrieben sind, wie umfassend eine der Errichtung vorangegangene ärztliche Aufklärung war, inwieweit die Verfügung von den Formvorschriften für eine verbindliche Patientenverfügung abweicht, wie häufig die Patientenverfügung erneuert wurde und wie lange die letzte Erneuerung zurückliegt*“.

Festzuhalten ist somit, dass der Erklärung des Patienten und damit seinem subjektiven Willen umso mehr Bedeutung zukommt, je eher die Voraussetzungen der verbindlichen Patientenverfügung erfüllt sind[538], bezeichnet als *abgestufte Beachtlichkeit*[539]. Neben den in § 9 Absatz 2 PatVG aufgezählten formalen Kriterien wird sich die Bedeutung einer beachtlichen Patientenverfügung insbesondere aus den niedergelegten persönlichen Informationen ergeben. Einfache Umschreibungen, in denen der Patient seinen Ängsten Ausdruck verleiht und Begründungen für die Ablehnung einer Behandlung können dem behandelnden Arzt wichtigere Einsichten ermöglichen als konkret beschriebene Behandlungsablehnungen. Durch umfassende Begründungen in einer Patientenverfügung wird auf der einen Seite nicht nur deren Aussagekraft erhöht, sondern auf der anderen Seite auch die Interpretationsleistung des Arztes verringert – insgesamt somit die alltägliche Praktikabilität verbessert[540].

Fraglich ist jedoch, ob auch eine nur beachtliche Patientenverfügung als Behandlungsentscheidung fortwirkt oder ob diese[541] vielmehr von einem Sachwalter getätigt werden muss. So bestimmt § 268 Absatz 2 Zeile 1 ABGB, dass eine

537 *Bollenberger* in: Koziol/Bydlinski/Bollenberger § 863 Rdn. 1 mwN.

538 Bachinger PatR 2006, S. 109 (112).

539 So etwa *Kopetzki* in: Duttge, S. 79 (91).

540 Memmer RdM 2006, S. 163 (173).

541 Wenn auch unter der Berücksichtigung der Erklärung des Patienten.

Sachwalterbestellung unzulässig ist, wenn die Angelegenheiten der behinderten Person *im Rahmen einer anderen Hilfe* im erforderlichen Ausmaße besorgt werden. Ob eine beachtliche Patientenverfügung eine solche *andere Hilfe* darstellt, ist anhand der einer verbindlichen Patientenverfügung zugrunde liegenden Erwägungen zu beurteilen[542]. Ungeachtet der Nichteinhaltung der Vorschriften der §§ 4 ff. PatVG kommt es für den behandelnden Arzt neben dem Aspekt der Willensbildung[543] sowie der Willenskundgabe[544] darauf an, dass sich bei ungenutztem Ablauf der Erneuerungsfrist der Stand der medizinischen Wissenschaft im konkreten Zusammenhang nicht geändert hat.

Legt man diese Ausführungen bei der Einordnung einer nicht verbindlichen Patientenverfügung zugrunde, reicht das Spektrum der Beachtlichkeit unter Berücksichtigung aller möglichen Faktoren von *sehr wenig beachtlich* bis hin zu einer von der Verbindlichkeit gar nicht mehr zu unterscheidenden *sehr hohen Beachtlichkeit*. Verfügungen mit einem solchen Grad an gesteigerter Beachtlichkeit, an deren erklärten Inhalt sich der behandelnde Arzt wird halten dürfen und müssen, ohne noch die Zustimmung eines Sachwalters einholen zu müssen[545], werden bezeichnet als sog. *qualifiziert beachtliche Patientenverfügungen*[546]: Als Beispiel ist etwa eine Verfügung zu nennen, die entsprechend der Vorschriften der §§ 4 ff. PatVG errichtet wurde und nur wenige Tage nach unterlassener Erneuerung zum Tragen kommt; gleiches gilt etwa für die Erklärung eines Hospizpatienten, mit der dieser nach entsprechender Aufklärung noch im Zustand der Entscheidungsfähigkeit seinem behandelnden Arzt die von ihm gewünschten Behandlungsmethoden für den bereits absehbaren Fall seiner Entscheidungsunfähigkeit mitteilt bzw. bestimmte medizinische Behandlungen ablehnt. Zu beto-

---

542 Siehe hierzu grundsätzlich Barth FamZ 2006, S. 72 (73).

543 Der Wille des Patienten muss informiert und reflektiert sein.

544 Der Wille muss zudem eindeutig feststellbar sein.

545 Hervorzuheben ist jedoch, dass das Sachwaltergericht zur Prüfung eben dieser Frage, ob eine Sachwalterbestellung von Nöten ist, eingeschaltet werden kann, vgl. Memmer RdM 2006, S. 163 (173).

546 Vgl. Kathrein ÖJZ 2006, S. 555 ff.; weitere Fälle, in denen eine qualifiziert beachtliche Patientenverfügung vorliegt könnte, sind zudem gegeben, wenn eine Patientenverfügung trotz sog. privater Errichtung für den behandelnden Art den Willen des Patienten klar zum Ausdruck bringt und auch kein Zweifel besteht, dass der Patient wusste, was er tat, etwa weil aus seiner Krankengeschichte ersichtlich ist, dass er sich bei Errichtung bereits in der Krankheitssituation und in Behandlung befand oder weil eine nach § 5 PatVG genügende ärztliche Bestätigung über die Aufklärung, das Vorliegen der Entscheidungsfähigkeit des Patienten und die zutreffende Einschätzung der damit für ihn einhergehenden Folgen vorhanden ist; gleiches gilt, wenn der behandelnde Arzt selbst den Patienten vor der Errichtung aufklärte und sich somit über dessen Auseinandersetzung mit den Folgen ins Bild gesetzt hat.

nen gilt zudem, dass in Fällen solcher gesteigerten Beachtlichkeit der zum Ausdruck kommende Patientenwille unter Umständen sogar dann zu befolgen sein wird, wenn dies dem *objektiven Wohl* des Patienten widerspricht[547]. In allen anderen Fällen stellt die dann nur *einfache* beachtliche Patientenverfügung jedenfalls eine Orientierungshilfe bei der Ermittlung des mutmaßlichen Patientenwillens dar, welcher für die ärztliche Behandlung maßgebend ist. Festzuhalten ist somit Folgendes: Sobald der Patientenwille hinreichend bestimmt ermittelt ist, bindet er den behandelnden Arzt ebenso wie eine aktuell geäußerte Einwilligung bzw. Ablehnung und somit wie eine verbindliche Patientenverfügung[548]. Im Ergebnis erweist sich die Differenzierung zwischen verbindlichen sowie beachtlichen Patientenverfügungen somit als in der Regel relativ[549].

Insgesamt müssen jedoch schon geringste Zweifel des behandelnden Arztes über den Inhalt einer Patientenverfügung bzw. über das Vorliegen von Aufklärungs- oder Willensmängeln dazu führen, dass die Bestellung eines Sachwalters angeregt wird. Dieser wird dann, wenn er feststellt, dass die Zweifel unberechtigt waren, gleichwohl unter Befolgung des in der Patientenverfügung normierten Patientenwillens eine Entscheidung zu treffen haben[550].

c. *Gemeinsame Bestimmungen, §§ 10 – 15 PatVG*

aa. *Unwirksamkeitsgründe einer Patientenverfügung, § 10 PatVG*

Gemäß § 10 PatVG ist jede Patientenverfügung im Sinne des PatVG unwirksam, wenn sie nicht *frei und ernstlich erklärt* oder durch *Irrtum, List, Täuschung oder physischen oder psychischen Zwang* veranlasst wurde, § 10 Absatz 1 Nr. 1 PatVG, ihr Inhalt *strafrechtlich nicht zulässig* ist, § 10 Absatz 1 Nr. 2 PatVG, oder der *Stand der medizinischen Wissenschaft* sich im Hinblick auf den Inhalt der Patientenverfügung seit ihrer Errichtung *wesentlich geändert* hat, § 10 Absatz 1 Nr. 3 PatVG. Gleiches gilt zudem, wenn der Patient die Patientenverfügung *selbst widerruft* oder *zu erkennen gibt, dass sie nicht mehr wirksam sein soll*, § 10 Absatz 2 PatVG.

Generell im PatVG nicht aufgenommen wurde die Forderung, die Verbindlichkeit einer Patientenverfügung an die zusätzliche Bedingung zu knüpfen, dass die Verfügung *nicht gegen die guten Sitten verstößt* oder *mit den guten Sitten vereinbar* ist. Da der Begriff der *guten Sitten* jedoch seit jeher eine hochgradige Unbestimmtheit aufweist, wäre der Intention des Gesetzgebers durch das PatVG

547 ErläutRV 1299 BlgNR 22. GP, S. 8; Barth FamZ 2006, S. 72 (74).

548 Kathrein ÖJZ 2006, S. 555 (566); *Memmer* in: Memmer/Kern, S. 31 (47 f.).

549 *Kopetzki* in: Duttge, S. 79 (92).

550 ErläutRV 1299 BlgNR 22. GP, S. 8.

Rechtssicherheit sowohl auf Patienten- als auch auf Ärzteseite zu schaffen[551] bei weitem nicht geholfen. Würde das Erfordernis der *guten Sitten* als anzusetzendes Maß mit der rechtlichen Beachtlichkeit einer Behandlungsablehnung durch den Patienten verknüpft werden, käme es vielmehr zu einem nicht wünschenswerten Spannungsverhältnis mit der Patientenautonomie. Dem Patienten steht grundsätzlich das schon von Verfassungs wegen garantierte Recht zu, die Vornahme einer medizinischen Behandlung zu verweigern. Er hat somit – bis auf die wenigen gesetzlichen Ausnahmen des Behandlungszwanges[552] - keine Duldungspflicht gegenüber einer ärztlichen Behandlung[553]. Genau das entgegengesetzte Ergebnis würde jedoch erzielt werden, wenn das Erfordernis der guten Sitten an die Beachtlichkeit einer Behandlungsablehnung geknüpft ist. Der Patient könnte in diesem Fall die Unterlassung einer medizinischen Maßnahme nicht verlangen, wenn der behandelnde Arzt diese nicht mit seinem Gewissen zu vereinbaren vermag[554].

Zudem ist auf Folgendes zu verweisen: Insgesamt ist die Unterscheidung zwischen verbindlichen, beachtlichen sowie unwirksamen Patientenverfügungen nicht systematisch, da das Zivilrecht nur wirksame, anfechtbare sowie *ab initio* ungültige, d. h. nichtige Patientenverfügungen kennt. Die Folge ist, dass verbindliche Verfügungen a priori, beachtliche jedoch nicht a priori wirksam sind – diese sind vielmehr nach den §§ 8 f. PatVG zu beurteilen. Unwirksam und somit ab initio ungültig ist eine Patientenverfügung hingegen, wenn sie bestimmte inhaltliche Mindeststandards verletzt. Unwirksam kann somit auch eine Verfügung sein, die in Form und Inhalt den §§ 4 bis 7 PatVG entspricht und somit verbindlich ist, jedoch gegen § 10 PatVG verstößt[555].

---

551 Auch aus dem Grunde, dass in jedem einzelnen Fall die Definition und somit die Reichweite hätte neu abgeklärt werden müssen.

552 Zum einen *„de iure"* lediglich in den wenigen gesetzlich vorgesehnen Fällen des Behandlungszwangs, siehe etwa die §§ 4 Heimaufenthalts-Gesetz (HeimAufG), wonach behandlungsbegleitende körperliche Beschränkungen in Krankenanstalten (Fixierung zur Sicherung der Therapie o. ä.) zulässig sein können, wenn der Beschränkungsbedarf seinen Ursprung in einer psychischen Störung hat, vgl. hierzu Kopetzki FamZ 2007, S. 87 f.; östOGH 22.2.2007, 3 Ob 246/06g = iFamZ 2007, S. 76 mit Anm. Kopetzki; dieser weist jedoch darauf hin, dass eine Zwangsbehandlung mit Blick auf die Eingriffserfordernisse des Art. 8 Absatz 2 EMRK stets legitimierbar sein muss, siehe die Ausführungen in UnterbR I, S. 412. Zum anderen können sich diesbezüglich praktische Grenzen aus Unsicherheiten bei der Beurteilung der Einwilligungsfähigkeit ergeben, siehe die Ausführungen bei Kopetzki Ethik Med 2004, S. 275 (276); insgesamt siehe auch *Kopetzki* in: Taupitz, S. 1 (12).

553 Siehe bereits aaO.

554 Gmeiner/Kopetzki ZBioplitik 2005, S. 67 (74).

555 Siehe *Bernat* in: Schwimann, Erg-Bnd, PatVG, S. 73.

aaa. Fehlen der Voraussetzungen nach § 10 Absatz 1 Zeile 1 Nr. 1 PatVG

In § 10 Absatz 1 Zeile 1 Nr. 1 PatVG werden mit der Normierung, dass „*eine Patientenverfügung (...) unwirksam (ist), wenn sie nicht frei und ernstlich erklärt oder durch Irrtum, List, Täuschung oder psychischen Zwang veranlasst wurde*“ im PatVG die allgemeinen zivilrechtlichen Voraussetzungen aufgezählt, die gemäß der §§ 869 ff. ABGB für Willenserklärungen gelten – eine Patientenverfügung ist somit von vornherein ungültig, wenn ihr Verfasser elementare Regeln der Rechtsgeschäftlehre missachtet.

bbb. Strafrechtliche Unzulässigkeit des Inhaltes, § 10 Absatz 1 Zeile 1 Nr. 2 PatVG

Gemäß § 10 Absatz 1 Nr. 2 PatVG ist eine Patientenverfügung unwirksam, wenn *ihr Inhalt strafrechtlich nicht zulässig ist*. Damit wird der Grundsatz erneut hervorgehoben[556], dass sich aus einer Patientenverfügung, die dem behandelnden Arzt gebietet, etwas zu tun oder zu unterlassen, was ihm das Strafrecht verbietet, schon von vornherein keine Bindungswirkung entfaltet. Zudem wird den stets gesellschaftspolitisch bestehenden Befürchtungen entgegengewirkt, dass eine gesetzliche Klarstellung der Verbindlichkeit von Patientenverfügungen die Grenzen der aktiven Sterbehilfe aufweichen könnte. Durch den Gesetzgeber wurde dies zudem grundsätzlich innerhalb der Erläuterungen zu § 10 Absatz 1, Zeile 2 KAKuG zum Gegenstand einer Klarstellung gemacht, indem festgehalten wurde, dass „*in Österreich die aktive Sterbehilfe verboten (ist) (und dass das) (...) auch so bleiben (soll). Deshalb ist der in einer Patientenverfügung artikulierte Wunsch nach einer solchen aktiven direkten Sterbehilfe nicht bindend*“[557].

Wird in einer Patientenverfügung iSd PatVG die Ablehnung einer medizinischen Maßnahme geäußert, die sich für den Patienten unmittel- oder mittelbar lebensverkürzend auswirkt und somit der Bereich der Sterbehilfe tangiert, richtet sich die Wirksamkeit einer solchen Verfügung vielmehr danach, um welche Art von Sterbehilfe es sich handelt. Wird in einer Patientenverfügung nach der Durchführung aktiver direkter Sterbehilfemaßnahmen verlangt, würde ein Nachkommen dieses Verlangens für den Täter in der Regel eine Strafbarkeit gemäß

556 Welcher als Grundgedanke bereits aus § 879 Absatz 1 Fall 1 ABGB folgt, siehe *Bernat* in: Körtner u.a., S. 43 (64).

557 Beachte hierzu: *Memmer* in: Memmer/Kern, S. 31 (33), Fn. 9, welcher ausführt, dass ein solcher in einer Patientenverfügung artikulierter Wunsch nicht nur nicht rechtlich bindend ist, sondern gänzlich unbeachtlich und auf die dahingehend klarstellende Formulierung in AB 1381 BlgNR 22. GP, S. 1 verweist.

§§ 77 f. öStGB nach sich ziehen. Ein Patient kann in einer Patientenverfügung rechtsverbindlich somit nichts verlangen, was wie etwa aktive Tötungshandlungen in den denkbaren Konstellationen der Tötung auf Verlangen, § 77 StGB oder etwa Beihilfe zum Suizid, § 78 StGB, mit dem materiellen (Straf-) Recht in der Regel nicht im Einklang steht.

Unter genereller Verweisung auf die Ausführungen unter **§ 3 B.** ist jedoch festzuhalten, dass der in einer Vorausverfügung formulierte Wunsch nach der Verabreichung schmerzlindernder Medikationen zur Bekämpfung unerträglicher Schmerzen im Falle einer daraus resultierenden Lebensverkürzung des Patienten[558] nicht gegen strafrechtliche Vorschriften verstößt – ein solcher Wunsch kann somit zulässiger Inhalt einer Patientenverfügung iSd PatVG sein. Auch Bezug nehmend auf die Ausführungen von *Memmer*[559] folgt aus der im PatVG in § 2 Absatz 1 PatVG getätigten restriktiven Inhaltsfestlegung zudem, dass ein Patient in seiner Patientenverfügung durch die Ablehnung von Behandlungsmaßnahmen jedoch durchaus eine Sterbehilfe passiver Art in den bereits beschriebenen Ausformungen verlangen kann[560].

Insgesamt kann in Hinsicht auf das PatVG nicht von der oftmals verwendeten Formulierung der sog. *Türöffnerfunktion* für die aktive Sterbehilfe gesprochen werden. Eine etwaig schriftlich im Voraus getätigte Entscheidung des Patienten, welche auch nur in die Richtung aktiver direkter Tötungshandlungen an ihm und somit in den Bereich der strafbaren aktiven Sterbehilfe zu gehen scheint, kann ganz eindeutig kein wirksamer Inhalt einer Patientenverfügung im Sinne des PatVG werden. Das in Österreich geltende Verbot der aktiven direkten Sterbehilfe bleibt von dem PatVG somit unberührt[561], diesbezügliche Bedenken sind somit gegenstandlos und verkennen vielmehr die Rechtslage[562].

ccc. Wesentliche Änderung der medizinischen Wissenschaft, § 10 Absatz 1 Nr. 3 PatVG

Gemäß § 10 Absatz 1 Nr. 3 PatVG verliert eine Patientenverfügung ihre Wirksamkeit, „*wenn der Stand der medizinischen Wissenschaft sich im Hinblick auf den Inhalt einer Patientenverfügung seit ihrer Errichtung wesentlich geändert hat*“[563].

---

558 Und somit nach indirekten aktiven Sterbehilfemaßnahmen, vgl. hierzu *Moos* in: WK Rdn. 20 zu Vorbem. zu §§ 75 – 79.

559 aaO.

560 Memmer WmW 1997, S. 135.

561 Körtner ZEE 2006, S. 221.

562 Gmeiner/Kopetki ZBiopolitik 2005, S. 67 (73).

563 Sog. *clausula rebus sic stantibus*, siehe Memmer RdM 2006, S. 163 (171), Fn. 79.

Davon erfasst sind wirklich bedeutende, d. h. gravierende und substantielle Änderungen des medizinischen Erkenntnisstandes[564] und in Österreich verfügbare Fortschritte der medizinischen Wissenschaft. Der Hintergrund ist, dass einem Patienten ohne eine ausreichende Aufklärung keine rechtswirksame Einwilligung in eine medizinische Behandlung möglich ist, so dass bei wesentlichen Fortschritten und somit Änderungen in der Medizin die ursprünglich antizipiert erteilte Einwilligung nicht mehr mit dem vorherigen Einwilligungsobjekt übereinstimmt, über welches der betroffene Patient aufgeklärt wurde – die antizipierte Behandlungsablehnung verliert somit ihre einstige Grundlage. Wie etwa von *Memmer* angeführt, wird die Vorschrift des § 10 Absatz 1 Nr. 3 PatVG hauptsächlich in Fällen zum Tragen kommen, in denen der in einer Patientenverfügung normierte Anwendungsfall eingetreten und der Patient[565] bereits über einen längeren Zeitraum entscheidungsfähig ist, der so lang bemessen ist, dass sich wesentliche medizinische Änderungen ergeben haben könnten.

Grundsätzlich kann in einem solchen Fall zwar auf § 7 Absatz 3 PatVG verwiesen werden, welcher deutlich macht, dass eine Patientenverfügung nicht ihre Verbindlichkeit verliert, wenn der Patient seine Erneuerungspflichten aufgrund seiner Entscheidungsunfähigkeit nicht mehr nachkommen kann[566]. In Hinsicht auf § 10 Absatz 1 Nr. 3 PatVG wird jedoch angeführt, dass dieser eine argumentative Möglichkeit darstelle, die Wirksamkeit von Patientenverfügungen in Frage zu stellen[567].

Eine rechtliche Begrenzung liegt jedoch zum einen im Begriff der *wesentlichen Änderung*, welche lediglich bei substanziellen Änderungen des medizinischen Erkenntnisstandes in dem von einer Patientenverfügung erfassten Bereich vorliegen wird[568]. Zum anderen ist dem Patienten in diesem Rahmen ein erheblicher Gestaltungsspielraum zu gewähren. Hat der Patient in seiner Patientenverfügung ausdrücklich auf den Fall Bezug genommen, dass sich der Stand der Medizin wesentlich ändern wird, und klargestellt, dass er die Behandlung trotzdem abgelehnt, ist die Verfügung wirksam[569].

564 Kathrein ÖJZ 2006, S. 555 (560 ff.).

565 Wie etwa in dem der Ausarbeitung zugrunde liegenden Fall des Apallikers.

566 Zudem sei anzumerken, dass der § 10 Absatz 1 Nr. 3 PatVG unter Verweisung auf den Wortlaut des § 9 Zeile 2 a. A. PatVG nur bei verbindlichen Verfügungen zur Anwendung gelangen wird – trotz seiner Positionierung im Rahmen der Gemeinsamen Bestimmungen.

567 *Kopetzki* in: Duttge, S. 79 (94).

568 Kathrein ÖJZ 2006, S. 555 (562).

569 Kathrein ÖJZ 2006, S. 555 (562); Memmer RdM 2006, S. 163 (172), welcher jedoch noch darauf verweist, dass dies nur dann der Fall sein kann, wenn der Patient gleichzeitig über die mit diesen möglichen Veränderungen in der medizinischen Wissenschaft

ddd. Unwirksamkeit gemäß § 10 Absatz 2 PatVG

§ 10 Absatz 2 normiert, dass *„eine Patientenverfügung (...) ihre Wirksamkeit (verliert), wenn sie der Patient selbst widerruft oder zu erkennen gibt, dass sie nicht mehr wirksam sein soll*“. Zum einen kann der Patient den Widerruf einer von ihm in der Vergangenheit errichteten Patientenverfügung gemäß § 10 Absatz 2, Alt. 1 PatVG somit ausdrücklich erklären, d. h. sowohl schriftlich als auch mündlich widerrufen[570]. Zum anderen kann er den Widerruf einer Patientenverfügung gemäß § 10 Absatz 2, Alt. 2 PatVG jedoch auch durch konkludentes, schlüssiges Verhalten erklären und somit durch Handlungen, die mit dem Erfordernis der Eindeutigkeit als Widerruf zu erkennen sein müssen, wie etwa das Nicken mit dem Kopf hinsichtlich einer bestimmten Frage[571] oder die Vernichtung der Verfügung durch deren Zerreißen[572] etc. Sowohl die erste als auch die zweite Alternative sind[573] jederzeit ohne einen sog. *actus contrarius*[574] und somit formfrei möglich.

(1) Exkurs: Die Entscheidungsfähigkeit als Voraussetzung des Widerrufs?

Da jedoch Situationen möglich sind, in welchen ein Patient zwar physisch noch in der Verfassung ist, ausdrücklich einen Widerruf zu formulieren bzw. kundzutun, sich jedoch aufgrund einer geistigen Krankheit nicht mehr über die Bedeutung dieser Handlung bewusst sein kann, ist in diesem Kontext fraglich, ob für die Wirksamkeit des Widerrufes einer Patientenverfügung an die Selbstbestimmungsfähigkeit des Patienten vergleichbare Anforderungen zu stellen sind wie an die Fähigkeit der Person des Patienten bei ihrer Errichtung gemäß § 3 Absatz 1 Zeile 2 PatVG. Zu fragen ist somit, ob zu fordern ist, dass der Patient, um einen wirksamen Widerruf erklären zu können, einsichts- sowie urteilsfähig und somit entscheidungsfähig sein muss.

Besondere Bedeutung kommt dieser grundsätzlichen Frage insbesondere im Zusammenhang mit Patienten zu, welche an einer schweren psychischen Krank-

---

bereits ebenfalls gemäß § 5 PatVG aufgeklärt wurde: *„Ist eine solche Aufklärung nicht erfolgt, ist es nur stringent, eine solche Verfügung als unwirksam anzusehen“.*

570 Diese Alternative setzt somit voraus, dass der jeweilige Patient noch bei Bewusstsein ist, das heißt, er muss auch physisch noch über die Fähigkeit zu einer solchen Art von Kommunikation bzw. Interaktion verfügen.

571 Bachinger PatR 2006, S. 109 (112).

572 Vgl. hier die ErläutRV 1299 BlgNR 22. GP, S. 9.

573 Unabhängig davon, ob es sich um eine verbindliche oder nur um eine beachtliche Patientenverfügung handelt.

574 *Bernat* in: Schwimann, Erg-Bnd, PatVG, S. 81.

heit leiden, aufgrund welcher sie entscheidungsunfähig sind, wie etwa schwere Formen der Demenz etc. In Bezug auf die gegenständlichen Patientengruppen des ALS-Patienten sowie des Apallikers entfaltet diese Thematik grundsätzlich wie folgt Gewicht: Der ALS-Patient verfügt bis zum Schluss in psychischer Hinsicht allumfänglich über seine kognitiven sowie voluntativen Fähigkeiten, welche lediglich durch die fortschreitende Lähmung physisch zunehmend in ihrer Möglichkeit der Mitteilung beschränkt werden - für diesen ist die vorgenannte Thematik somit nicht weiter gegenständlich. Hinsichtlich des dauerhaft entscheidungsunfähigen Apallikers gestaltet sich die Lage schon anders: Wenn die Entscheidungsfähigkeit des Patienten keine Voraussetzung für einen wirksamen Widerruf ist, stellt sich in diesem Zusammenhang die Frage, ob sich etwaige Vitalreaktionen – etwa ein Zurückzucken beim Setzen von Injektionen etc. - als personale Äußerung eines Restwillens interpretieren lassen, die dann als konkludenter Widerruf einer Patientenverfügung einzuordnen sind[575].

Zunächst ist anzuführen, dass klarstellende Erläuterungen weder im Wortlaut des § 10 Absatz 2 PatVG selbst noch sonst im PatVG aufgeführt werden. In den Erläuterungen zur Regierungsvorlage wird jedoch darauf verwiesen, dass es *„dabei – anders als nach allgemeinen Regeln – nicht erforderlich (ist), dass er (der Patient) noch einsichts- und urteilsfähig ist"*[576]. Dieser vom Gesetzgeber gewählte Ansatz, namentlich eine im Wege des PatVG offen gelassene Frage durch einen Hinweis in den Gesetzesmaterialien regeln zu wollen, wird von den denjenigen Vertretern der Rechtslehre[577], die die Entscheidungsfähigkeit des Patienten als Wirksamkeitsvoraussetzung für einen Widerruf ansehen, jedoch als verfehlt angesehen: Hätte der Gesetzgeber entgegen der für Willenserklärungen gültigen allgemeinen Regeln für den Fall des Widerrufs einer Patientenverfügung dergestalt eine Ausnahmeregelung gewollt, dass nicht die Selbstbestimmungsfähigkeit des Patienten als Voraussetzung zu fordern ist, hätte er dies[578] im PatVG *explizit* zum Regelungsgegenstand machen müssen[579]. Da die Einsichts- sowie Urteilsfähigkeit im konkreten Einzelfall stets sachbezogen zu prüfen sei, werfe die Frage, ob etwa ein psychisch kranker Patient noch in der Lage ist, seine vormals errichtete Patientenverfügung zu widerrufen, auch keine neuen

575 So Körtner ZEE 2006, S. 221 (225).

576 ErläutRV 1299 BlgNR 22. GP, S. 10.

577 *Ganner* in: Barta/Kalchschmid, S. 132 (149); *Kern* in: Memmer/Kern, S. 67 (84 f.); Memmer RdM 2006, S. 163 (166); *derselbe* in: Memmer/Kern, S 31 (38).

578 Wie unlängst im Rahmen des SWRÄG in § 284d Absatz 2 ABGB geschehen.

579 Dabei ist darauf zu verweisen, dass schon *Kopetzki* in: Kopetzki Antiz. PatVG, S. 38 (57) - in Hinsicht auf die KAG-Novelle 1993 - kritisierte, dass Materialien bzw. Erläuterungen zu einer Regierungsvorlage nicht der richtige Ort seien, um offene Fragen zu regeln.

Probleme auf. Vielmehr sei der Grad der Entscheidungsfähigkeit im Zusammenhang mit einem Widerruf insgesamt sehr niedrig anzusetzen, da der Wunsch des Patienten zu leben gegen hohe Anforderungen an dessen kognitive bzw. intellektuelle Leistungen sowie Kommunikationsfähigkeit spreche[580]. Somit ergebe sich Folgendes: Verfügt der betroffene Patient noch über einen Rest von kognitiven und voluntativen Fähigkeiten, sei er in Hinsicht auf den Widerruf einer Patientenverfügung als entscheidungsfähig einzustufen. Anderenfalls bleibe die Verfügung - entsprechend ihrem Zweck und von § 7 Absatz 3 PatVG ausdrücklich bestätigt - bestehen. Darüber hinaus verweisen die Vertreter dieser Ansicht auf folgende Ausführungen, welche insbesondere für den arbeitsgegenständlichen Apalliker Geltung beanspruchen: Wenn die Entscheidungsfähigkeit des Patienten keine Wirksamkeitsvoraussetzung für den Widerruf einer Patientenverfügung sei, wie solle dann ein *Sich-Sträuben* des Patienten beim Setzen einer Injektion, Infusion o. ä. gedeutet werden? Als konkludenter Ausdruck eines *natürlichen Restwillens*, welcher die Annahme des Widerrufs einer früheren Einwilligung in einen Behandlungsabbruch nahe legen müsse oder jedoch lediglich als automatisch abwehrender Körperreflex, der – aller Wahrscheinlichkeit nach - keinen verlässlichen Rückschluss auf das Bestehen eines im Verhältnis zu einem früheren nun gegensätzlichen Willens zulasse[581]. Festzuhalten ist, dass nach dieser Ansicht immer dann, wenn im konkreten Einzelfall eine Restunsicherheit über das Vorliegen der Entscheidungsfähigkeit im Zusammenhang mit einem Widerruf besteht, pro vita und somit für eine weitere lebensverlängernde Behandlung zu entscheiden ist[582]. Da ein gewisser Restanteil von Unsicherheit jedoch stets verbleiben wird, verweist etwa *Memmer*[583] darauf, dass sich die Lösung dieses Problems in der zukünftigen Aufnahme einer derartigen Zweifelsregelung im PatVG verbergen werde, wie sie etwa noch in § 8 Absatz 2 ME 2004 normiert war: *„Im Zweifel ist von einem Widerruf auszugehen“*[584].

---

580 *Memmer* in: Memmer/Kern, S. 31 (38).

581 *Ganner* in: Barta/Kalchschmid Die PatVG, S. 132 (149), *Kern* in: Memmer/Kern, S. 67 (84 f.); *Memmer* in Memmer/Kern, S. 31 (38); derselbe FamZ 2006, S. 70.

582 Barta/Kalchschmid WklW 2004, S. 442 (446); Körtner ZEE 2006, S. 221.

583 Memmer RdM 2006, S. 163 (167); *derselbe* in: Memmer/Kern, S. 31 (38).

584 Hierbei ist gleichfalls auf die Ausführungen von Körtner ZEE 2006, S. 221 (225 f.) zu verweisen: Dieser nimmt Bezug auf die seitens des deutschen Gremiums des Nationalen Ethikrates zum Entwurf eines Patientenverfügungsgesetzes in Deutschland getätigte Stellungnahme. In dieser werden Kriterien vorgeschlagen, wonach trotz Anzeichen von Lebenswillen die Bindungswirkung einer Patientenverfügung bei Demenzerkrankungen bestehen bleiben soll: 1. Die medizinische Entscheidungssituation ist in der Patientenverfügung hinreichend konkret beschrieben, 2. die Patientenverfügung nimmt auf die in Frage stehenden Anzeichen von Lebenswillen ausdrücklich Bezug und schließt deren Entscheidungserheblichkeit aus, 3. die Patientenverfügung ist schriftlich abgefasst oder

Andere hingegen sehen unter Bezugnahme auf die Ausführungen in den Gesetzesmaterialien[585] in der Entscheidungsfähigkeit des Patienten keine Wirksamkeitsvoraussetzung für den Widerruf einer Patientenverfügung. Danach genüge es vielmehr, wenn der betroffene Patient[586] nach dem Verlust seiner Entscheidungsunfähigkeit zu *erkennen gibt, dass die Patientenverfügung nicht mehr wirksam sein soll*, so dass eine auf den Abbruch einer lebenserhaltenden Behandlung gerichtete Patientenverfügung grundsätzlich auch dann ihre Bindungswirkung verliere, *wenn sich aus Worten, Gesten und dem sonstigen Verhalten des entscheidungsunfähigen Kranken der sichere Schluss ziehen lässt, dass er sein reduziertes Leben jetzt weiter leben will, weil er es akzeptiert hat*[587]. Das Fazit dieser Ansicht ist somit, dass der auch nur konkludent kundgemachte Wille des *entscheidungsunfähigen* Patienten dessen zum Zeitpunkt der Errichtung der Patientenverfügung ausdrücklich erklärten Willen verdrängen kann[588].

---

in vergleichbarer Weise verlässlich dokumentiert, 4. der Errichtung der Verfügung ist eine geeignete Beratung vorausgegangen. Hierbei verweist er darauf, dass Nr. 3 sowie 4 im Rahmen des österreichischen PatVG ohnehin in einer strikten Form erhalten sind, die beiden erstgenannten Kriterien sollten jedoch bei einer späteren Novelle des Gesetzes oder im Wege einer Verordnung übernommen werden.

585 Erläut RV 1299 BlgNR 22 GP, S. 9.

586 Hervorzuheben ist an dieser Stelle, dass sich diese Ausführungen in der Regel auf einen Patienten beziehen, welcher an einer schweren geistigen Krankheit wie Demenz oder Alzheimer leidet.

587 Aus dieser Formulierung zieht *Bernat* in: Schwimann, Erg-Bnd, PatVG, S. 81, unter Bezugnahme auf die mit Bedeutung für das deutsche Recht getätigten Ausführungen von Kutzer FPR 2004, S. 683 (687); derselbe JBl 2009, S. 129 (130 f.) den Schluß, dass erlebnisbezogenen Interessen des Patienten im Verhältnis zu wertebezogenen der Vorrang gebührt, siehe hierzu auch Kathrein ÖJZ 2006, S. 555 (563).

588 Somit könne der natürlich-kreatürliche Wille des entscheidungsunfähigen Kranken dessen in dem Zeitpunkt der Errichtung der Patientenverfügung ausdrücklich erklärten Willen durchaus verdrängen. Die Unwirksamkeit einer ansonsten wirksamen Patientenverfügung folge in Fällen eines im Zeitpunkt der Entscheidungsnotwendigkeit vorhandenen, weil aus den Umständen eindeutig erschließbaren Überlebenswunsches des Patienten daraus, dass der Körper, den die Wirkungen der Patientenverfügung treffen sollen, nun zu einem anderen personalen Ich gehöre. Dieses sei genau in den entscheidenden Hinsichten ein anderes als jenes, dass die Verfügung ehedem verfasst hat. Vereinfacht ausgedrückt wird sich auf den Standpunkt gestellt, dass das Ich des entscheidungsunfähigen Kranken, welcher in seiner Situation glücklich zu sein scheint, nicht mehr mit dem übereinstimmt, welches die Patientenverfügung errichtet hat. Somit sei der damals normierte Wille nicht mehr Bestandteil der jetzigen Persönlichkeit des Kranken und könne somit für diesen auch keine Geltung mehr entfalten, siehe hierzu insgesamt die Ausführungen von *Bernat* in: FS-Deutsch, S. 443 (452 ff.) zum Fall *Margo*, einer an Morbus Alzheimer erkrankten Patientin; *derselbe* in: Kopetzki, S. 69 (79 ff.) sowie *derselbe* EF-Z 2006, S. 42 (45).

Hinsichtlich des gegenständlichen Falles des Apallikers wird darauf Bezug genommen[589], dass dieser sein Leben nur noch sehr verkümmert wird wahrnehmen können. Per definitionem kann dieser im Zeitpunkt der Entscheidungsnotwendigkeit somit keine Interessen mehr ausbilden, so dass sich die von der Gegenansicht aufgestellte Frage, ob ein abwehrendes Verhalten als konkludenter Widerruf einer Patientenverfügung zu werten ist oder eben nicht, jedenfalls im Zusammenhang mit einem Apalliker vielmehr gar nicht stellt.

(2) Ergebnis

Anhand der erfolgten Ausführungen zeigt sich, dass die Frage, ob der betroffene Patient entscheidungsfähig sein muss, um wirksam seine ehemals errichtete Patientenverfügung widerrufen zu können, für die gegenständlichen Patientengruppen nicht von Bedeutung ist. Insbesondere in Hinsicht auf Patienten, welche an einer schweren geistigen Erkrankung leiden, gestaltet sich die Lage jedoch anders. In dieser Hinsicht ist hervorzuheben, dass eine Klarstellung durch den Gesetzgeber geboten sein wird, da die Formulierung im PatVG die Bestimmung des § 10 Absatz 2 PatVG über den Widerruf einer Patientenverfügung betreffend de lege lata zu unbestimmt ist. Unterstrichen wird dieses Fazit auch durch einen Verweis auf die Ergebnisse der ersten Phase der Evaluation zum Patientenverfügungs-Gesetz aus dem Jahre 2008, in deren Rahmen angeführt wird[590]: *„Die Möglichkeit des Widerrufs ist immer wieder ein Thema der Beratungsgespräche. Je nach Zielsetzung ihrer Patientenverfügung befürchten die Errichtenden hier unterschiedliche Probleme. Zum einen thematisieren sie, dass Ärzte bereits ein Handzeichen willkürlich als Widerruf deuten könnten und sie sich nicht der Deutungsmacht der Ärzte in einer solchen Situation aussetzen möchten. Zum anderen fürchten sie, dass sie in einem Zustand schwerer Krankheit schwach werden und die Patientenverfügung widerrufen. In ihren Augen wäre dieser Rückzieher ein Zeichen ihres Elends im Sterben, das durch die Patientenverfügung genau vermieden werden soll. Daher wünschen sie sich zum Teil, dass der Widerruf in einer solchen Situation nicht möglich ist“.*

bb. Sonstige Inhalte einer Patientenverfügung, § 11 PatVG

§ 11 PatVG normiert: *„Der Wirksamkeit einer Patientenverfügung steht nicht entgegen, dass darin weitere Anmerkungen des Patienten, insbesondere die Benennung einer konkreten Vertrauensperson, die Ablehnung des Kontakts zu ei-*

---

589 Siehe gleichfalls die Ausführungen von *Bernat* in: FS-Deutsch, S. 443 (458 ff.).

590 Inthorn/Kletecka-Pulker iFamZ 2008, S. 139 (141).

ner bestimmten Person oder die Verpflichtung zur Information einer bestimmten Person enthalten sind".

Diese Vorschrift trägt insgesamt dem Umstand Rechnung, dass sich Patientenverfügungen häufig nicht nur auf die Ablehnung bestimmter medizinischer Behandlungen beziehen, sondern auch weitere Verfügungen und Erklärungen des Patienten beinhalten. Dabei ist zu betonen, dass der Patient mit derart zusätzlichen Erklärungen nicht die Auswirkungen einer Patientenverfügung erweitern kann. Äußert er den Wunsch, nur von einem bestimmten Arzt behandelt zu werden oder nur eine bestimmte Behandlung zu bekommen, so sind diese Erklärungen lediglich in dem Fall relevant, wenn sie es auch sonst – außerhalb einer Patientenverfügung – wären. Als Beispiel zu nennen sind die Fälle, dass der Patient nicht in der allgemeinen Gebührenklasse behandelt wird oder mit dem Wunsch nach einer bestimmten Behandlung nicht in die Therapiefreiheit des Arztes eingreift[591].

Da die Einwilligung in die Behandlung nur eine von mehreren Voraussetzungen für deren Zulässigkeit ist, bleibt es somit trotz des Wortlautes des § 11 PatVG dabei, dass der Patient, nicht jede von ihm antizipiert gewünschte Behandlung erzwingen kann[592]. Vielmehr ist der Wunsch des Patienten nach einer bestimmten Behandlung nicht allein entscheidend, sondern nach den allgemeinen sich aus der Rechtsordnung ergebenen Regeln zu beurteilen[593].

cc. Die Ausnahme von der Bindungswirkung in Notfällen, § 12 PatVG

Die Vorschrift des § 12 PatVG[594] löst das Spannungsverhältnis zwischen der Verpflichtung zur Ermittlung des Patientenwillens einerseits, d. h. ob der betroffene Patient möglicherweise irgendwo eine entgegenstehende Patientenverfügung errichtet hat, und der Notwendigkeit einer medizinischen Intervention anderseits zugunsten der Behandlung: Sofern der mit der Suche nach einer Patientenverfügung verbundene zeitliche Aufschub zu einer ernstlichen Gefährdung[595] von Leben oder Gesundheit des Patienten führt, können der behandelnde

---

591 Vgl. Kathrein ÖJZ 2006, S. 555 ff.

592 *Kopetzki* in: Taupitz, S. 1 (3 f.); *derselbe* in: Antiz. PatVG, S. 38 (42); *Memmer* in: Kopetzki, Antiz.PatV, S. 1 (8).

593 *Memmer* in: Memmer/Kern, S. 31 (37); derselbe FamZ 2006, S. 69; *Kern* in: Memmer/Kern, S. 67 (69); Kathrein ÖJZ 2006, S. 555 (560).

594 Insgesamt zu der im österreichischen Medizinrecht mehrfach verankerten Gefahr im Verzug-Regel vgl. § 8 Absatz 3 KAKuG, § 110 Absatz 2, § 98 Absatz 2 StGB, § 146c Absatz 3 ABGB, zitiert nach *Bernat* in: Schwimann, Erg-Bnd, PatVG, S. 82.

595 Kathrein ÖJZ 2006, S. 555 ff. verweist in Fn. 118 darauf, dass die Gesundheitsgefahr nicht unbedingt ein erhebliches Ausmaß iSd § 84 öStGB mit einer länger als 24 Tage dauernden Gesundheitsschädigung erreichen muss.

Arzt ebenso wie andere am Behandlungsgeschehen beteiligte Personen[596] Maßnahmen der medizinischen Notfallversorgung durchführen. Dies gilt auch für die im Anschluss an die Notfallbehandlung folgenden Behandlungen in weiteren Versorgungszentren[597], etwa die stationäre Versorgung des Patienten in einem Krankenhaus oder in einer Rehabilitationseinrichtung.

Wird jedoch nach dem Beginn der Notfallbehandlung oder während einer sich daran anschließenden Behandlung bekannt, dass der Patient eine Patientenverfügung errichtet hat, in welcher er derartige Behandlungen wie die erfolgten ablehnt, ist in weiterer Folge diese Verfügung maßgeblich und die begonnene Behandlung nicht mehr fortzusetzen[598].

dd. Die Behandlungspflicht bei entgegenstehenden Rechtspflichten, § 13 PatVG

Nach § 13 PatVG kann ein Patient die ihm allenfalls aufgrund besonderer Rechtsvorschriften auferlegten Pflichten, sich einer Behandlung zu unterziehen, durch eine Patientenverfügung nicht einschränken – die sich aus einer solchen besonderen Bestimmung ergebene Pflicht zur Behandlung bleibt unabhängig von der Patientenverfügung somit in vollem Umfang bestehen.

In Betracht kommt in diesem Rahmen die generelle Pflicht, sich bei bestimmten übertragbaren Krankheiten wie etwa im Falle von Seuchen einer medizinischen Behandlung zu unterziehen[599]; zudem ist § 69 des österreichischen Strafvollzugsgesetzes (öStVG) anzuführen.

ee. Dokumentationspflicht des Arztes, § 14 PatVG

§ 14 Absatz 1 PatVG stellt klar, dass sowohl der aufklärende als auch der behandelnde Arzt eine vor ihnen errichtete bzw. ihnen zugeleitete Patientenverfügung in die Krankengeschichte des Patienten aufzunehmen oder zum Gegenstand ihrer ärztlichen Dokumentation, § 51 öÄrzteG, zu machen haben. Dies kann etwa durch die Anfertigung einer Kopie erfolgen[600]. Gemäß § 14 Absatz 2 PatVG ist auch festzuhalten, aus welchen Gründen der Arzt im Einzelfall die gemäß § 5 PatVG erforderliche Mitwirkung bei der Errichtung ausschließt und deshalb die Verfügung nicht zustande kommen kann. Mangelt es dem betroffenen Patienten insbesondere an der nach § 3 Zeile 2 PatVG notwendigen Ent-

596 Unfallsanitäter sowie andere Notfallhelfer.

597 ErläutRV 1299 BlgNR 22. GP, S. 9.

598 JAB 1381 BlgNR 22. GP 2.

599 ErläutRV1299 BlgNR 22. GP, S. 10.

600 ErläutRV 1299 BlgNR 22. GP, S. 10.

scheidungsfähigkeit, darf der Arzt an dem Zustandekommen einer Patientenverfügung vielmehr nicht mitwirken und hat dies in der Krankengeschichte bzw. in der ärztlichen Dokumentation entsprechend zu vermerken[601].

ff. Verwaltungsstrafbestimmung zum Schutz vor Missbrauch, § 15 PatVG

Gemäß § 15 PatVG begeht derjenige, der *„den Zugang zu Einrichtungen der Behandlung, Pflege oder Betreuung oder den Erhalt solcher Leistungen davon abhängig macht, dass eine Patientenverfügung errichtet oder unterlassen wird, sofern die Tat nicht mit gerichtlicher Strafe bedroht ist, eine Verwaltungsübertretung und ist mit Geldstrafe bis 25000 Euro, im Wiederholungsfall bis zu 50000 Euro, zu bestrafen"*.

Beruhend auf der Intention des Gesetzgebers, im Zusammenhang mit Patientenverfügungen die Missbrauchsabwehr insgesamt zu forcieren bzw. den potentiellen Missbrauch solcher Verfügungen einzudämmen, gilt es als besonders verwerfliches Motiv die Errrichtung einer Patientenverfügung mit dem Zugang zu Behandlungs-, Pflege- oder Betreuungseinrichtungen bzw. dem Erhalt solcher Leistungen zu verknüpfen. Durch die Vorschrift soll einhergehend mit § 10 Absatz 1 Nr. 1 PatVG gewährleistet werden, dass die Errichtung einer Verfügung ausschließlich im freien Ermessen des Patienten liegt und nicht durch äußere, insbesondere wirtschaftliche Zwänge, beeinflusst wird[602]. Hauptsächlich soll dadurch Erklärungen entgegengewirkt werden, die dem Patienten im wirtschaftlichen Interesse der Träger solcher Einrichtungen abverlangt werden, wie etwa bestimmte beschwerliche Behandlungen und Maßnahmen intensivmedizinischer Natur[603]. Demzufolge dürfen weder der Zugang zur intramuralen medizinischen Versorgung noch die Aufnahme in ein Altenheim vom Errichten oder Nichterrichten einer Patientenverfügung abhängig gemacht werden. Insbesondere verbietet es die Bestimmung dem medizinischen Sektor, einen Patienten abzuweisen, welcher in einer Patientenverfügung eine bestimmte medizinische Behandlung, wie etwa die Transfusion von Blut, aus religiösen Gründen ablehnt[604]. Ebenso verboten ist die Abweisung eines Patienten, der keine Patientenverfügung besitzt[605].

Jedoch ist anzumerken, dass die Vorschrift des § 15 PatVG dahingehend auszulegen sein wird, dass der Zugang zur Einrichtung bzw. zur Leistung nicht *nur* davon abhängig gemacht werden darf, dass eine Patientenverfügung errich-

---

601 *Bernat* in: Schwimann, Erg-Bnd, PatVG,S. 82.

602 *Memmer* in: Memmer/Kern, S. 31 (50); *derselbe* in: Kopetzki, S. 1 (18).

603 ErläutRV 1299 BlgNR 22. GP, S. 10.

604 Kathrein ÖJZ 2006, S. 555 (567).

605 *Bernat* in: Schwimann, Erg-Bnd, PatVG, S. 83.

tet oder davon abgesehen wird. Nicht verboten wäre es, wenn es darüber hinausgehende sachliche Gründe gibt, welche die Aufnahmepflicht entfallen lassen können: Etwa wenn sich die Weigerung des Patienten gerade auf eine ärztliche Leistung bezieht, ohne welche die Gewährung der mit der Aufnahme verbundenen Anstaltspflege unter Zugrundelegung der verfügbaren Ressourcen nicht mehr nach den gebotenen fachlichen Standards möglich ist[606].

d. Exkurs: Zentrale Registrierung der Patientenverfügung?

Grundsätzlich kann das Rechtsinstitut der Patientenverfügung seine vorsorgende Funktion lediglich dann erfüllen, wenn sie dem behandelnden Arzt in der konkreten Behandlungssituation bekannt ist, d. h. sie muss ihm im rechtlichen Sinne zugegangen sein, § 862a ABGB.

Dies kann nun zum einen dadurch erreicht werden, dass der Patient eine Ausfertigung seiner Patientenverfügung mit seinen persönlichen Dokumenten stets bei sich trägt und ihr Vorliegen bei einer stationären Aufnahme in einem Krankenhaus sowohl angibt als auch persönlich Sorge dafür trägt, dass sie in seine Krankenakte aufgenommen wird. Zudem erscheint es empfehlenswert, weitere Ausfertigungen bei Vertrauenspersonen und, falls vorhanden, bei dem jeweiligen Bevollmächtigten aus einer Vorsorgevollmacht zu hinterlegen. Insgesamt ist die Patientenverfügung durch die Bestimmungen des gegenwärtigen PatVG somit als sog. *Bringschuld* konzipiert[607].

Insbesondere im Hinblick auf entscheidungsunfähige Patienten ist an dieser Stelle die Errichtung einer Registerstelle für Patientenverfügungen zu überlegen[608], was im Wege des PatVG versäumt wurde[609]. Zwar gibt es bereits gegenwärtig die Möglichkeit, eine Patientenverfügung in das Register der Österreichischen Rechtsanwaltskammer[610] oder das der Österreichischen Notariatskammer[611] eintragen zu lassen, bei welchen eine Abfrage durch Ärzte in Krankenanstalten möglich ist. Aufgrund der besseren Übersichtlichkeit wäre jedoch viel-

---

606 *Kopetzki* in: Körtner/Kopetzki/Kletecka-Pulker , S. 127 (142 ff.).

607 *Kopetzki* in: Duttge, S. 79 (95).

608 Hierzu auch Barta/Kalchschmid WklW 2004, S. 442 (448).

609 Ganner iFamZ 2009, S. 150.

610 Das Register bei der Österreichischen Rechtsanwaltskammer besteht bereits seit August 2006, vgl. die Ausführungen bei Ganner iFamz 2009, S. 150 (152).

611 Dieses Register, namentlich das Österreichische Zentrale Vertretungsverzeichnis (ÖZVV), besteht seit dem 01. Juli 2007, seit Dezember 2007 unterhält diese zusätzlich etwa zum Zwecke einer größeren Zugriffsmöglichkeit auf bestehende Patientenverfügungen eine Kooperation mit dem Östereichischen Roten Kreuz, vgl. die Ausführungen bei Ganner iFamZ 2009, S. 150 (151); im Falle der Registrierung fällt eine Registrierungsgebühr in Höhe von 17 € an.

mehr die Schaffung eines zentralen Registers empfehlenswert wie es bspw. in Form des seit dem 01. Januar 1995 begründeten und vom Österreichischen Bundesinstitut für Gesundheitswesen (ÖBIG) geführten Widerspruchsregisters für Organentnahmen bereits besteht. Zudem sollte ein solches darüber hinaus in die künftige *„Elektronische Gesundheitsakte"* (ELGA) integriert werden[612]. Eine weitere Möglichkeit wäre zudem die Errichtung eines Portalverbundes, der es Ärzten trotz mehrerer Register ermöglichen würde, mit einer einzigen Abfrage alle Register zu durchsuchen.

Auch wenn sich letztlich gegen eine zentrale Registrierung stets der Einwand der bestehenden Gefahr des Missbrauchs der gespeicherten Daten eines solchen Systems entgegenbringen lässt, erhöht sich dadurch die Rechtssicherheit sowohl auf Patientenseite als auch für den behandelnden Arzt. So wird durch eine solche zentrale Registrierung die Wahrscheinlichkeit erhöht, dass das Vorliegen einer Patientenverfügung des Patienten schnell erkannt wird und somit eher dem jeweiligen Willen des Betroffenen entsprochen werden kann. Gerade in einer Notfallsituation, in welcher schnell und effektiv gehandelt werden muss, wäre eine solche Registrierung von Vorteil, da sie eine schnellere und somit verlässlichere Absicherung für den behandelnden Arzt bietet als eine Patientenverfügung. Wenn diese z. B. bei einer Vertrauensperson oder einem Vorsorgebevollmächtigten aufbewahrt wird, kann sie in der konkreten Behandlungssituation gerade nicht zur Verfügung stehen, da oftmals aufgrund der vorliegenden Situation für den Arzt oder das ärztliche Personal nicht die Zeit bleibt, hinsichtlich des Bestehens einer solchen Patientenentscheidung umfassend nachzuforschen.

III. Die Vorsorgevollmacht, §§ 284f ff. ABGB

Ist das Rechtsinstitut der Vorsorgevollmacht in Österreich auch nicht grundsätzlich neu[613], so wurde es im Wege des SWRÄG 2006 jedoch in den §§ 284f bis 284 h ABGB erstmals eigenständig gesetzlich verankert[614].

Neben der Patientenverfügung steht dem Patienten dadurch somit eine weitere Möglichkeit der antizipierten Willensausübung zur Verfügung. Entscheidet er im Wege einer Vorausverfügung hauptsächlich *inhaltlich* über die *Ablehnung*

612 So etwa *Aigner* in: *„Zentrales Register fehlt"*, MT 2009, verfügbar unter http://www.medical-tribune.at/dynasite.cfm?dsmid=97732&dspaid=768959 (Stand 27. Mai 2009).

613 Hier sei auf Maurer, § 273 Rdn. 22, verwiesen: *"Wirksam erteilte Vollmachten erlöschen grundsätzlich nicht durch den späteren Verlust der Geschäftsfähigkeit des Vollmachtgebers"*.

614 Schauer FamZ 2006, S. 148 weist darauf hin, dass für die Vorsorgevollmacht das allgemeine Vollmachtsrecht gilt.

einer künftigen Behandlung, steht ihm durch das Institut der Vorsorgevollmacht nun auch die Möglichkeit offen, für den Fall künftiger Entscheidungsunfähigkeit einen gewillkürten Stellvertreter und somit eine Person seines Vertrauens für näher zu bezeichnende Angelegenheiten, einschließlich der Entscheidung (Ablehnung *und* Einwilligung) über medizinische Behandlungen, zu bevollmächtigen[615].

Zum Regelungsgegenstand in den §§ 284f ff. ABGB wurden Form und Inhalt der Vorsorgevollmacht sowie die Belehrung und Information des Vollmachtgebers über die rechtliche und wirtschaftliche Tragweite gemacht[616].

1. Voraussetzungen einer Vorsorgevollmacht, § 284f ABGB

a. *Das Aufleben der Vorsorgevollmacht, § 284f Absatz 1 Zeile 1 ABGB*

Aus § 284f Absatz 1 Zeile 1 ABGB ergibt sich, dass der Vollmachtgeber einer Vorsorgevollmacht jeder Geschäftsfähige sein kann, d. h. auch jeder Minderjährige im Bereich seiner Geschäftsfähigkeit[617].

Keinen Unterschied zum Institut der Sachwalterschaft stellt zudem der Umstand dar, dass auch eine Vorsorgevollmacht erst dann und in der Regel auch nur so lange[618] auflebt, wie der Patient seine Einsichts- und Urteilsfähigkeit und somit seine Entscheidungsfähigkeit verliert. Jedoch stellt die Bestimmung nicht

---

615 Vgl. Kopetzki iFamZ 2007, S. 197 (200); Kunz/Gepart Famz 2006, S. 157.

616 Maurer, Vor § 284f Rdn. 2.

617 So grundsätzlich Maurer, Vor § 284f Rdn. 5, gleichfalls ist jedoch auf dessen folgende Ausführungen zu verweisen: Minderjährigen – auch mündigen Minderjährigen - wird es in der Regel wohl an der zur Einräumung einer wirksamen Vollmacht nötigen Geschäftsfähigkeit fehlen; im gegenteiligen Fall - insbesondere im Zusammenhang mit der Einwilligung in medizinische Behandlungen, *kann* die Handlungsfähigkeit in persönlichen Angelegenheiten etwa durchaus bereits gegeben sein, § 146c Absatz 1 ABGB - soll es dem schwerkranken Minderjährigen jedoch grundsätzlich möglich sein, eine Person seines Vertrauens mit einer solchen Entscheidung zu betrauen. Wesentlich ist dabei, dass er sich mit jenem Fall, für den er im Rahmen einer Vorsorgevollmacht vorsorgen möchte, ausreichend und umfassend auseinandergesetzt hat, vgl.: SWRÄG ErläutRV 1420 BlgNR 22. GP, ebenfalls abgedruckt in Langer, AußStrG.

618 Grundsätzlich muss in der Vollmachtsurkunde zum Ausdruck gebracht werden, dass die Vollmacht dann wirksam sein soll, wenn der Vollmachtgeber *„die zur Besorgung der anvertrauten Angelegenheiten erforderliche Geschäfts-, oder Einsichts- und Urteilsfähigkeit verliert. Dies bedeutet jedoch nicht, dass die Vollmacht jedenfalls bedingt zu erklären ist; es bleibt dem Vollmachtgeber unbenommen, eine Vollmacht zu erteilen, die auch bereits vor Verlust der Geschäfts-, Einsichts- und Urteilsfähigkeit wirksam ist, sich also auf unbestimmte Zeit davor oder danach erstreckt"*, vgl. Maurer § 284f Rdn. 4.

allein darauf ab, vielmehr hat der Gesetzgeber sowohl die Geschäftsfähigkeit als auch die Einsichts- und Urteilsfähigkeit sowie die Äußerungsfähigkeit normiert. Dieser Aufzählungskatalog verwundert, da sich sämtliche Varianten bereits unter der gemeinsamen Kategorie der Geschäftsfähigkeit subsumieren lassen würden. Durch die separate Anführung der Einsichts- und Urteilsfähigkeit wird jedoch deren Bedeutung, insbesondere bei Fragen der Zustimmung zu einer medizinischen Behandlung betont. Im Ergebnis wird dadurch der Ansicht gefolgt, welche die Entscheidungsfähigkeit nicht als Teilaspekt der Geschäftsfähigkeit[619], sondern vielmehr als aliud bzw. als Handlungsfähigkeit in persönlichen Angelegenheiten ansieht[620]. Begründend wird hierzu etwa angeführt, dass durch eine Vorsorgevollmacht nicht nur Angelegenheiten übertragen werden können, deren selbstständige Besorgung die Geschäftsfähigkeit voraussetzt, wie etwa die Zustimmung in eine medizinische Behandlung. Somit genüge es nicht, für das Wirksamwerden einer Vorsorgevollmacht allein auf den Verlust der Geschäftsfähigkeit abzustellen. Vielmehr kommt es darauf an, ob der Vollmachtgeber diese persönliche Angelegenheit nicht mehr selbst besorgen kann, weil er nicht mehr einsichts- und urteilsfähig ist.

Insgesamt hängen mangelnde Geschäftsfähigkeit sowie fehlende Einsichts- und Urteilsfähigkeit in typischer Weise mit dem Vorliegen einer psychischen Krankheit oder geistigen Behinderung zusammen. Nur, wenn die Unfähigkeit zur Besorgung der eigenen Angelegenheiten auf einer *rein körperlichen Ursache* beruht, ist eine Vorsorgevollmacht oder gar eine Sachwalterbestellung unnötig, weil lediglich körperlich Behinderte selbst und aktuell eine Person ihres Vertrauens mit der Wahrnehmung ihrer Angelegenheiten betrauen können. In Hinwendung an eine der beiden gegenständlichen Patientengruppen ist jedoch anzuführen, dass dies jedoch nicht gilt, wenn der Kranke etwa aufgrund einer chronischen und rein physischen Krankheit wie etwa der ALS nicht in der Lage ist, sich klar zu äußern, um jemanden aktuell zu bevollmächtigen[621]. Für solch einen Fall soll es dem Betroffenen vielmehr möglich sein antizipiert in Form einer Vorsorgevollmacht Vorsorge zu treffen[622].

---

619 So jedoch etwa Fischer-Czermak ÖJZ 2002, S. 293 (296).

620 U. a. Hopf/Weitzenböck ÖJZ 2001, S. 485 ff.

621 Maurer, § 284f Rdn. 6; dies wird auch schon daraus deutlich, dass die Vorsorgevollmacht gemäß § 284f Absatz 1 ABGB gleichwohl im Falle reiner Äußerungsunfähigkeit auflebt.

622 Zierl, S. 180.

b. *Hinreichende Bestimmtheit, § 284f Absatz 1 Zeile 2 ABGB*

Des Weiteren hat der Vollmachtgeber die Angelegenheiten, zu deren Besorgung der Gewalthaber bevollmächtigt wird, hinreichend *bestimmt* anzuführen. Er hat sich somit im Einzelnen zu überlegen, welche Angelegenheiten er jemanden für den Fall des Verlusts seiner Geschäfts- und Entscheidungsfähigkeit anvertraut. Dadurch sollen Zweifel über den Umfang der Vollmacht ausgeräumt und sichergestellt soll, dass sich der Vollmachtgeber des Umfanges der Vollmacht bewusst war. Aufgrund dessen sollte die jeweilige Angelegenheit, mit welcher der Bevollmächtigte betraut werden soll, möglichst im Einzelnen beschrieben sein, womit allerdings das Risiko verbunden ist, einzelne Angelegenheiten zu übersehen. Wie im Falle der §§ 1002 ABGB umfasst eine Vorsorgevollmacht alle Vertretungshandlungen, die die Natur bestimmter Angelegenheiten mit sich bringt oder die damit gewöhnlich verbunden sind. Handelt es sich um eine Angelegenheit, für die gemäß § 1008 ABGB eine Einzelvollmacht erforderlich ist[623], so reicht es hingegen aus, wenn in der Vollmacht zumindest die Gattung der Angelegenheit angeführt wird[624].

c. *Kein Vorliegen eines Abhängigkeitsverhältnisses, § 284f Absatz 1 Zeile 3 ABGB*

Angelehnt an den Grundsätzen des allgemeinen Vollmachtsrechts muss der Bevollmächtigte die Interessen des Vollmachtgebers *unabhängig* vertreten können. Hat etwa ein Bewohner einer Betreuungseinrichtung einen Mitarbeiter der Einrichtung eine Vollmacht auf unbestimmte Zeit erteilt, so erlangt diese beim späteren Verlust der Geschäfts- oder Entscheidungsfähigkeit vielmehr nicht den Charakter einer Vorsorgevollmacht[625]. In diesen Fällen liegt vielmehr eine allgemeine zivilrechtliche Vollmacht vor, so dass seitens des Gerichts ein Sachwalter zu bestellen ist, wobei ein Überwachungssachwalter genügt[626].

d. *Formerfordernisse, § 284f Absatz 2, 3ABGB*

Abhängig davon, mit welcher Art von Angelegenheiten der Vollmachtgeber den Bevollmächtigten betraut, wird in § 284f Absatz 2 für *einfache* Angelegenheiten sowie Absatz 3 ABGB für *wichtige* Angelegenheiten grundsätzlich festgelegt, welche Formvoraussetzungen eine Vorsorgevollmacht zu erfüllen hat.

---

623 Unbedingte Annahme oder Ausschlagung einer Erbschaft, Errichtung von Gesellschaftsverträgen, bei Schenkungen und bei einer unentgeltlichen Aufgabe von Rechten.

624 *Ganner* in: Barth/Ganner S. 348.

625 Maurer, § 284f Rdn. 7.

626 *Ganner* in: Barth/Ganner, S. 347.

aa. *Einfache Angelegenheiten, § 284f Absatz 2 ABGB*

Bei den Formerfordernissen für einfache Angelegenheiten ist zu unterscheiden zwischen der *eigenhändigen*, § 284f Absatz 2 Zeile 1 ABGB, der *fremdhändigen*, § 284f Absatz 2 Zeile 2 bis 4 ABGB sowie der *Vorsorgevollmacht als Notariatsakt*, § 284f Absatz 2 Zeile 5 ABGB.

Im Falle der eigenhändigen Vorsorgevollmacht hat der Vollmachtgeber den Text der Vollmacht eigenhändig zu schreiben[627] sowie eigenhändig zu unterfertigen. Eigenhändige Ergänzungen der Textierung durch den Vollmachtgeber erlangen wie im Falle eines Testaments nur dann Geltung, wenn der Zusatz erneut separat mit der Unterschrift des Verfassers versehen wird. Auch wenn mit der eigenhändigen Vollmacht die Gefahr der Unterdrückung besteht, liegt darin kein für den Betroffenen unerträgliches Risiko, wenn man darauf verweist, dass dann letztendlich ein Verfahren zur Bestellung eines Sachwalters eingeleitet werden wird. Insgesamt liegt der Vorteil der eigenhändigen Vorsorgevollmacht in der Einfachheit ihrer Errichtung, da es administrative Hürden so gut wie gar nicht gibt.

Im anderen Falle der fremdhändigen Vorsorgevollmacht[628] sind die Formerfordernisse restriktiver: Der Vollmachtgeber hat bei einer solchen in Gegenwart dreier unbefangener, eigenberechtigter und sprachkundiger Zeugen zu bekräftigen, dass der Inhalt der Vollmacht seinem Willen entspricht. Dies muss wiederum von den Zeugen auf der Urkunde selbst mit einem auf ihre Zeugeneigenschaft hinweisenden Zusatz unterstrichen werden[629]. Die besonderen Zeugeneigenschaften sind wie folgt einzuordnen: Mit dem Ausdruck *unbefangen* soll deutlich werden, dass ein Zeuge nicht gleichzeitig Bevollmächtigter sein darf. Mit dem Ausdruck *eigenberechtigt* wird darauf Bezug genommen, dass der Zeuge vielmehr volljährig und im Vollbesitz seiner geistigen Kräfte zu sein hat und die Formulierung *sprachkundig* ist an § 591 ABGB angelehnt, welcher für den Testamentszeugen festlegt, dass dieser der Sprache des Erblassers kundig sein muss.

---

627 Wodurch die Identitätsfeststellung des Vollmachtgebers erleichtert werden soll.

628 Eine Vollmacht, welche der Vollmachtgeber nur eigenhändig unterschrieben, jedoch nicht eigenhändig geschrieben hat. Dadurch wird gewahr, dass zur Anfertigung einer Vorsorgevollmacht durchaus auf *vorgefertigte Formulare* zurückgegriffen werden kann.

629 Insgesamt ist die fremdhändige Vorsorgevollmacht somit dem fremdhändigen Testament nachgebildet, zur Auslegung können somit insbesondere die §§ 579 und 581 ABGB herangezogen werden, vgl.: Maurer, § 284f Rdn. 12.

Abschließend bestimmt § 284f Absatz 2 Zeile 4 ABGB, dass eine Vorsorgevollmacht ohne das Erfordernis der Hinzuziehung der in § 284f Absatz 2 Zeile 2 ABGB genannten Zeugen auch als Notariatsakt aufgenommen werden kann[630].

bb. Wichtige Angelegenheiten, § 284f Absatz 3 ABGB

In § 284f Absatz 3 ABGB werden die Formerfordernisse für sog. *wichtige Angelegenheiten*[631] angeführt, welche im Verhältnis zu denen für einfache Angelegenheiten entsprechend erhöht sind[632]. Eine derartige Vorsorgevollmacht muss vor einem Rechtsanwalt, Notar oder bei Gericht errichtet werden[633], zudem hat durch diese eine Belehrung des Vollmachtgebers über die Rechtsfolgen der Vorsorgevollmacht und über die Möglichkeit des jederzeitigen Widerrufs zu erfolgen. Die Belehrung ist auf der Vollmachtsurkunde durch Angabe von Namen und Anschrift sowie durch die eigenhändige Unterschrift des Belehrenden zu dokumentieren, d. h. zu beurkunden. Zudem müssen die wichtigen Angelegenheiten *ausdrücklich* bezeichnet werden. Es muss zwar nicht jede medizinische Behandlung etc. einzeln aufgeführt werden, sondern es genügt, wenn in der Vollmacht klar zum Ausdruck kommt, dass bestimmte wichtige Angelegenheiten erfasst sind. Als ausreichend werden somit etwa folgende Formulierungen im Zusammenhang mit der Einwilligung in medizinische Behandlungen angesehen: Die Ermächtigung zur Entscheidung etwa über *„die Vornahme von Opera-*

---

630 Maurer, § 284f Rdn. 9 ff.

631 Einwilligungen in medizinische Behandlungen im Sinne des § 283 Absatz 2 ABGB, Entscheidungen über dauerhafte Änderungen des Wohnortes sowie die Besorgung von Vermögensangelegenheiten, die nicht zum ordentlichen Wirtschaftbetrieb gehören.

632 In Hinsicht auf die Einwilligung in medizinische Behandlung resultieren diese qualifizierten Formerfordernisse daraus, dass solche schwerwiegenden Behandlungen im Sinne des § 283 Absatz 2 ABGB in der Regel mit schweren oder nachhaltigen Beeinträchtigungen der körperlichen Unversehrtheit oder der Persönlichkeit verbunden sind, vgl. *Weitzenböck* in: Schwimann, Erg-Bnd, § 284f Rdn. 3.

633 In diesem Zusammenhang ist auf die folgende, dadurch entstehende Rechtslage hinzuweisen: Auch speziell rechtskundige Personen, wie Richter oder andere Juristen, die mit der Vorsorgevollmacht beruflich befasst sind, müssen Vorsorgevollmachten nach § 284f Absatz 3 ABGB ausschließlich vor einem Rechtsanwalt, Notar oder bei Gericht errichten. Daraus ergebe sich der skurrile Fall, dass Richter zwar am Amtstag die Parteien über die Rechtswirkungen etwa einer Vorsorgevollmacht unter Haftungspflicht belehren, in eigener Sache jedoch kostenpflichtig zu anderen Personen gehen sollen – dabei sind selbst pensionierte Richter und Staatsanwälte seit der Zivilverfahrens – Novelle (ZVN) 1983, BGBl I Nr. 135/1983, von der Anwaltspflicht ausgenommen, vgl. insgesamt Maurer, § 284f, Rdn. 16.

tionen", *„alle, auch schwerwiegende Maßnahmen"*, *„die Übersiedlung in ein Heim"* sowie *„die künstliche Ernährung betreffend"*[634] etc.

Insgesamt sind die sonstigen in § 284f Absatz 2 ABGB angeführten Formerfordernisse im Weiteren analog anzuwenden. Die Vorsorgevollmacht muss gleichfalls schriftlich errichtet werden[635], zudem muss sie grundsätzlich eigenhändig unterschrieben werden[636]. Wenn der Vollmachtgeber nicht selbst unterschreiben kann, reicht die Erstellung vor einem Notar aus, der die Bekräftigung des Vollmachtsinhaltes durch den Vollmachtgeber beurkundet. Des Weiteren wird das Formerfordernis auch durch einen Notariatsakt erfüllt[637].

Fehlt es im Zusammenhang mit einer Vorsorgevollmacht für wichtige Angelegenheiten an der Errichtung vor einem Rechtsanwalt, Notar oder bei Gericht, erfüllt sie jedoch die sonstigen Voraussetzungen, die auch an eine eigenhändige oder fremdhändige Vorsorgevollmacht in einfachen Angelegenheiten gestellt werden, kommt dennoch eine Vorsorgevollmacht zustande. Wurden in der Vollmacht sowohl eine Betrauung mit einfachen als auch mit wichtigen Angelegenheiten vorgenommen, beschränkt sich der Vertretungsumfang des Bevollmächtigten allein auf die genannten nicht wichtigen Angelegenheiten. Hinsichtlich der wichtigen Angelegenheiten liegt dann eine allgemeine zivilrechtliche Vollmacht vor, welche mit dem Eintritt des Vorsorgefalls eine Sachwalterbestellung erforderlich macht[638].

cc. Exkurs: Registrierung der Vorsorgevollmacht im ÖZVV

Grundsätzlich ist es die Aufgabe des Vollmachtgebers Sorge dafür zu tragen, dass die Vorsorgevollmacht zur richtigen Zeit am richtigen Ort ist, d. h. dass der Bevollmächtigte Kenntnis von seiner Bevollmächtigung hat und ihm, soweit dies erforderlich ist, auch vorliegt. Zur Erleichterung des Procederes wurde im Wege des SWRÄG 2006 gemäß § 140h NO die Möglichkeit der zentralen Registrierung einer Vorsorgevollmacht im *Österreichischen Zentralen Vertretungsverzeichnis* (ÖZVV) geschaffen, in welchem neben Sachwalterverfügungen, der Vertretungsbefugnis nächster Angehöriger und Widersprüchen jede Art von Vorsorgevollmachten aufgeführt werden können[639].

---

634 *Weitzenböck* in: Schwimann, Erg-Bnd, § 284f Rdn. 3, Fn. 13.

635 *Ganner* in: Barth/Ganner, S. 351.

636 Schauer ÖJZ 2007, Teil II, S. 217 (222).

637 *Ganner* in: Barth/Ganner, S. 351.

638 *Ganner* in: Barth/Ganner, S. 352.

639 *Ganner* in: Barth/Ganner, S. 364 ff.; auch Ganner iFamZ 2006, S. 150 (153), welcher darauf verweist, dass eine solche Registrierung zwischen 12 und 20 € kostet.

Der Vorteil einer derartigen zentralen Registrierung ist, dass etwa das Pflegschaftsgericht bei einer Sachwalterbestellung zur Einsichtnahme verpflichtet ist. Diese Registrierung ist *keine* Wirksamkeitsvoraussetzung, vielmehr wird mit ihr eine zusätzliche Möglichkeit geschaffen, einer solchen Art von Vollmacht wie der Vorsorgevollmacht zu faktischer Geltung zu verhelfen[640].

2. Inhalt und Umfang der Vorsorgevollmacht

Durch eine Vorsorgevollmacht kann der Vollmachtgeber dem Bevollmächtigten die Vertretung in rechtsgeschäftlichen und persönlichen Angelegenheiten übertragen. Die wichtigsten Beispiele sind der Abschluss von Verträgen[641], die Vertretung in Gesundheitsangelegenheiten, die Entscheidung über den Wohnsitz und die Vertretung im Gerichtsprozess oder vor Behörden. Grundsätzlich besteht keine Beschränkung hinsichtlich der möglichen Art sowie des jeweiligen Umfanges der Vorsorgevollmacht, jedoch ist eine Erteilung nicht möglich hinsichtlich bestimmter höchstpersönlicher Rechte, die mit einer gesetzlichen und rechtsgeschäftlichen Vertretung unvereinbar sind[642].

Dabei wird grundsätzlich unterschieden zwischen einer Vorsorgevollmacht, mit der die Vertretungsmacht in *einfachen* und einer solchen, mit der die Vertretungsmacht *in bestimmten wichtigen Angelegenheiten* übertragen werden soll.

a. Besorgung der anvertrauten Angelegenheiten, § 284f Absatz 1 Zeile 1 ABGB

Eine Vorsorgevollmacht für *einfache Angelegenheiten* kann alle Maßnahmen und Vertretungshandlungen umfassen mit Ausnahme von der Einwilligung in medizinische Behandlungen, die gewöhnlich mit einer schweren oder nachhaltigen Beeinträchtigung der körperlichen Unversehrtheit oder der Persönlichkeit

---

640 Vgl. ErläutRV 1420 22. GP, S. 28.

641 Hierbei ist darauf zu verweisen, dass der Abschluss eines Behandlungsvertrages als Rechtsgeschäft und die Einwilligung in eine medizinische Behandlung als persönliche Rechtshandlung, eigenständige Maßnahmen darstellen, zitiert nach *Ganner* in: Barth/Ganner, S. 349.

642 Die Errichtung eines Testaments, einer Vorsorgevollmacht und einer Patientenverfügung, die Einwilligung in die Ehe sowie in eine einvernehmliche Scheidung, der Ein- und Austritt in eine oder aus einer Kirche oder Religionsgemeinschaft, die Annahme an Kindes statt sowie die Ausübung des Wahlrechts; dies gilt nicht etwa für die Wahrnehmung von Datenschutzrechten sowie das Recht von der Entbindung der berufsrechtlichen, wie z.B. der ärztlichen Schweigepflicht – für die Übertragung dieser relativ höchstpersönlichen Rechte sind die § 284f Absatz 3 sowie auch § 284h Absatz 3 ABGB vielmehr analog anzuwenden, vgl.: *Ganner* in: Barth/Ganner, S. 353.

verbunden sind, § 283 Absatz 2 ABGB, oder u. a. der dauerhaften Änderung des Wohnortes.

b. Einwilligung in medizinische Behandlungen, § 284f Absatz 3 ABGB

Des Weiteren kann eine Vorsorgevollmacht in *wichtigen Angelegenheiten* erteilt werden, wobei für die vorliegende Ausarbeitung einzig die Bevollmächtigung für die Einwilligung in medizinische Behandlungen von Relevanz ist. Der Begriff der medizinischen Behandlung ist angelehnt an § 283 Absatz 2 ABGB und meint somit solche Behandlungen, die gewöhnlich mit einer schweren oder nachhaltigen Beeinträchtigung der körperlichen Unversehrtheit oder der Persönlichkeit verbunden sind.

aa. Der medizinische Behandlungsabbruch

Im Zusammenhang mit der Einwilligung des Bevollmächtigten in den Abbruch einer lebensverlängernden medizinischen Behandlung inkl. der künstlichen Ernährungs- und Flüssigkeitszufuhr sind hinsichtlich der rechtlichen Beurteilung folgende zwei Szenarien zu unterscheiden[643]: Verweigert der Bevollmächtigte *in Übereinstimmung* mit dem Inhalt der Vorsorgevollmacht seine Einwilligung in eine indizierte medizinische Behandlung, darf diese von ärztlicher Seite grundsätzlich nicht durchgeführt werden. Ein gegenteiliges Vorgehen der Ärzte ist gemäß § 110 öStGb vielmehr zu sanktionieren[644].

Lehnt der Vorsorgebevollmächtigte eine medizinische Behandlung ab, bestehen jedoch Zweifel, ob dies mit dem in der Vorsorgevollmacht niedergelegten Willen des Vollmachtgebers korrespondiert, gelangt das Sachwalterrecht zur Anwendung. Gemäß § 284g Absatz 1 Zeile 1 ABGB ist dann ein Sachwalter zu bestellen, welcher der Umsetzung des Willens des Vollmachtgebers nachzukommen hat. Ergeben sich auch für diesen Zweifel hinsichtlich des tatsächlichen Willens des Vollmachtgebers, ist die Entscheidung zum Gegenstand einer pflegschaftsgerichtlichen Überprüfung bzw. Genehmigung zu machen[645].

643 Siehe hierzu grundsätzlich die Ausführungen bei Kopetzki iFamZ 2007, S. 197 (200).

644 Dies ist auch meines Erachtens die richtige Schlussfolgerung, wenn man darauf verweist, dass anderenfalls der Grundsatz der Selbstbestimmung, zu dessen Schutz die Vorsorgevollmacht instrumentalisiert wurde, immer dann in jenen typischen Konstellationen unterlaufen werden würde, in welchen der Patient eine bestimmte medizinische Maßnahme bzw. deren Fortsetzung nicht akzeptieren möchte.

645 Hierzu jedoch noch im Folgenden.

bb. Ergebnis

Es ist somit festzuhalten, dass sich der Vorsorgebevollmächtigte bei dahingehend hinreichend klaren Anweisungen des Vollmachtgebers in der Vorsorgevollmacht nicht auf ein davon etwaig abweichendes objektives Patientenwohl stützen kann, gleiches gilt für die behandelnden Ärzte. Somit kann der Vorsorgebevollmächtigte rechtlich zulässig und verbindlich (auch) eine lebensverlängernde medizinische Behandlung ablehnen. Dies setzt jedoch immer voraus, dass der dahingehende Inhalt der Vorsorgevollmacht durch den Vollmachtgeber entsprechend eindeutig ausgestaltet wurde und sich in den Grenzen des geltenden Rechts bewegt.

3. Folgen der Vorsorgevollmacht, § 284g ABGB

In § 284g ABGB werden zudem die mit der Errichtung einer Vorsorgevollmacht einhergehenden Folgen beschrieben. Dabei ist grundsätzlich darauf zu verweisen, dass die Vorsorgevollmacht, die sog. *Sachwalterverfügung* und Patientenverfügung auch gleichzeitig in einem Dokument erstellt werden können. Es gilt die folgende grundsätzliche Differenzierung: Wird ein Stellvertreter für den Fall des Verlustes der Geschäft-, Einsichts- und Urteilsfähigkeit und bzw. oder Äußerungsfähigkeit bestellt, so handelt es sich um eine Vorsorgevollmacht. Wird für diesen Fall eine Person ausgewählt, die vom Gericht zum Sachwalter bzw. Stellvertreter bestellt werden soll, handelt es sich um eine Sachwalterverfügung[646]. Normiert der Verfügende seinen Willen rein inhaltlich, liegt hingegen vielmehr eine Patientenverfügung vor, welche nach den Regeln des PatVG zu beurteilen ist[647].

a. Der Grundsatz: Subsidiarität des Sachwalterrechts

Kann schon nach § 268 Absatz 2 ABGB eine Vorsorgevollmacht auch außerhalb des Rechtsinstituts einer Sachwalterbestellung nach § 268 Absatz 1 ABGB bestehen[648], macht dies auch § 284g Absatz 1 ABGB deutlich: *„Eine behinderte*

---

646 Grundsätzlich besteht dabei auch die Möglichkeit, beide Formen miteinander zu verbinden, indem für bestimmte Angelegenheiten selbst eine Person bevollmächtigt und für andere eine Person als Sachwalter ausgewählt wird, *Ganner* in: Barth/Ganner, S. 343.

647 *Ganner* in: Barth/Ganner, S. 343.

648 *„Werden bei Errichtung der Vollmacht nicht nur die allgemeinen Wirksamkeitsvoraussetzungen einer Vollmacht, sondern auch die Form- und Inhaltsvorschriften des § 284f ABGB beachtet, so kommt die in § 268 Absatz 2 ABGB zugrunde gelegte Subsidiarität voll zum Tragen. Die Bestellung eines Sachwalters – sei es auch nur zur Überwachung des Bevollmächtigten – scheidet in den Angelegenheiten, die von der Vollmacht erfasst*

Person, die eine Vorsorgevollmacht erteilt hat, bedarf insoweit keines Sachwalters (...)". Dies ist grundsätzlich zu rechtfertigen mit dem durch § 284f ABGB gewährleisteten *„Erteilungsschutz"*, also dem durch die Formvorschriften für die Vollmacht gegebenen Schutz vor übereilter Errichtung der Vorsorgevollmacht[649].

Jedoch ist darauf hinzuweisen, dass eine Sachwalterschaft durch den Bestand einer Vorsorgevollmacht zwar regelmäßig, jedoch nicht zwingend vermieden wird[650]. So bedarf es trotz des Vorliegens einer Vorsorgevollmacht eines Sachwalters, wenn der Bevollmächtigte nicht oder nicht im Sinne des Bevollmächtigungsvertrages tätig wird, Auflagen des Auftrages missachtet oder sonst durch seine Tätigkeit das Wohl[651] des Vollmachtgebers gefährdet, § 284g Absatz 1 Zeile 1 ABGB. Schränkt der Bevollmächtigte seine Bereitschaft auf einzelne Angelegenheiten ein, so kann nur die Bestellung eines Sachwalters unterbleiben[652].

Eine weitere, lediglich für den ALS-Patienten, relevante Einschränkung der Subsidiarität des Sachwalterrechts ergibt sich daraus, dass gemäß § 284g Absatz 1 Zeile 1 ABGB eine Vorsorgevollmacht nur solange die Sachwalterbestellung entbehrlich macht, als der Vollmachtgeber mit der Besorgung seiner Angelegenheiten durch den Bevollmächtigten einverstanden ist. Durch ein Veto des Vollmachtgebers erhält eine Vorsorgevollmacht den Charakter einer *normalen* Vollmacht iSd §§ 1002 ff. ABGB und steht dadurch einer Sachwalterbestellung nicht mehr entgegen – allenfalls wird ein Sachwalter die Vollmacht widerrufen[653].

Ein weiteres Mal *kann* die Subsidiarität des Sachwalterrechts zudem eintreten, wenn eine Vollmacht zwar nicht die Voraussetzungen des § 284f ABGB

---

sind, nach § 284g Absatz 1 Zeile 1 ABGB grundsätzlich aus", vgl. Maurer, § 284g Rdn. 1.

649 Maurer, § 284g Rdn. 2.

650 Schauer FamZ 2006, S. 148.

651 Etwa wenn Zweifel bestehen, ob die vertretene Person den damals gebildeten Willen beibehalten hat oder wenn diese erst nach dem Verlust der Geschäftsfähigkeit einen konkret fassbaren, jetzt aber nicht mehr zwingend verbindlichen Willen äußert – in diesen Fällen kann der Bevollmächtigte zwar durchaus im Sinne des Bevollmächtigungsvertrages tätig werden, dennoch aber das nun objektiv zu ermittelnde Wohl der vertretenen Person durch seine Tätigkeit gefährden, vgl. *Weitzenböck* in: Schwimann, Erg-Bnd, § 284g Rdn. 6.

652 ErläutRV 1420 BlgNR 22. GP, S. 28 f.; *Stabentheiner* in: Rummel, Bnd. 1, § 273 Rdn. 3 mwN.

653 Maurer, § 284g Rdn. 6.

erfüllt[654], aber aufgrund der Umstände des Einzelfalles nicht zu befürchten ist, dass der Bevollmächtigte seine Aufgaben zum Nachteil der behinderten Person besorgen wird, § 284g Absatz 1 Zeile 2 ABGB.

b. Vorsorgevollmacht, Vertretung nächster Angehöriger und Patientenverfügung

Das Vorliegen einer Vorsorgevollmacht schließt eine Vertretung durch nächste Angehörige, §§ 284b ff. ABGB, aus[655]. Mit einer Patientenverfügung kann eine Vorsorgevollmacht grundsätzlich kombiniert werden kann[656]. An den Inhalt einer verbindlichen Patientenverfügung ist der Vorsorgebevollmächtigte neben dem Bevollmächtigungsvertrag gebunden und hat in diesem Fall dafür zu sorgen, dass die Vorsorgevollmacht den behandelnden Ärzten bekannt wird. Insgesamt hat die Entscheidung des Vollmachtgebers unmittelbare Geltung. Liegt hingegen eine beachtliche Patientenverfügung vor, kann diese, wenn sich aus der Vollmacht oder aus dem Auftrag kein solcher Wille klar ableiten lässt[657], jedenfalls eine Leitlinie bzw. Orientierungshilfe bei der Ermittlung des mutmaßlichen Willens des Vollmachtgebers sein.

4. Die Bestimmungen des § 284h ABGB

a. Der Wille des Vollmachtgebers, § 284h Absatz 1 ABGB

Anders als die behinderte Person, die unter Sachwalterschaft steht, §§ 273a Absatz 3, 281 Absatz 2 ABGB, hat der Vollmachtgeber nicht nur ein Mitspracherecht, sondern er bestimmt gemäß § 284h Absatz 1 Zeile 1 ABGB Art und Ausmaß des Vertreterhandelns. Es gilt für die Vorsorgevollmacht somit grundsätzlich das Gleiche wie für die zivilrechtliche *normale* Vollmacht. Dadurch, dass der Vollmachtgeber in der Vollmacht zwingend zu befolgende Anweisungen erteilen kann, kann er seine Selbstbestimmung dahingehend in Gänze ausüben, wie für ihn bestimmte Maßnahmen vorhersehbar sind; er bestimmt grundsätzlich selbst, was ihm zum Wohle gereicht. Zu differenzieren ist zwischen einer Anweisung an den Beauftragten, etwas Bestimmtes zu tun, und einer in der Vollmacht bereits direkt vorweggenommenen Entscheidung, welche keiner Vertretungshandlung durch den Bevollmächtigten mehr benötigt, sondern allenfalls

---

654 Und somit nach dem gängigen Vollmachtsrecht der §§ 1002 ff. ABGB zu beurteilen sein würde.

655 ErläutRV 1420 BlgNR 22. GP, S. 22.

656 Maurer, Vor § 284f Rdn. 3.

657 *Weitzenböck* in: Schwimann, Bnd. 1, § 284h Rdn. 2.

der Ausführung durch einen Erfüllungsgehilfen oder Boten[658]. Insgesamt hat der Bevollmächtigte dem in der Vorsorgevollmacht zum Ausdruck gebrachten Willen des Vollmachtgebers auch dann zu entsprechen, wenn er dessen objektivem Wohl entgegenläuft[659].

Jedoch ist der Bevollmächtigte verpflichtet festzustellen, ob die Anweisungen wirksam erteilt wurden, d. h. ob der Vollmachtgeber zur Zeit der Beauftragung geschäfts- sowie entscheidungsfähig war. Gleichfalls hat er zu überprüfen, ob die Anweisung immer noch aktuell ist oder sich die Einstellung des Vollmachtgebers nach dem Eintritt des Vorsorgefalls inzwischen geändert hat, § 284h Absatz 1 Zeile 2 ABGB, es gilt hier somit das Prinzip der Wunschermittlung[660]. Das bedeutet, dass der Bevollmächtigte aktiv darauf einzuwirken hat, dass sich der Vollmachtgeber einen Willen über zu besorgende Angelegenheiten bildet. Da einem Wunsch gemäß § 284h Absatz 1 Zeile 2 ABGB immer dann nachzukommen ist, wenn dessen Berücksichtigung dem Wohl des Vollmachtgebers nicht weniger entspricht, *überwiegt im Zweifel somit dessen Wunsch.* Diese Bestimmung entfaltet jedoch insgesamt für die gegenständlichen Patientengruppen des faktisch entscheidungsunfähig werdenden ALS-Patienten sowie des Apallikers keine nähere Relevanz. So kann sich der dauerhaft entscheidungsunfähige Apalliker schon grundsätzlich nicht mehr kundtun und im Falle des ALS-Patienten lebt eine Vorsorgevollmacht erst dann auf, wenn dieser äußerungsunfähig ist.

Lässt sich der subjektive Wille des Vollmachtgebers hingegen nicht zweifelsfrei feststellen, hat der Bevollmächtigte das objektive Wohl des Vollmachtgebers bestmöglich zu fördern, § 284h Absatz 1 Zeile 3 ABGB. Bei der Auslegung der Vollmacht gemäß § 914 ABGB ist grundsätzlich die Absicht des Vollmachtgebers zu eruieren, wozu zwar nicht in die Vollmacht aufgenommene, jedoch im Zuge der Vollmachtserstellung getätigte Äußerungen zählen. Der Unterschied zur Tätigkeit eines Sachwalters besteht jedoch darin, dass der Handlungsspielraum des Bevollmächtigten insgesamt stets durch den feststellbaren Inhalt der Vorsorgevollmacht begrenzt wird. Auch hier gilt wiederum zu betonen: Die Vertretungsmacht des Vorsorgebevollmächtigten hat ihre Grundlage ausschließlich in der Vorsorgevollmacht. Bestehen Zweifel, etwa bei Angelegenheiten, die inhaltlich von der Vorsorgevollmacht nicht gedeckt sind, muss in jedem Fall ein Sachwalter bestellt werden. Das zu ermittelnde Wohl, welches der Bevollmächtigte bestmöglich zu fördern hat, ist nicht primär nach materiel-

658 Siehe hierzu etwa das praktische Beispiel von *Ganner* in: Barth/Ganner, S. 361 Fn. 1615.

659 So *Weitzenböck* in: Schwimann, Erg-Bnd, § 284h Rdn. 5.

660 Vgl. Jud öAnwBl 2007, S. 11 (17).

len Gesichtspunkten zu beurteilen[661]. Jedoch kann ein mutmaßlicher Wille, welcher sodann als Leitlinie des Bevollmächtigten zum Tragen kommt, feststellbar sein, etwa wenn sich der Vollmachtgeber früher im Hinblick auf eine bestimmte Situation geäußert hat[662].

b. Die Vorsorgevollmacht und der Vertrauensschutz für Dritte, § 284h Absatz 2 ABGB

Hat der Bevollmächtigte das Wirksamwerden der Vorsorgevollmacht aufgrund des Verlustes der Geschäfts- sowie Entscheidungsfähigkeit des Vollmachtgebers bei einem Notar schriftlich an das ÖZVV gemeldet, ist ihm darüber seitens des Notars nach § 140h Absatz 6 NO bei Vorlage eines entsprechend bestätigenden ärztlichen Zeugnisses eine Bestätigung auszustellen. Insbesondere Banken können eine derartige Bestätigung verlangen, wenn jemand unter Berufung auf eine Vorsorgevollmacht für einen ihrer Bankkunden auftritt. Insgesamt trägt § 284h Absatz 2 ABGB den hauptsächlich von Vertretern der Wirtschaft geäußerten Bedenken Rechnung, der Zeitpunkt des Wirksamwerdens einer erteilten Vorsorgevollmacht könnte Unsicherheiten im Rechtsverkehr erzeugen.

c. Verbot der Weitergabe der Vorsorgevollmacht, § 284h Absatz 3 ABGB

Ist bei einer gängigen zivilrechtlichen Vollmacht gemäß § 1010 ABGB die Erteilung einer Untervollmacht durch den Bevollmächtigten grundsätzlich zulässig, ist darauf zu verweisen, dass dies nicht im Zusammenhang mit einer Vorsorgevollmacht gilt, welche die Einwilligung in medizinische Behandlungen u. a. zum Gegenstand hat, § 284h Absatz 3 ABGB. Dadurch soll sichergestellt werden, dass allein jene Personen für den Vollmachtgeber tätig werden, welchen dieser durch den Akt der Beauftragung sein besonderes Vertrauen geschenkt hat[663].

---

661 Dabei ist das Wohl des Vollmachtgebers nicht allein nach einem materiellen Gesichtspunkt zu beurteilen, vgl. östOGH RZ 2003, S. 214; ebenfalls Zierl, S. 188.

662 *Ganner* in: Barth/Ganner, S. 362.

663 Zierl, S. 189.

IV. Die Vertretung des Betroffenen durch nächste Angehörige, §§ 284b ff. ABGB

Im Falle der Vertretung durch nächste Angehörige handelt es sich insgesamt um ein völlig neues Rechtsinstitut[664], welches ebenfalls im Wege des SWRÄG Einzug in das österreichische ABGB gefunden hat. Im Gegensatz zur Patientenverfügung und zur Vorsorgevollmacht, welche beide als Instrumente der vorgezogenen Ausübung des Selbstbestimmungsrechts einzuordnen sind, handelt es sich bei der *Ex-lege-Vertretungsbefugnis* nächster Angehöriger für *Rechtsgeschäfte des täglichen Lebens*, § 284b Absatz 1 ABGB, sowie für die *Zustimmung in eine medizinische Behandlung*, § 284b Absatz 3 ABGB, um eine neue, zusätzliche Variante gesetzlicher Vertretungsmacht. Diese wurde laut der Materialien zum SWRÄG geschaffen, um die Zunahme der Sachwalterschaften, insbesondere die durch Gerichte und Sachwaltervereine verursachten öffentlichen Kosten einzudämmen[665].

Wurde auf das Verhältnis zur Vorsorgevollmacht bereits eingegangen, stellt sich die Frage, in welchem Verhältnis die Vertretungsbefugnis nächster Angehöriger nach den §§ 284b ff. ABGB zu einer Sachwalterbestellung steht. Einerseits bestimmt § 268 Absatz 2 ABGB, dass die Bestellung eines Sachwalters unzulässig ist, wenn die Angelegenheiten der behinderten Person durch einen gesetzlichen Vertreter besorgt werden. Der Rückschluss, dass die Vertretungsbefugnis nächster Angehöriger der Bestellung eines Sachwalter somit vorgeht, dem Sachwalterrecht in diesem Verhältnis folglich vielmehr Subsidiarität zukommt, scheint sich jedoch dann wieder ins Gegenteil umzukehren, wenn man auf Folgendes verweist: Die Vertretung durch nächste Angehörige soll lediglich dann möglich sein, wenn die betroffene Person keinen Sachwalter hat, § 284b Absatz 1 Zeile 1 ABGB. Wird jedoch etwa mit *Schauer*[666] auf den Zweck der Vertretungsbefugnis nächster Angehöriger verwiesen und angeführt, dass dieses Rechtsinstitut die Zahl der Sachwalterbestellungen beschränken soll, gilt allein die erstgenannte Aussage. Das bedeutet im Umkehrschluss jedoch nicht, dass eine Sachwalterbestellung gänzlich ausgeschlossen ist, wenn für die betroffene Person ein nächster Angehöriger die gesetzliche Vertretung übernommen hat. Im Falle eines Missbrauchsverdachts der Vertretungsbefugnis kann von *jedermann* vielmehr ein gerichtliches Sachwalterverfahren zur Überprüfung des Angehörigen eingeleitet werden[667].

---

664 So Kopetzki iFamz 2007, S. 197 (200).

665 Schauer iFamZ 2009, S. 205.

666 Schauer FamZ 2006, S. 148 (151).

667 Schauer FamZ 2006, S. 148 (152).

Zwar lebt die Vertretungsbefugnis nächster Angehöriger gemäß § 284b Absatz 3 a. E. ABGB auch im Zusammenhang mit entscheidungsunfähigen Personen auf und findet somit durchaus auf die gegenständlichen Patientengruppen des ALS-Patienten sowie des Apallikers Anwendung, jedoch ist diese dahingehend beschränkt, dass sie entgegen § 283 Absatz 2 ABGB lediglich einer medizinischen Behandlung *zustimmen* können, welche *nicht* gewöhnlich mit einer schweren oder nachhaltigen Beeinträchtigung der körperlichen Unversehrtheit oder der Persönlichkeit verbunden ist. Schwerwiegende Behandlungsentscheidungen wie etwa die Vornahme lebenserhaltender Maßnahmen, einer Sondenernährung oder gar die hinsichtlich eines medizinischen Behandlungsabbruches, liegen vielmehr *außerhalb* des Zuständigkeitsbereiches nächster Angehöriger[668].

Insgesamt beansprucht die Vertretungsbefugnis nächster Angehöriger gemäß den §§ 284b ff. ABGB aufgrund der Ausrichtung des Arbeitstitels somit keine besondere Relevanz für die vorliegende Ausarbeitung, von einer weiteren Erörterung ist somit abzusehen. Anzuführen ist mit *Schauer*[669] zudem, dass eine jüngst veröffentlichte Untersuchung zeigt, dass die gesetzliche Angehörigenvertretung zwei Jahre nach Inkrafttreten der neuen Rechtslage zwar nicht gänzlich ohne Bedeutung ist, aber die Fallzahlen verhältnismäßig gering sind. So waren am 31. März 2009 2.162 Eintragungen von Vertretungsbefugnissen nächster Angehöriger verzeichnet, was im Verhältnis zu 84.823 bestehenden Sachwalterschaften am 17. Dezember 2007[670] ca. 2 % entspricht[671].

V. Der Behandlungsabbruch als Gegenstand des Sachwalterrechts, §§ 268 ff. ABGB

1. Voraussetzungen zur Bestellung eines Sachwalters

Die Voraussetzungen, welche im Zusammenhang mit der gerichtlichen Bestellung eines Sachwalters vorliegen müssen, sind grundsätzlich in den §§ 268 ff. ABGB bestimmt, insbesondere jedoch in § 268 Absatz 1 ABGB selbst. Liegen dessen Voraussetzungen vor, ist der Pflegschaftsrichter verpflichtet, die Sachwalterbestellung vorzunehmen.

---

668 Im Falle einer unterbliebenen Zustimmung greifen bei Gefahr im Verzug wiederum § 110 Absatz 2 öStGB sowie § 8 Absatz 3 KAKuG.

669 Schauer iFamZ 2009, S. 205.

670 Diese Zahl nennt die damalige österreichische Bundesministerin für Justiz, Dr. Maria Berger, in einer Beantwortung einer Frage des Nationalrats, 2482/AB. 23. GP, zitiert nach Schauer iFamZ 2009, S. 150, Fn. 3.

671 Vgl. die Ausführungen bei Ganner iFamZ 2009, S. 150 (153).

a. Voraussetzungen in der Person des Patienten

§ 268 Absatz 1 ABGB bestimmt, „*Vermag eine volljährige Person, die an einer psychischen Krankheit leidet oder geistig behindert ist (behinderte Person), alle oder einzelne ihrer Angelegenheiten nicht ohne Gefahr eines Nachteils für sich selbst zu besorgen, so ist ihr auf ihren Antrag oder von Amts wegen dazu ein Sachwalter zu bestellen*“[672]. Das Verfahren betreffend die Bestellung eines Sachwalters kann gemäß § 268 Absatz 1 ABGB sowie § 117 AußStrG folglich nur auf Antrag des Betroffenen selbst oder von Amts wegen eingeleitet werden. Nur der betroffene Patient hat ein Antragsrecht, alle anderen Personen bzw. Dritte[673] haben hingegen allein das Recht, eine Sachwalterbestellung bei Gericht anzuregen und somit ein bloßes Anregungsrecht[674].

Da § 268 Absatz 1 ABGB darauf verweist, dass die betroffene Person, für welche eine Sachwalterbestellung beantragt bzw. angeregt wird, volljährig zu sein hat, entfaltet die vorliegend zu erörternde Bestellung eines Sachwalters vielmehr keine Geltung für Minderjährige. Vielmehr darf für diese seit der Abkopplung des Sachwalterrechts vom Kindschaftsrecht mit dem Inkrafttreten des KindRÄG zum 01. Juli 2001[675] kein Sachwalter mehr bestellt werden, es gelten die § 117 Absatz 2 AußStrG, § 154b ABGB.

672 In diesem Rahmen ist anzuführen, dass insgesamt drei Arten von Sachwaltern unterschieden werden: Der Sachwalter gemäß § 268 ABGB sowie § 123 AußStrG, auch als endgültiger Sachwalter bezeichnet, der Verfahrenssachwalter gemäß § 119 AußStrG sowie der einstweilige Sachwalter nach § 120 AußStrG: Der Verfahrenssachwalter ist dabei, wie der Name schon sagt, allein auf die Vertretung im Sachwalterbestellungsverfahren beschränkt; der einstweilige Sachwalter, welcher zum Zwecke der Besorgung dringender Angelegenheiten bestellt wird, steht hingegen einem endgültigen Sachwalter im Falle der gerichtlichen Anordnung weitestgehend gleich; seine Funktion endet mit der rechtskräftigen Bestellung eines endgültigen Sachwalters, siehe Zierl, S. 38 f.

673 Privatpersonen wie Familienmitglieder, Nachbarn, Ärzte; soziale Einrichtungen wie die Hauskrankenpflege, Altenbetreuung, Sozialberatungsstellen, Heimträger oder öffentliche Dienststellen wie Gemeindeämter, Magistrate, Bezirkshauptmannschaften/Sozialämter, Finanzämter oder Ämter der Landesregierung, zitiert nach Zierl, S. 32.

674 Da die Grundvoraussetzung für die Antragsstellung durch den Betroffenen selbst somit ein bestimmtes Maß an Einsichts- und Urteilsfähigkeit ist, vgl. Feil/Marent § 117 Rdn. 6, wird insbesondere im Zusammenhang mit dem dauerhaft entscheidungsunfähigen Apalliker die zweite Möglichkeit zum Tragen kommen.

675 Bis auf die Ausnahme des Kollisionsfalles nach § 271 ABGB, wenn die Interessen einer minderjährigen Person und die ihres gesetzlichen Vertreters einander widerstreiten.

aa. *Vorliegen einer psychischen Krankheit oder geistigen Behinderung*

§ 268 Absatz 1 ABGB setzt als Grundvoraussetzung für eine Sachwalterbestellung in der Person des Betroffenen voraus, dass diese aufgrund einer psychischen Krankheit oder geistigen Behinderung, insgesamt legaldefiniert als *behinderte Person*, alle oder einzelne ihrer Angelegenheiten nicht ohne Gefahr eines Nachteils für sich selbst zu besorgen vermag.

Grundsätzlich kann ein Mensch dann als behindert angesehen werden, wenn er aufgrund körperlicher, geistiger oder psychischer Krankheiten bzw. Gebrechen dauernd erheblich beeinträchtigt ist. Nach den Behindertengesetzen der Bundesländer Österreichs umfasst der Begriff *Behinderte* in der Regel psychisch kranke oder geistig und körperlich behinderte Menschen – einen einheitlichen Behindertenbegriff gibt es jedoch nicht[676]. Festzuhalten ist, dass für den Begriff der behinderten Person insgesamt der Umstand wesentlich ist, dass der Betreffende seine Angelegenheiten nicht ohne die Gefahr eines Nachteils für sich besorgen kann bzw. hierfür einer Unterstützung bedarf[677]. Hierauf ist somit zur Beantwortung der Frage, ob für eine bestimmte Person die Bestellung eines Sachwalters zu beantragen bzw. anzuregen ist, neben dem Bestehen einer zur Entscheidungsunfähigkeit führenden Behinderung *kummulativ* abzustellen.

Insgesamt sind die Rechtsbegriffe der psychischen Krankheit sowie der geistigen Behinderung extensiv auszulegen und erfassen unabhängig von der medizinischen Terminologie alle psychischen Störungen und Umstände, die mit einer entsprechenden Beeinträchtigung der Entscheidungsfähigkeit verbunden sind. Zu nennen sind in diesem Zusammenhang auch etwa Fälle der dauerhaften Bewusstlosigkeit[678], psychische Störungen nach Schädel-Hirn-Traumen und Schlaganfällen, einschließlich aller Formen der Demenz.

Einen Sonderfall bildet wiederum die Gruppe der ALS-Patienten, da diese weder an einer psychischen Krankheit leiden noch geistig behindert sind. Für den nur körperlich, jedoch nicht geistig Behinderten ist eine Sachwalterbestellung nach § 268 ABGB in der Regel jedoch nicht vorgesehen[679]. In Betracht käme somit die Anwendung der Gebrechlichkeitspflegschaft, wie sie in § 269 ABGB iVm § 21 ABGB bestand. Da § 269 ABGB im Wege des KindRÄG im Jahre 2001 jedoch aufgehoben wurde, ist darauf abzustellen, ob der Betroffene Vollmacht erteilen kann oder aber nicht. Ist eine Vollmachtserteilung bzw. das Abfassen einer Patientenverfügung möglich, da der Betroffene noch über das

676 Zierl, S. 49.

677 Maurer, § 268 Rdn. 9.

678 Kopetzki iFamZ 2007, S. 197 (202); Maurer, § 268 Rdn. 11; *Schmoller* in: Triffterer § 110 Rdn. 53.

679 Maurer, § 268 Rdn. 10.

dafür erforderliche Maß an Entscheidungsfähigkeit verfügt, gebührt der gewillkürten Vertretung bzw. der Vorausverfügung der Vortritt. Kann in diesem Rahmen jedoch keine Vollmacht erteilt werden[680], ist grundsätzlich zu prüfen, warum dies der Fall ist. Beruht die Unfähigkeit auf einer geistigen Störung im nur weitesten Sinne, ist § 268 ABGB mit der Folge der Bestellung eines Sachwalters anzuwenden[681]. Bei Sonderfällen von körperlicher Behinderung, in denen keine Geistesstörung vorliegt[682], soll eine Vollmachtserteilung jedoch nicht möglich sein. Aufgrund dessen zieht ein Teil der Literatur[683] den aufgehobenen § 269 ABGB als aushilfsweise Auffangbestimmung mit der Begründung heran, dass dem Gesetzgeber vielmehr nicht unterstellt werden könne, schwer körperlich Behinderte ohne Hilfe lassen zu wollen. Vielmehr müsse diesen das gleiche Schutzbedürfnis zukommen wie geistig Behinderten. Zwar *kann* die Aufhebung des § 269 ABGB als Hinweis des Gesetzgebers gewertet werden, dass die Bestellung eines Sachwalters für den nur körperlich Behinderten nicht gewollt sei, jedoch ist darauf zu verweisen, dass auch die Rechtsprechung es gestatte, überall dort, wo eine Person zur eigenen Willensbildung nicht fähig ist, einen Kurator zu bestellen[684]. Darüber hinaus ist anzuführen, dass § 269 ABGB eine gesetzliche Grundlage darstellt, um auch körperbehinderten Personen aufgrund ihrer Körperbehinderung einen Kurator zu bestellen, soweit solche Personen nicht Vollmacht erteilen können. Aufgrund der Aufhebung des § 269 ABGB ist jedoch auf § 21 ABGB allein zurückzugreifen: § 269 ABGB sei nicht als bloße programmatische Bestimmung einzuordnen, sondern diene vielmehr als Grundlage für die Verwirklichung des beachtenswerten Gedankens des Schutzes kör-

---

680 Etwa wenn die Lähmung im Falle eines ALS-Patient bereits weit fortgeschritten ist.

681 In diesem Zusammenhang ist es offensichtlich, dass die Rechtsprechung sich mit extensiver Auslegung und Gesetzesanalogie behilft, so Gamerith NZ 1988, S. 63; zu verweisen ist etwa auf eine Entscheidung des östOGH JBl 1968, S. 373, in welcher dieser die volle Entmündigung und Kuratorenbestellung bei Schlaganfall und Verlust des Sprechvermögens mit der Begründung billigte, Geisteskrankheit und Geistesschwäche seien Rechtsbegriffe und Sprechverlust könne eine Geistesstörung bewirken; weiter wurde in 7 Ob 547/86 festgehalten, dass auch dann, wenn eine psychische Erkrankung oder geistige Behinderung nicht einwandfrei feststellbbar ist, die Gerichte berechtigt sind, aufgrund des festgestellten Zustandes Geistesstörung anzunehmen; zudem ist darauf zu verweisen, dass es für eine Sachwalterbestellung wegen psychischer geistiger Behinderung ausreichend sein soll, wenn nach einem Schlaganfall mit halbseitiger Lähmung nur mit großer Mühe ein sinnvoller Sprechkontakt herstellbar ist, 8 Ob 502/87.

682 Wie im Falle des von der krankheitsbedingten Lähmung schon größtenteils erfassten ALS-Patienten.

683 Etwa Gitschthaler ÖJZ 1985, S. 194.

684 RZ 1962, S. 139.

perbehinderter Personen[685]. Folglich ist auch im Falle des lediglich körperlich behinderten ALS-Patienten ein Sachwalter nach den §§ 268 ff. ABGB zu bestellen.

bb. Die Unfähigkeit, alle oder einzelne Angelegenheiten für sich selbst zu besorgen

Neben dem Vorliegen einer psychischen Erkrankung oder geistigen bzw. körperlichen Behinderung muss als weitere Voraussetzung in der Person des Betroffenen die Unfähigkeit vorliegen, alle oder einzelne Angelegenheiten ohne die Gefahr eines Nachteils für sich selbst zu besorgen.

Dabei muss die *Angelegenheit* in dem Bereich des Lebens liegen, der für die Person bedeutsam ist, zudem muss sie, damit ihr rechtliche Relevanz zukommt, konkret und aktuell sein. Insgesamt ist der Begriff der Angelegenheit jedoch in einem sehr umfassenden Sinne zu verstehen, worunter nicht nur Rechtsgeschäfte, sondern auch Rechtshandlungen fallen, zudem die Führung von Prozessen oder Abstammungsstreitigkeiten[686], die Beteiligung an behördlichen Verfahren[687], die Fürsorge für die eigene Person[688] usw. - insgesamt somit alle rechtlichen Angelegenheiten einer Person.

Des Weiteren kommen als *Angelegenheiten* ferner die Überwachung der Tätigkeit eines (Vorsorge-) Bevollmächtigten, sog. *Kontrollbetreuung*, bzw. des Widerrufs in Betracht[689] sowie Angelegenheiten der Personensorge wie etwa die Sicherstellung der erforderlichen Pflege und Betreuung der betroffenen Person, die Wahrnehmung von Persönlichkeitsrechten wie etwa die Zustimmung zu einer Operation[690] einschließlich ärztlicher Heilbehandlungen insgesamt. Da die Behandlungsentscheidung als Angelegenheit iSd § 268 Absatz 1 ABGB bzw. des § 120 AußStrG gilt, ist hierbei anzuführen, dass eine Sachwalterbestellung somit auch dann vorzunehmen ist, wenn sich der Eintritt einer späteren Entscheidungsunfähigkeit des betroffenen Patienten erst *abzeichnet*, jedoch abzusehen ist, dass in diesem Zusammenhang eine Notwendigkeit für bevorstehende Entscheidungen hinsichtlich medizinischer Behandlungen entstehen wird[691].

---

685 Maurer, § 268 Rdn. 13.
686 Maurer/Schrott/Schütz AußStrG § 83 Rdn. 4.
687 7 Ob 598/91.
688 8 Ob 543/8 – NZ 1987, S. 12 f.
689 Bernat EF-Z 2006, Teil II, S. 74 (77).
690 östOGH 7 Ob 355/97z JBl 1998, S. 443.
691 Kopetzki iFamZ 2007, S. 197 (202).

b. *Voraussetzungen in der Person des Sachwalters*

aa. *Mitteilungspflicht und Ablehnungsrecht, § 274 ABGB*

§ 274 Absatz 1 Zeile 1 ABGB, welcher insgesamt dem § 189 ABGB nachgebildet ist[692], legt für denjenigen, welcher seitens des Gerichts zum Sachwalter bestellt werden soll, hinsichtlich aller Umstände, die ihn für eine Sachwalterschaft ungeeignet erscheinen lassen, eine Mitteilungspflicht fest und bestimmt darüber hinaus in § 274 Absatz 1 Zeile 2 ABGB, dass er dem Pflegebefohlenen im Falle der schuldhaften – bzw. auch nur fahrlässigen[693] - Unterlassung dieser Mitteilung für alle ihm daraus entstehenden Nachteile haftet. Insgesamt ändert diese Verpflichtung jedoch nichts daran, dass das Gericht über die Eignung von Amts wegen Erhebungen anzustellen hat.

Grundsätzlich verbleibt auch nach dem SWRÄG eine Verpflichtung zur Übernahme einer Sachwalterschaft. Zum einen für geeignete nahe stehende Personen aufgrund der gesetzlichen Beistandspflicht und zum anderen für Rechtsanwälte und Notare – Berufsanwärter ausgenommen -, wenn die Sachwalterschaft für sie nicht unzumutbar ist, vgl. § 274 Absatz 2 ABGB. In Bezug auf die erstgenannte Personengruppe ist Folgendes anzuführen: Eine zum Sachwalter bestellte, geeignete nahe stehende Person ist analog zu § 200 ABGB grundsätzlich zur Übernahme der Sachwalterschaft verpflichtet[694]. Im besonderen Maße gilt dies für Kinder und Eltern bzw. Ehegatten, welche in der Regel bereits aufgrund ihrer familiären Beistandspflicht verpflichtet sind, die Sachwalterschaft für ihren jeweiligen Angehörigen zu übernehmen. Lehnt ein solcher Angehöriger jedoch die Übernahme dieses Amtes ab, kann seine Eignung in Frage stehen[695], da diese Ablehnung insbesondere indiziert, dass innerhalb einer zukünftigen Sachwalterschaft das Wohl des Betroffenen voraussichtlich nicht gefördert werden würde. Nicht zu übertragen ist dies hingegen auf Lebensgefährten des Betroffenen. Diese haben mangels Beistandspflicht sowie aufgrund der Mög-

---

692 In diesem Zusammenhang ist anzuführen, dass der Übernahme einer Sachwalterschaft früher der Stellenwert einer allgemeinen Bürgerpflicht zukam, wovon sich der Gesetzgeber im Zuge der Liberalisierung der Gesellschaft jedoch immer mehr entfernte: So ist heute aus § 189 Absatz 2 ABGB im Zusammenhang mit der Aufhebung der §§ 195, 200, 201 sowie § 203 ABGB und der Rechtslage der §§ 187, 188, 213 ABGB de lege lata abzuleiten, dass nach dem KindRÄG im Jahre 2001 nicht mehr für jede Person die Verpflichtung zur Übernahme besteht, sondern nur noch für besonders geeignete Personen, 7 Ob323/01 b; 7 Ob 81/02 s – dies sollte dabei umso mehr für die Übernahme einer Sachwalterschaft gelten, vgl. Maurer, § 274 Rdn. 1.

693 *Stabentheiner* in: Rummel, Bnd. 1, § 189 Rdn. 1.

694 2 Ob 296/98.

695 Erläut RV 1422 BlgNR 22. GP, S. 13.

lichkeit, die Lebensgemeinschaft jederzeit zu beenden, vielmehr keine gesetzliche Verpflichtung, eine Sachwalterschaft zu übernehmen[696].

In Hinsicht auf die durch § 274 Absatz 2 ABGB als Sachwalter als im besonderen Maße geeignet festgelegte Personengruppe der Rechtsanwälte und Notare ist zudem Folgendes auszuführen: Bei diesen wird es als Sozial- oder Ehrenpflicht[697] angesehen unter bestimmten Voraussetzungen – auch gegen ihren Willen[698] – eine Sachwalterschaft zu übernehmen[699]. Insbesondere nicht ausreichend für eine Ablehnung ist die Angabe einer nicht näher konkretisierten Arbeitsüberlastung[700]. Zwar bleibt grundsätzlich jedem die Berufung darauf, dass von ihm eine nicht dem Wohl des Pflegebefohlenen förderliche Ausübung einer Sachwalterschaft zu erwarten ist – bei Rechtsanwälten und Notaren ist dies allerdings nicht akzeptabel und standeswidrig[701]. Eine Ausnahme besteht für einen Angehörigen dieser Personengruppe vielmehr einzig nach § 274 Absatz 2 ABGB, wenn diesem die Übernahme der Sachwalterschaft *„unter Berücksichtigung seiner persönlichen, familiären, beruflichen oder sonstigen Verhältnisse nicht zugemutet werden kann"*. Eine Vermutung dafür besteht bei einer Anzahl von fünf Sachwalterschafen, § 274 Absatz 2 ABGB a. E. Insbesondere können sonstige extreme berufliche Belastungen[702], Feindschaft iSd § 194 ABGB idF vor dem KindRÄG oder aber gegenseitige Abneigung[703] die Tätigkeit als Sachwalter *persönlich* unzumutbar machen[704].

696 Maurer, § 274 Rdn. 1; weitere Ablehnungsgründe von geeigneten, nahe stehenden Personen, finden sich darüber hinaus in § 273 Absatz 2 sowie § 279 Absatz 5 ABGB, dazu im Folgenden.

697 Sog. *officium nobile*.

698 In diesem Zusammenhang liegt nach Ansicht des östOGH keine Verfassungswidrigkeit vor, da die Übernahme einer Sachwalterschaft als Bürgerpflicht angesehen wird, nach der neuen Rechtslage heisst es *„weil es eine normale Bürgerpflicht für geeignete nahe stehenden Personen ist"*.

699 7 Ob 81/02 s; 1 Ob 116/03.

700 7 Ob 221/03 f EF 104.570.

701 Hier ist anzuführen, dass Rechtsanwälte und Notare hinsichtlich der Erfüllung ihrer Berufspflichten einer disziplinarrechtlichen Verantwortung unterliegen; insgesamt ist § 274 Absatz 2 ABGB mit seiner enthaltenen Verpflichtung zur Übernahme von Sachwalterschaften für Rechtsanwälte und Notare somit enger als der bisherige § 189 Absatz 2 ABGB.

702 *Stabentheiner* in: Rummel, Bnd. 1, § 189 Rdn. 2.

703 Nicht bloß querulantische Veranlagung.

704 So noch Maurer in der vorherigen Auflage: Maurer, Ewald/Tschuggel, Wilhelm, Das österreichische Sachwalterrecht in der Praxis, 2. Auflage, Wien 1997, S. 75.

bb. Der Kreis der als Sachwalter in Betracht kommenden Personen

Gemäß § 273 Absatz 1 ABGB ist bei der Auswahl des Sachwalters auf die Art der Angelegenheiten zu achten, welche dieser für die zu vertretende Person zu besorgen hat. Nicht mit einer Sachwalterschaft betraut werden dürfen nicht eigenberechtigte Personen sowie solche, von denen eine dem Wohl des Betroffenen förderliche Ausübung der Sachwalterschaft nicht zu erwarten ist, § 273 Absatz 2 Nr. 1, 2 ABGB.

§ 279 Absatz 1 Zeile 1 ABGB legt hinsichtlich der als Sachwalter zu bestellenden Person darüber hinaus fest, dass bei dessen Auswahl *"besonders auf die Bedürfnisse der behinderten Person einzugehen ist"*. Des Weiteren sollte der zu bestellende Sachwalter weder in einem Abhängigkeitsverhältnis noch in einer anderen Beziehung zu einer Krankenanstalt, einem Heim oder einer sonstigen Einrichtungen stehen, in welcher sich der betroffene Patient aufhält oder von welcher er betreut wird. Ein besonderer Stellenwert kommt in diesem Zusammenhang der sog. *Sachwalterverfügung* zu, wenn § 279 Absatz 1 Zeile 2 ABGB festhält, dass insbesondere Wünsche der betroffenen Person, welche sie vor dem Verlust der Geschäfts- sowie Entscheidungsfähigkeit geäußert hat, zu berücksichtigen sind. Gleiches gilt zudem für Anregungen nahe stehender Personen – insgesamt muss jedoch stets dem Wohl der betroffenen Person entsprochen werden.

Grundsätzlich ist einer behinderten Person eine geeignete, ihr nahe stehende Person zum Sachwalter zu bestellen, § 279 Absatz 2 Zeile 1 ABGB. Wird eine minderjährige behinderte Person volljährig, ist nach § 279 Absatz 2 Zeile 2 ABGB ein bisher mit der Obsorge betrauter Elternteil zum Sachwalter zu bestellen. Des Weiteren kann unter dem Vorbehalt von dessen Zustimmung auch ein Verein in Betracht kommen, gleiches gilt unter Bezugnahme auf § 274 Absatz 2 ABGB für einen Rechtsanwalt bzw. Rechtsanwaltsanwärter oder Notar bzw. Notariatskandidaten, § 279 Absatz 3 Zeile 2 ABGB iVm. § 279 Absatz 4 ABGB.

Abschließend wird in § 279 Absatz 5 ABGB die Maximalanzahl der von einer einzelnen Person etc. zu übernehmenden Sachwalterschaften bestimmt. Dabei wird hervorgehoben, dass stets auf eine ordnungsgemäße Besorgung der Pflichten eines Sachwalters, insbesondere jene zur Kontaktaufnahme, Bedacht zu nehmen ist: *„Eine Person – ausgenommen ein geeigneter Verein – darf nicht mehr als fünf, ein Rechtsanwalt oder Notar nicht mehr als 25 Sachwalterschaften übernehmen; Sachwalterschaften zur Besorgung einzelner Angelegenheiten bleiben dabei außer Betracht"*.

cc. Rechte und Pflichten des Sachwalters

Welche Rechte und Pflichten dem Sachwalter bei der Vertretung der betroffenen behinderten Person allgemein obliegen, ist weiterhin in den §§ 275, 281 ABGB festgehalten. Diese lassen sich wie folgt zusammenfassen: Zum einen die Besorgung der ihm übertragenen Aufgaben, § 275 Absatz 1 Zeile 1 ABGB, die Förderung des Wohles des Pflegebefohlenen, § 275 Absatz 1 Zeile 2 ABGB, die Einholung einer gerichtlichen Genehmigung in wichtigen Angelegenheiten, § 275 Absatz 2 ABGB, sowie die an den §§ 229 bis 234 ABGB orientierte Vermögenssorge, § 275 Absatz 3 ABGB. Zum anderen die Berücksichtigung des Willens und der Bedürfnisse der behinderten Person, § 281 Absatz 1 Zeile 1 ABGB, die Verständigung des Pflegebefohlenen von wichtigen Maßnahmen und die Berücksichtigung von dessen Äußerungen, § 281 Absatz 2 ABGB, sowie die Pflicht zur Verwendung des Vermögens bzw. des Einkommens der behinderten Person zur Deckung der den persönlichen Lebensverhältnisses entsprechenden Bedürfnisse, § 281 Absatz 3 ABGB.

aaa. Das Wohl des Pflegebefohlenen

Fehlte infolge der Abkopplung des Kindschaftsrechts vom Sachwalterrecht eine sog. *Programmnorm*, welche das Ziel festlegt, an dem sich die Tätigkeit des Sachwalters zu orientieren hat, ist nun auf § 275 ABGB zu verweisen, welcher in § 275 Absatz 1 Zeile 2 ABGB betont, dass die höchste Maxime des Handelns des Sachwalters *das Wohl* des Pflegebefohlenen ist.

Dies stellt im Verhältnis zur Rechtslage vor dem SWRÄG keine zwar Neuerung dar, sondern lediglich Selbstverständliches fest[705], jedoch wird offenbar, dass der Begriff des *Wohles* des Pflegebefohlenen im Zusammenhang mit einer sachwalterlichen Tätigkeit eine der bedeutendsten Rollen spielt. So findet er nicht nur innerhalb des § 275 Absatz 1 Zeile 2 ABGB Erwähnung, sondern darüber hinaus ebenfalls in § 281 Absatz 2 sowie Absatz 4 ABGB. Gleiches gilt in zweifacher Auswirkung für die Personensorge des § 283 Absatz 2 ABGB. Zum einen wird in § 283 Absatz 2 Zeile 1 ABGB festgehalten, dass die *Vornahme der Behandlung zur Wahrung des Wohles des Pflegebefohlenen erforderlich sein muss* und zum anderen wird die Ablehnung einer (schwerwiegenden) medizinischen Behandlung durch den Sachwalter, welche das *Wohl der behinderten Person gefährdet*, in den Aufgabenbereich der gerichtlichen Genehmigung gerückt, § 283 Absatz 2 Zeile 3 ABGB.

705 Jedoch ist anzuführen, dass das Wohl des Betroffenen als oberste Maxime des sachwalterlichen Handelns zuvor lediglich durch einen Bezug auf § 137 Absatz 1 ABGB bzw. § 21 ABGB abgeleitet werden konnte, vgl. Schauer NZ 2001, S. 275 (278).

Die Lösung der Frage, was konkret unter dem Begriff des *„Wohles"* des Patienten zu verstehen ist bzw. was dieser umfasst, ist nicht ohne Weiteres zu beantworten. Klarheit herrscht lediglich darüber, dass dieser Rechtsbegriff unbestimmt und insgesamt verobjektiviert zu verstehen ist[706]. Ein Zustand, welcher auch durch das SWRÄG nicht im Wege einer Präzisierung behoben wurde. Etwas konkretere Vorgaben zum zugrunde zu legenden Verständnis des Patienten*wohles* gibt der Gesetzgeber in § 281 ABGB. Die Gewährleistung möglichst weitgehender Selbstbestimmung, § 281 Absatz 1, 2 ABGB, sowie die Deckung der aktuellen, den persönlichen Lebensverhältnissen entsprechenden Bedürfnisse, § 281 Absatz 3 ABGB[707]. Fraglich ist jedoch, wie der Begriff des Wohles des Patienten in Grenzbereichen wie etwa dem medizinischen Behandlungsabbruch zu bewerten ist, wenn sich die Frage stellt, ob auch ein lebensbeendender bzw. – verkürzender Abbruch der medizinischen Behandlung bzw. der künstlichen Ernährung- und Flüssigkeitszufuhr dem Wohl des Betroffenen entsprechen kann.

Das Ziel einer medizinischen Maßnahme ist es, Krankheiten, Leiden, Körperschäden nicht krankhafter Art[708] einschließlich Verletzungen, körperliche oder seelische Beschwerden anderer Art, die durch äußere Umstände hervorgerufen werden[709] und die körperliche oder seelische Gesundheit betreffende Dauerzustände[710] zu verhüten, zu erkennen, zu heilen *oder* zu lindern. In der Regel ist eine Rekonvaleszenz bei einem ALS-Patienten oder einem Apalliker aus medizinischer Sicht nicht mehr möglich. Der Schwerpunkt des ärztlichen Agierens verlagert sich dann vom Verfolgen des ärztlichen *Heil*auftrages zur Schmerz*linderung*[711] zzgl. der Gewährleistung der Basispflege inklusive der Grundversorgung mit Nahrung und Flüssigkeit. Anhand dieser Ausführungen wird somit gewahr, dass im Falle schwerer Leiden der Schmerzlinderung bzw. palliativmedizinischen Maßnahmen gegenüber dem Grundsatz des strikten Lebensschutzes

---

706 Zierl, S. 124; Kopetzki iFamZ 2007, S. 197 (202).

707 Siehe *Weitzenböck* in: Schwimann, Erg-Bnd,§ 275 Rdn. 3; weiterhin wird im Zusammenhang mit dem zugrunde zu legenen Verständis hinsichtlich des Begriffes des Patientenwohls angeführt, siehe Maurer § 275 Rdn. 3, dass das Wohl des Pflegebefohlenen mehrere Dimensionen erfasse, welche das körperliche, geistige sowie seelische Wohlergehen der behinderten Person als zentrales Anliegen gemein hat– insgesamt komme es auf die gesamte Lebenssituation des Betroffenen an. Zudem wird darauf verwiesen, dass zum Wohle des Pflegebefohlenen in jedem Falle jedoch die ausschließliche Wahrung seiner Grundrechte gehöre, siehe Kremzow, S. 118.

708 Etwa Schielen sowie Hinken, zitiert nach Leukauf/Steininger § 110 Rdn. 5.

709 Schwangerschaftsbeschwerden, Höhenkrankheit und Aufregungszustände, zitiert nach den Vorgenannten.

710 *Bertel* in: WK, § 110 Rnd. 2.

711 Mit der allenfalls die Gefahr eines früheren Todes als Nebenwirkung verbunden ist, aaO.

des Betroffenen der Vorrang einzuräumen ist. Ein solches Vorgehen widerspricht somit *nicht* dem Wohle des Betroffenen.

Des Weiteren wird der Begriff des *„Patientenwohls"* durch die Grenzen der ärztlichen Behandlungspflicht konturiert. Eine medizinische Behandlung ist jedenfalls dann nicht einzustellen, so lange sie aus medizinischer Sicht geboten ist. Geboten sein kann eine Behandlung jedoch nur dann, sofern der jeweilige medizinische Eingriff für den Patienten in irgendeiner Weise von Nutzen ist. Dies ist jedoch jedenfalls in Bezug auf eine Behandlung, deren lebensspendende Auswirkung der betroffene Patient nicht wahrnehmen kann, weil er irreversibel bewusstlos ist, nicht der Fall. Vielmehr steht eine solche nicht im Dienste seiner Interessen, da ein solcher Patient die Fähigkeit, Interessen auszubilden, unwiederbringlich verloren hat[712]. Vergleichbares kann auch für den Fall des ALS-Patient gelten, welcher im Endstadium seiner Erkrankung miterlebt, wie sein Körper tagtäglich mehr verfällt und damit unbrauchbarer für ihn wird, ohne dass eine Aussicht auf Besserung bestehen würde.

Der Abbruch einer medizinischen Behandlung bzw. einer künstlichen Ernährungs- und Flüssigkeitszufuhr mit dem innewohnenden Moment der daraus resultierenden Lebensverkürzung oder –beendigung kann in den angeführten Einzelfällen somit dem Wohl des betroffenen Patienten entsprechen. In Bezug auf den ALS-Patienten im Endstadium seiner Krankheit wird dieses sich in der Fokussierung des Therapiezieles in einer reinen Schmerzlinderung wieder finden, welche jedoch keine künstlich lebensverlängernden Tendenzen mehr in sich birgt. In Hinsicht auf den Apalliker, dessen Wohl sich aufgrund seines speziellen pathologischen Zustandes schwieriger ermitteln lässt, ist seitens des Sachwalters auf mutmaßliche bzw. in Extremfällen hypothetische Anhaltspunkte abzustellen.

bbb. Der Wille und Vorstellungen des Patienten, § 281 ABGB

Nach § 281 Absatz 1 ABGB hat der Sachwalter dafür Sorge zu tragen, dass der betroffene Patient seine „*Lebensverhältnisse nach (...) (seinen) Wünschen und Vorstellungen gestalten kann*". § 281 Absatz 2, HS. 2 ABGB legt fest, dass der Sachwalter im Innenverhältnis Wünsche der behinderten Person zu berücksichtigen hat, wenn diese deren Wohl nicht weniger entsprechen. Daraus ist der Schluß zu ziehen, dass der Sachwalter auch nach dem SWRÄG die Abwägungsinstanz zwischen dem Patientenwille und dem Patientenwohl bleibt.

712 So *Bernat* insbesondere in: Bernat/Kröll, S. 47 (55 f.) unter Anlehnung an die Ausführungen des House of Lords, aaO.

Hat der Betroffene seinen Willen bzw. seine Vorstellungen etwa in einer Patientenverfügung normiert[713], hängt ihre Wirkung vom Grad ihrer Verbindlichkeit ab. Eine verbindliche Patientenverfügung ist in jedem Fall auch von einem bestellten Sachwalter zu befolgen. Wurde darin eine bestimmte medizinische Behandlung abgelehnt, kann er dafür somit nicht seine Zustimmung erteilen. Eine beachtliche Verfügung hat er des Weiteren bei der gebotenen Berücksichtigung der Wünsche des Betroffenen, § 281 ABGB, als Orientierungshilfe in seine anstehende Entscheidung fließen zu lassen[714]. Besteht zum objektiven Wohl des Betroffenen, § 275 Absatz 1 Zeile 2 ABGB, ein Missverhältnis, kann dies für den Sachwalter zur Folge haben, dass er versuchen muss, einen Ausgleich zu erzielen. Ist dies jedoch nicht möglich, hat er die objektiv für den Betroffenen günstigere Maßnahme zu wählen[715].

Wurde zuvor bereits erläutert, dass sich die Feststellung, was dem Wohl des entscheidungsunfähigen Patienten entspricht, zulässig auch am bloß mutmaßlichen Willen des Betroffenen orientieren kann, ist auch bei der Wunschermittlungspflicht des § 281 ABGB wiederum die Frage zu stellen, inwieweit dies auch hier Geltung für sich beansprucht und somit zum Tragen kommt. In diesem Zusammenhang führt etwa *Kopetzki*[716] den Wortlaut des § 283 Absatz 2 Zeile 2, Alt. 2 ABGB an: *„(...) oder die behinderte Person zu erkennen gibt, dass sie die Behandlung ablehnt, bedarf die Zustimmung (des Sachwalters) der Genehmigung durch das Gericht"*. Nachfolgend daran verweist er darauf, dass die Möglichkeit einer Zustimmung durch den Sachwalter explizit somit *auch dann* vorgesehen sei, wenn der Betroffene die Behandlung *ablehnt* und schlussfolgert daraus, dass aufgrund dessen eine Bindung des Sachwalters an den bloß mutmaßlichen Willen des Patienten zumindest fraglich erscheine. Dem ersten Teil der Schlussfolgerung ist zuzustimmen. Legt man den Wortlaut des § 283 Absatz 2 Zeile 2, Alt. 2 ABGB zugrunde, ist der kund getane Wille des Patienten durch den Sachwalter nicht unmittelbar im Wege der Wahrung der Selbstbestimmung des Betroffenen zu befolgen. Seine abweichende Zustimmung ist nicht etwa unbeachtlich, sondern hat vielmehr weiterhin Bestand, auch wenn sie seitens des

713 Der Sachwalter wird in diesem Zusammenhang somit nicht primär zur Personensorge, namentlich zur Zustimmung in medizinische Behandlungen bestellt worden sein, sondern für andere Tätigkeitsfelder, siehe das erläuterte Prinzip der Subsidiarität des Sachwalterrechts in § 268 Absatz 2 ABGB.

714 Hierbei ist noch anzuführen, dass den Sachwalter, verweist man wiederum auf § 281 Absatz 2 ABGB a. E., jedoch auch bei einer „nur" beachtlichen Patientenverfügung eine Begründungspflicht trifft, wenn er von einem darin eindeutig geäußerten Willen des Verfügenden abweicht, vgl. Bernat/Gaberc GesR 2007, S. 1 (6).

715 Siehe Seitz BtPrax 2005, S. 170.

716 So Kopetzki iFamZ 2007, S. 197 (202).

Gerichts noch zu genehmigen ist. Tritt dieser Fall letztlich ein, kommt die vom *kund getanen* Patientenwillen *abweichende Zustimmung* des Sachwalters zum Tragen, im Widerspruch zum Willen des Betroffenen wird eine medizinische Behandlung somit durchgeführt.

Diese Ausführungen erstaunen im Lichte der Selbstbestimmung zusätzlich, wenn etwa auf Vorheriges verwiesen und angeführt wird, dass eine verbindliche Patientenverfügung von einem bestellten Sachwalter *in jedem Fall* zu befolgen ist, eine darin abgelehnte medizinische Behandlung somit vielmehr nicht zur Durchführung gelangt, auch wenn der Sachwalter eine vom Patientenwillen abweichende Haltung vertritt. Vergleichbares gilt zudem im Zusammenhang mit einer beachtlichen Patientenverfügung, welche der Sachwalter im Rahmen der gebotenen Berücksichtigung der Wünsche des Betroffenen, § 281 ABGB, zumindest *als Orientierungshilfe* in seine anstehende Entscheidung *einzufließen lassen hat.* Grundsätzlich knüpft das Gesetz an die Ablehnung durch die betroffene Person keine hohen Anforderungen, insbesondere ist es nicht erforderlich, dass sie einsichts- und urteilsfähig und somit entscheidungsfähig ist, der Betroffene muss nur – ausdrücklich oder konkludent – zum Ausdruck bringen, dass er die Behandlung nicht will. Einer klaren Willensäußerung bedarf es nicht[717]. Die Gruppe von Patienten, auf welche die Bestimmung des § 283 Absatz 2 Zeile 2, Alt. 2 ABGB abzielt, werden insbesondere solche sein, welche aufgrund einer psychischen Krankheit oder geistigen Behinderung entscheidungsunfähig sind und somit ihre tatsächliche Lage bzw. die Folgen ihrer Entscheidung nicht mehr richtig einzuschätzen vermögen. In diesen Fällen wird die Ablehnung einer medizinischen Behandlung häufig auch daraus resultieren, dass ihnen die Behandlung unangenehm ist oder aber Schmerzen bereitet, nichtsdestotrotz aufgrund ihrer Krankheit oder einem zusätzlich pathologischen Leiden erforderlich ist. In diesem Zusammenhang dient die in § 283 Absatz 2 Zeile 2, Alt. 2 ABGB festgesetzte Voraussetzung der Genehmigung einer von dem tatsächlichen Patientenwillen abweichenden Sachwalterzustimmung letztlich somit der Absicherung aller Beteiligten und nicht zuletzt des Betroffenen selbst.

Zudem kommt dieser Fall im Zusammenhang mit den der Bearbeitung zugrunde liegenden Patientengruppen vielmehr nicht zur Anwendung. Für den Apalliker entfaltet dieser schon grundsätzlich keine Geltung, da dieser aufgrund der irreversiblen Bewusstlosigkeit nicht mehr fähig ist seinen Willen zu äußern oder aber konkludent zu vermitteln. Mit Blick auf den ALS-Patienten ist anzuführen, dass diesen aufgrund seines krankheitsbedingten körperlichen Unvermögens und der daraus resultierenden Unfähigkeit, bestimmte Rechtshandlungen selbst vorzunehmen, zwar ein Sachwalter bestellt werden wird. Da er seinen

---

717 Erläut RV 1420 BlgNR 22. GP, 20.

Willen bis zum Eintritt in das sog. *Locked-In-Syndrom* im Endstadium der Krankheit jedoch kundtun kann, wird die Sachwalterschaft bis dahin in der Regel nicht auch die Personensorge und somit die Zustimmungsbefugnis hinsichtlich medizinischer Behandlungen iSd § 283 ABGB umfassen. Tritt der ALS-Patient dann jedoch in die letzte Phase seiner Krankheit ein und wird somit faktisch entscheidungsunfähig, wird der Sachwalter[718] aufgrund seiner vorherigen Betreuung des Betroffenen dessen Willen kennen und in Kenntnis dieses Willens auch handeln und somit nicht einer medizinischen Behandlung zustimmen, welche der Patient selbst abgelehnt hätte. Folglich kann § 283 Absatz 2 Zeile 2, Alt. 2 ABGB nicht als Argument *gegen* die Bindung des Sachwalters an den bloß mutmaßlichen Patientenwillen herangezogen werden, vielmehr ist in diesem Zusammenhang auf bereits obig Ausgeführtes mit dem Fazit entsprechend zu verweisen, dass auch bei der Wunschermittlungspflicht des Sachwalters gemäß § 281 ABGB in der ebenfalls bereits angeführten Handhabung[719] der mutmaßliche Wille des betroffenen Patienten zum Tragen kommt, wenn normierte Anhaltspunkte für dessen Wünsche und Vorstellungen fehlen.

2. Übersicht über die sachwalterlichen Entscheidungszuständigkeiten

a. Der Wirkungskreis des Sachwalters nach § 268 Absatz 3 ABGB

Der Umfang der Vertretungsmacht des Sachwalters richtet sich grundsätzlich gemäß § 268 Absatz 3 ABGB nach dem vom Gericht festgesetzten Wirkungskreis und kann einzelne, § 268 Absatz 3 Nr. 1 ABGB, einen Kreis, § 268 Absatz 3 Nr. 2 ABGB, sowie alle Angelegenheiten des Betroffenen umfassen, § 268 Absatz 3 Nr. 3 ABGB. Hervorzuheben gilt, dass die drei Stufen der Sachwalterschaft nach § 268 Absatz 3 ABGB nicht primär Ausdruck der Schwere der Behinderung sind, sondern des Umfanges der Angelegenheiten, die die behinderte Person konkret nicht zu besorgen in der Lage ist[720], sog. *Prinzip der bedarfsabhängigen Ausgestaltung des Aufgabenbereiches*[721].

---

718 In der Regel zudem auf der Grundlage einer Patientenverfügung, da der Patient in Kenntnis seiner Krankheit wusste, was auf ihn zukommen wird.

719 Abstellung auf die erlebnisbezogenen sowie dann auf die wertebezogenen Interessen des Entscheidungsunfähigen und nur im Falle ihres Fehlens auf allgemeine Wertvorstellungen, wobei noch zu erläutern gilt, ob in diesem Zusammenhang einschränkend zusätzlich noch die gerichtliche Genehmigung der Sachwalterentscheidung zu fordern ist.

720 *Hopf* in: Koziol/Bydlinski/Bollenberger § 273a Rdn. 6.

721 Ofner ÖJZ 205, S. 775 (784).

In Bezug auf den möglichen Inhalt des sachwalterischen Aufgabenbereiches sind grundsätzlich drei Bereiche zu unterscheiden. Die Personensorge im engeren Sinne wie die Zustimmung zu einer medizinischen Behandlung, die Wohnortbestimmung sowie die Besorgung sonstiger persönlicher Angelegenheiten, die Vermögens-, Einkommens- und Unterhaltssorge und die Vertretung der behinderten Person im privatrechtlichen, öffentlich-rechtlichen, hoheitlichen sowie nicht hoheitlichen Bereich. Das grundsätzliche Ziel einer Sachwalterbestellung ist somit der kompensatorische Schutz der betreuten Person sowie ihres Vermögens und Einkommens bzw. Unterhalts.

b. Die Entscheidung des Sachwalters über eine medizinische Behandlung, § 283 ABGB

Im Abschnitt der sog. *Personensorge* bestimmt § 283 ABGB, dass der Sachwalter im Falle der Entscheidungsunfähigkeit des vertretenen Patienten[722] - wenn sein Wirkungsbereich die Besorgung dieser Angelegenheit umfasst[723] - sowohl hinsichtlich einer *einfachen* medizinischen Behandlung, § 283 Absatz 1 Zeile 2 ABGB, als auch einer solchen seine Zustimmung erteilen kann, *„die gewöhnlich mit einer schweren oder nachhaltigen Beeinträchtigung der körperlichen Unversehrtheit oder der Persönlichkeit verbunden ist"*, § 283 Absatz 2 ABGB, bezeichnet als *schwerwiegende medizinische Behandlung*[724]. Darüber hinaus enthält § 283 Absatz 3 ABGB die schon aus § 110 Absatz 2 öStGB sowie § 8 Absatz 3 KAKuG bekannte *Gefahr in Verzug-Regel.*

Unter dem Begriff der medizinischen Behandlung ist in Anlehnung an § 110 öStGB die *Heilbehandlung* zu verstehen und somit der therapeutische, diagnostische oder prophylaktische Eingriff, der von ärztlicher Seite oder nach ärztlicher Anordnung aufgrund einer anerkannten medizinischen Indikation vorgenommen wird. Jedoch sind auch jene medizinischen Maßnahmen erfasst, die nicht auf einer medizinischen Indikation beruhen, gleichfalls jedoch mit einem Eingriff in die körperliche Integrität des Patienten verbunden sind und vom Arzt vorgenommen oder angeordnet werden müssen.

---

722 Daraus wird deutlich, dass keine Konkurrenz zu der Einwilligung des Patienten selbst entstehen kann, da die Kompetenz des Sachwalters hinsichtlich der Zustimmung zu einer medizinischen Behandlung erst dann auflebt, wenn der betroffene Patient entscheidungsunfähig geworden ist, siehe Kopetzki iFamZ 2007, S. 197 (202).

723 Auch in diesem Bereich trifft den Sachwalter die Wunschermittlungspflicht des § 281 Absatz 2 ABGB, siehe Erläut RV 1420 BlgNR 22. GP.

724 Gerade im Zusammenhang mit der Letztgenannten ist die bloße Zustimmung des Sachwalters für sich genommen jedoch nicht ausreichend, vielmehr sind zudem besondere Zusatzvoraussetzungen zu erfüllen, siehe hierzu im Folgenden.

Von primärem Interesse für die vorliegende Untersuchung ist, ob die Zuständigkeit des Sachwalters im Fall einer schwerwiegenden medizinischen Behandlung nach § 283 Absatz 2 ABGB dahingehend eine Begrenzung widerfährt, das dieser einer medizinischen Behandlung lediglich *zustimmen* kann oder aber, ob seine Entscheidungsbefugnis auch die *Ablehnung* einer solchen mit einer daraus resultierenden Lebensverkürzung des betroffenen Patienten umfassen kann.

aa. Die Zustimmung zu einer schwerwiegenden medizinischen Behandlung

Dass es dem Sachwalter eines entscheidungsunfähigen Patienten neben der Zustimmung in die Vornahme einer Sterilisation sowie eines Heilversuches nach § 284 ABGB grundsätzlich obliegt, einer schwerwiegenden medizinischen Behandlung des Vertretenen zuzustimmen, wurde durch das SWRÄG in § 283 Absatz 2 Zeile 1 ABGB ausdrücklich zum Regelungsgegenstand gemacht.

aaa. Die schwerwiegende medizinische Behandlung: Erfasste Fallgruppen

Da die Formulierung der Behandlung, die gewöhnlich mit einer schweren oder nachhaltigen Beeinträchtigung der körperlichen Unversehrtheit oder der Persönlichkeit verbunden ist, dem § 146c Absatz 2 ABGB entnommen wurde, wird man sich neben diesem am bisherigen Verständnis der *wichtigen Angelegenheiten* iSd § 216 ABGB und am – hinsichtlich des Schutzzweckes vergleichbaren – Begriff der *besonderen Heilbehandlung* iSd § 36 Absatz 2 UbG orientieren können. Folglich wird es sich bei einer solchen im Gegensatz zu den in § 283 Absatz 1 ABGB normierten einfachen medizinischen Behandlungen[725] um Eingriffe handeln, welche gewöhnlich in Beziehung auf die behinderte Person mit der Gefahr einer schweren Körperverletzung oder Gesundheitsschädigung iSd § 84 öStGB verbunden sein können.

Somit sind insbesondere größere operative Eingriffe wie etwa Herzoperationen, Maßnahmen, die lebenswichtige Organe betreffen, Amputationen, risikobehaftete diagnostische Maßnahmen, gleichfalls Chemo- und Strahlentherapien, das Versetzen in Tiefschlaf, Schockbehandlungen, Elektrokrampftherapien, dar-

---

725 Beispiele für einfache medizinische Behandlungen sind etwa Impfungen und Injektionen, Blutabnahmen, orale und intravenöse Verabreichung von Psychopax, Setzen eines Cava-Katheters usw., zitiert nach Zierl, S. 114; siehe hierzu insgesamt die Übersicht bei Kopetzki, Grundriss, S. 634 ff. mwN; zur Definition der ärztlichen Heilbehandlung siehe *Bertel* in: WK, § 110 Rnd. 2; Bertel/Schwaighofer, BT 1, § 110 Rdn. 2 ff.; *Burgstaller* in: WK, § 83 Rdn. 30; Foregger/Kodek, § 110, Anm. 1; Kienapfel/Schroll, BT I, § 110 Rdn. 7; Leukauf/Steininger, § 83 Rdn. 21.

über hinaus Maßnahmen der Zwangsernährung[726] sowie die Durchführung einer künstlichen Ernährung mittels Setzung einer PEG-Sonde erfasst[727]. Insgesamt sind somit Maßnahmen gemeint, die mit einem hohen Risiko[728] oder erheblichen Nebenwirkungen bzw. erheblichen Schmerzen verbunden sind. Eine Beeinträchtigung der Persönlichkeit als weiteres Merkmal einer schwerwiegenden medizinischen Behandlung spielt im Zusammenhang mit den gegenständlichen Patientengruppen keine vertiefende Rolle. Eine derartige Beeinträchtigung wird vielmehr durch Hemmungen der geistigen sowie körperlichen Reifung, Abhängigkeitsentwicklungen sowie Depressionen hervorgerufen, welche aus der Einnahme von Psychopharmaka oder auch anderen Medikamenten entstehen. Weder der ALS-Patient noch der Apalliker sind jedoch Zielgruppe einer solchen medizinischen Therapie.

Stellt man rein auf den Begriff einer *schwerwiegenden medizinischen Behandlung* ab, wird darunter auch der medizinische Behandlungsabbruch zu subsumieren sein, gleiches gilt für die Einstellung einer künstlichen Ernährungs- sowie Flüssigkeitszufuhr[729]. Zudem ist sowohl eine solche als auch ein Abbruch einer medizinischen Behandlung im eigentlichen Sinne in jedem Falle als *schwerwiegend* zu bezeichnen, da sie für den betroffenen Patienten die Folge der Lebensbeendigung bzw. –verkürzung in sich tragen. Die entscheidende Frage in diesem Zusammenhang ist vielmehr, *ob* dem Sachwalter überhaupt ein *Entscheidungsspielraum* zukommen kann, da § 283 Absatz 2 Zeile 1 ABGB bestimmt, dass die Vornahme der Behandlung zur *Wahrung des Wohles* der behinderten Person erforderlich sein muss.

bbb. Die Voraussetzungen des § 283 Absatz 2 Zeile 1, 2 ABGB

§ 283 Absatz 2 Zeile 1 ABGB bestimmt grundsätzlich, dass ein Sachwalter einer schwerwiegenden medizinischen Behandlung nur in dem Fall seine Zustimmung erteilen kann, *„wenn ein vom behandelnden Arzt unabhängiger Arzt in einem ärztlichen Zeugnis bestätigt, dass die behinderte Person nicht über die erforderliche Einsichts- und Urteilsfähigkeit verfügt und die Vornahme der Behandlung zur Wahrung ihres Wohles erforderlich ist“.* Fehlt ein solches oder *gibt die behinderte Person zu erkennen*, dass sie die zur Entscheidung stehende Behand-

726 Auch hier ist wiederum auf die ausführliche Darstellung bei Kopetzki, Grundriss, S. 634 ff. mwN zu verweisen.

727 Erläut RV 1420 BlgNR 22. GP, S. 20.

728 In Bezug auf die der Ausarbeitung zugrunde liegenden Patientengruppen wird dies insbesondere für den Apalliker gelten, da dieser – aller Wahrscheinlichkeit nach - weder Nebenwirkungen noch Schmerzen wahrnehmen kann.

729 Da diese ebenfalls unter den Begriff der medizinischen Behandlung fällt.

lung *ablehnt*, bedarf die Zustimmung des Sachwalters *der Genehmigung des Gerichts*, § 283 Absatz 2 Zeile 2 ABGB.

Grundsätzlich ist anzuführen, dass die Wahl zwischen diesen beiden Alternativen[730] beim Sachwalter liegt[731]. Dies gilt jedoch nicht für den Fall, dass der Betroffene zu erkennen gibt, dass er die anstehende medizinische Behandlung ablehnt: Hier ist die Zustimmung des Sachwalters *in jedem Falle* von der Genehmigung des Gerichts abhängig.

(1) Die Einholung einer Zweitbeurteilung, § 283 Absatz 2 Zeile 1 ABGB

Bei der Feststellung der sog. *second opinion* nach § 283 Absatz 2 Zeile 1 ABGB muss der zweite, d. h. der vom behandelnden unabhängige Arzt, in einem ärztlichen Zeugnis, § 55 öÄrzteG, die folgenden Voraussetzungen bestätigen, welche kumulativ vorliegen müssen: Die in der Person des Pflegebefohlenen vorliegende Entscheidungsunfähigkeit und den Umstand, dass die zur Entscheidung stehende schwerwiegende medizinische Behandlung zur Wahrung seines Wohles erforderlich ist.

Außer dass der bestätigende Arzt unabhängig sein muss[732] werden an seine Person in § 283 Absatz 2 ABGB selbst keine weiteren gesonderten Anforderungen gestellt. In den Materialien wird jedoch darauf verwiesen, dass sich solche aus dem Arztrecht, §§ 31 ff. öÄrzteG, ergeben, wonach etwa Fachärzte ihre Berufstätigkeit auf ihr Fachgebiet zu beschränken haben. Aus diesem Grunde kann es etwa erforderlich sein, dass zu verschiedenen Fragen zwei oder mehrere Zeugnisse eingeholt werden müssen[733].

Nicht ausreichend ist, dass das ärztliche Zeugnis ohne nähere Ausführungen rein darauf verweist, die betreffende Behandlung sei *medizinisch indiziert* und zur *Wahrung des Wohls des Betroffenen erforderlich*. Insbesondere die Erforderlichkeit der Behandlung zur Wahrung des Wohles des Betroffenen verstehen die Materialien in einem außerordentlich umfassenden Sinne: Eine medizinische Indikation allein genüge nicht, es sei vielmehr eine Abwägung zwischen den objektiven Nachteilen, die die behinderte Person durch die Behandlung in Kauf nehmen müsse und den durch die Behandlung erzielbaren objektiven Verminde-

730 Entgegen des ausdrücklichen Wortlautes des § 283 Absatz 2 Zeile 1, 2 ABGB.

731 So etwa *Weitzenböck* in: Schwimann, Erg-Bnd, § 283 Rdn. 4, welcher anführt, dass die Wirksamkeit einer Zustimmung des Sachwalters *grundsätzlich alternativ* von einer second opinion oder von einer gerichtlichen Genehmigung abhängt.

732 Er darf somit nicht etwa in derselben Krankenanstalt wie der behandelnde Arzt tätig sein, gleiches gilt für eine Tätigkeit in einer Gemeinschaftspraxis, siehe *Weitzenböck* in: Schwimann, Erg-Bnd, § 283 Rdn. 5.

733 Erläut RV 1420 BlgNR 22. GP, S. 20 f.

rungen ihres Leidensdruckes vorzunehmen[734]. Eine zusätzliche Rolle spielt im Zusammenhang mit der Beurteilung der Erforderlichkeit zur Wahrung des Wohles des Betroffenen zudem die sog. *compliance*. Dabei ist zu fragen, ob die zur Entscheidung stehende Behandlung verhältnismäßig ist. Insgesamt ist somit auf das *gesamte Wohl* des Pflegebefohlenen abzustellen, welches, wie gezeigt, umfassend beurteilt werden muss.

(2) Pflegschaftsgerichtliche Genehmigung, § 283 Absatz 2 Zeile 2 ABGB

Durch das SWRÄG wurde ein *ausdrücklicher* gerichtlicher Genehmigungsvorbehalt für zwei Fälle festgelegt: Zum einen für den Fall, dass ein *zusätzliches ärztliches Zeugnis nicht vorliegt*, § 283 Absatz 2 Zeile 2, Alt. 1 ABGB, und zum anderen für den Fall, dass der betroffene Patient zu *erkennen gibt*, dass er die zur Entscheidung stehende Behandlung *ablehnt*, § 283 Absatz 2 Zeile 2, Alt. 2 ABGB.

In Hinsicht auf die Normierung eines gerichtlichen Genehmigungsvorbehaltes im Falle einer zur Entscheidung des Sachwalters divergierenden Haltung des betroffenen Patienten denken die Materialien zum SWRÄG[735] insbesondere an den Fall des Einsetzens einer PEG-Sonde, welche dann, wenn der natürlich-kreatürliche Wille des meist hochbetagten Menschen sich gegen diese Maßnahme sträubt, häufig zu dessen Fixierung führt. Nicht erforderlich ist es in diesem Zusammenhang, dass der Betroffene einsichts- und urteilsfähig und somit entscheidungsfähig ist, er muss lediglich ausdrücklich oder konkludent zum Ausdruck bringen, dass er die zur Entscheidung stehende Behandlung ablehnt. Zu betonen gilt, dass bei Vorliegen auch nur geringster Zweifel an der sog. *Freiwilligkeit* der betreffenden medizinischen Maßnahme unmittelbar das Gericht anzurufen ist[736]. Dieses wird sich nur dann über die Haltung der behinderten Person hinwegsetzen, wenn das Unterbleiben der Behandlung mit gewichtigen Nachteilen für deren Gesundheit verbunden ist[737]. Aufgrund dessen ist in diesem Zusammenhang zudem klarzustellen, dass es auch dann der Einholung einer pflegschaftsgerichtlichen Genehmigung bedarf, wenn ein positives, d. h. ein die

734 Siehe Erläut RV 1420 BlgNR 22. GP, S. 20, welche sich in diesem Zusammenhang auf die Entscheidung des LG Innsbruck RdM 2002, S. 63 bezieht (zur Entscheidung stand eine Elektrokonvulsivbehandlung, die von der nicht entscheidungsfähigen Person ausdrücklich abgelehnt wurde).

735 Erläut RV 1429 BlgNR 22. GP, S. 20.

736 Hier ist Kopetzki anzuführen, welcher darauf verweist, dass die Befassung des Gerichts schon im Lichte des Art. 8 EMRK vorzusehen ist, da danach Entscheidungen über unfreiwillige Behandlungen grundsätzlich einer gewissen verfahrensbezogenen Ausgestaltung und Kontrolle unterliegen müssen, siehe UnterbR Bnd. 1, S. 418 ff.

737 *Hopf* in: Koziol/Bydlinski/Bollenberger § 283 Rdn. 3.

Entscheidungsunfähigkeit und die Erforderlichkeit zur Wahrung des Wohles des Betroffenen bestätigendes Zeugnis von einem zweiten Arzt vorliegt, der betroffene Patient die Behandlung jedoch *ablehnt*.

Neben den erwähnten normierten Fällen des gerichtlichen Genehmigungsvorbehaltes gibt es noch eine weitere, in § 283 Absatz 2 ABGB *nicht ausdrücklich* aufgeführte Alternative: So ist eine gerichtliche Genehmigung auch dann einzuholen, wenn der Sachwalter von vornherein etwa aufgrund der Art der zur Entscheidung stehenden Behandlung die Befassung des Gerichts bevorzugt[738]. Dies wird insbesondere bei besonders schwerwiegenden Behandlungsentscheidungen der Fall sein[739].

Überträgt man diese Ausführungen auf die der Ausarbeitung gegenständlichen Patientengruppen ergibt sich Folgendes: In Bezug auf den dauerhaft entscheidungsunfähigen Apalliker entfaltet diese Alternative schon grundsätzlich keine Bedeutung, da dieser sich auch nicht konkludent mitteilen kann[740]. Ein solcher Patient kann somit aufgrund seines pathologischen Zustandes in der konkreten Behandlungssituation eine zur Entscheidung stehende Behandlung *nicht* ablehnen, es kann im Zusammenhang mit der Zustimmung zu einer schwerwiegenden Behandlung rein nach dem Wortlaut des Gesetzes in diesem Fall somit allein § 283 Absatz 2 Zeile 2, Alt. 1 ABGB zum Tragen kommen. Nichts anderes ergibt sich im Zusammenhang mit dem Sonderfall des ALS-Patienten, wenn ein solcher für diesen Fall keine Vorkehrungen getroffen oder sich seinem behandelnden Arzt oder Dritten mitgeteilt hat.

Kommt in beiden angeführten Fällen somit rein abgestellt auf den Gesetzeswortlaut lediglich § 283 Absatz 2 Zeile 2, Alt. 1 ABGB zur Geltung, wird dem Sachwalter unabhängig davon jedoch schon zur rechtlichen Absicherung seiner selbst zu raten sein, von sich aus das Pflegschaftsgericht um eine Genehmigung der Zustimmung anzurufen.

bb. Die Ablehnung einer schwerwiegenden medizinischen Behandlung

Nach diesen Ausführungen betreffend die Zustimmung in eine schwerwiegende medizinische Behandlung durch den Sachwalter, ist auf die Möglichkeit der Ablehnung einer solchen einzugehen.

Grundsätzliche Klarheit herrscht im Zusammenhang mit der Behandlungsverweigerung lediglich dahingehend, dass ein gesetzlicher Vertreter – wie in diesem Fall der Sachwalter – eine solche erteilen *kann*: Wenn für jede medizini-

738 Erläut RV 1420 BlgNR 22. GP, S. 20.

739 *Hopf* in: Koziol/Bydlinski/Bollenberger § 283, S. 241.

740 In diesem Zusammenhang ist auf bereits erfolgte Ausführungen zu möglichen Reaktionen des Wachkoma-Patienten auf bestimmte Reize entsprechend zu verweisen.

sche Behandlung eines nicht mehr entscheidungsfähigen Patienten grundsätzlich die Zustimmung eines rechtlichen Stellvertreters erforderlich ist, folgt aus dem Wesen der Zustimmungsbefugnis selbst, dass dieser die Behandlung im gleichen Maße auch verweigern kann[741]. Anderenfalls wäre das Erfordernis seiner Zustimmung überflüssig[742]. Grundsätzlich scheint es zudem umso mehr geboten, einem Patienten einen gesetzlichen Vertreter zu bestellen, der dem Arzt gegenüber auch seine *Zustimmung zur Beendigung* aller therapeutischen Bemühungen gibt, da dem behandelnden Arzt im Falle der Einschaltung eines gesetzlichen Vertreters so die Alleinverantwortung in puncto Behandlungsabbruch abgenommen wird[743].

aaa. Bisherige Rechtslage: § 216 Absatz 2 iVm § 282 ABGB alt

Zunächst ist mit einem Verweis auf die Rechtslage vor Inkrafttreten des SWRÄG festzuhalten, dass die Ablehnung des Sachwalters gegenüber einer lebensverlängernden medizinischen Behandlung kein Gegenstand einer eigenständigen gesetzlichen Regelung war, jedoch hatte der Sachwalter nach der Bestimmung des § 282 Zeile 2 ABGB alt[744] *„(...) die erforderliche Personensorge, besonders auch die ärztliche und soziale Betreuung, sicherzustellen (...)"*.

Eine Entscheidung des Sachwalters in diesem Zusammenhang bedurfte nach § 216 Absatz 2 iVm § 282 Zeile 1 ABGB alt der Genehmigung durch das Pflegschaftsgericht, wenn diese eine *wichtige, die Person des Betroffenen betreffende Angelegenheit* zum Gegenstand hatte. Nach schon damals herrschender Lehre waren derartige Angelegenheiten jedenfalls bei schweren Eingriffen, insbesondere bei Operationen, tangiert[745].

Judiziell anerkannt war das Bestehen einer Genehmigungspflicht zudem für die Fälle, dass ein geistig behindertes und daher einwilligungsunfähiges Mädchen sterilisiert werden sollte[746] sowie der Durchführung eines Schwangerschaftsabbruches bei einer komatösen Patientin[747]. Galt gleiches zwar nicht im Zusammenhang der Ablehnung einer lebensverlängernden Behandlung durch den Sachwalter, sprach sich jedenfalls die ganz herrschende Lehre[748] zu § 282

741 Koptezki iFamZ 2007, S. 197 (203).

742 Siehe Schmoller ÖJZ 2000, S. 361 (374).

743 *Bernat* in: Wienke/Lippert, S. 119 (123 f.).

744 Im Wege des SWRÄG normiert in § 282 Zeile 1 ABGB.

745 U. a. Barth ÖJZ 2000, S. 57 (67).

746 östOGH 12.12.1977 SZ 50/161.

747 östOGH 11.11.1997 SZ 70/235.

748 Bernat RdM 1998, S. 188; *derselbe* in: Wienke/Lippert, S. 119 (123); Kerschner RdM 1998, S. 131 (133) führt an: *„Der gerichtlich bestellte Sachwalter hat auch nach § 282 iVm § 216 Absatz 2 ABGB eine gerichtliche Genehmigung für den Behandlungsabbruch*

Zeile 1 iVm § 216 Absatz 2 ABGB alt unmissverständlich für eine gerichtliche Kontrolle zu solchen sog. *Sterbehilfeentscheidungen* aus.

So führte insbesondere *Kopetzki*[749] aus, dass die Zustimmung des Sachwalters zum Abbruch einer lebensbeendenden oder lebensverkürzenden Behandlung bzw. künstlichen Ernährung *in jedem Falle* der Genehmigungspflicht zu unterliegen habe, da Entscheidungen im Grenzbereich von Leben und Tod zweifelsohne als *wichtig* iSd § 216 Absatz 2 ABGB anzusehen seien[750]. Ergänzend wies *Bernat*[751] darauf hin, dass die gerichtliche Genehmigung in jedem Fall dann eingemahnt werden müsse, wenn von der Entscheidung des medizinischen Behandlungsabbruches Patienten betroffen sind, bei denen – wie im Falle des Apallikers sowie des ALS-Patienten – der Sterbeprozess noch nicht eingesetzt habe, eine Behandlung somit[752] fortgesetzt werden könne. Als weiteres Argument für eine eindeutige Gerichtszuständigkeit bei Entscheidungen des Sachwalters über einen Behandlungsabbruch wurde begründend zudem darauf verwiesen, dass die besondere Thematik einer Entscheidung, welche sich für den von ihr betroffenen Patienten lebensverkürzend bzw. lebensbeendend auswirkt, im Wege eines gerichtlichen Genehmigungsverfahrens zum Gegenstand eines geordneten rechtsstaatlichen Verfahrens gemacht werde müsse, um für die Beteiligten abschließende Rechtsklarheit zu schaffen.

Zusammenfassend ist somit anzumerken, dass die Ablehnung des Sachwalters gegenüber einer lebensverlängernden medizinischen Behandlung bzw. dessen Zustimmung in den Abbruch einer solchen nach der alten Gesetzeslage zwar gesetzlich ungeregelt, innerhalb der Rechtslehre jedoch unter der Voraussetzung einer pflegschaftsgerichtlichen Genehmigung als zulässig anerkannt war.

bbb. Die Rechtslage de lege lata gemäß § 283 Absatz 2 Zeile 3 ABGB

Eine neue rechtliche Lage im Zusammenhang mit Entscheidungen des Sachwalters, welche sich für den betroffenen Patienten lebensverkürzend bzw. lebensbeendend auswirken, wurde dem Rechtsanwender durch die Einführung des § 283

---

einzuholen"; Kopetzki Ethik Med 2004, S. 275 (284); *Moos* in: WK Vorbem zu §§ 75 – 79 Rdn. 35: *„In „besonderen Fällen", bei denen es um befristetes Weiterleben oder den Tod geht, bedarf der gesetzliche Vertreter der gerichtlichen Genehmigung"*; *Schmoller* in: Triffterer § 110 Rdn. 53, welcher unter Verweisung auf Maleczky ÖJZ 1994, S. 681 (684 f.) jedoch anführt, dass *„das Fehlen dieser Genehmigung (...) die Einwilligung des Sachwalter nicht unwirksam (werden lässt)"*; derselbe ÖJZ 2000, S. 361 (373), a. A. hingegen etwa Kneihs RdM 1998, S. 30.

749 Kopetzki Ethik Med 2004, S. 275 (284).

750 So auch Bernat RdM 1998, S. 188.

751 *Bernat* in: Wienke/Lippert, S. 119 (124).

752 Zumindest empirisch betrachtet.

Absatz 2 Zeile 3 ABGB durch das SWRÄG eröffnet, welcher bestimmt: „*Erteilt der Sachwalter die Zustimmung zu einer medizinischen Behandlung nicht und wird dadurch das Wohl der behinderten Person gefährdet, so kann das Gericht die Zustimmung des Sachwalters ersetzen oder die Sachwalterschaft einer anderen Person übertragen*".

Vertrat die bisherige herrschende Meinung[753] die Ansicht, dass die Zustimmung des Sachwalters nicht durch das Gericht ersetzt werden könne, hat sich dies durch das SWRÄG somit grundlegend geändert. Insbesondere *Weitzenböck*[754] führt in diesem Zusammenhang an, dass die dem Gericht zugestandene Ersetzungsbefugnis auf Ausnahmefälle beschränkt werden solle bzw. müsse und somit nur zur Vermeidung von Verzögerungen in Betracht komme[755], was auch anhand der diesbezüglichen Materialien deutlich wird: Gelangt das Gericht bereits im Zuge der Erhebungen, die im Verfahren zur Enthebung des eine medizinische Behandlung ablehnenden Sachwalters geführt werden, zu der Auffassung, dass die in Frage stehende Behandlung im Interesse des Betroffenen jedenfalls vorzunehmen sei, ist die Zustimmung somit zu ersetzen. Nur dann, wenn der Sachverhalt noch näher aufzuklären ist[756], sollte der Enthebung des Sachwalters und der Bestellung einer anderen Person[757] gegenüber der Ersetzung der Vorzug gegeben werden[758].

Im Wege des neuen Sachwalterrechts wird der Ablehnung einer schwerwiegenden medizinischen Behandlung durch den Sachwalter insgesamt *nicht* der gleiche Stellenwert zugeschrieben wie der Zustimmung zu einer solchen. So folgte auf den Wegfall des allgemein formulierten Genehmigungsvorbehaltes für *wichtige* Angelegenheiten, § 216 Absatz 2 iVm § 282 Zeile 1 ABGB alt, im Zu-

---

753 Siehe die Nachweise in Erläut RV 1420 BlgNR 22. GP, S. 21.

754 *Weitzenböck* in: Schwimann, Erg-Bnd, § 283 Rdn. 7.

755 So verweisen die Erläuterungen in der RV 1420 BlgNR 22. GP, S. 21 etwa darauf, dass für die Bestellung eines Sachwalters oder das gerichtliche Genehmigungsverfahren üblicherweise – auch bei vorrangiger Bearbeitung - mindestens zwei Wochen einzukalkulieren sind.

756 Etwa wenn noch zu klären ist, ob Behandungsalternativen bestehen oder aber über Ort und Durchfürung der medizinischen Behandlung entschieden werden muss.

757 Siehe in diesem Zusammenhang die Ausführungen bei *Weitzenböck* in: Schwimann, Erg-Bnd, § 283 Rdn. 7, welcher anführt, dass die Enthebung des Sachwalters im Falle der Verweigerung der Zustimmung in eine notwendige medizinische Behandlung bereits nach § 278 Absatz 1 ABGB gerechtfertigt ist, insgesamt wird die niedrigere Schwelle für dessen Enthebung durch § 283 Absatz 2 ABGB nicht angehoben. Vielmehr soll damit nur die Voraussetzung der *Wohlgefährdung* für die Ersetzung der Zustimmung des Sachwalters als Alternative zur Betrauung einer anderen Person mit der Sachwalterschaft klargestellt werden.

758 Erläut RV 1420 BlgNR 22. GP, S. 21.

sammenhang mit der *Zustimmung* des Sachwalters zu einer schwerwiegenden medizinischen Behandlung das Erfordernis der Einholung einer second opinion, § 283 Absatz 2 Zeile 1 ABGB, bzw. die *zwingende* Voraussetzung der gerichtlichen Genehmigung[759].

Im Zusammenhang mit der *Ablehnung* einer schwerwiegenden medizinischen Behandlung durch den Sachwalter wurde jedoch lediglich eine gerichtliche Befugnis zu deren Ersetzung sowie zur Übertragung der Sachwalterschaft an eine andere Person normiert, § 283 Absatz 2 Zeile 3 ABGB. Da der Einholung einer gerichtlichen Genehmigung insbesondere im Falle besonders schwerwiegender Behandlungsentscheidungen durch den Sachwalter der Vorzug eingeräumt werden wird[760], stellt das Fehlen der Normierung eines Vorbehaltes im Zusammenhang mit der Ablehnung einer schwerwiegenden medizinischen Behandlung[761], eine große Diskrepanz im Verhältnis zu den Voraussetzungen dar, welche in § 283 Absatz 2 ABGB an eine Zustimmung durch den Sachwalter gestellt werden. Auch aus dem Grunde, dass im österreichischen Recht keine gerichtlichen Entscheidungen existieren, welche in diesem Zusammenhang eine Richtung vorgeben könnten, um in der praktischen Anwendung und Fortentwicklung Rechtssicherheit zu schaffen, wird somit deutlich, wie schwer dieses Versäumnis des Gesetzgebers wiegt.

(1) Das Patientenwohl als regulierendes Element

Der Entscheidungsspielraum des Sachwalters ist insgesamt dadurch begrenzt, dass er seine Entscheidung stets am *Wohle* des betroffenen Patienten als regulierendes Element auszurichten hat[762]. Dies gilt sowohl im Zusammenhang mit einer Zustimmung des Sachwalters in eine schwerwiegende medizinische Behandlung als auch im Zusammenhang mit einer nicht erteilten Zustimmung, § 283 Absatz 2 Zeile 1 und 3 ABGB.

---

759 Für den Fall, dass eine „second opinion" fehlt oder aber der von einer schwerwiegenden medizinischen Behandlung betroffene Patient zu erkennen gibt, dass er deren Vornahme ablehnt bzw. sich der Sachwalter von vornherein für eine gerichtliche Genehmigung entscheidet.

760 Dies wird in Bezug auf schwerwiegende Behandungsentscheidungen sowohl durch *Hopf* in: Koziol/Bydlinski/Bollenberger § 283 Rdn. 3 als auch durch *Weitzenböck* in: Schwimann, Erg-Bnd, § 283 Rdn. 6 Fn. 15 angeführt.

761 Als welche in jedem Falle die Entscheidung des Sachwalters zum lebensbeendenden bzw. –verkürzenden Abbruch einer medizinischen Behandlung einzuordnen ist.

762 Zur Beantwortung der Frage, was unter dem Wohl des Patienten zu verstehen ist, ist unter Bezugnahme auf vorherige Ausführungen anzuführen, dass ein intensivmedizinischer Behandlungsabbruch dem Wohl der gegenständlichen Patientengruppen entsprechen *kann,* siehe hierzu unter **§ 3 C. IV. 1. b. cc. aaa.**

Eine nicht am Patientenwohl orientierte Behandlungsverweigerung ist rechtsmissbräuchlich und somit rechtlich unwirksam. Dies hätte zur Folge, dass der behandelnde Arzt das Pflegschaftsgericht anrufen müsste, welches die Zustimmung des Sachwalters nach § 283 Absatz 2 Zeile 3 ABGB entweder ersetzen oder aber die Sachwalterschaft einer anderen Person übertragen könnte. Käme die Entscheidung des Gerichts jedoch zu spät, weil durch deren Aufschub das Leben des betroffenen Patienten gefährdet oder die Gefahr einer schweren Schädigung der Gesundheit bestehen würde, dann dürften und müssten die behandelnden Ärzte die Behandlung auch gegen die rechtunwirksamen Ablehnung des Sachwalters durchführen[763].

(2) Ergebnis

Folglich wäre durch die Entscheidung des Sachwalters für den Abbruch einer lebenserhaltenden intensivmedizinischen Behandlung nicht zwingend das *Wohl* der Betroffenen gefährdet, da ein Behandlungsabbruch in derartigen Konstellation auch ohne eine absehbare Todesnähe zulässig sein kann. Im Ergebnis würde das Patientenwohl als regulierendes Element der Zustimmung des Sachwalters zum Abbruch einer intensivmedizinischen Behandlung somit nicht grundsätzlich entgegenstehen.

ccc. Die Forderung eines gerichtlichen Genehmigungsvorbehaltes?

Unter Zugrundelegung der vorherigen Ausführungen ist somit zu fragen, ob auch für die Ablehnung einer schwerwiegenden medizinischen Behandlung der Vorbehalt einer gerichtlichen Genehmigung zu fordern ist.

(1) Übersicht über die Ansichten in der Rechtslehre

Lediglich vereinzelt wird angeführt, dass Erwartungen, durch eine Prozedualisierung der Entscheidungsabläufe am Lebensende ein Mehr an Rechtssicherheit erreichen zu können, mit großer Skepsis zu beurteilen seien[764]. Die Frage, ob es geboten sei, eine medizinische Behandlung zu unterlassen, wodurch ein zulässiger Fall passiver Sterbehilfe vorliegen würde, stelle vielmehr komplexe Anforderungen, so dass die in der juristischen Fallbildung erforderliche Tendenz zur Vereinfachung von Sachverhalten an ihre Grenzen stoße. Daher sei vor einer zu

763 Bis zum Vorliegen einer Entscheidung wäre eine gleichwohl erfolgende medizinische Behandlung somit zwar eigenmächtig, aufgrund der § 283 Absatz 3 ABGB, § 110 Absatz 2 öStGB, § 8 Absatz 3 KAKuG jedoch zulässig, vgl. Schmoller ÖJZ 2000, S. 361 (374).

764 Schütz iFamZ 2009, S. 32 (34).

weit gehenden Reglementierung in diesem Bereich zu warnen, vielmehr dürfe dem Zivilrichter nicht die Stellung eines Herrn über Leben und Tod zugeordnet werden.

Unter Zugrundelegung historischer sowie teleologischer Gesichtspunkte wird überwiegend jedoch angeführt, dass der nach dem Wortlaut des § 283 Absatz 2 ABGB nur begrenzt bestehende Genehmigungsvorbehalt des Pflegschaftsgerichts auch für Entscheidungen über Behandlungsabbrüche Geltung für sich beanspruchen und ein solcher anknüpfend an die herrschende Lehre zur alten Rechtslage nach § 282 iVm § 216 ABGB somit fortbestehen müsse[765]. Aus der Normierung eines Genehmigungsvorbehaltes für die Zustimmung in eine schwerwiegende medizinische Behandlung werde deutlich, dass der tödlich endende Behandlungsabbruch in der Regel niemals in ärztlicher Eigenverantwortung durchgeführt werden sollte. Dies wird zudem dadurch bekräftigt, dass schon das Einsetzen einer PEG-Sonde nach den Materialien zum SWRÄG *„in der Regel"* eine nach § 283 Absatz 2 Zeile 2 ABGB genehmigungspflichtige *„medizinische Behandlung (ist), da sie häufig zu einer Fixierung des (meist hochbetagten) Patienten führt"*. Nichts anderes könne als Fazit dann jedoch im Zusammenhang mit dem Abbruch einer lebensbeendenden medizinischen Behandlung gelten. Der durch den Gesetzgeber verfolgte Ordnungsplan sei vielmehr, medizinische Eingriffe, die für die behinderte Person von besonderer Tragweite sind, *stets* einer pflegschaftsgerichtlichen Kontrolle zu unterziehen[766]. Diese Sprache sprechen auch die Erläuterungen zum PatVG, in welchen angeführt wird, dass *„Das Gleiche (eine beachtliche Patientenverfügung ins Kalkül zu ziehen, Anm. der Verfasserin) gilt für das Sachwaltergericht, wenn es aufgrund der Bedeutung der Behandlung für den Patienten die Entscheidung des Sachwalters genehmigen muss"*.

Abschließend lässt sich somit zusammenfassen, dass die pflegschaftsgerichtliche Genehmigung nicht nur im Falle einer Zustimmung des Sachwalters zu einer schwerwiegenden medizinischen Behandlung zwingend erforderlich ist, sondern gleiches auch im Zusammenhang mit der Ablehnung einer lebensverlängernden medizinischen Behandlung durch den Sachwalter gelten muss, um auch diese nicht nur für den Betroffenen, sondern vielmehr für alle Beteiligten sensible Thematik zum Gegenstand eines rechtsstaatlich geordneten Verfahrens

765 *Kopetzki* in: Körtner/Kopetzki/Kletecka-Pulker, S. 127 (136), derselbe iFamZ 2007, S. 197 (203).

766 Bernat EF-Z 2006, Teil II, S. 74 (76); nicht überzeugend und nochmalig zu betonen ist unter Zugrundelegung dieser Ausführungen zudem die im Rahmen des SWRÄG in § 268 Absatz 2 Zeile 2 ABGB normierte Subsidiarität des Sachwalterrechts im Falle des Vorliegens einer verbindlichen Patientenverfügung, Erläut RV 1299 BlgNR 22. GP, S. 8.

machen zu können[767]: Im Falle von Sterbehilfeentscheidungen ist sowohl im Interesse des Betroffenen als auch in dem des behandelnden Arztes somit *im Allgemeinen* eine gerichtliche Kontrolle zu fordern[768].

(2) Anwendbarkeit des § 283 Absatz 2 Zeile 2 ABGB im Wege der Analogie?

Da im Wege des SWRÄG eine direkte Anwendung des § 283 Absatz 2 ABGB auch auf die Ablehnung einer medizinischen Behandlung durch den Sachwalter nicht vorgesehen wurde, kommt als Lösungsvorschlag in diesem Zusammenhang somit eine analoge Anwendung in Betracht[769]. Als allgemeine Voraussetzungen für eine Analogie sind zu fordern, dass eine planwidrige Regelungslücke besteht und zudem die geregelten und nicht geregelten Interessenlagen vergleichbar sind.

(a) Vorliegen einer planwidrigen Regelungslücke?

Zwar war die Ablehnung einer schwerwiegenden medizinischen Behandlung auch vor Inkrafttreten des SWRÄG nicht Gegenstand einer gesetzlichen Normierung, in § 216 Absatz 2 iVm § 282 Zeile 1 ABGB alt bestand jedoch ein allgemein formulierter Genehmigungsvorbehalt für *wichtige, die Person des Betroffenen betreffende Angelegenheiten.*

Obgleich die Frage nach der Erforderlichkeit einer gerichtlichen Genehmigung für den Fall, dass der mit der Personensorge betraute Sachwalter sich gegen die lebensverlängernde medizinische Weiterbehandlung des Patienten ausgesprochen hatte, in der österreichischen Judikative *noch nicht* zum Gegenstand einer klarstellenden Entscheidung gemacht wurde, war die Ausrichtung der ganz herrschende Lehre[770] in diesem Zusammenhang eindeutig. Ganz überwiegend wurde sich unmissverständlich *für* eine gerichtliche Kontrolle der Ablehnung

767 Bernat JBl 2009, S. 129 (132); derselbe/Gaberc GesR 2007, S. 1 (6); derselbe EF-Z 2006, S. 74 (76); Kletecka Zak 2008, S. 332 (333); *Kopetzki* in: Körtner/Kopetzki/ Kletecka-Pulker, S. 127 (136), derselbe iFamZ 2007, S. 197 (203).

768 So Kerschner RdM 1998, S. 131 (133) zu § 282 iVm § 216 ABGB aF, was sich iE jedoch aufgrund vorheriger Ausführungen gerade auch auf die Rechtslage de lege lata übertragen lässt.

769 So etwa Bernat/Gaberc GesR 2007, S. 1 (6); derselbe EF-Z 2006, S. 74 (76); ebenfalls, wenn auch sehr rudimentär, zudem lediglich im Zusammenhang mit Patientenverfügungen siehe Memmer RdM 2006, S. 163 (173); *Kopetzki* in: Körtner/Kopetzki/Kletecka-Pulker, S. 126 (136), derselbe iFamZ 2007, S. 197 (203).

770 Siehe Fn. 1142.

einer lebensverlängernden Behandlung durch den Sachwalter und somit passiver Sterbehilfeentscheidungen ausgesprochen.

Somit ist anzuführen, dass dem Gesetzgeber im Angesicht der Schaffung des SWRÄG 2006 sowohl die im Zusammenhang mit der Ablehnung einer lebenserhaltenden medizinischen Behandlung durch einen Sachwalter in Hinsicht auf eine Normierung unvollständige Gesetzeslage als auch die diesbezüglich vorherrschende Rechtsauffassung in der Lehre bekannt gewesen sind. Gleichwohl hat er in dem neu geschaffenen § 283 Absatz 2 ABGB lediglich die Zustimmung des Sachwalters zu einer schwerwiegenden medizinischen Behandlung der Kontrolle des Gerichts unterstellt, *nicht* hingegen die Ablehnung einer solchen Maßnahme mit der Folge der Lebensbeendigung bzw. –verkürzung für den davon betroffenen entscheidungsunfähigen Patienten.

Es ist nicht stringent, die Zustimmung des Sachwalters zu einer medizinischen Behandlung, welche schwerwiegender Natur ist, der pflegschaftsgerichtlichen Genehmigung zu unterstellen, die Ablehnung einer solchen, welche sich für den betroffenen Patienten *lebensverkürzend bzw. lebensbeendend* und somit *mehr als schwerwiegend, da absolut* auswirkt, jedoch nicht. Dies führen auch *Bernat/Gaberc*[771] an, wenn sie anmerken, dass es dann, wenn schon die Zustimmung in bestimmte moralisch umstrittene medizinische Eingriffe[772] einer gerichtlichen Kontrolle unterworfen werden, nur konsequent wäre, wenn auch die Zustimmung in den tödlichen Behandlungsabbruch der pflegschaftsgerichtlichen Genehmigung bedürfte. Der fehlende Genehmigungsvorbehalt für die Ablehnung einer lebenserhaltenden medizinischen Behandlung des entscheidungsunfähigen Patienten durch den Sachwalter erscheint insbesondere auch unter Verweisung auf die Materialien zum PatVG unverständlich[773]. In diesen wird ausgeführt, dass das Gericht *„aufgrund der Bedeutung der Behandlung für den Patienten die Entscheidung des Sachwalters genehmigen muss“*. Danach werden somit sowohl die Zustimmung *als auch* die Ablehnung einer schwerwiegenden medizinischen Entscheidung durch den Sachwalter von einem gerichtlichen Genehmigungsvorbehalt als umfasst erachtet.

Insgesamt hat es der österreichische Gesetzgeber im Wege des SWRÄG jedoch nicht nur unterlassen auch hinsichtlich einer Ablehnung des Sachwalters gegenüber einer schwerwiegenden medizinischen Maßnahme einen gerichtlichen Genehmigungsvorbehalt zu normieren, sondern in § 283 Absatz 2 Zeile 3 ABGB auch noch bestimmt, dass das Gericht die Zustimmung des Sachwalters

771 Bernat/Gaberc GesR 2007, S. 1 (6).

772 Z. B. die Sterilisation oder der Heilversuch gemäß § 284 ABGB oder Zwangsbehandlungen gemäß § 283 Absatz 2 Zeile 2 ABGB.

773 Erläut RV 1299 BlgNR 22. GP, S. 8.

ersetzen oder aber einen neuen Sachwalter bestellen kann. Bereits im Rahmen der alten Rechtslage wurde sich seitens der herrschenden Lehre in der Regel *gegen* eine derartige Ersetzungsbefugnis durch das Gericht gestellt, so dass dieses gesetzgeberische Vorgehen schon aus diesem Grunde unverständlich erscheint. Eine solche Ersetzungsbefugnis des Gerichts vermag zudem keine zufrieden stellende Lösung zu erzielen. Die Ablehnung des Sachwalters gegenüber einer lebensverlängernden Behandlung bei dem von ihm betreuten entscheidungsunfähigen Patienten könnte in diesem Fall nur dann wirksam werden, wenn das Gericht von seiner Ersetzungsbefugnis keinen Gebrauch macht, d.h. eine Zustimmungssubstitution schlichtweg *unterlässt* und auch keine andere Person zum Sachwalter bestellt. Unverzichtbare Rechtssicherheit kann im Wege dieser sensiblen Thematik jedoch lediglich durch eine rechtskraftfähige gerichtliche Entscheidung erreicht werden[774], im Zuge derer sich das zuständige Gericht mit der zugrunde liegenden Materie umfassend rechtlich und tatsächlich *auseinandergesetzt* hat.

Als Fazit ist somit festzuhalten, dass sich die *gesetzliche* Unvollständigkeit im Zusammenhang mit der Entscheidung des Sachwalters für einen Abbruch der intensivmedizinischen Behandlung, wie sie vor Inkrafttreten des SWRÄG 2006 bestand, 1:1 auf die Rechtslage de lege lata übertragen lässt. Im Ergebnis ist somit vom Vorliegen einer Regelungslücke auszugehen, welche unter Zugrundelegung der obig erfolgten Ausführungen zudem planwidrig ist.

(b) Vergleichbarkeit der Interessenlage?

Als weitere Voraussetzung einer Analogie muss der geregelten und der ungeregelten Materie eine vergleichbare Interessenlage zugrunde liegen.

Die Zustimmung in eine schwer wiegende medizinische Behandlung durch den Sachwalter unter den Vorbehalt einer gerichtlichen Genehmigung zu stellen ist mit der Intensität der Folgen zu begründen, welche die Vornahme einer solchen Behandlung für den durch sie betroffenen Patienten in sich birgt. § 283 Absatz 2 ABGB selbst nimmt Bezug auf eine medizinische Behandlung, *„welche gewöhnlich mit einer schweren oder nachhaltigen Beeinträchtigung der körperlichen Unversehrtheit oder der Persönlichkeit verbunden ist"*. Dabei wird es sich um Eingriffe handeln, welche gewöhnlich in Beziehung auf die behinderte Person mit der Gefahr einer schweren Körperverletzung oder Gesundheitsschädigung iSd § 84 öStGB verbunden sein können, insbesondere somit größere operative Eingriffe wie Herzoperationen, Maßnahmen, die lebenswichtige Organe betreffen, Amputationen, risikobehaftete diagnostische Maßnahmen,

774 Siehe Kopetzki iFamZ 2007, S. 197 (203).

gleichfalls Chemo- und Strahlentherapien, das Versetzen in Tiefschlaf, Schockbehandlungen, Elektrokrampftherapien, darüber hinaus Maßnahmen der Zwangsernährung[775] sowie die Durchführung einer künstlichen Ernährung mittels Setzung einer PEG-Sonde[776] - insgesamt somit Maßnahmen, die mit einem hohen Risiko[777] oder erheblichen Nebenwirkungen bzw. erheblichen Schmerzen verbunden sind[778].

Der Sinn und Zweck einer gerichtlichen Genehmigung der Zustimmung des Sachwalters in die Vornahme derart schwerwiegender medizinischer Maßnahmen ist es, für alle Beteiligten einen Grad an Rechtssicherheit zu erzielen, welcher in diesem Zusammenhang unverzichtbar ist und in Hinsicht auf judikative Gesichtspunkte lediglich im Wege eines geordneten gerichtlichen Verfahrens erzielt werden kann. Die auf diesem Wege erzielte Entscheidung bildet für die beteiligten Personen sodann die Richtlinie ihres Handeln und somit die Gewissheit[779] in Konformität zur Rechtslage de lege lata zu handeln.

Diese Ausführungen lassen sich identisch auf die Thematik der Ablehnung einer lebenserhaltenden Behandlung durch den Sachwalter übertragen, sei es, dass die Verabreichung einer Medikation eingestellt wird, sei es, dass Maßnahmen der künstlichen Beatmung oder Ernährungs- und Flüssigkeitszufuhr nicht fortgeführt werden. Die Auswirkungen des Abbruchs der medizinischen Behandlung gestalten sich für den betroffenen Patienten im Verhältnis gesehen *in jedem Falle* schwerwiegend, da sie sich *lebensverkürzend bzw. lebensbeendend* und somit *absolut* auswirken.

Gerade aufgrund der finalen Wirkung eines Behandlungsabbruchs muss *a majore ad minus* somit auch bzw. gerade im Falle der Ablehnung einer lebens-

775 Auch hier ist wiederum auf die ausführliche Darstellung bei Kopetzki, Grundriss, S. 634 ff. mwN zu verweisen.

776 Erläut RV 1420 BlgNR 22. GP, S. 20.

777 In Bezug auf die der Ausarbeitung zugrunde liegenden Patientengruppen wird dies insbesondere für den Apalliker gelten, da dieser – aller Wahrscheinlichkeit nach - weder Nebenwirkungen noch Schmerzen wahrnehmen kann, siehe hierzu aaO.

778 Wie bereits angeführt, spielt eine mögliche Beeinträchtigung der Persönlichkeit als weiteres Merkmal einer schwerwiegenden medizinischen Behandlung im Zusammenhang mit den der Ausarbeitung zugrunde liegenden Patientengruppen keine vertiefende Rolle: Eine derartige Beeinträchtigung wird vielmehr durch Hemmungen der geistigen sowie körperlichen Reifung, Abhängigkeitsentwicklungen sowie Depressionen hervorgerufen, welche aus der Einnahme von Psychopharmaka oder auch anderen Medikamenten entstehen – weder der ALS-Patient noch der Apalliker sind jedoch Zielgruppe einer derartigen medizinischen Therapie.

779 Auch wenn die Möglichkeit der Einlegung weiterer Rechtsmittel in der Regel bestehen wird und niemals abschließend und somit verlässlich zum Gegenstand einer Prognose gemacht werden kann, dass das nächst höhere Instanzgericht nicht anders entscheidet.

erhaltenden Behandlung durch den Sachwalter ein solcher gerichtlicher Genehmigungsvorbehalt gefordert werden, wie er im Zusammenhang mit dessen Zustimmung in § 283 Absatz 2 Zeile 1 ABGB bereits besteht. Abschließende Rechtssicherheit kann auch hier lediglich ein rechtstaatlich geordnetes Verfahren erzielen, in welchem sich rechtlich mit der zugrunde liegenden Thematik umfassend auseinander gesetzt wird. Festzuhalten ist somit, dass auch die den beiden Materien inne wohnenden Interessenlagen vergleichbar sind.

(c) Ergebnis

§ 283 Absatz 2 Zeile 2 ABGB ist auf die Ablehnung einer schwerwiegenden medizinischen Behandlung des entscheidungsunfähigen Patienten mit der Folge analog anzuwenden, dass die ablehnende Entscheidung des Sachwalters zum Gegenstand eines gerichtlichen Genehmigungsverfahrens zu machen ist.

3. Abschließendes Ergebnis

Als Fazit der vorherigen Ausführungen sind die folgenden beiden Grundaussagen festzuhalten: Zum einen kann es dem Wohl des Patienten entsprechen, in seiner Person von einer weiteren lebensverlängernden medizinischen Behandlung abzusehen. In Hinsicht auf den ALS-Patienten, bei welchem eine Rekonvaleszenz aus medizinischer Sicht nicht mehr möglich ist, verlagert sich der Schwerpunkt des ärztlichen Agierens dann vom Verfolgen des ärztlichen *Heil*auftrages zur Schmerz*linderung*[780] zzgl. der Gewährleistung der Basispflege und Grundversorgung mit Nahrung und Flüssigkeit. Wie bereits bei den strafrechtlichen Ausführungen im Zusammenhang mit aktiven indirekten Sterbehilfemaßnahmen erläutert, ist dieser Änderung der zu gewährenden Therapie gegenüber dem Grundsatz des strikten Lebensschutzes des Betroffenen der Vorrang einzuräumen. Zum *Wohle* des Betroffenen darf rechtlich zulässig auch eine Lebensverkürzung in Kauf genommen werden - eine solche widerspricht dem Patientenwohle in derartigen medizinischen Grenzfällen somit *nicht*. In Hinsicht auf den Apalliker, dessen Wohl sich aufgrund seines speziellen pathologischen Zustandes weithin schwieriger ermitteln lässt, ist seitens des Sachwalters verstärkt auf mutmaßliche bzw. hypothetische Anhaltspunkte abzustellen. Das Ergebnis, das aus diesem dem Patienten zugeschriebenen Werturteil abzuleiten ist, entscheidet als mutmaßlicher, *das jeweilige Wohl des betroffenen Patienten repräsentierender Wille* über Fortführung *oder* Abbruch der weiteren medizinischen

780 Mit der allenfalls die Gefahr eines früheren Todes als Nebenwirkung verbunden ist, aaO.

Behandlung[781]. Mehr als auf einer Schmerzlinderung wird der Fokus im Falle eines Behandlungsabbruchs auf der stufenweise durchzuführenden Absetzung der künstlichen Maßnahmen der Lebensverlängerung liegen - stets jedoch unter Beibehaltung der Maßnahmen der Basispflege[782].

In Fortführung dieser Maxime ist zum anderen sodann die zweite Grundaussage der vorherigen Ausführungen festzumachen. Wie schrittweise aufgezeigt, ist die sachwalterliche Entscheidung für einen Abbruch der medizinischen Behandlung zum Gegenstand einer gerichtlichen Untersuchung zu machen und somit unter einen pflegschaftsgerichtlichen Genehmigungsvorbehalt zu stellen. Die bis dato in der österreichischen Rechtsordnung ungeregelte Frage, ob ein solcher Genehmigungsvorbehalt aus einer analogen Anwendung des § 283 Absatz 2 ABGB resultiert, ist wie folgt einer Lösung unterzogen worden: Da sich die *gesetzliche* Unvollständigkeit im Zusammenhang mit der Entscheidung des Sachwalters für einen Abbruch intensivmedizinischer Maßnahmen, wie sie vor Inkrafttreten des SWRÄG 2006 bestand, 1:1 auf die Rechtslage de lege lata übertragen lässt, ist auf der einen Seite davon auszugehen, dass diese ungeregelte rechtliche Situation *planwidrig* ist. Auf der anderen Seite muss gerade aufgrund der finalen Wirkung eines Behandlungsabbruchs *a majore ad minus* im Falle der Ablehnung einer lebenserhaltenden Behandlung durch den Sachwalter ein gerichtlicher Genehmigungsvorbehalt gefordert werden, wie er im Zusammenhang mit dessen Zustimmung im Fall des § 283 Absatz 2 Zeile 2 ABGB bereits besteht. Begründend is darauf zu verweisen, dass sich die Auswirkungen des Abbruchs der medizinischen Behandlung für den betroffenen Patienten in jedem Falle *schwerwiegend* ausgestalten werden, da sie sich *lebensverkürzend bzw. lebensbeendend* und somit *absolut* auswirken.

---

781 So Bernat RdM 1995, S. 51 ff.

782 Sind in diesem Zusammenhang vielmehr keine abweichenden Grundhaltungen des betroffenen Patienten bekannt, ist vielmehr davon auszugehen, dass zumindest deren Aufrechterhaltung in seinem Sinne liegen wird, siehe bereits aaO.

§ 4 Länderbericht Deutschland

A. Verfassungsrechtliche Aspekte des Behandlungsabbruchs

I. Innerstaatliche Verankerung der Grundrechte auf Leben und Selbstbestimmung

In Deutschland ist die Frage der Auflösung des Spannungsverhältnisses zwischen Lebensschutz und Selbstbestimmung im Falle des Abbruches intensivmedizinischer Maßnahmen primär anhand der im Grundgesetz in den Art. 1 – 19 GG verankerten Grundrechten zu erörtern. Diesen kommt als Antwort auf die Grundfrage des Verhältnisses zwischen individueller Freiheit und politischer Ordnung eine grundlegende Schutzfunktion zu[783].

Grundsätzlich wird das Recht des Einzelnen auf Selbstbestimmung als sog. *Negativ-Schutzgut* überwiegend aus Art. 2 Absatz 2 Satz 1 GG, dem Recht auf Leben und körperliche Unversehrtheit, abgeleitet. Andere ziehen als Rechtgrundlage Art. 2 Absatz 1 iVm. Art. 1 Absatz 1 GG, das allgemeine Persönlich-

---

783 Nach der von Georg Jellinek begründeten Terminologie der so genannten *„Status-Lehre“*, vgl. Jellinek, S. 94, hier dem *„status negativus“*, stellen die Grundrechte zum einen Abwehrrechte des einzelnen Bürgers dar, indem sie bestimmte Freiheiten, Freiräume, Freiheitsrechte oder der freien Verfügung des Einzelnen überlassene Rechtsgüter gegen staatliche Eingriffe, Einschränkungen, Beschränkungen oder Verletzungen schützen, vgl. Pieroth/Schlink, Rdn. 58. Ein solches Abwehrrecht begründet etwa Art. 2 Absatz 2 Satz 3 GG, welcher für einen staatlichen Eingriff in das Leben und die körperliche Unversehrtheit gemäß Art. 2 Absatz 2 Satz 1 GG bestimmte Anforderungen formuliert. Als Ausdruck des sog. *„status positivus“* zieht der Einzelne aus den Grundrechten zum anderen jedoch auch spezielle staatliche Anspruchs-, Schutz-, Teilhabe, Leistungs- sowie Verfahrensrechte, wenn er seine Freiheit nicht ohne den Staat haben kann, sondern für die Schaffung und Erhaltung seiner freien Existenz auf staatliche Vorkehrungen angewiesen ist, Pieroth/Schlink, Rdn. 60 ff. Insgesamt geben sich dabei nur wenige Grundrechte im Text als solche Rechte zu erkennen: Anzuführen ist hier jedenfalls Art. 1 Absatz 1 GG, aus welchem die Pflicht des Staates zum Schutze der Menschenwürde folgt, aus der der Einzelne ein Recht auf entsprechenden Schutz ableiten kann. Neben diesem lassen sich aus den Grundrechten zudem noch allgemeine Schutzfunktionen ableiten: Das Gebot der grundrechtskonformen Auslegung und der Schutz des Einzelnen durch Teilhabe und weiterhin die grundsätzliche Pflicht des Staates, den Einzelnen vor *Gefahren* zu schützen: Wo menschliches Leben und menschliche Gesundheit bedroht sind, verpflichtet der hohe Wert des Grundrechts den Staat zum schützenden Einschreiten, Pieroth/Schlink, Rdn. 84 ff., so dass sich die Frage stellt, ob der Staat den Einzelnen vor sich selbst schützen muss.

keitsrecht, heran, teilweise[784] auch Art. 2 Absatz 1 GG, die allgemeine Handlungsfreiheit[785]. Grundsätzlich wird in diesem Zusammenhang[786] zudem auf Art. 1 Absatz 1 GG, die Würde des Menschen, verwiesen.

1. Die Würde des Menschen, Art. 1 Absatz 1 GG

Art. 1 Absatz 1 GG nimmt im Gefüge des Verfassungsrechts einen besonderen Status ein: Als Reaktion auf die nationalsozialistische Herrschaft in Deutschland wurde der Schutz der Würde des Menschen durch den Verfassungsgeber an den Anfang des Grundrechtskatalogs gestellt[787]. Entsprechend dieser Beweggründe ist sie oberster Verfassungswert des Grundgesetzes[788] und fungiert in ihrer Garantie als tragendes Konstitutionsprinzip, als Grund- und Leitnorm, als wichtigste Wertentscheidung des Grundgesetzes[789].

---

784 Stern, Bnd. IV/1, S. 148 f. führen an, dass die Entscheidung gegen das eigene Leben, also der Selbstmord o. ä.; nicht geschützt werde von Art. 2 Absatz 2 S. 1 GG, insoweit sei Art. 2 Absatz 1 GG einschlägig; grundsätzlich nicht geschützt sei negativ die individuelle Entscheidung über das eigene Leben durch dessen Beendigung (Selbsttötung, Freitod), die Ausfluss der allgemeinen Handlungsfreiheit des Art. 2 Absatz 1 GG seien, siehe Dreier/*Schulze-Fielitz*, Art. 2 Absatz 2 Rdn. 17; *Kunig* in: v. Münch/Kunig, Art. 2 Rdn. 50; *Lorenz* in: HdbStR, Bnd. VI, § 128 Rdn. 62; Ratzel/Luxenburger, § 9 Rdn. 36; Roellecke JZ 1991, S. 1045 (1046).

785 Hier ist jedoch darauf hinzuweisen, dass diesen Ausführungen unter dem Gesichtspunkt des Verhältnisses der Grundrechte untereinander lediglich dann gefolgt werden kann, wenn sich innerhalb des Grundrechtskataloges kein Schutzbereich eines anderen Rechts findet, welcher zu dem aus Art. 2 Absatz 1 GG spezieller ist und dieses *„Auffanggrundrecht"* (BVerfGE 6, S. 32 (36 ff.); 23, S. 50, 55 f.; 64, S. 203 (213); Dreier/*Dreier*, Art. 2 Absatz 1 Rdn. 66; *Dürig* in: Maunz/Dürig, Art. 2 Absatz 1 Rdn. 6 ff.; *Kunig* in: v. Münch/Kunig, Art. 2 Rdn. 88; Pieroth/Schlink, Rdn. 369) somit nicht zurückdrängen würde, siehe hierzu auch Hufen NJW 2001, S. 849 (851) mwN.; *DiFabio* in: Maunz/Dürig, Art. 2 Absatz 2 Rdn. 48. Zudem steht Art. 2 Absatz 1 GG im Rahmen der verfassungsrechtlichen Rechtfertigung unter dem besonderen Gesetzesvorbehalt der so genannten *„Schrankentrias"*, wodurch ein Grundrechtseingriff im Verhältnis zu anderen somit an höheren Werten zu messen wäre.

786 *Podlech* in: AK, Art. 1 Absatz 1 Rdn. 55; Fink, S. 154; Höfling JuS 2000, S. 111 (114); Hufen NJW 2001, S. 849 (851); Kämpfer, S. 174 f.; Storr MedR 2002, S. 436 (337).

787 Dabei ist darauf hinzuweisen, dass Art. 1 Absatz 1 GG trotz der Formulierung in Art. 1 Absatz 3 GG *„die nachfolgenden Grundrechte"* in Hinsicht auf seine Systematik sowie seine Entstehungsgeschichte, vgl. Pieroth/Schlink, Rdn. 349 ff., gleichfalls zu diesen zu zählen ist, BVerfGE 61, S. 126 (137).

788 BverfGE 109, S. 279 (311).

789 BverfGE 87, S. 209 (228).

Zur Festlegung des Schutzbereiches der Menschenwürde wird neben ihrer positiven Bestimmung durch die Vertreter der Leistungstheorie[790] zumeist auf eine negative Umschreibung abgestellt und gefragt, welche Akte der öffentlichen Gewalt als Verletzung der Menschenwürde gekennzeichnet werden können[791]. Das Bundesverfassungsgericht (BVerfG)[792] bedient sich hierfür der sog. *Objektformel*, wonach eine Verletzung angenommen wird, wenn der Betroffene zum bloßen Objekt staatlichen Handelns herabgewürdigt werde, zudem führt es an, dass die Menschenwürde einen absoluten Kernbereich privater Lebensgestaltung erfasse[793].

Von diesem Kern der Menschenwürde ist in jedem Fall die Selbstbestimmung des Einzelnen umfasst[794]. Vergleichbares gilt für die Verfügung und die Selbstbestimmung über das eigene Leben. Nicht jede Beendigung menschlichen Lebens geht daher zwingend mit einem Eingriff in die Menschenwürde einher[795]. So schützt Art. 1 Absatz 1 GG insbesondere das würdevolle Sterben, wodurch der Zusammenhang zwischen Würde und Selbstbestimmung deutlich wird[796]. Eine Verletzung der Menschenwürde ist somit zumindest auch eng verknüpft mit dem Selbstbestimmungsrecht des Einzelnen, wenn dieses in seiner Ausübung beschränkt wird. Zudem ist auf folgende Ausführungen von *Kämpfer*[797] zu verweisen: *„ Entscheidend für die Menschenwürdigkeit einer Behandlung ist nicht das Leid des Patienten, die Aussichtslosigkeit einer Behandlung oder die Erzielung einer maximalen Lebensverlängerung, sondern vielmehr das Maß des Respekts, der den Wünschen, Interessen und Bedürfnissen und damit der Selbstbestimmung des Patienten entgegengebracht wird".*

Als Fazit ist somit festzuhalten, dass der Patient auch und gerade *davor* zu schützen ist, zum bloßen Objekt des Behandlungs- und Pflegewillens anderer oder zum Gegenstand der Apparatemedizin zu werden[798]. Bei Verweigerungen und Verhinderungen eines sog. *menschenwürdigen Sterbens* und bei Maßnahmen der Zwangsernährung ist somit der Menschenwürdegehalt des Art. 1 Ab-

---

790 *„Der Mensch hat seine Würde aufgrund seines eigenen selbstbestimmten Verhaltens; es ist gerade der Einzelne selbst, der bestimmt, was seine Würde ausmacht - zur Würde gehört somit auch, nicht zur Leistung gezwungen zu werden"*, vgl. *Podlech* in: AK, Art. 1 Absatz 1 Rdn. 46.

791 Pieroth/Schlink, Rdn. 358.

792 BVerfGE 87, S. 209 (228).

793 BVerfGE 109, S.279 (313).

794 Storr MedR 2002, S. 436 (437).

795 Höfling JuS 2000, S. 111 (114).

796 Fink, S. 154; vgl. auch die Ausführungen bei Schork, S. 26.

797 Kämpfer, S. 176.

798 Hufen NJW 2001, S. 849 (850 f.).

satz 1 G tangiert[799]. Damit die Garantie der Menschenwürde jedoch nicht buchstäblich zur sog. *kleinen Münze* verkommt, ist zu betonen, dass sie allein einen Elementarschutz vermittelt und insoweit einer restriktiven Deutung bedarf[800]: Da der aus Art. 1 Absatz 1 GG als *Wurzel aller Grundrechte* folgende Achtungsanspruch die Auslegung der Normen des Grundgesetzes steuert [801], die nachfolgenden Grundrechte somit *in dessen Lichte* auszulegen sind, folgt daraus, dass diese zuerst zu prüfen sind[802]. Wird bei der Auslegung der nachfolgenden Grundrechte die Würde des Menschen hinreichend berücksichtigt, erübrigt sich somit in der Regel ein Rückgriff auf Art. 1 Absatz 1 GG[803]. Der Achtungsanspruch der menschlichen Würde des Art. 1 Absatz 1 GG ist somit zwar nicht als *direkte* dogmatische Grundlage des Selbstbestimmungsrechts des Patienten hinsichtlich lebensbeendender Entscheidungen anzusehen, im Rahmen der Prüfung der weiteren in diesem Zusammenhang als einschlägig angeführten Grundrechte jedoch stets *mit* einzubeziehen.

2. Das Recht auf Leben und körperliche Unversehrtheit, Art. 2 Absatz 2 Satz 1 GG

Aus dem objektivrechtlichen Schutzgehalt des Art. 2 Absatz 2 Satz 1 GG folgt das umfassende Gebot des Staates, sich schützend und fördernd vor das Rechtsgut *„Leben"* zu stellen und es vor rechtswidrigen Eingriffen von Seiten anderer zu bewahren[804]. Dieser Schutzauftrag ist jedoch nicht dahingehend zu verstehen, dass er auch gegenüber dem Grundrechtsträger selbst greift. Die staatliche Schutzpflicht kann sich vielmehr nicht *prinzipiell* gegen den Grundrechtträger richten, der seine eigenen Rechtsgüter schädigen will, da die Freiheitsrechte die Autonomie des Einzelnen schützen. Aus Art. 2 Absatz 2 Satz 1 GG folgt somit keine Verpflichtung des Staates, den Einzelnen vor sich selbst zu schützen[805].

---

799 Vgl. *Podlech* in: AK, Art. 1 Absatz 1 Rdn. 55; Francke, S. 107

800 *Herdegen* in: Maunz/Dürig, Art. 1 Absatz 1 Rdn. 41; *Starck* in: v. Mangoldt/Klein/Starck, Art. 1 Rdn. 15.

801 BVerfGE 93, S. 266 (293); *Häberle* in: HdbStR, Bnd. II, § 22 Rdn. 11.

802 Stern, Bnd. IV/1, S. 78.

803 BVerfGE 53, S. 257 (300); insbesondere Höfling JuS 2000, S. 111 (114) betont, dass der Schutzgedanke der Menschenwürde überfordert werden würde, wollte man sie zum zentralen Maßstab der Konfliktentscheidung im Grenzbereich zwischen Leben und Tod machen.

804 BVerfGE 39, S. 1 (42).

805 Vgl. BVerwGE 82, S. 45 (49); Stürmer, S. 55 führt an, dass dem einzelnen Grundrechtsträger somit kein Lebensgebot gegen seinen Willen auferlegt werden kann.

Das Abwehrrecht auf Leben ist ausweislich des Gesetzesvorbehaltes in Art. 2 Absatz 2 Satz 3 GG somit nicht absolut, sondern relativ differenziert geschützt.

Spätestens seit BVerfGE 89, S. 120 ff. ist es auch durch ständige Bestätigung des Schrifttums[806] als feststehend zu bezeichnen, dass dem Kranken aus Art. 2 Absatz 2 Satz 1 GG *„das volle Selbstbestimmungsrecht über seine leiblich-seelische Integrität"*[807] zusteht. So umfasst der Schutzbereich des Art. 2 Absatz 2 Satz 1 GG neben dem Recht zur Selbstbestimmung im Zusammenhang mit der Bewältigung von Krankheiten[808] auch das Recht, dass nicht entgegen des Willens des Patienten eine lebensverlängernde Behandlung aufgenommen oder fortgesetzt wird[809]. Es gibt somit keinen legitimen Grund, der es rechtfertigen könnte, den Einzelnen gegen seinen Willen durch medizinische Maßnahmen am Leben zu erhalten[810]. Der Staat ist grundsätzlich nicht berechtigt, sich unmittelbar oder mittelbar hindernd dem vom Willen des Rechtsträgers getragenen, natürlichen Geschehensablauf entgegenzustellen[811]. Dies gilt umso mehr, als Maßnahmen künstlicher Lebensverlängerung in aller Regel mit körperlichen Eingriffen einhergehen, die spezieller Legitimation bedürfen. Auch hier hat der ernsthaft geäußerte Wille des Betroffenen, weitere Eingriffe in die körperliche Unversehrtheit nicht zuzulassen[812], gegenüber dem von der staatlichen Schutzpflicht getragenen Bestreben der Lebenserhaltung bzw. -verlängerung absoluten Vorrang[813] und ist somit unbedingt zu respektieren[814].

---

806 *Höfling/Lang* in: Feuerstein/Kuhlmann, S. 17 (19); Schneider MedR 2000, S. 497; Deutsch/Spickhoff, Rdn. 16; *Laufs* in: Laufs/Uhlenbruck, § 63 Rdn. 6; *Ulsenheimer* in: Laufs/Uhlenbruck, § 153 Rdn. 35 ff.

807 So schon in BVerfGE 52, 171 (174 f.) innerhalb des Minderheitenvotums der Richter Hirsch, Niebler und Steinberger enthalten.

808 Francke, S. 107; *Lorenz* in: HdbStR, Bnd. IV, § 128 Rdn. 66.

809 Pieroth/Schlink, Rdn. 392; Kämpfer, S. 177 ff.

810 Dreier/*Schulze-Fielitz* I, Art. 2 Absatz 2 Rdn. 63; *Herdegen* in: Maunz/Dürig, Art. 1 Absatz 1 Rdn. 85.

811 *Roellecke* in: Eser, S. 336 (341).

812 *Lorenz* in: HdbStR, Bnd. VI, § 128 Rd. 66.

813 BGHSt 11, S. 111; Uhlenbruck ZRP 1986, S. 209 (214); Sachs/*Murwiek*, Art. 2 Rdn. 212.

814 In jedem Falle gilt dies, wenn der Betroffene den Entschluss, sich zu töten, bei völlig klarem Bewusstsein gefasst hat: Hier gibt es nicht nur keine Schutzpflicht, sondern im Prinzip auch keine Berechtigung, ihn daran zu hindern. Ein Eingreifen bedürfte einer gesetzlichen Grundlage und müsste sich anhand von anderen Gesichtspunkten als dem des Schutzes des Betreffenden rechtfertigen lassen. Der objektive Wertegehalt des Grundrechts darf nicht gegen die subjektive Selbstbestimmung des Grundrechtsträgers ausgespielt werden.

Zudem wird unter Bezugnahme darauf, dass der Tod Teil der natürlichen Existenz des Menschen sei, auch die Freiheit des Sterbens im Sinne eines Rechts auf den menschenwürdigen Tod[815] auf den Autonomiegehalt von Art. 2 Absatz 2 Satz 1 GG gestützt[816]. Durch diese Ausformung wird deutlich, dass der Mensch einzig in dem Fall *„würdig"* stirbt, wenn ihm dies als freiverantwortliches, sittlich autonomes Individuum gewährleistet wird, seine Entscheidungen somit respektiert und nicht von anderen auferlegt werden[817].

Zwar wird in diesem Zusammenhang auch restriktiv angeführt, dass eine Einwilligung unheilbar Kranker *in den Gnadentod* keine Grundlage für eine zulässige Auslöschung des Lebens sei[818]. Vielmehr wäre eine aktive Tätigkeit[819], die das Leben verkürzt, ein Verstoß gegen das Recht auf Leben und zöge strafrechtliche Konsequenzen nach sich. Jedoch lässt sich aus Art. 2 Absatz 2 Satz 1 GG keine Pflicht begründen, durch weitere Heilversuche, insbesondere durch den Anschluss an Apparate, die Körperfunktionen wahrnehmen, das Leben eines unheilbar Kranken künstlich zu verlängern. Auch von Verfassungswegen ist somit kein *„abstrakter Rang"* des Lebens dergestalt normiert, dass der Schutzzweck des Art. 2 Absatz 2 Satz 1, Alt. 1 GG im Sinne einer *„externen Unverfügbarkeit"* menschlichen Lebens zu verstehen ist[820].

3. Das allgemeine Persönlichkeitsrecht, Art. 2 Absatz 1 iVm Art. 1 Absatz 1 GG

Im Verfassungsrecht wird der Grundsatz der Selbstbestimmung zudem von Art. 2 Absatz 1 iVm Art. 1 Absatz 1 GG, dem allgemeinen Persönlichkeitsrecht, erfasst. Dabei gestaltet er sich dergestalt als *„Menschenrecht"* aus, indem *„dem einzelnen Bürger darin ein unantastbarer Bereich privater Lebensgestaltung*

---

815 Francke, S. 107; Hirsch ZRP 1986, S. 239 f.; Otto, 56. DJT, S. D 1 (37); Wassermann DRiZ 1986, S. 291 (292).

816 Eser JZ 1986, S. 786 (791); Hufen NJW 2001, S. 849 (851) mwN.; Otto, 56. DJT, S. D 1 (22 f.); Einschränkungen werden etwa von Sachs/*Murswiek*, Art. 2 Rdn. 209 erwähnt: *"Es ginge gerade darum, die Selbstbestimmung des Einzelnen bzw. ihre Voraussetzungen zu wahren"*; zudem verweisen BVerfGE 58, S. 208 (226); *DiFabio* in: Maunz/Dürig, Art. 2 Rdn. 47 sowie Sachs/*Murswiek*, Art. 2 Rdn. 211 darauf, dass sich *„dagegen aus Art. 2 Absatz 2 S. 1 GG eine Schutzbefugnis des Staates ergebe, der Freiheit des Betroffenen aus sehr wichtigen Gründen zu beschränken. Allerdings sei der Entscheidungsfreiheit des Betroffenen großes Gewicht zuzuerkennen"*.

817 Füllmich, S. 27; Otto, 56. DJT, S. D 1 (24); Stürmer, S. 38.

818 *Starck* in: v. Mangoldt/Klein/Starck, Art. 2 Absatz 2 Rdn. 191.

819 Hierzu noch dezidierter im Zusamenhang mit aktiven Sterbehilfemaßnahmen.

820 *Lorenz* in: HdbStR, Bnd. IV, § 128 Rdn. 8; siehe hierzu auch die grundsätzlichen Ausführungen von Stürmer, S. 52 ff.

(gewährt wird – Anm. der Verfasserin), der der Einwirkung der öffentlichen Gewalt entzogen ist"[821]. Das allgemeine Persönlichkeitsrecht bietet somit Schutz gegen eine umfassende Einschränkung der personalen Entfaltung bzw. Privatautonomie[822]. Zudem ist aus diesem ein Verfügungsrecht über den eigenen Körper abzuleiten. Mitunter wird auch vom *Grundrecht auf bioethische Selbstbestimmung* gesprochen[823].

Weiterhin folgt aus dem allgemeinen Persönlichkeitsrecht ebenfalls ein Anspruch, in Ruhe sterben zu können[824]. Zumindest für den entscheidungsfähigen Patient wird angeführt, dass dieser selbst über das Ob einer weiteren lebensverlängernden Behandlung entscheiden können muss - Schutzgut ist somit das Recht, lebensverlängernde Maßnahmen unterbinden zu können, wenn ein menschenwürdiges Leben nur noch schwer möglich ist[825].

II. Ergebnis

Die vorigen Ausführungen zeugen somit von einem aus seinem pathologischen Zustand resultierenden besonderen Schutzanspruch des entscheidungsunfähigen Patienten, welcher insbesondere im Zusammenhang mit medizinischen Behandlungen besteht. Evident wurde dabei, dass das Spannungsverhältnis Lebensschutz contra Selbstbestimmungsrecht nicht geeignet ist, den Abbruch intensivmedizinischer Maßnahmen bei einem entscheidungsunfähigen Patienten zu begrenzen, vielmehr weist das Selbstbestimmungsrecht auch im Zusammenhang mit der Entscheidung über lebensbeendende Maßnahmen einen eingriffsresistenten Schutzgehalt auf.

Grundsätzlich hat der Arzt sein medizinisches Handeln dahingehend auszurichten, das Leben des Patienten zu erhalten. Anderenfalls verstößt er nicht nur gegen straf- und standesrechtliche Pflichten, sondern vielmehr auch gegen das grundgesetzlich geschützte *„Recht auf Leben"* des Patienten aus Art. 2 Absatz 2 Satz 1, Alt. 1 GG. Jedoch findet die ärztliche Behandlungspflicht im Selbstbestimmungsrecht ihre Grenzen, welches als Schutzgut unter Zugrundelegung der zuvor gewonnenen Erkenntnisse sowohl durch Art. 2 Absatz 2 Satz 1 GG als auch durch Art. 2 Absatz 1 iVm. Art. 1 Absatz 1 GG erfasst wird sowie als Kern der Menschenwürde des Art. 1 Absatz 1 GG anzusehen ist.

---

821 BVerfGE 6, S. 32 (41); 6, S. 389 (443); 27, S. 1 (6); vgl.: Sachs/*Höfling*, Art. 1 Rdn. 28 ff.; Maunz/Dürig/Herzog/*Herdegen*, Art. 1 Rdn. 80 ff.

822 BVerfGE 72, S. 155 (170).

823 Vgl. Koppernock.

824 *Di Fabio* in: Maunz/Dürig, Art. 2 Absatz 1 Rdn. 205.

825 *Jarass* in: Jarass/Pieroth, Art. 2 Rdn. 50.

Durch das Recht auf Leben aus Art. 2 Absatz 2 Satz 1 GG ist auch das Ende des Lebens umfasst und somit der Tod als Teil der natürlichen Existenz[826]. Insofern kann der Wunsch eines schwer kranken Menschen, weitere Hilfsmaßnahmen an ihm zu unterlassen, ebenso wie der Wunsch, ihm schmerzstillende Mittel zu verabreichen, die eine Verkürzung der Lebenszeit mit sich bringen[827], Grundlage für einen gerechtfertigten Eingriff in Art. 2 Absatz 2 Satz 1 GG sein. Voraussetzung hierfür ist, dass der Träger des Grundrechts frei und selbstverantwortlich, ggf. auch antizipiert, entschieden hat[828]. Ein Verzicht auf das Leben ist in diesem Fall denkbar, weil die auf das Lebensrecht einwirkende Menschenwürde und die damit angezeigte Kontextwertung eben auch *für* einen solchen sprechen kann. Es sind womöglich gerade die von Apparaten und fremden Dienstleistungen abhängigen Lebensumstände, die den Betroffenen bei entgegenstehendem Willen zum Objekt degradieren und in seiner Subjektstellung als frei verantwortlich Handelnden missachten[829].

Zusammenfassend ist somit anzuführen dass der Patient jederzeit medizinische Maßnahmen eigenverantwortlich mit der Folge zurückweisen kann, dass der Arzt, nachdem er vergeblich versucht hat, bei dem Betroffenen Einsicht in das Notwendige zu wecken, dieses tatsächlich erklärte bzw. antizipiert geäußerte Veto des Patienten selbst bei großer Unvernunft zu respektieren hat[830]. Auch die deutsche Rechtsordnung kennt kein ärztliches Behandlungsrecht gegen den Willen des Patienten[831], somit ist auch hier nicht die medizinische Indikation entscheidend, sondern frei nach dem Grundsatz *voluntas agroti secunda lex* allein der Wille des Patienten"[832]. Dies wird sowohl durch das BVerfG[833] als auch durch den Straf-[834] und Zivilsenat[835] des BGH betont.

---

826 BGHSt 11, S. 111 (113 f.); BGHZ 90, S. 103 (105 f.); *DiFabio* in: Maunz/Dürig, Art. 2 Rdn. 39; Dreier/*Schulze-Fielitz*, Art. 2 Absatz 1 Rdn. 30; *Tröndle* in: FS-Hirsch, S. 779 (792).

827 BGHSt 37, S. 376 ff.; 42, S. 301 (305).

828 *Di Fabio* in: Maunz/Dürig, Art. 2 Absatz 2 Rdn. 39.

829 Hufen NJW 2001, S. 849 (851 ff.); Höfling JuS 2000, S. 111 (114); *Correll* in: AK, Art. 2 Absatz 2 S. 1 Rdn. 41; Uhlenbruck ZRP 1986, S. 209 (214); Wassermann DRiZ 1986, S. 291 (294) führen in diesem Zusammenhang zudem an, dass *„hier Grenzfälle denkbar sind, in denen die Gemeinschaft jedenfalls nicht mit Zwangsmitteln der Selbsttötung entgegentreten darf"*.

830 *Lipp* in: Laufs/Katzenmeier/Lipp, B, 94; vgl. auch Stackmann MedR 2003, S. 490 (492); Storr MedR 2002, S. 436 (438).

831 *Uhlenbruck/Laufs* in: Laufs/Uhlenbruck, § 58 Rdn. 6.

832 Koslowski/*Günther*, S. 124.

833 BVerfGE 52, S. 131 (169 f.), Minderheitsvotum, siehe Fn. 231: *„Die Beachtung des Selbstbestimmungsrechts des Patienten ist wesentlicher Teil des ärztlichen Aufgabenbe-*

B. Die rechtliche Bewertung des medizinischen Behandlungsabbruchs im Strafrecht

I. Überblick über die Rechtsprechung

Die strafrechtliche Bewertung des Abbruchs intensivmedizinischer Maßnahmen ist unter dem Begriff der Sterbehilfe Bezugspunkt mehrerer höchst- sowie instanzgerichtlicher Entscheidungen gewesen.

1. BGHSt 13, S. 162 ff.

In seinem sog. *Hammerteich-Fall* führte der BGH aus, dass eine Tötung auf Verlangen nicht nur durch aktives Tun, sondern auch dergestalt durch pflichtwidriges Unterlassen verwirklicht werden könne, wenn das ausdrückliche, ernstliche und bestimmt wirkende Verlangen des Opfers dahin gehe, den eigenen Tod nicht zu verhindern. Eine Unterlassungstäterschaft setze jedoch voraus, dass Täterwillen vorliege, welcher zumindest dann nicht durch das Bewusstsein, dass eine Rechtspflicht zum Handeln besteht, ersetzt werden könne, wenn der Unterlassende nicht die Möglichkeit habe, rettend einzugreifen.

Verdeutlicht wird, dass die Straflosigkeit der Teilnahme an fremder, freier Selbsttötung nicht die Anwendung des § 330c StGB hindere, was auch für den Fall gelte, dass der Hilfebedürftige auf seine Rettung verzichtet habe[836]. Festzuhalten ist somit, dass auch hier zwar die Maxime fortgeführt wurde, dem Sterbewillen und somit dem Selbstbestimmungsrecht des Betroffenen nicht den Vorrang vor einer Rettungspflicht zum Schutze seines Lebens einzuräumen, dies jedoch nur noch in Bezug auf eine unterlassene Hilfeleistung angeführt wird.

---

reiches"; der Kranke hat aufgrund von Art. 2 Absatz 2 S. 1 GG *„das volle Selbstbestimmungsrecht über seine leiblich-seelische Integrität".*

834 BGHZ 90, S. 103 (111), *„Das Selbstbestimmungsrecht des Patienten (...) schützt auch eine Entschließung, die aus medizinischen Gründen unvertretbar erscheint".*

835 BGHSt 11, S. 111 (113 f.) – Myom-Urteil, *„Das in Art. 2 Absatz 2 S. 1 des Grundgesetzes gewährleistete Recht auf körperliche Unversehrtheit fordert Berücksichtigung auch bei einem Menschen, der es ablehnt, seine körperliche Unversehrtheit selbst dann preiszugeben, wenn er dadurch von einem lebensgefährlichen Leiden befreit wird (...) Zwar ist es sein (des Arztes, Anm. der Verfasserin) vornehmlichstes Recht und seine wesentliche Pflicht den kranken Menschen nach Möglichkeit von seinem Leiden zu heilen. Dieses Recht und diese Pflicht finden aber in dem grundsätzlich freien Selbstbestimmungsrecht des Menschen über seinen Körper ihre Grenzen".*

836 Vgl. insgesamt BGHSt 3, S. 162 (166 ff.).

2. BGHSt 32, S. 367 ff.

Im sog. *Wittig-Urteil* hatte sich der BGH mit der Frage auseinanderzusetzen, ob sich ein Arzt wegen eines Tötungsdeliktes durch Unterlassen oder wegen unterlassener Hilfeleistung strafbar macht, wenn er seinen Patienten nach dessen Selbstmordversuch bewusstlos vorfindet und nichts zu seiner Rettung unternimmt[837].

Grundsätzlich hat der BGH in seiner Urteilsbegründung zwar noch einmal betont, dass die Teilnahme am Selbstmord eines anderen straflos sei. Gleichzeitig hat er sich jedoch unter Anführung des Grundsatzes *in dubio pro vita* dafür ausgesprochen, dass in einem solchen Fall nicht von einer straflosen Beihilfe durch Unterlassen auszugehen sei, sondern hat den Fortbestand der ärztlichen Garantenstellung nach einem Suizidversuch des Patienten grundsätzlich bejaht. Somit hat er sich für eine Nichtrespektierung des Sterbewillens des Betroffenen entschieden. Nach den Ausführungen des BGH mache sich derjenige wegen eines Tötungsdelikts durch Unterlassen strafbar, der einen Bewusstlosen in einer lebensbedrohenden Lage antrifft, jedoch die erforderliche und zumutbare Hilfe zur Lebensrettung nicht leistet, obwohl ihn Garantenpflichten für das Leben des Verunglückten treffen. Daran ändere sich auch für den Fall nichts, in dem das handlungs- und willensunfähige Opfer den die Hilfeleistung erforderlich machenden Umstand absichtlich herbeigeführt hat. Zu diesem Zeitpunkt habe es die Tatherrschaft endgültig verloren, so dass der Eintritt des Todes nunmehr allein von dem Garanten abhänge. Eine Pflicht, den Tod abzuwehren, resultiere aus dem schon vor dem Übergang der Tatherrschaft bestehenden Garantenstatus des Arztes für seine Patienten. Bis zu diesem Zeitpunkt werde diese Pflicht le-

837 Der Angeklagte in diesem Verfahren war der Hausarzt der später verstorbenen 76-jährigen Patienten. Diese litt an hochgradiger Verkalkung der Herzkranzgefäße und an Gehbeschwerden. Sie sah ihr Leben nach dem Tod ihres Mannes als sinnlos an und äußerte gegenüber dem Angeklagten mehrfach, sie wolle niemals in einem Zustand der Hilflosigkeit verfallen und weder in ein Krankenhaus noch in ein Pflegeheim gebracht werden, ein Wunsch, den sie auch schriftlich niedergelegt hatte. Der Angeklagte versuchte vergeblich, sie von diesen Gedanken abzubringen. Am 28.11.1981 fand er seine Patientin bewusstlos in ihrer Wohnung vor, in der Hand einen Zettel: „An meinen Arzt – bitte kein Krankenhaus – Erlösung! – 28.11.1981“. Aus diesen Schriftstück sowie zahlreichen leeren Medikamentenpackungen erkannte der Angeklagte, dass seine Patientin eine Überdosis Morphium und Schlaftabletten in Selbsttötungsabsicht genommen hat. Ihr Puls war nicht mehr tastbar und ihre Atmung nur noch schwach, so dass der Angeklagte in dem Glauben war, sie sei nicht mehr zu retten, jedenfalls nicht ohne schwere Dauerschäden. In Kenntnis auch ihres Todeswunsches, unternahm er nichts zu ihrer Rettung und blieb in ihrer Wohnung, bis er am nächsten Morgen gegen 7.00 Uhr den Tod feststellte, zitiert nach Ulsenheimer, Rdn. 271.

diglich durch die Entscheidung des Gesetzgebers verdeckt, die Hilfe gegenüber freiverantwortlich agierenden Suizidenten straflos zu lassen. Daraus ließe sich jedoch keine Konsequenz für die rechtliche Bewertung des Garantenverhaltens nach dem Eintritt der Handlungsunfähigkeit des Selbstmörders ziehen.

Nach dem Dafürhalten des BGH verfalle ein ursprünglich durchaus ernsthafter Selbsttötungswille nach Beendigung des Suizidversuchs häufig, d. h. dann, wenn der Lebensmüde aus eigener Kraft nicht mehr zurücktreten kann. Dieser trage, wie das Verhalten vieler Geretteter zeige, nicht mehr den Willen für den letztendlichen Todeseintritt. Gerade derjenige, der die suizidale Situation so einrichtet, dass zwischen Selbstmordhandlung und Todeseintritt eine längere Latenzzeit liegt, in der das Hinzukommen Dritter ermöglicht wird, handele oft nicht aus einem unerschütterlichen Todeswunsch, sondern in der unterschwelligen Hoffnung, dass sein verzweifelter Schrei nach menschlicher Beistand gehört werde. Zwar sei die Beachtung des Selbstbestimmungsrechts des Patienten ein wesentlicher Teil des ärztlichen Aufgabenbereiches, gleichwohl folge daraus, dass sich der Arzt jedenfalls dann, wenn der ohne ärztlichen Eingriff dem sicheren Tod preisgegebene Suizident schon bewusstlos ist, nicht allein nach dessen vor Eintritt der Bewusstlosigkeit erklärten Willen richten dürfe. Er habe in eigener Verantwortung eine Entscheidung über die Vornahme oder Nichtvornahme des Eingriffs zu treffen. Jedoch hebt der BGH auch hervor, dass der Arzt in seinen Überlegungen berücksichtigen dürfe, dass es keine Rechtspflicht zu Erhaltung eines verlöschenden Lebens um jeden Preis gebe – *vielmehr seien Maßnahmen zur Lebensverlängerung nicht deswegen unerlässlich, weil sie technisch möglich seien.*

Deutlich wird somit, dass sich der BGH in dieser Entscheidung für einen Vorrang der Lebensrettungspflicht vor dem Selbstbestimmungsrecht des Betroffenen ausspricht und die Tendenz der Rechtsprechung fortsetzt, die Förderung bzw. das Geschehenlassen eines Suizids nur bis zum Eintritt der Bewusstlosigkeit des Suizidenten als zulässig anzusehen. In der Sache selbst kam es für den angeklagten Arzt Dr. Wittig gleichwohl nicht zu einer Verurteilung, sondern zu einem Freispruch. Namentlich räumte der BGH dem Arzt ein sog. *Abwägungsermessen* ein, wodurch er von seinen vorherigen straferweiternden Tendenzen abwich und den Angeklagten in der Sache aufgrund dessen frei von Schuld sprach: *„Wenn der Angeklagte den Konflikt zwischen der Verpflichtung zum Lebensschutz und der Achtung des Selbstbestimmungsrechts der Patientin dadurch zu lösen suchte, dass er in Respekt vor der Persönlichkeit der Sterbenden bis zum endgültigen Eintritt des Todes bei ihr ausharrte, so kann seine ärztliche Gewissensentscheidung nicht von Rechts wegen als unvertretbar angese-*

hen werden"[838]. Nicht zum Gegenstand einer Erläuterung wurde es jedoch gemacht, wie dieses Ermessen rechtsdogmatisch einzuordnen ist. *Rieger*[839] ordnet es als Entschuldigungsgrund ein, *Schmitt*[840] hingegen vermag keine Eindeutigkeit zu erkennen und spricht sich dafür aus, dass der Angeklagte aufgrund mangelnder Zumutbarkeit einer an sich bestehenden Erfolgsabwendungspflicht freigesprochen worden sei.

3. LG Ravensburg, NStZ 1987, S. 229 f.

Das LG Ravensburg verdeutlichte in seiner Entscheidung[841] vom 03.12.1986 Folgendes: Wenn ein im Sterben liegender Mensch, der nicht mehr aus eigener Kraft weiterleben kann, sondern nur noch mit Hilfe künstlicher Gerätschaften am Leben erhalten wird, verlange, dass solche Maßnahmen unterbleiben oder aber abgebrochen werden, sei dies sein gutes Recht.

Zwar folge aus § 216 StGB, dass derjenige, der einem solchen Verhalten nachkommt, nicht durch die Einwilligung des davon betroffenen Patienten gerechtfertigt werden könne, was sowohl in Bezug auf gesunde als auch dem Tode geweihter Menschen gelte. Jedoch sei § 216 StGB zum Gegenstand einer Auslegung unter Berücksichtigung des grundgesetzlich gewährleisteten Rechts auf Selbstbestimmung und der Achtung der Menschenwürde zu machen. Dabei betont das Gericht, dass der Sinn des Tötungsverbotes zwar darin bestehe, menschliches Leben zu erhalten, nicht aber, den sich im Todeskampf befindlichen Menschen gewaltsam und vor allem gegen seinen Willen am Sterben zu hindern. Wie bei der Entscheidung BGHSt 32, S. 367 ff. wird auch hier betont, dass Maßnahmen zur Lebensverlängerung nicht schon deswegen unerlässlich seien, weil sie technisch möglich sind. Nicht die Effizienz der Apparatur, sondern die

838 Vgl. BGHSt 32, S. 373 ff.; siehe die daran insgesamt geäußerte Kritik insbesondere bei Eser MedR 1985, S. 6 (11 f.)

839 Rieger DMW 1984, S. 1738 (1740).

840 Schmitt JZ 1984, S. 866 (868), hier Fn. 22.

841 In diesem Fall litt die Patientin, die Ehefrau des Angeklagten an ALS. Als sie am 2.7.1985 ins Krankenhaus eingeliefert wurde, war sie bewusstlos und lag *„im Sterben"*, kam mithilfe künstlicher Beatmung jedoch wieder zu Bewusstsein. Diese Maßnahme empfand sie als unerträgliche Quälererei und schrieb deshalb am 3.7.1985 mithilfe einer elektischen Spezialschreibmaschine – siehe hierzu bereits die obigen Erläuterungen unter **§ 2 B.** -, dass sie sterben möchte, je schneller, desto besser. Dies wünsche sie sich – im Vollbesitz ihrer geistigen Kräfte – von ganzem Herzen. Daraufhin schaltete ihr Ehemann in einem unbeobachteten Moment das Beatmungsgerät ab und hielt ihre Hand, bis sie etwa eine Stunde nach der Abschaltung des Gerätes infolge eines Herzstillstandes verstarb, zitiert nach Ulsenheimer, Rdn. 273.

an der Achtung des Lebens und der Menschenwürde ausgerichtete Einzelfallentscheidung bestimme die Grenzen der ärztlichen Behandlungspflicht.

Zudem wird hervorgehoben, dass es auch keinem Zweifel unterliege, dass ein urteilsfähiger Patient selbst bestimmen könne, ob er eine ärztliche Behandlung wünsche oder nicht. Wenn einem Patienten die Entscheidung über die Einleitung einer künstlichen Beatmung zustehe, dann auch die betreffend des Abbruchs, was umso mehr gelte, wenn schon der Beginn der Behandlung nicht dem Willen des Betroffenen entsprochen habe. Darüber hinaus entschied das Gericht, dass es keine Rolle spiele, wer dem berechtigten Interesse des Patienten auf Abbruch der Behandlung nachkomme, denn unabhängig davon, ob dies ein Arzt, Pflegepersonal oder wie im vorliegenden Fall ein Angehöriger sei, stehe das Selbstbestimmungsrecht und die Menschenwürde des urteilsfähigen Patienten im Vordergrund[842].

Im Ergebnis wurde seitens des Gerichts von einer Verurteilung wegen einer Tötung auf Verlagen abgesehen. Nicht zum Gegenstand einer abschließenden Antwort wurde es gemacht, ob im vorliegenden Fall schon der Tatbestand des § 216 StGB entfiel oder aber die Handlung gerechtfertigt war.

4. OLG München, NJW 1987, S. 2940 ff.

In diesem Aufsehen erregenden Fall[843], bekannt geworden durch den Angeschuldigten, dem Arzt Prof. Dr. Julius Hackethal, stellte das OLG München klar, dass derjenige, der einem zum Freitod entschlossenen, schwerstleidenden und unheilbar Erkrankten auf dessen ausdrückliches und ernsthaftes Verlangen hin ein tödliches Gift zur Verfügung stellt, um dem Betroffenen die Verwirklichung

842 LG Ravensburg, NSTZ 1987, S. 229.

843 Seit dem Jahre 1977 litt die zum Tatzeitpunkt 69-jährige Patientin unter einem schweren, bösartigen Hautkrebsleiden, so dass sie kaum noch essen konnte, die Wunden nicht heilten, die Augen tränten und schmerzhafte Gesichtsneuralgien trotz hoher Dosen schmerzlindernder Medikationen vorlagen. Anfang des Jahres 1984 wurde bei reduziertem Allgemein-, Ernährungs- und Kräftezustand ein rezidivierender Oberkieferhöhlentumor rechts mit destruktivem Wachstum in die Schädelbasis und in die Augenhöhle hinein festgestellt. Zudem bestand bei der Patientin eine Mittelgesichtszerstörung mit Fehlen des Oberkiefers mit Oberlippe und unteren Nasenanteilen sowie eine starke beidseitige Unterlidschwellung mit völligem Verschluss des rechten Auges und starkem Ektropium links. Im Angesicht dieses Zustandes äußerte die Patientin gegenüber den Ärzten der Klinik, in der sie behandelt wurde, das sei sterben wolle, jedoch nicht wisse wie. Sie bedrängte den Angeschuldigten, ihr zu helfen, worauf er sich schließlich einließ. In Absprache mit ihr und unter genauen Anweisungen zur Einnahme, überließ er ihr ein schnell wirkendes Gift (Kaliumcyanid), welches die Patientin selbstständig zu sich nahm und kurz darauf verstarb, zitiert nach Ulsenheimer, Rdn. 272.

des Suizids zu ermöglichen, sich weder einer Tötung auf Verlangen durch Unterlassen, §§ 216, 13 StGB, noch einer unterlassenen Hilfeleistung nach § 323c StGB strafbar mache.

Das Gericht hob deutlich hervor, dass die straflose Beihilfe zur Selbsttötung eines anderen von einer strafbaren Tötung auf Verlangen durch das Moment der Tatherrschaft abzugrenzen sei. Es sei darauf abzustellen, wer das zum Tode führende Geschehen tatsächlich beherrsche. Behalte sich der über seinen Tod Verfügende bis zum letzten Augenblick die freie Entscheidung über sein Schicksal selbst vor, dann töte er sich – wenn auch mit fremder Hilfe – letztendlich selbst. Nicht notwendigerweise zöge jedoch der Verlust der Handlungsfähigkeit den Übergang der Tatherrschaft auf den Garanten nach sich, vielmehr sei dies nur dann der Fall, wenn der Garant die tatsächliche Möglichkeit besitze, gerade durch sein Handeln dem Geschehen die relevante Wende zu geben.

Von erheblicher Relevanz für die Autonomie des Patienten war zudem die weitere Feststellung: Das Selbstbestimmungsrecht des Patienten begrenze die prinzipiell bestehende Garantenschutzverantwortung des Arztes. Verweigere der freiverantwortlich agierende Suizident somit seine Einwilligung in dringend gebotene ärztliche Eingriffe, entfalle die aufgrund des Arzt-Patienten-Verhältnisses bestehende Behandlungspflicht mit der Folge, dass der Arzt zum Sterbebegleiter werde und ab diesem Zeitpunkt lediglich nur noch Garant für die Basisversorgung des Patienten sei.

Abschließend wurde hervorgehoben, dass das Prinzip der Unverfügbarkeit des Lebens nicht absolut gelte. Hierfür wird begründend etwa auf das Bestehen von Instituten wie der Tötung in Notwehr sowie der Tötung bei Notstand verwiesen und angeführt, dass die indirekte, durch den Arzt vorgenommenen Sterbehilfe anhand einer Güterabwägung über § 34 StGB gerechtfertigt werden könne. Ob dieser im zugrunde liegenden Fall vorgelegen hat, wurde seitens des Gerichts jedoch nicht abschließend beurteilt, da es sich auf den Standpunkt stellte, dass jedenfalls die Schuld des Angeklagten Hackethal entfiele.

Hinsichtlich einer Strafbarkeit wegen § 323c StGB führte das Gericht zudem aus, dass eine solche nicht gegeben sei, da die Verhinderung des Selbstmordes aufgrund der im zugrunde liegenden Fall gegebenen Umstände nicht mehr als erforderliche sowie zumutbare Hilfe gemäß § 323c StGB bewertet werden könne. Zudem wurde auch in diesem Zusammenhang betont, dass es der Wille der Patientin war, der ohne Ausnahme zu beachten gewesen sei.

5. BGHSt 40, S. 257 ff

Am 13. September 1994 sprach sich der 1. Strafsenat des BGH im bereits erwähnten Kemptener Fall[844] für die Zulässigkeit der passiven Sterbehilfe bei einer Patientin aus, welche unter dem apallischen Syndrom litt und über eine Magensonde künstlich ernährt wurde. Der zugrunde liegende Fall war von einigem

844 Zum Sachverhalt: Eine Patientin litt an einem ausgeprägten hirnorganischen Psychosyndrom im Rahmen einer präsenilen Demenz mit Verdacht auf Alzheimer – Krankheit. Durch einen Anfang September 1990 erlittenen Herzstillstand mit anschließender Reanimation war sie irreversibel schwerst zerebral geschädigt und befand sich in einem sog. Koma vigile. Da sie deshalb nicht mehr schlucken konnte, war sie auf künstliche Ernährung über eine Sondennahrung angewiesen, die zunächst über die Nase, wegen dabei aufgetretener Komplikationen ab Ende 1992, sodann über eine Magensonde erfolgte. Seit Ende 1990 war die Patientin nicht mehr ansprechbar, geh- und stehunfähig und reagierte auf optische, akustische und Druckreize lediglich mit Gesichtszuckungen oder Knurren. Trotz Krankengymnastik kam es zu sog. Grobkontrakturen an den Gliedmaßen. Die Vitalfunktionen waren vorhanden, Anzeigen für Schmerzempfinden bestanden nicht. Ihr Gesamtzustand wurde von den Ärzten als irreversibel, jedoch nicht terminal eingestuft. Der behandelnde Arzt und der Sohn der Patientin, welcher als ihr Betreuuer fungierte, entschlossen sich Anfang des Jahres 1993 nach 2 ½ Jahren der künstlichen Ernährungs- und Flüssigkeitszufuhr der Betroffenen nur noch Tee zu verabreichen und sie dadurch letztendlich sterben zu lassen. Der Tod wäre innerhalb von 2 – 3 Wochen eingetreten, zitiert nach Ulsenheimer, Rdn. 273a. Dabei verwies der Sohn darauf, dass seine Mutter vor etwa acht bis 10 Jahren, nachdem sie im Fernsehen einen Pflegefall mit Gliedversteifungen sowie Wundliegen gesehen hatte, äußerte, dass sie so nicht sterben wolle. IE kam es zu dem vorgenannten Vorhaben jedoch nicht, vielmehr verständigte der Pflegedienstleiter das zuständige Vormundschaftsgericht. So wurde die Patientin weiter künstlich ernährt und mit Flüssigkeit versorgt und verstarb Ende des Jahres 1993 an einem Lungenödem. Sowohl Arzt als auch Sohn wurden wegen versuchter vorsätzlicher Tötung, §§ 212, 22, 23 StGB, angeklagt. Die erste Instanz, die 1. Strafkammer des LG Kempten, verurteilte die beiden Angeklagten wegen versuchten Totschlags, §§ 212, 13 StGB, zu einer Geldstrafe, woraufhin die Betroffenen Revision vor dem BGH einlegten. Dessen 1. Strafkammer entschied in einem aufsehenerregenden Urteil unter Zugrundelegung dreier Regeln, dass ein medizinischer Behandlungsabbruch zum einen auch auf dem nur mutmaßlichen Willen des betroffenen entscheidungsunfähigen Patienten beruhen könne und dies zudem in Abgrenzung zur Sterbephase auch dann der Fall sein könne, wenn dieser sich noch nicht in einem terminalen Krankheitsstadium befindet. IE verwies er den Fall sodann an das LG Kempten zu neuer Verhandlung und Entscheidung zurück. Dessen 2. Strafkammer entschied - Urteil v. 07. Juli 1995 - im zweiten Rechtszug dahingehend, dass die wertebezogenen Interessen der betroffenen Patientin mit dem Vorgehen der Angeklagten übereinstimmten und sie mit der Einstellung der künstlichen Ernährungs- und Flüssigkeitszufuhr somit mutmaßlich einverstanden gewesen wäre, so dass beide freigesprochen wurden.

rechtlichen Interesse, da die Grunderkrankung bei der betroffenen Patientin noch keinen unmittelbar zum Tode führenden Verlauf genommen hatte.

Der BGH stellte sich auf den Standpunkt, dass in einem solchen Fall auf den mutmaßlichen Willen des Patienten abzustellen sei, wodurch dem Rechtsinstitut der mutmaßlichen Einwilligung ein gänzlich neues Anwendungsgebiet für die Fälle der Sterbehilfe eröffnet wurde. Bei einem unheilbar erkrankten Patienten, welcher nicht mehr entscheidungsfähig ist, sei der Abbruch einer ärztlichen Behandlung oder Maßnahme ausnahmsweise nicht von vornherein ausgeschlossen, sofern der Patient mit dem Abbruch mutmaßlich einverstanden sei. Auch in diesen Fällen sei der Abbruch als Sterbehilfe im weiteren Sinne, *sog. Hilfe zum Sterben*, als Ausdruck der allgemeinen Entscheidungsfreiheit und des Rechts auf körperliche Unversehrtheit grundsätzlich anzuerkennen[845]. Hinsichtlich der Ermittlung des mutmaßlichen Willens des Betroffenen zum Tatzeitpunkt seien jedoch im Vergleich zur eigentlichen Sterbehilfe strengere Anforderungen zugrunde zu legen[846]. Es komme auf frühere mündliche oder schriftliche Äußerungen des Patienten sowie auf seine religiöse Überzeugung, sonstige Wertvorstellungen, seine altersbedingte Lebenserwartung oder das Erleiden von Schmerzen an. Im Falle des Fehlens konkreter Anhaltspunkte für die Ermittlung des mutmaßlichen Willens seien allgemeine Wertvorstellungen als objektive Kriterien heranzuziehen[847]. Dabei betonte der BGH, dass je weniger die Wiederherstellung eines nach allgemeinen Vorstellungen menschenwürdigen Lebens möglich sei und je kürzer der Tod bevorstehe, desto eher erscheine ein Behandlungsabbruch vertretbar. Bestehen jedoch Zweifel, habe der Bestand des Lebens des Patienten Vorrang vor persönlichen Überlegungen des Arztes, eines Angehörigen oder einer anderen beteiligten Person.

6. BGHSt 42, S. 301 ff.

In diesem Urteil sprach sich der BGH das erste Mal für die Zulässigkeit indirekter Sterbehilfemaßnahmen aus: Danach sei eine indizierte schmerzlindernde Medikation auch dann zulässig, wenn ihre dem erklärten oder aber mutmaßlichen Willen des Patienten entsprechende Verabreichung bei diesem als unvermeidbare Nebenfolge den Todeseintritt beschleunigen könne und dies von dem behandelnden Arzt zwar nicht beabsichtigt, jedoch in Kauf genommen werde. Hervorgehoben wird, dass die Ermöglichung eines Todes in Würde und Schmerzfreiheit, welche auf dem erklärten oder mutmaßlichen Willen des be-

845 BGHSt 40, S. 257 (261 f.).

846 BGHSt 40, S. 257 (261 ff.).

847 Vgl. insgesamt BGHSt 257 ff., insbesondere 260, 262 f.

troffenen Patienten basiert, im Verhältnis zu der Aussicht, unter schwersten, unerträglichen Schmerzen noch eine kurze Zeit weiter leben zu müssen, überwiege[848].

Wiederum ohne abschließende Klärung ließ es der BGH somit auch bei dieser Entscheidung, ob in solchen Fällen indirekter Sterbehilfe bereits der Tatbestand der in Betracht kommenden Delikte nicht erfüllt sei oder aber das Vorgehen des behandelnden Arztes über § 34 StGB eine Rechtfertigung erfährt.

7. BGHZ 154, S. 205 ff.

Die nächste höchstgerichtliche Entscheidung des BGH mit Bedeutung für die Thematik des medizinischen Behandlungsabbruches folgte am 17. März 2003 durch den 12. Zivilsenat[849]. Zwar war diese im Zusammenhang mit dem medizinischen Behandlungsabbruch hauptsächlich für den Bereich des Zivilrechts von Interesse, unter strafrechtlichen Gesichtspunkten ist jedoch auf die Ausführungen im ersten Leitsatz zu verweisen. In diesem führte der BGH an, dass lebenserhaltende oder -verlängernde Maßnahmen bei einem einwilligungsunfähigen Patienten, *dessen Grundleiden einen irreversiblen tödlichen Verlauf angenommen hat*, unterbleiben müssen, „*wenn dies seinem zuvor - etwa in Form einer sog. Patientenverfügung - geäußerten Willen entspricht. Dies folgt aus der Würde des Menschen, die es gebietet, sein in einwilligungsfähigem Zustand ausgeübtes Selbstbestimmungsrecht auch dann noch zu respektieren, wenn er zu eigenverantwortlichem Entscheiden nicht mehr in der Lage ist. Nur wenn ein solcher erklärter Wille des Patienten nicht festgestellt werden kann, beurteilt sich die Zulässigkeit solcher Maßnahmen nach dem mutmaßlichen Willen des Patienten, der dann individuell - also aus dessen Lebensentscheidungen, Wertvorstellungen und Überzeugungen - zu ermitteln ist*“[850].

848 Vgl. BGHSt 42, S. 301 ff.

849 Dieser Entscheidung lag dabei folgender Sachverhalt zugrunde: Der betroffene Patient befand sich infolge eines Myocardinfarktes seit Ende 2000 im Wachkoma und wurde über eine PEG-Sonde künstlich ernährt; eine Kontaktaufnahme mit ihm war nicht möglich. Zu Beginn des Jahres 2001 wurde sein Sohn zum Betreuer bestellt, welcher Anfang 2002 die Einstellung der Ernährung über die PEG-Sonde beantragte, da eine Besserung des Zustandes nicht zu erwarten sei und die Einstellung dem früher geäußerten Wunsch seines Vaters entspreche. Hierfür verwies er auf eine maschinenschriftliche und vom Betroffenen handschriftlich unter Angabe von Ort und Datum unterzeichnete Verfügung, vgl. BGHZ 154, S. 205 (206).

850 BGHZ 154, S. 205.

8. BGH NJW 2005, S. 2385 ff.

Ein weiteres Mal hatte sich der 12. Zivilsenat im Rahmen der Entscheidung vom 08. Juli 2005[851] mit der Frage zu befassen, unter welchen Voraussetzungen ein Betreuer die Einstellung der künstlichen Ernährung des Betreuten verlangen kann[852].

Obwohl angeführt wurde, dass die strafrechtlichen Grenzen einer Sterbehilfe im weiteren Sinn, sog. *Hilfe zum Sterben*, bislang nicht hinreichend geklärt und für die Entscheidung des vorliegenden Falles durchaus von Bedeutung seien, da die Beklagte nicht zivilrechtlich zu einem Verhalten verurteilt werden könne, mit dem die Organe und Beschäftigten der Beklagten Gefahr laufen, sich zu den Geboten des Strafrechts in Widerspruch zu setzen, wurde auf weitere klarstellenden Ausführungen verzichtet. Da im vorliegenden Fall allein über eine Kostenentscheidung zu entscheiden war, stellte sich der Senat vielmehr auf den Standpunkt, dass das Verfahren keinen geeigneten Rahmen biete, diese Fragen abschließend zu beantworten[853]. Zumindest führte der Senat jedoch wie folgt aus: *"Die mit Hilfe einer Magensonde durchgeführte künstliche Ernährung ist ein Eingriff in die körperliche Integrität, der deshalb der Einwilligung des Patienten bedarf. Eine gegen den erklärten Willen des Patienten durchgeführte*

851 Da der Kläger im Laufe des Prozesses verstorben ist und die Parteien den Rechtsstreit unter der Stellung wechselseitiger Kostenanträge übereinstimmend für erledigt erklärten, hatte der Senat gemäß § 91 a ZPO nur noch über die Kosten des Rechtsstreits zu befinden. Nach BGHZ 67, 343, 345 hat eine solche Entscheidung zwar den bisherigen Sach- und Streitstand zu berücksichtigen, erfolgt aber zugleich nach billigem Ermessen, so dass sich der Senat auf eine summarische Prüfung der Erfolgsaussichten der Klage beschränken konnte; zudem konnte er darauf verzichten, alle für den Ausgang des Rechtsstreits bedeutsamen Rechtsfragen zu überprüfen.

852 Der Entscheidung lag dabei folgender Sachverhalt zugrunde: Der im Laufe des Prozesses verstorbene Kläger lag seit Mitte 1998 nach einem Suizidversuch im Wachkoma. Er befand sich seit dem 10.09.1998 aufgrund eines von seinem Vater in seiner Funktion als rechtlichem Betreuer für ihn abgeschlossenen Heimvertrags in einem Pflegeheim der Beklagten. Dort wurde er von einem niedergelassenen Arzt behandelt und vom Pflegepersonal der Beklagten mittels einer – bereits vor der Aufnahme in das Heim eingebrachten - PEG - Sonde künstlich ernährt. Im Dezember 2001 ordnete der behandelnde Arzt im Einvernehmen mit dem Betreuer an, die künstliche Ernährung einzustellen und die Zuführung von Flüssigkeit über die Magensonde unter gleichzeitiger Fortführung der Pflege sowie der Verabreichung lindernder Medikationen zu reduzieren. Die Beklagte lehnte die Durchführung dieser Anordnung, bei deren Befolgung der Kläger binnen acht bis zehn Tagen an einer Nierenvergiftung gestorben wäre, unter anderem mit der Begründung ab, ihre Pflegekräfte weigerten sich, der ärztlichen Anordnung nachzukommen, vgl. BGH NJW 2005, S. 2385.

853 Vgl. BGH NJW 2005, S. 2385 (2386).

künstliche Ernährung ist folglich eine rechtswidrige Handlung, deren Unterlassung der Patient analog § 1004 Absatz 1 Satz 2 BGB in Verbindung mit § 823 Absatz 1 BGB verlangen kann. Das gilt auch dann, wenn die begehrte Unterlassung zum Tode des Patienten führen würde. Das Recht des Patienten zur Bestimmung über seinen Körper macht Zwangsbehandlungen, auch wenn sie lebenserhaltend wirken, unzulässig"[854].

9. LG Fulda, Urt. v. 30. April 2009 - Az. 16 Js 1/08

Am 30. April 2009 verurteilte die 1. Strafkammer des Landgerichts Fulda einen Münchner Medizinrechtler zu neun Monaten Haft auf Bewährung wegen versuchten Totschlags[855], die ebenfalls angeklagte Tochter der verstorbenen Patien-

---

854 BGH NJW 2005, S. 2385 ff.

855 Vor dem Schwurgericht Fulda wurde seit dem 21.04.2009 sowohl gegen die Tochter der mittlerweile verstorbenen Patientin als auch gegen ihren Rechtsanwalt, den Münchner Medizinrechtler Wolfgang Putz wegen versuchten Totschlags verhandelt. Die Patientin lag seit einer Hirnblutung im Oktober 2002 im Wachkoma in einem Pflegeheim, sie war nicht mehr ansprechbar, bettlägerig und insgesamt schwerst pflegebedürftig. Eine Verbesserung ihres gesunheitlichen Zustandes war spätestens ab den Jahren 2006/07 nicht mehr zu erwarten, die weitere künstliche Lebenserhaltung war längst nicht mehr medizinisch indiziert und widersprach dem früher mündlich klar geäußerten Patientenwillen. In der Sache war zwar keine schriftliche Patientenverfügung vorhanden, die verstorbene Patientin hatte ihrer Tochter gegenüber im Ende September 2002 jedoch geäußert, dass sie, wenn ihr etwas zustoßen sollte, nicht auf fremde Hilfe angewiesen sein und nicht in ein Pflegeheim kommen wolle. Sollte sie bewusstlos werden, und sich nicht mehr äußern können, wolle sie keine lebensverlängernden Maßnahmen in Form von künstlicher Ernährung und künstlicher Beatmung; sie wolle nicht an Schläuche angeschlossen werden. Nachdem die von Amts wegen eingesetzte Betreuerin, welche sich weigerte, die Ernährung und Flüssigkeitszufuhr bei der Patientin einzustellen, gerichtlich per Beschluss des AG Hersfeld – Az. 92 XVII 79/03 - von ihren Pflichten entbunden wurde, waren die beiden Kinder der Patientin als Betreuer eingesetzt worden. Sodann wies der Hausarzt die Heimleitung an, die künstliche Ernährung abrupt und die Flüssigkeitszufuhr binnen drei Tagen komplett einzustellen, was im Ergebnis im Rahmen eines Kompromisses zwischen den Beteiligten ab dem Nachmittag des 20.12.2008 durch die Kinder der Patientin durchgeführt wurde, da sich die Pflegekräfte des Heimes diesbezüglich weigerten. Am Nachmittag des 21.12.2007 meldete sich sodann eine Justiziarin des Heimbetreibers und teilte mit, dieser wolle das Sterben im Heim entgegen der Absprache mit der Heimleiterin nicht zulassen. Sie legte den Kindern nahe, die Patientin in ein anderes Heim oder Hospiz zu verlegen, was schon im Vorfeld nicht gelungen war, zudem kam eine Unterbringung bei den Kindern selbst nicht in Betracht. Im Ergebnis stellte die Juristin ein Ultimatum: Wenn die Kinder die künstliche Lebensverlängerung nicht wieder erlauben würden, dann würde das Heim den Kindern Hausverbot erteilen und in Eigenregie die Patientin wieder künstlich ernähren. Um dies zu verhindern,

ten wurde wegen des Vorliegens eines unvermeidbaren Verbotsirrtums von dem gleichen Tatvorwurf freigesprochen[856].

Das Hauptaugenmerk der Entscheidung ist darauf zu richten, dass nach der Auffassung der Kammer der Schwerpunkt der strafrechtlich relevanten Vorwerfbarkeit - die Durchtrennung des Versorgungsschlauches – in einem aktiven Tun und nicht in einem unechten Unterlassen in Garantenstellung aus § 13 StGB bestand[857]. In dem Durchtrennen des Versorgungsschlauches liege ein wesentlicher Eingriff in einen bestehenden, angelegten Kausalverlauf durch aktive Vereitelung unmittelbar bevorstehender lebenserhaltender Maßnahmen[858]. Weiter wird ausgeführt, dass der Angeklagte vorliegend zwar von dem grundsätzlichen Bestreben geleitet gewesen sei, die Weiterernährung der Patientin zu unterlassen, indem die künstliche Ernährung abrupt und die Flüssigkeitszufuhr binnen drei Tagen auf Null reduziert werden sollte. *„Dies umfasste allerdings nur das durch die Angeklagte in Person vorgenommene Verhalten vom Nachmittag des 20.12. bis zum Zeitpunkt der Schlauchdurchtrennung am Nachmittag des 21.12.2008. Der Eingriff in die Apparatur der PEG-Sonde durch Kappen des Versorgungsschlauches unmittelbar oberhalb der Bauchdecke stellt aber bereits nach seinem sozialen Handlungssinn nicht ein bloßes Unterlassen der Weiterbehandlung dar“.*[859] Insbesondere wird angeführt, dass sich der hiesige Sachverhalt auch nicht mit den Konstellationen vergleichen lasse, *„in denen bei einem nicht mehr zu rettenden sterbenden Patienten im Einvernehmen aller Beteiligter durch den Arzt ein Beatmungsgerät abgeschaltet wird“.* Soweit dort in der Sache ein Unterlassen der Weiterbehandlung angenommen werde, handele es sich letztlich um einen (notwendigen) Kunstgriff, um eine nicht hinnehmbare

---

schnitten die Kinder sodann auf rechtlichen Rat des Angeklagten die schon nicht mehr benutzte Magensonde über der Bauchdecke ab. Das Heim und der Angeklagte informierten Staatsanwaltschaft und Polizei. In der Folge veranlasste die Staatsanwaltschaft eine Neuanlage der Sonde und ordnete die Fortsetzung der Lebensverlängerung an. Eine Woche später, am 5.1.2009 starb die Patientin an dem Tag, an dem sie in ein Hospiz hätte verlegt werden sollen, um dort nun doch nach erneuter Einstellung der Sondenernährung sterben zu können, vgl. LG Fulda Az. 16 Js 1/08 , S. 5 ff. Die Staatsanwaltschaft sieht in dem Handeln der Kinder (der Sohn ist inzwischen infolge ines Suizids verstorben) und des Angeklagten die Verhinderung der Lebensrettung und damit eine verbotene aktive Sterbehilfe.

856 Siehe hierzu auch Gisela Friedrichsen, *„Bei uns nicht!“*, Der Spiegel 20/2009, S. 52 ff.; im Folgenden ist dabei nur auf die Ausführungen der Kammer den Angeklagten betreffend einzugehen, welche für die zugrunde liegende Ausarbeitung von vordergründigem Interesse sind.

857 LG Fulda Az. 16 Js 1/08 – 1 Ks, S. 21.

858 LG Fulda Az. 16 Js 1/08 – 1 Ks, S. 22.

859 LG Fulda Az. 16 Js 1/08 – 1 Ks, S. 21.

Strafbarkeit nach § 212 oder § 216 StGB auszuschließen. Im vorliegenden Fall war der Sterbevorgang bei der Patientin jedoch noch nicht eingetreten, die Heimleitung war mit einer Behandlungseinstellung nicht einverstanden. Zu prüfen war nach Ansicht der Kammer vielmehr, ob das Verhalten der Angeklagten gerechtfertigt oder entschuldigt war[860].

Zunächst kommt die Kammer zu dem Ergebnis, dass ein gerechtfertigtes Verhalten nicht vorlag: Eine Rechtfertigung durch die mutmaßliche Einwilligung der Patientin in den Behandlungsabbruch sei vorliegend aufgrund dessen nicht möglich gewesen, weil die Durchtrennung des Nahrungsschlauches eine aktive Tötung darstelle. Aufgrund der Bedeutung des Rechtsgutes Leben habe der Betroffenen daher keine Dispositionsbefugnis zugestanden. Zudem habe das Verhalten der beiden Angeklagten *weder eine erlaubte indirekte Sterbehilfe* dargestellt[861], noch eine *Hilfe im Sterben*[862], da es sich *nicht* um einen Behandlungsabbruch im Sinne eines *passiven Geschehenlassens* gehandelt habe, sondern um ein aktives Tun[863].

Nachfolgend thematisierte die Kammer, ob das Verhalten der Angeklagten über § 32 StGB gerechtfertigt gewesen sei. Es wurde ausgeführt, dass ein gegenwärtiger Angriff auf die körperliche Integrität der Patientin in Form der Wiederaufnahme der künstlichen Ernährung vorgelegen habe, welcher eine vorsätzliche Körperverletzung nach § 223 StGB darstelle[864]. Innerhalb der Erörterung, ob der gegenwärtige Angriff auch *rechtswidrig* gewesen sei, ging die Kammer weiter darauf ein, dass seitens der Patientin aufgrund ihrer Äußerungen im September 2002 zudem *eine verbindliche Patientenverfügung* existiert habe, deren Wirksamkeit es auch nicht entgegengestanden habe, dass diese nur mündlich erfolgte. Zudem weist die Kammer darauf hin, dass es sich somit nicht wie im Falle des Urteils des BGH in seiner Kemptener Entscheidung um eine sog. *Spontanäußerung* gehandelt habe. Dieses Ergebnis decke sich im Übrigen auch mit allgemeinen Kriterien, die zu Ermittlung eines mutmaßlichen Willens herangezogen werden. Im Ergebnis sei die Wiederherstellung allgemeiner Vorstellung nach menschenwürdiger Lebensumstände nicht mehr zu erwarten gewesen[865].

---

860 LG Fulda Az. 16 Js 1/08 – 1 Ks, S. 22.

861 Da es vorliegend nicht um eine unbeabsichtigte, aber unvermeidbare bloße Nebenfolge eines Tuns ging.

862 Der Behandlungsabbruch bei einem Patienten, bei welchem der Sterbevorgang noch nicht eingesetzt hat.

863 LG Fulda Az. 16 Js 1/08 – 1 Ks, S. 23 f.

864 LG Fulda Az. 16 Js 1/08 – 1 Ks, S. 24 f.

865 LG Fulda Az. 16 Js 1/08 – 1 Ks, S. 27.

Die Einordnung des Vorgehens des Angeklagten als Nothilfehandlung scheiterte im vorliegenden Fall für den Angeklagten jedoch in jedem Fall aus folgendem Grund: Eine nach § 32 StGB gerechtfertigte Nothilfehandlung beschränke sich auf die Beeinträchtigung von Rechtsgütern des Angreifers. Eine Beeinträchtigung von Rechtsgütern Dritter durch die Verteidigungshandlung sei davon jedoch nicht umfasst und daher nicht rechtfertigungsfähig. Vorliegend habe sich die Verteidigungshandlung nur mittelbar gegen die Bediensteten des Pflegeheims gerichtet, jedoch unmittelbar gegen die Patientin als beteiligte Dritte, welche gerade vor dem Angriff in Form der Fortsetzung der künstlichen Ernährung und Flüssigkeitszufuhr gegen ihren Willen geschützt werden sollte. Im Ergebnis habe sich die Verteidigungshandlung somit gegen die falsche Beteiligte gerichtet[866].

Auch eine Rechtfertigung über das Institut des rechtfertigenden Notstandes nach § 34 StGB komme nach Auffassung der Kammer vorliegend nicht in Betracht. Es fehle am wesentlichen Überwiegen des geschützten Interesses, der körperlichen Integrität und dem Selbstbestimmungsrecht der Patientin vor dem beeinträchtigten Interesse, dem Rechtsgut Leben. Im Falle des § 34 StGB sei die Tötung keine erlaubte Rettungshandlung, vielmehr verbiete sich in diesem Kontext die Tötung eines Menschen, um diesen zu retten[867].

Zudem kommt die Kammer zu dem Ergebnis, dass der Angeklagte auch schuldhaft gehandelt habe: Ein entschuldigender Notstand gemäß § 35 StGB scheide aus, da die Tötung des zu Schützenden kein Ziel einer Gefahrenabwehr sein könne, *„auch wenn dadurch vorliegend das Selbstbestimmungsrecht der Patientin und somit ihr würdevoller Tod durchgesetzt werden sollte“*. Zumindest jedoch liege ein krasses Missverhältnis zwischen der drohenden Einbuße und den Folgen der Tat vor, welches eine Entschuldigung ausschließe[868]. Zwar handele es sich bei dem bedrohten Rechtsgut um die körperliche Integrität der Patientin und im Wesentlichen sei es um die Durchsetzung ihres Selbstbestimmungsrechts mit dem Ziel gegangen, ihr ein würdevolles Sterben zu ermöglichen. Hierzu habe der Angeklagte dieser durch seine Anweisung, den Ernährungsschlauch zu durchschneiden, jedoch nicht verholfen, sondern das Gegenteil bewirkt. Zudem habe *„die durch die Bediensteten des Pflegeheimes herbeigeführte Konfliktsituation nicht durch eine rechtswidrige Tat gelöst werden dürfen“*, vielmehr hätte die Patientin in ein anderes Heim verlegt werden können bzw. es hätte auf die durch die Rechtsordnung zur Verfügung stehenden Mög-

---

866 LG Fulda Az. 16 Js 1/08 – 1 Ks, S. 29.
867 LG Fulda Az. 16 Js 1/08 – 1 Ks, S. 30.
868 LG Fulda Az. 16 Js 1/08 – 1 Ks, S. 32.

lichkeiten, hier die Beschreitung des Rechtsweges, zurückgegriffen werden müssen[869].

Auch ein übergesetzlicher entschuldigender Notstand gemäß § 35 StGB analog scheide aus: Zwar habe sich die Patientin in einen durchaus bedauernswerten gesundheitlichen Allgemeinzustand befunden, nach der Aussage ihres behandelnden Arztes habe sie jedoch nicht unter unerträglichen Scherzen gelitten[870]. Des Weiteren schließt die Kammer auch das Vorliegen eines unvermeidbaren Erlaubnisirrtums, namentlich eines indirektes Verbotsirrtums nach § 17 Absatz 1 Satz 1 StGB, analog aus[871].

Im Ergebnis führt die Kammer aus, dass der Angeklagte letztendlich nur ein falsches, verbotenes Mittel gewählt habe, um der Patientin ein Sterben in Würde zu ermöglichen: *„Letztlich handelte es sich um einen Grenzfall erlaubter passiver Hilfe zum Sterben und verbotenem Totschlag"*[872].

10. BGH, Urt. v. 25. Juli 2010 – Az. 2 StR 454/09

Unter Zugrundelegung der Ausführungen des BGH in seinem aktuellen Urteil vom 25. Juli 2010 ist die Frage der Zulässigkeit einer passiven Sterbehilfe nun nicht mehr auf der Grundlage der Differenzierung zwischen einem straflosen Unterlassen und einem aktiven Handeln im natürlichen Sinne vorzunehmen, welches stets als rechtswidriges Tötungsdelikt im Sinne der §§ 212, 216 StGB strafbar sein sollte.

An diesem an den äußeren Erscheinungsformen von Tun und Unterlassen orientierten Kriterium für die Abgrenzung zwischen gerechtfertigter und rechtswidriger Herbeiführung des Todes mit Einwilligung oder mutmaßlicher Einwilligung des betroffenen Patienten weicht der Senat erstmals grundlegend ab. Vielmehr führt er aus, dass die Grenze zwischen erlaubter Sterbehilfe und einer nach den §§ 212, 216 StGB strafbaren Tötung nicht sinnvoll nach Maßgabe einer naturalistischen Unterscheidung von aktivem und passivem Handeln bestimmt werden könne: Die Umdeutung eines als aktiv erlebten Verhaltens – etwa beim Abschalten eines Beatmungsgerätes – in ein normativ verstandenes Unterlassen überzeuge nicht. Vielmehr stelle eine solche Vorgehensweise einen dogmatisch unzulässigen Kunstgriff dar, um ein aktives Verhalten als passive Sterbehilfe rechtlich legitimieren zu können. Zwar werde qua Gesetz eine wertungsmäßige Unterscheidung zwischen dem pflichtwidrigen Unterlassen einer erfolgsabwendenden Handlung und dem aktiv erfolgsverursachenden Tun vor-

869 LG Fulda Az. 16 Js 1/08 – 1 Ks, S. 33 f.

870 LG Fulda Az. 16 Js 1/08 – 1 Ks, S. 35.

871 LG Fulda Az. 16 Js 1/08 – 1 Ks, S. 35 f.

872 LG Fulda Az. 16 Js 1/08 – 1 Ks, S. 37.

genommen, § 13 Abs. 2 StGB. Diese generelle Differenzierung lasse jedoch gleichzeitig die Möglichkeit offen, Tun und Unterlassen wertungsgemäß gleich zu gewichten und damit auch gleich zu behandeln, wenn der zugrunde liegende Lebenssachverhalt dies erfordere. Gestützt werde dieses Fazit zudem durch die im Rahmen des *Dritten Gesetzes zur Änderung des Betreuungsrechts* geänderte zivilrechtliche Rechtslage. Insgesamt müssten die Neuregelungen der §§ 1901a ff. BGB, welche ausdrücklich mit dem Ziel der Orientierungssicherheit für alle Beteiligten geschaffen wurden, unter dem Gesichtspunkt der Einheitlichkeit der Rechtsordnung bei der Bestimmung der Grenze einer möglichen Rechtfertigung von kausal lebensbeendenden Handlungen berücksichtigt werden[873].

Im Gegensatz zu einer an den Äußerlichkeiten von Tun und Unterlassen orientierten Unterscheidung der straflosen Sterbehilfe vom straflosen Töten des Patienten sei es vielmehr sinnvoll und erforderlich, alle Handlungen, die mit der Beendigung einer ärztlichen Behandlung im Zusammenhang stehen, in einem normativ-wertenden Oberbegriff des Behandlungsabbruches zusammenzufassen, der neben objektiven Handlungselementen auch die subjektive Zielsetzung des Handelnden umfasst, eine bereits begonnene medizinische Behandlungsmaßnahme gemäß dem Willen des Patienten insgesamt zu beenden oder ihren Umfang entsprechend dem Willen des Betroffenen oder seines Betreuers nach Maßgabe jeweils indizierter Pflege- und Versorgungserfordernisse zu reduzieren.

Die Grenzen, innerhalb derer eine Rechtfertigung des Handelns durch den auf das Unterlassen oder den Abbruch der medizinischen Behandlung gerichteten Willen des Patienten anzuerkennen sei, ergäben sich unter Abwägung der betroffenen Rechtsgüter vor dem Hintergrund der verfassungsrechtlichen Ordnung somit grundsätzlich aus den Begriffen der Sterbehilfe und des Behandlungsabbruches selbst. Der Patient müsse zum einen lebensbedrohlich erkrankt sein und die Maßnahme, welche abgebrochen werden soll, müsse medizinisch zur Erhaltung oder Verlängerung des Lebens geeignet sein. Zum anderen müsse die Handlung des Dritten objektiv und subjektiv unmittelbar auf eine medizinische Behandlung bezogen sein. Es müsse sich somit um ein Unterlassen einer lebenserhaltenden Behandlung oder ihren Abbruch handeln, gleiches gelte zudem für Maßnahmen indirekter Sterbehilfe. Des Weiteren müsse sich das Handeln des Dritten darauf beschränken, einen Zustand (wieder-) herzustellen, der einem bereits begonnenen Krankheitsprozess seinen Lauf lasse, indem zwar Leiden gelindert, die Krankheit aber nicht (mehr) behandelt werde.

Deutlich hebt der BGH hervor, dass Fälle eines gezielten Eingriffs, der die Beendigung des Lebens vom Krankheitsprozess abkoppelt, nicht durch den Wil-

873 Vgl. hierzu grundlegend die Ausführungen bei Reus JZ 2010, S. 80 (83 f.).

len des Patienten gerechtfertigt seien. Vielmehr müssten Handlungen, welche der Ablehnung einer medizinischen Maßnahme oder der Untersagung ihrer Fortführung durch den betroffenen Patienten Rechnung tragen, von einer Tötung auf Verlangen im Sinne des § 216 StGB strikt unterschieden werden. Im Ergebnis blieben die tatbestandlichen Grenzen des § 216 StGB somit unberührt.

Abschließend verdeutlichte der BGH zudem, dass ein medizinischer Behandlungsabbruch nicht auf das Handeln der den Patienten behandelnden Ärzte sowie der Betreuer oder Bevollmächtigten beschränkt sei, sondern auch durch das Handeln Dritter erfasst sein könne, soweit sie als vom dem Arzt, dem Betreuer oder dem Bevollmächtigten für die Behandlung und Betreuung hinzugezogene Hilfspersonen tätig werden.

11. Ergebnis

Zusammenfassend ist anzuführen, dass die Rechtsprechung sich über die Jahre hinweg der Zulässigkeit von lebensverkürzenden Maßnahmen in den unterschiedlichen Ausgestaltungsarten der Sterbehilfe schrittweise angenähert hat.

Zunächst erfolgte eine Auseinandersetzung mit der rechtlichen Bewertung des Suizids, welcher durch den Großen Senat des BGH in Strafsachen[874] in den Anfängen noch als eine durch das Sittengesetz missbilligte Handlung erachtet wurde. Von der Tendenz her fortgeführt wurde diese Grundhaltung im sog. *Wittig-Urteil*[875], in welchem angeführt wurde, dass der Sterbewillen eines lebensmüden Patienten nicht zu respektieren sei: *Derjenige macht sich wegen unterlassener Hilfeleistung bzw. wegen einer Tötung auf Verlangen durch Unterlassen strafbar, welcher seinen Patienten nach dessen Selbstmordversuch bewusstlos vorfindet und nichts zu seiner Rettung unternimmt.* Obwohl der Angeklagte freigesprochen wurde, wird deutlich, dass sich der BGH in dieser Entscheidung für einen Vorrang der Lebensrettungspflicht vor dem Selbstbestimmungsrecht des Betroffenen ausspricht. Trotz grundsätzlicher Straflosigkeit einer aktiven Beihilfe zur Selbsttötung war das Sterbenlassen eines noch rettungsfähigen, lebensmüden Patienten somit als Unterlassungstat in zweifacher Hinsicht strafbar: Als unterlassene Hilfeleistung nach § 323c StGB sowie als Tötung durch Unterlassen, §§ 212, 13 StGB.

Eine andere Sprache sprechen die Entscheidungen ab dem Urteil des LG Ravensburg aus dem Jahre 1986, in welchem hervorgehoben wurde, dass eine Bewertung des § 216 StGB zum Gegenstand einer Auslegung unter Berücksichtigung des grundgesetzlich gewährleisteten Rechts auf Selbstbestimmung und

874 BGHSt 6 S. 147 (153).
875 BGHSt 32, S. 367 ff.

der Achtung der Menschenwürde zu machen sei. Weiter wurde in der sich 1987 anschließenden Entscheidung des OLG München im Fall Hackethal verdeutlicht, dass derjenige, der einem zum Freitod entschlossenen, schwerstleidenden und unheilbar Erkrankten auf dessen ausdrückliches und ernsthaftes Verlangen hin ein tödliches Gift zur Verfügung stellt, um dem Betroffenen die Verwirklichung des Suizids zu ermöglichen, sich weder einer Tötung auf Verlangen durch Unterlassen, §§ 216, 13 StGB, noch einer unterlassenen Hilfeleistung nach § 323c StGB strafbar mache.

Einen weiteren großen Fortschritt für den Bereich der Sterbehilfe mit unmittelbarer Bedeutung für die zugrunde liegende Ausarbeitung stellte sodann die Entscheidung BGHSt 40, S. 257 ff. im Kemptener Fall dar. Hier wurde zum ersten Mal die passive Sterbehilfe als Sterbehilfe im weiteren Sinne höchstrichterlich als zulässig anerkannt, eine Tendenz, welche in ihrer Art der neuen Wegbeschreitung in BGHSt 42, S. 301 ff., sogleich einer Fortführung unterlag.

Für einige Verwirrung sorgte dann die Entscheidung des 12. Zivilsenat des BGH im März 2003: In dieser Entscheidung ordnete der Senat die vom 1. Strafsenat im Kemptener Fall *zur Abgrenzung der Sterbephase* benutze Irreversibilität des Grundleidens *als objektive strafrechtliche Grenze* für die Zulässigkeit der Sterbehilfe ein. Darauf aufbauend führt er aus, dass ein Verzicht auf lebenserhaltende Maßnahmen lediglich dann zulässig sei, wenn das Grundleiden einen irreversibel tödlichen Verlauf genommen habe[876]. Eine solche Grenze lässt sich dem Strafrecht jedoch nicht entnehmen und wurde auch nicht durch den 1. Strafsenat aufgestellt[877]. Im Ergebnis wurde diese Interpretation des BGH durch die herrschende Meinung in der Literatur somit als verfehlt bezeichnet[878] und in der Entscheidung des BGH vom 08. Juli 2005 auch nicht weiterverfolgt. Vielmehr wurde betont, dass das Recht des Patienten, die Durchführung medizinischer Behandlungen abzulehnen, nicht vom Stadium der jeweiligen Erkrankung abhänge. Im Ergebnis wurde die grundlegend bestehende Möglichkeit, dem Bereich der Sterbehilfe, insbesondere hinsichtlich der Frage nach einer Strafbarkeit der Beteiligten im Falle der Einstellung einer lebensverlängernden medizini-

876 BGHZ 154, S. 205 (214 ff.).

877 Fischer, Vor § 211 Rd. 27a; Kutzer ZRP 2003, S. 209 (213 f.).

878 Siehe hierzu die Bewertungen dieses Urteilsschlusses in der Literatur: Kühl, Vor § 211 Rdn. 8; Höfling/Rixen JZ 2003, S. 884 (894), welche anführen, dass dies *„fehlerhaft rezipiert sei"*; Holzhauer ZPR 2004, S. 41 (42), nach dessen Ausführung ist diese Einordnung eine *„Abkehr vom Kemptener Urteil"*; Ingelfinger JZ 2006, S. 821 (828); Otto NJW 2006, S. 2217; Salinger MedR 2004, S. 237 (240), der anführt, dass diese Deutung *„das Kemptener Urteil in sein Gegenteil verkehrt"*; Spickhoff JZ 2003, S. 739 (740); Verrel, 66. DJT, S. C 43, welcher die Ausführungen als *„Fehlinterpretation von BGHSt 40, S. 257"* einordnet.

schen Behandlung, durch eine Grundsatzentscheidung abschließende Rechtsklarheit zukommen zu lassen, jedoch auch hier nicht umgesetzt.

Bei den nachfolgenden instanzgerichtlichen Entscheidungen ist für den Bereich der Sterbehilfe insbesondere die des LG Fulda aus dem Jahre 2009 von Bedeutung. In der Sache führte dieses aus, dass es rechtmäßig und geboten war, die Patientin palliativ begleitet sterben zu lassen. Weiter stellte es fest, dass das gegenteilige Handeln des Pflegeheimes einen rechtswidrigen Angriff auf diese darstellte und die geplante Wiederaufnahme der Ernährung eine strafbare Körperverletzung gewesen sei. Dennoch hielt es fest, dass der verurteilte Angeklagte zur zwingend gebotenen Abwehr dieses strafbaren Verhaltens das falsche Mittel gewählt habe: *Man könne nicht die Patientin töten, um sie vor einer Körperverletzung zu bewahren.*

Hat das LG Fulda selbst in seiner Entscheidung davon abgesehen, eine Grundsatzentscheidung zu treffen, schaffte der 2. Strafsenat des BGH mit seinem Urteil vom 25. Juli 2010 grundlegende Rechtsklarheit. Zudem wurde nicht nur die Gelegenheit genutzt, bisherige Fragen der strafrechtlichen Erlaubtheit und Grenzen der passiven Sterbehilfe zu klären, sondern auch Stellung zu nehmen zur gesamten Rechtslage nach dem neuen „*Patientenverfügungsgesetz*“[879]. Durch seine Entscheidung vom 25. Juli 2010 hat der BGH erstmals klargestellt, dass die bisherige Unterscheidung zwischen aktivem und passivem Handeln zum Zwecke der Einordnung einer lebensbeendenden Maßnahme als strafbar oder straflos weder geeignet ist, dem Gewicht der betroffenen Rechtsgüter in der Abwägung Geltung zu verschaffen noch für alle Beteiligten Rechtssicherheit herzustellen. Dadurch wurde der bis dato geltende Grundsatz verworfen, dass das bloße Einstellen künstlicher Ernährung schon wegen seines äußeren Erscheinungsbildes, jedenfalls aber nach dem Schwerpunkt des strafrechtlich relevanten Verhaltens, nicht als aktives Tun, sondern als Unterlassen und damit als passives Verhalten angesehen wurde. Vielmehr habe sich eine solche Unterscheidung an den Kriterien der Behandlungsbezogenheit und der Verwirklichung des auf die Behandlung bezogenen Willens des betroffenen Patienten auszurichten, welche dem Begriff des Behandlungsabbruchs immanent seien. Unter Zugrundelegung dieser Ausführung kommt der BGH zu dem Ergebnis, dass ein Behandlungsabbruch sowohl durch Unterlassen als auch durch aktives Tun zulässig vorgenommen werden könne, wenn dies dem tatsächlichen oder mutmaßlichen Patientenwillen entspreche und dazu diene, einem ohne Behandlung zum Tode führenden Krankheitsprozess seinen Lauf zu lassen.

879 Siehe hierzu die Pressemitteilung unter http://www.putz-medizinrecht.de/start.php?seite =pressemitteilungen.html (Stand: 16. September 2009).

Insgesamt wird anhand der Übersicht der Rechtsprechung aus den letzten Jahrzehnten offensichtlich, dass der Schwerpunkt der Diskussionen sich über die Jahre hinweg von der Tendenz her von der aktiven direkten Sterbehilfe[880] hin zu den von der Rechtsprechung entwickelten[881] und auch von der Bundesärztekammer in ihren Grundsätzen[882] aufgenommenen Ausformungen der aktiven indirekten sowie passiven Sterbehilfe verlagert hat[883].

II. Die Sterbehilfe als Gegenstand von Reformbemühungen

Insgesamt knüpfen die Reformbestrebungen in Deutschland sämtlich an ein Gesetz zur Tötung auf Verlangen aus dem Jahre 1871 an, namentlich das Reichsstrafgesetzbuch (RStGB), in welchem in § 216 RStGB (Tötung auf Verlangen) die aktive Sterbehilfe untersagt wurde. Zu betonen ist, dass dieser Paragraph bis dato lediglich dreimal einer Änderung unterlag und in dieser Fassung dem heutigen § 216 StGB entspricht[884].

Dass es nicht an Vorschlägen mangelte, den Fragenkreis rund um die Thematik der Sterbehilfe gesetzlich zu regeln, wird durch die folgenden Ausführungen deutlich: Bereits um die Zeit der letzten Jahrhundertwende herum wurden verschiedene inoffizielle Regelungsentwürfe veröffentlicht, welche sämtlich die Vorbeugung denkbarer Missbräuche durch eine kontrollierte Freigabe der Tötung auf Verlangen zum Ziel hatten[885]. Zu nennen ist hier etwa ein Entwurf des im Jahre 1906 unter dem Vorsitz des von Ernst Haeckel gegründeten *„Deutschen Monistenbund"*, in welchem das Recht auf Sterbehilfe für einen unheilbar Kranken gefordert wurde[886]. Eine viel beachtete Monographie von *Jost* war zuvor bereits im Jahre 1895 erschienen, in welcher dieser ein striktes Lebensrecht relativierte[887].

---

880 Welche nach wie vor durch den geltenden § 216 StGB verboten ist, jedoch neuerdings wieder verstärkt in die Diskussion gerät, vgl. Kusch NJW 2006, S. 261 ff.; *Merkel* in: FS-Schroeder, S. 297 ff.

881 Siehe bereits obig.

882 aaO.

883 Vgl. Schreiber NStZ 2006, S. 473.

884 Vgl. die Ausführungen bei *Lautenschläger* in: Lilie, S. 1 (Fn. 3).

885 Vgl. hier die Ausführungen von *Lautenschläger* in: Lilie, S. 2, welche etwa auf Elster ZStW 36, S. 595 ff. verweist.

886 Vgl. Gerkan, S. 169 ff.

887 *„(Gibt es) Fälle, in welchen der Tod des Individuums sowohl für dieses selbst, als auch für die menschliche Gesellschaft überhaupt wünschenswert ist"*, vgl. Jost, Das Recht auf den eigenen Tod, Göttingen 1995.

Nach der Nachkriegszeit stellten sich erste Bestrebungen für eine gesetzliche Regelung rund um die Sterbehilfeproblematik erst im Jahre 1962 im Wege der Arbeiten der Großen Strafrechtskommission an dem Entwurf eines Strafgesetzbuches (E 62) ein[888]. Weitergeführt wurde diese Tendenz nachfolgend durch den Zusammenschluss eines Arbeitskreises der sog. *Alternativprofessoren* im Jahre 1965, welche es sich zum Ziel gesetzt hatten, ein die restriktiven Regelungen des E 62 modifizierendes, modernes und aufeinander abgestimmtes Gesetzeswerk zu erarbeiten. Dies mündete in verschiedenen sog. *Alternativentwürfen* sowohl zum Allgemeinen als auch zum Besonderen Teil des Strafgesetzbuches in seiner damaligen Fassung[889]. Die Auseinandersetzung und Befassung des Kreises mit der Thematik der Sterbehilfe war sodann getragen von der Anfang der 80er Jahre aufkommenden gesellschaftspolitischen Tendenz der sog. *Euthanasie-Bewegung* in den USA[890] und durch die Gründung verschiedener Euthanasie-Gesellschaften auch in Deutschland[891].

Auch angeregt durch die Anberaumung der Sterbehilfeproblematik als Diskussionspunkt auf dem 56. Deutschen Juristentag in Berlin 1986, auf welchem der Strafrechtsgelehrte Harro Otto sein Gutachten zum *„Recht auf den eigenen Tod? – Strafrecht im Spannungsverhältnis zwischen Lebenserhaltungspflicht und Selbstbestimmung“* präsentierte[892], entschied sich der Arbeitskreis *„Alternativ-Entwurf“*[893] einen eigenständigen Gesetzesentwurf für diesen Bereich vorzu-

888 BT-Drucks. IV/650; zu verweisen ist hier zum einen auf § 137 E 62, welcher auf eine besondere Milderungsvorschrift den Tatbestand der Tötung auf Verlangen betreffend verzichtete und die Untergrenze des Strafrahmens generell auf eine Freiheitsstrafe von sechs Monaten festlegte; zum anderen sollte mit § 134 Absatz 3 E 62 eine besondere Totschlagprivilegierung der aus Mitleid, Verzweiflung oder anderen Beweggründen begangenen, wesentlich schuldgeminderten Tötung eingeführt werden.

889 So war etwa 1970, im *„Alternativentwurf eines Strafgesetzes – Besonderer Teil“* eine gesetzliche Normierung der Selbsttötung enthalten: § 103 des Entwurfes (AE-BT) hatte als Regelungsgegenstand die Straflosigkeit der Nichtverhinderung einer Selbsttötung unter der Voraussetzung, dass dieser freiverantwortlich gewesen ist, wofür zwei Kriterien erfüllt sein mussten: Der Betroffene musste über 18 Jahre alt sein und durfte nicht unter einer seelischen Störung iSd. § 21 StGB a. F. leiden.

890 Zu nennen ist hier etwa die Gründung der Euthanasie-Gesellschaft *„Society for the right to die“*, siehe die Ausführungen bei *Lautenschläger* in: Lilie, S. 7.

891 Anzuführen sind hier etwa die *„Humanistische Union“* oder die *„Deutsche Gesellschaft für humanes Sterben“* (DGHS), welcher insbesondere der deutsche Arzt Prof. Dr. Hackethal angehörte, der Angeklagter im Prozess zur Entscheidung des OLG München NJW 1987, S. 2940 ff. war.

892 Otto, 56. DJT, S. D 1 ff.

893 Gegenwärtig besetzt durch deutsche, österreichische sowie schweizerische Rechts- sowie Medizingelehrte.

legen, den *„Alternativentwurf eines Gesetzes über Sterbehilfe"* (AE-Sterbehilfe) aus dem Jahre 1986[894]. Als Basis diente vor allem die *„Resolution der Deutschen Gesellschaft für Chirurgie zur Behandlung Todkranker und Sterbender"* aus dem Jahre 1979[895], die *„Richtlinie der Bundesärztekammer für die Sterbehilfe"*[896] aus dem gleichen Jahr sowie die *„Schweizer Richtlinien für die Sterbehilfe"* aus dem Jahre 1976[897]. Zu nennen sind insbesondere die § 215 AE-Sterbehilfe sowie § 216 Absatz 2 AE-Sterbehilfe. In § 215 AE-Sterbehilfe wird die Nichthinderung einer Selbsttötung unter strengen Voraussetzungen von einer Strafe freigestellt. So wird in Absatz 1 eine freiverantwortliche, ausdrücklich erklärte oder aus den Umständen erkennbar ernstliche Entscheidung des Betroffenen verlangt, Absatz 2 enthält zudem die Voraussetzungen des § 103 AE-BT[898]. In § 216 StGB sollte nach dem AE-Sterbehilfe als Neuerung zudem in einem Absatz 2 die Möglichkeit normiert werden, von Strafe abzusehen, wenn die Tötung der Beendigung eines schweren, vom Betroffenen nicht mehr zu ertragenden Leidenszustandes diene, der nicht durch andere Maßnahmen behoben oder gelindert werden könne[899].

Als weitere Reformbemühungen im Bereich der Sterbehilfe sind zudem der Bericht der im September 2003 unter der Leitung von Klaus Kutzer, Vorsitzender Richter am BGH a. D., ins Leben gerufenen Arbeitsgruppe *„Patientenautonomie am Lebensende"*[900] zu nennen sowie der durch die Bioethik-Kommission des Bundeslandes Rheinland-Pfalz vom 23. April 2004 vorgelegte Bericht zum

---

894 Abgedruckt in Baumann AE-Sterbehilfe.

895 Beilage zu den Mitteilungen der Deutschen Gesellschaft für Chirurgie 3/1979, abgedruckt in Eser/Koch, S. 145 f.

896 Abgedruckt im DÄBl. 1979, S. 957 ff.

897 *„Richtlinien für die Sterbehilfe"*, 1976, abgedruckt in Baumann AE-Sterbehilfe. Als weitere standesrechtliche Stellungnahmen in diesem Bereich sind etwa anzuführen die Resolution der Deutschen Gesellschaft für Gerontologie (DGG) *„Sterben und Sterbebegleitung"* aus dem Jahre 1979 sowie die Einbecker Empfehlungen der Deutschen Gesellschaft für Medizinrecht von 1986 zu *„Grenzen der ärztlichen Behandlungspflicht bei schwerstgeschädigten Neugeborenen"*, vgl. die Ausführungen bei *Lautenschläger* in: Lilie, S. 8.

898 Siehe hierzu die Fn. 859.

899 Auf dem 56. Juristentag fanden die Vorschläge des Alternativkreises in der Sache weitgehende Billigung, vgl. Carstensen/Schreiber, Der Chirurg 1987, S. 303, nicht jedoch bei der *„Arbeitsgemeinschaft Medizinisch-Wissenschaftlicher Gesellschaft"*, vgl. etwa die Ausführungen von Weißauer, Informationen des Berufsverbandes der Deutschen Chirurgie e. V. 1987, S. 174 (176.); insgesamt ist zudem auf die Ausführungen von *Lautenschläger* in: Lilie, S. 16 f. zu verweisen.

900 Zugänglich unter http://www.bmj.bund.de/files/-/695/Bericht_AG_Patientenautonomie.pdf (Stand: 09. September 2009).

Thema *„Sterbehilfe und Sterbebegleitung“*[901]. Zudem waren ethische und rechtliche Fragen zum Umgang mit dem menschlichen Lebensende ein Themenschwerpunkt der Enquete-Kommission *„Ethik und Recht der modernen Medizin“*[902], welche in der 15. Legislaturperiode gearbeitet hat. Neben der Ausgestaltung von Patientenverfügungen und der Verbesserung der Versorgung durch Palliativmedizin und Hospizarbeit gehörte dazu auch der Bereich der Sterbehilfe. Zu den ersten beiden Themenbereichen konnte die Kommission dem Deutschen Bundestag zwei Zwischenberichte vorlegen[903], die Behandlung des Themas Sterbehilfe im geplanten Schlussbericht konnte aufgrund der vorzeitigen Auflösung des Deutschen Bundestages und der außerplanmäßigen Neuwahlen im Herbst 2005 jedoch nicht wie geplant verwirklicht werden[904]. Darüber hinaus hat die Bundesärztekammer nach 1979 in den Jahren 1993[905], 1998[906] sowie 2004[907] Leitlinien verabschiedet, welche sich mit dem Bereich der Sterbehilfe und den damit im Zusammenhang stehenden Fragen auseinandersetzen, die sog. *Grundsätze zur ärztlichen Sterbebegleitung*, deren Versionen nach und nach angepasst wurden auf die Rechtslage, welche durch die in den vergangenen Jahren ergangenen instanz- sowie höchstrichterlichen Urteile zur Frage ärztlichen Verhaltens am Lebensende entstanden ist.

Darüber hinaus veröffentlichte der Nationale Ethikrat im Juni 2005 die ebenfalls den Fragenkreis der Sterbehilfe thematisierende Stellungnahme *„Patientenverfügung – Ein Element der Selbstbestimmung“*[908], zudem ist noch der im

---

901 Vgl. den Bericht der Bioethik-Kommission des Landes Rheinland-Pfalz vom 23. April 2004, Sterbehilfe und Sterbebegleitung - ethische, rechtliche und medizinische Bewertung des Spannungsverhältnisses zwischen ärztlicher Lebenserhaltungspflicht und Selbstbestimmung des Patienten, Mainz 2004.

902 Namentlich der kommissionsinternen Themengruppe *„Menschenwürdig leben bis zuletzt“*.

903 Hier gilt es zu erwähnen, dass die Thematik rund um die Sterbehilfe dabei auch im Rahmen des Zwischenberichtes *„Patientenverfügungen“* Erwähnung fand, siehe zum Bericht bereits aaO.

904 Vgl. die Ausführungen im Sachstandsbericht der Themengruppe *„Menschenwürdig leben bis zuletzt“* im Bericht der Enquete-Kommission *„Ethik und Recht der modernen Medizin“*, *„Über den Stand der Arbeit“*, BT-Drucks. 15/5980, S. 67.

905 *„Richtlinie zur Sterbebegleitung“* 1993, abgedruckt im DÄBl 1993, C 1628 f.; *„Grundsätze zur ärztlichen Sterbebegleitung“*, 1998, abgedruckt in Wolfslast/Conrads, S. 83 (85).

907 Abgedruckt im DÄBl 2004, A 1298 f.

908 Verfügbar unter www.ethikrat.org/stellungnahmen/pdf/STellungnahme_Patientenverfuegung.pdf. (Stand: 17. September 2009); zudem wurde diese Stellungnahme im Juni 2006 ergänzt durch die Ausarbeitung *„Selbstbestimmung und Fürorge am Lebensende“*, ebenfalls verfügbar unter www.ethikrat.org (Stand: 17. September 2009).

Namen der Hospiz-Stiftung erarbeitete Vorschlag für ein *„Gesetz zur Sicherung der Autonomie und Integrität von Patienten am Lebensende"* zu erwähnen[909]. Gleiches gilt für den *„Entwurf eines Gesetzes zum Verbot der geschäftsmäßigen Vermittlung von Gelegenheit zur Selbsttötung"*, welcher durch die Bundesländer Saarland, Thüringen sowie Hessen im Bundesrat zur Einbringung in den Bundestag nach Art. 76 Absatz 1 GG vorgelegt wurde[910].

Des Weiteren erfolgte im Jahre 2006 unter der Leitung deutscher, österreichischer, schweizerische Strafrechts- sowie Medizingelehrter ein weiterer Alternativ-Gesetzesentwurf: Der *„Alternativentwurf Sterbebegleitung"*[911]. Hatte sich das Thema rund um die Sterbehilfe sachlich nicht verändert und gilt gleiches sowohl für die ethischen Beurteilungsmaßstäbe als auch die rechtliche Ausgangssituation, traten aufgrund der Fortschritte bzw. Entwicklungen in der Medizin und der Medizintechnik[912] gleichwohl Veränderungen der Debatte auf. Es kam zu Einrichtungen von ganzen Palliativstationen in den Krankenhäusern, gleiches gilt für die Etablierung von Hospizen. Verbunden mit neuen Möglichkeiten im Bereich der Schmerztherapie und der sog. *Symptomkontrolle*[913] wurde der Fokus der Diskussionen rund um die Sterbehilfe somit verlagert von der aktiven Sterbehilfe hin zur kontrollierten und medizinisch abgestimmten Sterbebegleitung[914].

Die größten Neuerungen gegenüber dem Entwurf von 1986 waren die Folgenden: Die Anerkennung der Patientenverfügung in den §§ 214 Absatz 1 Nr. 2, 214a AE-Sterbebegleitung, eine verstärkte Prozedualisierung sowie eine forcierte Einschaltung der Betreuungsgerichte zur gerichtlichen Überprüfung von Maßnahmen am Lebensende. Insgesamt wurde der Schwerpunkt des Entwurfes von 2006 somit auf die Missbrauchsabsicherung gelegt. Dies wird insbesondere auch dadurch deutlich, dass der Entwurf von 2006 auf die vorgesehene Regelung in § 216 Absatz 2 AE-Sterbehilfe von 1986 zur Straflosigkeit aktiver Sterbehilfe in Extremfällen gänzlich verzichtet, vielmehr wurde sich dafür ausgesprochen, die Entscheidung in solchen Fällen verstärkt einer gerichtlichen Befassung zugänglich zu machen. Des Weiteren wurde § 215 Absatz 1 AE-

---

909 Höfling MedR 2006, S. 25 ff.

910 In diesem wird die Schaffung eines neuen § 217 StGB vorgeschlagen, welcher die geschäftsmäßige Vermittlung der Verschaffung von Gelegenheiten zur Selbsttötung unter Strafe stellt, siehe BR-Drucks 230/06 v. 27.3.2006.

911 AE Sterbebegleitung (AE-Stb), Schöch/Verrel GA 2005, S. 553 ff.

912 So wurde, wie bereits angeführt, etwa eine Ernährung über eine PEG-Sonde erst seit 1986 ermöglicht, vgl. die Ausführung bei *Lautenschläger* in: Lilie, S. 20.

913 Die Milderung von Begleiterscheinungen der Krankheit sowie von Therapienebenwirkungen etwa durch eine terminale Sedierung.

914 Schöch/Verrel, GA 2005, S. 553 (556).

Sterbebegleitung (Nichthinderung einer Selbsttötung) durch die Hinzufügung der Passage *„oder einen anderen nach einem Selbsttötungsversuch zu retten"* modifiziert. Da die sog. *Sterbehilfeorganisation „Dignitas"* seit Herbst 2005 unter dem Namen *„Dignitate"* auch im Norden Deutschlands, namentlich in Hannover, eine Dependance eröffnet hatte und diese Thematik zunehmend an Brisanz gewann, war im Entwurf von 2006 mit § 215a AE-Sterbebegleitung, *„Suizidbeihilfe aus Gewinnsucht"*, zudem eine Vorschrift zum Zwecke der Begrenzung der Etablierung von Sterbehilfeorganisationen wie *Exit* und *Dignitas* oder dem deutschen Verein *Suizidhilfe*[915] vorgesehen.

In einem eigenständigen, spezialgesetzlichen Sterbehilfegesetz[916] wurde in den §§ 1, 2 eine zusätzliche Dokumentationspflicht bezüglich des Therapieverlaufes bei Schmerzbehandlung sowie beim Abbruch lebenserhaltender Maßnahmen normiert. Des Weiteren wurde unter § 4 die Beihilfe eines Arztes bei der Selbsttötung nach Ausschöpfung aller therapeutischen Möglichkeiten zur Abwendung eines unerträglichen Leidens straffrei gestellt[917].

Insgesamt ist anzuführen, dass der Alternativentwurf Sterbebegleitung auf ein positives Resümee gestoßen ist. Duttge[918] vermerkt, dass *„den Verfassern des AE-StB dennoch große Anerkennung dafür (gebührt), dass sie einen neuen „Wurf" zur dringend notwendigen Gesamtregelung gewagt und dabei eindrucksvoll die Stimme des Strafrechts erhoben haben*". Zudem ist auf ähnlich angelegte Äußerungen von Schroth[919] zu verweisen: Dieser führt zum einen grundsätzlich an, dass es *„einmal (völlig) überzeugt (...), dass der AE-Sterbebegleitung von der prinzipiellen Straflosigkeit der Beihilfe zum autonomen Suizid festhält*", zum anderen weist er unter Bezugnahme auf § 215 AE darauf hin, dass es *„angemessen (ist), gesetzlich festzulegen, dass keine Verpflichtung besteht eine autonome Selbsttötung zu verhindern*". In Hinsicht auf § 4 des geplanten Sterbebegleitgesetzes, hält er fest, dass eine solche Regelung *„sinnvoll" sei und dazu führen sollte, „dass die Bundesärztekammer ihre ablehnende Haltung in diesem Zusammenhang überdenkt*"[920].

915 Siehe hierzu bereits an anderer Stelle.

916 Abgedruckt bei *Lautenschläger* in: Lilie, S. 37.

917 Der Sache nach bietet hierfür jedoch bereits die geltende Rechtslage durch bestehende gesetzliche Regelungen wie etwa in § 34 oder die Berücksichtigung der Notsituation im Bereich der Strafzumessung ausreichend Schutz, vgl. Schöch/Verrel, GA 2005, S. 553 (583); Schreiber NStZ 2006, S. 473 (478); so auch Duttge GA 2006, S. 573 576 ff.

918 Duttge GA 2006, S. 573 (585).

919 Schroth GA 2006, S. 549 ff.

920 Zudem führt Schroth GA 2006, S. 549 (571) an, dass eine derartige Regelung wie § 4 Sterbebegleitgesetz auch dazu führen könnte, die sanktionsbewehrten Beschränkungen der Beihilfe zum Suizid im Betäubungsmittelrecht zu überdenken.

Auf dem 66. Deutschen Juristentag wurde nach der Vorstellung des Gutachtens C des Bonner Strafrechtsgelehrten *Verrel* zur *„Patientenautonomie und Strafrecht bei der Sterbebegleitung“*[921] mit 95:2:7 Stimmen beschlossen, dass der Schutz des menschlichen Lebens und der Patientenautonomie sowie das Gebot der Rechtssicherheit für den Bereich der Sterbebegleitung gesetzliche Regelungen erfordern. Zudem sei es im StGB klarzustellen, dass das Unterlassen, Begrenzen oder Beenden lebenserhaltender Maßnahmen eine straflose Behandlungsbegrenzung sei. Des Weiteren wurde sich mit 102:7:8 Stimmen dafür ausgesprochen, dass die Voraussetzungen für die Straflosigkeit einer nach den Regeln der medizinischen Wissenschaft erfolgenden Leidenslinderung bei Gefahr der Lebensverkürzung gesetzlich geregelt werden sollten[922]. Gleichwohl sind in diesem Zusammenhang bis dato keine gesetzlichen Modifizierungen in Erscheinung getreten. Es bleibt somit weiterhin abzuwarten, ob der deutsche Gesetzgeber in diesem Bereich legislativ tätig werden wird.

III. Sterbebegleitung

Die sog. *Sterbebegleitung*, auch im deutschen Recht bezeichnet als *Hilfe im Sterben*, umfasst Maßnahmen der bloßen Schmerzlinderung ohne lebensverkürzendes Risiko[923]. Im Rahmen solcher palliativmedizinischer Maßnahmen verlagert sich der Schwerpunkt einer medizinischen Behandlung des betroffenen Patienten vom Verfolgen des ärztlichen *Heil*auftrages im Sinne einer Rekonvaleszenz hin zur Schmerz*linderung* zzgl. der Gewährleistung der Basispflege. Namentlich wird die jedem Menschen nahe liegende Befriedigung der Grundbedürfnisse des Lebens gewährleistet: Das Stillen von Hunger und Durst[924] bzw. das Benetzen der Lippen mit Feuchtigkeit oder das Feuchthalten des Mundes, das Freihalten der Atemwege sowie die Verabreichung einer zusätzlichen Sauerstoffzufuhr, um dem betroffenen Patienten die Atmung zu erleichtern. Gleiches

---

921 Verrel 66. DJT S. C 1 ff.

922 Verhandlungen des 66. DJT, Band II: Beschlüsse.

923 Wie im österreichischen Recht wird davon neben der Verabreichung von Medikationen zur Schmerzlinderung oder einer zusätzlichen Sauerstoffzufuhr, um dem betroffenen Patienten die Atmung zu erleichtern, gleichfalls die Gewährung von psychologischen und psychotherapeutischem Beistand und somit seelischem Zuspruch sowie die menschliche Zuwendung und Begleitung des Sterbenden verstanden, vgl. *Eser* in: Auer/Menzel/Eser, S. 75 (85 f.); *Uhlenbruck* in: FS-Narr, S. 159 (169 f.); *Langer* in: Kruse/Wagner, S. 101 (136 f.); NK/*Neumann*, Vor § 211 Rdn. 91 mwN; Schönke/Schröder/*Eser*, Vorbem §§ 211 ff. Rdn. 23; Schreiber, NStZ 2006, S. 473 (475).

924 Insbesondere, wenn sie als subjektives Leiden durch den betroffenen Patienten empfunden werden.

gilt für die Gewährung von psychologischen und psychotherapeutischem Beistand bzw. seelischem Zuspruch sowie menschlicher Zuwendung. Anzuführen ist, dass solche palliativmedizinischen Maßnahmen selbst dann als zulässig angesehen werden, wenn es dadurch bei dem betroffenen Patienten zu einer Bewusstseinstrübung kommt[925].

Insgesamt erfüllen Maßnahmen der Sterbebegleitung nach ganz herrschender Meinung[926] grundsätzlich nicht den Tatbestand eines Tötungsdeliktes der §§ 211 ff. StGB. Wird einem schwer leidenden Patienten eine derartige Hilfe jedoch vorenthalten, so kann sich der für die Behandlung verantwortliche Arzt unter Umständen nicht nur wegen Körperverletzung durch Unterlassen[927] strafbar machen: Wirkt sich die unterlassene Schmerzbekämpfung in der Person des betroffenen Patienten vielmehr tödlich aus, kommt auch eine strafbare Tötung nach § 212 StGB in Betracht[928].

IV. Sterbehilfe

1. Aktive Sterbehilfe

Auch in Deutschland wird von aktiver Sterbehilfe gesprochen, wenn von dritter Seite eine Intervention gesetzt wird, die zum Tode des betroffenen Patienten führt. Seine Rechtfertigung findet das grundsätzliche Verbot aktiver Sterbehilfe insgesamt in der Aufrechterhaltung des gesellschaftlichen Tötungstabus, der Vorbeugung gegen Missbrauchsgefahren und der Verhinderung von sozialem Druck auf Patienten und Ärzte, welcher als Tendenz im Falle der Zulassung von aktiven Sterbehilfemaßnahmen erwartet wird[929]. Grundsätzlich wird differenziert zwischen *aktiven indirekten Sterbehilfemaßnahmen* und solchen *aktiver direkter* Art.

---

925 NK/*Neumann*, Vor § 211 Rdn. 91 mwN.

926 Vgl etwa Schönke/Schröder/*Eser*, Vorbem §§ 211 ff. Rdn. 23; Schreiber, NStZ 2006, S. 473 (475).

927 *Eser* in: Auer/Menzel/Eser, S. 75 (85 f.); *Uhlenbruck* in: FS-Narr, S. 159 (169 f.).

928 *Langer* in: Kruse/Wagner, S. 101 (136 f.).

929 Hufen NJW 2001, S. 849 (855); insbesondere Dreier/*Schulze-Fielitz*, Art. 2 Absatz 2 Rdn. 85; *Jarass* in: Jarass/Pieroth, Art. 2 Rdn. 100 verweisen darauf, dass die Untersagung aktiver Sterbehilfe nicht verfassungsrechtlich geboten ist, wenn der Patient sie bei vollem Bewusstsein verlangt.

a. *Die aktive indirekte Sterbehilfe*

aa. *Begriff*

Von aktiver *indirekter* Sterbehilfe ist die Rede, wenn in Fällen schwerer Leidenszustände[930] schmerzstillende oder -lindernde Medikationen verabreicht werden, die im Unterschied zur *Sterbebegleitung* als Nebenfolge mit dem Risiko einer möglichen Beschleunigung des Todeseintritts und somit mit einer Lebensverkürzung bei dem betroffenen Patienten verbunden sind[931].

Nach ganz herrschender Ansicht in der Literatur ist diese Unterform der aktiven Sterbehilfe nicht unter Strafe zu stellen, wenn die Gabe der Schmerzmittel oder Medikamente medizinisch indiziert ist, der Patient bzw. sein Vertreter über die mögliche lebensverkürzende Nebenwirkung aufgeklärt wird und der Medikamentengabe zustimmt[932]. Anzuführen ist, dass die indirekte Sterbehilfe zu aktiven direkten Sterbehilfemaßnahmen insgesamt lediglich eine Differenzierung subjektiver Natur aufweist. Ist der Tod des Patienten im Falle der aktiven Sterbehilfe das beabsichtigte Ziel des Handelns des Täters, weist sich die indirekte Sterbehilfe dadurch aus, dass der Todeseintritt als Nebenfolge lediglich rechtlich zulässig in Kauf genommen wird[933] - die Grenze zwischen diesen beiden Ausformungen der Sterbehilfe ist somit nur *hauchdünn*[934].

Auch der BGH hat diese Ausformung der Sterbehilfe in seiner Entscheidung BGHSt 42, S. 301 als zulässig erkannt, indem er Folgendes ausführt: *„Die Linderung von Leiden und Schmerzen des Betroffenen ist jedoch so dringlich und*

---

930 Hier ist die Abkehr zu suchen von dem Begriff der schweren Schmerzzustände zu dem der Leidenzustände, da diese auch Symptome wie Erstickungsängste auslösende Atemnot u. ä. etwa bei einem ALS-Patienten umfassen: *Roxin* in: Roxin/Schroth, S. 326, führt an, das auch diese für den betroffenen Patienten unerträglich werden können und unter Umständen ein risikoloses ärztliches Eingreifen erforderlich machen; hier ist zudem auf den diese Problematik erkennenden Text des § 214a AE-Sterbebegleitung, auf die Grundsätze der Bundesärztekammer zur Sterbebegleitung sowie auf die Beschlüsse des 66. DJT, unter III zu verweisen.

931 Siehe die Nachweise bei Schönke/Schröder/*Eser*, Vorbem §§ 211 ff. Rdn. 25.

932 Insbesondere Geltung beansprucht dieser Grundsatz dabei für die sog. *terminale Sedierung* des Patienten, bei welchem der Sterbevorgang bereits eingetreten ist. Hervorzuheben ist, dass darunter nicht zu verstehen ist, dass der Patient in oder mittels der Sedierung getötet wird, sondern vielmehr die Sedierung in der terminalen, der Sterbephase, vgl. *Müller-Busch* in: Kettler et al, S. 124 ff. – da in diesem Rahmen verstärkt Missverständnisse aufgetreten sind, wird von einigen vertreten, in diesem Zusammenhang die Begifflichkeit *der palliativen Sedierung* zu verwenden, vgl. *Nauck/Jaspers/Radbruch* in: Höfling/Brysch, S. 67 ff.

933 Schreiber NStZ 1986, S. 337 (340).

934 Schreiber NStZ 2006, S. 473 (474).

steht so im Vordergrund, dass eine damit verbundene, möglicherweise unvermeidbare Lebensverkürzung hingenommen werden darf". Dabei ist anzumerken, dass der BGH die indirekte Sterbehilfe im zugrunde liegenden Fall lediglich im Zusammenhang mit einem sterbenden, moribunden Patienten für zulässig erachtet hat. Bestätigt wurde diese Grundhaltung zudem durch BGHSt 46, S. 279 ff. Es ist jedoch als feststehend zu bezeichnen, dass auch bei Patienten, welche zwar an einer schweren Erkrankung leiden, jedoch noch längere Zeit leben können, ein erheblichen Schmerzlinderungsinteresse bestehen kann[935].

Zum Gegenstand einer gesetzlichen Regelung selbst wurde die indirekte Sterbehilfe bis dato nicht gemacht, hingegen gab es auch in diesem Bereich bereits Gesetzesanregungen, wie etwa durch die Gruppe der Alternativ-Professoren im AE-Sterbebegleitung von 2006: In diesem heißt es in § 214a AE-Sterbebegleitung *„wer als Arzt oder mit ärztlicher Ermächtigung bei einem tödlich Kranken mit dessen ausdrücklicher Einwilligung oder aufgrund des in einer wirksamen schriftlichen Patientenverfügung geäußerten Willens oder gemäß mutmaßlicher Einwilligung nach den Regeln der medizinischen Wissenschaft, Maßnahmen zur Linderung schwerer, anders nicht zu behebender Leidenszustände trifft, handelt nicht rechtswidrig, wenn dadurch als nicht vermeidbare und nicht beabsichtigte Nebenwirkung der Eintritt des Todes beschleunigt wird"*.

Insgesamt stellen aktive indirekte Sterbehilfemaßnahmen somit eine zulässige Einschränkung vom Verbot der aktiven Sterbehilfe dar. Besteht dahingehend überwiegende Einigkeit, gestaltet sich die rechtliche Begründung dieser Ausnahme vom gesetzlichen Fremdtötungsverbot weitaus schwieriger.

bb. Die Begründung der aktiven indirekten Sterbehilfe

Vereinzelt wird angeführt, dass ein ärztliches Handeln, welches primär auf die Linderung von Schmerzen gerichtet ist, keine Tötungsrelevanz in sich trägt und somit nicht dem *Schutzzweck* der Tötungsdelikte unterfällt[936]. Andere argumentieren ähnlich, indem sie darauf verweisen, dass im Falle eines auf Schmerzlinderung bzw. –bekämpfung gerichteten Handelns schon der Tatbestand der Tötungsdelikte nicht erfüllt sei, stellen zur Begründung jedoch auf den *sozialen Sinngehalt* der Vorschrift ab[937]. Zum anderen wird darauf verwiesen, dass eine Lebensverkürzung in diesem Zusammenhang als *sozialadäquat* anzusehen ist[938].

935 *Müller/Knöbl* in: FS-Deutsch, S. 371 (380); *Roxin* in: Roxin Schroth, S. 325; Schöch/Verrel, GA 2005, S. 553 (575).

936 Ingelfinger, S. 268 ff.

937 LK/*Jähnke*, Vor § 211 Rdn. 15 ff.

938 So etwa Herzberg NJW 1996, S. 3043 (3048 f.).

Weiterhin wird in Fällen, in denen eine Medikation zum Hauptzweck der Schmerzlinderung beim Patienten verabreicht wird, argumentiert, dass bereits *die Vorsätzlichkeit* des Handelns in Frage zu stellen sei[939]. Darüber hinaus wird vereinzelt eine Rechtfertigung aufgrund des Vorliegens einer *rechtfertigenden, tatsächlichen oder mutmaßlichen Einwilligung* des Betroffenen angenommen[940], gleiches gilt zudem für eine *rechtfertigende* Pflichtenkollision[941].

Verstärkt wird zudem auf die Rechtsfigur des *erlaubten Risikos* zurückgegriffen und angeführt, der Arzt handele dann gerechtfertigt, wenn er sich innerhalb der dadurch gezogenen Grenzen bewege[942]. Im Rahmen einer medizinischen Behandlung eines schwerkranken Patienten sei ein Risiko dann als erlaubt anzusehen, wenn der Arzt durch Verabreichung einer Medikation unter Anwendung der in der konkreten Situation erforderlichen Sorgfalt dem Interesse des betroffenen Patienten an einer Schmerzlinderung nachkommen möchte und dieser das damit verbundene Risiko einer Tötung bzw. Lebensverkürzung in Kauf nimmt bzw. mutmaßlich in Kauf nehmen würde. Einzelne Vertreter des Schrifttums tendieren zudem dazu, einer Zulässigkeit von indirekten Sterbehilfemaßnahmen auf der Schuldebene zu begegnen und weisen in diesem Zusammenhang auf das Vorliegen einer *entschuldigenden Pflichtenkollision* hin[943]

Ganz überwiegend wird die Straflosigkeit von indirekten Sterbehilfemaßnahmen sowohl durch die Rechtsprechung[944] als auch das Schrifttum[945] auf der Rechtfertigungsebene gelöst. Das Handeln eines Arztes, welcher einem Patienten zum Zwecke der Schmerzbekämpfung eine Medikation verabreicht, die sich in dessen Person lebensverkürzend auswirkt bzw. auswirken kann, sei durch die Figur des *rechtfertigenden Notstandes* gemäß § 34 StGB gerechtfertigt. Dem

---

939 Bockelmann, S. 25; dies überzeugt meines Erachtens jedoch bereits aus dem Grunde nicht, weil ein Vorsatz bei dem handelnden Täter in jedem Fall gegeben ist, da er die Lebensverkürzung zum Zwecke der Schmerzlinderung nach überwiegender Ansicht rechtlich zulässig *in Kauf nehmen* darf und somit zumindest mit dolus eventualis handelt.

940 Verrel JZ 1996, S. 224 (226); *Roxin* in: Roxin/Schroth, S. 96.

941 Leonardy DRiZ 1986, S. 281 (286 f.).

942 Dies bejahend etwa Schönke/Schröder/*Eser*, Vorbem §§ 211 ff. Rdn. 26; siehe hierzu zudem *Engisch* in: FS-Bockelmann, S. 519 (532); *Sternberg-Lieben* in: FS-Eser S. 1185 (1187); von Dellingshausen, S. 111 ff.

943 Schwalm BayÄBl 1975, S. 565 (566).

944 BGHSt 42, S. 305; BGHSt 46, S. 279 ff.

945 Kühl, Vor § 211 Rdn. 7; MüKo/*Schneider*, Vor §§ 211 ff. Rdn. 101; *Bottke* in: Bottke/Fritsche, S. 35 (116); *Kutzer* in: GS-Schlüchter, S. 347 (350); derselbe NStZ 1994, S. 110 f.; Merkel, JZ 1996, S. 1145 (1147); *derselbe* in: FS-Schroeder, S. 297 ff.; *Langer* in: Kruse/Wagner, S. 101 (141 ff.); Möllering, S. 15 ff.; Otto, 56. DJT, S. D 1 (56); derselbe Jura 1999, S. 434 (440); Schreiber NStZ 1986, S. 337 (340).

wird entgegengehalten, dass sich auf dieser Basis *„leicht auf die Zulässigkeit auch der gezielten Tötung schließen lasse“*[946]. Weiterhin könne eine Rechtfertigung über § 34 StGB anhand einer objektiven Abwägung nicht generell pro-Schmerzlinderung und zuungunsten des sonst höchstrangigen Schutzgutes der Lebenserhaltung ausfallen, da jeder zur Beurteilung anstehende Fall ein Einzelfall sei und gesetzliche Abwägungskriterien vielmehr nicht existieren[947]. Wird von einigen einzelnen Vertretern in der Lehre[948] angeführt, dass eine Rechtfertigung durch eine tatsächliche bzw. mutmaßliche Einwilligung aufgrund der hohen Bedeutung des indisponiblen Schutzgutes Leben nicht zulässig sei, ist dem wie folgt zu entgegnen: Bereits die Ausführungen zur Verankerung des Selbstbestimmungsrechts innerhalb des Verfassungsrechts haben aufgezeigt, dass zwar eine Gegensätzlichkeit zwischen den Abwehrrechten des Art. 2 Absatz 2 Satz 1 GG sowie der daraus für den Staat resultierenden Schutzpflichten besteht. Jedoch wurde festgehalten, dass der Tod Teil der natürlichen Existenz des Menschen sei und auch die Freiheit des Sterbens im Sinne eines Rechts auf den menschenwürdigen Tod[949] von dem Autonomiegehalt des Art. 2 Absatz 2 Satz 1 GG zu stützen sei[950]. Es ist somit kein *„abstrakter Rang“* des Lebens dergestalt normiert, dass der Schutzzweck des Staates des Art. 2 Absatz 2 Satz 1, Alt. 1 GG im Sinne einer *„externen Unverfügbarkeit“* menschlichen Lebens verstanden werden muss[951]. Ist eine Einwilligung tatsächlicher bzw. mutmaßlicher Art im Zusammenhang mit aktiven, d. h. gezielten Sterbehilfemaßnahmen nach der geltenden Gesetzeslage für sich allein nur schwerlich zu begründen, kann dies nicht auch auf indirekte Sterbehilfemaßnahmen übertragen werden. Diese unterscheiden sich von solchen aktiver Art gerade dadurch, dass das primäre Ziel nicht die Tötung des Patienten ist, sondern nur die mögliche Nebenfolge einer im Vordergrund stehenden Schmerzlinderung, welche aber eine lebensverkürzende Tendenz in sich birgt. Eine Übertragung der aus § 216 StGB resultieren-

946 So vertreten von *Merkel* in: FS-Schroeder, S 297 (321).

947 Herzberg, NJW 1996, S. 3043 (3048).

948 Dölling, MedR 1987, S. 6 (7).

949 Francke, S. 107; Hirsch ZRP 1986, S. 239 f.; Otto, 56. DJT, S. D 1 (37); Wassermann DRiZ 1986, S. 291 (292).

950 Eser JZ 1986, S. 786 (791); Hufen NJW 2001, S. 849 (851) mwN; Otto, 56. DJT, S. D 1 (22 f.); Einschränkungen werden etwa von Sachs/Murswiek, Art. 2 Rdn. 209, erwähnt: *"Es ginge gerade darum, die Selbstbestimmung des Einzelnen bzw. ihre Voraussetzungen zu wahren“*; zudem wird in BVerfGE 58, S. 208 (226) sowie durch *DiFabio* in: Maunz/Dürig, Art. 2 Rdn. 47 darauf verwiesen, dass *sich „dagegen aus Art. 2 Absatz 2 S. 1 GG eine Schutzbefugnis des Staates ergebe, der Freiheit des Betroffenen aus sehr wichtigen Gründen zu beschränken. Allerdings sei der Entscheidungsfreiheit des Betroffenen großes Gewicht zuzuerkennen“*.

951 *Lorenz* in: HdbStR, Bnd. IV, § 128 Rdn. 8.

den Einwilligungssperre scheitert somit schon an der Ungleichheit der im Vergleich stehenden Sterbehilfemaßnahmen, da im Falle von indirekter Sterbehilfe *niemand zur Tötung bestimmt wird, sondern primär zur Schmerzlinderung*.

Festzuhalten ist, dass dies nach der geltenden Rechtslage nur für den Fall Geltung beanspruchen kann, dass eine lebensverkürzende Wirkung infolge der Verabreichung einer bestimmten Medikation zur Schmerzlinderung *nicht ausgeschlossen* ist, nicht jedoch für den Fall der *sicheren Lebensverkürzung*[952]. Zwar wird angeführt, dass eine Linderung schwerer Leidenszustände, wenn sie nach den Regeln der medizinischen Wissenschaft erfolgt, immer möglich sein müsse[953]. In diesem Fall sei auch die subjektive Voraussetzung der rechtmäßigen indirekten Sterbehilfe gegeben[954], wenn der Arzt bei der Verabreichung einer Medikation in seiner Funktion als Arzt handelt, d. h. um Leiden zu mindern, und er zudem auch diese Motivation verfolgt. Die Abstellung darauf, ob der Arzt in seiner Funktion als Arzt handelt, wird im Einzelfall jedoch sehr schwierig zu handhaben sein, da es allein auf die Einlassung des Arztes ankommt. Ohne eine gesetzliche Änderung ist die indirekte Sterbehilfe de lege lata nur dann rechtlich zulässig, solange der Tod des Patienten lediglich als unbeabsichtigte Nebenfolge einer schmerzlindernden Behandlung eintritt. Abgemildert werden kann dieses Ergebnis jedoch durch einen Verweis darauf, dass die praktische Bedeutung dieser Streitfrage gegenwärtig nicht mehr sehr relevant ist, da die Entwicklung der Schmerztherapie mittlerweile so weit fortgeschritten ist, dass sie nur noch selten zur Lebensverkürzung führe[955].

Zudem ist auf Folgendes zu verweisen: Hat der BGH in BGHSt 42, S. 301 ff.[956] die Zulässigkeit von indirekten Sterbehilfemaßnahmen lediglich für Sterbende anerkannt, hat dies im gleichen Maße für unheilbar kranke Langzeitpatienten zu gelten[957]. Gerade diese Patienten haben aus dem Behandlungsvertrag selbst ein Recht auf die Gewährung von Schmerzlinderung. Unterlässt ein Arzt eine solche, kann er sich wegen Körperverletzung aus § 223 StGB strafbar machen. Hierbei ist auch auf *Schroth*[958] zu verweisen, welcher anführt, dass *„Pati-*

952 Vgl. Schöch/Verrel GA 2005, S. 553 (575 ff.) als auch die Bioethik-Kommission Rheinland-Pfalz in ihrem Bericht aus dem Jahre 2004, siehe bereits Fn. 1169, S. 69 sowie die interdisziplinäre Arbeitsgruppe *„Patientenautonomie am Lebensende", S.* 50, siehe unter Fn. 21.

953 Schroth, GA 2006, S. 549 (566); so auch die Formulierung in § 214a AE-Sterbebegleitung.

954 Das Handeln ohne die Absicht, den Tod des Patienten zu beschleunigen.

955 So Schönke/Schröder/*Eser*, Vorbem §§ 211 ff. Rdn. 26.

956 aaO.

957 So *Roxin* in: Roxin/Schroth, S. 325.

958 Schroth GA 2006, S. 549 (567).

enten das Recht haben, dass ihre körperbezogenen Interessen wie die Freiheit von Schmerzen und sonstigen Leiden in allen Phasen ihrer Erkrankung Berücksichtigung" widerfährt und dies auch der Fall sei, wenn *„der Einzelne tödlich erkrankt, aber noch weit vom Sterbeprozess entfernt ist"*.

b. Die aktive direkte Sterbehilfe

Unter aktiver direkter Sterbehilfe werden Maßnahmen verstanden, welche von dem Vorsatz getragen werden, aktiv den Eintritt des Todes eines anderen Menschen herbeizuführen bzw. zumindest mit zu verursachen[959]. Diese Art der Sterbehilfe ist nach der herrschenden Meinung[960] aufgrund des vorherrschenden *Fremdtötungsverbot*[961] auch im Falle einer nur geringen Lebensverkürzung grundsätzlich verboten.

aa. Abgrenzungsfragen

Bei aktiven direkten Sterbehilfemaßnahmen ist sich grundsätzlich der Frage zu stellen, ob der ausführende Täter ebenso straflos gestellt werden soll wie der Suizident selbst oder ob er in Anwendung des Fremdtötungverbotes gar als Totschläger oder Mörder zu bestrafen ist: Wie *Eser*[962] beschreibt, hat sich das deutsche Strafrecht in dieser Hinsicht für einen Mittelweg entschlossen, indem es in § 216 StGB für den Sonderfall des durch Mitleid motivierten Täters, der durch das ausdrückliche und ernstliche Verlangen des Getöteten zur Tötung bestimmt worden ist, einen im Verhältnis zu den Tötungsdelikten geringen Strafrahmen von 6 Monaten bis zu 5 Jahren vorsieht. Regulierendes Element ist die *Freiverantwortlichkeit* und *Ernstlichkeit* des Sterbewillens[963].

Ein weiterer Aspekt der Maximen *Fremdtötungsverbot* und *Selbsttötungsfreiheit* ist des Weiteren, dass zudem eine Strafbarkeit wegen pflichtwidrigem Unterlassen in Betracht kommt[964]. Zum einen, wenn ein Suizid sich als *Un-*

---

959 Stellamor/Steiner, S. 276.

960 BVerfG JZ 1987, S. 885; BGHSt 37, S. 379; LK/*Jähnke*, Vor § 211 Rdn. 14; MüKo/*Schneider*, Vor §§ 211 ff. Rdn. 91; Schönke/Schröder/*Eser*, Vorbem §§ 211 Rdn. 24; Duttge GA 2006, S. 573; Schöch/Verrel GA 2005, S. 553 (582) n. w.

961 Hervorzuheben ist, dass auch etwa irreversible Bewusstlosigkeit für den Betroffenen noch nicht das Ende des Menschseins bedeutet, vgl. Bernsmann ZRP 1996, S. 87 (91).

962 Eser MedR 1985, S. 6 (7).

963 Bei erkanntem Willensmangel wegen vorsätzlicher Tötung, §§ 211 bis 213 StGB, unter Wegfall der Strafmilderung des § 216 StGB sowie bei sorgfaltswidrig nicht erkanntem Willensmangel zumindest wegen fahrlässiger Tötung, § 222 StGB.

964 Wenn die Auffassung favorisiert wird, dass eine Tötung auf Verlangen auch durch Unterlassen strafbar ist, siehe hierzu noch im Folgenden.

glücksfall iSd § 323c StGB darstellt und ein Dritter dem Suizidenten eine *mögliche* und *zumutbare* Hilfe nicht leistet. Zum anderen kann sich ein Angehöriger des lebensmüden Patienten bzw. dessen behandelnder Arzt als für dessen Schutz verantwortlicher Garant aus § 13 StGB wegen einer Tötung durch Unterlassen strafbar machen. Der Grundkonflikt zwischen einer straflosen Beihilfe am Suizid und einer strafbaren Tötung auf Verlangen besteht somit darin, der oftmals schwierigen Abgrenzung der beiden Institute von einander gerecht zu werden, wenn die Förderung eines freiverantwortlichen Suizids in täterschaftliche Fremdtötung übergeht[965]. Insgesamt bedeutsam ist dies jedoch nur für die Fälle, in denen sich der Tatbeteiligte nicht nur auf Tatanstöße, Ratschläge oder Vorbereitungshilfen beschränkt, sondern vielmehr aktiv unmittelbar am Tötungsgeschehen selbst partizipiert, wie etwa durch das Einflößen eines lebensbeendenden Medikaments.

In diesem Rahmen stellte der BGH[966] auf den Willen des Täters zur Tätereigenschaft ab. Diesem Grundsatz stand entgegen, dass es für § 216 StGB gerade typisch ist, dass sich der Täter dem Willen, d. h. dem Verlangen des Opfers unterwirft. Aufgrund dessen entwickelte der BGH[967] sodann die sog. *Lehre von der Tatbeherrschung*. Danach sollte eine Tötung auf Verlangen vorliegen, wenn das Opfer den Tod durch den Täter *duldend entgegennimmt* bzw. *sich in die Hand eines anderen begibt*. Dieser Ansicht wurde jedoch entgegengehalten, dass selbst das den Tod duldend empfangende Opfer das Tatgeschehen in der Regel noch beherrschen könne, indem es letztendlich von seiner Entscheidung abhängig bleibe, ob die Tathandlung des Täters erfolgreich sei oder aber nicht[968].

Schönke/Schröder/Eser[969] führen vielmehr an, das es entscheidend darauf ankomme, ob sich das Tatgeschehen als Selbst- oder Fremdverfügung darstelle. Danach werde eine Grenze für die Einordnung einer Tat als straflose Suizidbeihilfe und strafbarer, wenn auch gemilderter Tötung auf Verlangen danach gezogen, ob dem Opfer nach Ausführung des letzten Tatbeitrages des Täters noch die *freie Entscheidung* über Leben und Tod verbleibe[970]. Sei dies der Fall, handele es sich um straflose Beihilfe zum Suizid, liege hingegen die Entscheidung über

965 Vgl. Duttge, S. 91.

966 BGHSt 13, 166 f.

967 BGHSt 19, S. 138 (139).

968 Wenn das Opfer noch die Möglichkeit hat, die Einnahme des Giftes zu verweigern etc.

969 So die herrschende Meinung Schönke/Schröder/*Eser*, § 216 Rdn. 11 unter Bezugnahme auf BGH NJW 2003, S. 2326; iE auch Herzberg NStZ 2004, S. 1; Küpper JuS 2004, S. 757.

970 Siehe Fn. 1345.

den Tod bei dem Täter[971], sei § 216 StGB, die Tötung auf Verlangen verwirklicht.

bb. Tötung auf Verlangen, § 216 StGB

Die Tötung auf Verlangen ist in § 216 StGB unter Strafe gestellt[972], welcher normiert, dass in dem Falle, dass jemand „*durch das ausdrückliche und ernsthafte Verlangen des Getöteten zur Tötung bestimmt worden ist*" auf eine Freiheitsstrafe in Höhe eines Strafrahmens von sechs Monaten bis zu fünf Jahren zu erkennen ist[973]. Dieser im Verhältnis zu den übrigen Tötungsdelikten niedrige Strafrahmen, sog. *Strafmilderung*, soll der Tatsache Rechnung tragen, dass sich der Täter von dem suizidähnlichen Verlangen des Getöteten hat leiten lassen und dadurch sowohl das Unrecht als auch die Schuld gemindert erscheint. Es werden somit sowohl der Rechtsgutsverzicht des Getöteten als mit dem Mitleidskonflikt auch die Motivation des Täters berücksichtigt[974].

aaa. Materiell-rechtliche Ausführungen

Von entscheidender Bedeutung für die Strafmilderung des § 216 StGB ist, dass die Tötung *ausdrücklich* und *ernstlich verlangt* wird.

Das *Verlangen* selbst ist kein bloßer Unterfall der Einwilligung, sondern vielmehr ein darüber hinaus gehendes Plus, es gehört hierzu somit mehr als ein bloßes Einverständnis des Getöteten[975]. Insgesamt muss der Getötete über ein bloßes Erdulden hinaus auf den Willen des Täters eingewirkt haben, wobei anzuführen gilt, dass auch ein *„Bestimmen"* im Sinne des § 26 StGB ausreicht[976]. *Ausdrücklich* ist das Verlangen dann, wenn es auf eine Art und Weise erfolgt ist, die eindeutig und unmissverständlich ist. Aufgrund dessen muss das Verlangen nicht zwingend in Worten ausgedrückt werden, sondern kann auch durch Ges-

---

971 Etwa durch das Zuziehen der Schlinge etc.

972 Aktuell ist in diesem Rahmen zu verweisen auf die Forderung des ehemaligen Hamburger Justizsenators Dr. Rogar Kusch, welcher durch seine sog. *Tötungsmaschine* für mediale Aufmerksamkeit sorgte, siehe hierzu etwa http://www.spiegel.de/politik/deutsch land/0,1518,562976,00.html sowie http://www.stern.de/panorama/:Roger-Kusch-Ermit tler-R%E4ume-Dr.-Tod/647448.html, und ein Abrücken vom Verbot der aktiven Sterbehilfe in Form der Tötung auf Verlangen fordert, vgl. Kusch NJW 2006, S. 261 ff.

973 Siehe hinsichtlich der Frage der Legitimation des § 216 StGB die Ausführung von *Schroeder* in: FS-Deutsch, S. 505 ff.

974 Schönke/Schröder/*Eser*, § 216 Rdn. 1.

975 RG 68, S. 307.

976 SK/*Horn*, § 216 Rdn. 5.

ten[977] oder in Frageform zum Ausdruck gebracht werden[978]. Zudem muss das Verlangen ernstlich sein, d. h. von freiem Willen getragen und zielbewusst auf die Tötung gerichtet sein und zwar nicht nur aus der Sicht des Täters, sondern vielmehr aufgrund des subjektiv freiverantwortlichen Entschlusses des Opfers. Dementsprechend kann die Ernstlichkeit des Tötungsverlangens bei alters- oder krankheitsbedingtem Mangel der natürlichen Einsichts- und Urteilsfähigkeit fehlen [979] - hier ist somit ein besonderes Augenmerk gefordert.

Nach der früheren Rechtsprechung des BGH[980] konnte eine Tötung auf Verlangen auch durch Unterlassen verwirklicht werden, was dazu führte, dass die Nichthinderung eines Suizids durch den Garanten nach § 216 StGB strafbar war, auch wenn sie in Respektierung des Sterbewillens des Betroffenen erfolgte. Von dieser rechtlichen Bewertung kehrte der BGH selbst jedoch bereits in seiner Entscheidung in BGHSt 32, S. 367 ff. ab. Zudem ist einer derartigen Einschätzung entgegenzuhalten, dass es gerade die Unterordnung unter den Willen des Betroffenen ist, die zum Wegfall des auch für § 216 StGB erforderlichen Täter- bzw. Tatbeherrschungswillen führt[981]. Die Garantenstellung des Unterlassenden begründe für sich keine Tatherrschaft, vielmehr sei das Untätigbleibens aufgrund des ausdrücklichen Wunsches des Betroffenen als straflose Unterstützung der Selbsttötung zu sehen[982]. In jedem Fall sei bei einem Sterbenlassen in Respektierung der im Sterbeverlangen zum Ausdruck kommenden Hilfeverweigerung die Zumutbarkeit aufgedrängter Hilfe bzw. die nach § 13 StGB erforderliche Gleichwertigkeit[983] zu verneinen[984].

Da aufgrund der Unverfügbarkeit des Lebens[985] eine Einwilligung in die eigene Tötung durch einen anderen nicht mit der Folge einer Rechtfertigung der Tat des Täters möglich ist, kommt selbst dem Verlangen des Opfers nach dem Tod als Mittel der Schmerzbeseitigung *lediglich* strafmildernde Kraft zu. Nach

---

977 SK/*Horn*, § 216 Rdn. 7.

978 BGH NJW 1987, S. 1092.

979 So bereits RG 72, S. 400.

980 BGHSt 13, S. 162; im Ergebnis anders bereits u. a. BGHSt 32, S. 367.

981 Siehe hierzu insgesamt LK/*Jähnke*, § 216 Rdn. 9; *Eser* in: Auer/Menzel/Eser, S. 75 (108 f.); Sax JZ 1975, S. 137 (146); Kaufmann MedR 1983, S. 121 (122), Rudolphi Jura 1979, S. 39 (42).

982 Kühl, § 216 Rdn. 4; Schönke/Schröder/*Eser*, § 216 Rdn. 10; SK/*Horn*, § 216 Rdn. 14; LK/*Jähnke*, § 216 Rdn. 9.

983 Das Unterlassen muss *„der Verwirklichung des gesetzlichen Tatbestandes durch aktiven Tun entsprechen“*, § 13 StGB a. E.

984 Siehe hierzu Maurach/Schroeder/Maiwald, BT 2, § 55 I Rdn. 15.

985 Welche sich, wie angeführt, sowohl in Tabuisierungsgründen, siehe *Hirsch* in: FS-Welzel, S. 775 ff., wie auch zur Missbrauchsabwehr begründet, vgl. Arzt ZStW 83, S. 1 (36 f.).

wie vor enthält § 216 StGB eine für die gesamte Rechtsordnung verbindliche Einwilligungssperre[986] gegenüber aktiver Fremdtötung und zwar ohne Rücksicht auf Alter und Zustand des Betroffenen[987]. Die Handlung des Täters bleibt somit gleichwohl rechtswidrig. Auch eine Rechtfertigung aufgrund der Abwehr eines gegenwärtigen rechtswidrigen Angriffs nach § 32 StGB ist im Falle des § 216 StGB kaum denkbar[988], gleiches gilt zudem für einen generellen Rechtfertigungsgrund *„Euthanasie"*[989].

Von zahlreichen Vertretern im Schrifttum[990] wird jedoch entgegen der herrschenden Lehre[991] einem Mitleidshandeln in speziellen Grenzsituationen, den sog. *Gnadentod-Fällen,* in welchen der Täter in Ansehung des pathologisch aussichtslosen und bedauernswerten Zustandes des Patienten zwischen dem verbleibendem Lebensrest und der Schmerzlinderung bzw. der Erlösung unerträglicher Schmerzen abwägt[992], durch Zubilligung einer Rechtfertigung über § 34 StGB Rechnung getragen. Von anderer Seite wird vereinzelt zudem darauf verwiesen[993], in extremen Ausnahmesituationen von dem Entschuldigungsgrund des übergesetzlichen Notstandes aus § 35 StGB analog Gebrauch zu machen.

bbb. Das Absehen von Strafe in Ausnahmefällen?

Im AE-Sterbehilfe aus dem Jahre 1986 war noch angedacht, in § 216 StGB einen Absatz 2 einzufügen: *„Das Gericht kann unter den Voraussetzungen des Absatzes 1 von Strafe absehen, wenn die Tötung der Beendigung eines schwersten vom Betroffenen nicht mehr zu ertragenden Leidenszustand dient, der nicht durch andere Maßnahmen behoben oder gelindert werden kann"*. Hierzu entsteht, wie auch Lautenschläger[994] ausführt, leicht der Eindruck, dass die Tötung eines Menschen unter den genannten Voraussetzungen als zulässig erachtet

986 LK/*Jähnke*, § 216 Rdn. 17.

987 LG Ravensburg NStZ 1987, S. 229 f.

988 LK/*Jähnke*, § 216 Rdn. 17.

989 Schönke/Schröder/*Eser*, vor 211 Rdn. 24.

990 U. a. MüKo/*Schneider,* Vor §§ 211 ff. Rdn. 91; SK/*Horn*, § 212 Rdn. 26e; Herzberg NJW 1986, S. 1635 (1639); derselbe NJW 1996, S. 3043 (3048); Kutzer MedR 2001, S. 77; Merkel JZ 1996, S. 1145; *derselbe* in: Hegselmann/Merkel, S. 71 (97); *derselbe* in: FS-Schroeder, S. 297 (306 ff.); Otto Jura 1999, S. 434 (441); derselbe, 56. DJT, S. D 60; Saliger KritV 2001, S. 382 (435).

991 Kühl, Vor § 211 Rdn. 7; Schönke/Schröder/*Eser*, Vorbem §§ 211 Rdn. 24.

992 Etwa im Falle des ALS-Patienten, welcher sich im Endstadium seiner Krankheit befindet.

993 *Hirsch* in: FS-Lackner, S. 597 (614 ff.); *Langer* in: Kruse/Wagner, S. 101 (121 ff.); *Roxin* in: Blaha et al, S. 85 (93); derselbe, S. 93, 109; Tröndle ZStW 99, S. 25 (41 ff.).

994 *Lautenschläger* in: Lilie, S. 15.

wird. Nach der Begründung[995] zum AE-Sterbehilfe ist dieser jedoch nicht so zu interpretieren, dass dadurch die generelle Strafbarkeit einer Tötung auf Verlangen aufgehoben wird, sondern es gehe allein darum, „*in einer extremen, für Täter und Getöteten gleichermaßen existentiellen Situation die Entscheidung des Täters aus mitmenschlichen Gründen die Achtung vor fremdem Menschenleben gegenüber der ausweglosen Not des Leidenden zurücktreten zu lassen, unter bestimmten Voraussetzungen ohne strafrechtliche Sanktionen zu lassen*". Lilie[996] führt zudem an, dass mit der angeregten Vorschrift keine Beeinträchtigung des Lebensschutzes verbunden sei und sich aus ihr insbesondere keine Ansprüche auf eine einverständliche Tötung herleitet ließen. Die Strafbarkeit der aktiven Sterbehilfe sollte beibehalten werden, jedoch in notstandsähnlichen Situationen bzw. bei Voraussetzungen ähnlich denen eines Notstandes ein Absehen von Strafe zugelassen werden können.

Die Reaktionen auf den AE-Sterbehilfe waren von juristischer Seite geteilt: So stimmte die Bioethik-Kommission Rheinland-Pfalz der Schaffung eines § 216 Absatz 2 ausdrücklich zu[997] und auch wenn sich die strafrechtliche Abteilung des 56. Deutschen Juristentages in ihrer Schlussabstimmung gegen eine allgemeine gesetzliche Regelung entschied, fanden die Vorschläge in der Sache jedoch eine weitgehende Billigung: Unter Hinwendung an § 216 Absatz 2 AE-Sterbehilfe empfahl der Juristentag etwa grundsätzlich bzgl. der Tötung auf Verlangen eine gesetzliche Regelung vorzusehen, nach welcher von der Verhängung einer Strafe in Fällen abgesehen werden kann, in denen eine Tötung zur Beendigung eines unerträglichen Leidenszustandes vorgenommen wurde. Doch nicht überall wurde die Anregung zur Ergänzung des § 216 StGB so positiv aufgenommen: So wurde auch vor einer Aufweichung des Lebensschutzes durch den auf Kranken lastenden Erwartungsdruck[998] sowie vor der Gefahr eines nur schwer aufzudeckenden Missbrauchs[999] und einer Beschädigung des Arzt-Patienten-Verhältnisses[1000] gewarnt. Insbesondere auch die Reaktionen von medizinischer Seite zeugten von einer negativen Haltung gegenüber einer Ergänzung: Auch wenn den Verfassern des Entwurfes restriktive Intentionen in Bezug auf die Ergänzung des § 216 StGB zugestanden wurden, sprach etwa die *Arbeitsge-*

---

995 Baumann AE-Sterbehilfe, Begründung zu § 216, I. 4.

996 Lilie Scientia halensis 2/1993, S. 23 (25).

997 Bioethik-Kommission Rheinland-Pfalz, siehe Fn. 1221, S. 70 ff., 129.

998 Vgl. *Schreiber* in: FS-Hanack, S. 735 (736, 738); *derselbe* in: FS-Rudolphi, S. 543 (550 f.).

999 Oduncu/Eisenmenger MedR 2002, S. 327 (336).

1000 Lindemann ZStW 117, S. 208 (231 ff.).

meinschaft Akademisch Wissenschaftlicher Fachgesellschaften (AWMF)[1001] *„die Sorge vor Veränderungen des Bewusstseins im Gefolge einer Lockerung der Strafbestimmung zum Schutze des Lebens"* aus.

Da sich die Sterbehilfe-Debatte durch die Fortentwicklungen im Bereich der modernen Medizin verändert hatte, wurden die Leitgedanken des AE-Sterbehilfe im Rahmen des AE-Sterbebegleitung von 2006 zwar insgesamt erweitert oder modifiziert, nicht jedoch im Hinblick auf § 216 StGB: Eine der Leitlinien des Entwurfes war die vollständige Absage an die aktive Sterbehilfe. Hervorgehoben wurde vielmehr, dass die Tötung auf Verlangen *„wegen der Unantastbarkeit fremden Lebens, wegen der Gefahr des Dammbruchs beim Lebensschutz und auch wegen der Sorge vor Missbrauch uneingeschränkt strafbar bleiben müsse"*[1002], so dass auf eine Ergänzung des geltenden § 216 StGB gänzlich verzichtet wurde. Vielmehr wird in diesem Zusammenhang angeführt, dass die anderen Formen der Sterbehilfe human ausgestaltet werden sollten und auf die durch die Fortentwicklung in der Medizin seit dem Entwurf von 1986 geschaffenen Möglichkeiten im Bereich der Palliativmedizin sowie der terminalen Sedierung verwiesen, aufgrund welcher für eine Lockerung der aktiven Sterbehilfe kein Bedürfnis mehr bestehe.

cc. Beihilfe am Suizid

Sowohl der Suizid[1003] als auch der Suizidversuch sind im deutschen Recht nicht unter Strafe gestellt[1004]. Dies wurde zwar im StGB selbst nicht ausdrücklich zum

---

1001 Die AWMF wurde im November 1962 von damals 16 Gesellschaften auf Anregung der *Deutschen Gesellschaft für Chirurgie* in Frankfurt/Main als nicht eingetragener, gemeinnütziger Verein gegründet, um gemeinsame Interessen besser gegenüber staatlichen Institutionen und Körperschaften der ärzlichen Selbstverwaltung vertreten zu können; insgesamt berät die AWMF über grundsätzliche und fachübergreifende Angelegenheiten und Aufgaben, erarbeitet Empfehlungen und Resolutionen und vertritt diese gegenüber den damit befaßten Institutionen, insbesondere auch im politischen Raum. Neben den - angesichts der zunehmenden Spezialisierung immer dringenderen - Aufgaben der inneren Zusammenarbeit will sie damit die Interessen der medizinischen Wissenschaft verstärkt nach außen zur Geltung bringen. Heute sind in der AWMF 154 wissenschaftliche Fachgesellschaften aus allen Bereichen der Medizin zusammengeschlossen, zitiert nach http://awmf.org/ (Stand: 24. September 2009).

1002 Schöch/Verrel GA 2005, S. 553 (558).

1003 Vgl. etwa die Strafbarkeit eines Selbstmordversuches im englischen Recht bis zur Einführung des bereits erwähnten Suicide Act 1961.

1004 Jedoch ist darauf zu verweisen, dass etwa im Unterschied zur Schweiz solche Medikationen, mit denen ein assistierter Suizid vergleichsweise sicher und komplikationslos durchgeführt werden kann, dem Betäubungsmittelgesetz (BtMG) bzw. der Betäu-

Gegenstand einer Regelung gemacht, ergibt sich aber daraus, dass es bei der durch § 212 StGB pönalisierten Tötung eines *„Menschen"* nicht um die *Selbst*tötung, sondern um die Tötung *eines anderen* geht - die Straflosigkeit resultiert somit bereits aus der mangelnden Tatbestandsmäßigkeit [1005]. Ausgehend von der in Deutschland geltenden strafrechtlichen Maxime der *Akzessorietät der Teilnahme*, §§ 26, 27 StGB, ist grundsätzlich auch die von Vorsatz getragene Beihilfe an der Selbsttötung eines anderen straflos[1006], da es mangels Tatbestandsmäßigkeit des Suizids an einer vorsätzlichen rechtswidrigen Haupttat fehlt[1007]. Dies gilt nach überwiegender Auffassung nicht nur für Sterbenskranke, sondern in allen Fällen, in denen die Rechtsordnung von einer freiverantwortlichen Selbsttötung ausgeht und zwar auch dann, wenn man aus ethischen oder religiösen Gründen den Suizid als Lösung eines menschlichen Konflikts ablehnt[1008].

Straflos ist eine Beihilfe jedoch auch in Deutschland nur solange, wie sie sich auf die bloße Förderung einer *Selbst*tötung bezieht und nicht in täterschaftliche *Fremd*tötung übergeht - das oberste Gebot einer straflosen Beihilfe am Suizid ist somit die *Freiverantwortlichkeit* der Willensentschließung des Suizidenten[1009]: Dabei kommt es nicht auf die objektive Freiheit, sondern lediglich *„auf die Respektierung subjektiven Freiheitsbewusstseins"*[1010] an, so dass eine Entscheidung zu einem Suizid solange als freiverantwortlich anzusehen ist, wie

---

bungsmittelverschreibungsverordnung (BTMVV) unterliegen und somit in der Regel für die Weitergabe an Suizidenten nicht freigegeben sind.

1005 Siehe die grundlegende Entscheidung des Reichsgerichts in RGSt 70, S. 313, vgl. hierzu Bottke, S. 32 f. mwN.

1006 Die Beihilfe zum Suizid wird auch bezeichnet als *assistierter Suizid*. Eine solche Bezeichnung verdecke jedoch die zugrunde liegende Problematik, so Maurach/Schroeder/Maiwald, BT 1, § 1 VI, Rd. 36, welche anführen, dass es um nicht die Straflosigkeit des Suizids, sondern um die der Beihilfe bzw. Assistenz gehe.

1007 BGHSt 2, S. 152; 32, S. 367 (371 mwN); MüKo/*Schneider*, Vor §§ 211 ff., Rdn. 30 ff.; Schönke/Schröder/*Eser*, Vorbem §§ 211 ff. Rdn. 36.

1008 Fischer, Vor. §§ 211 Rdn. 12; Kühl, Vor § 211 Rdn. 15; MüKo/*Schneider*, Vor §§ 211 ff. Rdn. 84; Schönke/Schröder/*Eser*, Vorbem §§ 211 ff. Rdn. 42 f.

1009 Aufgrund des der Bearbeitung zugrunde liegenden Verständnisses von Sterbehilfe als Maßnahme, welche dem Betroffenen zumindest entgegenkommen muss, ist nicht weiter auf die Einordnung von solchen Fällen einzugehen, in denen keine Freiverantwortlichkeit vorliegt; hier ist nur anzuführen, dass sich der Dritte, der diesen Mangel in der Person des Suizidenten erkennt und dennoch den Suizid veranlasst oder unterstützt wegen Tötung in mittelbarer Täterschaft strafbar macht, vgl. Fischer, Vor § 211 Rdn. 11; Kühl, Vor § 211 Rdn. 13 ff. Hat der Dritte den Mangel hingegen fahrlässig nicht erkannt, kommt eine fahrlässige Tötung gemäß § 222 StGB in Betracht, hält er den Betroffenen irrtümlich für nicht verantwortlich, ist an einen Tötungsversuch zu denken, vgl. Schönke/Schröder/*Eser*, Vorbem §§ 211 ff. Rdn. 37.

1010 Wassermann DRiZ 1986, S. 291 (295).

keinerlei Anhaltspunkte für psychische Störungen oder aber Zwangsvorstellungen erkennbar sind, aufgrund derer die natürliche Einsichts- und Urteilsfähigkeit hinsichtlich der Tragweite und Unwiderruflichkeit dieses Schrittes ausgeschlossen oder wesentlich beeinträchtigt sein könnte[1011]. Grundsätzlich kann jedoch aus dem Fehlen von Krankheitssymptomen, die auf eine mangelnde Einsichts- und Urteilsfähigkeit hindeuten, auf das Vorliegen eines freiverantwortlichen Willlensentschlusses geschlossen werden. Der Suizidwunsch muss vielmehr mit einem ernstlichen Tötungsverlangen im Sinne von § 216 StGB zu vergleichen sein[1012].

aaa. Tendenzen einer unterminierten Straflosigkeit

Neben vereinzelten Vertretern in der Lehre[1013] wurde jedoch insbesondere durch die ältere Rechtsprechung in Fällen des tatenlosen Geschehenlassens eines Suizids mithilfe eines Rückgriffs auf §§ 212, 216, 13 StGB sowie § 323c StGB in unterschiedlicher Ausformung eine extensive Haftung des Unterlassenden vertreten. Hierdurch kam es zu wesentlichen Einschränkungen der Straflosigkeit der Suizidbeihilfe: Den Anfang machte der BGH in der Entscheidung BGHSt 6, S. 147 ff. aus dem Jahre 1954, in welcher er den Suizid vom Zeitpunkt der Hilfsbedürftigkeit des Betroffenen ab als einen *Unglücksfall* im Sinne von § 323c einordnete. Weiter geführt wurde diese Tendenz sodann in BGHSt 13, S. 162 ff.: *„Die Straflosigkeit der Teilnahme an fremder, freier Selbsttötung hindert nicht die Anwendung des § 330c StGB, was auch für den Fall gilt, dass der Hilfebedürftige auf seine Rettung verzichtet hat"*[1014]. Fortgeführt wurde diese Grundhaltung zudem in BGHSt 32, S. 367 ff. In dieser Entscheidung wurde dem Willen des Suizidenten jegliche Beachtlichkeit abgesprochen, widersprüchlich hierzu jedoch gleichfalls dem angeklagten Arzt ein eigenverantwortliches Abwägungsermessen eingeräumt. Dies führte dazu, dass eine Pflicht des Arztes zur Wiederbelebung der Patientin und somit eine Strafbarkeit abgelehnt wurde. Einschränkungen machte in diesem Zusammenhang erst das OLG München NJW 1987, S. 229 ff. in seiner *„Hackethal-Entscheidung"*, indem es darauf ab-

---

1011 Insbesondere Sax JZ 1976, S. 80 (81) führt an, dass als Anhaltspunkte in diesem Rahmen die in § 20 StGB angeführten Merkmale herangezogen werden können.

1012 Schönke/Schröder/*Eser*, Vorbem §§ 211 ff. Rdn. 36.

1013 U. a. SK/*Horn*, § 212 Rdn. 12 ff.; Geilen JZ 1974, S. 145 (153 f.); Herzberg ZStW 91, S. 557 (569 ff.).

1014 Anzuführen ist hierbei jedoch auch, dass die in BGHSt 6, S. 147 ff. statuierte Pflicht zur Verhinderung eines Suizids in dieser Entscheidung dahingehend eine Einschränkung erfuhr, dass eine Garantenhaftung nur insoweit eingreifen soll, als der Garant das Suizidgeschehen beherrscht.

stellte, „*wer das zum Tode führende Geschehen tatsächlich beherrscht; behält sich der über seinen Tod Verfügende bis zum letzten Augenblick die freie Entscheidung über sein Schicksal vor, dann tötet er sich – wenn auch mit fremder Hilfe – letztendlich selbst*".

Zusammenfassend betrachtet, konstruierte die Rechtsprechung unter Zugrundelegung der vorherigen Ausführungen folgendes Szenario: Dem Einzelnen war es danach zwar gestattet, dem Suizidenten ein Tötungsmittel zu beschaffen, in dem Moment, in dem er dieses einnimmt und es zu wirken beginnt, sollte der Einzelne jedoch verpflichtet sein, lebensrettend einzuschreiten und den Suizid somit zu verhindern. Aufgrund dieser Inkongruenz steht die herrschende Ansicht in der Literatur[1015] heute auf dem Standpunkt, dass sich in Respektierung des Entschlusses des Suizidenten, seinem Leben ein Ende zu bereiten[1016] weder für die Nichthinderung des Suizids noch für den generellen Verzicht auf Rettungsmaßnahmen eine strafrechtliche Verantwortung des Einzelnen begründen lässt.

bbb. Initiativen zu gesetzlichen Regelungen

Trotz der in Deutschland bestehenden Selbsttötungsfreiheit wird die Beihilfe am Suizid nach wie vor insbesondere durch die deutsche Ärzteschaft pönalisiert, wie ein Verweis auf die Grundsätze der Bundesärztekammer in ihrer aktuellen Fassung von 2004[1017] vergegenwärtigt, welche besagen, dass „*die Mitwirkung eines Arztes an der Selbsttötung dem ärztlichen Ethos widerspreche und strafbar sein könnte*".

Zur rechtlichen Klarstellung für alle Beteiligten wurde somit vermehrt die Einführung eines Rechtsfertigungsgrundes der Nichthinderung eines freiverantwortlichen Suizides angeregt. Auf diesem Wege sollte neben einer Strafbarkeit wegen Tötung durch Unterlassen gleichzeitig auch die allgemeine Hilfspflicht und Strafbarkeit der Nichtgaranten über § 323c StGB[1018] ausgeschlossen wer-

1015 Fischer, Vor § 211 Rdn. 12 f; Kühl, Vor § 211 Rdn. 15; SK/Rudolphi, vor § 13 Rdn. 38; MüKo/*Schneider*, Vor §§ 211 ff. Rdn. 74 ff.; Maurach/Schroeder/Maiwald, BT 2, § 55 I Rdn. 4, 15; Hirsch JR 1979, S. 429 (432); *Roxin* in: Roxin/Schroth, S. 100 f.;

1016 Jedenfalls soweit mit hinreichender Wahrscheinlichkeit von einem freiverantwortlichen und bis zum tödlichen Ende durchgehaltenen Suizidwillen des Betroffenen ausgegangen werden kann

1017 aaO.

1018 Auch die Frage, ob der freiverantwortliche Suizid als „*Unglücksfall*" nach § 323c StGB einzuordnen ist, wäre dadurch hinfällig, da das Unterlassen einer möglichen und zumutbaren Hilfeleistung dann in jedem Fall gerechtfertigt wäre, vgl. ebenfalls Verrel, 66. DJT, S. C 114 mwN.

den[1019]: So hat schon der AE-Sterbehilfe von 1986[1020] in Konsequenz der Zulässigkeit der Behandlungsbeschränkung in § 215 AE-Sterbehilfe angeregt, festzulegen, dass derjenige nicht rechtswidrig handelt, der es unterlässt, die Selbsttötung eines anderen zu hindern, wenn diese auf einer freiverantwortlichen, ausdrücklich erklärten oder aus den Umständen erkennbaren ernstlichen Entscheidung beruht. Fortgeführt wird dieser Vorschlag zudem durch den AE-Sterbebegleitung von 2006, welcher in § 215 AE-Sterbebegleitung leicht modifiziert Vergleichbares fordert[1021]. Damit soll sichergestellt werden, dass ein Verhinderungs- oder Rettungsversuch nur dann unterbleibt, wenn verlässliche Anhaltspunkte für eine freiverantwortliche und ernstliche Entscheidung sprechen – im Zweifel ist daher ein Eingreifen geboten. *Schöch/Verrel*[1022] führen an, dass dadurch *„folgenschwere Gleichgültigkeit im mitmenschlichen Zusammenleben verhindert und insbesondere bei sog. Appellsuiziden eine Verhinderungspflicht begründet werden soll"*.

Zudem wird in § 4 des Entwurfes eines Sterbehilfegesetzes unter strengen Auflagen die Beihilfe eines Arztes an der Selbsttötung eines tödlich Kranken, sog. *ärztlich assistierter Suizid*, straffrei gestellt. Diese Normierung trägt dem Umstand Rechnung, dass es bei der Begleitung todkranker Patienten außergewöhnliche Konfliktfälle sowie ausweglose Situationen geben kann, in denen aufgrund eines unerträglichen, unheilbaren Leidens trotz Ausschöpfung aller palliativmedizinischer Maßnahmen eine Linderung nicht zufrieden stellend möglich ist. In diesen Fällen kann *„unter Abwägung aller Umstände des Einzelfalles"* und unter *„Zugrundelegung des Selbstbestimmungsrechts des Patienten ein ärztlich assistierter Suizid gerechtfertigt sein"*[1023]. Von großer Bedeutung, gerade auch in Hinsicht auf bestehende ethische Konflikte auf ärztlicher Seite, ist zudem § 4 Absatz 2 Sterbehilfegesetz, welcher klarstellt, dass ein Arzt zur Assistenz bei einem Suizid vielmehr nicht verpflichtet ist, jedoch *„auf ausdrücklichen Wunsch des Patienten nach Möglichkeit an einen anderen Arzt verweisen (soll), der hierzu bereit ist"*.

Bei all diesen durchaus potentiell Rechtsklarheit und Rechtssicherheit schaffenden Bestrebungen ist es jedoch in der Anregungsphase geblieben, eine Gesetzesänderung oder aber zumindest eingebrachte Gesetzentwürfe sind bis dato nicht zu verzeichnen.

1019 Verrel, 66. DJT, S. C 114.

1020 aaO.

1021 Vgl. Schöch/Verrel GA 2005, S. 553 (585).

1022 Schöch/Verrel GA 2005, S. 553 (579 f.).

1023 Vgl. die Ausführungen der Bioethik-Kommission Rheinland-Pfalz, aa0, S. 107.

ccc. Exkurs: Organisierte Suizidvermittlung

Da die Zahl derjenigen, welche in die Schweiz reisen, um die Tätigkeit einer der Sterbehilfevereine wie *Exit* oder *Dignitas* in Anspruch zu nehmen, in den letzten Jahren stetig zugenommen hat, wird auf diesem Sektor von einem sog. *Sterbehilfetourismus* gesprochen. Da solche Vereine seit dem Jahre 2005 auch Niederlassungen in Deutschland haben, wurde die Zulässigkeit und die mögliche strafrechtliche Sanktionierung einer organisierten Suizidvermittlung in die aktuelle Diskussion der letzten Jahre aufgenommen[1024].

Die Lektüre der Grundsätze der Bundesärztekammer zur ärztlichen Sterbebegleitung in der aktuellen Fassung aus dem Jahre 2004[1025] lassen die Haltung deutscher Ärzte zu einem ärztlich assistierten Suizid erahnen, in der Regel wird hier von der Ablehnung aus ethischen oder standesrechtlichen Gründen auszugehen sein. Somit wird die Gefahr gesehen, dass private Unternehmen oder Organisationen *„diese Notlage ausnutzen und ohne ärztlichen Ethos und ohne den Vorrang therapeutischer Hilfe aus gewinnsüchtigen Motiven Beihilfe zur Selbsttötung leisten"*, wie es in den Ausführungen zum AE-Sterbebegleitung heißt[1026].

Aus diesen Gründen sieht der in den Bundesrat eingebrachte *„Entwurf eines Gesetzes zum Verbot der geschäftsmäßigen Vermittlung von Gelegenheit zur Selbsttötung"*[1027] der Bundesländer Saarland, Thüringen und Hessen die Schaffung eines § 217 StGB vor: *„Wer in der Absicht, die Selbsttötung eines anderen zu fördern, diesem hierzu geschäftsmäßig die Gelegenheit vermittelt oder verschafft, wird mit Freiheitsstrafe oder mit Geldstrafe bestraft"*. Vergleichbares wurde durch den AE-Sterbebegleitung in § 215a AE-Sterbebegleitung, *„Unterstützung einer Selbsttötung aus Gewinnsucht"*, vorgeschlagen: *„Wer die Selbst-*

1024 Des Weiteren ist in diesem Zusammenhang aktuell auf die Gründung des Sterbehilfevereines *„Dr. Roger Kusch Sterbehilfe e.V."* am 03. September 2007 durch den ehemaligen Justizsenator der Freien und Hansestadt Hamburg, Dr. Roger Kusch, zu verweisen, welcher seinen Sitz in Hamburg hat. Zweck des Vereins ist es, *„über das in Artikel 1 Absatz 1 Grundgesetz (GG) und Artikel 8 Absatz 1 der EMRK für jedermann garantierte Recht, über Art und Zeitpunkt der Beendigung des eigenen Lebens zu entscheiden (Autonomie am Lebensende), aufzuklären und somit dieses Recht nicht nur in Hamburg, sondern in ganz Deutschland durchzusetzen"*, vgl. http://www.kuschsterbe hilfe.de/ (Stand: 14. Oktober 2009); siehe hierzu zudem den Beschluss des VG Hamburg vom 06. Februar 2009, 8 E 3301/08, welches in diesem Rahmen entschied, dass eine Suizidbegleitung kein *„erlaubtes Gerwerbe"* ist, VG Hamburg, BtPrax 2009, S. 133 ff.

1025 aaO.

1026 Schöch/Verrel GA 2005, S. 553 (582).

1027 Siehe aaO.

tötung eines anderen aus Gewinnsucht unterstützt, wird mit Freiheitsstrafe bis zu fünf Jahren oder mit Geldstrafe bestraft".

In Hinblick auf den ersten Entwurf der Bundesländer ist Folgendes anzuführen: Der Begriff der *„geschäftsmäßigen Vermittlung von Gelegenheiten zur Selbsttötung"* ist nicht bedenkenlos, verweist man auf die Konsequenzen, die ein solcher Tatbestand mit sich tragen könnte. Wie wäre etwa die Tätigkeit von Ärzten etwa auf Palliativstationen oder in Hospizen zu bewerten? Von der Definition her würden auch diese unter den angeführten Tatbestand fallen, da sie geschäftsmäßig die Gelegenheit vermitteln, die Selbsttötung eines anderen zu fördern. Da schon die Geschäftsmäßigkeit ein erlaubtes Verhalten darstellt, liegt hier die Frage nahe, wie ein an sich nicht strafbares Verhalten – die Beihilfe an dem selbstverantwortlichen Suizid eines anderen – zu kriminellem Unrecht werden soll[1028]. Im Zusammenhang mit dem vorgeschlagenen § 215a AE-Sterbebegleitung ergeben sich ähnliche Probleme. Es fragt sich, warum die Gewinnsucht aus einem rechtmäßigem Verhalten ein solches strafbewehrter Natur machen soll. Zudem ist der Begriff an sich auf der einen Seite zu extensiv und auf der anderen Seite innerhalb der Strafrechtsdogmatik zu wenig ausdifferenziert. Stellt man auf BGHSt 1, S. 388 ff. ab, wird der Begriff der Gewinnsucht reduziert auf das *„Streben nach Gewinn in einem ungehemmten, überzogenen, sittlich anstößigen Maß"*, eine Definition, an welcher etwa *Schroth*[1029] die folgende Kritik übt: Er führt an, dass diese völlig unklar sei, da sie sowohl weit als auch eng ausgelegt werden könne. Letzteres werde allein schon durch einen Verweis auf die umfassenden Ausführungen zum Verständnis der *„guten Sitten"* zu § 138 Absatz 1 BGB bekräftig.

Insgesamt erscheint die strafrechtliche Erfassung solcher Tätigkeiten somit als durchaus problematisch, so dass etwa eine verwaltungsrechtliche Lösung in Form einer staatlichen Aufsicht und Kontrolle vorzuziehen ist, wie sie in einer Stellungnahme der Schweizer Nationalen Ethikkommission aus dem Jahre 2005

1028 Vgl. Schroth GA 2006, S. 549 (570).

1029 Schroth GA 2006, S. 549 (570), welcher aufgrund der angeführten Kritik die Schaffung eines wucherähnlichen Tatbestandes empfiehlt: *„Der Strafgrund eines solchen Tatbestandes läge darin, die Bewucherung desjenigen, der sich zu töten beabsichtigt, zu verhindern. Nicht Gewinnsucht, nicht Geschäftsmäßigkeit begründen die Kriminalisierungswürdigkeit der Beihilfe zum Suizid, sondern allein der Gedanke, dass auch und gerade derjenige, der sich autonom töten will, in seiner schwierigen Situation nicht zur Erlangung übermäßiger Vorteile benutzt werden soll. Ein derartiger Tatbestand ist dann sinnvoll, wenn es nahe liegt, dass sich eine Geschäftspraxis einstellt, bei der Personen, welche sich autonom töten wollen, sich zu enormen Preisen Tötungsmittel verschaffen müssen".*

zum Gegenstand eines Vorschlages gemacht wurde[1030]. Zudem existieren durch Bestimmungen im bestehenden Vereinsrecht bereits Vorgaben zur staatlichen Aufsicht, Bewilligung und Registrierung solcher Organisation sowie auch die Möglichkeit, diesen auf der Grundlage der gesetzlichen Vorschriften Auflagen für ein menschenwürdiges Agieren zu erteilen[1031].

2. Passive Sterbehilfe

Von passiver[1032] Sterbehilfe ist allgemein die Rede, wenn solche lebensverlängernde medizinische Behandlungen nicht fortgeführt werden, die den Todeseintritt bei unaufhaltsamen Grundleiden lediglich verzögern[1033].

Der jeweilige Inhalt einer passiven Sterbehilfemaßnahme wird grundsätzlich bestimmt durch den Umfang und die rechtlichen Grenzen der ärztlichen Behandlungspflicht[1034]. Dies zeigen insbesondere die folgenden Erläuterungen: Seit der

---

1030 Stellungnahme Nr. 9/2005, zugänglich unter http://www.bag.admin.ch/nek-cne/04229/04232/index.html?lang=de (Stand: 17. September 2009); von den Zürcher Behörden ist zudem zuvor bereits eigenständiger gesetzgeberischer Handlungsbedarf in Form eines kantonalen Suizidbeihilfe-Gesetzes angemeldet worden; dieses sieht etwa eine Bewilligungspflicht für Sterbehilfeorganisationen vor sowie Vorgaben zur Registrierung und ebenfalls zur Beaufsichtigung. Weiterer Regelungsgegenstand ist zudem eine Beschränkung auf Sterbewillige mit Schweizer Wohnsitz, um den einsetzenden Sterbehilfetourismus einzuschränken, siehe die Ausführunge bei *Lautenschläger* in: Lilie, S. 33.

1031 Siehe zu dem Ganzen insbesondere auch die Ausführungen bei Kubiciel JZ 2009, S. 600 (607 f.).

1032 In diesem Rahmen führt insbesondere *Schreiber* an, dass die Bezeichnung als *„passiv"* problematisch sei, da die Passivität nur in Hinblick auf die Grunderkrankung besteht, es – wie auch die Palliativmedizin gezeigt hat – jedoch nicht zu einer generellen ärztlichen Untätigkeit kommt: *„Es ist somit nicht richtig, bei der Sterbehilfe durch Unterlassen zu sagen, dass jeder kausale Eingriff in den Ablauf des Geschehens unterbliebe; richtig ist vielmehr, dass kein Eingriff zur Verlängerung des Lebens mehr stattfindet, modifizierende Eingriffe bzw., palliative Interventionen kann es jedoch durchaus geben".* Gegenständlich sei vielmehr eine Veränderung des Behandlungszieles, wenn lebenserhaltende Maßnahmen die Leiden in der Person des betroffenen Patienten nur verlängern würden und die Änderung des Therapiezieles dem Willen des Patienten entspricht. An die Stelle von Lebensverlängerung und Lebenserhaltung tritt dann die palliativmedizinische Versorgung einschließlich pflegerischer Maßnahmen[1032]. Vorgeschlagen wird aus diesem Grunde statt der Begrifflichkeit der *passiven* Sterbehilfe die Verwendung des Begriffs der *„Behandlungsänderung"* bzw. der *„Behandlungsbegrenzung"*, vgl. Schreiber NStZ 2006. S. 473 (474).

1033 Schönke/Schröder/*Eser*, Vorbem §§ 211 ff. Rdn. 27 mwN.

1034 Schreiber NStZ 1986, S. 337 (340).

Entscheidung des 1. Strafsenats des BGH im Kemptener Fall sind im Rahmen der passiven Sterbehilfe grundsätzlich zwei Ausformungen zu unterscheiden - die passive Sterbehilfe *im engeren* und *im weiteren Sinne*. Unter die erste Variante, welche in ihrer Zulässigkeit bereits durch die Entscheidung des LG Ravensburg aus dem Jahre 1986 bestätigt wurde, fallen in Anlehnung an die damaligen Richtlinien der Bundesärztekammer zur Sterbehilfe Patienten, welche an einem irreversiblen Grundleiden erkrankt sind, das bereits einen tödlichen Verlauf genommen hat und aufgrund dessen der Tod des Patienten in kurzer, d. h. absehbarer Zeit eintreten wird, sog. *Hilfe beim Sterben*[1035]. In dieser Sterbephase darf der Arzt schon von lebensverlängernden Maßnahmen Abstand nehmen, weil diese nicht mehr indiziert sind. Zum Gegenstand der nachfolgenden Erörterung ist jedoch die zweite Variante zu machen, die sog. *Hilfe zum Sterben*. Dieser Begriff umfasst entscheidungsunfähige Patienten mit unheilbaren, progressiv verlaufenden Krankheiten wie sie im Falle des ALS-Patienten sowie des Apallikers vorliegen. Das Unterscheidungskriterium zur ersten Variante liegt darin, dass sich in diesen Fällen keine abschließende Verlaufsprognose stellen lässt, da der betroffene Patient unter Zuhilfenahme medizintechnischer Gerätschaften über Monate oder Jahre künstlich am Leben erhalten werden kann[1036]. Der Todeseintritt ist somit trotz irreversibler Schädigung gerade nicht absehbar[1037]. Die Grenze der ärztlichen Behandlungspflicht bildet hier somit nicht die Indikation zur Einstellung der Behandlung, sondern vielmehr der der Wille des Patienten.

a. Die auf dem erklärten Willen des Patienten beruhende Nichtbehandlung

aa. Der Behandlungsverzicht

Bei einem sog. *Behandlungsverzicht*, d. h. der Nicht*aufnahme* einer medizinischen Behandlung, geht es um die Erörterung der Frage, in welchen Fällen der Arzt rechtlich zulässig von der Aufnahme einer lebenserhaltenden Behandlung eines Patienten absehen kann[1038]. Hervorzuheben ist, dass der extensive Oberbe-

---

1035 Abgedruckt in MedR 1985, S. 38, wurde diese Abgrenzung als Umschreibung der Sterbephase verwendet, in welcher der Arzt auf lebensverlängernde Maßnahmen verzichten darf; die heutigen Grundsätze der Bundesärztekammer, aaO, lauten in diesem Zusammenhang wie folgt: *Irreversibles Versagen einer oder mehrerer vitaler Funktionen, bei denen der Eintritt des Todes in kurzer Zeit zu erwarten ist.*

1036 Siehe bereits aaO.

1037 Siehe hierzu Becker-Schwarze FPR 2007, S. 52 (53), hier Fn. 20.

1038 Im Zusammenhang mit den der Ausarbeitung zugrunde liegenden Fallgruppen kommt diesem Fall lediglich wie folgt Bedeutung zu: Da sowohl der ALS-Patient als auch der griff der *lebenserhaltenden bzw. -verlängernden Behandlung* auch die Einstellung der künstlichen Nahrungs- und Flüssigkeitszufuhr umfasst, die genauso behandelt werden müssen wie alle anderen invasiven medizinischen Maßnahmen, d. h. die künstliche Beatmung oder die Dialyse[1039]. Eine Differenzierung zwischen dem Entzug der Nahrung und sonstiger lebenserhaltender Mittel ist vielmehr weder moralisch noch rechtlich anzuerkennen[1040]. Ist die rechtliche Beurteilung der passiven Sterbehilfe von konträren Standpunkten gekennzeichnet, weist sie innerhalb der Beantwortung dieser Thematik eine überwiegende Einigkeit auf: Übereinstimmend wird angeführt, dass eine lebensverlängernde Behandlung dann nicht mehr durchgeführt werden muss, wenn ein Patient bereits im Sterben liegt, da hier eine solche nicht mehr von einer medizinischen Indikation getragen ist[1041]. Unterlässt der Arzt in solchen Fällen eine lebenserhaltende Maßnahme, liegt darin keine Tötung des Patienten, vielmehr erstreckt sich die ärztliche Behandlungspflicht dann auf die Hilfe und Begleitung des sterbenden Patienten und somit die bereits angeführte *Hilfe im Sterben.*

Nach ganz herrschender Ansicht[1042] zählen in Ansehung des Selbstbestimmungsrechts[1043] zu den nicht nur gerechtfertigten, sondern aufgrund der Strafbarkeit eigenmächtiger Behandlung sogar gebotenen Behandlungsbegrenzungen darüber hinaus auch all diejenigen Fälle, in welchen eine angebotene lebenser-

---

Apalliker bereits (intensiv-) medizinisch behandelt werden, tritt die Frage nach der Zulässigkeit eines Behandlungsverzichts lediglich in dem Zusammenhang auf, dass zum Grundleiden des Betroffenen ein weiterer akut pathologischer Zustand *hinzu*tritt, welcher sich für diesen im Falle eines Behandlungsverzichts *lebengefährlich* auswirken kann.

1039 Fricke, S. 140; Verrel NJW 2006, S. 14 (16), welcher darauf hinweist, dass ein Absprechen des Rechts des Patienten über die Verabreichung von Nahrung und Flüssigkeit zu entscheiden, auf eine von der Rechtsordnung nur in besonders gelagerten Fällen erlaubte Zwangsernährung – etwa § 101 Strafvollzugsgesetz (StVollzG) – hinausliefe; zudem BT-Drucks 16/8442, S. 13: *„In der medizinischen Wissenschaft und Praxis wurde von internationalen Gremien die Frage der Einstufung medizinischer Ernährungsmaßnahmen – wie die enterale Sondenernährung und die intravenöse Ernährung – dahingehend beantwortet, dass diese als Therapie gelten und insofern hinsichtlich der Indikationsstellung für die Einleitung und Beendigung anderen Therapieformen gleichgestellt ist“.*

1040 Merkel ZStW 107, S. 545 (562).

1041 Siehe die Grundsätze der Bundesärtztekammer zur ärztlichen Sterbebegleitung, aaO; LK/*Jähnke*, vor § 211 Rdn. 17; Saliger KritV 2001, S. 382 ff.; *Schreiber* in: FS-Deutsch, S. 773 ff.

1042 BGH NJW 2005, S. 2385; hierzu auch Verrel NJW 2006, S. 14 (16); Wagenitz FamRZ 2005, S. 669 (671).

1043 NK/*Neumann*, Vor § 211 Rdn. 105; Hufen NJW 2001, S. 849 (851); Lorenz JZ 2009, S. 57 (61).

haltende Maßnahme aus der Sicht des behandelnden Arztes in der konkreten Behandlungssituation zwar indiziert ist, jedoch durch den betroffenen Patienten ausdrücklich oder antizipiert[1044] abgelehnt wird. Verstirbt der Patient in der Nachfolge auf die unterlassene medizinische Behandlung[1045], ist der Arzt nicht wegen einer Tötung durch Unterlassen, §§ 212, 13 StGB, bzw. einer Tötung auf Verlangen, § 216 StGB, strafbar[1046]. Zur Begründung dieses Ergebnisses wird grundlegend angeführt[1047], die ärztliche Behandlungspflicht erfahre durch die Ablehnung des Patienten eine begrenzende Legitimation mit der Folge, dass der Arzt aus seiner Garantenpflicht *entlassen* ist. Im Ergebnis ist der Wille des Patienten selbst dann entscheidend, wenn er nach objektivem Urteil als falsch oder etwa unverantwortlich eingestuft wird[1048]. Festzuhalten ist vielmehr, dass das Selbstbestimmungsrecht eines Menschen seinem Wohl vorgeht[1049].

Verlangt der sich der Folge seiner Entscheidung bewusste Patient hingegen ausdrücklich ein Absehen von weiteren Lebenverlängerungsmaßnahmen, wird insbesondere von den Vertretern[1050], welche eine Indisponibilität des Rechtsgutes Leben für den Einzelnen forcieren, darauf verweisen, dass die Straflosigkeit in diesem Fall nicht einfach aus dem damit entzogenen Behandlungsrecht des Arztes gefolgert werden könne: *„Was im Hinblick auf das disponible Rechtsgut der körperlichen Integrität zwingend sein mag, gilt wegen § 216 nicht ohne weiteres schon für das Rechtsgut Leben"*. Da jedoch darauf verwiesen wird, dass die Rechtfertigungssperre des § 216 StGB auf die *aktive* Tötung durch einen anderen beschränkt ist und somit jedenfalls einem garantenpflichtbeseitigenden Hilfeverzicht nicht entgegensteht, ist auch hier gleichfalls zu einer Straflosigkeit des behandelnden Arztes zu gelangen. Festzuhalten ist somit, dass ein Behand-

---

1044 Zu den jeweiligen Voraussetzungen, welche an eine wirksame Patientenverfügung nach dem *Dritten Gesetz zur Änderung des Betreuungsrechts* zu stellen sind, siehe unter **§ 4 C. I.**

1045 Auch im deutschen Recht bedeutet ein zulässiger Behandlungsverzicht, wie angeführt, jedoch nicht, dass der Arzt die Behandlung des Patienten insgesamt einstellen darf – vielmehr bleibt er auch weiterhin zur sog. Basisbetreuung verpflichtet und somit zur menschewürdigen Unterbringung, Zuwendung, Körperpflege, Lindern von Schmerzen, Atemnot und Übelkeit sowie dem Stillen von Hunger und Durst, vgl. hierzu die Präambel der Grundsätze der Bundesärztekammer zur ärztlichen Sterbebegleitung, aaO.

1046 *Lipp* in: Laufs/Katzenmeier/Lipp, B, Rdn. 104.

1047 MüKo/*Schneider*, Vor §§ 211 ff. Rdn. 105; NK/*Neumann*, Vor § 211 Rdn. 123; Geilen, S. 8 ff.; *Roxin* in: Roxin/Schroth, S. 329.

1048 BGH NJW 1958, S. 267; BGH NJW 1959, S. 811 (813); *Roxin* in: Roxin/Schroth, S. 329.

1049 Coeppicus NJW 1998, S. 3381 (3382).

1050 Schönke/Schröder/*Eser*, Vorbem §§ 211 ff. Rdn. 28.

lungsverzicht als Unterlassen einer weiteren Lebensverlängerung als passive Sterbehilfemaßnahme nicht strafbar ist.

bb. *Der Behandlungsabbruch*

aaa. *Der medizinisch-therapeutische Behandlungsabbruch*

Unterlässt der behandelnde Arzt in Übereinstimmung mit dem erklärten Willen des betroffenen Patienten die Fortsetzung jeder weiteren, *lebensverlängernden medizinischen* Behandlung[1051], verschiebt sich der Therapiefokus wie im Falle des einvernehmlichen Behandlungsverzichts vom ärztlichen Heilauftrag der Lebenserhaltung hin zu *palliativmedizinischen Maßnahmen*, und somit solchen, welche ein Leiden lindern bzw. einem schwerstkranken Patienten das Optimum an verbliebener Lebensqualität ermöglichen[1052].

Im Ergebnis zieht der einvernehmliche medizinisch-therapeutische Abbruch einer lebenserhaltenden Behandlung für den behandelnden Arzt im deutschen Recht keine strafrechtlichen Konsequenzen nach sich[1053]: Als Unterlassen der weiteren lebensverlängernden Behandlung ist er als Fall der passiven Sterbehilfe vielmehr nicht strafbar.

bbb. *Der technisch-apparative Behandlungsabbruch*

Die rechtliche Einordnung des sog. *technisch-apparativen Behandlungsabbruchs* in Form des Abschaltens eines Beatmungsgerätes oder der Entfernung einer Magensonde als straflose passive Sterbehilfemaßnahme war seit jeher konstanter Gegenstand der juristischen Kontroverse. Als Begründung ist anzuführen, dass im Fall eines solchen Behandlungsabbruches ein aktives Tun im Vordergrund steht, welches nach überwiegender Ansicht[1054] in der Regel jedoch gleichwohl nicht als Tötung gemäß § 212 StGB bzw. als Tötung auf Verlangen nach § 216 StGB eingeordnet und somit nicht als strafbare aktive direkte Sterbehilfe verstanden wird.

1051 Worunter unter Zugrundelegung vorheriger Ausführungen auch Maßnahmen der künstlichen Ernährungs-und Flüssigkeitszufuhr zu fassen sind.

1052 Siehe die Ausführungen unter **§ 4 B. III 1.**

1053 Hinsichtlich der rechtlichen Bewertung eines medizinisch-therapeutischen Behandlungsabbruches ist vielmehr auf Vorgenanntes im Rahmen des österreichischen Teils entsprechend zu verweisen, rechtliche Differenzen bestehen in diesem Rahmen vielmehr nicht.

1054 Alleinig Bockelmann, S. 112, (125) kommt in derartigen Fällen nicht zur Annahme einer Unterlassung und zu Begründung einer Tatbestandslosigkeit mit dem Fehlen einer Weiterbehandlungspflicht, vielmehr nimmt er ein Tötungsdelikt an.

(1) Begründungsansätze für die Straflosigkeit einer aktiven Tötungshandlung

Die Begründungsmodelle dafür, dass eine aktive Handlung, die kausal ist für das Versterben des betroffenen Patienten, nicht als strafbare Tötung gemäß §§ 212, 216 StGB eingeordnet wird, sind durchaus zahlreich: Vereinzelt wird in Fällen eines solchen technisch-apparativen Behandlungsabbruchs das Vorliegen eines Begehungsdelikts angenommen, im Ergebnis jedoch gleichwohl eine Straflosigkeit des Handelnden vertreten. So führt *Samson*[1055] fragend an, ob nicht die Tötung durch aktives Tun auf Grund der Besonderheiten in diesem Bereich in eng begrenztem Umfang zugelassen werden müsse, *Sax*[1056] hingegen tendiert zu einem Tatbestandsausschluss wegen einer Haftungsbegrenzung durch den Schutzzweck der Norm. Er führt an, dass das Abschalten einer Herz-Lungen-Maschine durch den Arzt ggf. aufgrund dessen nicht von dem Tatbestand der §§ 212 ff. StGB erfasst werde, weil er dasselbe tue, was er auch durch Unterlassung des Anschlusses des Patienten an die Maschine bewirkt hätte. Im Ergebnis ende das unrettbar verlöschende Leben im krankheitsbedingten natürlichen Tod[1057]. Weiter argumentiert er wie folgt: Da eine Rechtspflicht zur Verhinderung nicht bestehe, gelte wie für das Unterlassen auch für dieses Tun, dass es das Rechtsgut Leben nicht verletze. *Hirsch*[1058] zudem führt an, dass das aktive Handeln in einem solchen Fall die Besonderheit aufweise, dass zur Vornahme des bewahrenden Kausalverlaufes, in welchen eingegriffen wird, keine Rechtspflicht mehr bestehe. Würde eine Rettungshandlung jedoch von niemandem mehr verlangt werden, sei bereits der objektive Tatbestand nicht erfüllt. *Eser*[1059] führt in diesem Zusammenhang die zumindest vermittelnde Gleichung an, dass kein Zweifel bestehen könne, dass dort, wo ein medizinisch-therapeutischer Behandlungsabbruch zulässig wäre, auch der technisch-apparative zulässig sein müsse.

Den bekanntesten Begründungansatz für die Straflosigkeit einer eigentlich aktiven Tötungshandlung im Rahmen eines medizinischen Behandlungsabbruches stellt im deutschen Schrifttum jedoch die durch den Strafrechtsgelehrten *Claus Roxin* bereits vor nahezu 40 Jahren geschaffene bzw. wiederbelebte Figur des *Unterlassens durch Tun*[1060] dar. Unter Zuhilfenahme dieser Konstruktion

---

1055 *Samson* in: FS-Welzel, S. 579 (601 f.).

1056 Sax JZ 1975, S. 137 (149).

1057 Evident ist somit, dass Sax seinen Ausführungen einzig den Fall zugrundelegt, dass es sich um einen Sterbenden handelt, bei welchem eine Intensivbehandlung abgebrochen wird.

1058 *Hirsch* in: FS-Lackner, S. 597 (605 f.).

1059 Schönke/Schröder/*Eser*, Vorbem §§ 211 ff. Rdn. 32.

1060 *Roxin* in: FS-Engisch, S. 380 (395 ff.); derselbe NStZ 1987, S. 345 (349); *derselbe* in: Roxin/Schroth, S. 331.

wird im Zusammenhang mit einem technisch-apparativen Behandlungsabbruch angeführt, dass sich der eigentlich aktive Vorgang nach seinem sozialen Sinngehalt als eine Einstellung der lebensverlängernden Behandlung und somit als Unterlassen darstelle. Daraus lasse sich das Fazit ziehen, dass die Grenze zwischen in der Regel strafbarer aktiver sowie strafloser passiver Sterbehilfe nicht unter Abstellung auf das äußere Erscheinungsbild nach der Vornahme oder Nichtvornahme einer bestimmten Handlung zu ziehen sei, sondern vielmehr einer normativen Bewertung unterliege. Zu fragen sei, ob eine zwar für die konkrete Art und Weise des Todes kausale, *aktive* Handlung vom zugrunde liegenden Sinn her als Behandlungs*einstellung* einzustufen sei. Im Falle der Bejahung dieser Frage liege zwar nicht nach dem äußeren Erscheinungsbild, jedoch *im juristischen Sinn* ein Unterlassen vor. Wenn ein solcher technischer Behandlungsabbruch zudem von dem Willen des Patienten getragen werde, unterliege ein derartiges Vorgehen des behandelnden Arztes keiner strafrechtlichen Bewertung.

(2) Klarstellungen durch die Entscheidung des BGH vom 25. Juli 2010

Herrschte in der Rechtslehre Einigkeit dahingehend, dass der Abbruch einer lebensverlängernden Behandlung nicht strafrechtlich zu sanktionieren sei, wenn dadurch der Krankheit des betroffenen Patienten ihr natürlicher Verlauf gelassen werde und dieser auf dem Willen des Patienten beruhe, bereitete der Lösungsansatz für die Straflosigkeit grundlegende Probleme. Diese folgten aus der grundsätzlichen Einordnung, dass die Abgrenzung zwischen erlaubtem und verbotenem Verhalten allein an der äußerlichen Handlungsqualität ausgerichtet wurde. Danach sollte ein Unterlassen weiterer lebensverlängernder Behandlungen als passive Sterbehilfe zulässig, eine aktive Handlung als Tötungsdelikt nach §§ 212, 216 StGB hingegen strafbar sein. Zudem ist anzuführen, dass sie auch die Rechtsprechung nicht durchgängig an einer solchen Unterscheidung nach der äußeren Handlungsqualität orierntiert hat. So hat sich der BGH in seinen Entscheidungen BGHSt 13, S. 162 sowie BGHSt 32, S. 367, 371 dafür ausgesprochen, dass der Tatbestand des § 216 StGB auch durch Unterlassen erfüllt sein könne. Die Grenze zwischen einer erlaubten Sterbehilfe und einer nach §§ 212, 216 StGB strafbaren kann jedoch nicht sinnvoll anhand einer naturalistischen Unterscheidung von aktivem und passivem Handeln bestimmt werden. Eine Umdeutung eines tatsächlich aktiven Verhaltens durch die konstruierte Figur des *Unterlassens durch Tun* wurde vielfach als dogmatisch unzulässiger

Kunstgriff mit dem Ziel kritisiert, dieses Verhalten als passive Sterbehilfe rechtlich legitimieren zu wollen[1061].

Grundsätzliche Lösungsansätze für die Rechtfertigung der Straflosigkeit eines Behandlungsabbruchs, welcher durch aktive Handlungen eingeleitet wird, werden nun durch das Urteil des BGH vom 25. Juli 2010 geboten[1062]: In dieser Entscheidung stellt der BGH klar, dass die bisherige Unterscheidung zwischen aktivem und passivem Handeln im Rahmen von Sterbehilfemaßnahmen dogmatisch fragwürdig und in der Praxis kaum durchführbar sei. Er führt an, dass sich ein Behandlungsabbruch nach seinem natürlichen und sozialen Sinngehalt nicht in bloßer Untätigkeit erschöpfe, sondern eine Vielzahl von aktiven und passiven Handlungen umfassen könne. Nach Maßgabe der in der Dogmatik und von der Rechtsprechung zu den Unterlassungstaten des § 13 StGB entwickelten Kriterien sei eine Einordnung dieser Handlungen jedoch problematisch und hänge teilweise von bloßen Zufällen ab. Aufgrund dessen sei es sinnvoll und erforderlich, dass anstelle der Unterscheidung von strafbarer aktiver und strafloser passiver Sterbehilfe zukünftig alle Handlungen, die mit einer solchen Beendigung einer ärztlichen Behandlung im Zusammenhang stehen, in einen normativ-wertenden Oberbegriff des Behandlungsabbruchs zusammenzufassen, welcher neben objektiven Handlungselementen auch die subjektive Zielsetzung des Handelnden umfasst, eine bereits begonnene medizinische Behandlungsmaßnahme gemäß dem Willen des Patienten insgesamt zu beenden.

Der BGH stellt klar, dass ein Patient nicht nur ein Unterlassen einer Behandlung fordern können müsse, sondern auch die Beendigung einer nicht mehr gewollten Behandlung, unabhängig davon, ob dies durch Unterlassen weiterer Behandlungsmaßnahmen oder durch aktives Tun umzusetzen sei. Das Gleiche habe zudem im Falle der Wiederaufnahme einer dem Patientenwillen nicht mehr entsprechenden Behandlung zu gelten.

Insgesamt seien die Grenzen, innerhalb derer eine Rechtfertigung des Handelns durch den auf das Unterlassen oder den Abbruch einer medizinischen Behandlung gerichteten Willen des Patienten anzuerkennen ist, anhand der Kriterien der Behandlungsbezogenheit und des auf die Behandlung bezogenen Willen des Patienten zu bestimmen.

1061 *Hirsch* in:FS-Lackner, S. 597 (605).

1062 BGH, Urt. v. 25.06.2010 – 2 StR 454/09, abbrufbar unter http://juris.bundesgerichtshof.de/cgi-bin/rechtsprechung/document.py?Gericht=bgh&Art=en&sid=ee2ddf1f1028e756d20c0139b2a0f0bd&nr=52999&pos=0&anz=3 (Stand: 01. September 2010).

cc. Ergebnis

Festzuhalten ist somit, dass die Fälle des einvernehmlichen Behandlungsverzichts sowie des medizinisch-therapeutischen Behandlungsabbruchs, in welchen der behandelnde Arzt die weitere medizinische Behandlung des Patienten im Sinne des § 13 StGB unterlässt, als Fälle der passiven Sterbehilfe weder nach § 212 StGB noch nach § 216 StGB strafbar sind. Gleiches gilt unter Heranziehung einer unterschiedlichen rechtlichen Begründung zudem für die Fälle eines technisch-apparativen Behandlungsabbruchs. Hier hat der BGH in seiner Entscheidung vom 25. Juli 2010 klargestellt, dass ein Behandlungsabbruch sowohl rechtlich zulässig durch Unterlassen als auch durch aktives Tun straflos vorgenommen werden kann. Die aktive Beendigung einer lebensverlängernden Behandlung bei einem entscheidungsunfähigen Intensivpatienten ist danach straflos, wenn sie von dem Willen des Patienten getragen wird und behandlungsbezogen ist: Die betroffene Person muss lebensbedrohlich erkrankt sein und die betreffende Maßnahme, von der abgesehen werden soll, muss medizinisch zur Erhaltung und Verlängerung des Lebens geeignet sein. Zudem muss sich die lebensbeendende Handlung objektiv und subjektiv auf diese Maßnahme beziehen.

Mit den Worten Esers[1063] wurde durch die Rechtsprechung des BGH somit klargestellt, dass es im Grundsatz gleichgültig ist, „*ob das Sterbenlassen bereits durch die Nichtaufnahme oder erst durch den Abbruch einer bereits begonnenen Behandlung erfolgt; denn soweit der Arzt von der Behandlung absehen darf, muss er sie auch straflos beenden dürfen und umgekehrt – (es ist vielmehr, Anm. der Verfasserin) rechtlich unerheblich, ob das Sterben in der Person des betroffenen Patienten durch Verzicht auf Überführung auf eine Intensivstation, durch Abbruch einer bereits begonnenen Therapie oder durch die Nichtbehandlung einer sog. interkurrenten Krankheit wie etwa einer Lungenentzündung bei einem Apalliker beschleunigt wird*“.

b. Die nicht auf dem erklärten Willen beruhende Nichtbehandlung

aa. Der mutmaßliche Behandlungsabbruch

Nachstehend ist zu erörtern, wie unter Wahrung des Selbstbestimmungsrechts in dem Fall vorzugehen ist, dass eine Behandlungsentscheidung ansteht, der davon betroffene Patient jedoch weder seinen Willen im Voraus normiert hat noch sich aufgrund von dauerhafter Entscheidungsunfähigkeit aktuell äußern kann.

1063 Schönke/Schröder/*Eser*, Vorbem §§ 211 ff. Rdn. 31; etwas einschränkender in diesem Zusammenhang zudem *Eser* in: Auer/Menzel/Eser, S. 75 (96 ff.).

aaa. Grundsätzliches

Da ein medizinischer Behandlungsabbruch zulässig ist, wenn dafür eine seitens des betroffenen Patienten wirksam erteilte Einwilligung vorliegt, welche diesen rechtfertigt, ist zu fragen, wie im Falle der Situation vorzugehen ist, dass der Patient aufgrund seiner Entscheidungsunfähigkeit ad hoc *keine* solche Einwilligung mehr erteilen kann. Dass in einem solchen Fall das Rechtsinstitut der mutmaßlichen Einwilligung Geltung für sich beansprucht, ist seit dem 01. September 2009 nun auch durch den im Wege des *„Dritten Gesetzes zur Änderung des Betreuungsrechts"* eingefügten § 1901a Absatz 2 Satz 1 BGB n. F. gesetzlich festgelegt: *„(...) der Betreuer (hat) die Behandlungswünsche oder den mutmaßlichen Willen des Betreuten festzustellen und auf dieser Grundlage zu entscheiden, ob er in eine ärztliche Maßnahme nach Absatz 1 einwilligt oder sie untersagt"*.

Eine mutmaßliche Einwilligung ist zu definieren als *„Wahrscheinlichkeitsurteil dahin, dass der Patient, wenn er volle Kenntnis der Sachlage besessen hätte, von seinem persönlichen Standpunkt aus in die Handlung eingewilligt hätte"*[1064]. Es handelt sich somit um einen Ersatz der wirklich erteilten Einwilligung[1065], d. h. die mutmaßliche Einwilligung hat die gleiche Rechtsqualität[1066]. Der Grund der Verbindlichkeit des mutmaßlichen Willens des Patienten ist wiederum in seinem Selbstbestimmungsrecht zu finden, welches auch dann zu respektieren ist, wenn dieser sich nicht mehr äußern kann, da die Entscheidungsunfähigkeit nicht das Selbstbestimmungsrecht des Patienten beseitigt[1067].

Wie bereits angeführt, wird die mutmaßliche Einwilligung *dogmatisch* zwischen der echten, d. h. der tatsächlichen Einwilligung - Prinzip der rechtlichen Berücksichtigung des mangelnden Interesses - und dem übergesetzlichen Notstand - Prinzip der rechtlichen Berücksichtigung des überwiegenden Interesses - eingeordnet[1068]. Nicht von Belang ist die kontrovers erörterte Frage, ob bei der dogmatischen Einordnung innerhalb des *Gesamtkomplexes Einwilligung* zu trennen ist zwischen dem tatbestandsausschließenden Einverständnis, der rechtfertigenden Einwilligung und der rechtfertigenden mutmaßlichen Einwilligung[1069] oder zwischen der Einwilligung als tatbestandsausschließenden Rechtsgutsverzicht und der mutmaßlichen Einwilligung als eigenständigem Rechtferti-

---

1064 *Roxin* in: FS-Welzel, S. 447 (452).

1065 Von Dellingshausen, S. 68 mwN älterer Literatur.

1066 Kutzer ZRP 1997, S. 117 (118).

1067 BGH NJW 1995, S. 204 (205); Giesen JZ 1990, S. 929 (938).

1068 Vgl. Maurach/Zipf, AT 1, § 28 II, Rdn. 4; hierzu grundlegend *Roxin* in: FS-Welzel, S. 447 (448).

1069 Hierzu etwa Schönke/Schröder/*Lenckner*, Vorbem §§ 32 ff. Rdn. 54.

gungsgrund[1070]. Einigkeit herrscht jedenfalls dahingehend, dass es sich dogmatisch bei der Rechtsfigur der mutmaßlichen Einwilligung um einen ungeschriebenen Rechtfertigungsgrund[1071] handelt. Wie bereits angeführt, ist die Rechtsfolge einer mutmaßlichen Einwilligung in den Behandlungsabbruch im Falle eines unechten Unterlassungsdeliktes das Entfallen der Garantenpflicht des behandelnden Arztes aus § 13 StGB.

Keine Einigkeit besteht hingegen hinsichtlich der Frage nach der *Natur* des Instituts der mutmaßlichen Einwilligung. Ohne den Anspruch einer grundlegenden Erörterung dieses Problems erfüllen zu wollen[1072], ist ansatzweise anzuführen, dass ein Teil der Literatur die mutmaßliche Einwilligung als unselbstständigen Spezialfall des rechtfertigenden Notstandes sieht[1073] und ausführt, dass erst die Addition von mutmaßlichem Willen und die diesem inhaltlich entsprechende objektive Interessenwahrnehmung deren Legitimation ergebe. Ebenfalls im Gedanken der Kombination der mutmaßlichen Einwilligung mit objektiven Interessen wenden andere als strafrechtlichen Rechtfertigungsgrund direkt die Regeln des Zivilrechts über die Geschäftsführung ohne Auftrag an[1074]. Eine weitere Ansicht führt hingegen an, dass die Rechtfertigung durch eine mutmaßliche Einwilligung auf dem Prinzip des erlaubten Risikos beruhe[1075] und eine weitere Ansicht steht auf dem Standpunkt, dass der mutmaßlichen Einwilligung im Generellen ihre Eigenständigkeit abzusprechen ist[1076].

Hinsichtlich der Frage, wem im Falle der dauerhaften Entscheidungsunfähigkeit des Patienten die Feststellung des mutmaßlichen Willens obliegt, ist auf Folgendes zu verweisen: Ist der Patient dauerhaft entscheidungsunfähig, ist die Entscheidung über die Fortführung einer medizinischen Behandlung entweder von dem für ihn mit dem entsprechendem Aufgabenbereich im Wege einer Be-

---

1070 Maurach/Zipf, AT 1, § 28 II, Rdn. 5, welche begründend anführen, dass die Einwilligung als wirksamer Rechtsgutsverzicht die Entstehung des Erfolgsunrechts verhindert und damit bereits den Tatbestand aussschließt, während bei der mutmaßlichen Einwilligung eine strafrechtlich relevante Verletzungsmöglichkeit des betroffenen Rechtsguts besteht.

1071 Im älteren Schrifttum hingegen wurde noch die Ansicht vertreten, dass es sich bei dem nur mutmaßlichen Willen des Betroffenen nur um einen bloßen Entschuldigungs- oder Strafaufhebungsgrund handelt, hierzu Rieger, S. 60 mwN.

1072 Siehe zu diesem Zwecke die ausführliche Übersicht bei Weimer, S. 80 ff.

1073 Dölling MedR 1987, S. 6 (10); Jakobs AT, 15/16; Otto, § 8 IV; Schneider, S. 260 f.; Zipf, S. 53 ff.

1074 So etwa Schroth JuS 1992, S. 476 ff.; Weissauer/Opderbecke MedR 1995, S. 456 (460), dieselben MedR 1998, S. 395; Wunder MedR 2004, S. 319 (321).

1075 *Roxin* in: FS-Welzel, S. 447 (453); *Lenckner* in: FS-Mayer, S. 165 (181); von Dellingshausen, S. 68.

1076 Bockelmann AT, S. 107; Schmidhäuser AT, § 63 Rdn. 1ff.

treuungsverfügung eingesetzten oder aber gerichtlich bestellten Betreuer bzw. dem vom Patienten eingesetzten Vorsorgebevollmächtigten zu treffen. Diese Entscheidung ist für den behandelnden Arzt unter stetiger Beachtung der geltenden Regeln des Rechts genauso verbindlich wie eine entsprechende Entscheidung des Patienten[1077]. Beide sind gehalten, das Wohl des Patienten zu verfolgen und in diesem Zusammenhang die Lebensentscheidungen, Wertvorstellungen und Überzeugungen des Betroffenen zu ermitteln[1078]. Ein unmittelbarer Durchgriff des Arztes auf den mutmaßlichen Willen des Patienten ist hingegen nur in Fällen der Nichterreichbarkeit des Betreuers etc. zulässig[1079] bzw. wenn noch kein Betreuer bestellt wurde und der Patient dem Tode unmittelbar nahe ist[1080]. Ansonsten kommt dem behandelnden Arzt lediglich eine Beratungspflicht zu, jedoch keine eigene Entscheidungsbefugnis[1081].

bbb. Die Zulässigkeit des mutmaßlichen Behandlungsabbruches

Vor dem im Zusammenhang mit passiven Sterbehilfemaßnahmen wegweisenden Urteil des 1. Strafsenats des BGH im Kemptener Fall, war das Institut der mutmaßlichen Einwilligung primär im Bereich der Rechtfertigung einer zwar lebensrettenden, aber in die körperliche Integrität eingreifenden Behandlung eines Bewusstlosen von Bedeutung. Zum Gegenstand der höchstrichterlichen Rechtsprechung im Medizinalstrafrecht wurde die mutmaßliche Einwilligung hingegen erst Ende der 80er Jahre des letzten Jahrhunderts: In BGHSt 35, S. 246 ff.[1082], entschied der 2. Strafsenat des BGH im Jahre 1988 für den zugrunde liegenden arzthaftungsrechtlichen Fall einer Operationserweiterung[1083], dass die Grundsätze der mutmaßlichen Einwilligung im Rahmen von ärztlichen Eingriffen auch dann anwendbar sind, wenn sie nicht der Beseitigung einer gegenwärtigen Lebensgefahr dienen. Neben dieser Erweiterung des Anwendungsbereiches präzisierte der Senat zugleich die Kriterien, die bei der Ermittlung der mutmaßlichen Einwilligung zugrunde zu legen seien. Grundsätzlich wurde der enge Zusammenhang zwischen dem Selbstbestimmungsrecht des Patienten und der mutmaßlichen Einwilligung hervorgehoben und in diesem Sinne ausgeführt,

---

1077 Kutzer NSTZ 1994, S. 110 (113); zur Frage, in welchen Fällen die Entscheidung für einen medizinischen Behandlungsabbruch dabei zusätzlich noch der gerichtlichen Genehmigung bedarf, siehe unter **§ 4 C. III. 2. b. aa. bbb.**

1078 Schönke/Schröder/*Eser*, Vorbem §§ 211 ff. Rdn. 28 a.

1079 So BGHZ 154, S. 205 ff.; vgl. auch Taupitz 63. DJT, S. a 71.

1080 Schönke/Schröder/*Eser*, Vorbem §§ 211 ff. Rdn. 28a.

1081 Kutzer NStZ 1994, S. 110 (113).

1082 Eine Entscheidung, welche als wegbereitend für die Entscheidung des BGH im sog. Kemptener Fall angesehen wird, vgl. Geppert JZ 1988, S. 1024 (1025).

1083 Eileiterunterbrechung im Verlaufe einer Kaiserschnitt-Operation.

dass die Ermittlung des mutmaßlichen Willens sich in erster Linie an den persönlichen Umständen zu orientieren habe, objektive Kriterien, namentlich die Einschätzung einer Maßnahme als vernünftig und normal, sollten hingegen erst dann Bedeutung zukommen, wenn sich ein Ergebnis unter Zugrundelegung subjektiver Kriterien nicht finden lasse. Fortgeführt wurde diese Grundhaltung zur mutmaßlichen Einwilligung sodann in BGHSt 37, S. 376 ff.. Hier entschied der 3. Strafsenat des BGH, dass der mutmaßliche Willen des Patienten und nicht das Ermessen der Ärzte der rechtliche Maßstab dafür sei, welche lebensverlängernden Eingriffe zulässig seien und wie lange sie fortgesetzt werden dürfen, *„wenn ein todkranker Patient nicht mehr selbst entscheiden kann und für ihn auch kein Pfleger bestellt wird“.*

Im Zusammenhang mit einem medizinischen Behandlungsabbruch, namentlich der Einstellung der künstlichen Ernährungs- und Flüssigkeitszufuhr bei einer Patientin, welche am apallischen Syndrom litt, waren die Grundsätze der mutmaßlichen Einwilligung erstmals im Jahre 1994 im Kemptener Fall gegenständlich. Insgesamt stellten die darin erfolgten Ausführungen des 1. Strafsenats des BGH die Weichen für das heutige Verständnis der mutmaßlichen Einwilligung im Rahmen der passiven Sterbehilfe in Deutschland. Sie wurden in zahlreicher instanz-[1084] sowie höchstrichterlicher[1085] Judikatur übernommen und auch das Schrifttum schloss sich bis auf vereinzelnde abweichende Ansichten[1086] überwiegend an[1087].

1084 OLG Frankfurt, NJW 1998, S. 2747; OLG Düsseldorf NJW 2001, S. 280; OLG Frankfurt NJW 2002, S. 689; OLG Karlsruhe NJW 2002, S. 685; OLG München GesR 2006, S. 524 (526); LG Duisburg NJW 1999, S. 2744; LG Augsburg NJW 2000, S. 2363.

1085 Hier insbesondere BGHZ 154, S. 205 ff.; BGH NJW 2005, S. 2385 ff., siehe hierzu auszugsweise die erfolgte Übersicht unter **§ 4 A. III.**

1086 So führt etwa *Merkel* an, dass bei einem dauerhaft entscheidungsunfähigen Patienten nicht die prinzipielle Möglichkeit der nachträglichen Billigung der getroffenen Entscheidung bestünde. Die Rede von einer mutmaßlichen Einwilligung sei in diesem Zusammenhang schon begrifflich genauso wenig sinnvoll wie die mutmaßliche Einwilligung eines Verstorbenen - es sei vielmehr unmöglich im Rahmen der mutmaßlichen Einwilligung ein verlässliches Wahrscheinlichkeitsurteil zu erzielen, d. h. mit schlüssigen Argumenten zu sagen, wie der betroffene Patient in der konkreten Behandlungssituation über die Fortsetzung der Lebenserhaltung entscheiden würde, vgl. Merkel ZStW 107, S. 545 (565 f.), derselbe JZ 1999, S. 502 (507). In die gleiche Richtung gehen die Ausführungen von *Zielinski*, welcher die Suche nach einem mutmaßlichen Willen des entscheidungsunfähigen Patienten mit einer Suche nach einem *Phantom* vergleicht, vgl. Zielinski ArztR 1995, S. 184 (192), ebenso *Eser*, welcher die mutmaßliche Einwilligung als *Zauberformel* bezeichnet, vgl. *Eser* in: Auer/Menzel/Eser, S. 75 (115); zu erwähnen ist auch die Haltung des ehemaligen BGH-Richters Kutzer zum

Der BGH hat in dieser Entscheidung drei Leitsätze formuliert, die einen Behandlungsabbruch auch schon im *nicht terminalen* Stadium, der Sterbehilfe im weiteren Sinne, rechtfertigen können: Der *1. Leitsatz* betont zunächst in Fortführung der schon bestehenden Rechtsprechung, dass sowohl die Verbindlichkeit einer mutmaßlichen Einwilligung in eine Heilbehandlung als auch deren Ablehnung dem Grunde nach anzuerkennen seien. Darüber hinaus besagt sie, dass dies auch im Zusammenhang mit der Frage der Zulässigkeit eines Behandlungsabbruchs im nicht schon terminalen Stadium gelte, d. h. wenn die wesentlichen Lebensfunktionen des Patienten wie Atmung, Herzreaktion und Kreislauf noch erhalten sind, es also nicht um die *Hilfe beim Sterben*, sondern um *Hilfe zum Sterben* geht. Ist der Patient mit dem Abbruch *mutmaßlich* einverstanden, sei dieser nicht von vornherein ausgeschlossen, da auch in diesem Zusammenhang das Selbstbestimmungsrecht des Patienten zu achten sei. Gegen dessen Willen dürfe auch in diesem Rahmen eine ärztliche Behandlung grundsätzlich weder eingeleitet noch fortgesetzt werden.

Nach den aufgestellten Grundsätzen des BGH in BGHSt 40, S. 257 ff. gestaltet sich die Rechtslage im Zusammenhang mit passiven Sterbehilfemaßnahmen im weiteren Sinne somit wie folgt: Der Arzt, der es unterlässt, einem Apalliker künstlich zu beatmen oder den Sterbeprozess durch Injektionen, Bluttrans-

---

Kemptener Urteil, welcher sich von diesem im Nachhinein grundlegend distanziert hat und anführt, dass das Institut des nur mutmaßlichen Willens im Falle von lebensbeendenden Maßnahmen bei Wachkoma-Patienten nicht weiterhelfe. Wenn diese sich vorher diesbezüglich nicht geäußert haben, bestehe kein Anlass anzunehmen, dass sie, obwohl sie nicht leiden, etwa durch einen Nahrungsentzug getötet werden wollen. Vielmehr sei es das Gesetz des Lebens, dass jedes Lebewesen weiterleben will. Kommunikationsfähigkeit und aktuelles Bewusstsein seien für diesen elementaren Lebenswunsch unerheblich, vgl. *Kutzer* in: Kolb/Härlein, S. 165 ff.; insbesondere *Weimer* steht in Anlehnung an die ältere Lehre, vgl. etwa Bockelmann, S. 64 f.; Engisch/Hallermann, S. 37; Hardwig GA 1965, S. 161 (166 f.), zudem auf dem Standpunkt, den tödlichen Behandlungsabbruch beim Patienten im irreversiblen apallischen Syndrom nicht über das Institut der mutmaßlichen Einwilligung zu rechtfertigen, sondern vielmehr eine Anwendung des rechtfertigenden Notstandes, § 34 StGB, zu erstreben: Zum einen kommt die Beurteilung der objektiven Interessenlage eines irreversibel apallischen Patienten zu dem Ergebnis, dass die Behandlung abgebrochen werden darf und zum anderen sei der Ernährungsabbruch etwa im Gegensatz zur Überdosis Schmerzmittel ein angemessenes Mittel zur Todesherbeiführung beim dauerhaft entscheidungsunfähigen Patienten, Weimer, S. 112, 128 ff., 136 f. Wiederum andere streben eine Lösung über die Rechtsfigur der rechtfertigenden Pflichtenkollision, so Kühl AT, § 18 Rdn. 134 bzw. über die schuldausschließende Pflichtenkollision an, so nach Ansicht von Gössel, Strafrecht Besonderer Teil, Band 1, Heidelberg 1987.

1087 Siehe Schönke/Schröder/*Eser*, Vorbem §§ 211 ff. Rdn. 21 mwN, zudem Fischer, Vor § 211 Rdn. 21 mwN.

fusionen, Infusionen oder Operation und Antibiotika kurzfristig aufzuhalten, macht sich ausnahmsweise keiner Tötung durch Unterlassen schuldig, wenn er damit dem mutmaßlichen Willen des Patienten entspricht.

ccc. Kriterien zur Ermittlung des mutmaßlichen Patientenwillens

Neben der Frage der Zulässigkeit von passiven Sterbehilfemaßnahmen im weiteren Sinne aufgrund einer nur mutmaßlichen Patienteneinwilligung, widmete sich der Senat in seiner Entscheidung BGHSt 40, S. 257 ff. darüber hinaus auch der Frage, welche Kriterien bei der Ermittlung des mutmaßlichen Patientenwillens anzusetzen sind[1088].

Zunächst wird im 2. Leitsatz angeführt, dass „*an die Annahme des mutmaßlichen Willens erhöhte Anforderungen insbesondere im Vergleich zu Sterbehilfe im eigentlichen Sinne zu stellen (sind)*“. Die klauselartige Umschreibung wird seitens Merkel[1089] dahingehend einer Konkretisierung unterzogen, dass er anführt, der BGH verlange „*also jedenfalls eine deutlich höhere als bloß 50%ige Wahrscheinlichkeit*“ des mutmaßlichen Patientenwillens. Zu fragen ist, ob es eindeutige Beweise dafür gibt, dass der betroffene Patient eine Weiterbehandlung abgelehnt hätte. Hierfür ist auf dessen mutmaßlichen Willen im Tatzeitpunkt abzustellen, wie er sich nach sorgfältiger Abwägung aller Umstände darstellt. Zu berücksichtigen sind frühere mündliche oder schriftliche Äußerungen des Kranken ebenso wie seine religiöse Überzeugung, sonstige persönliche Wertvorstellungen, seine altersbedingte Lebenserwartung oder das Erleiden von Schmerzen.

bb. Der einseitige Behandlungsabbruch

Wie die vorherigen Ausführen gezeigt haben, wird der Frage, ob ein Behandlungsabbruch auch dann zulässig ist, wenn dieser aufgrund der dauerhaften Entscheidungsunfähigkeit des betroffenen Patienten lediglich durch dessen mutmaßliche Einwilligung legitimiert werden kann, in der deutschen Rechtslehre und unter Befürwortung der überwiegenden Ansicht im Schrifttum grundsätzlich zugestimmt. Grundlegende Differenzen herrschen jedoch in Hinsicht darauf, wie in dem Falle zu verfahren ist, dass sich ein mutmaßlicher Wille nicht zweifelsfrei feststellen lässt, die Problematik des sog. *einseitigen Behandlungsabbruchs*.

1088 Insgesamt hat der BGH im Rahmen der Ermittlung des Patientenwillens eine Art *Stufentheorie* entwickelt, vgl. die Ausführungen bei Helgerth JR 1995, S. 338 (339); zu den Kriterien für die Feststellung des mutmaßlichen Willens Wunder MedR 2004, S. 319 ff.

1089 Merkel ZStW 107, S. 545 (560).

aaa. Objektive Grenzen der ärztlichen Behandlungspflicht

In der Sache geht es namentlich um eine rechtliche Analyse, ob die Durchführung weiterer lebenserhaltender Maßnahmen ohne die direkte Determination des Patientenwillens noch geboten erscheint oder nicht und aufgrund dessen seitens des Arztes auch nicht mehr angeboten werden muss[1090].

Hier ist grundsätzlich zu unterscheiden zwischen zwei Fällen: Zum einen dem Fall, dass das Absehen von weiteren lebensverlängernden Maßnahmen erfolgt, um damit einem Schwerstleidenden, bei welchem der Sterbeprozess bereits unwiderruflich eingesetzt hat, weitere Schmerzen zu ersparen und zum anderen dem für die vorliegende Ausarbeitung primär relevante Fall, dass bei dem betroffenen Patienten kein vordergründiges Schmerzlinderungsinteresse besteht, da dieser bereits irreversibel bewusstlos ist. Hier kommt ein einseitiger Behandlungsabbruch nur wie folgt in Betracht: Die Grundlage bilden Grenzkriterien, wie sie im Allgemeinen für die Pflichtbegrenzung bei Unterlassungsdelikten entwickelt wurden: Die *faktische Unmöglichkeit* sowie die *normative Unzumutbarkeit* weiterer Erfolgsabwendungsbemühungen bzw. Lebensverlängerungsmaßnahmen[1091].

Ein Ende der ärztlichen Behandlungspflicht wird in solchen Fällen unter Zugrundelegung dieser Grundsätze überwiegend[1092] dann angenommen, wenn weitere Bemühungen als *aussichtslos*, *sinnlos* oder *zwecklos* erscheinen. *Eser*[1093] führt unter dem Hinweis auf die Gewährung hinreichend objektiver Kriterien an, dass insbesondere die Zielsetzung des ärztlichen Auftrages den Ausschlag gebe. Insbesondere in Hinsicht auf den irreversibel bewusstlosen Patienten weist er zudem auf Folgendes hin: Die im Grundsatz unverzichtbare Lebenserhaltungs-

---

1090 BGH NJW 2003, S. 1588 (1593).

1091 Im Zusammenhang mit dem irreversibel bewusstlosen Apalliker ist vornehmlich das Kriterium der Unzumutbarkeit von ausschlaggebender Bedeutung: Hierbei ist auf die Ausführungen von Schönke/Schröder/*Eser*, Vorbem §§ 211 ff. Rdn. 29 zu verweisen, welche anführen, dass in diesen Fällen das Vorliegen von Unmöglichkeit nicht bereits darin zu sehen ist, dass lediglich das Grundleiden nicht mehr behoben werden kann – unmöglich ist die Lebenserhaltung vielmehr erst dann, wenn weder die notwendigen Mittel der Geräte noch das erforderliche Personal vorhanden sind, um einen unmittelbaren Todeseintritt verhindern zu können. Solange eine Lebensverlängerung jedoch medizinisch-technisch möglich ist, kann nicht von einer faktischen Unmöglichkeit ausgegangen und aufgrund dessen eine lebenserhaltende Maßnahme nicht mehr angeboten werden.

1092 *Fritsche* in: Eser, S. 150 (153 ff.); *Opderbecke* in: Eser, S. 136 (136 f.); *v. Lutterotti* in: Eser, S. 291 (291 ff.); siehe hierzu insgesamt die weiteren Nachweise bei *Eser* in: Auer/Menzel/Eser, S. 75 (126), Fn. 182.

1093 *Eser* in: Auer/Menzel/Eser, S. 75 (124 ff.).

pflicht brauche nur darauf gerichtet sein, dem Menschen ein Mindestmaß an Selbstverwirklichung zu ermöglichen. Daraus folge, dass die Lebenserhaltungspflicht dort zu enden habe, wo dem Menschen aufgrund unwiderruflichen Verlustes jeglicher Reaktions- und Kommunikationsmöglichkeit jede Möglichkeit weiterer Selbstwahrnehmung und Selbstverwirklichung genommen ist[1094]. Dies sei spätestens bei einem nachweislich irreversiblen Bewusstseinsverlust der Fall[1095].

Daraus folgt, dass der Arzt auch schon vor Eintritt des Hirntodes rechtlich zulässig von weiteren Lebensverlängerungsmaßnahmen absehen darf, sobald er mit hinreichender Sicherheit davon ausgehen kann, dass der betroffene Patient infolge Bewusstlosigkeit jedes Minimum menschlicher Kommunikationsfähigkeit verloren hat und es sich nicht nur um eine vorübergehende Erscheinung, sondern vielmehr um einen irreversibel terminalen Zustand handelt[1096]. Es muss somit eine totale Kommunikationsunfähigkeit eingetreten sein. Hierbei ist zudem darauf zu verweisen, dass die Orientierung an der Kommunikationsunfähigkeit zwar letztlich eine Wertung des Lebens des Betroffenen enthält. Jedoch ist die Ausrichtung der Aufgabe des Arztes an sich auf die Ermöglichung und Erhaltung menschlicher Selbstverwirklichung bezogen und zudem besteht im Falle des Eintritts einer irreversiblen Bewusstlosigkeit bei einem Apalliker im eigentlichen Sinne eben gerade kein Raum für ärztliche Spekulationen über einen verbliebenen Lebenswert: Vielmehr ist dessen Bewusstsein unwiederbringlich verloren, so dass ein personales oder soziales Leben nach menschlichem Ermessen völlig ausgeschlossen ist[1097].

bbb. Das Prinzip der Orientierung am ethischen Minimum

Ein weiterer Aspekt, welcher im Zusammenhang mit einem einseitigen Behandlungsabbruch hinsichtlich der zu diskutierenden Grenze einer ärztlichen Behandlungspflicht von Relevanz ist, ist der folgende: Das etwa von *Eser*[1098] als seinem Vertreter als tabuisiert, aber keineswegs unrealistisch beschriebene Problem der

---

1094 Dem zustimmend etwa Dölling MedR 1987, S. 6 (9); Geilen, S. 20; Leonardy DRiZ 1986, S. 281 (284); *Roxin* in: FS-Engisch, S. 380 (396).

1095 *Kaufmann* in: FS-Roxin S. 841 (845); NK/*Neumann*, Vor § 211 Rdn. 120; von Dellingshausen, S. 401 ff.;

1096 Allein das Vorliegen eines apallischen Syndroms ist somit noch kein Grund für einen Abbruch einer intensivmedizinischen Maßnahme, da es sich nicht nur um eine apallische Durchgangsphase handeln darf – vielmehr muss es sich um ein unwiderrufliches Endstadiums des Syndroms handeln; siehe zu den jeweiligen Voraussetzungen die Ausführungen unter **§ 2 B. I.**

1097 *Eser* in: Auer/Menzel/Eser, S. 75 (132).

1098 *Eser* in: Auer/Menzel/Eser, S. 75 (133).

Unverhältnismäßigkeit von Aufwand und potentiellen Erfolg und die Frage, ob sich der Einsatz an sich möglicher Lebensverlängerungsmaßnahmen überhaupt noch lohne[1099].

Rechtsdogmatisch ist hier auf das bereits erwähnte *Prinzips der Orientierung am ethischen Minimum* zu verweisen: Die Lebenserhaltungspflicht gegenüber einem jeden Patienten ist auf das beschränkt, was der Einzelne vom Staat und von der Gesellschaft an Hilfe erwarten darf[1100]. Da die Hilfeerwartung stets auf das den Umständen nach Mögliche und unter Berücksichtigung der Interessen anderer Zumutbare gerichtet ist, wird das Erfordernis einer Abwägung der Lebenserhaltungspflicht geradezu immanent. Im Ergebnis besteht somit auch im Falle eines irreversibel bewusstlosen Apallikers, eine Grenze der ärztlichen Behandlungspflicht, aufgrund welcher in Notfällen ein einseitiger Abbruch von Intensivmaßnahmen zulässig sein kann[1101]. Dies widerspricht auch nicht der Pflicht zur Wahrung der Menschenwürde[1102]: Wird ein Patient zum bloßen Objekt medizinischer Kunstfertigkeiten ohne die Aussicht auf Besserung seines Zustandes erniedrigt, so habe der Arzt nicht nur das Recht, sondern auch die Pflicht zum Behandlungsabbruch[1103].

Abschließend ist anzuführen, dass dies nicht bedeutet, dass der betroffene Patient sich selbst zu überlassen ist, sondern dass zumindest die jedem Hilfebedürftigen zu gewährende Basispflege weiter fortgeführt werden muss. Die Aufrechterhaltung einer künstlichen Nahrungszufuhr ist allenfalls insoweit geboten, als dies zur Schmerzbefreiung erforderlich ist, *nicht* jedoch als lebenserhaltende Stimulation *neben* einem sonstigen Abbruch der eigentlichen medizinischen Maßnahmen[1104]. Anzustreben ist somit ein angemessener stufenweiser Behandlungsabbruch[1105].

ccc. Die aufgestellten Grundsätze des BGH in BGHSt 40, S. 257 ff.

Im 3. Leitsatz seiner Entscheidung BGHSt 40, S. 257 ff. führt der BGH hierzu Folgendes aus: Sind überhaupt keine Anhaltspunkte für die Feststellung des in-

1099 Hierzu Sporken, S. 198 f.

1100 Sax JZ 1975, S. 137 (149).

1101 Dies wiederspricht auch nicht der Pflicht zur Wahrung der Menschenwürde: Wird ein Patient zum bloßen Objekt medizinischer Kunstfertigkeiten ohne die Aussicht auf Besserung seines Zustandes erniedrigt, so hätte der Arzt nicht nur das Recht, sondern auch die Pflicht zum Behandlungsabbruch, siehe *Eser* in: Auer/Menzel/Eser, S. 75 (137).

1102 N. w. etwa *Stratenwerth* in: FS-Engisch, S. 534.

1103 Siehe *Eser* in: Auer/Menzel/Eser, S. 75 (137); so auch Otto, 56. DJT, S. D 1 (38).

1104 *Eser* in: Auer/Menzel/Eser, S. 75 (138); Simson JZ 1965, S. 636 (638).

1105 Hinsichtlich einer Ausgestaltung in solch einem Fall ist auf die sehr dezidierten Ausführungen bei *Menzel* in: Eser, S. 143 (147 f.) zu verweisen.

dividuellen mutmaßlichen Willens des Patienten erkennbar, kann und muss nach dem Dafürhalten des Senats auf Kriterien zurückgegriffen werden, die allgemeinen Wertvorstellungen entsprechen. Weiter wird ausgeführt, dass diese Kriterien der Ermittlung eines individuellen hypothetischen Willens dienen. Liegen keine Anhaltspunkte für eine andere Entscheidung des Patienten vor, wird davon auszugehen sein, dass ein hypothetischer Wille mit dem übereinstimmt, was gemeinhin als normal und vernünftig angesehen wird[1106]. Im Ergebnis lässt der BGH den Rückgriff auf allgemeine, d. h objektive Kriterien somit zu, was sowohl in der Rechtsprechung[1107] als auch im Schrifttum[1108] für erhebliche Diskussionen gesorgt hat. Was unter diesem Begriff explizit zu verstehen ist, führt der BGH jedoch nur ansatzweise aus. Genannt werden etwa die Aussicht, die die medizinische Therapie dem Patienten verheißt, die konkrete Todesnähe und zudem die Möglichkeit der Wiederherstellung eines menschenwürdigen Lebens und somit Merkmale, die sich auf den Zustand des Kranken beziehen.

Der Senat betont jedoch, dass Zurückhaltung geboten sei, vielmehr hat die Regel *"in dubio pro vita"* zu gelten. *„Im Zweifelsfalle"* hat der Schutz des menschlichen Lebens somit immer Vorrang vor persönlichen Überlegungen des Arztes, der Angehörigen oder anderer beteiligter Personen. Abschließend verweist der Senat darauf, dass die Entscheidung im Einzelfall somit auch naturgemäß davon abhängen werde, wie aussichtslos die Prognose und wie nahe der Patient dem Tode sei. Es gelte der Grundsatz: Je weniger die Wiederherstellung eines nach den allgemeinen Wertvorstellungen menschenwürdigen Lebens zu erwarten sei und je kürzer der Tod bevorstehe, desto eher werde ein Behandlungsabbruch vertretbar erscheinen.

(1) Kritik an der Rechtsprechung des BGH

Insgesamt wird der Rückgriff auf allgemeine Wertvorstellungen auch in Deutschland durchaus scharf kritisiert, wobei sich diese Kritik nicht nur auf das Schrifttum[1109] begrenzt, sondern sich auch auf die Rechtsprechung[1110] selbst erstreckt:

1106 BGH NJW 2310 (2311).

1107 Etwa OLG Karlsruhe NJW 2002, S. 689.

1108 *Arzt* in: FS-Schreiber, S. 583; Höfling JuS 2000, S. 111 (116); Merkel ZStW 107, S. 545; Otto Jura 1999, 434 (436), derselbe NJW 2006, S. 2217 (2220); *Roxin* in: Roxin/Schroth, S. 98; *Stratenwerth* in: FS-Schreiber, S. 893.

1109 *Arzt* in: FS-Schreiber, S. 583; Höfling JuS 2000, S. 111 (116); insbesondere Merkel ZStW 107, S. 545; Otto Jura 1999, 434 (436), derselbe NJW 2006, S. 2217 (2220); *Roxin* in: Roxin/Schroth, S. 98; *Stratenwerth* in: FS-Schreiber, S. 893.

1110 Siehe hierzu etwa die Ausführungen des LG Karlsruhe NJW 2002, S. 685 ff.

Die in diesem Zusammenhang vehementeste Ansicht vertritt wohl Dörner[1111], welcher anführt, dass *„der neue Angreifer, der Behandlungsabbruch, Nahrungsentzug und damit Tötung erzwingen kann, die allgemeinen Wertvorstellungen (heisst, Anm. der Verfasserin)"*. Weiter merkt er an, dass der BGH mit der Abstellung auf allgemeine Wertvorstellungen *„ohne Not einen Schritt (folgen lässt, Anm. der Verfasserin), der in der Tat in die andere Republik führen kann*". Zudem kritisiert er, dass der BGH bei dem Kriterium der Aussichtslosigkeit der ärztlichen Prognose auf die Wahrscheinlichkeit der Wiederherstellung eines nach allgemeinen Vorstellungen menschenwürdigen Lebens abstellt: Dadurch sei die Bevölkerungsgruppe der Apalliker *„zum Behandlungsabbruch, zum Versorgungsabbruch, zum Nahrungsentzug und damit zur Tötung freigegeben*". Von Seiten des Schrifttums wird zudem von Weimer[1112] angeführt, dass der Wortlaut des 3. Leitsatzes des BGH in BGHSt 40, S. 257 ff. nicht eindeutig sei: *„So stellt sich die Frage, ob die allgemeinen Wertvorstellungen die Entscheidung selbst determinieren oder ob sie zu Ermittlung des Willens des betroffenen Patienten herangezogen werden sollen*". Stellt man hier auf die Intention des BGH ab, das Selbstbestimmungsrecht des Patienten durch die Pflicht zur Willensermittlung stärken zu wollen, sei nach Auffassung einiger[1113] wohl anzunehmen, dass der BGH die allgemeinen Wertvorstellungen zur Ermittlung des Willens herangezogen wissen wolle[1114]. Daraus zieht wiederum Weimer[1115] sodann das Fazit, dass der BGH letztlich den mutmaßlich objektivierten Willen[1116] des vernünftigen Durchschnittsdeutschen auf den irreversibel apallischen Patienten übertrage, was somit darauf hinaus laufe, dass die Beurteilung der wirklichen Interessen des Patienten objektiv von außen wahrgenommen werden. Weißauer/Opderbecke[1117] führen an, der BGH habe zwar erkannt, dass die Konsequenz der strengen Anforderungen an die Annahme einer mutmaßlichen Einwilligung im Falle ihrer nicht zweifelsfreien Ermittlung vielmehr das Verbot des Behandlungsabbruches sein müsse, zugleich sehe der Senat jedoch auch, dass

---

1111 Dörner ZRP 1996, S. 93 (95).

1112 Weimer, S. 112.

1113 Vgl. hierzu übereinstimmend Merkel ZStW 107, S. 545 (564); Rieger, S. 99; Verrel JZ 1996, S. 224 (228).

1114 So auch Tiebe, S. 88 *„objektive Kriterien, insbesondere die Beurteilung einer Maßnahme als gemeinhin vernünftig oder normal sowie den Interessen eines verständgen Patienten üblicherweise entsprechend, haben keine eigenständige Bedeutung, sondern dienen lediglich der Ermittlung des hypothetischen Willens"*.

1115 Weimer, S. 112.

1116 Weimer verwendet dabei eine andere Terminierung als die Verfasserin, es ist somit vom *hypothetischen* Willen die Rede.

1117 Weissauer/Opderbecke MedR 1995, S. 456 (460).

„*dies nicht der Weisheit letzter Schluß sein kann*“: So räume der BGH in seinem dritten Leitsatz ein, dass es auch objektive Gründe geben „*kann und muss*“, um auch dann einen Behandlungsabbruch zu rechtfertigen. Wird hier die Anführung von allgemeinen Wertvorstellungen somit eher begrüßt, fehlt es im gleichen Atemzug gleichwohl ebenfalls nicht an Kritik: Der BGH gerate durch die Einräumung der Abstellung auf allgemeine Wertvorstellungen, wenn sich ein mutmaßlicher Wille in Bezug auf den Behandlungsabbruch nicht zweifelsfrei feststellen lasse, in einen Widerspruch, „*wenn nicht sogar in eine Antinomie zu den Leitsätzen 1 und 2*“. Zudem wird auch hier darauf verwiesen, dass es in der Urteilsbegründung an „*jeglicher Form der Konkretisierung fehle*“. Der Hinweis, dass ein Behandlungsabbruch umso eher vertretbar sei, je kürzer der Tod bevorstehe, gebe insbesondere beim irreversibel Bewusstlosen nicht viel her, wie der der Entscheidung[1118] selbst zugrunde liegende Fall und die bestandene Schwierigkeit der Ermittlung des – hypothetischen - Willens der verstorbenen Patientin demonstriere.

Aber auch in der Rechtsprechung fehlt es nicht an kritischen Ausführungen die Abstellung auf allgemeine Wertvorstellung innerhalb der Ermittlung des hypothetischen Patientenwillens betreffend: So führt das *OLG Karlsruhe*[1119] an, dass ein Rückriff auf derart objektive Kriterien unvereinbar mit der hohen Bedeutung des Rechtsgutes Leben sei und wertet sie als Verstoß gegen die Patientenautonomie. Vielmehr sei ein Behandlungsabbruch, welcher mit allgemeinen Wertvorstellungen begründet wird, fremdbestimmt und stelle einen Eingriff in das Rechtsgut Leben dar, welcher einer gesetzlichen Grundlage bedürfe. Zudem werden Zweifel geäußert, ob eine derartige Regelung mit der Verfassung vereinbar sei. Dies wird auch durch den BGH selbst in BGHZ 154, S. 205 ff. bestätigt, in dem dieser ausführt: „*Auch die Verfassung bietet keine sichere Handhabe, im Widerstreit der Schutzgüter von Leben und Menschenwürde eine dem jeweiligen Einzelfall gerecht werdende, rechtlich verlässliche und vom subjektiven Vorverständnis des Beurteilers unabhängige Orientierung zu ermöglichen*“.

Trotz ihrer Dezidiertheit und ihres Gewichts können die angeführten Argumente letztlich nicht abschließend bestehen, wie die folgenden Ausführungen belegen werden: Vermittelnd ist etwa die Ansicht von *Bernsmann*[1120]. Dieser führt zwar an, dass eine intensiv-medizinische Lebenserhaltung von Apallikern prinzipiell nicht gegen das Recht auf einen menschenwürdigen Tod verstoße[1121]. Am Leben zu sein, könne die Menschenwürde nicht verletzen. Bewusstlosigkeit

1118 Dem Kemptener Fall.

1119 OLG Karlsruhe NJW 2002, S. 685 (689).

1120 Bernsmann ZRP 1996, S. 87 (91).

1121 So auch Otto, 56. DJT , S. D 1 (35 ff.); *Uhlenbruck* in: Laufs/Uhlenbruck, § 132 Rdn. 31.

und dauerndes Angewiesensein auf medizinisch-technische oder sonstige Versorgung bestreiten nicht die Würde der Person. Jedoch führt er an *„die Würde des bewusstlosen Menschen wird allenfalls dann tangiert, wenn der (...) Mensch zum schieren Objekt von Apparaten und künstlicher Versorgung gemacht wird. Hier mag ein Versorgungsverzicht einer Würdeverletzung Einhalt gebieten und (...) diese wahren oder wiederherstellen"*.

Des Weiteren ist mit *Helgerth*[1122] fortzufahren, welcher dem Argument, es fehle dem Kriterien der allgemeinen Wertvorstellungen an jeglicher Konkretisierung, entgegnet, dass die durch den BGH angesprochenen Gesichtspunkte *offensichtlich* eben nicht abschließend gemeint seien, so dass auch weitere Kriterien Beachtung finden könnten, welche bereits im Schrifttum genannt werden, z. B. *der Verlust jeglicher Reaktions- und Kommunikationsfähigkeit* oder wenn weitere Lebensverlängerungen gegen die Menschenwürde verstoßen würden. Grundsätzlich ist zudem auf *Coeppicus*[1123] zu verweisen, welcher sich als einer der wenigen den mit der Beantwortung der Frage einhergehenden Mühen gestellt hat, was in der Gesellschaft unter dem Begriff der *„allgemeinen Wertvorstellungen"* verstanden wird und zu diesem Zwecke übersichtsartig die Grundhaltung verschiedener Bevölkerungsgruppen zur Thematik des medizinischen Behandlungsabbruchs präsentiert. Auf diese Weise soll aufgezeigt werden, dass diese durchaus von aufgeklärter Stringenz geprägt sei[1124]: In Bezug auf die *Wünsche Hochaltriger* führt er an, dass diese sich in der Regel keine intensivmedizinischen Maßnahmen wünschen. Aus der Gruppe des *Pflegepersonals*, d. h. Schwestern und Pflegern, werde sogar ohne Ausnahme erklärt, dass diese für sich im Falle einer irreversiblen Bewusstlosigkeit den Behandlungsabbruch wünschen, was insbesondere dadurch von besonderer Bedeutung ist, dass es gerade diese Personengruppe sei, welche mit Patienten der Intensivmedizin die meiste Zeit verbringen und somit hautnah das Procedere der künstlichen Lebensverlängerung miterlebt. Als Standpunkt der breiten *Öffentlichkeit* wird ebenfalls die Untersagung intensivmedizinischer Maßnahmen im Falle des Vorliegens bestimmter pathologischer Voraussetzungen angeführt – hier bestehe

---

1122 Helgerth JR 1995, S. 338 (340).

1123 Coeppicus NJW 1998, S. 3381 (3385 f.).

1124 Hierbei führt er u. a. die Wünsche Hochaltriger, Pflegender, Anderer, der Öffentlichkeit, Mutter Theresas, Pfarrer Albertz und der Literatur gleichfalls zu bezugnehmenden Ausführugen zur Therapiebegrenzungen in einer Mitteilung der Deutschen Gesellschaft für Chirurgie sowie der Medizinisch-ethischen Richtlinie der SAMW auf. Angeführt werden im Folgenden jedoch lediglich die Passagen, welche Bedeutung für die der Ausarbeitung zugrunde liegenden Patientengruppen beanspruchen.

somit ebenfalls der verbreitete Wunsch nach einem Behandlungsverzicht[1125]. Als Beispiel aus der evangelischen *Theologie* wird etwa auf die Ausführungen des Theologen und sozialdemokratischen Politikers, *Pastor Heinrich Albertz*, hingewiesen *„Du sollst niemanden töten, aber Du sollst das Sterben nicht verlängern und die Qualen. Diese Verlängerung des Lebens, die die moderne Medizin bringt, ist nicht gottgewollt“*[1126]. Aus den Reihen des *Schrifttums* führt er zudem die Ausführungen von *Schöch*[1127] an. Diese besagen, dass bei einem irreversiblen Bewusstseinsverlust eine Fortsetzung der Behandlung in der Regel nicht dem mutmaßlichen Willen des Betroffenen entspreche. Es sei unverhältnismäßig, in einen Menschen seiner Ernährung wegen mit Sonden oder Infusionen einzudringen, nur um ihn in einem bewusstlosen Leben ohne Aussicht auf Besserung am Sterben zu hindern. Niemand wünsche sich einen langsamen, qualvollen Siechtod oder die entwürdigende Abhängigkeit von Apparaten – vielmehr werden solche Patienten, wie auch *Füllmich*[1128] anführt, lange über den Zeitpunkt hinaus, in dem sie noch fähig waren, ein kognitives Leben zu führen, in einem Stadium der Animation gehalten. Des Weiteren weist *Merkel*[1129] darauf hin, dass die Seite des Lebensinteresses für den Patienten angesichts eines irreversiblen empfindungslosen Körpers leer sei. *Anschütz*[1130], *Eser*[1131] sowie *v. Dellingshausen*[1132] führen sinngemäß übereinstimmend an, lebensverlängernde Maßnahmen dürfen unterbleiben, wenn der Patient aufgrund *„nachweislich irreversiblen Bewusstseinsverlustes jegliche weitere Selbstverwirklichungsmöglichkeit und Kommunikationsfähigkeit bereits verloren hat“*. Auch nach *Hiersche*[1133] ist die Forderung das Leiden bis zum bitteren Ende durchzustehen, die *„doktrinäre Verschrobenheit der Nichtbetroffenen“*. Im Ergebnis kommt *Coeppicus*[1134] dazu[1135], dass es bei der Frage, ob eine lebensverlängernde medizinische Behandlung ohne die Gefahr einer strafrechtlichen Verfolgung für die Beteiligten abgebrochen werden darf, entscheidend darauf ankomme, ob sich bei dem Betroffenen noch ein Bewusstsein vom eigenen Leben einstellen könne. Sei

1125 Bezug genommen wird dabei jedoch nur auf das Besipiel des Behandlungsabruches im Falle einer infausten Prognose.

1126 Albertz, S. 145.

1127 Schöch NStZ 1995, S. 153 (155).

1128 Füllmich NJW 1990, S. 2301.

1129 Merkel ZStW 107, S. 545 (573).

1130 Anschütz MedR 1985, S. 17 (19).

1131 *Eser* in: Eser/v. Lutterotti/Sporken, S. 1095 (1098).

1132 Von Dellingshausen, S. 425 ff.

1133 *Hiersche* in: Taupitz 63. DJT, S. M 7 (10 ff.).

1134 Coeppicus NJW 1998, S. 3381 (3386).

1135 Was als Fazit insbesondere aus den Ausführungen von *Bernat* auch im Rahmen des österreichischen Teils der Ausarbeitung herausgearbeitet wurde, siehe hierzu aaO.

dies nicht der Fall, dann *„besteht weder objektiv noch subjektiv ein Wunsch an künstlicher Aufrechterhaltung eines nur vegetativen Zustandes. Denn es fehlt, woran menschliches Leben ausgerichtet ist: Das bewusste, wahrnehmungsfähige, kognitive Leben. Ein Lebensziel, ein Lebensinteresse ist nicht mehr zu erreichen. Ein Leben wird nicht mehr gewonnen oder aufrechterhalten, sondern der Verelendungsprozess durch technische Möglichkeiten hinausgezögert. Es wird nicht das Leben verlängert, sondern das Sterben"*.

Zudem ist zusätzlich auf *v. Dellingshausen*[1136] und ihre in Hinsicht auf die Haltung zur mutmaßlichen Einwilligung und ihrer Ermittlung dezidierten Ausführungen zu verweisen: Sie betont zunächst deutlich, dass im Einzelfall eine Feststellung des mutmaßlichen Willens des Rechtsgutsträgers mit hinreichender Sicherheit unbestreitbar möglich sein könne. Die Möglichkeit einer solchen Erkenntnis pauschal in Abrede zu stellen, *„erscheint als eine unzulässige und ungerechtfertigte Verallgemeinerung"*. Es erscheine nicht angängig, die Beachtung des Patientenwillens in der dargestellten Form generell dadurch auszuschließen, dass man in den Fällen, in denen ein erklärter Wille nicht vorhanden ist, *sogleich* auf objektive Kriterien zurückgreife. Jedoch führt sie weiter an: In dem Fall, dass ein mutmaßlicher Wille des Patienten mangels entsprechender Indizien nicht mit der notwendigen Sicherheit zu ermitteln sei, könne *„dann, und nur dann (...) davon ausgegangen werden, dass der Betroffene eine nach den objektiven Maßstäben vernünftige Entscheidung getroffen hätte"*. Sie hebt zwar hervor, dass der subjektive Wille des Rechtsgutsträgers nicht ein bei der Wertabwägung lediglich *„unter anderen Gesichtspunkten mehr oder weniger zu berücksichtigender Faktor"* sei und objektive Kriterien *„nur Hilfsmittel zur Feststellung des zu vermutenden subjektiven Willens"* seien, dem man so nahe wie möglich kommen wolle. Jedoch stellt sie im Abschluss klar, dass je größer das objektive Interesse sei, um so eher könne bei Fehlen entgegenstehender Umstände auch eine mutmaßliche[1137] Einwilligung angenommen werden. Nur so wierde dem wahren Willen des Patienten möglichst weitgehend Rechnung getragen und verhindert, dass die Entscheidung verfrüht nach rein objektiven Maßstäben gefällt und der Patient letztlich doch zum Objekt ärztlicher Vernunfthoheit gemacht werde. *„Dass ein solches Vorgehen zu starr sei, kann (aufgrund der vorherigen Ausführungen, Anm. der Verfasserin) nicht zugegeben werden"*.

(2) Eigene Stellungnahme

Als überzogen und dieser sensiblen Thematik nicht dienlich sind die getätigten Ausführungen von *Dörner* zu bezeichnen, welcher es sich insbesondere mit der

1136 Von Dellingshausen, S. 66 f.

1137 Auch hier wiederum ist die hypothetische Einwilligung gemeint.

Aussage, die Abstellung auf allgemeine Wertvorstellungen lasse *„ohne Not einen Schritt folgen (...), der in der Tat in die andere Republik führen kann“*, zu einfach macht: Den Abbruch einer medizinischen Behandlung bei einem irreversibel bewusstlosen Apalliker mit Tötungen von tatsächlich kranken oder als *„krank“* bzw. *„andersartig“* bezeichneten Menschen zu Zeiten des Dritten Reiches zu vergleichen, ist, vorsichtig formuliert, doch als gewagt zu bezeichnen, auch wenn das Moment der Polarisierung dem Ziel seiner Aussage sicherlich nicht gänzlich abgesprochen werden darf. Auch wenn dies offenkundig der Fall ist, sollte jedoch betont werden, dass auf der einen Seite ein von Anfang an ärztlich und pflegerisch überwachter, in der Regel von Angehörigen begleiteter und gegebenenfalls sogar noch seitens eines Gerichts genehmigter Abbruch von Intensivmaßnahmen einem solchen bar jeder Rechtfertigung gegenübergestellt wird, welcher allein dem falschen Verständnis von selektiver Erlösung eines menschenverachtenden Regimes im Dienste stand und diesem Rechnung tragen sollte. Im Ergebnis erfolgt somit eine Gegenüberstellung von Gruppen, welche einen Vergleich nicht standhalten und einem sachdienlichen Argument im Rahmen der Frage um die Zulässigkeit von Sterbehilfemaßnahmen im weiteren Sinne somit nicht entsprechen können.

Zudem ist dem Argument, dass ein Behandlungsabbruch, welcher mit allgemeinen Wertvorstellungen begründet wird, *fremdbestimmt* sei und der BGH durch die Aufstellung dieses Kriteriums letztlich den verobjektivierten Willen des vernünftigen Durchschnittsdeutschen auf den irreversibel apallischen Patienten übertrage, Folgendes zu entgegnen: Wie bereits angeführt, wurde anhand eines Querschnitts verschiedener Gruppen der Gesellschaft das Ergebnis gewonnen, dass diese in der Regel einem Behandlungsabbruch in dem Falle wünschen, dass in ihrer Person das Krankheitsbild des apallischen Syndroms mit der einhergehenden irreversiblen Bewusstlosigkeit auftritt. Hierbei sollte jedoch nicht vergessen werden, dass auch der Apalliker selbst, um dessen Behandlungsabbruch es im jeweiligen Fall geht, vor dem Eintritt der Bewusstlosigkeit einer dieser Gruppen angehört hat und somit davon auszugehen ist, dass er sich nicht anders entschieden hätte. Hätte ein solcher einen hierzu konträren Standpunkt vertreten, liegt es vielmehr nahe, dass er diesen mit seinem Umfeld erörtert hätte bzw. dieser seinem Umfeld aufgrund seiner Exotik zumindest bekannt gewesen wäre und somit nun schon in die Vorstufe der Abstellung auf allgemeine Wertvorstellungen, namentlich der Ermittlung des mutmaßlichen Willens, Eingang gefunden hätte. Im Ergebnis läuft es somit nicht darauf hinaus, dass die Beurteilung der wirklichen hypothetischen Interessen des Patienten völlig objektiv *von außen* wahrgenommen wird.

Des Weiteren ist noch darauf einzugehen, dass es zwar nicht von der Hand zu weisen ist, wenn angeführt wird, dass der BGH durch die Einräumung der

Abstellung auf allgemeine Wertvorstellungen in einen Widerspruch, *„wenn nicht sogar in eine Antinomie zu den Leitsätzen 1 und 2“* verfällt. Gerade die Auflösung dieses Widerspruches ist jedoch die Aufgabe eines modifizierenden Schrifttums und einer modifizierenden Rechtsprechung. Denn das Recht soll nicht stillstehen, sondern sich vielmehr fortentwickeln – dass dies zudem auch in der Praxis der Fall ist, zeigen gerade die obig Ausführungen von *Helgerth.*

Wie anhand einer Übersicht verschiedener aufgeklärter und verständiger Bevölkerungsgruppen herausgefilterten Querschnitts der Gesellschaft aufgezeigt, wird ein medizinischer Behandlungsabbruch insbesondere bei einem Apalliker, welcher nach den gängigen Kriterien[1138] als irreversibel bewusstlos zu bezeichnen ist, *allgemein als vernünftig und normal* angesehen. Auch unter Zugrundelegung dieses viel kritisierten Kriteriums der allgemeinen Wertvorstellungen ist der dadurch ermittelte individuell hypothetische Wille des betroffenen Patienten somit in der Regel gegen eine lebensverlängernde Behandlung *um jeden Preis* gerichtet - darauf basierend könnte eine intensivmedizinische Behandlung folglich rechtlich zulässig beendet werden.

cc. Ergebnis

Zusammenfassend ist anzuführen, dass die Verbindlichkeit einer mutmaßlichen Einwilligung in einen Behandlungsabbruch sowohl durch die Rechtsprechung als auch durch das Schrifttum grundsätzlich anerkannt wird und somit ein darauf begründeter Abbruch intensivmedizinischer Maßnahmen nicht strafbar ist. Bestätigt wird dieses Ergebnis auch durch die Neuregelungen des *Dritten Gesetzes zur Änderung des Betreuungsrechts* vom 01. September 2009, insbesondere durch § 1901a Absatz 2 und 3 BGB: In diesen ist zum einen festgelegt, dass ein Betreuer bzw. Vorsorgebevollmächtigter den mutmaßlichen Willen des betroffenen Patienten zu ermitteln hat, wenn keine Patientenverfügung vorliegt oder aber deren Festlegungen nicht auf die aktuelle Lebens- und Behandlungssituation zutrifft. Zum anderen wird hervorgehoben, dass der mutmaßliche Wille unabhängig von Art und Stadium der Erkrankung des Betroffenen die Grundlage für die Entscheidung über Weiterführung oder Abbruch einer medizinischen Maßnahme bildet. Im Ergebnis unterscheidet sich die Verbindlichkeit des mutmaßlichen Willens somit nicht von der eines aktuell geäußerten Willens. Eine erste höchstrichterliche Bestätigung hat diese neue Rechtslage zudem durch die Ausführungen des BGH in seiner Entscheidung vom 25. Juli 2010 erhalten, in welcher der Senat direkten Bezug auf die vorbenannte Vorschrift des Betreu-

1138 Siehe aaO.

ungsrechts nimmt und hervorhebt, dass die Neuregelungen der §§ 1901a ff. BGB auch für das Strafrecht Wirkung entfalte.

Hinsichtlich des Abbruchs intensivmedizinsicher Maßnahmen aufgrund von allgemeinen Wertvorstellungen, bezeichnet als einseitiger Behandlungsabbruch, herrscht hingehend keine vergleichbare Stringenz, vielmehr wird diese Möglichkeit nach wie vor konträr erörtert.

C. Der medizinische Behandlungsabbruch als Gegenstand des Zivilrechts

I. Höchstrichterliche Rechtsprechung im Bereich des Zivilrechts

1. BGHSt 40, S. 257 ff

Nicht nur für den strafrechtlichen Bereich waren die Ausführungen des 1. Strafsenates des BGH vom 13. September 1994 von erheblicher Bedeutung, vielmehr kann gleiches auch mit Blick auf das Zivilrecht angeführt werden: Der BGH entschied erstmals, dass es möglich sei, § 1904 BGB als Vorschrift aus dem Betreuungsrecht aufgrund der bestehenden vergleichbaren Interessenlage in Fällen der Sterbehilfe jedenfalls in dem Fall analog anzuwenden, wenn die zur Entscheidung stehende medizinische Behandlung der Abbruch einer bis dahin durchgeführten lebenserhaltenden Maßnahme sei und der Sterbevorgang bei dem betroffenen Patienten noch nicht eingesetzt habe. Die Gleichung, die von Seiten des BGH herangezogen wurde, war Folgende: Wenn schon bestimmte ärztliche Heileingriffe aufgrund ihrer Gefährlichkeit für das Leben des entscheidungsunfähigen Patienten nicht zur alleinigen Entscheidung des Betreuers stehen, sondern darüber hinaus zusätzlich der Genehmigung des Betreuungsgerichts bedürfen, dann habe dies in einem Erst-Recht-Schluss für solche Maßnahmen zu gelten, welche sich wie der Abbruch einer medizinischen Behandlung mit Sicherheit unmittelbar lebensbeendend auswirken. Nicht zum ausdrücklichen Gegenstand der Ausführungen gelangte es hingegen, wie sich die Möglichkeit der vormundschaftsrichterlichen Genehmigung zur mutmaßlichen Einwilligung verhält. *Tolmein* führt in diesem Zusammenhang an, dass sich *„aus dem Gang seiner Argumentation und aus dem Ergebnis (...) aber schließen (lässt), dass der BGH der Auffassung ist, dass mutmaßliche Einwilligung und* *vormundschaftsrichterliche Genehmigung nebeneinander existieren – nur jeweils eine müsste demnach gegeben sein.“*[1139]

2. BGHZ 154, S. 205 ff.

In Nachfolge auf weitere instanzgerichtliche Entscheidungen, welche dem Fall der lebensbeendenen Behandlungsentscheidung durch den Betreuer sowohl die Analogiefähigkeit des § 1904 BGB zu-[1140] als auch absprachen[1141] oder aber davon absahen, eine klare Stellung zu vertreten[1142], folgte am 17. März 2003 für diesen Bereich durch den 12. Zivilsenat des BGH eine Grundsatzentscheidung[1143].

Zunächst hob der BGH im ersten Leitsatz der Entscheidung die Verbindlichkeit von Patientenverfügungen hervor: „*Liegt eine Willensäußerung (...) in Form einer so genannten „Patientenverfügung“ vor, bindet sie als Ausdruck des fortwirkenden Selbstbestimmungsrechts, aber auch der Selbstverantwortung des Betroffenen den Betreuer; (...) Die Willensbekundung des Betroffenen für oder gegen bestimmte medizinische Maßnahmen darf deshalb vom Betreuer nicht durch einen „Rückgriff auf den mutmaßlichen Willen“ des Betroffenen „korrigiert“ werden, es sei denn, dass der Betroffene sich von seiner früheren Verfügung mit erkennbarem Widerrufswillen distanziert oder die Sachlage sich nachträglich so erheblich geändert hat, dass die frühere selbstverantwortlich getroffene Entscheidung die aktuelle Sachlage nicht umfasst“.*

Speziell hinsichtlich einer Heranziehung des Betreuungsrechts im Falle einer Behandlungsverweigerung durch den Betreuer entschied der BGH wie folgt: Die gegen eine weitere künstliche Ernährung des Betroffenen gerichtete Entscheidung eines Betreuers sei zum einen nicht schon deshalb einer Zustimmung des Betreuungsgerichts entzogen, weil sie sich rechtlich als ein Unterlassen dar-

1139 Tolmein, S. 45.

1140 OLG Frankfurt a. M., JuS 1998, S. 1062 f.; LG Duisburg, NJW 1999, S. 27 44 ff.; OLG Karlsruhe, NJW 2002, S. 685 ff.; OLG Frankfurt am Main, NJW 2002, S. 689 ff.

1141 LG München I, NJW 1999, S. 1788 f.; LG Augsburg, NJW 2000, S. 2363 f.

1142 OLG Düsseldorf, MDR 2001, S. 940 f.

1143 Dieser Entscheidung lag dabei folgender Sachverhalt zugrunde: Der betroffene Patient befand sich infolge eines Myocardinfarktes seit Ende 2000 im Wachkoma und wurde über eine PEG-Sonde künstlich ernährt; eine Kontaktaufnahme mit ihm war nicht möglich. Zu Beginn des Jahres 2001 wurde sein Sohn zum Betreuer bestellt, welcher Anfang 2002 die Einstellung der Ernährung über die PEG-Sonde beantragte, da eine Besserung des Zustandes nicht zu erwarten sei und die Einstellung dem früher geäußerten Wunsch seines Vaters entspreche. Hierfür verwies er auf eine maschinenschriftliche und vom Betroffenen handschriftlich unter Angabe von Ort und Datum unterzeichnete Verfügung, vgl. BGHZ 154, S. 205 (206).

stellt. Vielmehr könne das Unterlassen des Betreuers, in eine lebensverlängernde oder -erhaltende Behandlung einzuwilligen, nicht anders beurteilt werden als die unterlassene Einwilligung in die Weiterbehandlung[1144]. Darüber hinaus werde eine Kontrollbefugnis des Betreuungsgerichts zum anderen auch nicht dadurch ausgeschlossen, dass eine Entscheidung gegen die Fortführung der künstlichen Ernährung des Betroffenen höchstpersönlicher Natur sei. Vielmehr stütze der Betreuer seine Entscheidung auf den erklärten und fortgeltenden Willen des betroffenen Patienten und treffe insoweit *keine eigene* Entscheidung. Er setze die im Voraus getroffene höchstpersönliche Entscheidung des Betroffenen somit nur um[1145]. Betont wurde durch den Senat, dass *„die medizinischen Voraussetzungen, unter denen das Recht eine vom gesetzlichen Vertreter konsentierte Sterbehilfe (auch im weiteren Sinne) gestattet, (...) den Arzt ebenso wie den gesetzlichen Vertreter binden. Liegen sie nicht vor, ist die Sterbehilfe rechtswidrig; sie wird nicht dadurch rechtmäßig, dass der Vertreter in sie – und sei es auch mit Billigung des Vormundschaftsgerichts – einwilligt. Deshalb ist die Verweigerung der Einwilligung hier insoweit ebenso irrelevant wie eine etwaige Billigung dieser Verweigerung durch das Vormundschaftsgericht"*.

Von erheblicher Relevanz sind insbesondere die folgenden Ausführungen des BGH: § 1904 BGB gebe für eine vormundschaftsgerichtliche Überprüfung des Verlangens des Beteiligten, die künstliche Ernährung des Betroffenen einzustellen, keine Rechtsgrundlage her. Auch eine analoge Anwendung dieser Einzelvorschrift könne für sich genommen eine solche Aufgabenzuweisung an das Vormundschaftsgericht schwerlich begründen[1146]. Zur Begründung stellte sich der 12. Zivilsenat auf den Standpunkt, dass insoweit bereits die Gleichheit der Problemlage fehle. § 1904 BGB wolle dem Betroffenen Leben und Gesundheit erhalten, der geforderte Behandlungsabbruch wolle sein Leben gerade beenden. Beide Ziele stünden sich nicht im Verhältnis von *"maius"* und *"minus"* gegenüber, seien somit miteinander inkomparabel und deshalb einem *"Erst recht-Schluss"* nicht zugänglich. Jedoch betont der BGH, dass die fehlende Möglichkeit einer analogen Heranziehung der §§ 1904 bis 1907 BGB nicht die Befugnis des Senats ausschließe, für die verweigerte Einwilligung des Betreuers in eine lebensverlängernde oder -erhaltende Behandlung oder Weiterbehandlung eines nicht einwilligungsfähigen Betroffenen *im Wege einer Fortbildung des Betreuungsrechts* eine vormundschaftsgerichtliche Prüfungszuständigkeit zu eröff-

1144 BGHZ 154, S. 205 (210, 212).
1145 BGHZ 154, S. 205 (213).
1146 BGHZ 154, S. 205 (219).

nen[1147]. Eine derartige Rechtsfortbildung ergebe sich vorliegend aus einer Gesamtschau des Betreuungsrechts und dem unabweisbaren Bedürfnis, mit den Instrumenten dieses Rechts auch auf Fragen im Grenzbereich menschlichen Lebens und Sterbens für alle Beteiligten eine rechtlich verantwortbare Antworten zu finden[1148].

Weiter wird ausgeführt, dass eine im Wege der Fortbildung des Betreuungsrechts zu begründende Prüfungszuständigkeit des Vormundschaftsgerichts ihre natürliche Grenze dort finde, wo der Regelungsbereich des Betreuungsrechts, dessen Handhabung den Vormundschaftsgerichten anvertraut ist, ende[1149]: Kein Gegenstand des Betreuungsrechts sei daher der Umfang der Rechte[1150], welche der Betreuer gegenüber Ärzten oder Pflegekräften wahrnehmen könne, denn die rechtliche Betreuungsbedürftigkeit eines Patienten verändere nicht den Rahmen, in dem er ärztliche Behandlung beanspruchen kann. Daraus ergebe sich, dass die Frage, ob eine lebensverlängernde oder -erhaltende Behandlung medizinisch indiziert und ihre Durchführung deshalb vom ärztlichen Heilauftrag geboten ist[1151], nicht vom Betreuungsrecht zu beantworten sei[1152].

Jedoch könne der Inhalt des ärztlichen Heilauftrags und das aus ihm resultierende Behandlungsangebot für das Betreuungsrecht mittelbar relevant werden: Für den Fall, dass von Seiten des Arztes eine lebensverlängernde oder -erhaltende Behandlung nicht angeboten werde - sei es, dass sie von vornherein

1147 Eine solche Rechtsfortbildung stehen weder der Vorrang des Gesetzes noch der Gesetzesvorbehalt des Art. 2 Absatz 2 S. 3 GG entgegen, vgl. BGHZ 154, S. 205 (221 ff.).

1148 BGHZ 154, S. 205 (221 ff.).

1149 So binden die medizinischen Voraussetzungen, unter denen das Recht eine auf der Entscheidung des gesetzlichen Vertreters begründete Sterbehilfe gestattet, den Arzt ebenso wie den gesetzlichen Vertreter; liegen diese nicht vor, ist die Sterbehilfe rechtswidrig und wird auch nicht dadurch rechtmäßig, dass der gesetzliche Vertreter in sie einwilligt. Deshalb ist die Verweigerung der Einwilligung hier insoweit ebenso irrelevant wie eine etwaige Billigung dieser Verweigerung durch das Vormundschaftsgericht, vgl. BGHZ 154, S. 205 (215 f.).

1150 Unter dem Hinweis auf Taupitz, 63. DJT, S. A 23 f. mwN. führt der Senat hierzu an, dass es im Grundsatz gesichert erscheint, dass der Arzt jedenfalls solche Maßnahmen verweigern kann, für die keine medizinische Indikation besteht. Die medizinische Indikation - verstanden als das fachliche Urteil über den Wert oder Unwert einer medizinischen Behandlungsmethode in ihrer Anwendung auf den konkreten Fall - begrenzt insoweit den Inhalt des ärztlichen Heilauftrags.

1151 Welche lebensverlängernden oder -erhaltenden Maßnahmen der Betroffene somit beanspruchen und der Betreuer folglich als sein gesetzlicher Vertreter für ihn einfordern kann.

1152 BGHZ 154, S. 205 (224).

medizinisch nicht indiziert, nicht mehr sinnvoll oder aus sonstigen Gründen nicht möglich ist - bestehe für eine Einwilligung des Betreuers als des gesetzlichen Vertreters des einwilligungsunfähigen Patienten schon grundsätzlich kein Raum. Gleiches gelte zudem für die Weigerung des Betreuers, in eine lebensverlängernde Behandlung des Betreuten einzuwilligen. Auch diese setze notwendig ein entsprechendes ärztliches Behandlungsangebot voraus. Eine Verweigerung der Einwilligung in die angebotene Behandlung werde - nach der im Wege der Rechtsfortbildung gewonnenen Auffassung des Senats - jedoch nur mit der Genehmigung des Vormundschaftsgerichts wirksam. Daraus folge, dass eine lebensverlängernde oder -erhaltende Behandlung des einwilligungsunfähigen Patienten bei medizinischer Indikation bis zu einer Entscheidung des Vormundschaftsgerichts deshalb auch ohne die Einwilligung des Betreuers durchzuführen oder fortzusetzen sei. Stimmt das Vormundschaftsgericht der eine Behandlung oder Weiterbehandlung ablehnenden Entscheidung des Betreuers zu[1153], sei dessen Einwilligung nicht länger entbehrlich und die Nichterteilung dieser Einwilligung abschließend wirksam. Verweigert das Vormundschaftsgericht dagegen seine Zustimmung, so gelte damit zugleich die Einwilligung des Betreuers in die angebotene Behandlung oder Weiterbehandlung des Betroffenen als ersetzt[1154].

3. BGH NJW 2005, S. 2385 ff.

In der Entscheidung vom 08. Juli 2005 setzte sich der 12. Zivilsenat des BGH erneut mit der Frage auseinander, wann die Weigerung des Betreuers, in eine weitere künstliche Ernährung des Betreuten einzuwilligen, der vormundschaftsgerichtlichen Genehmigung bedarf[1155] und modifizierte in diesem Rahmen in Teilen seine Entscheidung aus dem Jahre 2003.

In den Gründen stellt der Senat fest, dass es die Pflicht des Betreuers gewesen sei, dem Willen des Klägers in eigener rechtlicher Verantwortung Geltung zu verschaffen. Seine Anordnung, die weitere künstliche Ernährung des Klägers zu unterlassen, sei deshalb gegenüber der Beklagten und ihrem Pflegepersonal bindend gewesen. Eine eigene Prüfungskompetenz, ob und inwieweit die ge-

1153 Nicht entschieden wurde die Frage, ob das Vormundschaftsgericht der Entscheidung des Betreuers gegen eine solche lebensverlängernde Behandlung auch dann zustimmen darf, wenn sich ein entsprechender wirklicher oder mutmaßlicher Wille trotz erschöpfender Nachforschungen des Betreuers nicht feststellen lässt; diese wird namentlich dann praktisch, wenn das Vormundschaftsgericht zu einer Beurteilung der medizinischen Indikation gelangt, die von der - diese Indikation bejahenden - Bewertung des behandelnden Arztes abweicht.

1154 BGHZ 154, S. 205 (225).

1155 BGH NJW 2005, S. 2385.

troffene Entscheidung des Betreuers der von § 1901 Absatz 2 bis 4 BGB normierten Pflichtenbindung gerecht geworden sei, habe der Beklagten nicht zugestanden. Sie sei insoweit auf die Möglichkeit beschränkt gewesen, beim Vormundschaftsgericht eine Überprüfung des Betreuerhandelns anzuregen[1156].

Nachdem in Nachfolge auf den Beschluss des BGH vom 17. März 2003 einige Unsicherheit hinsichtlich der Frage bestand, ob die Genehmigung einer Entscheidung des Betreuers, welche sich in der Person des Patienten lebensverkürzend auswirkt, *stets* eingeholt werden müsse, wurde in der Entscheidung aus dem Jahre 2005 eine Klarstellung erzielt. *„Eine Genehmigung ist erst dann erforderlich, wenn der Arzt eine lebensverlängernde Maßnahme anbietet, weil sie aus seiner Sicht ärztlich indiziert ist, der Vertreter sie jedoch unter Hinweis auf den Willen des Patienten ablehnen möchte und der Arzt hieran zweifelt"*[1157]. Der BGH machte somit deutlich, dass eine gerichtliche Genehmigung nur im Falle eines Konflikts zwischen Arzt und Betreuer einzuholen ist, d. h. wenn diese sich über den maßgeblichen Willen des Patienten nicht einig sind. Umgekehrt sei sie nicht erforderlich, wenn Betreuer und behandelnder Arzt sich auf der Grundlage des Willens des Betroffenen gemeinsam gegen eine lebenserhaltende Maßnahme entscheiden.

4. Ergebnis

Im Rahmen der Rechtsprechung haben sich im Laufe der letzten Jahre somit die folgenden Grundsätze herausgebildet: Lebenserhaltende oder -verlängernde Maßnahmen können bei einem entscheidungsunfähigen Patienten unterbleiben, *„wenn dies seinem zuvor - etwa in Form einer sog. Patientenverfügung - geäußerten Willen entspricht.*

Zudem wurde klargestellt, dass eine betreuungsgerichtliche Prüfzuständigkeit hinsichtlich der Betreuerentscheidung dann nicht besteht, *„wenn ärztlicherseits eine lebensverlängernde Behandlung oder Weiterbehandlung nicht angeboten wird – sei es, dass sie von vornherein medizinisch nicht indiziert, nicht mehr sinnvoll oder aus sonstigen Gründen nicht möglich ist"*. Zudem wird die gerichtliche Überprüfung der Betreuerentscheidung seit der Entscheidung des BGH vom 08. Juli 2005 dahingehend begrenzt, als dass der erkennende Senat eine solche lediglich für den Fall einer *Konfliktsituation* vorsieht.

1156 BGH NJW 2005, S. 2385.
1157 BGHZ NJW 2005, S. 2385 (2386).

II. Das Institut der Patientenverfügung

1. Überblick über die Entstehungsgeschichte der §§ 1901a f. BGB n. F.

a. Die Patientenverfügung im Fokus von Reformbemühungen

Der erste Entwurf einer Patientenverfügung erfolgte in Deutschland mit der Veröffentlichung eines auf den deutschen Rechtsraum zugeschnittenen *„Patientenbriefs“* durch den Kölner Richter *Wilhelm Uhlenbruck* im Jahre 1978[1158]. Im Laufe der Jahre wurden durch unterschiedliche Interessengruppen sodann verschiedene Empfehlungen und Gesetzesentwürfe zur zukünftigen Ausgestaltung eines Patientenverfügungsrechtes vorgelegt. Ihre grundlegenden Anfänge nahm die öffentliche Diskussion rund um diese Thematik offiziell im Jahre 2000, als sich der Deutsche Juristentag auf seinem 63. Zusammentreffen in Leipzig in seiner zivilrechtlichen Abteilung insbesondere innerhalb des Beitrages *„Empfehlen sich zivilrechtliche Regelungen zur Absicherung der Patientenautonomie am Ende des Lebens?“* des Medizinrechtsgelehrten *Taupitz* grundsätzlich mit dem Aspekt von Patientenverfügungen auseinandersetzte[1159]. Sodann wurde im Auftrage des Bundesjustizministeriums (BJM) sowie des Bundesministeriums für Gesundheit und Soziales (BMGS) im Jahre 2003 ein *„Leitfaden für Patienten und Ärzte - Patientenrechte in Deutschland“* herausgegeben[1160] und zudem ab September 2003 die interdisziplinäre Arbeitsgruppe *„Patientenautonomie am Lebensende“* unter der Leitung von Klaus Kutzer, Vorsitzender Richter am BGH a. D., ins Leben gerufen[1161], welche ihren Bericht im Juni 2004 vorstellte.

Nachdem die Enquete-Kommission *„Ethik und Recht der modernen Medizin“*, welche in der 15. Legislaturperiode des Deutschen Bundestages gearbeitet hat, sodann im September 2004 ihren *„Zwischenbericht zur Patientenverfügung“* vorstellte[1162], waren es dann auch die darin enthaltenen Vorschläge, wel-

1158 Uhlenbruck NJW 1978, S. 566 (569 f.); Koch/Meran/Sass, S. 30, Fn. 14, weisen in diesem Zusammenhang darauf hin, dass diese Abfassung beeinflusst worden sein könnte durch das von Kutner gehaltene Referat auf dem *„Symposium zu Sterbehilfefragen“*, welches im März 1975 in Bielefeld abgehalten wurde.

1159 Taupitz, 63. DJT, S. A 1 ff.

1160 Abrufbar unter http://www.bmj.de/media/archive/226.pdf (Stand: 09. September 2009).

1161 BMJ-Arbeitsgruppe *„Patientenautonomie am Lebensende“*, Bericht vom 10.6.2004, verfügbar unter http://www.bmj.bund.de/files/-/695/Bericht_AG_Patientenautonomie.pdf (Stand: 09. September 2009).

1162 Enquete-Kommission Ethik und Recht der modernen Medizin: Zwischenbericht *„Patientenverfügungen“*, BT-Drucks. 15/3700.

che zum Teil die Grundlage für den ersten im Zusammenhang mit Patientenverfügungen existierenden Gesetzesentwurf bildeten, der im November 2004 wiederum durch das BMJ als *„Referentenentwurf eines 3. Betreuungsrechtsänderungsgesetzes des Bundesministeriums der Justiz vom 1.11.2004"* (RefE) veröffentlicht und an die Bundesländer und verschiedene Verbände zur Stellungnahme verschickt wurde. Der Gesetzesvorschlag verblieb jedoch in diesem Stadium und wurde auch aufgrund der in Deutschland vorgezogenen Bundestagswahlen nicht mehr in den Bundestag selbst eingebracht[1163]. Er hatte jedoch durchaus Signalwirkung und stellte auf dem Weg zu einer gesetzlichen Normierung einen ersten Anfang dar. Die letzten Veröffentlichungen von gesellschaftspolitischer Seite im Zusammenhang mit Patientenverfügungen innerhalb der scheidenden 15. Legislaturperiode waren sodann zum einen die im Juni 2005 veröffentlichte Stellungnahme *„Patientenverfügung – Instrument der Selbstbestimmung"*[1164] des Nationalen Ethikrates sowie zum anderen der durch *Höfling* im Auftrag der Deutschen Hospiz-Stiftung erarbeitete *„Entwurf eines Gesetzes zur Sicherung der Autonomie und Integrität von Patienten am Lebensende"* (Patientenautonomie- und Integritätsschutzgesetz)[1165].

Nach den vorgezogenen Bundestagswahlen im September 2005 legte die nun neue Bundesregierung in der 16. Legislaturperiode in ihrem Koalitionsvertrag am 18. November 2005 die Vereinbarung *„Gemeinsam für Deutschland. Mit Mut und Menschlichkeit"* fest und verständigte sich darin darauf, die Diskussion über eine gesetzliche Absicherung der Patientenverfügung fortzuführen und abzuschließen[1166]. Zudem beschäftigte sich im darauf folgenden Jahr 2006 innerhalb des strafrechtlichen Gutachtens *„Patientenautonomie und Strafrecht bei der Sterbebegleitung"* mit dem 66. Deutschen Juristentag in Stuttgart in jüngster Vergangenheit ein weiterer Juristentag mit der Problematik der Patientenverfügung[1167]: Im Ergebnis wurde mit großer Mehrheit beschlossen, dass die

---

1163 Nölling Arztrecht 2009, S. 144; in der Pressemitteilung des Bundesministeriums der Justiz vom 18. Juli 2009 heisst es zudem, dass die Bundestagsabgeordneten *„dieses wichtige Thema (...) ohne die Bindung an Fraktionsgrenzen beraten wollten (...)"*.

1164 Zugänglich unter http://www.ethikrat.org/stellungnahmen/pdf/Stellungnahme_Patientenverfuegung.pdf (Stand: 09. September 2009).

1165 Höfling MedR 2006, S. 25 ff.

1166 CDU, CSU und SPD: Koalitionsvertrag für die 16. Legislaturperiode des Deutschen Bundestages, *„Gemeinsam für Deutschland. Mit Mut und Menschlichkeit"* vom 18. November 2005.

1167 Verrel, 66. DJT, S. C 1 ff.

Voraussetzung einer - auch für das Strafrecht verbindlichen - Patientenverfügung Gegenstand einer gesetzlichen Regelung im Zivilrecht sein sollte[1168].

Explizit mit dem Themenkreis der antizipierten Ausübung des Selbstbestimmungsrechts durch den Patienten setzten sich zudem die Bundesärztekammer und die Zentrale Ethikkommission bei der Bundesärztekammer in ihren *„Empfehlungen zum Umgang mit Vorsorgevollmacht und Patientenverfügung"* vom 30. März 2007 auseinander[1169], durch welche den Beteiligten eine Orientierung im Umgang mit Vorsorgevollmachten und Patientenverfügungen gegeben werden sollte. Ein darüber hinaus gehendes Anliegen war zudem, dass die Auffassung der verfassenden Ärzteschaft zu Instituten der antizipierten Willensausübung durch Patienten innerhalb der aktuellen Debatte über eine gesetzliche Regelung zu Patientenverfügungen verdeutlicht und in den Prozess der politischen Willensbildung mit eingebunden werden sollte.

b. Fraktionsübergereifende Gesetzesentwürfe zur Regelung der Patientenverfügung

Sodann ging am 28. März 2007 mit der durch die Abgeordneten Wolfgang Bosbach, René Röspel, Katrin Göring-Eckardt et al fraktionsübergreifend eingebrachten *„Verankerung der Patientenverfügung im Betreuungsrecht (Patientenverfügungsgesetz - PatVerfG)"*[1170] nach dem Referentenentwurf des Bundesministeriums der Justiz der zweite Gesetzesentwurf im Deutschen Bundestag ein, an welchen sich am 29. März 2007 eine grundsätzliche Orientierungsdebatte anschloss. Auf diese folgten in kurzem zeitlichen Abstand zwei zusätzliche fraktionsübergreifende Gesetzesentwürfe: Der Entwurf der Abgeordneten Wolfgang Zöller, Dr. Hans Georg Faust, Dr. Herta Däubler-Gmelin et al, *„Klarstellung der Verbindlichkeit von Patientenverfügungen (Patientenverfügungsverbindlichkeitsgesetz - PVVG)"*[1171] vom 05. Juli 2007 und der Entwurf der Abgeordneten Joachim Stünker, Michael Kauch, Dr. Lukrezia Jochimsen et al, *„Drittes Gesetz zur Änderung des Betreuungsrechts"*[1172] vom 14. Juli 2007.

1168 Verhandlungen des 66. Deutschen Juristentages, Stuttgart 2006, Band II: Beschlüsse, S. 9.

1169 Abrufbar unter http://www.bundesaerztekammer.de/downloads/EmpfPatientenverfuegung.pdf (Stand: 19. Oktober 2009).

1170 Verfügbar unter http://dip21.bundestag.de/dip21/btd/16/113/1611360.pdf (Stand: 09. September 2009).

1171 Verfügbar unter http://dip21.bundestag.de/dip21/btd/16/114/1611493.pdf (Stand: 09. September 2009).

1172 Zugänglich unter http://dip21.bundestag.de/dip21/btd/16/084/1608442.pdf (Stand: 09. September 2009).

Wenngleich vorliegend das Hauptaugenmerk auf dem *Dritten Gesetz zur Änderung des Betreuungsrechts* und somit dem sog. *Stünker-Entwurf* liegt, sollen nachfolgend zum Zwecke des Vergleichs sowohl der *Entwurf eines Gesetzes zur Verankerung der Patientenverfügung im Betreuungsrechts* (Patientenverfügungsgesetz) der sog. *Bosbach-Entwurf*, als auch der *Entwurf eines Gesetzes zur Klarstellung der Verbindlichkeit von Patientenverfügungen* (Patientenverfügungsverbindlichkeitsgesetz), der sog. *Zöller-Entwurf*, einer übersichtsartigen Darstellung unterworfen werden. Dabei wird deutlich werden, dass der Bosbach-Entwurf eher als Ausdruck einer paternalistischen Sichtweise zu verstehen ist, die beiden anderen Gruppenanträge hingegen stärker das Individuum und sein Selbstbestimmungsrecht betonen[1173].

aa. Der Bosbach-Entwurf vom 28. März 2007

Das grundlegende Ziel des Bosbach-Entwurfes war die ausdrückliche Stärkung des Selbstbestimmungsrechts und des Patientenwohls. Die auf Seiten des Staates bestehende Schutzpflicht des menschlichen Lebens konnte nach dem Dafürhalten dieses Entwurfes dann hinter dem erklärten Willen des Patienten zurücktreten, wenn dessen Erkrankung einen irreversibel tödlichen Verlauf genommen oder wenn der Patient im klinisch stabilen Wachkoma oder aufgrund schwerster Formen der Demenz endgültig das Bewusstsein verloren hat. Auf die Basisversorgung sollte der Patient hingegen auf keinen Fall verzichten können. Bei der Umsetzung einer Patientenverfügung war ein beratendes Konsil aus Arzt, Vertreter, Pflegenden und Angehörigen vorgesehen. Eine Genehmigung der Entscheidung des Vertreters durch das Vormundschaftsgericht war grundsätzlich erforderlich, es sei denn die Erkrankung hatte einen irreversibel tödlichen Verlauf genommen und Arzt und Vertreter stimmten überein, dass der Patient die Behandlung nicht wünscht bzw. nicht wünschen würde.

Im Bosbach-Entwurf wurden Patientenverfügungen beschrieben als „*Wünsche zur Behandlung und Entscheidungen über die Einwilligung oder Nichteinwilligung in bestimmte oder bestimmbare medizinische Maßnahmen, die eine einwilligungsfähige Person in schriftlicher Form für den Fall ihrer Einwilligungsunfähigkeit geäußert hat*“, § 1901b Absatz 1 BGB Bosbach-Entwurf.

Hinsichtlich der *Formerfordernisse* ist darauf zu verweisen, dass Patientenverfügungen nach dem Bosbach-Entwurf zwingend in schriftlicher Form zu ergehen hatten, nicht verlangt wurde hingegen, dass der Patient sich vor der Abfassung seiner Patientenverfügung beraten bzw. von ärztlicher Seite aufklären ließ, das gleiche galt des Weiteren für eine zwingende Aktualisierung der Ver-

1173 Olzen JR 2009, S. 354 (356).

fügung in bestimmten Zeitabständen. In Bezug auf die *Reichweite* einer Patientenverfügung wurde im Bosbach-Entwurf dergestalt eine restriktive Leitlinie verfolgt, dass dieser eine Reichweitenbeschränkung enthielt: Der Inhalt einer Patientenverfügung wurde beschränkt auf einen irreversibel tödlichen Krankheitsverlauf, in *anderen* Fällen war ein Abbruch von lebenserhaltenden Intensivmaßnahmen auf der Grundlage einer Patientenverfügung nach dem Bosbach-Entwurf hingegen nur dann zulässig, wenn der Patient das Bewusstsein mit an Sicherheit grenzender Wahrscheinlichkeit trotz der Ausschöpfung aller medizinischen Möglichkeiten niemals wiedererlangen wird. Im Entwurf betont wurde zudem, dass in einer Patientenverfügung die Basisversorgung des Patienten mit Nahrung und Flüssigkeit nicht abgebrochen werden darf, was damit begründet wurde, dass ein solcher Inhalt gegen die guten Sitten verstieße. Patientenverfügungen kam abschließende *Verbindlichkeit* zu, wenn diese schriftlich waren, auf die eingetretene Krankheitssituation des betroffenen Patienten passten, durch diesen nicht widerrufen wurden oder dieser erkennbar nicht an ihnen festhalten wollte. Zudem durfte der betroffene Patient die Patientenverfügung nicht erkennbar in Unkenntnis der Möglichkeiten medizinischer Behandlungen oder späterer medizinischer Entwicklungen abgegeben haben, wenn anzunehmen war, dass der Betroffene bei deren Kenntnis eine andere Entscheidung getroffen hätte. Des Weiteren durfte die Patientenverfügung nicht auf eine unerlaubte Handlung gerichtet sein oder gegen die guten Sitten verstoßen, § 1901b Absatz 1 und 2 BGB Bosbach-Entwurf.

Nach den Grundsätzen des Bosbach-Entwurfes war ein *Betreuer oder Bevollmächtigter* des Patienten lediglich an eine schriftliche Patientenverfügung gebunden und dies nur, soweit sie die Vorgaben zur Reichweite der Patientenverfügung einhielt, § 1901b Absatz 3 BGB Bosbach-Entwurf. War dies der Fall, hatte der Vertreter die Behandlungswünsche und -festlegungen grundsätzlich ohne eigenen Ermessenspielraum umzusetzen. Waren diese Voraussetzungen hingegen nicht erfüllt, verwies der Entwurf auf die allgemeinen Grundsätze des Betreuungsrechts, so dass der Vertreter sich an dem Wohl des betroffenen Patienten zu orientieren und dessen Wünsche zu berücksichtigen hatte, soweit es dessen Wohl nicht zuwiderlief und dem Vertreter zumutbar erschien, § 1901 Absatz 3 BGB a. F.

Zudem war im Bosbach-Entwurf bei Festlegungen zur Behandlungsbegrenzung und zum Behandlungsverzicht die Einsetzung eines beratenden *Konsils* aus Verwandten und nahe stehenden Personen vorgesehen, § 1904 Absatz 4 BGB Bosbach-Entwurf.

bb. Der Zöller-Entwurf vom 05. Juli 2007

Der Zöller-Entwurf hatte es sich zum Ziel gesetzt, einzig das *„Unerlässliche"* zum Gegenstand einer gesetzlichen Normierung zu machen, schematische Regelungen sollten hingegen vermieden werden, um so eine individuelle Einzelfallbehandlung zu ermöglichen.

Übereinstimmend zum Bosbach-Entwurf wurden Patientenverfügungen bezeichnet als *„Wünsche zur Behandlung und Entscheidungen über die Einwilligung oder Nichteinwilligung in bestimmte oder bestimmbare medizinische Maßnahmen, die eine einwilligungsfähige Person für den Fall ihrer Einwilligungsunfähigkeit geäußert hat*", § 1901b Absatz 1 BGB Zöller-Entwurf.

Hinsichtlich der *Formerfordernisse* ist anzuführen, dass der Zöller-Entwurf die Wirksamkeit einer Patientenverfügung nicht von der Einhaltung der Schriftform abhängig machte, sondern diese lediglich empfahl. Des Weiteren nicht verlangt wurde eine Beratung des Patienten vor Abfassung der Patientenverfügung sowie eine Aktualisierung der Verfügung innerhalb eines bestimmten zeitlichen Turnus. Keine ausdrücklichen Regelungen waren im Zöller-Entwurf jedoch hinsichtlich der Beschränkung einer *Reichweite* von Patientenverfügungen enthalten, vielmehr wurde angeführt, dass der Wille des Patienten im Zustand der Einwilligungsunfähigkeit generell fort gelten sollte. Bezug nehmend auf die Verbindlichkeit ist für den Zöller-Entwurf anzuführen, dass nach diesem Patientenverfügungen abschließende *Verbindlichkeit* zukam, wenn sie nicht widerrufen wurden und nicht gegen ein gesetzliches Verbot oder die guten Sitten verstießen. Zudem ist anzuführen, dass auch mutmaßliche Wünsche und Entscheidungen die gleiche Bindungswirkung entfalten konnten, § 1901b Absatz 2 Zöller-Entwurf. Hinsichtlich der Rolle des *Betreuers oder des Bevollmächtigten* ist für den Zöller-Entwurf anzuführen, dass die Aufgabe des Vertreters danach darauf ausgerichtet war, dem Willen des Patienten Ausdruck und Geltung zu verschaffen und dies unabhängig davon, ob Behandlungsfestlegungen, Behandlungswünsche oder mutmaßliche Behandlungsfestlegungen oder –wünsche ermittelt wurden.

Die Einsetzung eines *Konsils* aus Verwandten und nahe stehenden Personen zur Ermittlung des mutmaßlichen Willens des betroffenen Patienten war im Falle einer eigenen Entscheidung des Betreuers im Zöller-Entwurf nicht vorgesehen.

c. Die Abstimmung im Bundestag am 18. Juli 2009

Bereits am 26. Juli 2008 wurde der Entwurf Stünker et al zur ersten Beratung in den Bundestag eingebracht und am 21. Januar 2009 folgten die Entwürfe Zöller et al und Bosbach et al[1174]. Danach wurden die Vorlagen an den Rechtsausschuss zur federführenden Beratung sowie an den Ausschuss für Arbeit und Soziales, den Ausschuss für Familie, Senioren, Frauen und Jugend, den Ausschuss für Gesundheit und an den Ausschuss für Bildung, Forschung und Technikfolgenabschätzung sowie den Finanzausschuss und des Weiteren den Ausschuss für Menschenrechte und humanitäre Hilfe zur Mitberatung überwiesen. Der federführende Rechtsausschuss beriet die Vorlagen sodann am 17. Dezember 2008 und beschloss, hierzu eine öffentliche Anhörung durchzuführen, welche am 04. März 2009 unter der Hinzuziehung verschiedener sachverständiger Experten stattfand[1175]. Nachdem die Entwürfe noch einer jeweiligen weiteren Änderung unterzogen wurden, beriet der Rechtsausschuss am 27. Mai 2009 abschließend über die Vorlagen und empfiehl einstimmig, diese im Plenum des Deutschen Bundestages einer Beschlussfassung zu unterziehen[1176]. In der Nachfolge wurde ein erster Abstimmungstermin am 28. Mai 2009 aufgrund von Unstimmigkeiten hinsichtlich der Abstimmungsreihenfolge verlegt, so dass eine Beschlussfassung schließlich erst am 18. Juli 2009 stattfinden konnte, nachdem noch ein weiterer Antrag[1177] einer Gruppe um den Abgeordneten *Hüppe* eingebracht worden war, welcher einen Bundestagsbeschluss zum Verzicht auf eine gesetzliche Regelung des Instruments der Patientenverfügung herbeiführen wollte. Nachdem die beiden Entwürfe der Abgeordneten Bosbach et al und Zöller et al in 1. Lesung abgelehnt wurden, votierten die Delegierten des Entscheidungsgremiums mit 320 zu 241 Stimmen in 2. Lesung für den Stünker-Entwurf und somit für das *„Dritte*

1174 Beschlussempfehlung, BT-Drucks 16/13314, S. 18.

1175 Als Sachverständige waren geladen Prof. Dr. Gian Domenico Borasio, Interdisziplinäres Zentrum für Palliativmedizin, München, Dr. Hans-Joachim Heßler, Vizepräsident am Oberlandesgericht München, Prof. Dr. Wolfram Höfling M.A., Institut für Staatsrecht der Universität zu Köln, Prof. Dr. Friedhelm Hufen, Lehrstuhl für Öffentliches Recht, Staats- und Verwaltungsrecht, Fachbereich Rechts- und Wirtschaftswissenschaften der Johannes-Guttenberg-Universität Mainz, Prof. Dr. Christian Jäger, Lehrstuhl für Strafrecht und Strafprozessrecht, insbesondere Wirtschaftsrecht und Medizinrecht, der Universität Bayreuth, Prof. Dr. Volker Lipp, Universität Göttingen, Dr. Arnd T. May, Institut für Philosophie der Ruhr-Universität Bochum, Dr. Michael de Ridder, Vivantes-Klinikum Am Urban, Chefarzt der Rettungsstelle, Berlin, Privatdozent Dr. Stephan Sahm, Ketteler Krankenhaus, Medizinische Klinik I, Offenbach; die einzelnen Stellungnahmen sind abrufbar unter http://www.bundestag.de/bundestag/ausschuesse/a06/anhoerungen/Archiv/45_Patientenverf__gung/04_Stellungnahmen/index.html (Stand: 15. Oktober 2009).

1176 Siehe auch zu den jeweiligen Änderungen die Beschlussempfehlung, BT-Drucks 16/13314, S. 18 f.

1177 *„Gesetzliche Überregulierung der Patientenverfügung vermeiden"*, BT-Drucks 16/13262.

Gesetz zur Änderung des Betreuungsrechts", welches mit 317 zu 233 Stimmen in der 3. Lesung bestätigt wurde. Am 10. Juli 2009 passierte es den Bundesrat, wurde sodann am 31.7.2009 im Bundesgesetzblatt Teil I Nr. 48 zu Bonn bekannt gemacht und trat zum 01. September 2009 in Kraft.

Seither bewegen sich gemäß Artikel 1 des Gesetzes antizipiert geäußerte Behandlungsentscheidungen des Patienten nun auch in Deutschland nicht in mehr in der vormals über Jahrzehnte hinweg vorherrschenden rechtlichen *„Grauzone"*, sondern wurden innerhalb des Betreuungsrechts im 4. Buch des BGB in den §§ 1901a f. BGB n. F. unter der Titulierung *„Patientenverfügung"*, gesetzlich verankert. Wichtige verfahrensrechtliche Aspekte regelt Artikel 2 im Wege von Ergänzungen der neuen Vorschriften des *„Gesetzes über das Verfahren in Familiensachen und in den Angelegenheiten der freiwilligen Gerichtsbarkeit"* (FamFG)[1178].

In der Beschlussempfehlung heißt es insgesamt *„Ziel des Gesetzesentwurfs (...) ist es, durch eine gesetzliche Regelung der Patientenverfügung für alle Beteiligte mehr Rechtssicherheit zu schaffen. Es soll sichergestellt werden, dass der das Betreuungsrecht prägende Grundsatz der Achtung des Selbstbestimmungsrechts entscheidungsunfähiger Menschen auch bei medizinischen Behandlungen beachtet wird"*.

2. Die Patientenverfügung nach den Vorgaben der §§ 1901a f. BGB n. F.

a. Definition

Was unter dem Begriff der Patientenverfügung zu verstehen ist, wird in § 1901a Absatz 1 BGB n. F. legal definiert: *Hat ein einwilligungsfähiger Volljähriger für den Fall seiner Einwilligungsunfähigkeit schriftlich festgelegt, ob er in bestimmte, zum Zeitpunkt der Festlegung noch nicht unmittelbar bevorstehende Untersuchungen seines Gesundheitszustandes, Heilbehandlungen oder ärztliche Eingriffe einwilligt oder sie untersagt (Patientenverfügung), prüft der Betreuer, ob diese Feststellungen auf die aktuelle Lebens- und Behandlungssituation zutreffen. Ist dies der Fall, hat der Betreuer dem Willen des Betreuten Ausdruck und Geltung zu verschaffen*[1179].

1178 Insgesamt ersetzt das FamFG das ehemalige *„Gesetz über die Angelegenheiten der freiwilligen Gerichtsbarkeit"* (FGG) und ist zum 01. September 2009 in Kraft getreten, siehe die Bekanntmachung im BGBl. I Nr. 71/2009, S. 3661 ff., ausgegeben am 27.10.2009

1179 Im Rahmen aktueller Reaktion von Ärzteseite auf die neue durch das *Dritte Gesetz zur Änderung des Betreuungsrechts* eingetretenen Rechtslage ist etwa auf eine Stellung-

b. *Anwendungsbereich*

aa. *Einwilligung und Nichteinwilligung, § 1901a Absatz 1 Satz 1 BGB n. F.*

Nach dem Wortlaut des § 1901a Absatz 1 Satz 1 BGB n. F. kann ein einwilligungsfähiger Volljähriger als Verfügender „*in bestimmte, zum Zeitpunkt der Festlegung noch nicht unmittelbar bevorstehende Untersuchungen seines Gesundheitszustandes, Heilbehandlungen oder ärztliche Eingriffe einwilligen oder sie untersagen (...)*". Folglich ist nicht nur eine antizipierte Einwilligung in die Vornahme der genannten Maßnahmen zulässig, vielmehr kann der Verfügende eine solche antizipiert auch zulässig verweigern[1180].

bb. *Keine Beschränkung des Krankheitsstadiums*

Des Weiteren führt § 1901a Absatz 3 BGB n. F. an „*die Absätze 1 und 2 gelten unabhängig von Art und Stadium einer Erkrankung des Betreuten*".

Offenkundig hat sich der Gesetzgeber somit in Hinsicht auf die vieldiskutierte Frage[1181], ob der Inhalt einer Patientenverfügung in seiner Reichweite einer Beschränkung zu unterliegen hat, somit auf die extensiven Leitsätze des Kemptener Urteils des 1. Strafsenates des BGH vom 13. September 1994 gestützt. In diesem wird für einen zulässigen Abbruch von lebensverlängernden medizinischen Maßnahmen *kein unumkehrbar tödlicher Verlauf des Grundleidens* in der Person des betroffenen Patienten vorausgesetzt, sondern hervorgehoben, dass passive Sterbehilfemaßnahmen vielmehr auch dann durchgeführt

---

nahme von *Borasio,* einem der führenden Palliativmediziner Deutschlands, zu verweisen, welcher anführt, dass Patientenverfügungen *„heute leider überwiegend dazu verwendet (werden), Behandlungsfehler am Ende des Lebens zu verhindern. Ein Beispiel: Wegen der Angst, Menschen könnten in der Sterbephase verdursten und ersticken, werden sie automatisch mit Flüssigkeit und Sauerstoff versorgt. Das ist nicht nur unnütz, sondern sogar schädlich", vgl. „Wann dürfen wir sterben"*, Frankfurter Allgemeine Sonntagszeitung, 22. November 2009, S. 51, abrufbar unter http://www.faz.net/s/Rub867BF88948594D80AD8AB4E72C5626ED/Doc~EEB5AA99B5E4B427BB9DC962204BE2BA3~ATpl~Ecommon~Scontent.html (Stand: 23. November 2009).

1180 Diese Legaldefinition ermöglicht es nach *Olzen,* eine Abgrenzung zu solchen Anweisungen des Patienten zu schaffen, welche nicht zum Gegenstand einer Patientenverfügung gemacht werden können. In diesem Rahmen aufzuführen sind etwa allgemeine Verfügungen ohne Bezug zu konkreten Behandlungsmaßnahmen sowie Wünsche des Patienten über die Person des behandelnden Arztes oder den Behandlungsort, vgl. Olzen JR 2009, S. 354 (357).

1181 Eine Reichweitenbegrenzung auf irreversibel tödliche Krankheiten, Gegenstand des Gesetzesentwurfes des CDU-Abgeordneten Wolfgang Bosbach, abrufbar unter http://dip21.bundestag.de/dip21/btd/16/113/1611360.pdf (Stand: 30. Mai 2009).

werden können, wenn der Sterbevorgang noch nicht eingesetzt hat bzw. noch nicht unmittelbar bevorsteht.[1182]

In der Begründung zum *Dritten Gesetz zur Änderung des Betreuungsrechts* heißt es hierzu, dass ein entscheidungsfähiger Patient jederzeit ohne Rücksicht auf die Art oder Dauer bzw. den Verlauf seines pathologischen Leidens darüber entscheiden kann, ob und ggf. welche ärztlichen Maßnahmen zur Durchführung gelangen und welche nicht. Dies gilt auch dann, wenn die zur Entscheidung stehende Maßnahme lebensrettend wäre. Im Ergebnis dürfe dem Einzelnen sein Recht, eine medizinische Behandlung jederzeit abzulehnen, auch wenn sich dies in seiner Person tödlich auswirken würde, im Stadium der Entscheidungsfähigkeit nicht genommen werden.

c. Voraussetzungen für die wirksame Errichtung einer Patientenverfügung

aa. Formelle Voraussetzungen

Die formellen Voraussetzungen einer wirksamen Patientenverfügung beschränken sich zum einen auf solche in der Person des Verfügenden selbst als auch auf besondere Schriftformerfordernisse.

aaa. Persönliche Voraussetzungen in der Person des Verfügenden

Gemäß § 1901a Absatz 1 Satz 1 BGB n. F. ist der Kreis der natürlichen Personen, welche eine wirksame Patientenverfügung verfassen können, auf *einwilligungsfähige Volljährige* beschränkt.

Erläuternd ist hierbei auf die in der Gesetzesbegründung selbst enthaltenen Ausführungen zu verweisen: Nach der Begründung zum Stünker-Entwurf[1183] kommt es ebenso wie bei einer aktuell erklärten Einwilligung in eine ärztliche Maßnahme für die Wirksamkeit der Festlegungen in einer Patientenverfügung nicht auf die *Geschäftsfähigkeit*, sondern auf die *Einwilligungsfähigkeit* des Betroffenen an, da einwilligungsbedürftige ärztliche Maßnahmen in besonderem Ausmaße in die Rechte des betroffenen Patienten eingreifen - ausreichend ist somit die *natürliche Einsichts- und Urteilsfähigkeit*. Diese umfasst das Vermögen des Betroffenen, Art, Bedeutung, Tragweite sowie die Risiken der Maßnahme zu erfassen und seinen Willen hiernach zu bestimmen, wovon im Grund-

---

1182 Entgegen der, wie angemerkt, als falsch bzw. als Missverständnis zu bezeichnenden Ausführungen im Rahmen des Beschlusses des 12. Zivilsenats vom 17. März 2003, welcher jedoch durch die Entscheidung des BGH vom 08. Juli 2005 in BGH NJW 2005, S. 2385 ff., bereinigt wurde.

1183 BT-Drucks 16/8442, S. 12 f.

satz bei volljährigen, nicht geschäftsunfähigen Personen auszugehen ist[1184]. Zu vermerken ist, dass auf eine Aufnahme auch des Minderjährigen in den Anwendungsbereich des *Dritten Gesetzes zur Änderung des Betreuungsrechts* verzichtet wurde.

bbb. Das Gebot der Schriftform

Eine weitere Wirksamkeitsvoraussetzung an eine Patientenverfügung nach § 1901a Absatz 1 Satz 1 BGB n. F. ist die Einhaltung der Schriftform, welche grundsätzlich in § 126 BGB geregelt ist. Festzuhalten ist, dass dadurch etwa ein Widerspruch zu den Empfehlungen der Bundesärztekammer zum Umgang mit Vorsorgevollmacht und Patientenverfügung[1185] besteht, nach welchen auch mündliche Patientenverfügungen wirksam sind. Im Ergebnis ist somit nach den Vorgaben des *Dritten Gesetzes zur Änderung des Betreuungsrechts* ein ärztliches Handeln, dass allein auf einer mündlichen Patientenverfügung beruht, sofern die Verfügung nach Ansicht des Arztes eine antizipierte Entscheidung enthält, nicht wirksam[1186].

Als Ziel dieses Wirksamkeitserfordernisses wird angeführt, dass der Betroffene vor übereilten oder unüberlegten Entscheidungen geschützt werden soll. Dies sei im Hinblick auf die zum Teil weit reichenden Folgen der in einer Patientenverfügung getroffenen Festlegungen für die Gesundheit, insbesondere jedoch für das Leben des betroffenen Patienten erforderlich und trage der besonderen Situation Rechnung, in welcher sich der behandelnde Arzt im Falle der dauerhaften Entscheidungsunfähigkeit des Patienten wieder findet: Kann sich im Falle des Patienten, welcher entscheidungsfähig und bei Bewusstsein ist, der behandelnde Arzt mit diesem im Wege eines Dialoges oder einer sonstigen Verständigung[1187] abschließende Klarheit über dessen auch mündlich abgegebene Erklärung verschaffen, ist ein solches Rechtssicherheit schaffendes Vorgehen im Falle der Entscheidungsunfähigkeit nicht möglich. Auch wenn darauf verwiesen wird, dass aktuelle Einwilligungen in ärztliche Maßnahmen und gleichwohl Ablehnungen vielmehr keiner Form bedürfen und aufgrund dessen auch mündlich

---

1184 *Dauster* in: Wienke/Lippert, S. 89 (98).

1185 aaO.

1186 Siehe hierzu auch Hoffmann BtPrax 2009, S. 7 (9).

1187 Zu verweisen ist hier auf die Möglichkeiten, welche für den lediglich faktisch entscheidungsunfähigen ALS-Patienten in technischer Hinsicht bestehen, siehe hierzu bereits aaO.

wirksam sind, ist dies nach der Begründung aufgrund des Vorgenannten bewusst in Kauf zu nehmen[1188].

Zudem kommt einer Patientenverfügung nicht dadurch Unwirksamkeit zu, dass sie zusätzlich zu den Voraussetzungen in den §§ 1901a f. BGB n. F. notariell beurkundet wurde: Vielmehr ist auf § 126 Absatz 4 BGB zu verweisen. Eine notarielle Beurkundung steht der Wirksamkeit einer nach den Vorgaben des *Dritten Gesetzes zur Änderung des Betreuungsrechts* errichteten Patientenverfügung somit nicht entgegen[1189].

ccc. Exkurs: Keine Pflicht zur Aufklärung, Beratung und Aktualisierung

Grundsätzlich verzichtet wurde im Rahmen des *Dritten Gesetzes zur Änderung des Betreuungsrechts* sowohl auf eine verpflichtende ärztliche Aufklärung sowie auf eine juristische Beratung als auch auf eine Pflicht zur regelmäßigen Erneuerung einer solchen.

(1) Ärztliche Aufklärung

Grundsätzlich kommt der ärztlichen Aufklärungspflicht, d. h. der Pflicht des Arztes, den Patienten im Vorfelde einer medizinischen Behandlung über die damit einhergehenden Risiken und Folgen im Groben und Ganzen zu informieren, gemäß des Prinzips des *informed consent* ein grundlegender Stellenwert innerhalb des Arzt-Patientenverhältnisses zu[1190]. Da die medizinische Heilbehandlung nach ständiger Rechtsprechung im deutschen Recht eine Körperverletzung

---

1188 BT-Drucks 16/8442, S. 13; hier wird angeführt, dass entsprechend der grundsätzlichen Formfreiheit zivilrechtlicher Rechtsgeschäfte auch Menschen mit Behinderungen oder Analphabeten die Möglichkeit haben sollten, Patientenverfügungen zu errichten, siehe hierzu die Gutachten für den Rechtsausschuss im Rahmen der Vorarbeiten zu einer gesetzlichen Regelung der Patientenverfügung von Lipp, S. 27 f. http://www.bundestag.de/bundestag/ausschuesse/a06/anhoerungen/Archiv/45_Patientenverf__gung/04_Stellungnahmen/Stellungnahme_Lipp.pdf sowie Borasio, S. 9 http://www.bundestag.de/bundestag/ausschuesse/a06/anhoerungen/Archiv/45_Patientenverf__gung/04_Stellungnahmen/Stellungnahme_Borasio.pdf (Stand: 28. November 2009). Aufgrund der Wichtigkeit der Einhaltung einer Schriftform aus den bereits angeführten bzw. noch folgenden Argumenten sind in solchen Fällen in Zusammenarbeit mit einem beratenden Juristen bzw. etwaig zur Verfügung stehenden Betreuern Sonderlösungen zu schaffen.

1189 Vielmehr wird vereinzelt über das Erfordernis der Schriftlichkeit hinaus auch deren notarielle Beurkundung als Wirksamkeitsvoraussetzung empfohlen, vgl. Schaffer BtPrax 2003, S. 143 (146); Seitz ZRP 1998, S. 417 (420); Duttge, S. 40.

1190 Siehe hierzu die umfangreichen Ausführungen von *Katzenmeier* in: Laufs/Katzenmeier/Lipp, V. Aufklärung und Einwilligung, Rdn. 5 f.

nach den §§ 223 ff. StGB darstellt[1191], entfällt eine Strafbarkeit des behandelnden Arztes nur dann, wenn der Patient in deren Vornahme bzw. Unterbleiben rechtfertigend einwilligt. Im Rahmen des ärztlichen Aufklärungsgespräches muss der Patient in einer für den medizinischen Laien verständlichen Form alle fundierten Informationen erhalten, welche für ihn zur Beurteilung grundlegend sind, um seine Entscheidung über eine anstehende medizinische Maßnahme allumfassend treffen zu können[1192]. Der jeweils zu erfolgende Umfang einer Aufklärung hat sich an den Krierien der Dringlichkeit der Behandlung, der Schwere des jeweiligen Eingriffs und der damit einhergehenden Risiken, der Entschlossenheit und dem bereits vorliegenden Informationsstand des betroffenen Patienten auszurichten[1193]. Gestaltet sich die ärztliche Aufklärung fehlerhaft, gilt dies auch für die daran ausgerichtete Entscheidung des Patienten, so dass die sich anschließende medizinische Behandlung nicht durch die Einwilligung des Patienten gerechtfertigt ist. Grundsätzlich kann der Patient auf die Vornahme einer ärztlichen Aufklärung jedoch auch ausdrücklich verzichten[1194]. Gleiches gilt für den Fall, dass der Arzt mit der Aufklärung bereits begonnen hat – der Patient muss die angefangene, jedoch etwa unliebsam gewordene Aufklärung somit nicht bis zur Gänze über sich ergehen lassen[1195].

Diese Grundsätze gelten nach der Begründung[1196] auch im Falle einer antizipierten Einwilligung in eine bestimmte ärztliche Maßnahme im Rahmen einer Patientenverfügung: Eine solche wird nur dann wirksam, wenn der verfügende Patient im Vorfeld von ärztlicher Seite aufgeklärt wurde oder aber auf eine Aufklärung ausdrücklich verzichtet hat. Fehlt ein solcher Verzicht in der Patientenverfügung, ist deren Inhalt nicht direkt verbindlich, sondern durch den Betreuer lediglich als Indiz für den mutmaßlichen Willen des Patienten einzuordnen – in diesem Falle bedarf es somit noch einer daran ausgerichteten Entscheidung des Betreuers.

1191 BGHSt 11, S. 111 (112); BGHSt 12, S. 379 ff.; BGHSt 16, S. 309 ff.; BGHSt 32, S. 246 ff.; BGHSt 43, S. 306 (308); BGHSt 45, S. 221; BGH NStZ 1996, S. 34.

1192 Siehe hierzu *Katzenmeier* in: Laufs/Katzenmeier/Lipp, V. Aufklärung und Einwilligung, Rdn. 5, 19.; der behandelnde Arzt hat dabei stets nach *„bestem Wissen"* aufzuklären, was bedeutet, dass dies in Hinsicht auf Fragen des Patienten im Rahmen einer Aufklärung oder auch Nachfragen, auf die es nach dem Stand der medizinischen Wissenschaft gesicherte Antworten gibt oder geben kann, als Antwort genügen muss, vgl. *Proske* in: Dirnhofer/Schick, S. 101 (107).

1193 Vgl. *Katzenmeier* in: Laufs/Katzenmeier/Lipp, V. Aufklärung und Einwilligung, Rdn. 20.

1194 Wiederum *Katzenmeier* in: Laufs/Katzenmeier/Lipp, V. Aufklärung und Einwilligung, Rdn. 34.

1195 *Proske* in: Dirnhofer/Schick, S. 101 (107).

1196 BT-Drucks 16/8442, S. 13 f.

Anderes gilt nach der Begründung[1197] hingegen im Falle der antizipierten Ablehnung einer ärztlichen Maßnahme: Deren Wirksamkeit hängt danach im Gegensatz zur Einwilligung in eine solche *nicht* von einer ärztlichen Beratung und Aufklärung ab, was auch in Hinsicht auf eine Patientenverfügung Geltung für sich beansprucht. Damit orientiert sich das *Dritte Gesetz zur Änderung des Betreuungsrechts* an einer Ansicht in der Literatur[1198], welche anführt, dass bereits das Fehlen einer Einwilligung der Vornahme eines Eingriffs entgegensteht, so dass keine ärztliche Aufklärung von Nöten sei. Daraus folge, dass die Wirksamkeit eines ausdrücklichen Behandlungsverbots ebenfalls nicht von einer vorherigen Aufklärung abhängig sei. Als Basis dieser Argumentation wird der Vergleich zwischen dem Behandlungsveto und dem Fall herangezogen, dass es ein Patient unterlässt, im Krankheitsfall einen Arzt zu konsultieren - eine Entscheidung, welche für ihre Wirksamkeit keinerlei Aufklärung bedarf. Es sei somit wenig einleuchtend, einen anderen Maßstab anzusetzen, wenn dem Arzt ein Tätigwerden real möglich wäre[1199].

Zudem ist auf Folgendes zu verweisen: Ist in der Begründung zwar bestimmt[1200], dass einer Patientenverfügung lediglich Indizwirkung für den durch den Vertreter zu ermittelnden mutmaßlichen Willen zukommt, wenn in dieser kein ausdrücklicher Verzicht auf eine Aufklärung enthalten ist, lässt sich dies nicht gleichfalls für die Aufklärung selbst anführen. Die §§ 1901a f. BGB n. F. enthalten vielmehr keine näheren Bestimmungen zu der Frage, ob auch schon der alleinige Umstand, dass der Patient vor Abfassung seiner Patientenverfügung von ärztlicher Seite umfassend über den jeweiligen Inhalt und die damit für seine Person einhergehenden Risiken in medizinischer Hinsicht aufgeklärt wurde, in die Patientenverfügung selbst *mit aufgenommen werden muss* oder ob in diesem Zusammenhang etwa ein Hinweis in der ärztlichen Dokumentation ausreicht. Vergleichbare Fragen stellen sich zudem in Hinsicht darauf, ob der Beleg über die erfolgte Aufklärung der separaten Unterschrift des Patienten und zusätzlich der des aufklärenden Arztes bedarf.

(2) Juristische Beratung

Ebenfalls verzichtet wurde im Wege des *Dritten Gesetzes zur Änderung des Betreuungsrechts* auf die Normierung einer juristischen Beratung im Vorfelde der Errichtung einer Patientenverfügung. Eine juristische Beratung stellt grundsätzlich eine Ergänzung zur ärztlichen Aufklärung dar. Auf diese Weise wird dem

1197 BT-Drucks 16/8442, S. 14.

1198 So etwa Popp GA 2007, S. 639 (647); Taupitz 63. DJT, S. A 32 f., 111 ff.

1199 Popp GA 2007, S. 639 (646 f.).

1200 BT-Drucks 16/8442, S. 14.

Patienten sowohl die rechtliche Absicherung in medizinischer als auch in juristischer Hinsicht garantiert. Insbesondere sollte der Inhalt einer juristischen Beratung die Information über die Natur einer Patientenverfügung, des in Übereinstimmung mit der Rechtslage de lege lata möglichen Inhaltes sowie die rechtlichen Folgen einer solchen Verfügung beinhalten. Des Weiteren sollte thematisiert werden, welche Alternativen im Bereich der Vorsorge sich ansonsten für den Patienten ergeben könnten und welche Kosten ihn im Falle der Errichtung einer Patientenverfügung erwarten. Primär wird ein im Vorfelde der Errichtung einer Patientenverfügung beratender Jurist auch das Vorliegen der rechtlichen Voraussetzungen zu überprüfen haben, welche durch das Gesetz in § 1901a BGB n. F. vorgeben sind: Zu nennen ist hier eine Kontrolle der hinreichenden Bestimmtheit der Formulierungen und die Überprüfung, ob der Patient einsichts- und urteilsfähig sowie volljährig ist.

(3) Erneuerung der Patientenverfügung

Gänzlich verzichtet wurde im Rahmen des *Dritten Gesetzes zur Änderung des Betreuungsrechts* entgegen vereinzelter Vorschläge aus der Literatur[1201] auf die Normierung einer Pflicht zur Erneuerung der Patientenverfügung in regelmäßigen temporären Abständen.

Hierzu wird in der Begründung selbst ausgeführt[1202], dass die Festlegung eines bestimmten Zeitraumes, welcher zwischen dem Zeitpunkt der Verfassung bzw. Änderung der Patientenverfügung und dem des tatsächlichen Behandlungszeitpunktes liegt, kein Fazit darüber zulässt, ob einer solchen noch Geltungswirkung zukommt oder nicht. Zudem wird darauf verwiesen, dass die individuellen Lebens- und Krankheitsverläufe von Patienten so verschieden sein können, dass eine notwendigerweise allgemein geltende starre Erneuerungsfrist im Einzelfall nicht wesentlich weiterhelfen würde[1203]: Es sei vielmehr nicht zwingend, dass sich die Haltung des Patienten gegenüber den Inhalten der Verfügung in einem bestimmten Zeitraum geändert hat oder nicht, so dass eine Erneuerung auch nicht von Nöten sei.

1201 So wird die Vorgabe einer Gültigkeitsdauer von zwei Jahren etwa durch Höfling in dem durch ihn im Auftrag der Deutschen Hospiz Stiftung erarbeiteten *Patientenautonomie- und Integritätsschutzgesetz* favorisiert, vgl. Höfling MedR 2006, S. 25 (29); zudem aktuell derselbe GesR 2009, S. 181 (184); des Weiteren führt Zielinski ArztR 1995, S. 184 (193) einen Zeitraum von sechs Monaten an.

1202 BT-Drucks 16/8442, S. 14.

1203 BT-Drucks 16/8442, S. 14.

Weiter heißt es in der Begründung[1204], dass mit einer starren Pflicht zur Erneuerung von Patientenverfügungen erhebliche Rechtsunsicherheiten entstehen könnten: So wird darauf verwiesen, dass es zum Zeitpunkt der Behandlung stets einer Prüfung unterzogen werden müsse, ob der Verfasser noch über die zur Bestätigung oder Aktualisierung einer Patientenverfügung erforderliche Entscheidungsfähigkeit verfüge. Um derart unbefriedigenden Ergebnissen wegen eines versehentlichen Verstreichenlassens einer Aktualisierungsfrist entgegenzuwirken, wird von einigen Vertretern[1205], welche für die Einführung von Erneuerungsfristen sprechen, teilweise eine Pflicht zur wiederkehrenden Information des Verfügenden über den bevorstehenden Fristablauf gefordert, in die gleiche Richtung gehen zudem Ausführungen[1206], welche sich gleichwohl für eine Verbindlichkeit der Patientenverfügung in dem Fall aussprechen, dass der Verfasser letztlich nur die Erneuerungsfrist nicht eingehalten hat, die Verfügung aber ansonsten allen Voraussetzungen, die an eine wirksame Verfügung nach den §§ 1901a f. BGB n. F. gestellt werden, hinreichend gerecht wird.

bb. Materielle Voraussetzungen

In den materiellen Voraussetzungen, welche an eine nach den Vorgaben des *Dritten Gesetzes zur Änderung des Betreuungsrechts* wirksame Patientenverfügung zu stellen sind, sind exakte Festsetzungen den Inhalt einer solchen Verfügung betreffend gleichwohl zu nennen wie das gemäß § 1901b BGB n. F. vorgeschriebene Gespräch zur Feststellung des jeweiligen Patientenwillens. Keine direkten Vorgaben werden jedoch hinsichtlich der Reichweite gemacht, hier sind die Bestimmungen vielmehr extensiv gestaltet.

aaa. Hinreichende Bestimmtheit der Patientenverfügung

In § 1901a Absatz 1 BGB n. F. wird angeführt, dass der Verfügende seine Einwilligung in oder Untersagung gegenüber *bestimmter*, zum Zeitpunkt der Errichtung noch nicht unmittelbar bevorstehender Untersuchungen seines Gesundheitszustandes, Heilbehandlungen oder ärztlicher Eingriffe in der Patientenverfügung schriftlich festgelegt haben muss. Insgesamt ist der Inhalt der Verfügung durch die Beteiligten im Wege der Auslegung zu ermitteln; dies gilt insbesondere für unbestimmte Begriffe und Formulierungen[1207].

1204 BT-Drucks 16/8442, S. 18.

1205 Duttge, S. 46

1206 Vgl. hierzu wiederum die Ausführungen von Höfling im Rahmen des *Patientenautonomie- und Integritätsschutzgesetzes,* MedR 2006, S. 25 (29).

1207 Schöllhammer, S. 55 ff.

Für die Auslegung einer Patientenverfügung als einseitiger Erklärung ist auf die für rechtsgeschäftliche Willenserklärungen geltenden Grundsätze zurückzugreifen und somit auf die §§ 133, 157 BGB. Zu ermitteln ist somit der *tatsächliche Wille* des Betroffenen: Nicht das Erfordernis der Bestimmtheit im Sinne des § 1901a Absatz 1 Satz 1 BGB n. F. erfüllen somit mehrdeutige Patientenverfügungen, in welchen der Verfügende seine Wünsche und Vorstellungen mit Begriffen umschreibt, deren Inhalt ausfüllungsbedürftig ist. Anzuführen sind hier Wendungen wie ein *„erträgliches und umweltbezogenes Leben"*, *„menschenwürdiges Weiterleben"* oder etwa *„würdevolles Sterben"*. Zu extensiv sind zudem Ausführungen zu abgelehnten *„lebenserhaltenden Maßnahmen"* oder die Bezeichnung *„Gerätemedizin"*. All diese Begrifflichkeiten sind zwar bekannt und die Beteiligten können sich darunter etwas Bestimmtes vorstellen, nur sind sie zu allgemein, um dem Erfordernis nach § 1901a Absatz 1 Satz 1 BGB n. F. zu entsprechen.

Für einen hinreichend bestimmten Inhalt verweist etwa die Bundesärztekammer in ihren Grundsätzen zum Umgang mit Vorsorgevollmacht und Patientenverfügung[1208] auf Folgendes: So sollte der Verfügende die Situationen, in welchen eine Patientenverfügung greifen soll, mit den Worten Sterbephase, nicht aufhaltbare schwere Leiden, dauernder Verlust der Kommunikationsfähigkeit wie im Falle von *Demenz, apallischem Syndrom, Schädelhirntrauma* oder *irreversibler Bewusstlosigkeit* einer dezidierten Beschreibung unterziehen. Des Weiteren sollte der Umfang durchzuführender bzw. zu beendender ärztlicher Maßnahmen konkret vorgegeben werden. Hier ist auf Formulierungen wie *künstliche Ernährung, Beatmung, Dialyse, Organersatz, Wiederbelebung, Verabreichung von Medikamenten wie Antibiotika, Psychopharmaka oder Zytostatika bzw. Schmerzbehandlung* zurückzugreifen. Zudem sind *Art und Umfang* der Unterbringung, Pflege und andere betreuerische Maßnahmen sowie die Frage der *Hinzuziehung eines bestimmten oder mehrerer Ärzte* festzulegen, gleiches gilt für *alternative Behandlungsmethoden* und die *Gestaltung des Sterbeprozesses* – etwa, ob eine terminale Sedierung durchzuführen ist oder nicht. *Hoffmann*[1209] verweist darüber hinaus darauf, dass derartige Beschreibungen im Idealfall zudem durch eine Darstellung der individuellen Lebenseinstellungen und Überzeugungen des Verfügenden ergänzt werden. Gleiches gilt für seine Haltung hinsichtlich der Bewertung von Schmerzen und von etwaig entstehenden schweren Schäden im Rahmen einer ärztlichen Behandlung.

Nicht erfasst vom Begriff der Patientenverfügung nach § 1901a Absatz 1 Satz 1 BGB n. F. sind etwa allgemeine Richtlinien für eine künftige Behandlung

1208 aaO.

1209 Hoffmann BtPrax 2009, S. 7 (10).

oder *Behandlungswünsche* wie etwa die Art und Weise oder den Ort der Behandlung betreffend, da sie keine vorweg genommene Entscheidung in die Einwilligung oder Untersagung in eine bestimmte, noch nicht unmittelbar bevorstehende ärztliche Maßnahme enthalten. Keine Patientenverfügungen stellen des Weiteren Entscheidungen des einwilligungsfähigen Patienten dar, welche sich auf unmittelbar bevorstehende, also konkret und zeitnah durchzuführende ärztliche Maßnahmen beziehen, so dass solche im Gegensatz zu Patientenverfügungen nach § 1901a Absatz 1 Satz 1 BGB n. F. nach wie vor auch mündlich erklärt werden können. Des Weiteren ist eine Unterscheidung vorzunehmen zwischen den in einer Patientenverfügung vorgenommenen Entscheidungen und Maßnahmen der sog. *Basispflege*, zu welchen nach den Grundsätzen der Bundesärztekammer zur ärztlichen Sterbebegleitung eine menschenwürdige Unterbringung, Zuwendung und Körperpflege des betroffenen Patienten, die Linderung von Schmerzen, Atemnot und Übelkeit sowie das Stillen von Hunger und Durst *auf dem natürlichen Wege*[1210], d. h. nicht unter der Zuhilfenahme künstlicher Techniken, zu zählen sind[1211]. Auf diese kann im Wege einer Patientenverfügung nach den Vorgaben des § 1901a Absatz 1 Satz 1 BGB n. F. somit nicht verzichtet werden[1212]. Gleichwohl stehen sie dem Patienten als Inhalt einer solchen Verfügung mit der Folge jedoch frei, dass diese dann keine wirksamen Patientenverfügungen iSd *Dritten Gesetzes zur Änderung des Betreuungsrechts* sind.

bbb. Ergebnis

Der Inhalt einer Patientenverfügung ist durch die Beteiligten im Wege der Auslegung zu erforschen. Auf diese Art und Weise ist zu gewährleisten, dass der konkrete Wille des Betroffenen ermittelt wird, damit dieser die Grundlage für die Ausrichtung einer in Frage stehenden medizinischen Behandlung bilden kann.

1210 Sog. *Handfütterung*, siehe hierzu bereits aaO.

1211 BT-Drucks 16/8442, S. 13.

1212 Etwas anderes gilt jedoch, sobald zur Ermöglichung und Aufrechterhaltung von Grundfunktionen des menschlichen Organismus intensivmedizinische Maßnahmen erforderlich sind, welche über Sonden durchgeführt werden oder im Falle der Beatmung über einen Respirator. Solche künstlich ausgestalteten Maßnahmen gelten in der internationalen Wissenschaft und Praxis vielmehr als *Therapie* bzw. ärztlicher Eingriff und sind daher hinsichtlich der Indikationsstellung für Einleitung und Abbruch anderen medizinischen Therapieformen gleichgestellt, vgl. BT-Drucks 16/8442, S. 13.

d. *Schriftlichen Festlegungen des Patienten: Ablauf der Entscheidungsfindung*

Ist betreute Patient entscheidungsunfähig, wird dem Betreuer durch das *Dritte Gesetz zur Änderung des Betreuungsrechts* in den §§ 1901a f. BGB n. F. ein klarer Weg zur Entscheidungsfindung vorgeben. Anzuführen ist, dass ein solcher nach dem Wortlaut des § 1901a Absatz 1 Satz 1, 2 BGB n. F. auch bei einer wirksam errichteten Patientenverfügung zwingend erforderlich ist, so dass ein Betreuer gegebenenfalls im Eilverfahren zu ernennen ist[1213].

aa. *Das Vorliegen einer Patientenverfügung nach § 1901a Absatz 1 BGB n. F.*

Sind neben den formellen Voraussetzungen einer Patientenverfügung[1214] auch in materieller Hinsicht die Bestimmungen des § 1901a Absatz 1 BGB n. F. erfüllt, d. h. enthalten die schriftlichen Festlegungen des Patienten eine Entscheidung über die Einwilligung und Nichteinwilligung in bestimmte, zum Zeitpunkt der Festlegung noch nicht unmittelbar bevorstehende Untersuchungen des Gesundheitszustandes des Verfassers, Heilbehandlungen oder ärztliche Eingriffe, welche auf die konkret eingetretene Lebens- und Behandlungssituation zutreffen, liegt eine Patientenverfügung nach § 1901a Absatz 1 BGB n. F. vor. Dieser kommt abschließende Verbindlichkeit im Rechtsverkehr zu.

In einem solchen Fall kommt dem Vertreter, namentlich dem Betreuer oder Vorsorgebevollmächtigten des betroffenen entscheidungsunfähigen Patienten, gemäß § 1901a Absatz 1 Satz 1 a. E. BGB n. F. lediglich die Pflicht zur dahingehenden Überprüfung zu, ob die Bestimmungen der Verfügung mit der gegenwärtigen Lebens- und Behandlungssituation harmonieren, d. h. ob sie für diese Situation eine Entscheidung über die anstehende ärztliche Maßnahme enthält und ob sie noch dem Willen des Patienten entspricht[1215]. Diese Prüfung hat alle Gesichtspunkte zu erfassen, welche sich aus der aktuellen Lebens- und Behandlungssituation des Patienten ergeben. Nach der Begründung[1216] hat der Vertreter in diesem Rahmen auch zu prüfen, ob das aktuelle Verhalten des entscheidungsunfähigen Patienten konkrete Anhaltspunkte dafür zeigt, dass er unter den gegebenen Umständen den zuvor schriftlich geäußerten Willen nicht mehr gelten las-

1213 Olzen JR 2009, S. 354 (358).

1214 Einwilligungsfähigkeit des volljährigen Verfassers, welcher zudem die Schriftform eingehalten hat.

1215 Es entscheidet in diesem Zuammenhang ähnlich wie im Rahmen der Auslegung eines Testaments somit nicht der objektive Empfängerhorizont, sondern der ermittelte wirkliche Wille des Erklärenden selbst, vgl. Olzen JR 2009, S. 354 (358).

1216 BT-Drucks 16/8442, S. 15.

sen will oder ob er etwa in seiner antizipierten Entscheidung gerade diese Lebens- bzw. Behandlungssituation mitbedacht hat oder nicht. Hierbei ist hervorzuheben, dass auf solche konkreten Anhaltspunkte jedoch nicht bei unwillkürlichen, rein körperlichen Reflexen zu schließen ist, wie sie etwa bei *Apallikern* auftauchen können. Besondere Bedeutung beansprucht diese Prüfung vielmehr etwa bei den nicht näher gegenständlichen Demenzkranken, welche in der aktuellen Behandlungssituation als durchaus zufrieden mit ihrem Zustand erscheinen können.

Fällt diese Prüfung positiv aus, d. h. hat sich der Vertreter von der Einschlägigkeit und Wirksamkeit der Patientenverfügung hinreichend überzeugt, ist eine Entscheidung in Hinsicht auf eine anstehende medizinische Maßnahme durch ihn *nicht* erforderlich. Es gilt in diesem Zusammenhang *einzig die in der Patientenverfügung getroffene Entscheidung des Patienten*[1217]. Der Vertreter hat in diesem Zusammenhang nach § 1901a Absatz 1 Satz 2 BGB n. F. allein *„dem Willen des Betreuten Ausdruck und Geltung zu verschaffen"*. Er hat somit dafür Sorge zu tragen, dass der betroffene Patient entsprechend seinem in der Verfügung zum Ausdruck gebrachten Willen behandelt wird. Hervorzuheben gilt nachdrücklich, dass in diesem Fall ein Rückgriff auf den mutmaßlichen Willen des Betroffenen durch den Vertreter *nicht* von Nöten ist, was sich schon in einem unmittelbaren Sinnschluss daraus ergibt, dass dessen Wille gerade wirksam und direkt zur Normierung gelangt ist: Im Ergebnis darf die eigenverantwortlich getroffene Entscheidung des Patienten somit nicht durch einen Rückgriff auf den mutmaßlichen Willen korrigiert werden[1218].

bb. Behandlungswünsche und mutmaßlicher Wille, § 1901a Absatz 2 BGB n. F.

§ 1901a Absatz 2 Satz 1 BGB n. F. regelt den Fall, dass *„(...) keine Patientenverfügung (vorliegt) oder (...) die Festlegungen einer Patientenverfügung nicht*

1217 Jedoch ist anzumerken, dass eine Patientenverfügung auch dahingehend ausgestaltet sein kann, dass diese trotz hinreichender Festsetzungen nicht unmittelbar gelten soll, sondern etwa der Vertreter stets die abschließende Entscheidung zu treffen hat; zudem kann auch der jeweilige Ermessensspielraum selbst festgelegt werden, in welchem sich der Vertreter im Rahmen seiner Entscheidung zu bewegen hat, vgl. BT-Drucks 16/8442, S. 15.

1218 Außerhalb des durch den normierten Patientenwillen festgelegten Bereichs bleibt der Vertreter jedoch gleichwohl notwendig für alle weiteren, in der Verfügung nicht geregelten Bereiche und den damit notwendig einhergehenden Erklärungen und Entscheidungen zuständig, etwa, wie in der Begründung angeführt, hinsichtlich der Auswahl des Arztes oder des Krankenhauses, zudem für die Vermögensangelegenheiten des Patienten etc., vgl. BT-Drucks 16/8442, S. 15.

auf die aktuelle Lebens- und Behandlungssituation zu (treffen)". In diesen Fällen ist es die Aufgabe des Betreuers *„die Behandlungswünsche oder den mutmaßlichen Willen des Betreuten festzustellen und auf dieser Grundlage zu entscheiden, ob er in eine ärztliche Maßnahme nach Absatz 1 einwilligt oder sie untersagt"*.

Hinsichtlich der im Wege der Ermittlung des mutmaßlichen Willens anzusetzenden Kriterien bezieht sich das *Dritte Gesetz zur Änderung des Betreuungsrechts* auf die viel zitierte Rechtsprechung des BGH, welche dieser im Kemptener Fall in BGHSt 40, S. 257 ff. sowie in Ansätzen zuvor in BGHSt 35, S. 246 ff. begründet hat: Hierzu heißt es in § 1901a Absatz 2 Satz 2 BGB n. F., dass es zur Feststellung des mutmaßlichen Willens des Patienten der Abstellung auf *„konkrete Anhaltspunkte"* bedarf. Normiert wurden in diesem Rahmen, vgl. § 1901a Absatz 2 Satz 3 BGB n. F., insbesondere *„frühere mündliche oder schriftliche Äußerungen, ethische oder religiöse Überzeugungen und sonstige Wertvorstellungen des Patienten"*. In der Rechtsprechung werden darüber hinaus noch die *„altersbedingte Lebenserwartung"* des betroffenen Patienten genannt sowie das *„Erleiden von Schmerzen"*.

cc. Der nicht feststellbare Patientenwille

Nicht zum Gegenstand einer Regelung wurde es im *Dritten Gesetz zur Änderung des Betreuungsrechts* hingegen gemacht, wie in dem Fall vorzugehen ist, dass unter Zugrundelegung der genannten Kriterien auch der mutmaßliche Wille des Patienten nicht zu ermitteln ist, so dass sich die Frage stellt, ob in diesem Fall – in entsprechender Anwendung der Rechtsprechung aus BGHSt 40, S. 257 ff. – der hypothetische Wille des Patienten unter Heranziehung allgemeiner Wertvorstellungen zu ermitteln ist.

In der Begründung selbst sind keine direkten Ausführungen enthalten, allenfalls lässt sich auf Folgendes verweisen:*„Kann ein auf die Durchführung, die Nichteinleitung oder die Beendigung einer ärztlichen Maßnahme gerichteter Wille des Betreuten auch nach Ausschöpfung aller verfügbarer Erkenntnisse nicht festgestellt werden, gebietet es das hohe Rechtsgut auf Leben, entsprechend dem Wohl des Betreuten zu entscheiden und dabei dem Schutz seines Lebens Vorrang einzuräumen"*.

Nicht eindeutig ist, was unter *„allen verfügbaren Erkenntnissen"* zu verstehen ist bzw. davon umfasst wird. Auf der einen Seite kann argumentiert werden, dass anhand dieser Ausführungen offenbar wird, dass die eingehend erläuterte und sowohl in der Literatur als auch in der Rechtsprechung vielfach kritisierte Abstellung auf allgemeine Wertvorstellungen und somit objektive Kriterien in der Situation, dass sich auch der mutmaßliche Wille des Patienten nicht ermitteln lässt, im *Dritten Gesetz zur Änderung des Betreuungsrechts keinen* Eingang gefunden hat[1219]. Unter Zugrundelegung dieser Alternative würden sich die Ausführungen der Begründung wie folgt werten lassen: Lässt sich *der mutmaßliche Wille* des Patienten *„auch nach Ausschöpfung aller verfügbaren Erkenntnisse"* nicht ermitteln, ist in Anwendung der Grundsätze des BGH in BGHZ 154, S. 205 (219) zum einen die jeweilige Entscheidung am *Wohle* des Betroffenen auszurichten und zum anderen direkt der Grundsatz *pro vita* zugrunde zu legen.

Auf der anderen Seite kann angeführt werden, dass von dem Hinweis auf die *„Ausschöpfung aller verfügbaren Erkenntnisse"* gleichfalls die allgemeinen Wertvorstellungen umfasst sind, was bedeuten würde, dass nicht bereits nach einer gescheiterten Ermittlung des mutmaßlichen Willens des betroffenen Patienten von weiteren verobjektivierteren Ermittlungen zur Feststellung eines zumindest hypothetischen Willens Abstand genommen werden müsste. Das in Bezug auf das *Dritte Gesetz zur Änderung des Betreuungsrechts* bis dato ergangene Schrifttum verhält sich in diesem Zusammenhang in seiner, wenn überhaupt Bezug nehmenden Haltung restriktiv: So führt etwa *Brosey*[1220] an, dass der Betreuer, wenn er nach Abschluss seiner Erkundigungen zur Feststellung des mutmaßlichen Willens des Betreuten keine Anhaltspunkte für einen Willen hat, welcher eine weitere Behandlung untersagt, *„im Zweifel einer ärztlich indizierten Maßnahme zustimmen (sollte)"* und *Hoffmann*[1221] vermerkt, dass in diesem Fall *„entsprechend dem Rang des Rechtsgutes Leben dem Schutz des Lebens Vorrang einzuräumen ist, solange ein ärztliches Behandlungsangebot vorliegt, denn dem Rechtsgut Leben steht dann nicht ein Recht des Betroffenen auf Selbstbestimmung gegenüber"*. Vergleichbares gilt für *Brodführer*[1222], welche schlussfolgert, dass die Patientenverfügung vielmehr nicht bindend ist, wenn durch Auslegung kein Patientenwille ermittelt werden kann oder sich verschiedene Auslegungsmöglichkeiten ergeben – in dem Fall kann *„ihr (...) nur Indizwirkung zur Ermittlung des mutmaßlichen Patientenwillens zukommen (und somit im Sinne des § 1901a Absatz 2 BGB n. F. vorgegangen werden, Anm. der Verasserin)"*. Einen schärferen Tonfall schlägt hingegen *Höfling*[1223] an, welcher anführt, dass mit § 1901a Absatz 2 BGB n. F. *„nunmehr klargestellt (ist, Anm. der Verfasserin), dass allein auf individuelle konkrete Kriterien zurückgegriffen werden darf, damit eine Entscheidung am Lebensende wirklich die erforderliche Rückbindung an das Selbstbestimmungsrecht der betroffenen Patienten wahrt"*. Dies verwundert in Anbetracht seiner Grundhaltung zur Abstellung auf allge-

1219 So auch Beckmann MedR 2009, S. 5(586).

1220 Brosey BtPrax 2009, S. 175 (177).

1221 Hoffmann BtPrax 2009, S. 7 (12).

1222 Brodführer, S. 152.

1223 Höfling NJW 2009, S. 2849 (2851).

meine Wertvorstellungen jedoch nicht: *„Hier zeigt sich eine besondere Variante einer verfassungsrechtlich unzulässigen Entkopplung von Integritäts- und Würdeschutz, bei der sich in letzter Konsequenz ein „objektiv" definiertes Würdeverständnis gegen das Leben wendet"*.

Es bleibt vielmehr somit eine weitere Entwicklung im Schrifttum oder auch als Gegenstand einer klarstellenden Rechtsprechung abzuwarten, vom Grunde her hat sich durch das *Dritte Gesetz zur Änderung des Betreuungsrecht* somit diesbezüglich nicht viel geändert: Der Abstellung auf allgemeine Wertvorstellungen, wenn sich auch ein nur mutmaßlicher Patientenwille nicht ermitteln lässt, wird somit nach wie vor skeptisch gegenübergestanden.

dd. Das Gespräch zur Feststellung des Patientenwillens, § 1901b BGB n. F.

Ein besonderer Stellenwert sowohl innerhalb der zu treffenden Entscheidung des Betreuers als auch der Feststellung des Patientenwillens nach § 1901a Absatz 1 und 2 BGB n. F. kommt der Interaktion und Kommunikation zwischen den Beteiligten zu, namentlich dem behandelnden Arzt, dem jeweiligen Vertreter sowie den nahen Angehörigen[1224] und sonstigen Vertrauenspersonen[1225].

aaa. Die Interaktion zwischen Arzt und Betreuer, § 1901b Absatz 1 BGB n. F.

Im Rahmen der zu treffenden Entscheidung des Betreuers im Zusammenhang mit einer medizinischen Maßnahme ist der behandelnde Arzt gefragt. Dieser hat gemäß § 1901b Absatz 1 BGB n. F. zu prüfen, *„welche ärztliche Maßnahme im Hinblick auf den Gesamtzustand und die Prognose des Patienten indiziert ist"*. Durch diese Indikationsstellung nimmt der Arzt die entscheidende Weichenstellung für den weiteren Behandlungsverlauf vor. In Anwendung der Rechtsprechung des BGH in BGHZ 154, S. 205 erübrigen sich in dem Falle, dass nach seiner Einschätzung keine Indikation für eine bestimmte medizinische Maßnahme vorliegt, d. h. er eine solche *nicht anbietet*, alle weiteren Überlegungen zur Aufklärung, Einwilligung, Konsensfindung, Dokumentation oder Einschaltung des Betreuungsgerichts[1226].

1224 Als *„nahe Angehörige"* sind dabei neben engen Verwandten wie Kindern und Eltern, zudem Ehegatten oder Lebenspartner zu zählen, des Weiteren diejenigen Angehörgen, die in einem tatsächlichen persönlichen Näheverhältnis zu dem Betroffenen stehen.

1225 Vom Begriff der sonstigen Vertrauenspersonen umfasst sind etwa auch Pflegekinder, Pflegeeltern oder Lebensgefährten, weiterhin enge Freunde oder auch Seelsorger, BT-Drucks. 16/8442, S. 16.

1226 Beckmann MedR 2009, S. 582 ff.

Kommt der behandelnde Arzt zu dem Entschluss, dass eine bestimmte medizinische Maßnahme bei dem Patienten indiziert ist, folgt die Erörterung dieser Maßnahme mit dem Betreuer unter Berücksichtigung des in der Patientenverfügung geäußerten bzw. des ermittelten mutmaßlichen Willens des Patienten. An dem Ergebnis dieser Erörterung ist sodann die Entscheidung des Betreuers über Aufnahme, Fortsetzung oder Abbruch einer medizinischen Maßnahme auszurichten. Dies gilt im Falle des Vorliegens einer Patientenverfügung iSd § 1901a Absatz 1 Satz 1 BGB n. F. lediglich hinsichtlich der Betreuerentscheidung darüber, ob die aktuelle Lebens- und Behandlungssituation vom Inhalt der Verfügung gedeckt ist[1227].

bbb. Soziale Kontrolle, § 1901b Absatz 2 BGB n. F.

Sowohl bei der Feststellung des Patientenwillens nach § 1901a Absatz 1 BGB n. F. als auch von Behandlungswünschen und dem mutmaßlichen Willen des Patienten nach § 1901a Absatz 2 BGB n. F. ist nahen Angehörigen und sonstigen Vertrauenspersonen die Gelegenheit zur Äußerung zu geben. Die Einbeziehung soll zum einen eine gründliche und differenzierte Entscheidungsfindung garantieren, zum anderen ist sie jedoch auch als Element der *sozialen Kontrolle*[1228] der Entscheidung des Betreuers zu erachten.

Anzuführen ist in diesem Zusammenhang, dass eine solche soziale Kontrolle jedoch stets unter der Prämisse steht, dass besagte Äußerungen ohne erhebliche Verzögerungen einzuholen sind: Die Begründung führt hierzu aus[1229], dass auf die Dringlichkeit der in Frage stehenden medizinischen Maßnahme, die Notwendigkeit aufwändiger Personen- oder Anschriftenermittlungen und die Erreichbarkeit der genannten Personen abzustellen ist. Mit *Beckmann*[1230] ist jedoch anzuführen, dass die Gefahr einer erheblichen Verzögerung der Entscheidungsfindung nur bei besonders eilbedürftigen Behandlungen - etwa wenn ad hoc eine lebensgefährdende Situation eintritt - auftreten kann. Geht es um die Einstellung lebenserhaltender Maßnahmen, werden hingegen kaum Fälle denkbar sein, in denen auf die Einbeziehung der Angehörigen und Vertrauenspersonen aus Zeitgründen verzichtet werden muss. Vielmehr sollte eine gewisse Verzögerung hier in Kauf genommen werden, um eine gründliche Entscheidungsfindung zu ermöglichen.

1227 *Olzen* führt an, dass die Vorschrift des § 1901b Absatz 1 BGB n. F. hier missverständlich formuliert ist, da sie nicht zwischen der Rechtslage bei wirksamer Patientenverfügung sowie deren Fehlen differenziert, vgl. Olzen JR 2009, S. 354 (358).

1228 Vgl. hierzu Beckmann MedR 2009, S. 582 (583).

1229 BT-Drucks 16/8442, S. 16.

1230 Beckmann MedR 2009, S. 582 (583).

Zu betonen gilt jedoch, dass in jedem Fall von der Einholung derartiger Äußerungen abzusehen ist, wenn dies dem erklärten bzw. erkennbaren Willen des betroffenen Patienten widerspricht.

e. Der Widerruf der Patientenverfügung, § 1901a Absatz 1 Satz 3 BGB n. F.

Gemäß § 1901a Absatz 1 Satz 3 BGB n. F. kann *„eine Patientenverfügung (...) jederzeit formlos widerrufen werden"*, d. h. das Schriftformerfordernis, welches als Voraussetzung an die Wirksamkeit einer Patientenverfügung nach § 1901a Absatz 1 gestellt wird, gilt nicht im Umkehrschluss auch für deren Aufhebung. Da dies für die Aufhebung eines formbedürftigen Rechtsgeschäfts nicht grundsätzlich Geltung beansprucht, siehe etwa die §§ 2290 Absatz 2, 2351 BGB, wird auf diesen Umstand gemäß der Begründung im Gesetz selbst ausdrücklich verwiesen[1231].

Folglich kann der Widerruf einer Patientenverfügung nach dem *Dritten Gesetz zur Änderung des Betreuungsrechts* auch mündlich oder durch nonverbales Verhalten[1232] zum Ausdruck gebracht werden - die Änderung des Willens muss somit lediglich *hinreichend deutlich* gemacht werden.

f. Keine Pflicht zur Errichtung einer Patientenverfügung, § 1901a Absatz 4 BGB n. F.

In § 1901a Absatz 4 Satz 1 BGB n. F. wird ausdrücklich geregelt, dass *„niemand (...) zur Errichtung einer Patientenverfügung verpflichtet werden (kann)"* und § 1901a Absatz 4 Satz 2 BGB n. F. führt an, dass *„die Errichtung oder Vorlage einer Patientenverfügung (...) nicht zur Bedingung eines Vertragsschlusses gemacht werden (darf, Anm. der Verfasserin)"*. Diese Regelung zielt darauf ab, dass der Abschluss z. B. eines Heimaufnahme- oder Versicherungsvertrages nicht von dem Bestehen einer Patientenverfügung abhängig gemacht werden kann, um so individuellem und gesellschaftlichen Druck zur Errichtung einer bestimmten Patientenverfügung entgegenzuwirken[1233].

1231 BT-Drucks 16/8442, S. 13.

1232 Im Hinblick auf die der Ausarbeitung zugrunde liegenden Patientengruppen beansprucht dieser Fall somit lediglich im Zusammenhang mit dem ALS-Patienten Geltung.

1233 Beschlussempfehlung, BT-Drucks, S. 20.

g. *Exkurs: Strafrechtliche Bedeutung der Patientenverfügung*

Im *Dritten Gesetz zur Änderung des Betreuungsrechts* wurde von einer Aufnahme der Patientenverfügung in das Gefüge des Strafrechts in Gänze abgesehen, gleiches gilt des Weiteren in Hinsicht auf eine über die geltenden Bestimmungen hinausgehende strafrechtliche Regelung der Voraussetzungen und Grenzen zulässiger Sterbehilfemaßnahmen.

Patientenverfügungen werden von der Tendenz ihrer Ausrichtung her zwar primär im Zivilrecht angesiedelt, ihnen kann jedoch gleichwohl grundsätzlich strafrechtliche Bedeutung zukommen, wenn auf die Frage verwiesen wird, ob eine Fortführung der lebensverlängernden medizinischen Behandlung bei dem betroffenen Patienten legitimiert ist oder nicht. Insbesondere beansprucht die Thematik der jeweiligen Bindungswirkung von Patientenverfügungen *strafrechtliche* Geltung für sich, da sie unmittelbaren Einfluss auf die Strafbarkeit ihrer Adressaten hat.

Ohne auf die Problematik rund um eine grundlegende Änderung des geltenden materiellen Strafrechts näher einzugehen,[1234] ist anzuführen, dass die Anerkennung des Instituts der Patientenverfügung nicht allein auf das Zivilrecht beschränkt werden sollte: Sowohl die behandelnden Ärzte als auch die jeweiligen Vertreter sowie nahe Angehörige oder sonstige Vertrauenspersonen können sich in Konfliktfällen wechselseitig erhobenen Vorwürfen ausgesetzt sehen, zudem können sie Gefahr laufen, eine das Selbstbestimmungsrecht des Patienten verletzende Körperverletzung zu begehen oder sich in Verkennung der Grenzen einer Patientenverfügung wegen eines fahrlässigen oder vorsätzlichen Tötungsdeliktes strafbar machen.

Im Ergebnis bedarf es in Hinsicht auf das Prinzip der Einheit der Rechtsordnungen und dem hohen Rang der betroffenen Rechtsgüter Leben und der körperlichen Unversehrtheit sowie der Menschenwürde an sich nicht nur der durch das *Dritte Gesetz zur Änderung des Betreuungsrecht* geschaffenen Novellierungen im Bereich des Zivilrechts, vielmehr muss auch das Strafrecht dergestalt einer Änderung unterzogen werden, dass das Institut der Patientenverfügung zu einer dortigen Aufnahme gelangt[1235]: Dies könnte zum einen direkt im materiellen Strafrecht vollzogen werden, wie durch den AE-Sterbebegleitung aus dem Jahre

1234 Wie angeführt, könnten Ausnahmen von einem Tötungsverbot in den §§ 211 ff. StGB bzw. im Rahmen eines spezialgesetzlichen Sterbehilfegesetzes zur Normierung gelangen, wofür es u. a. mit den Entwürfen der Alternativ-Professoren in den Jahren 1986 sowie 2006 gewichtige Vorschläge gab, siehe aaO.

1235 Im Ergebnis ist somit den Ausführungen von Schöch/Verrel zuzustimmen, welche anführen, dass eine Regelung von Patientenverfügungen allein im Betreuungsrecht vollzogen wird, Schöch/Verrel GA 2005, S. 553 (564).

2006 in den §§ 214 Absatz 1 Nr. 2, 214a AE-Sterbebegleitung vorgeschlagen wurde oder aber spezialgesetzlich in einer eigenständigen gesetzlichen Regelung wie sie etwa durch *Höfling*[1236] im Wege des von ihm im Auftrage der Deutschen Hospiz-Stiftung erarbeiteten Patientenautonomie- und Integritätsschutzgesetzes im dortigen § 4 vorgeschlagen wurde.

Da es bislang an einer über die geltenden Bestimmungen hinausgehenden strafrechtlichen Regelung der Voraussetzungen und Grenzen zulässiger Sterbehilfe fehlt, ist jedoch zumindest davon auszugehen, dass die Vorschriften der §§ 1901a f. BGB n. F. bei der Anwendung der strafrechtlichen Bestimmungen zum Schutze des Lebens der §§ 211 ff. StGB zu beachten sind: Im Ergbnis definiert das *Dritte Gesetz zur Änderung des Betreuungsrechts* somit zulässige Einwirkungen auf das Leben und nimmt damit den Sanktionsregelungen der §§ 211 ff. StGB den Bezugspunkt einer Sanktion[1237] – jedenfalls soweit die gesetzlichen Bestimmungen eingehalten werden.

3. Ergebnis

Im *Dritten Gesetz zur Änderung des Betreuungsrechts* wurde vollständig auf die Normierung einer Reichweitenbeschränkung verzichtet, es ist dem Einzelnen somit vielmehr sowohl möglich, in einer Patientenverfügung bestimmte medizinische Behandlungen antizipiert abzulehnen als auch sich spiegelbildlich für die Vornahme nur bestimmter ärztlicher Maßnahmen auszusprechen. Darüber hinaus bestehen auch keine Beschränkungen auf nur bestimmte Krankheitsstadien: Somit kann der Einzelne sowohl terminale Leiden, welche durch einen irreversibel tödlichen Verlauf gekennzeichnet sind, zum Regelungsgegenstand einer Patientenverfügung nach § 1901a Absatz 1 BGB n. F. machen als auch solche spezieller Art, für welche - wie im Falle des apallischen Syndroms - eine medizinische Verlaufsprognose nicht verlässlich getätigt werden kann.

Des Weiteren kommt durch § 1901a Absatz 1 BGB n. F. zum Ausdruck, dass dann, wenn schriftliche Festlegungen des Einzelnen den darin enthaltenen Voraussetzungen entsprechen, diese rechtlich verbindlich sind und eine Betreuerentscheidung in diesem Fall *nicht* erforderlich ist. Gleiches gilt zudem für die Festsetzungen in § 1901a Absatz 2 BGB n. F.: Die gesetzlich normierte Pflicht des Betreuers, im dem Falle, dass schriftliche Festlegungen des Betreuten nicht den Voraussetzungen einer Patientenverfügung nach § 1901a Absatz 1 BGB n. F. erfüllen, in Interaktion mit dem behandelnden Arzt und nahen Angehörigen, § 1901b BGB n. F., die Behandlungswünsche bzw. den mutmaßlichen Wil-

1236 Höfling MedR 2006, S. 25 ff.

1237 Höfling MedR 2006, S. 25 (28).

len des Betreuten zu ermitteln. Hier findet die Rechtsprechung des BGH aus BGHSt 40, S. 257 ff. gesetzlichen Eingang.

Dies gilt gleichfalls jedoch nicht für den Fall, dass auch ein solcher nicht zu ermitteln ist: Die Begründung führt hierzu lediglich an, dass eine Entscheidung des Vertreters dann am Wohl des Patienten zu orientieren und im Zweifel *pro vita* zu entscheiden ist, eine Erörterung der Möglichkeit des Abstellens auf allgemeine Wertvorstellungen erfolgt hingegen nicht.

III. Vorsorgevollmacht und Betreuungsverfügung

1. Die Vorsorgevollmacht, § 1896 Absatz 2 Satz 2 BGB

Die erste Möglichkeit der Übertragung des personalen Entscheidungsrechts im Falle des Eintritts der Entscheidungsunfähigkeit in der Person des Patienten ist die Erteilung einer Vorsorgevollmacht, auch bezeichnet als sog. *gewillkürte Vertretung.*

a. Erläuterungen zu Begrifflichkeit und Rechtsnatur

aa. Die Vorsorgevollmacht und das ihr zugrunde liegende Verständnis

Mit einer Vorsorgevollmacht wird im Gegensatz zu einer Patientenverfügung nicht verfügt, *was* im Falle des Eintritts bestimmter pathologischer Umstände in der Person des Patienten zu tun bzw. zu unterlassen ist, sondern vielmehr *wer* im Vorsorgefall rechtsverbindliche Erklärungen mit Wirkung für und gegen den Vollmachtgeber treffen soll. Daraus folgt somit, dass eine Vorsorgevollmacht und eine Patientenverfügung im Idealfall neben einander stehen und sich ergänzen.

Zur gesetzlichen oder zu einer auf einer Betreuungsverfügung basierenden gewillkürten Betreuung steht die Vorsorgevollmacht im Verhältnis der Spezialität: Grundsätzlich ist die Anordnung der Betreuung nicht erforderlich, *„soweit die Angelegenheiten des Volljährigen durch einen Bevollmächtigten (...) oder durch andere Hilfen*[1238] *(...), ebenso gut wie durch einen Betreuer besorgt werden können“*, sog. *Subsidiarität der Betreuung*, § 1896 Absatz 2 Satz 2 BGB. Im Ergebnis lässt sich eine gesetzliche Betreuung insgesamt somit nur durch eine Vorsorgevollmacht vermeiden. Grundsätzlich hat das Gericht Hinweisen auf das

1238 Siehe hierzu die Übersicht bei Palandt/*Diederichsen*, § 1896 Rdn. 12.

Vorhandensein einer Vorsorgevollmacht nach § 26 FamFG[1239] von Amts wegen nachzugehen[1240].

bb. Die Rechtsnatur der Vorsorgevollmacht

Der Sache nach handelt es sich bei der Vorsorgevollmacht um eine bedingte, da für den Fall des Verlustes der Geschäftsfähigkeit geltende Vollmacht[1241]. Dabei braucht eine solche nicht die ausdrückliche Klausel zu enthalten, dass sie erst im Falle des Eintritts der Geschäftsunfähigkeit bzw. des Nachweises eines ärztlichen Attests darüber gelten soll[1242]. Vielmehr sollte von der Einfügung einer solchen Bedingung gemäß § 158 BGB Abstand genommen werden, da für etwaige Geschäftspartner der Eintritt des Vorsorgefalls nur schwerlich nachprüfbar sein wird. Aufgrund dessen ist vielmehr die Erteilung einer unbedingten Vollmacht zu empfehlen, wobei in Verbindung mit einer solchen gleichfalls eine interne Anweisung erfolgen sollte, die dahingehend lautet, dass von der Vorsorgevollmacht erst im Vorsorgefall Gebrauch zu machen ist[1243].

Unter Zugrundelegung dieser Ausführungen gilt hinsichtlich des Zeitpunktes der Wirksamkeit einer Vorsorgevollmacht Folgendes: Grundsätzlich gilt eine Vorsorgevollmacht im *Außenverhältnis* unmittelbar nach Bevollmächtigung, im *Innenverhältnis* hingegen verpflichtet sich der Bevollmächtigte gegenüber dem Patienten, erst in dem Fall von der Vollmacht Gebrauch zu machen, wenn dieser entscheidungsunfähig geworden ist. Auf diese Weise werden somit Unsicherheiten in Bezug auf die Frage der Wirksamkeit einer derartigen Vollmacht vermieden: Käme dieser explizit auch im Außenverhältnis erst ab dem Zeitpunkt Gültigkeit zu, in welchem in der Person des Vollmachtgebers die Entscheidungsunfähigkeit eintritt, so hätte der Bevollmächtigte im Zweifelsfalle nachzuweisen, dass der betroffene Patient tatsächlich entscheidungsunfähig ist, um die Vollmacht wirksam aufleben lassen zu können[1244].

b. Der Inhalt einer Vorsorgevollmacht

Grundsätzlich kommen als Gegenstand einer Vorsorgevollmacht sämtliche Rechtsgeschäfte in Betracht, soweit sie nicht unzulässige Aufgabenkreise betref-

---

1239 § 26 FamFG: Das Gericht hat von Amts wegen die zur Feststellung der Tatsachen erforderlichen Ermittlungen durchzuführen.

1240 BayObLG FamRZ 2003, S. 704.

1241 Vgl. Palandt/*Heinrichs*, § 158 Rdn. 2.

1242 Vgl. die Ausführungen bei Cypionka NJW 1992, S. 207 (208).

1243 Keilbach FamRZ 2003, S. 969 (981).

1244 Nölling Arztrecht 2009, S. 144 (145).

fen[1245]. Von vordergründigem Interesse für die zugrunde liegende Ausarbeitung ist jedoch insbesondere die Bevollmächtigung für die Einwilligung in medizinische Behandlungen bzw. deren Verweigerung, für welche sich neben dem Begriff der *Vorsorgevollmacht in Gesundheitsangelegenheiten* in der Literatur durchaus unterschiedliche Bezeichnungen etabliert haben. Einige verwenden in diesem Zusammenhang die sog. *Vorsorgevollmacht in medizinischen Angelegenheiten*[1246] und von anderen[1247] wird die Vollmacht in Gesundheitsangelegenheiten als *Patientenvollmacht* oder *Gesundheitsfürsorgevollmacht* bezeichnet[1248].

Grundlegend ist als Definition der Vorsorgevollmacht in Gesundheitsangelegenheiten Folgendes festzuhalten: Zu verstehen ist darunter *„die zum Zwecke der Vorsorge erfolgende, zielgerichtete Bevollmächtigung einer Vertrauensperson durch den Betroffenen, im Falle seiner Entscheidungsunfähigkeit die notwendigen Erklärungen und Behandlungsanweisungen nach unter Umständen genauer festgelegten inhaltlichen Vorgaben zu treffen"*.

Auch für den zulässigen Inhalt einer Vorsorgevollmacht, im Speziellen einer solchen in Gesundheitsangelegenheiten, hat das *Dritte Gesetz zur Änderung des Betreuungsrechts* grundlegende Neuerungen erbracht, namentlich hat der Entscheidungsspielraum des Bevollmächtigten im Zusammenhang mit medizinischen Behandlungen des Vertretenen[1249] durch die gesetzliche Absicherung in § 1904 Absatz 5 BGB n. F. eine umfangreiche Erweiterung erfahren. Seit dem Inkrafttreten des vorgenannten Gesetzes zum 01. September 2009 werden vom Entscheidungsspielraum eines Vorsorgebevollmächtigten in Gesundheitsangelegenheiten gemäß § 1904 BGB n. F. auch ausdrücklich Entscheidungen über den Abbruch intensivmedizinischer Maßnahmen erfasst.

c. *Voraussetzungen einer wirksamen Vorsorgevollmacht in Gesundheitsangelegenheiten*

Hinsichtlich der für eine wirksame Vorsorgevollmacht in Gesundheitsangelegenheiten anzusetzenden Voraussetzungen sind neben weiteren insbesondere solche in der Person des Vollmachtgebers und des Bevollmächtigten selbst sowie hinsichtlich der Bestimmtheit des Umfanges der Vollmacht von ausschlaggebender Relevanz.

1245 Palandt/*Diederichsen*, Einf v § 1896 Rdn. 5.

1246 Brodführer, S. 92.

1247 Heyers, 151 ff; Keilbach FamRZ 2003, S. 969 (971).

1248 Taupitz 63. DJT, S. A. 97.

1249 Neben den Novellierungen der §§ 1901a Absatz 5, 1901b Absatz 3 BGB n. F. die Patientenverfügung und die Ermittlung des mutmaßlichen Willens betreffend.

aa. Formelle Voraussetzungen

Im Rahmen der formellen Erfordernisse sind vornehmlich Anforderungen an die Person des Vollmachtgebers sowie des Bevollmächtigten zu stellen, zudem ist auf das zwingende Schriftformerfordernis einzugehen.

aaa. Anforderungen an die Person des Vollmachtgebers

Ob die wirksame Erteilung einer Vorsorgevollmacht im Allgemeinen grundsätzlich Geschäftsfähigkeit voraussetzt, wird in der Literatur nicht einhellig bewertet. Nach einer überwiegenden Ansicht[1250] wird zum einen vertreten, dass der Vollmachtgeber aus § 104 BGB folgend zum Zeitpunkt der Vollmachtserteilung geschäftsfähig sein muss, was auch für die Bevollmächtigung in Gesundheitsangelegenheiten Geltung beanspruche. Zum anderen wird angeführt, dass diese grundsätzlich lediglich für die Vorsorgevollmacht im Allgemeinen geltenden Bestimmungen nicht auch für deren spezielle Ausformung der Vorsorgevollmacht in Gesundheitsangelegenheiten zu übernehmen seien. Zudem wird erneut wie folgt differenziert: So wird auf der einen Seite[1251] die Theorie der partiellen Geschäftsfähigkeit angeführt, nach welcher derjenige wirksam bevollmächtigen könne, der die notwendige Einsichtsfähigkeit in Bedeutung, Tragweite und Risiken der Erteilung einer Vorsorgevollmacht in Gesundheitsangelegenheiten hat, auf der anderen Seite hingegen gefordert[1252], dass der Vollmachtgeber hinsichtlich der Auswirkungen der Übertragung der Entscheidungsbefugnisse in Gesundheitsangelegenheiten über die erforderliche Einsichtsfähigkeit verfügen müsse.

Hinsichtlich der Erfordernisse, welche an die Person des Vollmachtgebers im Zusammenhang mit dem Widerruf einer Vollmacht, auch einer solchen in Gesundheitsangelegenheiten, zu stellen sind, herrscht hingegen überwiegende Einigkeit: Da die Vorsorgevollmacht grundsätzlich der Verwirklichung des Selbstbestimmungsrechts des Vollmachtgebers diene – aus ihr somit keine Einschränkung der Autonomie des Betroffenen folgen – stehe es diesem jederzeit frei, die von ihm erteilte Vollmacht ohne besondere Anforderungen an die Form zu widerrufen. In diesem Zusammenhang ist die Geschäftsfähigkeit des Vollmachtgebers entgegen weniger Gegenstimmen[1253] somit nicht von Erforderlichkeit.

1250 N. w. Heyers, S. 165; Keilbach FamRZ 2003, S. 969 (979); Taupitz 63. DJT, S. A. 102.

1251 MüKo/*Schwab*, § 1904 Rdn. 58; Palandt/*Diederichsen*, Einf v 1896 Rdn. 5.

1252 Staudinger/*Bienwald*, § 1904 Rdn. 68.

1253 BayObLG FamRZ 2002, S. 1220.

bbb. Anforderungen an die Person des Bevollmächtigten

Hinsichtlich der Möglichkeiten, die im Wege einer Vorsorgevollmacht[1254] in Bezug auf die Person des Bevollmächtigten bestehen, ist wie folgt anzuführen, dass dies in der Regel aufgrund des besonderen Vertrauensverhältnisses, welches als Grundlage einer Vorsorgevollmacht vorauszusetzen ist, nur nahe stehende Vertrauenspersonen wie der Ehepartner oder ein enger Verwandter sein werden[1255] bzw. aufgrund der restriktiven Praxis zum Rechtsberatungsgesetz auch nur sein können[1256].

Ist der Bevollmächtigte zudem nicht willens, den ihm erteilten Auftrag auszuführen und von der Vollmacht Gebrauch zu machen[1257] oder ist er zur Wahrnehmung der Interessen des Betroffenen als *untauglich* einzuordnen[1258], ist vielmehr ein Betreuer zu bestellen. Gleiches gilt, wenn der Bevollmächtigte durch seine Tätigkeit aus sonstigen Gründen das Wohl des Betroffenen gefährden würde[1259].

ccc. Schriftformerfordernis, § 1904 Absatz 5 Satz 2 BGB n. F.

Im *Dritten Gesetz zur Änderung des Betreuungsrechts* sind die Voraussetzungen an die Form der Erteilung einer Vollmacht in Gesundheitsangelegenheiten in § 1904 Absatz 5 Satz 2 BGB restriktiv ausgestaltet, indem in diesem wie folgt bestimmt ist: *„Er (der Bevollmächtigte, Anm. der Verfasserin) kann in eine der in Absatz 1 Satz 1 oder Absatz 2 genannten Maßnahmen nur einwilligen, nicht einwilligen oder die Einwilligung widerrufen, wenn die Vollmacht diese Maßnahmen ausdrücklich umfasst und schriftlich erteilt ist.“* Die Vollmachtserteilung in Gesundheitsangelegenheiten ist somit dem Schriftformerfordernis unterworfen, § 126 Absatz 1 BGB, eine nur mündlich erteilte Vollmacht mit diesem Aufgabenkreis ist somit gemäß § 125 BGB nichtig.

1254 Sowohl einer allgemeinen als auch einer solchen speziell mit dem Aufgabenbereich der Stellvertretung in Gesundheitsangelegenheiten.

1255 *Sternberg-Lieben* in: FS-Lenckner, S. 349 (364).

1256 Vgl. hierzu im Speziellen Ahrens BtPrax 2005, S. 163 f.

1257 Siehe hier den Fall des BayObLG FamRZ 2004, S. 1403.

1258 Bspw. wenn seine Geschäftsfähigkeit selbst zweifelhaft oder der Verdacht des Missbrauchs begründet ist, wie etwa in dem Fall, dass der Bevollmächtigte die Vollmacht zu eigenen Zwecken missbraucht. Hierbei ist auf die Fälle des BayObLG FamRZ 2003, S. 1219 (1220) sowie OLG Brandenburg FamRZ 2005, S. 1859 und des OLG Zweibrücken FamRZ 2006, S. 1710 zu verweisen, wobei anzumerken ist, dass diese nicht im Speziellen eine Vorsorgevollmacht in Gesundheitsangelegenheiten zum Gegenstand haben, sondern vielmehr eine *allgemeine* Vorsorgevollmacht.

1259 Vgl. Kammergericht Berlin FamRZ 2006, S. 1301.

Teilweise wird darüber hinaus empfohlen, die Vorsorgevollmacht durch einen Notar beurkunden zu lassen. Dies habe den Vorteil, dass einer notariell beurkundeten Vollmacht für den Fall, dass die Wirksamkeit einer Vorsorgevollmacht wegen mangelnder Geschäftsfähigkeit angezweifelt wird, ein erhöhter Beweiswert zukomme, da der Notar gemäß § 11 Beurkundungsgesetz (BeurkG) dazu verpflichtet ist, die Geschäftsfähigkeit des Vollmachtgebers zu überprüfen und eine Beurkundung bei fehlender Fähigkeit abzulehnen[1260]. Zudem habe der Notar grundsätzlich auf die Möglichkeit der Registrierung der Vollmacht im *Zentralen Vorsorgeregister* hinzuweisen, § 20a BeurkG[1261]. Dieses ist ein nach § 78a Bundesnotarordnung (BNotO)[1262] bei der Bundesnotarkammer geführtes, automatisiertes Register über Vorsorgevollmachten und Betreuungsverfügungen, in welchem *„Angaben über Vollmachtgeber, Bevollmächtigte, die Vollmacht, deren Inhalt sowie über Vorschläge zur Auswahl eines Betreuers, Wünsche zur Wahrnehmung der Betreuung und den Vorschlagenden aufgenommen werden"*. Im Ergebnis ist dies somit ein dienliches Instrument im Lichte der Rechtssicherheit und darüber hinaus zur Absicherung der Beteiligten[1263], welche im Falle des Eintritts der Entscheidungsunfähigkeit des Patienten über lebensbeendende Behandlungsentscheidungen zu urteilen haben.

1260 Vgl. Keilbach FamRZ 2003, S. 969 (980).

1261 § 20a BeurkG: Vorsorgevollmacht: *„Beurkundet der Notar eine Vorsorgevollmacht, so soll er auf die Möglichkeit der Registrierung bei dem Zentralen Vorsorgeregister nach § 78a Absatz 1 der Bundesnotarordnung hinweisen"*.

1262 § 78a Bundesnotarordnung: „(1) Die Bundesnotarkammer führt ein automatisiertes Register über Vorsorgevollmachten und Betreuungsverfügungen (Zentrales Vorsorgeregister). In dieses Register dürfen Angaben über Vollmachtgeber, Bevollmächtigte, die Vollmacht, deren Inhalt sowie über Vorschläge zur Auswahl eines Betreuers, Wünsche zur Wahrnehmung der Betreuung und den Vorschlagenden aufgenommen werden. Das Bundesministerium der Justiz führt die Rechtsaufsicht über die Registerbehörde. (2) Dem Gericht wird auf Ersuchen Auskunft aus dem Register erteilt. Die Auskunft kann im Wege der Datenfernübertragung erteilt werden. Dabei sind auf dem jeweiligen Stand der Technik entsprechende Maßnahmen zur Sicherstellung von Datenschutz und Datensicherheit zu treffen, die insbesondere die Vertraulichkeit, Unversehrtheit und Zurechenbarkeit der Daten gewährleisten; im Falle der Nutzung allgemein zugänglicher Netze sind dem jeweiligen Stand der Technik entsprechende Verschlüsselungsverfahren anzuwenden. (3) Das Bundesministerium der Justiz hat durch Rechtsverordnung mit Zustimmung des Bundesrates die näheren Bestimmungen über die Einrichtung und Führung des Registers, die Auskunft aus dem Register und über Anmeldung, Änderung, Eintragung, Widerruf und Löschung von Eintragungen zu treffen.

1263 Siehe hierzu Palandt/*Diederichsen*, Einf v § 1896 Rdn. 3, welcher ausführt: *„Durch Abruf der Daten lassen sich unnötige gerichtliche Maßnahmen vermeiden"*.

bb. Materielle Voraussetzungen: Bestimmtheit, § 1904 Absatz 5 Satz 2 BGB n. F.

Die Wirksamkeit einer Einwilligung, Nichteinwilligung sowie des Widerrufs einer Einwilligung des in einer Vorsorgevollmacht in Gesundheitsangelegenheiten Bevollmächtigten ist nach § 1904 Absatz 5 Satz 2 BGB n. F. davon abhängig, ob diese zum einen schriftlich erteilt wurde und zum anderen *„diese Maßnahmen ausdrücklich umfasst"*, d. h. die Vollmacht muss inhaltlich hinreichend bestimmt sein.

Daraus folgt, dass der Schutzzweck dieser Bestimmung[1264] im Falle einer allgemeinen Bevollmächtigung, die den Bevollmächtigten nur vage *„zur Entscheidung über medizinische Maßnahmen"* bevollmächtigt, vielmehr nicht ausreichend gewahrt ist. Zu fordern ist auch, dass durch den Vollmachtgeber zumindest sinngemäß auf die mögliche Folge der Lebensverkürzung einzugehen ist, da so sichergestellt wird, dass dieser über die erforderliche Einsicht in Bedeutung und Tragweite der Entscheidung über lebensbeendende intensivmedizinische Maßnahmen durch den Vertreter verfügt[1265].

2. Die Betreuungsverfügung, § 1897 Absatz 4 Satz 1 BGB

Die zweite Möglichkeit der Übertragung des personalen Entscheidungsrechts im Falle des Eintritts der Entscheidungsunfähigkeit in der Person des Patienten nach der Bevollmächtigung eines Vorsorgebevollmächtigten ist die in § 1897 Absatz 4 Satz 1 BGB geregelte sog. *Betreuungsverfügung*[1266].

a. Definition

Das Institut der Betreuungsverfügung ist in § 1897 Absatz 4 Satz 1 und 2 BGB normiert, welcher bestimmt: *„Schlägt der Volljährige eine Person vor, die zum Betreuer bestellt werden kann, so ist diesem Vorschlag zu entsprechen, wenn es dem Wohl des Volljährigen nicht zuwiderläuft. Schlägt er vor, eine bestimmte Person nicht zu bestellen, so soll hierauf Rücksicht genommen werden*". Festzuhalten ist, dass die Betreuungsverfügung keine Willenserklärung im Rechtssinne, sondern eine Möglichkeit der antizipierten Willensäußerung ist[1267].

1264 Der Schutz des Vollmachtgebers vor einer übereilten und unüberlegten Entscheidung im Zusammenhang mit Maßnahmen, die mit erheblicher Gesundheits- und Lebensgefahr des Betroffenen verbunden sind, siehe hierzu die Ausführungen in der Begründung selbst, BT-Drucks 16/8442, S. 19.

1265 Siehe hierzu Berger JZ 2000, S. 797 (803).

1266 Siehe speziell zu diesem Institut *Lipp* in: FS-Bienwald, S. 177 ff.

1267 Keilbach FamRZ 2003, S. 969 (971); Heyers, S. 178.

Grundsätzlich ist die Anordnung der Betreuung auch eines im Rahmen einer Betreuungsverfügung bestimmten Betreuers nur erforderlich, *„soweit die Angelegenheiten des Volljährigen durch einen Bevollmächtigten (...) oder durch andere Hilfen (...), ebenso gut wie durch einen Betreuer besorgt werden können“*, sog. *Subsidiarität der Betreuung*, § 1896 Absatz 2 Satz 2 BGB[1268].

b. Der Inhalt einer Betreuungsverfügung

Durch die Betreuungsverfügung wird dem Einzelnen ermöglicht, für den späteren Fall seiner Betreuungsbedürftigkeit und somit schon vor der Bestellung eines gesetzlichen Betreuers durch das Betreuungsgericht von Amts wegen vorzusorgen.

aa. Ausgestaltung

Namentlich beinhaltet die Betreuungsverfügung als eigenständiges Instrument privater Vorsorge einen privatautonomen Vorschlag des zu Betreuenden an das Betreuungsgericht mit dessen Hilfe sich die gesetzliche Betreuung nach den jeweiligen Vorstellungen des Verfügenden individuell ausgestalten lässt.

Neben der Auswahl der Person des Betreuers, § 1897 Absatz 4 Satz 1 und 2 BGB, können zudem die Übertragung bestimmter Aufgabenkreise, § 1896 BGB Absatz 2 Satz 1, Absatz 3; §§ 1901 Absatz 1, § 1904 BGB n. F., die Lebensgestaltung während der Betreuung, § 1901 Absatz 3 Satz 2 BGB, oder aber Angelegenheiten die Unterbringung, § 1906 BGB, bzw. die Wohnung betreffend, § 1907 BGB, gegenständlich sein. Von vorrangiger Bedeutung für die gegenständliche Ausarbeitung ist insbesondere die Übertragung des Aufgabenkreises *„Sorge für die Gesundheit“* an den Betreuer, namentlich von Behandlungsanweisungen in Form von wirksamer Einwilligung in und Verweigerung einer medizinischen Behandlung des Betreuten.

Zu betonen gilt es in diesem Zusammenhang jedoch gleichfalls, dass das Gesetz in § 1901 Absatz 3 Satz 1 BGB für den Betreuer die Möglichkeit vorsieht, in der Betreuungsverfügung enthaltene, unzumutbare Wünsche des Betroffenen abzulehnen: Der Wunsch des Betroffenen verpflichtet den Betreuer einzig innerhalb der je nach Aufgabenkreis und individueller Situation jeweils erforderlichen Rechtsfürsorge[1269].

1268 Gleichwohl kann trotz des Vorliegens einer Vorsorgevollmacht eine Betreuung angeordnet werden, siehe die jeweiligen Fälle in der dezidierten Übersicht bei Palandt/*Diederichsen*, § 1896 Rdn. 11.

1269 MüKo/*Schwab*, § 1901 Rdn. 28.

bb. Vorschläge zur Person des Betreuers

Insgesamt kann eine Betreuungsverfügung sowohl in Form des Vorschlags der Bestellung einer bestimmten Person zum Betreuer ausgestaltet sein, § 1897 Absatz 4 Satz 1 BGB, sog. *positive Betreuungsverfügung*, als auch dahingehend, dass vorgeschlagen wird, eine bestimmte Person *nicht* zum Betreuer zu bestellen, § 1897 Absatz 4 Satz 2 BGB, sog. *negative Betreuungsverfügung*. In diesem Rahmen bestehen evidente Differenzen hinsichtlich der jeweiligen Verbindlichkeit. So ist der Vorschlag des Betroffenen, eine bestimmte Person zum Betreuer zu bestellen, für das Betreuungsgericht nach § 1897 Absatz 4 Satz 1 BGB verbindlich, äußert sich der Betroffene hingegen negativ, so soll darauf gemäß § 1897 Absatz 4 Satz 2 BGB lediglich Rücksicht genommen werden. Hierbei ist Folgendes zu betonen: Diese unterschiedliche Wahl des Gesetzeswortlautes ist nicht prinzipiell so verstehen, dass einer negativen Verfügung eine geringere Bindungswirkung zukommt, vielmehr ist auch hier unter Zugrundelegung des Prinzips der Auslegung vorzugehen. Lehnt der Betroffene nur einzelne Personen ab, gibt es keine sachliche Rechtfertigung dafür, diesem Wunsch eine geringere Bedeutung zuzumessen als einem positiven Vorschlag, vielmehr muss die Bestellung dieser Person unterbleiben, es sei denn, dass dies dem Wohl des Betroffenen widerspricht[1270]. Anders liegt der Fall hingegen, wenn der Betroffene in einer Betreuungsverfügung alle in Frage kommenden Personen ablehnt, da sich sein Wille dann gegen die Bestellung eines Betreuers im Allgemeinen richtet. Dies ist jedoch ein Fall der sog. *Zwangsbetreuung*, deren Voraussetzungen sich nach § 1896 Absatz 1a BGB richten[1271].

c. Voraussetzungen für die Abfassung einer Betreuungsverfügung

Des Weiteren ist zu erläutern, ob und welche konkreten Voraussetzungen an die Abfassung einer Betreuungsverfügung zu stellen sind, damit dieser im Rechtsverkehr eine rechtsverbindliche Wirkung zukommt.

aa. Voraussetzungen an die Person des Betreuers, § 1897 Absatz 4 Satz 1 BGB

Unter Beachtung des stetigen Maßstabs für die Betreuungsarbeit[1272] legt § 1897 Absatz 1 Satz 1 BGB fest, dass das Betreuungsgericht zum Betreuer eine natürliche Person zu bestellen hat, die *geeignet* ist, in dem gerichtlich bestimmten Aufgabenkreis die Angelegenheiten des Betreuten *rechtlich* zu besorgen und ihn

1270 Jürgens/*Jürgens*, § 1897 Rdn. 16; *Roth* in: Dodegge/Roth, C Rdn. 141.

1271 Vgl. hierzu Bienwald/Sonnenfeld/Hoffmann, § 1896 Rdn. 46 ff.

1272 Dem Wohl des Betroffenen, vgl. BT-Drucks 11/4528, S. 52.

in dem hierfür erforderlichen Umfang *persönlich* zu betreuen". Fortgeführt wird dies zudem in § 1897 Absatz 4 Satz 1 BGB, nach welchem der Volljährige nur eine Person vorschlagen kann, *„die zum Betreuer bestellt werden kann"*, d. h. eine solche, die die gesetzlichen Voraussetzungen für die Auswahl des Betreuers erfüllt, welche somit nicht zur Disposition des Betroffenen stehen.

aaa. Die Eignung des Betreuers zur rechtlichen Betreuung

Für die erste Anforderung gilt Folgendes: Der Betreuer ist dann geeignet, in dem gerichtlich bestimmten Aufgabenkreis die Angelegenheiten des Betreuten rechtlich zu besorgen, wenn er die dazu notwendigen intellektuellen und emotionalen Kenntnisse und Fähigkeiten besitzt und einsetzen kann und bzw. oder bereit ist, sich in dem erforderlichen Umfang fortzubilden und beraten zu lassen, um der übertragenen Aufgabe gewachsen zu sein[1273]. Anzuführen ist grundsätzlich, dass nach der Begründung[1274] sowohl ein Geschäftsunfähiger als auch ein beschränkt Geschäftsfähiger in Anbetracht des Umfanges der gesetzlichen Vertretung nach § 1902 BGB für die Übernahme eines Betreueramts nicht geeignet sind. Ist dies für den Geschäftsunfähigen mit einem Verweis auf die §§ 104 Absatz 1 Nr. 2 , 105 Absatz 1 BGB zu begründen, muss für den nur beschränkt Geschäftsfähigen, welcher nach § 165 BGB als rechtsgeschäftlicher Vertreter fungieren kann, weitergehend ausgeführt werden, dass die Rechtsordnung auch an anderer Stelle des Gesetzes eine Vertretung durch einen beschränkt Geschäftsfähigen nicht gestattet[1275]. Für den Betreuer, dem eine Gesundheitsbetreuung obliegt, wird angeführt, dass, soweit diesem aufgegeben ist, sich um eine Heimunterbringung oder um die die Unterbringung in einer geschlossenen Einrichtung zu bemühen *„(...), in der Regel nicht erwartet werden kann, dass er bereits entsprechende Kenntnisse und Erfahrungen besitzt und einbringen kann"*[1276]: Für solche Angelegenheiten besteht die Möglichkeit, Beratung und Unterstützung durch das Gericht, § 1837 Absatz 1 BGB, einen Verein, § 1908f Absatz 1 Nr. 2 BGB, oder eine Behörde, § 4 Gesetz über die Wahrnehmung behördlicher Aufgaben bei der Betreuung Volljähriger, in Anspruch zu nehmen. Gerade in Hinsicht auf Entscheidungen im Zusammenhang mit intensivmedizinischen Maßnahmen wird Ähnliches anzunehmen sein.

1273 Staudinger/*Bienwald*, § 1897 Rdn. 13.

1274 BT-Drucks 11/4528, S. 125.

1275 Vgl. hier § 1673 Absatz 2 Satz 2 BGB.

1276 Staudinger/*Bienwald*, § 1897 Rdn. 13.

bbb. Die Eignung des Betreuers zur persönlichen Betreuung

Ob jemand geeignet ist, den Betroffenen persönlich zu betreuen, ist davon in Abhängigkeit zu stellen, ob dieser über genügend Zeit und Geduld für den Besuch, für Gespräche und Kontakte verfügt[1277]. Der persönlichen Eignung zum Betreuer kann im Einzelfall somit etwa die große räumliche Entfernung zum Betreuten entgegenstehen[1278] oder aber die Gefahr des Interessenskonfliktes im Falle der Betreuung durch nahe Angehörige[1279]. Nicht hingegen ist es von ausschlaggebender Relevanz, dass der Betreuer die deutsche Staatsangehörigkeit besitzen muss, vielmehr kann es für die Betreuung eines Ausländers, welcher in Deutschland lebt, sinnvoll sein, eine Person gleicher Staatsangehörigkeit zum Betreuer zu bestellen[1280].

Des Weiteren ist zu beachten, dass der privaten, auch berufsmäßigen Einzelbetreuung Vorrang vor der Betreuung durch einen Vereins- oder Behördenbetreuer, § 1897 Absatz 1 und 2 BGB, sowie vor der Betreuung durch einen Verein oder die Betreuungsbehörde, §§ 1897 Absatz 1, 1900 Absatz 1 und 4 BGB, zukommt. Im Gegensatz zu den in § 1897 Absatz 2 Satz 1 und 2 BGB benannten Personen[1281] sind die in § 1897 Absatz 3 BGB bezeichneten Personen grundsätzlich nicht als Betreuer geeignet: *„Wer zu einer Anstalt, einem Heim oder einer sonstigen Einrichtung, in welcher der Volljährige untergebracht ist oder wohnt, in einem Abhängigkeitsverhältnis oder in einer anderen engen Beziehung steht, darf nicht zum Betreuer bestellt werden“*[1282].

1277 Wobei die Letztgenannten im Zusammenhang mit den der vorliegenden Ausarbeitung zugrunde liegenden Patientengruppen nur rudimentär an Bedeutung erlangen können.

1278 Coeppicus BtPrax 2003, S. 164.

1279 BayObLG FamRZ 1993, S. 1225 (1226).

1280 BT-Drucks 11/4528, S. 129.

1281 Dem Mitarbeiter eines nach § 1908 f. BGB anerkannten Betreuungsvereins, welcher dort ausschließlich oder teilweise als Betreuer tätig ist, jedoch gleichwohl mit Einwilligung des Vereins als Betreuer bestellt werden kann.

1282 Zudem ist auf § 1897 Absatz 6 BGB zu verweisen, welcher eine spezielle Subsidiaritätsbestimmung enthält, indem er normiert, dass ein Berufsbetreuer lediglich dann zum Betreuer bestellt werden darf, wenn *„keine andere geeignete Person zur Verfügung steht, die zur ehrenamtlichen Führung der Betreuung bereit ist“*. Zu betonen ist hier jedoch mit *Lipp* in: FS-Bienwald, S. 177 (184), dass *„der Vorrang der Ehrenamtlichkeit keine zwingende gesetzliche Schranke für den Vorschlag des Betroffenen ist, sondern nur ein Kriterium für die Ausübung des gerichtlichen Auswahlermessens, falls der Betroffene keinen Vorschlag macht“* – daraus folgt somit, dass ein Vorschlag des Betroffenen in einer Betreuungsverfügung die Person des Betreuuers betreffend nicht durch § 1897 Absatz 6 BGB unbeachtlich wird.

bb. Formerfordernisse

Unter dem Hinweis darauf, dass die in einer Betreuungsverfügung geäußerten Vorschläge und Wünsche stets der Umsetzung bedürfen, d. h. etwa der in der Verfügung selbst vorgeschlagene Betreuer durch das Betreuungsgericht bestellt werden muss, § 1896 Absatz 1 Satz 1 BGB, und auch der Betreuer den Wunsch des Betreuten erst noch in eigener Verantwortung und in Ausübung seiner Kompetenzen umzusetzen hat, lässt sich begründen, dass die in einer Betreuungsverfügung durch den Verfügenden getätigten Vorschläge und Wünsche keine unmittelbar rechtsgestaltende Erklärungen darstellen.

Daraus folgt zum einen, dass diese unabhängig von der Geschäfts-, Einsichts- und Urteilsfähigkeit des Verfügenden beachtlich und somit wirksam sind, zum anderen bedarf die Betreuungsverfügung aufgrund dessen keiner Form, sie ist vielmehr *formfrei*. Neben der Aufgabe, zu überprüfen, ob der Verfügende zum Zeitpunkt der Abfassung der Betreuungsverfügung aufgrund einer Krankheit oder Behinderung in seiner Fähigkeit zur freien Entscheidung eingeschränkt war, wird es somit vielmehr dem Betreuer und dem Betreuungsgericht per Gesetz übertragen, den maßgeblichen Wunsch des Betreuten zu ermitteln und es in jedem Einzelfall einer Überprüfung zu unterziehen, ob dieser Wunsch durch den Betreuten bewusst geäußert wurde sowie ernsthaft und frei von Irrtümern oder einem Einfluss Dritter zustande gekommen ist[1283] - die Betreuungsverfügung ist somit stets gemäß §§ 133, 157 BGB *auszulegen*.

Gleichwohl empfiehlt es sich für den Verfügenden in der Beratungspraxis allein schon aus Beweisgründen, eine Betreuungsverfügung in schriftlicher Form zu verfassen und Zweifel an ihrer Echtheit und Urheberschaft im Wege der Beglaubigung oder gar einer notarielle Beurkundung auszuschließen[1284].

d. Folgen im Falle der Missachtung einer Betreuungsverfügung

Im Falle der Missachtung einer Betreuungsverfügung durch den Betreuer ist hinsichtlich der Folgen dieses Pflichtverstoßes zu unterscheiden zwischen dem Innen- und dem Außenverhältnis.

Im *Innenverhältnis* führt eine Missachtung der Betreuungsverfügung von Amts wegen zu Aufsichtsmaßnahmen des Betreuungsgerichts, da es diesem obliegt, den Betreuer zu beaufsichtigen und gegen ein pflichtwidriges Verhalten einzuschreiten, §§ 1837 Absatz 1 bis 3, 1908i BGB[1285]. Im Falle des wiederhol-

---

1283 Bienwald/Sonnenfeld/Hoffmann, § 1897 Rdn. 53; siehe hierzu auch *Lipp* in: FS-Bienwald, S. 177 (178).

1284 Langenfeld, S. 157.

1285 Bienwald/Sonnenfeld/Hoffmann, § 1901 Rdn. 29 f.

ten bzw. schwerwiegenden Pflichtverstoßes kann dies zu Zweifeln an der Eignung des Betreuers für seine betreuende Tätigkeit und im Ergebnis zu seiner Entlassung führen, § 1908b Absatz 1 BGB. Im Falle der schuldhaften Verletzung einer Pflicht aus § 1901 Absatz 3 BGB können darüber hinaus im Verhältnis zu dem Betreuten Schadensersatzansprüche nach §§ 1833, 1908i Absatz 1 BGB bestehen. Des Weiteren sind strafrechtliche Sanktionen etwa aus § 266 StGB, Untreue, sowie § 223 StGB, Körperverletzung, im Falle der gegen den Willen des Betreuten durchgeführten medizinischen Behandlung denkbar[1286].

Eine pflichtwidrige Missachtung der Betreuungsverfügung durch den Betreuer führt im *Außenverhältnis* hingegen nicht zu einer Beschränkung der Befugnisse[1287], auch hier gilt die Abstraktion der Rechtsmacht getreu dem Grundsatz, dass der Betreuer mehr kann als er darf. Liegt jedoch ein Missbrauch der Vertretungsmacht vor, kann diese im Einzelfall entfallen, wenn kumulativ die zugrunde liegende Pflichtverletzung dem Dritten bekannt oder diese evident ist[1288].

IV. Der Behandlungsabbruch als Gegenstand des Betreuungsrechts, §§ 1896 ff. BGB

1. Voraussetzungen für die Bestellung eines Betreuers, § 1896 Absatz 1 Satz 1 BGB

Die Voraussetzungen, welche im Rahmen der Bestellung eines Betreuers sowohl in der Person des betroffenen Patienten als auch in der des Betreuers selbst vorliegen müssen, sind vornehmlich in den §§ 1896 f. BGB geregelt.

a. Voraussetzungen in der Person des betroffenen Patienten

Der betroffene Patient muss aufgrund einer psychischen Krankheit oder körperlichen, geistigen oder seelischen Behinderung unfähig sein, seine eigenen Angelegenheiten ganz oder teilweise zu besorgen, d. h. die Bestellung eines Betreuers muss grundsätzlich *erforderlich* sein. Dies setzt zweierlei voraus: Das Vorliegen der *subjektiven Betreuungsbedürftigkeit* nach § 1896 Absatz 1 BGB und eines *objektiven Betreuungsbedarfes* gemäß § 1896 Absatz 3 BGB.[1289]

1286 Vgl. *Lipp* in: FS-Bienwald, S. 177 (192).

1287 MüKo/Schwab, § 1901 Rdn. 20.

1288 *Lipp* in: FS-Bienwald, S. 177 (192).

1289 Für den speziellen Bereich der Gesundheitsfürsorge als Aufgabenfeld eines Betreuers ist zudem anzuführen: Wird einem Betreuer ein Aufgabenbereich dieser Bezeichnung

aa. *Subjektive Betreuungsbedürftigkeit*

aaa. *Psychische Krankheit oder körperliche, geistige oder seelische Behinderung*

Die Basis der subjektiven Betreuungsbedürftigkeit bildet zum einen das Vorliegen eines medizinischen Befundes. In § 1896 Absatz 1 Satz 1 BGB wird mit den Begriffen *Krankheit*, einhergehend mit der Qualifikation *psychisch,* sowie *Behinderung,* einhergehend mit den Qualifikationen *körperlich*, *geistig* und *seelisch,* gearbeitet[1290]. Eine Krankheit ist danach eine funktionale Störung prozesshafter Natur, welche sich bessern oder verschlimmern kann und eine ärztliche Diagnose voraussetzt. Eine Behinderung ist eine bleibende negative Konditionierung der körperlichen und bzw. oder geistigen oder seelischen Abläufe. Diese kann angeboren oder durch ein pathologisches Leiden verursacht worden sein[1291].

Die Gruppe der psychischen Krankheiten umfasst neben den körperlich nicht begründbaren, endogenen Psychosen[1292], die körperlich begründbaren exogenen, organischen Psychosen[1293], Abhängigkeitskrankheiten infolge von Alkohol- und Drogenabusus sowie Neurosen und Persönlichkeitsstörungen. Zur Gruppe der *geistigen Behinderungen* sind etwa Oligophrenie sowie Schwachsinn zu zählen, wobei der Defekt angeboren, perinatal oder durch spätere Schä-

---

zugewiesen, *muss* in Anwendung obiger Grundsätze davon ausgegangen werden, dass der betroffene Betreute selbst zur Wahrnehmung dieser Angelegenheit nicht mehr im Stande ist. Der Betreute muss durch die Krankheit oder Behinderung in seiner Entscheidungsfähigkeit derart beeinträchtigt sein, dass eine eigene Bestimmung über die gesundheitliche Versorgung nicht möglich ist, Staudinger/*Bienwald*, § 1896 Rdn. 89.

1290 Eine solche Differenzierung hinsichtlich der Formen von Behinderungen wurde eingeführt, um die Personen, für die ein Betreuer bestellt werden kann, von denjenigen zu unterscheiden, die als *sozial Behinderte* gekennzeichnet werden, da sie sich durch unangepasstes Verhalten, auch kriminelle Auffälligkeiten, bemerkbar machen – dadurch sollte deutlich gemacht werden, dass solches Verhalten hingegen keinen Anlass für die Bestellung eines Betreuers bietet, vgl. BT-Drucks 11/4528, S. 117; siehe zudem insgesamt Tölle, Rainer (Hrsg.), Psychiatrie: einschließlich Psychotherapie, 15. Auflage, Heidelberg 2009.

1291 Erman/*Roth*, § 1896 Rdn. 5.

1292 Hierzu zählt etwa die Schizophrenie.

1293 Hierzu zählen seelische Störungen als Folge von Krankheiten oder Verletzungen des Gehirns, von Anfallsleiden oder von anderen Krankheiten oder körperlichen Beeinträchtigungen: Anzuführen sind als Ursache etwa chronische Psychosen, die auf primäre Hirnerkrankungen zurückgehen, wie etwa Alzheimer, die gefäßbedingte Hirnarteriosklerose sowie Hirntumore, vgl. Erman/*Roth*, § 1896 Rdn. 6, gleichfalls zudem die senile Demenz, vgl. MüKo/*Schwab*, § 1896 Rdn. 9.

digungen erworben sein kann[1294]. Unter der Kategorie der *seelischen Behinderungen* werden nach der Begründung des Betreuungsgesetzes aus dem Jahre 1992 *„bleibende psychische Beeinträchtigungen“* erfasst, die infolge von psychischen Krankheiten auftraten[1295]. Die *körperliche Behinderung* ist darüber hinaus negativ zu erfassen und somit als Abweichung von den Fähigkeiten eines Durchschnittsmenschen[1296], die nicht durch Apparate ausgeglichen werden können, zudem ist die etwa infolge einer Lähmung eingetretene Fortbewegungsunfähigkeit umfasst.

In Bezug auf die erste der gegenständlichen Patientengruppen, dem irreversibel bewusstlosen Apalliker, ist anzuführen, dass eine Einordnung unter Zugrundelegung der angeführten Betreuungsgründe des § 1896 Absatz 1 Satz 1 BGB nicht eindeutig möglich ist. Das apallische Syndrom ist ein Krankheitsbild, welches in der Neurologie besiedelt ist, und durch krankheits- oder verletzungsbedingte schwerste Schädigungen des Gehirns hervorgerufen wird. Je nach Ausmaß der Hirnschädigung kann es sich um ein vorübergehendes Stadium in der Krankheitsentwicklung, aber auch um einen irreversiblen Defektzustand handeln[1297]. *Wegner*[1298] führt zudem an, das ein Apalliker *„genau genommen (...) als Schwerstbehinderter zumindest in körperlicher, wohl aber auch in geistiger Hinsicht, betrachtet werden muss“.* Zusammenfassend formuliert ist das apallische Syndrom somit sowohl eine infolge einer traumatischen Hirnschädigung auftretende *psychische* Erkrankung als auch eine *körperliche* wie *geistige* Behinderung[1299]. Unabhängig von einer abschließenden Einordnung in diesem Zusammenhang ist Folgendes evident: Der Eintritt eines irreversibel bewusstlosen Zustandes, welcher in der Person des betroffenen Patienten zu dauerhafter und allumfassender Entscheidungsunfähigkeit führt, ist in jedem Falle als *medizinischer Befund* einzuordnen, so dass seitens des Betreuungsgerichts von Amts wegen ein Betreuer zu bestellen ist.

1294 Wie etwa im Falle der Demenz oder infolge schwerer Ernährungsstörungen, vgl. Erman/*Roth*, § Rdn. 11.

1295 Vgl. BT-Drucks 11/4528, S. 116; anzumerken ist hier mit MüKo/*Schwab*, § 1896 Rdn. 15, dass die Folgen psychischer Krankheiten in der Regel ohnehin dem Krankheitsbegriff selbst zugeordnet werden können, dieser zusätzliche Betreuungsgrund somit im Ergebnis nicht erforderlich ist.

1296 Etwa hinsichtlich der Seh- und Hörfähigkeit sowie in Hinsicht auf die Sprache.

1297 *Lücking* in: Eser/v. Lutterotti/Sporken, S. 74.

1298 Vgl. Wegner, S. 32.

1299 Diese nicht eindeutige Zuordnung schadet im vorliegenden Falle jedoch nicht: So bestimmt etwa MüKo/*Schwab*, § 1896 Rdn. 18, *„körperliche Behinderungen können mit psychischen Krankheiten oder geistigen und seelischen Behinderungen verbunden sein“.*

Hinsichtlich der zweiten Patientengruppe, dem lediglich faktisch entscheidungsunfähigen ALS-Patienten, ist vielmehr § 1896 Absatz 1 Satz 3 BGB von Relevanz. Dieser konturiert das Unvermögen zur Besorgung der eigenen Angelegenheiten in Hinsicht auf einen Patienten mit *nur körperlicher Behinderung* und bestimmt für diesen Fall, dass *„der Betreuer nur auf Antrag des Volljährigen bestellt werden (darf), es sei denn, dass dieser seinen Willen nicht kundtun kann"*. In der Begründung selbst wird hierzu ausgeführt[1300], dass das Antragserfordernis des § 1896 Absatz 1 Satz 3 BGB daraus resultiert, dass die Willensbildung und Steuerungsfähigkeit bei nur körperlich Behinderten nicht beeinträchtigt ist, so dass der Wille, nicht betreut zu werden, auch dann zu akzeptieren ist, wenn die Bestellung eines Betreuers sinnvoll wäre und das Fehlen eines solchen zu Nachteilen für den Betroffenen führen kann. Gleichwohl wird darauf hingewiesen, dass eine Anwendung des Betreuungsrechts auch im Zusammenhang mit einem lediglich körperlich Behinderten in seltenen Ausnahmefällen dann in Betracht kommen kann, wenn dieser nicht fähig ist, seinen Willen kundzutun. Zu nennen sind hier neben schweren Beeinträchtigungen der Wahrnehmungsfähigkeit, hochgradigen Gebrechlichkeitszuständen sowie der fortgeschrittenen multiplen Sklerose auch schwere Lähmungen[1301]. Im Rahmen der Begründung wird auf einen Fall aus der medizinischen Praxis verwiesen, in welchem *„der Betroffene vom dritten Halswirbel abwärts gelähmt war und seinen Willen trotz vermutlich voller geistiger Orientierung nicht kundtun konnte*". Hierzu wird in der Begründung ausgeführt, dass in solchen Ausnahmefällen die Bestellung eines Betreuers nicht von einem Antrag des Betroffenen abhängig gemacht werden könne; die vorgesehene Regelung schließt für diese Fälle daher eine Bestellung von Amts wegen nicht aus. Anzuführen ist in diesem Zusammenhang, dass die zuvor beschriebene Thematik grundsätzlich auf die besondere Krankheitssituation des vollständig gelähmten ALS-Patienten zutrifft, so dass auch in diesem speziellen Fall, dass der betroffene Patient lediglich aufgrund eines körperlichen Defizits entscheidungsunfähig ist, die Bestellung eines Betreuers nach § 1896 Absatz 1 Satz 3 BGB auch dann möglich ist, wenn sie *nicht* auf Antrag des Patienten erfolgt. Es gilt zudem anzumerken, dass gerade diese Patientengruppe aufgrund des bekannten Verlaufs ihres pathologischen Leidens über einen konstanten Zeitraum die Möglichkeit hat, sich mit der Ausgestaltung bestimmter eintreffender medizinischer Situationen und somit auch mit der Beendigung von intensivmedizinischen Maßnahmen auseinanderzusetzen und einen dahingehenden Willen somit ausdrücklich zum Gegenstand eines der bereits angeführten antizipierten Vorsorgeinstitute machen wird.

1300 BT-Drucks 11/528, S. 116 ff.

1301 MüKo/*Schwab*, § 189Rdn. 17.

Falls dies jedoch nicht der Fall sein sollte, stellt § 1896 Absatz 1 Satz 3 BGB im Ergebnis jedoch keine Beschränkung für den Fall des lediglich faktisch entscheidungsunfähigen ALS-Patienten dar.

bbb. Das Unvermögen, die eigenen Angelegenheiten ganz oder teilweise zu besorgen

Der zuvor erläuterte *medizinische Befund* eines Patienten rechtfertigt für sich allein hingegen noch nicht die Bestellung eines Betreuers, vielmehr kommt eine solche erst in dem Falle zum Tragen, wenn diese Beeinträchtigungen die Ursache dafür bilden, dass der Patient seine Angelegenheiten nicht mehr besorgen kann[1302] - für die materiellen Voraussetzungen einer Betreuerbestellung ist somit eine *Zweigliedrigkeit* vorgesehen[1303].

Diese Unfähigkeit muss in der an den Tatbestand der natürlichen Geschäftsunfähigkeit des § 104 Absatz 1 Nr. 2 BGB geknüpften Wirkung des § 105 Absatz 1 BGB bestehen, namentlich der Nichtigkeit einer abgegeben Willenserklärung. Anzuführen ist, dass bei bloß körperlicher Behinderung auch das Unvermögen physischer Natur sein wird, bei psychischer, geistiger oder seelischer Behinderung hingegen meint das Unvermögen, die Unfähigkeit, in dem betreffenden Bereich eigenständig und selbstverantwortlich zu handeln: *„Die Erkrankung oder Behinderung muss einen solchen Grad erreicht haben, dass die Fähigkeit des Betroffenen zur Wahrnehmung seines Selbstbestimmungsrechts ausgeschlossen oder so erheblich beeinträchtigt ist, dass er zu eigenverantwortlichen Entscheidungen im betreffenden Aufgabenbereich nicht in der Lage ist"*[1304]. Im Zusammenhang mit der Patientengruppe des Apallikers ist somit anzuführen, dass es in diesem Fall für das Betreuungsgericht bei weitem nicht zwingend sein muss, von Amts wegen einen Betreuer zu bestellen. Zwar ist grundsätzlich davon auszugehen, dass einem Geschäftsunfähigen, welcher keinerlei rechtlich wirksame Erklärungen mehr abgeben kann, ein Betreuer zu bestellen ist. Es ist jedoch auf Situationen zu verweisen, in denen für den betroffenen entscheidungsunfähigen Patienten rechtliche Angelegenheiten nicht anfallen, so dass eine Betreuung auch nicht erforderlich ist. So etwa, wenn alle rechtlichen Fragen bereits entschieden sind, da der Betroffene im noch entscheidungsfähigen Stadium alle notwendigen Willenserklärungen bereits abgegeben hat[1305].

1302 Staudinger/*Bienwald*, § 1896 Rdn. 30.

1303 BT-Drucks 11/4528, S. 115; vgl. Knittel, § 1896 Rdn. 6.

1304 So etwa formuliert in OLG München BtPrax 2005, S. 156.

1305 Erman/*Roth*, § 1896 Rdn. 24.

Bezug nehmend auf die Begrifflichkeit der *Angelegenheiten* ist des Weiteren Folgendes zu erläutern: Unter dem Begriff der Angelegenheiten sind in Abgrenzung zu dem des *Aufgabenkreises* gemäß § 1897 Absatz 1 Satz 1 BGB die einzelnen anfallenden Verrichtungen zu verstehen[1306]. Bei diesen muss es sich um *Rechtsangelegenheiten* handeln. Hierzu gehören insbesondere Rechtsgeschäfte und sonstige Rechtshandlungen in zivil- und öffentlich-rechtlichen Verhältnissen, aber auch die Ausübung und Wahrung von Rechten. Im Aufgabenbereich der Gesundheitsfürsorge sind hier etwa neben dem Abschluss eines Arztvertrages personenrechtliche Gestattungen, insbesondere die Einwilligung in eine medizinische Maßnahme zu nennen[1307].

Die für den betroffenen Patienten durch den Betreuer zu besorgenden Angelegenheiten müssen zudem *eigene* sein und durch einen Vertreter besorgt werden können. Um eigene Angelegenheiten des Betroffenen handelt es sich etwa bei solchen, die dieser ohne den vorliegenden medizinischen Befund selbst wahrnehmen, d. h. üblicherweise nicht die fremde Hilfe eines Arztes oder Rechtsanwaltes in Anspruch nehmen würde[1308]. Aus diesem Grunde kommen etwa höchstpersönliche Angelegenheiten nicht in Betracht, weil diese – sofern nicht durch das Gesetz selbst ein anderes bestimmt ist - nicht betreuungs*fähig* sind; Vergleichbares gilt ferner für solche, die dem Betroffenen als gesetzlichem Vertreter eines Dritten obliegen, sei es als Elternteil, Vormund, Pfleger oder Betreuer.[1309]

bb. Objektive Erforderlichkeit der Betreuerbestellung, § 1896 Absatz 2 BGB

Zudem muss die Betreuerbestellung auch objektiv erforderlich sein, d. h. die Bestellung eines Betreuers muss sich aus dem konkreten Bedarf für dessen Tätigkeit ergeben, welcher aus der jeweiligen Lebenssituation des betroffenen Patienten resultiert[1310]. § 1896 Absatz 2 Satz 1 BGB bestimmt dahingehend: *„Ein Betreuer darf nur für Aufgabenkreise bestellt werden, in denen die Betreuung erforderlich ist“.*

1306 Staudinger/*Bienwald*, § 1896 Rdn. 63.

1307 Erman/*Roth*, § 1896 Rdn. 19; im Umkehrschluss ist diese Aussage zudem um den Fall der Nichteinwilligung in eine solche zu erweitern.

1308 Vgl. BT-Drucks 11/4528, S. 117; auch Erman/*Roth*, § 1896 Rdn. 20; nicht zu den eigenen Angelegenheiten gehört solche, die der Betroffene aufgrund eines Auftrages oder eines Dienst- oder Arbeitsverhältnisses zu erbringen hat, vgl. Staudinger/*Bienwald*, § 1896 Rdn. 56.

1309 Erman/*Roth*, § 1896 Rdn. 21.

1310 So MüKo/*Schwab*, § 1896 Rdn. 39.

Objektiv ist die Erforderlichkeit der Bestellung eines Betreuers anhand einer Abstellung auf die konkrete, gegenwärtige Lebenssituation des Betroffenen zu ermitteln[1311] und als Eingriff in dessen Selbstbestimmungsrecht unter Wahrung des Rechtsstaatsprinzips[1312] lediglich unter den folgenden Voraussetzungen statthaft: Ein Betreuer darf lediglich für solche Aufgabenkreise bestellt werden, in denen der Betroffene auf dessen Hilfe angewiesen ist[1313]. Zum Zuge kommt in diesem Zusammenhang auch die in § 1896 Absatz 3 Satz 2 BGB normierte und bereits erläuterte *Subsidiarität* der Betreuerbestellung im Verhältnis zu einem durch eine Vorsorgevollmacht legitimierten Bevollmächtigten in Gesundheitsangelegenheiten sowie im Verhältnis zu anderen Hilfen. Des Weiteren muss das Handeln des Betreuers in dem betreffenden Aufgabenkreis geeignet sein, die Angelegenheiten rechtlich zu besorgen[1314]. Zudem dürfen keine weniger einschneidenden Maßnahmen zur Erreichung des Zieles der Betreuung in Betracht kommen[1315].

b. Voraussetzungen in der Person des Betreuers

Das Betreuungsgericht hat nach § 1897 Absatz 1 Satz 1 BGB eine natürliche Person zum Betreuer zu bestellen, die *geeignet* ist, in dem gerichtlich bestimmten Aufgabenkreis die Angelegenheiten des Betreuten *rechtlich* zu besorgen und ihn in dem hierfür erforderlichen Umfang *persönlich* zu betreuen". Fortgeführt wird dies zudem in § 1897 Absatz 4 Satz 1 BGB, nach welchem das Vorschlagsrecht nur für eine Person gilt, die zum Betreuer bestellt werden *kann.*[1316]

2. Der Aufgabenkreis des Betreuers

Grundsätzlich kann ein Betreuer für all diejenigen Angelegenheiten des Betreuten bestellt werden, welchen der betroffene Patient aufgrund seines pathologi-

1311 U. a. BayObLG FamRZ 1998, S. 452 (453).

1312 Bay ObLG FamRZ 1995, S. 1085 in Anlehnung an BVerfGE 19, S. 342 (348 f.).

1313 OLG München FamRZ 2006, S. 575.

1314 BayObLG FamRZ 1994, S. 1551 (1553).

1315 BayObLG FamRZ 2000, S. 1524.

1316 Um in diesem Kontext Wiederholungen zu vermeiden, ist unter einem ansonsten grundsätzlichen Verweis auf bereits erfolgte Ausführungen lediglich darauf zu verweisen, dass sowohl ein Geschäftsunfähiger als auch ein beschränkt Geschäftsfähiger in Anbetracht des Umfanges der gesetzlichen Vertretung nach § 1902 BGB für die Übernahme eines Betreueramtes in rechtlicher Hinsicht nicht geeignet ist. Ob jemand geeignet ist, den Betreuten in persönlicher Hinsicht zu betreuen, ist davon in Abhängigkeit zu stellen, ob dieser über genügend Zeit und Geduld für den Besuch, für Gespräche und Kontakte verfügt.

schen Zustandes nicht mehr selbst nachkommen kann, dieser zudem keinen Vorsorgebevollmächtigter bestellt hat und die betreffenden Angelegenheiten auch nicht durch eine andere Hilfe ebenso gut wie durch einen Betreuer besorgt werden können, § 1896 Absatz 3 ABGB.

a. Die Ausgestaltung der Betreuertätigkeit

Innerhalb der Ausgestaltung und Ausrichtung des Betreuungsverhältnisses ist die oberste Obliegenheit des Betreuers nach § 1901 Absatz 3 Satz 1 BGB zum einen, die Angelegenheiten des Betreuten so zu besorgen, *„wie es dessen Wohl entspricht"* und gemäß § 1901 Absatz 3 Satz 2 BGB zum anderen, den *„Wünschen des Betreuten zu entsprechen, soweit dies dessen Wohl nicht zuwider läuft und dem Betreuten zuzumuten ist"*.

aa. Das Handeln im Einklang mit dem Patientenwohl, § 1901 Absatz 2 Satz 1 BGB

Gemäß § 1901 Absatz 2 Satz 1 BGB hat *„der Betreuer (...) die Angelegenheiten des Betreuten so zu besorgen, wie es dessen Wohl entspricht"*.

Grundsätzlich ist der Maßstab des Betreuerhandelns der Volljährige, welcher in der Regel selbst über seine u. a. persönlichen, gesellschaftlichen sowie beruflichen Angelegenheiten und Wünsche entscheidet und innerhalb der durch das Grundgesetz gesetzten Grenzen seine Persönlichkeit entfalten kann. Der Begriff des Wohles umfasst somit die Respektierung der Vorstellungen des Betreuten über die Gestaltung seines Lebens, seines Alltages, seiner Wohn-, Arbeits- und Freizeitgewohnheiten und -bedürfnisse. Zum Wohl des Betreuten gehört ferner die Selbstbestimmung, d. h. im Rahmen seiner Fähigkeiten sein Leben nach seinen eigenen Wünschen und Vorstellungen zu gestalten[1317].

Haben die Fähigkeiten des Betreuten, sein Leben nach den eigenen Wünschen und Vorstellungen zu gestalten und somit zur Selbstbestimmung aufgrund seines pathologischen Zustandes nachgelassen oder sind sie nur noch in geringem oder auch gar keinem Ausmaße mehr vorhanden, ist die Betreuung und die damit einhergehende Verpflichtung des Betreuers zur Orientierung seiner Tätigkeit an dem Wohl des Betroffenen an dessen bisheriger Lebensgestaltung auszurichten. Somit hat der Betreuer sich daran zu orientieren, wie der Betreute ohne das Vorliegen eines die Betreuung erforderlich machenden medizinischen Befundes sein gegenwärtiges Leben selbst gestaltet hätte[1318]. Bezug nehmend darauf bestimmt § 1901 Absatz 2 Satz 2 BGB ferner, dass *„zum Wohl des Betreu-*

1317 Staudinger/*Bienwald*, § 1901 Rdn. 22.
1318 Staudinger/*Bienwald*, § 1901 Rdn. 24.

ten (...) auch die Möglichkeit (gehört) im Rahmen seiner Fähigkeiten sein Leben nach seinen eigenen Wünschen und Vorstellungen zu gestalten". Auch hieran wird offenbar, dass sich die Bereiche des Wohles des Betroffenen und seiner Wünsche nicht nur gegenseitig bedingen, sondern vielmehr auch ergänzen.

bb. Die Ausrichtung an den Wünschen des Patienten, § 1901 Absatz 3 BGB

§ 1901 Absatz 3 Satz 1 bestimmt, dass der Betreuer *„den Wünschen des Betreuten zu entsprechen hat, soweit dies dem Wohl nicht zuwider läuft und dem Betreuer zuzumuten ist"*.

Offensichtlich wird daran, dass die Orientierung am Wohl des Patienten den Maßstab und die Grenze der Beachtlichkeit von Wünschen bildet, welche der Betreute vor dem Eintritt der Erforderlichkeit einer Betreuung, § 1901 Absatz 3 Satz 2 BGB, oder in der Gegenwart, § 1901 Absatz 3 Satz 1 BGB, geäußert hat. Anzuführen ist, dass die Beachtlichkeit von Wünschen nicht von der Geschäftsfähigkeit des Betreuten abhängig ist, da Wünsche nicht als Willenserklärung im Sinne der §§ 104 ff. BGB einzuordnen sind[1319].

b. Der Umfang der Betreuung des Patienten durch den Betreuer

Wie angeführt, ist die Bestellung eines Betreuers für diejenigen Angelegenheiten möglich, in denen tatsächlicher Handlungsbedarf besteht, so dass eine Betreuung in den unterschiedlichsten Bereichen erforderlich werden kann. Neben dem Aufgabenkreis der Vermögensbetreuung[1320] ist der Bereich der persönlichen Angelegenheiten zu nennen, die sog. *Personensorge*[1321]. Dieser umfasst neben der Aufenthaltsbetreuung die Wohnungsfürsorge, die Umgangs- und Aufsichtsbetreuung sowie die Totenfürsorge; eines der hauptsächlichen Tätigkeitsfelder ist jedoch die sog. *Gesundheitsfürsorge*, welche für die vorliegende Ausarbeitung primär von Bedeutung ist[1322]:

1319 MüKo/*Schwab*, § 1901 Rdn. 6.

1320 Umfasst sind davon die Bereiche der Vermögensvermögensverwaltung allgemein, speziellere Gebiete der Wahrnehmung von Gesellschafterrechten, zudem Angelegenheiten den Unterhalt und die Versorgung betreffend, die Vertretung des Betreuten in Insolvenzverfahren oder die Geltendmachung von vermögensrechtlichen Ansprüchen allgemein, vgl. MüKo/*Schwab*, § 1896 Rdn. 103 ff.

1321 Eine Betreuung in Familienangelegenheiten scheidet in der Regel aus, da diese überwiegend höchstpersönlicher Natur sind und somit einer Vertretung nicht gegenständlich, vgl. MüKo/*Schwab*, § 1896 Rdn. 100.

1322 Zudem kann jedoch auch eine Betreuerbestellung für *alle* Anglegenheiten der zu betreuenden Person erfolgen: Eine solche setzt jedoch voraus, dass der Betroffene keine seiner Angelegenheiten mehr selbst besorgen kann, wobei auf die konkrete Lebensge-

Hierbei ist in Hinsicht auf den Erforderlichkeitsgrundsatz zu betonen, dass zu unterscheiden ist zwischen der Gesundheitsfürsorge für die Krankheit oder Behinderung, die den Betreuungsbedarf begründet und der allgemeinen Gesundheitsfürsorge, welche die sonstige medizinische Versorgung des Betreuten umfasst. Zudem ist anzuführen, dass ein weit gefasster Aufgabenkreis im Bereich der Gesundheitsfürsorge grundsätzlich immer voraussetzt, dass tatsächliche Feststellungen zum Betreuungsbedarf in all denjenigen medizinischen Bereichen getroffen sind, für welche eine Betreuung angeordnet wird[1323].

Mit dem Aufgabenbereich der Gesundheitsfürsorge ist seinem Zweck nach vor allem die gesetzliche Vertretung für die anfallenden medizinischen Angelegenheiten wie den Abschluss von Arzt-, Krankenhaus- und Krankentransportverträgen sowie die Beschaffung von Arzneimitteln verbunden. Dies ist jedoch nicht so zu verstehen, dass die Betreuung im Bereich der Gesundheitsfürsorge allein auf die rechtliche Besorgung der Angelegenheiten des Betroffenen beschränkt ist, vielmehr ist die gesamte Organisation der Gesundheitsfürsorge erfasst[1324], d. h. der Betreuer hat umfassend dafür Sorge zu tragen, dass der Betreute die für sein gesundheitliches Wohl nötigen Untersuchungen und daraus folgend die erforderlichen Heilbehandlungen erhält. Zusätzlich zur rein medizinischen Fürsorge tritt die allgemeine Fürsorge für den Betreuten, d. h. die Gewährleistung, dass dieser mit Nahrung versorgt und gepflegt wird[1325].

Von vordergründigem Interesse im Rahmen der Gesundheitsfürsorge ist jedoch vielmehr die Frage der Entscheidungszuständigkeit des Betreuers im Zu-

---

staltung abzustellen ist, vgl. Staudinger/*Bienwald*, § 1896 Rdn. 77b; mit der Anordnung einer solchen Totalbetreuung ist jedoch restriktiv umzugehen, sie wird in der Literatur als Ausnahme bezeichnet: Anzuführen ist hier, dass eine solche nur dann in Betracht kommt, wenn der Betroffene aufgrund seiner Krankheit oder Behinderung keine seiner Angelegenheiten mehr selbst besorgen kann und eine Betreuerbestellung somit für alle seine Angelegenheiten erforderlich ist. Dies scheint zwar zumindest im Falle des irreversibel bewusstlosen Apallikers der Fall zu sein. Wenn der Betroffene jedoch z. B. dauerhaft der stationären ärztlichen Behandlung bedarf, die Gesundheitsfürsorge in seiner konkreten Lebensphase somit der einzig relevante Lebensbereich ist, der zu betreuen ist, so darf die Betreuung gerade nicht für alle Angelegenheiten bestellt werden, vgl. MüKo/*Schwab*, § 1896 Rdn. 109.

1323 So grundsätzlich BayObLG FamRZ 1993, S. 1489 (1490); aktueller auch OLG Oldenburg FamRZ 2004, S. 1320 (1321); in Hinsicht auf die der Ausarbeitung zugrunde liegenden Patientengruppen ist dabei anzuführen, dass die medizinische Betreuung bei dem irreversibel bewusstlosen Apalliker in jedem Falle und bei einem ALS-Patienten dann weit umfassend sein wird, wenn dieser aufgrund der fortgeschrittenen Lähmung seines Körpers faktisch entscheidungsunfähig geworden ist.

1324 MüKo/*Schwab*, § 1896 Rdn. 73.

1325 MüKo/*Schwab*, § 1896 Rdn. 75.

sammenhang mit dem Abbruch intensivmedizinischer Maßnahmen, welche über lange Zeit hinweg neben der Thematik des Schwangerschaftsabbruches, der Arzneimittelversuche an Betreuten[1326], der Organspende[1327] sowie Maßnahmen der Sterilisation und Kastration[1328] zu den speziellen Problembereichen in diesem Aufgabenkreis zählte.

aa. Der Abbruch intensivmedizinischer Maßnahmen, §§ 1901a ff. BGB

Bis zum Inkrafttreten des *Dritten Gesetzes zur Änderung des Betreuungsrechts* zum 01. September 2009 hatte § 1904 Absatz 1 BGB a. F. die Genehmigung des Betreuungsgerichts bei ärztlichen Maßnahmen zum Regelungsgegenstand. Dieser umfasste jedoch lediglich Einwilligungen in solche Maßnahmen, die darauf gerichtet waren, dem Betreuen Leben und Gesundheit zu erhalten, jedoch das Risiko des tödlichen Misslingens in sich trugen. Nicht mit aufgenommen war jedoch die Entscheidung des Betreuers für einen Abbruch einer lebensverlängernden Maßnahme, so dass sich in diesem Zusammenhang die Grundfrage stellte, ob und in welchen Fällen der Betreuer der Genehmigung des Betreuungsgerichts bedurfte und ob sich eine solche Pflicht zur Genehmigung aus einer analogen Anwendung des § 1904 BGB a. F. ergeben konnte.

Wie ausführlich aufgezeigt[1329], bestanden hinsichtlich dieser Frage zwei sich gegenüberstehende Ansichten sowohl in Rechtsprechung als auch im Schrifttum. Während die einen eine analoge Anwendung des § 1904 Absatz 1 BGB a. F. favorisierten, vertraten die anderen die Gegenmeinung, dass § 1904 Absatz 1 BGB a. F., welcher nach seinem Wortlaut lediglich die Einwilligung des Betreuers in bestimmten Fällen unter den Vorbehalt einer betreuungsgerichtlichen Genehmigung stellte, nicht als Gegenstand einer Analogie herangezogen werden konnte. Einen Art Mittelweg konturierte hierbei sodann die Entscheidung des 12. Zivilsenates des BGH vom 17. März 2003, in welcher sich dieser neben der grundsätzlichen Anerkennung der Verbindlichkeit des Rechtsinstitutes der Patientenverfügung auf den Standpunkt stellte, dass § 1904 Absatz 1 BGB zwar nicht analog auf den Fall anzuwenden sei, dass der Betreuer sich für einen Abbruch der lebensverlängernden Intensivbehandlung des Betreuten aussprach, eine betreuungsgerichtliche Prüfungszuständigkeit jedoch *im Wege einer rechtlichen Fortbildung des Betreuungsrechts* eröffnet werde bzw. sich *aus einer Ge-*

1326 Die Problematik der medizinischen Forschung an nicht entscheidungsfähigen Patienten ist etwa im spezialgesetzlichen Arzneimittelgesetz (AMG) geregelt.

1327 Hierbei ist auf die Regelungen im Transplantationsgesetz (TPG) zu verweisen.

1328 Siehe hierzu speziell § 1905 BGB sowie die Kastration betreffend das Kastrationsgesetz (KastrG).

1329 Siehe hierzu aaO.

samtschau desselben ergebe[1330]. Von Relevanz war zudem auch die Ausführung des Senats, dass eine Einwilligung des Betreuers lediglich in dem Fall von Erforderlichkeit sei, dass der behandelnde Arzt eine lebensverlängernde medizinische Behandlung überhaupt anbietet, d. h. wenn eine solche indiziert ist. Weitergeführt bzw. ergänzt wurde diese vom Ergebnis her innovative Rechtsprechung zudem durch den Beschluss des BGH vom 08. Juli 2005. Dieser verdeutlichte, dass die Entscheidung des Betreuers für den Abbruch einer lebensverlängernden medizinischen Maßnahme in der Person des Betreuten nicht in *jedem* Fall einer vormundschaftlichen Genehmigung bedürfe, sondern vielmehr darauf zu begrenzen sei, dass zwischen den Parteien Betreuer und behandelndem Arzt über diese Frage *Uneinigkeit* herrscht. Hält der Arzt eine lebenserhaltende oder – verlängernde Maßnahme für medizinisch geboten oder vertretbar, wird eine solche seinerseits somit angeboten und verweigert der Betreuer sich diesem Angebot, besteht ein die Kontrollzuständigkeit des Betreuungsgerichts auslösender Konflikt.

Seit dem 01. September 2009 sind hinsichtlich der Thematik der Entscheidung des Betreuers über lebensverlängernde ärztliche Maßnahmen durch das *Dritte Gesetz zur Änderung des Betreuungsrechts* zum einen in den §§ 1901a f. BGB n. F. sowie zum anderen in § 1904 BGB n. F. grundlegende gesetzliche Novellierungen in Kraft getreten, welche überwiegend die zitierte Rechtsprechung des BGH in diesem Zusammenhang übernommen haben.

§ 1901a BGB n. F. bildet die Basis für die Vorgehensweise des Betreuers im Zusammenhang mit bevorstehenden Untersuchungen des Gesundheitszustandes des Betreuten, Heilbehandlungen oder ärztlichen Eingriffen in der Person des entscheidungsunfähigen Patienten. Zum einen regelt § 1901a Absatz 1 BGB n. F. den Umgang des Betreuers mit sog. *schriftlichen Festlegungen* des Patienten, namentlich mit Patientenverfügungen, und § 1901a Absatz 2 BGB n. F. konturiert das Vorgehen des Betreuers, wenn im Zusammenhang mit den vorgenannten medizinischen Maßnahmen kein derartiges Vorsorgeinstitut des entscheidungsunfähigen Patienten existiert. Ergänzend hierzu bestimmt der neu eingefügte § 1901b BGB die Interaktion der Parteien Betreuer und Arzt, § 1901b Absatz 1 BGB n. F., sowie nahen Angehörigen und sonstigen Vertrauenspersonen, § 1901b Absatz 2 BGB n. F.

Der grundlegend novellierte § 1904 BGB legt in seiner neuen Fassung in den Absätzen 1 und 2 wiederum ergänzend hierzu den Grundsatz der betreuungsgerichtlichen Genehmigung von ärztlichen Maßnahmen fest, welche sich in

1330 Einer solchen Rechtsfortbildung stehen weder der Vorrang des Gesetzes noch der Gesetzesvorbehalt des Art. 2 Absatz 2 S. 3 GG entgegen, vgl. BGHZ 154, S. 205 (221 ff.).

der Person des entscheidungsunfähigen Patienten lebensverkürzend oder erheblich gesundheitsschädigend auswirken; § 1904 Absatz 3 BGB n. F. schreibt die Pflicht des Betreuungsgerichts zur Genehmigung der Betreuerentscheidung für den Fall vor, dass diese dem Willen des Betreuten entspricht und in § 1904 Absatz 4 BGB n. F. ist abschließend eine Ausnahme vom Grundsatz der Genehmigungspflicht enthalten[1331].

aaa. Patientenverfügung, -wünsche und mutmaßlicher Wille, § 1901a BGB n. F.

Im Falle des Vorliegens einer Patientenverfügung kommt dem Betreuer des betroffenen entscheidungsunfähigen Patienten nach der Begründung[1332] gemäß § 1901a Absatz 1 BGB n. F. die Pflicht zur Überprüfung zu, ob die Bestimmungen der Verfügung mit der gegenwärtigen Lebens- und Behandlungssituation *harmonieren*, d. h. ob diese für die konkret vorliegende Situation eine Entscheidung über die anstehende ärztliche Maßnahme enthält und ob sie noch dem Willen des Patienten entspricht. Diese Prüfung hat alle Gesichtspunkte zu erfassen, welche sich aus der aktuellen Lebens- und Behandlungssituation des Patienten ergeben. Nach der Begründung[1333] hat der Vertreter auch zu prüfen, ob das aktuelle Verhalten des entscheidungsunfähigen Patienten konkrete Anhaltspunkte dafür zeigt, dass er unter den gegebenen Umständen den zuvor schriftlich geäußerten Willen nicht mehr gelten lassen will und ob er etwa in seiner antizipierten Entscheidung gerade diese Lebens- bzw. Behandlungssituation mitbedacht hat oder nicht[1334]. Fällt diese Prüfung positiv aus, d. h. hat sich der Vertreter von der Einschlägigkeit und Wirksamkeit der Patientenverfügung hinreichend überzeugt, ist er nach der Begründung verpflichtet darauf zu achten, dass der Betroffene entsprechend seinem Willen behandelt wird. § 1901 Absatz 1 Satz 2 BGB n. F. führt in diesem Zusammenhang an: *„Ist dies der Fall (d. h. treffen die Festlegungen auf die aktuelle Lebens- und Behandlungssituation zu, Anm. der Verfasserin), hat der Betreuer dem Willen des Betreuten Ausdruck und Geltung*

1331 Wie bereits angeführt, überträgt er die Bestimmungen des § 1904 Absatz 1 bis 4 BGB n. F. gemäß § 1904 Absatz 5 BGB n. F. zudem unter bestimmten Voraussetzungen auch auf den Vorsorgebevollmächtigten.

1332 BT-Drucks 118442, S. 14.

1333 BT-Drucks 16/8442, S. 15.

1334 Dieser Fall beansprucht im Zusammenhang mit den der Ausarbeitung zugrunde liegenden Patienengruppen des irreversibel bewusstlosen Apallikers sowie des zumindest faktisch entscheidungsunfähigen ALS-Patienten jedoch keine vertiefende Bedeutung, da diese zu einer Mitteilung ihres Willen eben gerade unfähig sind – etwas anderes kann jedoch in Zusammenhang mit Demenzkranken gelten, wenn diese den Anschein machen, ein sorgenfreies und glückliches Dasein zu führen, siehe bereits aaO.

zu verschaffen. Er hat somit dafür Sorge zu tragen, dass der betroffene Patient entsprechend seinem in der Verfügung zum Ausdruck gebrachten Willen behandelt wird.

Es sind somit zwei Grundkonstellationen zu unterscheiden: Liegt eine wirksame Patientenverfügung des Betreuten nach § 1901 Absatz 1 Satz 1 BGB n. F. vor und ergibt die durch den Betreuer durchgeführte Überprüfung, dass die Festlegungen der Patientenverfügung auf die aktuelle Lebens- und Behandlungssituation des Betreuten zutreffen, ist eine Entscheidung des Betreuers in die anstehende medizinische Maßnahme *nicht* erforderlich – es gilt in diesem Zusammenhang *einzig die in der Patientenverfügung getroffene Entscheidung des Patienten*[1335]. Ergibt die Prüfung durch den Betreuer hingegen, dass die durch den Betreuten verfasste Verfügung *nicht* den Voraussetzungen des § 1901a Absatz 1 BGB n. F. entspricht und somit keine wirksame Patientenverfügung vorliegt, ist *diese* für den Betreuer nicht mehr verbindlich. Gleiches gilt zudem, wenn sich eine medizinische Therapie, welche Gegenstand der in der Patientenverfügung enthaltenen Festlegungen ist, aufgrund der fortgeschrittenen medizinischen Entwicklung nachträglich verändert hat, so dass die Feststellungen auf die aktuelle Behandlungssituation nicht mehr zutreffen oder aber sich die Sachlage so erheblich verändert hat, dass die antizipiert getroffene Entscheidung des Patienten die gegenwärtige Lebenssituation des Patienten nicht mehr umfasst.

In diesem Rahmen beansprucht vielmehr der § 1901a Absatz 2 BGB n. F. Geltung für sich, welcher die Pflicht des Betreuers zu Ermittlung von Behandlungswünschen oder dem mutmaßlichen Willen des betroffenen Patienten normiert und auf deren Grundlage er zu entscheiden hat, *„ob er in eine ärztliche Maßnahme nach Absatz 1 einwilligt oder sie untersagt"*. In Hinsicht auf die in § 1901a Absatz 2 BGB n. F. erwähnten Behandlungswünsche ist anzuführen, dass in einer Vorausverfügung des Patienten laut der Begründung[1336] auch festgelegt werden kann, dass die darin enthaltenen konkreten Entscheidungen nicht unmittelbar gelten sollen, sondern die abschließende Entscheidungsgewalt[1337] stets bei dem Betreuer oder dem Vorsorgebevollmächtigten, d. h. bei dem jeweiligen Vertreter liegen soll. Bei der Ermittlung des mutmaßlichen Willens des Betreuten hat der Betreuer die Kriterien zugrunde zu legen, welche der BGH in

---

1335 Jedoch ist anzumerken, dass eine Patientenverfügung auch dahingehend ausgestaltet sein kann, dass diese trotz hinreichender Festsetzungen nicht unmittelbar gelten soll, sondern etwa der Vertreter stets die abschließende Entscheidung etwa im Zusammenhang mit einem Behandlungsabbruch zu treffen hat; zudem kann auch der jeweilige Ermessensspielraum selbst festgelegt werden, in welchem sich der Vertreter im Rahmen seiner Entscheidung zu bewegen hat, vgl. BT-Drucks 16/8442, S. 15.

1336 BT-Drucks 16/8442, S. 15.

1337 Unter Beachtung der Voraussetzungen des § 1904 BGB n. F., dazu im Folgenden.

seinem mehrfach erwähnten Kemptener Fall in BGHSt 40, S. 257 ff. begründet hat. Folglich hat er seine Ermittlung anhand konkreter Anhaltspunkte auszugestalten. Hierbei sind insbesondere *„frühere mündliche oder schriftliche Äußerungen, ethische oder religiöse Überzeugungen und sonstige Wertvorstellungen des Patienten"* zu berücksichtigen.

Nur im Falle des Vorliegens der Voraussetzungen des § 1901a Absatz 2 BGB n. F. obliegt dem Betreuer eine stets am mutmaßlichen Willen des Betroffenen ausgerichtete Entscheidungszuständigkeit. In *allen* anderen Fällen ist der antizipiert normierte Wille des Patienten für den Betreuer *verbindlich* und darf nach der Begründung[1338] *„nicht durch einen Rückgriff auf den mutmaßlichen Willen des Betreuten korrigiert werden".*

bbb. Der Vorbehalt der Genehmigung des Betreuungsgerichts, § 1904 BGB n. F.

In § 1904 Absatz 1 und 2 BGB n. F. werden die Einwilligung, die Nichteinwilligung sowie der Widerruf der Einwilligung des Betreuers in ärztliche Maßnahmen, d. h. in eine Untersuchung des Gesundheitszustandes, eine Heilbehandlung oder einen ärztlichen Eingriff unter den Vorbehalt der vormundschaftlichen Genehmigung des Betreuungsgerichts gestellt, wenn *„die begründete Gefahr besteht, dass der Betreute auf Grund der Maßnahme stirbt oder einen schweren und länger dauernden gesundheitlichen Schaden erleidet".* Im Zusammenhang mit der Nichteinwilligung bzw. mit dem Widerruf einer vormals erteilten Einwilligung wird kumulativ zudem gefordert, dass die seitens des Betreuers verweigerte Maßnahme indiziert ist, § 1904 Absatz 2 BGB n. F.

Hat sich in § 1904 BGB n. F. im Verhältnis zum § 1904 BGB a. F. zwar die Begrifflichkeit des *Vormundschaftsgerichts* zu der des *Betreuungsgerichts* gewandelt[1339], gilt dies nicht auch für das zugrunde liegende Genehmigungsverfahren: Unter Verweisung auf die Vorschriften des neuen FamFG ist anzuführen, dass das Genehmigungsverfahren allein dem Richter vorbehalten ist. Dieser hat sich vom Zustand des Betroffenen einen persönlichen Eindruck zu verschaffen,

1338 BT-Drucks 16/8442, S. 15, etwa weil die durch diesen getroffene Entscheidung nicht der diesbezüglichen Grundhaltung des Betreuers oder Dritter entspricht.

1339 Zum 1.9.2009 wurde die Bezeichnung des Vormundschaftsgerichts auf die des Betreuungsgerichts umgestellt, Art. 50 des *„Gesetzes zur Reform des Verfahrens in Familiensachen und den Angelegenheiten der freiwilligen Gerichtsbarkeit"* (FGG-RG) vom 17.12.2008, BT-Drucks. 16/8442, S. 12 f.; als Betreuungsgerichte tätig sind dabei besondere Abteilungen der Amtsgerichte, § 23c GVG, vgl. Beckmann MedR 2009, S. 582 (583, Fn. 9); Dodegge NJW 2009, S. 2727; Olzen JR 2009, S. 354 (356).

§ 298 Absatz 1 Satz 1 FamFG[1340], zudem soll er die sonstigen Beteiligten sowohl im Falle einer Genehmigung nach § 1904 Absatz 1 BGB als auch nach § 1904 Absatz 2 BGB n. F. anhören, § 298 Absatz 1 Satz 2 FamFG. Des Weiteren ist in § 298 Absatz 3 FamFG festgelegt, dass im Falle der gerichtlichen Überprüfung einer Verweigerung des Betreuers, die Bestellung eines Verfahrenspflegers stets erforderlich ist. Aufgrund der Bestimmung des § 298 Absatz 4 FamGG wird der entscheidende Richter zudem auf die Einholung eines zusätzlichen, von einem anderen als dem behandelnden Arzt erstellten Sachverständigengutachtens im Regelfall nicht verzichten können, wenn die medizinischen Voraussetzungen für die Forderung des Betreuers, die Behandlung einzustellen, nicht durch eine neuere, den Anforderungen an ein Sachverständigengutachten genügende ärztliche Stellungnahme belegt sind oder wenn er - in Abweichung von der Beurteilung des behandelnden Arztes - die medizinische Indikation der ärztlicherseits angebotenen Behandlung verneinen will[1341]. Offensichtlich wird anhand dieser Ausführungen somit, dass das Betreuungsgericht das Verhalten des Betreuers anhand der in den §§ 1901a Absatz 2 Satz 2, 1901b, 1904 Absatz 2 und 3 BGB n. F. angeführten Kriterien auf seine Rechtmäßigkeit hin zu überprüfen hat. Er trifft insofern *keine eigene Entscheidung* für oder gegen lebensverlängernde Maßnahmen[1342].

(1) Die Einwilligung des Betreuers, § 1904 Absatz 1 BGB n. F.

§ 1904 Absatz 1 BGB bestimmt wie folgt: „*Die Einwilligung des Betreuers in eine Untersuchung des Gesundheitszustandes, eine Heilbehandlung oder einen ärztlichen Eingriff bedarf der Genehmigung des Betreuungsgerichts, wenn die begründete Gefahr besteht, dass der Betreute auf Grund der Maßnahme stirbt oder einen schweren und länger dauernden gesundheitlichen Schaden erleidet. Ohne die Genehmigung darf die Maßnahme nur durchgeführt werden, wenn mit dem Aufschub Gefahr verbunden ist*“. Im Ergebnis bleibt diese Passage des § 1904 BGB im Dritten Gesetz zur Änderung des Betreuungsrechts somit unverändert.

Hervorzuheben gilt, dass § 1904 Absatz 1 BGB grundsätzlich nicht zur Anwendung kommt, wenn es etwa um die Genehmigung des Abschlusses schuldrechtlicher Arzt- und Krankenhausverträge geht, sondern *nur* in dem Fall, dass

---

1340 § 298 Absatz 1 Satz 1 FamFG spricht hier ähnlich wie vormals § 69d Absatz 1 Satz 1 FGG von einer persönlichen Anhörung des Betroffenen, was jedoch in der Ausführung gerade im Zusammenhang mit den der Ausarbeitung zugrunde liegenden Patientengruppen nicht möglich sein wird.

1341 Vgl. hierzu bereits BGHZ 154, S. 205 (226 f.).

1342 Taupitz 63. DJT, S. A 85.

der Betreuer die zur Rechtfertigung einer ärztlichen Maßnahme nötige Einwilligung in die Beeinträchtigung der körperlichen Unversehrtheit, der Freiheit oder des allgemeinen Persönlichkeitsrechts im Namen des Betreuten erklärt[1343].

Die in § 1904 Absatz 1 BGB für Einwilligungen des Betreuers hinsichtlich der Durchführung von ärztlichen Maßnahmen in der Person des Betreuten normierte betreuungsgerichtliche Genehmigungspflicht steht des Weiteren unter den folgenden zwei Voraussetzungen:

Zum einen muss es sich um die Einwilligung in eine Untersuchung des Gesundheitszustandes, in eine Heilbehandlung oder in einen ärztlichen Eingriff handeln. Unter dem Begriff der *Untersuchung des Gesundheitszustandes* wird jedes diagnostische Verfahren verstanden, unabhängig davon, ob es mit einer körperlichen Untersuchung des Gesundheitszustandes oder mit einem körperlichen Eingriff verbunden ist[1344]. Hinsichtlich des Verständnisses der *Heilbehandlung* ist anzuführen, dass davon Maßnahmen umfasst sind, die auf die (Wieder-) Herstellung der Gesundheit, Linderung von Krankheiten, Beseitigung von Krankheitsfolgen sowie der Verhütung von Krankheiten und ihrer Verschlimmerungen gerichtet sind[1345]. In Bezug auf die Gruppe der *ärztlichen Eingriffe* ist festzuhalten, dass eine separate Aufführung neben dem Begriff der Heilbehandlungen zunächst verwundert, da diese in der Regel auch ärztliche Eingriffe umfassen. Dies ist wie folgt jedoch damit zu begründen, dass die Definition der *Heil*behandlung auf einige Eingriffe, in deren Zusammenhang der kurative Zweck fehlt, wie etwa bei plastischen Operationen, nicht direkt zutrifft, so dass durch die separate Aufführung gleichfalls sichergestellt wird, dass auch solche nicht aus dem Schutzbereich des § 1904 Absatz 1 BGB herausfallen[1346].

Zum anderen muss *„die begründete Gefahr" bestehen, „dass der Betreute auf Grund der Maßnahme stirbt oder einen schweren und länger dauernden gesundheitlichen Schaden erleidet"*. Im Falle des Begriffs der begründeten Gefahr geht es nicht um subjektive Befürchtungen, sondern allein um objektive Gefahren[1347]. Weiter auszuführen ist zudem, dass fast jede Heilbehandlung Risiken für das Leben oder die Gesundheit des von ihr betroffenen Patienten in sich birgt, so

---

1343 MüKo/*Schwab*, § 1904 Rdn. 3

1344 MüKo/*Schwab*, § 1904 Rdn. 25; hierzu zählen neben der Anamnese und den rein äußerlichen körperlichen Untersuchungen wie Abklopfen, Abhören etc., vor allem Eingriffe in den Körper, die geeignet sind, eine Gefahr im Sinne des § 1904 Absatz 1 BGB n. F. zu begründen: Dies wird etwa diskutiert im Falle eines Herzkatheters, der Angiographie, der Gelenkarthroskopie sowie der Liquorentnahme, vgl. Erman/*Roth*, § 1904 Rdn. 13.

1345 N. w. *Uhlenbruck/Laufs* in: Laufs/Uhlenbruck, § 44 Rdn. 1 f.

1346 Erman/*Roth*, § 1904 Rdn. 18 ff.

1347 Vgl. BT-Drucks 11/6949, S. 73.

dass nur ein besonderes, über das Gewöhnliche hinausgehendes Risiko, welches sich auch im Falle eines ärztlichen Behandlungsfehlers ergibt, von dem Begriff der begründeten Gefahr erfasst ist. Im Ergebnis muss somit eine ernste und konkrete Erwartung der näher bezeichneten Folgen vorliegen[1348]. Eine begründete Gefahr für das Leben des Betroffenen ist des Weiteren anzunehmen, wenn die Maßnahme nach dem Stand der Medizin das klar überdurchschnittliche Risiko einer Verkürzung des Lebens des Patienten in sich birgt[1349].

(2) Nichteinwilligung und Widerruf der Einwilligung, § 1904 Absatz 2 BGB n. F.

Von weitaus größerer Relevanz für die gegenständliche Ausarbeitung ist jedoch § 1904 Absatz 2 BGB n. F., wie die folgenden Ausführungen belegen: Wurde der Fall der Einwilligung des Betreuers in eine ärztliche Maßnahme bereits von § 1904 Absatz 1 BGB a. F. direkt erfasst, und für diesen eine (vormundschafts-) gerichtliche Genehmigung gefordert, gilt gleiches nun gemäß § 1904 Absatz 2 BGB n. F. für den Fall der Nichteinwilligung oder des Widerrufs einer vormals erteilten Einwilligung seitens des Betreuers.

Neben der Voraussetzung der begründeten Gefahr des Todes oder des Eintritts einer schweren und länger andauernden gesundheitlichen Schädigung in der Person des Betreuten im Falle des Unterlassens bzw. des Abbruchs der ärztlichen Maßnahme[1350], wird kumulativ zudem verlangt, dass diese *medizinisch angezeigt ist*. Nach der Begründung werden als ärztlich angezeigte bzw. indizierte Maßnahmen u. a. Operationen, die künstliche Flüssigkeits- und Nahrungszufuhr, die z. B. durch die Speiseröhre (Magensonde) oder Bauchdecke (PEG) in den Magen oder intravenös gegeben wird, die maschinelle Beatmung, die Dialyse, die Bekämpfung einer zusätzlich auftretenden Krankheit wie etwa einer Lungenentzündung oder einer Infektion sowie Maßnahmen der Reanimation genannt[1351].

Zum Verständnis dieser kumulativen Voraussetzung ist wie folgt auszuführen: Wird ärztlicherseits eine lebensverlängernde oder -erhaltende Behandlung *nicht* angeboten[1352] besteht für eine Einwilligung des Betreuers als dem gesetzli-

---

1348 BT-Drucks 11/4528, S. 140; einen guten Überblick zu dieser Thematik verschafft insbesondere Knittel, § 1904 Rdn. 28 ff. sowie 81 ff.

1349 MüKo/*Schwab*, § 1904 Rdn. 28.

1350 Und somit in Übereinstimmungen zu den bereits in § 1904 Absatz 1 BGB a. F. aufgestellten Voraussetzungen.

1351 BT-Drucks 16/8442, S. 18.

1352 Sei es, dass sie von vornherein medizinisch nicht indiziert, nicht mehr sinnvoll oder aus sonstigen Gründen nicht möglich ist.

chen Vertreter des entscheidungsunfähigen Patienten schon grundsätzlich kein Raum[1353]. Gleiches gilt zudem für die Weigerung des Betreuers, in eine lebensverlängernde Behandlung des Betreuten einzuwilligen. Auch diese setzt notwendig ein entsprechendes ärztliches Behandlungsangebot voraus. Da sich die Weigerung des Betreuers in eine medizinisch indizierte ärztliche Maßnahme einzuwilligen bzw. der Widerruf einer vormals erteilten Einwilligung in der Person des Betreuten jedoch lebensverkürzend bzw. –beendend auswirken wird, ist die medizinische Indikation in § 1904 Absatz 2 BGB n. F. im Gegensatz zu dem Fall der Einwilligung in ärztliche Maßnahmen nach § 1904 Absatz 1 BGB als kumulative Voraussetzung zur eintretenden Folge der Betreuerentscheidung aufgeführt. Der signifikante Unterschied zwischen § 1904 Absatz 1 BGB sowie § 1904 Absatz 2 BGB n. F. liegt darin, dass im Falle der Durchführung einer ärztlichen Maßnahme nach § 1904 Absatz 1 BGB, in welche der Betreuer eingewilligt hat, nur *das Risiko* des tödlichen Misslingens besteht, im Falle des aufgrund einer verweigerten oder widerrufenen Einwilligung des Betreuers unterbleibenden ärztlichen Maßnahme nach § 1904 Absatz 2 BGB n. F. aufgrund des pathologischen Zustandes des Betreuten hingegen *in jedem Falle* sein Tod eintreten wird.

Verweigert der Betreuer seine Einwilligung in eine lebensverlängernde ärztliche Maßnahme, welche zudem medizinisch indiziert ist, oder widerruft er eine vormals in diesem Zusammenhang erteilte Einwilligung, gestaltet sich das weitere Vorgehen des behandelnden Arztes wie folgt: Nach § 1904 Absatz 2 BGB n. F. wird eine Verweigerung der Einwilligung in die angebotene Behandlung nur mit der Genehmigung des Betreuungsgerichts wirksam. Wie im Beschluss des BGH vom 17. März 2003 ausgeführt, folgt daraus, dass eine lebensverlängernde oder -erhaltende Behandlung des entscheidungsunfähigen Patienten bei medizinischer Indikation deshalb auch *ohne* die Einwilligung des Betreuers - bis zu einer Entscheidung des Betreuungsgerichts - durchzuführen oder fortzusetzen ist. Stimmt das Betreuungsgericht der eine Behandlung oder Weiterbehandlung ablehnenden Entscheidung des Betreuers zu, ist dessen Einwilligung nicht länger entbehrlich. Die Nichterteilung dieser Einwilligung ist dann abschließend mit der Folge wirksam, dass die in der Person des Patienten durchgeführten lebensverlängernden ärztlichen Maßnahmen nun stufenweise und unter Gewährleistung der Fortführung von Maßnahmen der Basispflege einzustellen sind. Verweigert das Betreuungsgericht dagegen seine Zustimmung, so gilt damit zugleich die Einwilligung des Betreuers in die angebotene Behandlung oder Wei-

1353 *Lipp* in: May et al, S. 37 (52 f.), in Fn. 37 mwN.

terbehandlung des Betroffenen als ersetzt und die lebensverlängernde medizinische Behandlung des Betroffenen ist nicht abzubrechen.[1354]

(3) Die Pflicht zur gerichtlichen Genehmigung, § 1904 Absatz 3 BGB n. F.

Zudem wurde im *Dritten Gesetz zur Änderung des Betreuungsrechts* eine weitere bis dato bestehende Unsicherheit im Zusammenhang mit der Beendigung intensivmedizinischer Maßnahmen beseitigt: Wie angeführt, wurde der Beschluss des 12. Zivilsenates des BGH vom 17. März 2003 auch grundlegend dahingehend einer Kritik unterworfen, dass diesem nicht explizit eine Antwort auf die Frage zu entnehmen war, ob auch in Fällen fehlender bzw. nicht abschließend bestimmter Patientenverfügungen eine gerichtliche Prüfungspflicht bzw. ein gerichtlicher Genehmigungsvorbehalt besteht. Vielmehr führte der Senat für diese Situation nur an, dass dann der *„mutmaßliche Wille des Patienten ermittelt werden müsse"*. Aus dieser allgemein gehaltenen Ausführung ergibt sich jedoch nicht abschließend, ob dieser mutmaßliche Wille des Patienten nun seitens des Betreuers zu ermitteln ist und einer seinerseits getroffenen Entscheidung eine unmittelbare Bindungswirkung für den behandelnden Arzt zukommt oder ob vielmehr eine die Entscheidung des Betreuers bestätigende Genehmigung des Betreuungsgerichts einzuholen ist.

In § 1904 Absatz 3 BGB n. F. wird hier durch die Gesetzesänderung abschließende Klarheit geschaffen, indem dieser wie folgt bestimmt: *„Die Genehmigung nach den Absätzen 1 und 2 ist zu erteilen, wenn die Einwilligung, die Nichteinwilligung oder der Widerruf der Einwilligung dem Willen des Betreuten entspricht"*. Nach diesem in § 1904 BGB neu eingefügten Absatz hat das Betreuungsgericht die Rechtmäßigkeit der Betreuerentscheidung zu überprüfen, d. h. ob dieser im Rahmen seiner Pflicht zur Feststellung des mutmaßlichen Willens des Betreuten die in § 1901a Absatz 2 Satz 2 BGB n. F. aufgeführten Anhaltspunkte und somit insbesondere frühere mündliche oder schriftliche Äußerungen, ethische oder religiöse Überzeugungen und sonstige persönliche Wertvorstellungen des Betreuten zugrunde gelegt hat. Zudem hat das Betreuungsgericht die Äußerungen von nahen Angehörigen oder sonstigen Vertrauenspersonen des Betreuten heranzuziehen und zu überprüfen, wenn diese bei der Ermittlung des mutmaßlichen Willens des Betreuten gemäß § 1901b Absatz 2 BGB n. F. Einfluss gefunden haben. Zu betonen ist abschließend erneut, dass das Betreuungsgericht somit *keine eigene Entscheidung* für oder gegen eine lebensverlängernde Maßnahme in der Person des Betreuten trifft, sondern die Entscheidung des Betreuers allein einer *Überprüfung* unterzieht[1355]. Die oftmals in die-

1354 BGHZ 154, S. 205 (225).
1355 Taupitz 63. DJT, S. A 85.

sem Zusammenhang angeführte Bezeichnung des entscheidenden Richters als *Herrscher über Leben und Tod*[1356] trifft somit im Ergebnis nicht zu.

ccc. *Ausnahmen von der gerichtlichen Genehmigung, § 1904 Absatz 4 BGB n. F.*

Unter dem Verweis darauf, dass sich ein betreuungsgerichtliches Verfahren über mehrere Instanzen hinweg ziehen kann und die zur Entscheidung stehenden Maßnahmen in diesem Zeitraum der Anhängigkeit des zugrunde liegenden Verfahrens weder durchgeführt noch unterlassen werden dürfen, bestehen von dem in § 1904 Absatz 1 und 2 aufgeführten Grundsatz des betreuungsgerichtlichen Genehmigungsvorbehaltes bei ärztlichen Maßnahmen zwei Ausnahmen. Zum einen in § 1904 Absatz 1 Satz 2 BGB für den Fall, dass mit einem Aufschub einer ärztlichen Maßnahme Gefahr verbunden ist sowie zum anderen in § 1904 Absatz 4 BGB n. F., wenn zwischen Betreuer und behandelndem Arzt Einvernehmen darüber besteht, dass die Betreuerentscheidung dem durch den Betreuer nach § 1901a BGB festgestellten Willen des Betreuten entspricht.

(1) Das Vorliegen von Gefahr, § 1904 Absatz 1 Satz 2 BGB

§ 1904 Absatz 1 Satz 2 BGB bestimmt: *„Ohne die Genehmigung darf die Maßnahme nur durchgeführt werden, wenn mit dem Aufschub Gefahr verbunden ist“*. An dieser Ausnahme zum Grundsatz der Genehmigung des Betreuungsgerichts bei ärztlichen Maßnahmen ist durch das *Dritte Gesetz zur Änderung des Betreuungsrechts* nichts geändert worden, dient sie doch der Gewährleistung des Lebens und der Gesundheit von betreuten Menschen innerhalb der in § 1904 BGB vorgegebenen bürokratischen Abläufe. Auffällig ist, dass der Begriff der *Gefahr* vom Wortlaut des § 1904 Absatz 1 Satz 2 BGB nicht weiter konturiert wird, aus dem Sachzusammenhang lässt sich jedoch der Rückschluss ziehen, dass es sich um eine ernstliche und dringende Gefahr für das Leben oder die Gesundheit des Betreuten handeln muss[1357].

Ist mit dem Aufschub einer ärztlichen Maßnahme im Sinne des § 1904 Absatz 1 Satz 1 BGB somit eine Gefahr im vorbenannten Sinne verbunden, entfällt das Erfordernis der gerichtlichen Genehmigung. Zu betonen gilt jedoch, dass dies in der Regel nicht gleichfalls für die Einwilligung des Betreuers gilt, eine solche muss somit in jedem Fall vorliegen[1358]. Nur bei ärztlichen Notfällen, bei

1356 Siehe hierzu allein die Ausführungen bei Vollmert.

1357 MüKo/*Schwab*, § 1904 Rdn. 58.

1358 Anzuführen ist zudem, dass die Frage, ob die Voraussetzungen des § 1904 Absatz 1 Satz 2 BGB im jeweiligen Einzelfall vorgelegen haben, lediglich im Rahmen eines etdenen es auf jede Minute ankommt, ist eine Ausnahme zu machen, wobei die ärztliche Maßnahme dann nach allgemeinen Grundsätzen auf das Rechtsinstitut der mutmaßlichen Einwilligung des Patienten zu stützen ist[1359].

(2) Einvernehmen zwischen Betreuer und Arzt, § 1904 Absatz 4 BGB n. F.

In Nachfolge auf die Ausführungen des 12. Zivilsenats des BGH war innerhalb seiner grundlegenden Entscheidung vom 17. März 2003 der Eindruck entstanden, dass das (Vormundschafts-) Gericht die Entscheidung des Betreuers, eine lebensverlängernde Maßnahmen in der Person des betreuten entscheidungsunfähigen Patienten zu beenden, in *jedem* Fall einer Überprüfung zu unterziehen hat. Dieser Tendenz wurde sodann durch den Beschluss des BGH vom 08. Juli 2005 dahingehend eine Absage erteilt, dass der erkennende Senat die (vormundschafts-) gerichtliche Zuständigkeit in dem Fall, dass der Betreuer in eine lebensverlängernde Maßnahme nicht einwilligt, nun auf eine zwischen dem Betreuer und dem behandelnden Arzt bestehende *Konfliktsituation* begrenzte. Als Ausdruck dieser Rechtsprechung ist nun der im *Dritten Gesetz zur Änderung des Betreuungsrechts* neu geschaffene § 1904 Absatz 4 BGB n. F. zu werten: *„Eine Genehmigung nach den Absätzen 1 und 2 ist nicht erforderlich, wenn zwischen Betreuer und behandelndem Arzt Einvernehmen darüber besteht, dass die Erteilung, die Nichterteilung oder der Widerruf der Einwilligung dem nach § 1901a festgestellten Willen des Betreuten entspricht“.*

Einer etwaig bestehenden Missbrauchsgefahr[1360] wird wie folgt in verschiedener Hinsicht vorgebeugt: Zunächst kommt dem behandelnden Arzt nach dem ärztlichen Berufsrecht, namentlich nach § 10 (Muster-) Berufsordnung für die deutschen Ärztinnen und Ärzte, die Pflicht zu, das zwischen ihm und dem Betreuer bestehende Einvernehmen darüber, dass die Entscheidung des Betreuers dem ermittelten Willen des Betreuten entspricht, zu dokumentieren. Die einem Einvernehmen nach § 1904 Absatz 4 BGB n. F. zugrunde liegenden Abwägungen und Entscheidungsfindungsprozesse sind somit jederzeit für jedermann belegt und können somit zum Gegenstand einer Nachprüfung gemacht werden.

---

waigen Folgeverfahrens zu erörtern sind, vgl. BT-Drucks 11/4528, S. 141. Die Durchführung einer nach § 1904 Absatz 1 Satz 2 BGB genehmigungsfreien Maßnahme ist somit nicht unverzüglich nachzuholen, was auch nicht als sinnvoll zu erachten wäre, da sich die Heilmaßnahme in der Regel nicht rückgängig machen lassen wird, vgl. ebenfalls BT-Drucks 11/4528, S.141.

1359 Erman/*Roth* § 1904 Rdn. 30.

1360 Sei es in Form einer fälschlichen Ermittlung des mutmaßlichen Willens durch den Betreuer, einer fälschlichen Indikationsstellung durch den behandelnden Arzt oder aber eines missbräuchlichen Zusammenwirkens von Betreuer und Arzt.

Des Weiteren muss grundsätzlich ein Einvernehmen zwischen dem Betreuer und dem behandelnden Arzt gefunden werden. Es findet, wie es auch in der Begründung[1361] selbst heißt, in jedem Fall eine wechselseitige Kontrolle der jeweiligen Entscheidungsfindung statt, d. h. der Arzt hat einen Einblick in die Betreuerentscheidung unter der Zugrundelegung konkreter Anhaltspunkte zur Ermittlung des mutmaßlichen Willens nach § 1901a Absatz 2 Satz 2 BGB n. F. und der Betreuer hat sich mit der fachlichen Einschätzung des Arztes über das Bestehen einer medizinischen Indikation hinsichtlich bestimmter ärztlicher Maßnahmen abhängig vom Gesamtzustand des Patienten und von der jeweiligen medizinischen Prognose auseinanderzusetzen. Darüber hinaus wird durch den Gesetzgeber dadurch die Möglichkeit zugelassen, dass der Wille des Patienten zügig umgesetzt wird. Wie bereits angeführt, kann ein sich manchmal über mehrere Instanzen hinziehendes Verfahren zur Folge haben, dass lebensbeendende Maßnahmen nicht eingeleitet werden können, sondern fortgesetzt werden müssen[1362]. Dem Verdacht eines missbräuchlichen Zusammenwirkens zwischen Betreuer und Arzt zum Nachteil des Betreuten kann nach der Begründung zudem jederzeit dadurch entgegengewirkt werden, dass *„jeder Dritte, insbesondere der Ehegatte, Lebenspartner, Verwandte oder benannte Vertrauenspersonen“* unter Bezugnahme auf den sog. *Amtsermittlungsgrundsatz* nach dem FamFG eine betreuungsgerichtliche Überprüfung der Entscheidung des Betreuers beantragen kann. Darüber hinaus bestehen grundsätzlich die Sanktionsmöglichkeiten des materiellen Strafrechts, insbesondere wegen eines Körperverletzungs- oder aber wegen eines Tötungsdeliktes, wenn für ein *„sachfremdes oder gar kollusives Zusammenwirken“*[1363] ein für die Einleitung eines strafrechtlichen Ermittlungsverfahrens erforderlicher Anfangsverdacht besteht.

bb. Ergebnis

Unter Zugrundelegung der vorherigen Ausführungen ist für den Umfang der Betreuung in Form der Gesundheitsfürsorge unter Berücksichtigung der Neuerungen durch das *Dritte Gesetz zur Änderung des Betreuungsrechts* Folgendes zu resümieren: *Entscheidend* für die Frage nach der Durchführung oder den Abbruch einer ärztlichen Behandlung inkl. der intensivmedizinischen Maßnahmen der Einstellung einer künstlichen Beatmung sowie künstlicher Maßnahmen der Ernährungs- und Flüssigkeitszufuhr ist allein der Patientenwille und nicht der Umstand, den Dritte in der gegebenen Situation für vernünftig oder vorzugswürdig, d. h. ethisch-moralisch vertretbar erachten.

1361 BT-Drucks 16/4528, S. 19.

1362 Rutschmann/Kieckbusch Hmb-Ärztebl 2009, S. 11 (13).

1363 So die Ausführungen in der Begründung selbst, vgl. BT-Drucks 16/4528, S. 19.

Liegt daher eine wirksame Patientenverfügung im Sinne des § 1901a Absatz 1 BGB n. F. vor und ist diese eindeutig, d. h. trifft diese auf die aktuelle Lebens- und Behandlungssituation des betroffenen Patienten zu, ist der Betreuer bzw. gleichfalls der Bevollmächtigte abschließend daran gebunden. In diesem Fall kommt ihm die Verpflichtung zu, die in der Patientenverfügung durch den Betreuer normierten Entscheidungen zur Umsetzung zu bringen – und dies unabhängig davon, ob diese Entscheidungen der Grundhaltung des Betreuers oder Dritten entsprechen. Zu betonen gilt, dass ein Rückgriff auf den mutmaßlichen Willen des Betreuten durch den Betreuer im Falle des Vorliegens einer wirksamen Patientenverfügung im Sinne des § 1901a Absatz 1 BGB n. F. nicht erforderlich und auch nicht zulässig ist, da der entscheidungsunfähige Patient seinem Willen abschließend und rechtsverbindlich normiert hat.

Lediglich in dem Falle, dass es an einer der in § 1901a Absatz 1 BGB n. F. aufgeführten Wirksamkeitsvoraussetzungen für eine Patientenverfügung *fehlt* oder die darin enthaltenen Festlegungen *nicht* mit der aktuellen Lebens- und Behandlungssituation *übereinstimmen*, obliegt dem Betreuer nach § 1901a Absatz 2 Satz 1 die Pflicht, Behandlungswünsche oder den mutmaßlichen Willen des betroffenen Patienten festzustellen. Unter Zugrundelegung der in der Entscheidung des 12. Zivilsenates vom 17. März 2003 aufgestellten Kriterien hat der Betreuer seine Ermittlungen gemäß § 1901a Absatz 2 BGB n. F. anhand konkreter Anhaltspunkte auszurichten. Zugrunde zu legen sind frühere mündliche oder schriftliche Lebensentscheidungen, Überzeugungen religiöser oder solche grundsätzlich ethischer Natur sowie persönliche Wertvorstellungen. Zudem schreibt § 1901b BGB n. F. für diese Ermittlung eine Interaktion zwischen den Parteien Betreuer und Arzt sowie nahen Angehörigen und sonstigen Vertrauenspersonen vor, wenn eine solche ohne erhebliche Verzögerung möglich ist. Anhand des gewonnenen Ergebnisses hat der Betreuer zu entscheiden, ob er in eine anstehende ärztliche Maßnahme einwilligt, diese ablehnt oder aber eine vormals erteilte Einwilligung widerruft.

Hat der Betreuer unter Zugrundelegung der aufgeführten Kriterien, der Interaktion mit dem behandelnden Arzt sowie der Anhörung von und des Gespräches mit nahen Angehörigen sowie sonstigen Vertrauenspersonen den mutmaßlichen Willen des Betreuten ermittelt und auf dieser Grundlage in Hinsicht auf eine anstehende ärztliche Maßnahme eine Entscheidung getroffen, wird in § 1904 BGB im Anschluss daran eine zum größten Teil im Wege des *Dritten Gesetzes zur Änderung des Betreuungsrechts* geschaffene, umfassende Kontrollzuständigkeit des Betreuungsgerichts vorgefunden: Der schon vormals bestehende § 1904 Absatz 1 BGB, welcher einen Genehmigungsvorbehalt für die Einwilligung des Betreuers in ärztliche Maßnahmen festlegt, wird nun ergänzt durch § 1904 Absatz 2 BGB n. F. Dieser legt fest, dass sowohl die Nichteinwilligung als auch der Widerruf einer ärztlichen Maßnahme, die sich im Falle ihres Unterbleibens in der Person des Betreuten tödlich oder aber dauerhaft bzw. schwer gesundheitsschädigend auswirkt, betreuungsgerichtlich zu genehmigen sind[1364].

Eine weitere Neuerung besteht zudem in § 1904 Absatz 3 BGB n. F.: Dieser normiert die Pflicht des Betreuungsgerichts, die jeweilige Betreuerentscheidung zu genehmigen, wenn es im Rahmen seiner Überprüfung der Rechtmäßigkeit der Entscheidung zum dem Ergebnis gelangt, dass diese Ausdruck des mutmaßlichen Patientenwillens ist. In diesem Zusammenhang besteht zudem *kein* gerichtlicher Ermessensspielraum, vielmehr ist § 1904 Absatz 3 BGB n. F. als Soll-Vorschrift ausgestaltet: *„Die Genehmigung nach den Absätzen 1 und 2 ist zu erteilen, (...)"*.

§ 1904 Absatz 4 BGB n. F. ist unter ergänzendem Charakter Gegenstand der klarstellenden Entscheidung des 12. Zivilsenates vom 08. Juli 2005, indem er festlegt, dass sowohl die Nichteinwilligung als auch die Einwilligung des Betreuers in eine ärztliche Maßnahme sowie der Widerruf einer vormals erteilten Einwilligung nicht zum Gegenstand einer gerichtlichen Genehmigung zu machen sind, wenn zwischen den Parteien des behandelnden Arztes und des Betreuers bzw. Vorsorgebevollmächtigten dahingehend Einigkeit besteht, dass diese dem mutmaßlichen Patientenwillen entsprechen.

Nicht zum Regelungsgegenstand wurde im *Dritten Gesetz zur Änderung des Betreuungsrechts* hingegen die Beantwortung der Frage gemacht, ob das Betreuungsgericht unter Abstellung auf die allgemeinen Wertvorstellung und somit in Fortführung der viel bemängelten Kriterien des 12. Zivilsenates des BGH in seinem Beschluss vom 17. März 2003 eine Entscheidung für oder gegen eine lebensverlängernde ärztliche Maßnahme treffen darf. Verweist man jedoch auf die Ausführungen in der Begründung selbst, ist, wie bereits angeführt, zu konstatieren, dass die Tendenz eher dahingehend auszulegen ist, dass von einer solchen oftmals als zu verobjektiviert kritisierten Handhabung vielmehr Abstand zu nehmen ist: *„Kann ein auf die Durchführung, die Nichteinleitung oder die Beendigung einer ärztlichen Maßnahme gerichteter Wille des Betreuten auch nach Ausschöpfung aller verfügbaren Erkenntnisse nicht festgestellt werden, gebietet es das hohe Rechtsgut auf Leben, entsprechend dem Wohl des Betreuten zu entscheiden und dabei dem Schutz seines Lebens Vorrang einzuräumen"*. Die Be-

1364 Dadurch wird die sowohl durch die Rechtsprechung als auch das Schrifttum jahrzehntelang geführte Kontroverse hinsichtlich der Frage der Zuständigkeit des Betreuungsgerichts im Falle der verweigerten Betreuereinwilligung gegenüber einer lebensverlängernden ärztlichen Maßnahme einer abschließenden Klärung unterzogen.

gründung prolongiert in diesem Zusammenhang somit eine direkte Anwendung des Grundsatzes *in dubio pro vita.*

§ 5 Gegenüberstellung der österreichischen und deutschen Ergebnisse

A. Verfassungsrecht

Der Unterschied hinsichtlich der rechtlichen Bewertung des Abbruchs intensivmedizinischer Maßnahmen im österreichischen und deutschen Verfassungsrecht besteht darin, dass die in diesem Rahmen primär tangierten Rechtsgüter durch die österreichische Rechtsordnung keine direkte Absicherung erfahren, da diese nicht wie die die deutsche Rechtsordnung über einen Grundrechtskatalog verfügt[1365]. Die Schutzpflicht des Staates gegenüber dem Recht auf Leben und das Recht des Einzelnen zur Selbstbestimmung ist jedoch abzuleiten aus den Bestimmungen der EMRK, namentlich aus Art. 2 EMRK sowie Art. 8 EMRK. Aus Art. 8 EMRK lässt sich die Entscheidungsfreiheit des Betroffenen über medizinische Behandlungen bzw. künstliche Maßnahmen der Ernährungs- und Flüssigkeitszufuhr ableiten, gleiches gilt für die Selbstbestimmung über den eigenen Tod. Nicht begrenzt wird diese Autonomie dabei durch Art. 2 EMRK. Dieser schützt einzig das individuelle Leben, hingegen nicht das menschliche Leben als objektives Schutzgut. Das Recht auf Leben schützt grundsätzlich nicht vor Maßnahmen, die auf dem Willen des Grundrechtsträgers selbst beruhen, da keine Verpflichtung des Staates besteht, dem Einzelnen den Schutz seines Lebens aufzudrängen[1366].

Im Rahmen der deutschen Rechtsordnung[1367] wird die Pflicht des Staates zum Schutze des Lebens aus Art. 2 Absatz 2 Satz 1, Alt. 1 GG abgeleitet und das Recht auf Selbstbestimmung des Einzelnen ist als Schutzgut sowohl durch Art. 2 Absatz 2 Satz 1 GG als auch durch Art. 2 Absatz 1 iVm. Art. 1 Absatz 1 GG erfasst. Zudem ist es als Kern der Menschenwürde des Art. 1 Absatz 1 GG anzusehen. Aus Art. 2 Absatz 2 Satz 1 GG folgt keine Verpflichtung des Staates, den Einzelnen vor sich selbst zu schützen. Das Abwehrrecht auf Leben ist ausweislich des Gesetzesvorbehaltes in Art. 2 Absatz 2 Satz 3 GG somit nicht absolut, sondern relativ differenziert geschützt. Im Ergebnis gibt es keinen legitimen Grund, der es rechtfertigen könnte, den Einzelnen gegen seinen Willen durch medizinische Maßnahmen am Leben zu erhalten. Der Staat ist grundsätzlich

1365 Siehe unter **§ 3 A.**

1366 Siehe unter **§ 3 A.**

1367 Siehe unter **§ 4 A.**

nicht berechtigt, sich unmittelbar oder mittelbar hindernd dem vom Willen des Rechtsträgers getragenen, natürlichen Geschehensablauf entgegenzustellen[1368].

Das Spannungsverhältnis Lebensschutz contra Selbstbestimmungsrecht ist somit nicht geeignet, den Abbruch intensivmedizinischer Maßnahmen bei einem entscheidungsunfähigen Patienten zu begrenzen, vielmehr weist das Selbstbestimmungsrecht auch im Zusammenhang mit der Entscheidung über lebensbeendende Maßnahmen einen eingriffsresistenten Schutzgehalt auf.

B. Strafrecht

Hinsichtlich der rechtlichen Bewertung von Maßnahmen der Sterbebegleitung sind in Österreich[1369] und Deutschland[1370] keine Unterschiede zu erkennen. Die rechtliche Einordnung der verschiedenen Ausformungen der Sterbehilfe erfolgt in Österreich insgesamt anhand einer Orientierung an der rechtlichen Bewertung in Deutschland. Sowohl das österreichische als auch das deutsche Strafrecht beinhalten selbst keine besonderen Strafrechttatbestände, die eigens konkret die Frage zum Regelungsgegenstand haben, welche Formen der Sterbehilfe von ärztlicher Seite durchgeführt werden dürfen, d. h. welche zulässig sind und welche nicht. In beiden Rechtsordnungen erfolgt die Ziehung von Grenzen zwischen zulässigen und strafrechtlich sanktionierten Akten grundsätzlich anhand der allgemeinen strafrechtlichen Bestimmungen der §§ 75 ff. öStGB bzw. der §§ 211 ff. StGB.

I. Aktive Sterbehilfe

1. Aktive indirekte Sterbehilfe

Während innerhalb der in der Literatur sowohl in Österreich[1371] als auch in Deutschland[1372] hierzu vertretenen Ansichten ein überwiegender Konsens darüber herrscht, dass aktive indirekte Maßnahmen der Sterbehilfe als zulässig anzusehen und frei von einer strafrechtlichen Sanktionierung zu stellen sind, gestaltet sich die Begründung dieser Ausnahme vom strafrechtlichen Tötungsverbot durchaus gegensätzlich. So wird in der deutschen Rechtslehre in der Regel

1368 Siehe unter § **4 A. II.**
1369 Siehe unter § **3 B. I.**
1370 Siehe unter § **4 B. III. 1.**
1371 Siehe unter § **3 B. II. 1. a.**
1372 Siehe unter § **4 B. III. 2. a. aa.**

angestrebt[1373], eine Rechtfertigung von aktiven indirekten Sterbehilfemaßnahmen über den Rechtfertigungsgrund des *rechtfertigenden Notstandes*, vereinzelt auch über die Figur des *erlaubten Risikos* oder über den Entschuldigungsgrund des *entschuldigenden Notstandes* zu erreichen, im österreichischen Recht wird hingegen die Anwendung von Rechtfertigungsgründen zur Begründung der Straflosigkeit im Zusammenhang mit indirekten aktiven Sterbehilfemaßnahmen überwiegend als zweifelhaft angesehen[1374]. Gleiches gilt im Zusammenhang mit einem Rückgriff auf die Rechtsfigur des entschuldigenden Notstandes. Ein Konsens lässt sich jedoch in Hinsicht auf den Rückgriff auf die Figur des erlaubten Risikos erkennen, welcher aus den angeführten Gründen jedoch zu verwerfen ist. Neben weiteren Möglichkeiten der Begründung einer Straflosigkeit von indirekten aktiven Sterbehilfemaßnahmen wird im österreichischen Recht die größte Übereinstimmung in diesem Zusammenhang mit Hilfe der *Rechtsfigur der objektiven Zurechnung* erzielt und angeführt, dass dem Handelnden der durch die Verabreichung eines Medikamentes zum Zwecke der Schmerzstillung bzw. – linderung als Nebenwirkung mit einhergehende, beschleunigte Todeseintritt *nicht objektiv zurechenbar* sei.

2. Aktive direkte Sterbehilfe

a. Tötung auf Verlangen

Hinsichtlich der Rechtfertigung respektive des Entfallens von Schuld im Rahmen der aktiven direkten Sterbehilfe, namentlich der Tötung auf Verlangen, wird in der deutschen Rechtsordnung[1375] der Lösungsweg über den *Rechtfertigungsgrund des rechtfertigenden Notstandes* angestrebt und von einigen wenigen zudem vertreten, dass sich im Einzelfall die Möglichkeit des Täters zu rechtstreuem Verhalten aufgrund eines schwerwiegenden Gewissenskonflikt so weit reduzieren könne, dass der *Entschuldigungsgrund des entschuldigenden Notstandes* greife und somit ein Schuldvorwurf gar nicht erst zu erheben sei. Im Gegensatz dazu wird im österreichischen Recht lediglich vereinzelt angeführt[1376], dass derjenige, welcher dem Willen eines verzweifelten Patienten nachkommt, der sich aufgrund seines unerträglichen pathologischen Zustandes nur noch den Tod als Erlösung wünscht, nicht nach den Vorschriften zum Tötungsverbot zu bestrafen sei, da solche Fälle keine Grundlage für eine danach unter Strafe zu stellende Tat bilden. Von der überwiegenden österreichischen

1373 Siehe unter **§ 4 B. III. 2. a. aa. bbb.**

1374 Siehe unter **§ 3 B. II. 1. a. cc.**

1375 Siehe unter **§ 4 B. III. 2. a. bb. bbb.**

1376 Siehe unter **§ 3 B. II. 1. b. aa.**

Rechtslehre nicht anerkannt wird zudem auf der einen Seite die *generelle* Legitimation von aktiven direkten Sterbehilfemaßnahmen durch den *Rechtfertigungsgrund des Notstandes*, was auf der anderen Seite gleichfalls für eine *generelle* Exkulpierung aus Mitleid durch den Entschuldigungsgrund des entschuldigenden Notstandes nach § 10 Absatz 1 öStGB festzuhalten ist. Jedoch wird sich auch im österreichischen Recht nicht einer Milderung in der Strafbemessung entgegengestellt und auf diesem Wege somit ein Ausgleich für die spezielle Motivationslage des Täters erzielt, welche im Ergebnis je nach dem Grad der Milderung durchaus einem Schuldausschließungsgrund iSd § 10 Absatz 1 öStGB nahe kommen kann.

b. Mitwirkung an der Selbsttötung bzw. Beihilfe am Suizid

Sowohl in Österreich als auch in Deutschland herrscht das Prinzip der Selbsttötungsfreiheit. Der Suizid ist somit nicht unter Strafe gestellt. Eine grundlegende Differenzierung besteht im österreichischen[1377] und deutschen[1378] Recht jedoch in der rechtlichen Bewertung der aktiven direkten Sterbehilfe in der Form der Beihilfe am Suizid. Während diese als *Mitwirkung an der Selbsttötung* im österreichischen Strafrecht in § 78 öStGB unter Strafe gestellt ist, zieht eine solche im deutschen Recht keine Strafbarkeit der daran Beteiligten nach sich.

Dieses Ergebnis beruht auf der unterschiedlichen Einordnung der Prinzipien Täterschaft und Teilnahme. Im österreichischen Strafrecht gilt das Prinzip der Einheitstäterschaft[1379], d. h. alle Beteiligten werden als Täter behandelt. Geregelt ist dies in § 12 öStGB: *„Nicht nur der unmittelbare Täter begeht die strafbare Handlung, sondern auch jeder, der einen anderen dazu bestimmt, sie auszuführen, oder der sonst zu ihrer Ausführung beiträgt"*. Neben dem Täter, welche eine Handlung direkt ausführt bzw. unterlässt, werden als Täter somit auch der Bestimmende und der Beitragende eingeordnet. Begründend wird angeführt, dass sowohl eine Bestimmung als auch eine Mitwirkung unabhängig vom Unrecht der eigentlichen Haupttat stets eigenes Unrecht enthalten. Jeder Deliktserfolg stelle sich als Verwirklichung des speziellen rechtswidrigen Risikos einer Tathandlung dar. Beherrschen bei einem Delikt somit verschiedenen Personen verschiedene Risikosphären für dasselbe Rechtsgut, so sind diese gegeneinander abzuwägen[1380]. Im Rahmen des deutschen Strafrechts hingegen wird unterschieden zwischen (Haupt-) Täter und Teilnehmer. Eine Teilnahme kann sowohl in der Form der Anstiftung, § 26 StGB, sowie der Beihilfe, § 27 StGB, erfolgen.

1377 Siehe unter **§ 3 B. II. 1. b. bb.**

1378 Siehe unter **§ 4 B. III. 2. a. bb. ccc.**

1379 *Moos* in: WK, § 78 Rdn. 3.

1380 *Moos* in: WK, § 78 Rdn. 3.

Während der Anstifter gemäß § 26 Absatz 1 StGB gleich einem Täter zu bestrafen ist, wird der Gehilfe auch nur als solcher bestraft, es gilt die gesetzliche Strafmilderung nach den §§ 27 Absatz 2 Satz 1, 49 Absatz 1 StGB. Im Falle der Anstiftung ist nach den §§ 28, 29 StGB jedoch eine Verschiebung des Strafrahmens möglich. Beiden Teilnahmeformen gemein ist dabei, dass sie nur dann nach §§ 26, 27 StGB zu sanktionieren sind, wenn eine vorsätzliche, rechtswidrige Haupttat eines anderen vorliegt, sog. *Prinzip der Akzessorietät der Teilnahme*. Das Vorliegen von Schuld wird in der Person des Haupttäters hingegen nicht verlangt, vielmehr ist jeder nach seiner eigenen Schuld zu bestrafen, § 29 StGB, sog. *limitierte Akzessorietät*.

Obwohl sowohl in Österreich als auch in Deutschland Selbsttötungsfreiheit besteht, führt die Partizipation an einem Suizid unter Anwendung der zuvor angeführten Grundsätze somit zu gegenteiligen rechtlichen Ergebnissen. *Moos*[1381] führt in diesem Zusammenhang mit Blick auf das österreichische Recht aus, dass die Selbsttötung trotz des Prinzips der Selbsttötungsfreiheit sozial verwerflich sei. Diese soziale Verwerflichkeit werde zur Grundlage der Rechtswidrigkeit von Eingriffen Dritter - unter der Voraussetzung der Beteiligung Dritter wird die Selbsttötung in die gesetzliche Rechtswidrigkeit dieser Beteiligung im Ergebnis somit *hineingezogen*. Für § 78 öStGB bedeutet dies, dass das rechtlich missbilligte Risiko des Mitwirkens an der Selbsttötung gegenüber der vorsätzlichen, einvernehmlichen Fremdgefährdung überwiegt. Trotz einer straflosen (Haupt-) Tat in Form des Suizides ist die Mitwirkung nach österreichischem Recht diesen Grundsätzen zufolge somit gleichwohl eigenständig zu bestrafen.

Im Gegensatz dazu ist mit Blick auf das deutsche Recht zu ermitteln, dass die Beihilfe am Suizid einer anderen Person in Anwendung des Prinzips der Akzessorietät der Teilnahme aufgrund des Fehlens einer vorsätzlichen, rechtswidrigen Haupttat grundsätzlich straffrei gestellt wird. Durch die Rechtsprechung wurde dieser Grundsatz durch die Konstruierung eines Tatherrschaftswechsel und somit einer nachträglichen Rettungspflicht in Garantenstellung bzw. zumindest einer Hilfeleistungspflicht auch des Nichtgaranten nach § 323c StGB jedoch über Jahre indirekt gebrochen. Im Ergebnis ist der rechtliche Umgang mit der Bewertung des Suizids in Österreich zwar als absoluter als in Deutschland zu bezeichnen, in direkter Umsetzung der zugrunde liegenden Einheitstäterlehre jedoch auch als stringenter.

1381 *Moos* in: WK, § 78 Rdn. 4.

II. Passive Sterbehilfe

1. Die auf dem erklärten Willen beruhende Nichtbehandlung

Im Bereich der passiven Sterbehilfe lassen sich im Rahmen des auf dem erklärten Willen des Patienten beruhenden Behandlungsverzichts hinsichtlich der rechtlichen Bewertung in den Ländern Österreich[1382] und Deutschland[1383] keine Unterschiede erkennen. Gleiches ist für den medizinisch-therapeutischen Behandlungsabbruch festzuhalten[1384].

Auch hinsichtlich der rechtlichen Bewertung eines technisch-apparativen Behandlungsabbruchs bestand innerhalb des österreichischen[1385] sowie der deutschen[1386] Rechts bislang Einigkeit. In Anlehnung an die Rechtsfigur des *Unterlassens durch Tun* wurde überwiegend der Standpunkt vertreten, dass eine nach außen als aktiv einzuordnende Handlung zum Abbruch einer lebensverlängernden medizinischen Maßnahme unter Abstellung auf den sozialen Sinngehalt als Unterlassen der weiteren Lebensverlängerung und somit als nicht strafbare passive Sterbehilfemaßnahme einzuordnen war. Seit der Rechtsprechung des BGH vom 25.06.2010 hat sich die Rechtslage in Deutschland im Zusammenhang mit dem technisch-apparativen Behandlungsabbruch allerdings verändert[1387]. Der BGH hat klargestellt, dass die Frage der Strafbarkeit des medizinischen Behandlungsabbruchs nicht anhand einer Unterscheidung zwischen Tun und Unterlassen getroffen werden könne. Vielmehr habe sich eine solche Unterscheidung an den Kriterien der Behandlungsbezogenheit und der Verwirklichung des auf die Behandlung bezogenen Willens des betroffenen Patienten auszurichten, welche dem Begriff des Behandlungsabbruchs immanent sind. Unter Zugrundelegung dieser Ausführung kommt der BGH zu dem Ergebnis, dass ein Behandlungsabbruch sowohl durch Unterlassen als auch durch aktives Tun zulässig vorgenommen werden kann, wenn dies dem tatsächlichen oder mutmaßlichen Patientenwillen entspricht und dazu dient, einem ohne Behandlung zum Tode führenden Krankheitsprozess seinen Lauf zu lassen. Im Ergebnis hat der BGH infolge seiner Entscheidung vom 25.06.2010 die Unterscheidung aufgeben, dass aktive Sterbehilfemaßnahmen stets strafbar nach den §§ 211 ff. StGB sind, passive Sterbehilfemaßnahmen hingegen nicht. Damit schließt sich der BGH einer in der

---

1382 Siehe unter **§ 3 B. II. 2. b. aa.**

1383 Siehe unter **§ 4 B. III. 2. b. aa. aaa.**

1384 Siehe unter **§ 3 B. II. 2. b. bb. aaa.** (Österreich) sowie **§ 4 B. III. 2. b. aa. bbb. (1)** (Deutschland).

1385 Siehe unter **§ 3 B. II. 2. b. bb. bbb. (1).**

1386 Siehe unter **§ 4 B. III. 2. b. aa. bbb. (2) (a).**

1387 Siehe unter **§ 4 B. III. 2. b. aa. bbb. (2) (b).**

Vergangenheit vielfach geäußerten Ansicht an, dass von dem Begriff der straflosen passiven Sterbehilfe zugunsten des Begriffs einer Behandlungsbegrenzung abgerückt werden sollte[1388].

Zudem wurde in Deutschland die in der öffentlichen Wahrnehmung insbesondere durch die Rechtsprechung des BGH in seiner Entscheidung vom 17.03.2003[1389] sowie vom 08.06.2005[1390] entstandene Unsicherheit über die Voraussetzungen und Reichweite der Erlaubnis, eine lebenserhaltende medizinische Behandlung auf Grund des Patientenwillens zu beenden, durch das *Dritte Gesetz zur Änderung des Betreuungsrechts* jedenfalls insoweit beseitigt, als es nach § 1901a Abs. 3 BGB nicht mehr auf Art und Stadium der Erkrankung ankommt[1391].

2. Die nicht auf dem erklärten Willen beruhende Nichtbehandlung

a. Der mutmaßliche Behandlungsabbruch

Während sich die überwiegende Ansicht in der deutschen Rechtslehre basierend auf einer über Jahre ausdifferenzierten höchstrichterlichen Rechtsprechung für die Zulässigkeit des Abbruchs intensivmedizinischer Maßnahmen aufgrund einer nur mutmaßlichen Einwilligung ausspricht[1392], gestaltet sich die grundlegende Haltung innerhalb der österreichischen Rechtslehre restrikiver[1393]. Jedoch gewinnt diese Grundhaltung in den letzten Jahren auch in Österreich verstärkt an Fürsprechern[1394]. Ein Übriges in diesem Zusammenhang wird zudem erzielt durch die aktuelle Rechtsprechung in Österreich[1395]. So hat sich mit dem östOGH das österreichische Höchstgericht im Juli des Jahres 2008 für die Anerkennung der bislang in Österreich strittigen mutmaßlichen Einwilligung als Grund für einen Behandlungsabbruch ausgesprochen, unter der Bedingung, dass sich diese auf nachvollziehbare schriftliche oder mündliche Äußerungen des betroffenen Patienten stützen muss. Dahingehend stimmt die neue österreichische Rechtsprechung somit in Teilen mit den Kriterien zur Ermittlung des mutmaßlichen Patientenwillens zum Tatzeitpunkt überein, welche seit der Entscheidung

---

1388 Siehe unter **§ 4 B. III. 2. b.**

1389 Siehe unter **§ 4 B. I. 9.**

1390 Siehe unter **§ 4 B. I. 10.**

1391 Siehe unter **§ 4 C. I. 2. b. bb.**

1392 Siehe unter **§ 4 B. III. 2. b. bb. aaa.**

1393 Siehe unter **§ 3 B. II. 2. c. aa. ccc.**

1394 Siehe unter **§ 3 B. II. 2. c. aa. ddd.**

1395 Siehe unter **§ 3 B. II. 2. c. aa. bbb.**

des 12. Zivilsenates aus dem Jahre 1994 im Kemptener Falles grundlegende Geltung in Deutschland beanspruchen. Als Kriterien werden hier neben früheren mündlichen oder schriftlichen Äußerungen des Patienten auch seine religiöse Überzeugung, sonstige Wertvorstellungen sowie seine altersbedingte Lebenserwartung oder das Erleiden von Schmerzen herangezogen.

Eine weitere Differenzierung ist zudem darin zu erkennen, dass die Rechtsverbindlichkeit des Instituts des mutmaßlichen Patientenwillens im Rahmen der gesetzlichen Normierung der Patientenverfügung im Wege des *Dritten Gesetzes zur Änderung des Betreuungsrechts* in den §§ 1901a f. BGB n. F. Einzug erhalten hat, wohingegen dies innerhalb des österreichischen PatVG nicht der Fall ist. Im Betreuungsrecht ist seit dem 01. September 2009 in § 1901a Absatz 2 BGB n. F. festgehalten, dass der Betreuer bzw. der Vorsorgebevollmächtigte in Interaktion mit dem behandelnden Arzt, § 1901b Absatz 1 BGB n. F., sowie den in § 1901b Absatz 2 BGB n. F. im Übrigen angeführten Personen den mutmaßlichen Willen des Betreuten zu ermitteln und *auf dessen Grundlage* seine Behandlungsentscheidung zu treffen hat. Namentlich ist die Verbindlichkeit auch des nur mutmaßlichen Willens des Patienten[1396] in Deutschland somit ausdrücklich in das Gesetz aufgenommen worden. Hervorzuheben gilt, dass der mutmaßliche Wille des Betroffenen, wenn ein solcher positiv ermittelt wurde, auch das im Falle des Konflikts zwischen Betreuer und Arzt anzurufende Betreuungsgericht in seiner Entscheidung bindet, § 1904 Absatz 3 BGB n. F. Für Österreich ist anhand eines Überblicks über die seit dem 01. Juli 2006 geltenden Bestimmungen des PatVG hingegen vielmehr festzustellen, dass eine Patientenverfügung, welche nicht den Wirksamkeitserfordernissen einer solchen verbindlicher Art entspricht, zwar nach § 8 Absatz 1 PatVG *für die Ermittlung des Willens des Patienten beachtlich* ist und dies nach den Vorgaben des § 9 PatVG in gestaffelter bzw. gestufter Form. Nicht jedoch wurde die Verbindlichkeit des nur mutmaßlichen Willens dergestalt als ausdrücklicher Regelungsgegenstand in das PatVG aufgenommen, dass sowohl der Betreuer als auch das Pflegschaftsgericht sich nach diesem zu richten haben.

b. Der einseitige Behandlungsabbruch

Weitere Unterschiede ergeben sich zudem hinsichtlich des Behandlungsabbruches, welcher sich an dessen hypothetisch anhand der Zugrundelegung objektiver Maßstäbe bzw. allgemeiner Wertvorstellung ermittelter Willensausrichtung orientiert, dem einseitigen Behandlungsabbruch. Während die Meinungshaltung

1396 Unabhängig davon, ob es sich nun um eine mutmaßliche Einwilligung in eine medizinische Behandlung handelt oder aber ermittelt wird, dass der Betroffene sich mutmaßlich gegen eine weitere lebensverlängernde Behandlung ausgesprochen hätte.

in Deutschland[1397] ähnlich wie die in Österreich[1398] hier grundlegend gespalten ist, unterscheidet sich die Rechtslage in Deutschland im Verhältnis zur österreichischen dahingehend, dass zu dieser diffizilen Thematik wiederum eine höchstrichterliche Rechtsprechung durch die Entscheidung des BGH im Kemptener Fall besteht. Auch wenn diese die Basis für konträre Erörterungen in diesem Zusammenhang geschaffen hat[1399], ist schon die Auseinandersetzung mit einer derart sensiblen Rechtsdogmatik zu begrüßen, wohingegen in Hinsicht auf die österreichische Rechtslage in diesem Zusammenhang anzuführen ist, dass der östOGH in seiner Entscheidung nicht von der grundsätzlich bestehenden Möglichkeit der Schaffung von Rechtssicherheit Gebrauch gemacht hat. Die Verfolgung einer gleichen Linie ist in Österreich und Deutschland hingegen in Hinsicht auf die Auseinandersetzung mit dieser Thematik innerhalb der gesetzlichen Bestimmungen zur Patientenverfügung festzustellen: Es gibt schlichtweg keine. Kann es in Deutschland anhand der nicht abschließend genauen Ausführungen in der Gesetzesbegründung noch zum Gegenstand von auslegenden Erörterungen gemacht werden, ob der Gesetzgeber gänzlich auf die Regelung dieser Thematik verzichten wollte[1400], ist dies in Hinsicht auf die Bestimmungen des österreichischen PatVG nicht der Fall. *Kopetzki* führt aktuell an[1401], dass *„die Bewältigung des Problems des „einseitigen Behandlungsabbruch" (...) jenseits der Zielsetzungen des Gesetzgebers (lag). Vielleicht übersteigt dies auch den Kreis der Antworten, die man von der Rechtspolitik sinnvollerweise erwarten kann".*

C. Zivilrecht

I. Die Patientenverfügung

1. Anwendungsbereich

Während in § 1901a Absatz 1 BGB n. F. bestimmt ist, dass der Patient im Rahmen seiner Patientenverfügung schriftlich festgelegt kann, *„ob er in bestimmte, zum Zeitpunkt der Festlegung noch nicht unmittelbar bevorstehende Untersuchungen seines Gesundheitszustands, Heilbehandlungen oder ärztliche Eingriffe*

1397 Siehe unter **§ 4 B. III. 2. b. bb. bbb.**
1398 Siehe unter **§ 3 B. II 2. c. bb.**
1399 Siehe unter **§ 4 B. III. 2. b. bb. bbb. (3). (a).**
1400 Siehe unter **§ 4 C. I. 2. d. ccc.**
1401 *Kopetzki* in: FS-Metzler, S. 38 (65).

einwilligt oder sie untersagt"[1402], kann zum Regelungsgegenstand einer verbindlichen Patientenverfügung nach den Bestimmungen des österreichischen PatVG nur die Ablehnung einer medizinischen Behandlung gemacht werden[1403]. Eine Behandlungseinwilligung, d. h. die antizipierte Äußerung des Wunsches durch den Patienten, dass im Falle seiner späteren Entscheidungsunfähigkeit von ärztlicher Seite lediglich bestimmte medizinische Behandlungen vorgenommen werden dürfen, wird hingegen nicht aufgeführt.

Im PatVG wird die Umsetzung der Intention des Patienten, welche dieser mit der Abfassung einer Patientenverfügung verfolgt[1404], somit abhängig gemacht von der jeweiligen Wortwahl, die er einer Vorausverfügung zugrunde gelegt hat. Dies führt zu dem Ergebnis, dass der Patient alle weiteren denkbaren medizinischen Behandlungsalternativen explizit ablehnen müsste, so dass lediglich die von ihm gewünschte übrig bleibt. Obwohl die Ausrichtung der Ausübung des Selbstbestimmungsrechts des Patienten[1405] in beiden Fällen inhaltlich völlig gleich ist, kann die Wirksamkeit einer dies beinhaltenden Patientenverfügung einzig durch die richtige Art der Formulierung erzielt werden.

Durch die Erweiterung des Anwendungsbereichs von Patientenverfügungen nach dem PatVG um die Normierung von Wünschen des Patienten ist des Weiteren auch nicht zu befürchten, dass dadurch Maßnahmen der aktiven Sterbehilfe durch die Hintertüre Einzug in Patientenverfügungen erhalten könnten. Hierfür weisen nicht nur die geltenden Bestimmungen des österreichischen Strafrechts, sondern auch die Bestimmungen des PatVG - siehe hier insbesondere § 10 Absatz 1 Nr. 2 PatVG - selbst ausreichende Grenzen auf[1406].

Zudem resultiert aus der Beschränkung des sachlichen Anwendungsbereichs einer PatVG eine weitere Problematik: Die Frage des rechtlichen Umgangs mit einer Vorausverfügung, welche Behandlungswünsche des Patienten zum Regelungsgegenstand hat. Festzuhalten ist, dass Verfügungen mit einem nicht von § 2 Absatz 1 PatVG intendierten Regelungsinhaltes nicht durch das PatVG selbst *„aufgefangen"* werden, indem sie zu *„beachtlichen"* Patientenverfügungen iSd §§ 8 f. PatVG werden. Deren Anwendungsbereich bezieht sich nach dem Wortlaut des § 8 PatVG lediglich auf solche, *„die nicht alle Voraussetzun-*

1402 Siehe unter **§ 4 C. I. 2. b. aa.**

1403 Siehe unter **§ 3 C. I. 2. a. bb. aaa. (1).**

1404 Namentlich die Berücksichtigung seiner persönlichen Vorstellungen im Zusammenhang mit einer medizinischen Behandlung in einer bestimmten Krankheitssituation im Falle seiner Entscheidungsunfähigkeit.

1405 Für die Zukunft sicherzustellen, dass seinem Willen entsprochen wird, welcher sich für ihn in einer bestimmten Krankheitssituation nur in der Vornahme einer bestimmten medizinischen Behandlung niederschlägt.

1406 Siehe hierzu Erläut RV 1299 BlgNR 22. GP, S. 4.

gen der §§ 4 bis 7 erfüllt, (...)". § 2 PatVG ist als *„Allgemeine Bestimmung"* des 1. Abschnitts jedoch eine grundsätzliche Voraussetzung, die sich nicht nur auf die verbindliche Patientenverfügung bezieht und somit vom Anwendungsbereiech der §§ 8 f. PatVG nicht erfasst wird. Folglich müsste auf allgemeine Rechtsgrundsätze zurückgegriffen werden, was im Ergsbnis dazu führen würde, dass neben der verbindlichen und der beachtlichen Patientenverfügung eine weitere Kategorie geschaffen werden würde. Dies entspricht jedoch nicht dem Ziel des PatVG zur Schaffung eines abschließenden rechtlichen Regelungsgefüges.

2. Die Bindungswirkung einer Patientenverfügung

Eine weitere Differenz innerhalb der beiden Rechtsordnungen lässt sich in Hinsicht auf die jeweilige Bindungswirkung einer Patientenverfügung erkennen.

§ 8 PatVG bestimmt wie folgt: *„Eine Patientenverfügung, die nicht alle Voraussetzungen der §§ 4 bis 7 erfüllt, ist dennoch für die Ermittlung des Willens des Patienten beachtlich"*. § 9 Zeile 1 PatVG normiert das abgestufte System der Beachtlichkeit: *„Eine beachtliche Patientenverfügung ist bei der Ermittlung des Patientenwillens umso mehr zu beachten, je eher sie die Voraussetzungen einer verbindlichen Patientenverfügung erfüllt. (...)"*.[1407] Als Folge dieser Bestimmung werden durch das PatVG Rechtsinstitute wie die qualifiziert beachtliche Patientenverfügung kreiert, welche sich von einer solchen verbindlicher Art nicht mehr groß unterscheidet, obwohl bestimmte Voraussetzungen, welche an diese gestellt werden, nicht erfüllt sind. Im Unterschied dazu stellt § 1901a Absatz 2 BGB n. F. ausdrücklich klar: *„Liegt keine Patientenverfügung (iSd § 1901a Absatz 1 BGB n. F., Anm. der Verfasserin) vor oder treffen die Festlegungen einer Patientenverfügung nicht auf die aktuelle Lebens- und Behandlungssituation zu, hat der Betreuer die Behandlungswünsche oder den mutmaßlichen Willen festzustellen und auf dieser Grundlage zu entscheiden, ob er in eine ärztliche Maßnahme nach Absatz 1 einwilligt oder sie untersagt. (...)"*.[1408]

Anhand dieser Gegenüberstellung wird der signifikante Unterschied der beiden Bestimmungen für den Fall deutlich, dass keine (verbindliche) Patientenverfügung – aus welchem Grund auch immer – vorliegt: Während das österreichische Recht hier je nach dem, welche Gründe gegeben, die einer Verbindlichkeit entgegenstehen, der beachtlichen Patientenverfügung eine abgestufte Beachtlichkeit bei der Ermittlung des mutmaßlichen Willens das Patienten zuspricht, legt § 1901a Absatz 2 BGB n. F. fest, dass der insbesondere anhand früherer mündlicher oder schriftlicher Äußerungen, ethisch oder religiöser Überzeugun-

1407 Siehe unter **§ 3 C. I. 2. b. aa.** sowie **§ 3 C. I. 2. b. bb. bbb.**

1408 Siehe unter **§ 4 C. I. 2. d.**

gen sowie persönlicher Wertvorstellungen des Betreuten ermittelte mutmaßliche Wille die Grundlage der Entscheidung des Betreuers über die Einwilligung oder den Abbruch im Zusammenhang mit medizinischen Maßnahmen darstellt. Zusammenfassend formuliert: Schriftliche Festsetzungen des Patienten, die keine verbindliche Patientenverfügung darstellen, finden im österreichischen Recht bei der Ermittlung des mutmaßlichen Patientenwillens in dem Maße Berücksichtigung, inwieweit sie einer verbindlichen Verfügung entsprechen, im deutschen Recht finden sie *ohne Abstufung* als konkrete Anhaltspunkte bevorzugten („*insbesondere*“) Eingang innerhalb dieser Ermittlung. Hier ist somit im Gegensatz zur österreichischen Rechtslage nicht von einem beweglichen, sondern vielmehr von einem geschlossenen System zu sprechen.

3. Reichweitenbeschränkung

Die Frage nach der Normierung einer Reichweitenbegrenzung wurde im Rahmen der Entwurfsvorschläge im Zusammenhang mit der gesetzlichen Normierung der Patientenverfügung sowohl in Österreich[1409] als auch in Deutschland[1410] kontrovers diskutiert. Grundsätzlich hätte eine derartige Beschränkung des Inhaltes von Patientenverfügungen zur Folge, dass lediglich solche Krankheitsstadien aufgenommen werden könnten, die unumkehrbar zum Tode führen, nicht jedoch solche, bei welchen eine medizinische Behandlung noch aussichtsreich ist.

Im Falle einer derartigen Reichweitenbeschränkung wäre sich der Frage zu stellen, wie eine Patientenverfügung rechtlich einzuordnen wäre, die sich nicht auf ein vorgegebenes Krankheitsstadium bezieht und somit über diese Wirksamkeitsvoraussetzung hinausgeht. Nach § 1901a Absatz 2 BGB n. F. würde in diesem Fall der mutmaßliche Wille des Betroffenen ermittelt und die Entscheidung des Betreuers an diesem ausgerichtet werden. Nach den Bestimmungen des PatVG wären diese in keinem Fall als *verbindlich* einzustufen, sondern würden – in Abhängigkeit davon, dass eine Reichweitenbeschränkung unter den §§ 4 ff. geregelt wäre - vielmehr herabgestuft werden auf eine Patientenverfügung, die nach den §§ 8 f. PatVG lediglich beachtlich ist. Da derart abweichenden Patientenverfügungen gleichwohl in dem Sinne Verbindlichkeit zukommen könnte, dass sie zwar keine Patientenverfügungen iSd PatVG darstellen, jedoch wie bisher möglicherweise eine Verbindlichkeit aus dem Zivil- und Strafrecht nach sich ziehen, wäre in diesem Fall zudem zu dem Ergebnis zu gelangen, dass

1409 Siehe unter **§ 3 C. I. 2. a. bb. aaa. (3).**

1410 Siehe unter **§ 4 C. I. 2. b. bb.**

dadurch zwei verschiedene Arten von Patientenverfügungen möglich wären[1411]. Ein solches *Zweiklassensystem* würde jedoch der Intention des Gesetzgebers, die Patientenrechte durch die Schaffung von abschließender Rechtssicherheit durch das PatVG zu stärken, widersprechen.

Zusammenfassend betrachtet, nehmen die Bestimmungen des PatVG sowie der §§ 1901a f. BGB n. F. mit dem Verzicht der Normierung einer Reichweitenbeschränkung somit eine liberale Position ein. Diese repräsentiert den Grundsatz, dass die antizipierte Ausübung einer Behandlungsentscheidung im Verhältnis zu einer aktuell durch einen entscheidungsfähigen Patienten geäußerten nicht gegenteilig bewertet werden kann, sondern vielmehr ebenfalls als Ausfluss des Selbstbestimmungsrechts des Einzelnen in seiner Ausformung als Patientenrecht zu gewährleisten ist. Im Ergebnis ist der Verzicht auf eine Reichweitenbegrenzung insbesondere für die gegenständlichen Patientengruppen zu begrüßen, da somit nicht nur finale Krankheitssituationen zum Gegenstand einer verbindlichen Patientenverfügung gemacht werden können, sondern auch spezielle pathologische Leiden, die sich insbesondere wie im Falle des Apallikers aufgrund der Möglichkeiten der modernen Medizin über Jahre erstrecken können.

4. Formelle Voraussetzungen

a. Voraussetzungen in der Person des Verfügenden

Im Gegensatz zum österreichischen PatVG[1412] wurde im Rahmen des *Dritten Gesetzes zur Änderung des Betreuungsrechts* in § 1901a Absatz 1 BGB n. F. festgelegt, dass lediglich ein einwilligungsfähiger Volljähriger eine Patientenverfügung errichten kann[1413]. Der Umstand, dass Minderjährige somit aus dem Anwendungsbereich des *Dritten Gesetzes zur Änderung des Betreuungsrechts* herausgehalten werden, ist nicht überzeugend: Hier ist zwar anzuführen, das sich der Minderjährige im Vergleich zum Volljährigen grundsätzlich in einem noch nicht abgeschlossenen persönlichen Reifeprozess befindet, so dass bei ihm nicht prinzipiell davon ausgegangen werden kann, dass er einsichts- und urteilsfähig und somit einwilligungs- bzw. entscheidungsfähig ist. Auch sprechen für eine Ausrichtung der Entscheidungsfähigkeit an festen Altersgrenzen Gründe der Rechtssicherheit, wenn man darauf abstellt, dass das Alter leicht zu ermitteln ist, einzelfallorientierte Beurteilungen der Entscheidungsfähigkeit jedoch oft nicht eindeutig vorgenommen werden können. Einige[1414] sprechen in Hinsicht auf den

1411 Gmeiner/Kopetzki ZBiopolitik 2005, S. 67 (72).
1412 Siehe unter **§ 3 C. I. 2. a. cc.**
1413 Siehe unter **§ 4 C. I. 2. c. aa. aaa.**
1414 Bosch FamRZ 1973, S. 489 (506).

Aufwand, welchen dies für den behandelnden Arzt bedeutet, sogar von einer *„unglaublichen Zumutung"*.

Jedoch ist das Abstellen auf eine starre Altersgrenze zur Ermittlung der Einwilligungsfähigkeit unter Berücksichtigung des Prinzips des Selbstbestimmungsrechts schon grundsätzlich nicht vertretbar, da der jeweilige geistige Entwicklungsstand angesichts der Vielgestaltigkeit der Persönlichkeitsstruktur des Einzelnen nicht zum Gegenstand eines pauschalen Urteils gemacht werden kann: Kinder, Jugendliche und Heranwachsende sind vielmehr nicht nur körperlich, sondern auch psychisch auf unterschiedlichen Entwicklungsständen. Hier ist anzuführen, dass nur durch die Einbeziehung aller subjektiven Gesichtspunkte des Einzelfalles der Individualität des jeweiligen Patienten Rechnung getragen werden kann.

Folglich bedarf es somit einer gesonderten Ermittlung der Entscheidungsfähigkeit in jedem Einzelfall, welche von dem behandelnden Arzt positiv festzustellen ist[1415]. Dabei ist auf Folgendes zu verweisen: Minderjährige werden im Allgemeinen[1416] dann als entscheidungsfähig erachtet, wenn ihre Persönlichkeitsentwicklung und ihr geistiger Entwicklungsstand so weit fortgeschritten sind, dass ihre Kritik- und Urteilsfähigkeit ausreichen, um Bedeutung und Folgen der Einwilligung bzw. Ablehnung bezogen auf die jeweilige konkrete medizinische Maßnahme zu erfassen[1417]. Ausdrücklich gilt es zu betonen, dass die Überprüfung der Entscheidungsfähigkeit des jeweiligen minderjährigen Patienten umso sorgfältiger erfolgen muss, je schwerwiegender der geplante medizinische Eingriff ist[1418], wobei das Vermeiden von Zweifeln an oberster Stelle zu stehen hat.

b. Schriftform

Eine zwingende Formvoraussetzung bei der Errichtung einer Patientenverfügung stellt in beiden Ländern die schriftliche Errichtung der Patientenverfügung dar, §§ 6 PatVG[1419], 1901a Absatz 1 Satz 1 BGB n. F.[1420]. Im Rahmen des öster-

1415 Conradi, S. 88.

1416 Teilweise wird jedoch auch verlangt, die Entscheidungsfähigkeit von Minderjährgen an bestimmte Altersgrenzen zu binden sei, so etwa ab dem 16. Lebensjahr im Falle von alltäglichen Eingriffen wie Blutentnahmen etc., vgl. Deutsch AcP 192, S. 161 (175); andere hingegen führen an, dass der Minderjährige, dann entscheidungsfähig seit, wenn er über die durchschnittlichen Fähigkeiten eines 14-jährigen verfügt, vgl. i. E Deutsch/Spickhoff, Rdn. 790; *Laufs* in: Uhlenbruck/Laufs, § 66 Rdn. 9.

1417 Conradi. S. 86.

1418 Belling FuR 1990, S. 68 (75).

1419 Siehe unter **§ 3 C. I. 2. b. aa. ccc. (1).**

1420 Siehe unter § 4 C. I. 2. c. aa. bbb.

reichischen PatVG wird unter dem Aspekt, dass Patientenverfügungen gemäß § 7 Absatz 1 Zeile 1 PatVG lediglich für die Dauer von fünf Jahren *ab der Errichtung* verbindlich sind, explizit zudem noch die Angabe des Datums verlangt. Nicht vorausgesetzt wird weder durch das PatVG noch durch die Bestimmungen der §§ 1901a ff. BGB n. F. eine *eigenhändige Errichtung* der Verfügung; auch wird nicht zwischen einer intra- und extramuralen Errichtung unterschieden.

Im Ergebnis ist somit nach den Vorgaben des PatVG sowie des *Dritten Gesetzes zur Änderung des Betreuungsrechts* ein ärztliches Handeln, dass allein auf einer mündlichen Patientenverfügung beruht, nicht wirksam[1421]. Eine solche Verfügung kann nach den §§ 8 f. PatVG jedoch für die Ermittlung des Willens des Patienten beachtlich sein. Nach § 1901a Absatz 2 BGB n. F. hätte der Betreuer den mutmaßlichen Willen des Patienten festzustellen und auf dessen Basis zu entscheiden, ob er in eine ärztliche Maßnahme nach § 1901a Absatz 1 BGB n. F. einwilligt oder sie untersagt.

c. *Ärztliche Aufklärung und juristische Beratung*

Das österreichische PatVG stellt in den §§ 5, 6 PatVG für die Form einer Patientenverfügung umfangreiche Anforderungen: So fordert § 5 PatVG eine umfassende ärztliche Aufklärung, einschließlich einer Information über Wesen und Folgen einer Patientenverfügung für die medizinische Behandlung. Zudem wird die Dokumentation der Vornahme der Aufklärung sowie des Vorliegens von Einsichts- und Urteilsfähigkeit des Patienten zum Zeitpunkt der Aufklärung und die Darlegung gefordert, dass und aus welchen Gründen der Patient die Folgen der Verfügung zutreffend einschätzt.[1422] § 6 PatVG bestimmt darüber hinaus, dass die Verbindlichkeit einer Patientenverfügung abhängig ist von der Errichtung vor einem Rechtsanwalt oder Notar bzw. einem Mitarbeiter einer Patientenvertretung, wobei durch diese des Weiteren eine Belehrung über die Möglichkeit des Widerrufs einer solchen Verfügung nebst Dokumentation zu erfolgen hat.[1423]

Hingegen wurde im Wege des *Dritten Gesetzes zur Änderung des Betreuungsrechts* auf die Normierung einer Pflicht zur ärztlichen Aufklärung bzw. zur juristischen Beratung im Vorfelde der Errichtung einer Patientenverfügung in Gänze verzichtet[1424]. Grundsätzlich gibt es im deutschen Recht mit Ausnahme

---

1421 Siehe hierzu auch Hoffmann BtPrax 2009, S. 7 (9).

1422 Siehe unter **§ 3 C. I. 2. b. aa. bbb.**

1423 Siehe unter **§ 3 C. I. 2. b. aa. ccc.**

1424 Siehe unter **§ 4 C. I. 2. c. ccc.**

des § 219 StGB[1425], keine Beratungspflichten. Zwar gibt es bei der Errichtung von Patientenverfügungen keinen solchen Interessenkonflikt zwischen zwei Rechtssubjekten, jedoch herrscht schon gemäß § 49 ÄrzteG ohne Zweifel auch in Deutschland das Prinzip der Aufklärung des Patienten im Vorfelde einer anstehenden *medizinischen Behandlung*.

Getreu des Prinzips des *informed consent* ist somit anzuführen, dass ein Patient sein Selbstbestimmungsrechts nur dann wirksam ausüben kann, wenn er über die Vor- und Nachteile bzw. Risiken und somit die Konsequenzen seiner Entscheidung informiert wurde und diese somit im Großen und Ganzen überblickt[1426]. Grundsätzlich stellt die Ablehnung einer medizinischen Behandlung die Kehrseite einer Einwilligung in eine solche dar: Die Ablehnung ist im Verhältnis zu der Einwilligung somit eine gleichrangige Entscheidungsmöglichkeit des Patienten, für welche die gleichen Wirksamkeitsvoraussetzungen unter Berücksichtigung ihrer negierenden Natur gelten. Folglich kann eine wirksame Behandlungsanweisung an den Arzt, unabhängig davon, ob diese eine medizinische Behandlung gestattet oder aber untersagt, grundsätzlich nur *nach ärztlicher Aufklärung* erteilt werden. Von außerordentlicher Wichtigkeit ist in diesem Zusammenhang insbesondere auch die ärztliche Aufklärung des Einzelnen über die in Hinsicht auf den Bereich der Schmerztherapie und der Palliativmedizin bestehenden Möglichkeiten. Nach wie vor herrscht in der Gesellschaft in diesem Grenzbereich der Medizin ein hohes Maß an Unkenntnis vor, was etwa dadurch gewahr wird, dass dieser erst seit kurzer Zeit als Fach in die Studienordnung der ärztlichen Ausbildung in Deutschland erhoben wurde[1427].

1425 § 219 StGB regelt die in einer anerkannten Schwangerschaftskonfliktberatungsstelle zum Schutze des ungeborenen Lebens zu erfolgende Beratung von Schwangeren in einer Notfall- und Konfliktlage als Voraussetzung eines straffreien Schwangerschaftsabbruches.

1426 Siehe unter **§ 4 C. I. 2. c. ccc. (1).**

1427 So führte der Münchner Medizinprofessor *Gian Domenico Borasio*, der Leiter und Initiator des Interdisziplinären Zentrums für Palliativmedizin des Klinikums der Universität München in seiner Funktion als Sachverständiger im Rahmen eines Entwurfes zur gesetzlichen Regelung von Patientenverfügungen vor dem Rechtsausschusses im Bundestag aus: *„Sie lassen es seit Jahrzehnten zu, dass 90 Prozent der deutschen Medizinstudenten Ärzte werden, ohne die geringste Ahnung von Sterbebegleitung zu haben. Damit nehmen Sie billigend in Kauf, an Ihrem Lebensende mit 90-prozentiger Wahrscheinlichkeit an eben einen solchen Arzt zu geraten - das nenne ich selbstschädigendes Verhalten"*, vgl. *„Wann dürfen wir sterben"*, Frankfurter Allgemeine Sonntagszeitung, 22. November 2009, S. 51, abbrufbar unter http://www.faz.net/s/Rub867BF88948594D80AD8AB4E72C5626ED/Doc~EEB5AA99B5E4B427BB9DC962204BE2BA3~ATpl~Ecommon~Scontent.html (Stand: 24. November 2009).

Zudem ist darauf zu verweisen, dass der seitens der Literatur herangezogene Vergleich zwischen dem Behandlungsveto und der Ausgestaltung, dass der Patient es unterlässt, im Krankheitsfall einen Arzt zu konsultieren[1428], als Argument gegen eine Pflicht zur ärztlichen Aufklärung im Vorfelde der Errichtung einer Patientenverfügung nicht überzeugt. Wird hier angeführt, dass die Entscheidung des Patienten bei Nichtkonsultierung eines Arztes keinerlei ärztlicher Aufklärung bedarf und dies auf den Fall des Behandlungsvetos übertragen, ist vielmehr Folgendes anzumerken: Der Vergleich scheitert bereits daran, dass die Ausgangssituationen nicht als Gegenstand eines Vergleiches herangezogen werden können. Grundsätzlich kann ein Arzt rechtlich zulässig nur dann auf eine medizinische Behandlung des Patienten verzichten, wenn diese nicht indiziert oder faktisch unmöglich ist, seine eigenen medizinischen Fähigkeiten nicht ausreichen oder - und dies ist der in diesem Zusammenhang als Ausdruck des Selbstbestimmungsrechts des Patienten wichtigste Fall - wenn der Patient einen entsprechend ablehnenden Willen geäußert hat. Dadurch entfällt die ärztliche Garantenpflicht und einer weiteren medizinischen Behandlung ist die rechtliche Legitimation entzogen. Konsultiert der Patient jedoch zu keiner Zeit einen Arzt, kommt zwischen den Parteien Arzt und Patient schon von vornherein keine rechtliche Beziehung und somit auch kein Garantenverhältnis zustande. Festzuhalten ist somit, dass der Patient, unabhängig davon, ob er einer medizinischen Behandlung zustimmt oder aber diese ablehnt, in Anlehnung an das Selbstbestimmungsrecht in der Lage sein muss, die damit einhergehenden Risiken einzuschätzen und zu beurteilen. Es ist in *beiden* Fällen somit eine Pflicht zur Aufklärung zu verlangen. Jedoch muss der Patient als Ausdruck des Selbstbestimmungsrechts und somit im Gegensatz zu § 5 Zeile 1 PatVG auf dieses Erfordernis auch wirksam verzichten können.

Darüber hinaus ist Folgendes anzumerken: *Höfling*[1429] führt an, dass die meisten Menschen *„in der Auseinandersetzung mit Krankheit, Sterben und Tod (...) ambivalente und sich wandelnde Einstellungen (zeigen)"*. Schon in Situationen, in denen der Betroffene selbst noch entscheidungsfähig ist, steht er vor schwierigen Herausforderungen und Erwägungen – er kann sich in solch einem Falle jedoch jederzeit damit auseinander setzen und zudem fachkundigen Rat einholen[1430]. Es ist somit sinnvoll, eine bereits wohl überlegte und somit ausdif-

1428 Siehe unter **§ 4 C. I. 2. c. ccc. (1).**

1429 Höfling NJW 2009, S. 2849 (2852).

1430 Als fälschlich ist es hingegen zu bezeichnen, wenn *Höfling* weiter ausführt, dass der Patient *„dies aber (...) nach einer Vorausverfügung nicht mehr (kann)"*: Dies ist lediglich dann der Fall, wenn der Patient unmittelbar nach der Abfassung einer Patientenverfügung entscheidungsunfähig wird, ansonsten ist es ihm schon nach den Bestimferenzierte Grundhaltung zum Regelungsgegenstand einer Patientenverfügung werden zu lassen und eine solche ist insbesondere aufgrund einer vorangegangenen ärztlichen Aufklärung zusätzlich zu einer juristisch fachkundigen Beratung zu erzielen. Hier ist *Höfling* zuzustimmen, welcher weiter anführt, dass die medizinisch, insbesondere die pflegerisch sowie auch die juristisch begründeten Fragen rund um die Thematik des Ende des Lebens sowohl für den medizinischen als auch für den juristisch nicht vorgebildeten Laien viel zu kompliziert sind, als dass ernstlich erwartet werden könnte, dass der Normalbürger von sich aus in der Lage ist, präzise, d. h. hinreichend bestimmte und erst dadurch in der kritischen Behandlungssituation anwendbare Erklärungen zu formulieren.

Des Weiteren sollte hinsichtlich der Einhaltung der Pflicht zu einer ärztlichen Aufklärung bzw. juristischen Beratung im Vorfelde der Errichtung einer Patientenverfügung konsequent vorgegangen werden: Hat *keine* ärztliche Aufklärung bzw. juristische Beratung im Vorfelde stattgefunden bzw. der Patient nicht wirksam auf diese verzichtet, muss die Folge sein, dass eine solche Vorausverfügung keine Patientenverfügung im Sinne des § 1901a Absatz 1 Satz 1 BGB n. F. darstellt. Vielmehr sollte auf § 1901a Absatz 2 BGB n. F. verwiesen und somit der Betreuer und der Arzt nach § 1901b BGB n. F. in die Pflicht genommen werden, den mutmaßlichen Willen des Patienten zu ermitteln. Dies wird insbesondere dann leichter fallen, wenn eine schriftliche Normierung von Patientenwünschen besteht, die hinreichend bestimmt ist und mit der aktuellen Lebens- und Behandlungssituation des Patienten harmoniert, lediglich die Voraussetzung einer Aufklärung bzw. Beratung nicht erfüllt. Im Ergebnis wird dem Patienten somit kein Nachteil entstehen, denn in einem solchen Fall des Konsens zwischen Betreuer und behandelndem Arzt wird sogar die Genehmigung der Entscheidung des Betreuers gemäß § 1904 Absatz 4 BGB n. F. nicht erforderlich sein.

Um die im Rahmen der ärztlichen Aufklärung und juristischen Beratung anfallenden Kosten für den Verfasser einer Patientenverfügung[1431] möglichst gering zu halten, sollte von Seiten der Legislative des Weiteren angedacht werden, insbesondere eine juristische Beratung im Zusammenhang mit der Errichtung einer Patientenverfügung als für den Patienten gebührenfreie Leistung einzuführen, welche vielmehr von den Krankenkassen innerhalb der Gesundheitsfürsorge und somit der Sozialversicherung getragen werden sollte - der beratende Rechtsanwalt selbst würde somit direkt durch diese für seine Beratung vergütet werden.

---

mungen des *Dritten Gesetzes zur Änderung des Betreuungsrechts* nach § 1901a Absatz 1 Satz 2 BGB n. F. *jederzeit* formlos möglich seine Verfügung zu widerrufen.

1431 Siehe hierzu unter **§ 3 C. I. 2. b. aa. bbb. (1)** sowie **§ 3 C. I. 2. b. ccc. (2).**

Obwohl in den §§ 5, 6 PatVG sowohl die Pflicht zur ärztlichen Aufklärung als auch zur juristischen Beratung im Vorfelde der Errichtung einer Patientenverfügung zum Regelungsgegenstand erhoben wurde, ist die Art der Umsetzung gegenüber dem diesbezüglichen Versäumnis in den §§ 1901a f. BGB n. F. gleichwohl nicht als vorzugswürdig zu bezeichnen. Sind die gesetzlich verankerten Belehrungspflichten zwar aus den zuvor angeführten Argumenten generell zu befürworten, ist dies nicht ebenfalls für die *Gesamtheit der übrigen Formalien* anzuführen. Diese sind in der Fülle der §§ 5, 6 PatVG vielmehr als zu restriktiv zu bewerten. Zum einen ist eine grundsätzliche Pflicht zur ärztlichen Aufklärung aus Gründen der Rechtssicherheit sowie unter dem Gesichtspunkt des *informed consent* zwar als sinnvoll zu bezeichnen, der Umstand, dass seitens des Patienten auf diese gemäß § 5 PatVG (Ausgestaltung als *„muss-Vorschrift"*), nicht verzichtet werden kann, jedoch vielmehr nicht. Es ist nicht einzusehen, warum hier andere Grundsätze gelten sollten als im Zusammenhang mit einer ärztlichen Aufklärung im Vorfelde einer medizinischen Behandlung. Zwar wird eine Patientenverfügung oftmals bzw. in der Regel Bestimmungen zum Gegenstand haben, welche sich im Falle ihrer Umsetzung für den betroffenen Patienten lebensverkürzend auswirken werden. Jedoch ist der Verzicht auf eine ärztliche Aufklärung auch im Vorfelde von Behandlungen möglich, welche gleichfalls eine Gefahr für das Leben oder die Gesundheit des Patienten in sich tragen können. Aufgrund dieses Vergleichs wird somit deutlich, dass hier eine durchaus entsprechende Interessenlage besteht, so dass ein Verzicht auch im Vorfelde der Errichtung einer Patientenverfügung wirksam möglich sein sollte. Zum anderen ist die in § 6 PatVG normierte Pflicht *zur Errichtung* einer Patientenverfügung *vor* einem Rechtsanwalt o. ä. als praxisfern zu bezeichnen, da eine solche Pflicht einen erheblichen Aufwand der Beteiligten bedeuten würde, insbesondere, wenn sich der betroffene Patient schon in stationärer Behandlung befindet. Mit einer solchen Pflicht wäre für den Betroffenen vielmehr ein erheblicher Mehraufwand verbunden, so dass die Gefahr besteht, dass er aufgrund dessen die Abfassung einer Patientenverfügung unterlassen würde. Ausreichend wäre es hier vielmehr, den Patienten zu verpflichten, sich vor der Errichtung einer Vorausverfügung juristisch beraten zu lassen, um auch in rechtlicher Hinsicht einen umfassenden Überblick über das Wesen und die Folgen zu erhalten, welche die Errichtung für ihn und seine Person mit sich bringt.

d. Aktualisierung

Im Gegensatz zu den Bestimmungen im PatVG, namentlich in § 7 PatVG[1432], wurde im *Dritten Gesetz zur Änderung des Betreuungsrechts* auf die Normierung einer Pflicht zur Erneuerung der Patientenverfügung in regelmäßigen temporären Abständen verzichtet.[1433]

Hierzu wird in der Begründung selbst ausgeführt[1434], dass die Festlegung eines bestimmten Zeitraumes, welcher zwischen dem Zeitpunkt der Verfassung bzw. Änderung der Patientenverfügung und dem des tatsächlichen Behandlungszeitpunktes liegt, kein Fazit darüber zulasse, ob einer solchen noch Geltungswirkung zukommt oder nicht. Zudem wird darauf verwiesen, dass die individuellen Lebens- und Krankheitsverläufe von Patienten so verschieden sein können, dass eine notwendigerweise allgemein geltende, starre Erneuerungsfrist im Einzelfall nicht wesentlich weiterhelfen würde[1435]: Es sei vielmehr nicht zwingend, dass sich die Haltung des Patienten gegenüber den Inhalten der Verfügung in einem bestimmten Zeitraum ändere oder nicht, so dass eine Erneuerung auch nicht von Nöten sei.

Bezug nehmend darauf, ist meines Erachtens anzuführen, dass dies zwar überzeugend ist, jedoch darauf verwiesen werden kann, dass es dem Verfasser durchaus freisteht, seine einstmals getätigten Bestimmungen im Rahmen seiner ursprünglichen Verfügung schlichtweg zu wiederholen, eine Änderung für ihn somit nicht zwingend ist. Schwer wiegt auch das in der Begründung[1436] angeführte Argument, dass mit einer starren Pflicht zur Erneuerung von Patientenverfügungen erhebliche Rechtsunsicherheiten entstehen können. So wird darauf verwiesen, dass es zum Zeitpunkt der Behandlung stets einer Prüfung unterzogen werden müsse, ob der Verfasser noch über die zur Bestätigung oder Aktualisierung einer Patientenverfügung erforderliche Entscheidungsfähigkeit verfügte. In diesem Zusammenhang ist meines Erachtens jedoch § 7 Absatz 3 PatVG als vorbildliche Lösung zu präsentieren, welcher bestimmt: *„Eine Patientenverfügung verliert nicht ihre Verbindlichkeit, solange sie der Patient mangels Einsichts-, Urteils- oder Äußerungsfähigkeit nicht erneuern kann“*. Des Weiteren führt aktuell etwa *Olzen*[1437] an, dass eine solche Regelung einen Bruch mit dem Zivilrechtssystem darstellt. Die Tatsache, dass ein Entscheidungszeitpunkt weit zurück liegt, rechtfertige noch nicht den Schluss mangelnder Aktualität. Viel-

---

1432 Siehe unter **§ 3 C. I. 2. b. aa. ddd.**

1433 Siehe unter **§ 4 C. I. 2. c. aa. ccc. (2).**

1434 BT-Drucks 16/8442, S. 14.

1435 BT-Drucks 16/8442, S. 14.

1436 BT-Drucks 16/8442, S. 18.

1437 Olzen JR 2009, S. (357).

mehr bleibe eine Willenserklärung so lange wirksam, bis sie widerrufen wird. Diesem Argument kann jedoch dahingehend entgegen getreten werden, dass dann auch sämtliche Fristen in Angesicht des vorgenannten Zivilrechtssystems widersprüchlich wären, denn unter stringenter Befolgung müsste es dann heißen: *„Jede auch über den Ablaufzeitpunkt einer gesetzlichen Frist abgegebene Willenserklärung, etwa im Falle eines zeitlich nur bedingten Angebots, ist gleichwohl wirksam*" – dass dies nicht überzeugt, bedarf hingegen keiner weiteren Erklärungen.

Um unbefriedigenden Ergebnissen wegen der versehentlichen Nichteinhaltung einer Aktualisierungsfrist entgegenzuwirken, wird von einigen Vertretern[1438] teilweise eine Pflicht zur wiederkehrenden Information des Verfügenden über den bevorstehenden Fristablauf gefordert. Diese Ausführungen überzeugen meines Erachtens zwar und vermögen eine ausgeglichene Lösung darzustellen, jedoch ist ihnen dahingehend zu begegnen, dass eine Pflicht zur wiederkehrenden Information des Verfügenden über den bevorstehenden Ablauf der Aktualität seiner Vorausverfügung in der Praxis gegenwärtig vielmehr nicht umsetzbar ist. Grundsätzlich wäre eine solche automatische Erinnerung des Verfügenden sicherlich sinnvoll und zudem auch geeignet, das Entstehen von schriftlichen Festsetzungen zu verhindern, welche nach § 1901a Absatz 2 BGB n. F. eine - wenn auch am mutmaßlichen Patientenwillen ausgerichtete - Behandlungsentscheidung des Betreuers erforderlich machen. Jedoch wird ein solcher Vorschlag durch die gegenwärtig bestehende Situation hinsichtlich der Möglichkeit der zentralen Registrierung von Patientenverfügungen zunichte gemacht, da es eine solche vielmehr nicht gibt. Der Einzelne kann jedoch schwerlich an die ablaufende Aktualität seiner Patientenverfügung erinnert werden, wenn allein ihr Bestehen schon nicht bekannt ist. Des Weiteren wird vorgeschlagen[1439], gleichwohl von einer Verbindlichkeit der Patientenverfügung in dem Fall auszugehen, dass der Verfasser letztlich nur die Erneuerungsfrist nicht eingehalten hat, die Verfügung aber ansonsten allen Voraussetzungen, die an eine wirksame Verfügung nach den §§ 1901a f. BGB n. F. gestellt werden, hinreichend gerecht wird. Diesem Vorschlag ist zu entgegnen, dass dann, wenn das Nichteinhalten einer Erneuerungsfrist keine Auswirkung an die rechtliche Einordnung von schriftlichen Festlegungen als Patientenverfügung iSd § 1901a Absatz 1 BGB n. F. hat, davon auszugehen ist, dass einer Befolgung dieses etwaigen Erfordernisses in der Praxis kein großer Respekt gezollt werden wird. Zudem würde eine solche Handhabung eine Verfügung schaffen, die der im österreichischen PatVG existierenden

1438 Duttge, S. 46.

1439 Vgl. hierzu wiederum die Ausführungen von Höfling im Rahmen des *Patientenautonomie- und Integritätsschutzgesetzes,* MedR 2006, S. 25 (29).

qualifiziert beachtlichen Patientenverfügung nahe kommt, welcher gegenüber jedoch die bereits angeführten Kritikpunkte bestehen.

e. *Widerruf*

Sowohl in § 10 Absatz 2 PatVG[1440] als auch in § 1901a Absatz 1 Satz 3 BGB n. F.[1441] wird ausdrücklich darauf hingewiesen, dass eine Patientenverfügung durch den Patienten selbst widerrufen werden kann. Im Rahmen des § 1901a Absatz 1 Satz 3 BGB n. F. wird zudem noch hervorgehoben, dass ein Widerruf jederzeit und formlos möglich ist. In § 10 Absatz 2, Alt. 2 PatVG wird angeführt, dass eine Patientenverfügung auch dann ihre Wirksamkeit verliert, wenn der Patient zu erkennen gibt, dass sie nicht mehr wirksam sein soll. Die sich aus diesem Passus ergebende Frage, ob die Entscheidungsfähigkeit des Patienten als Voraussetzung eines wirksamen Widerrufs zu fordern ist, entfaltet jedoch keine Bedeutung für die der vorliegenden Untersuchung gegenständlichen Patientengruppen[1442].

5. Materielle Voraussetzungen: Die Bestimmtheit der Patientenverfügung

In beiden Ländern stellt die Einhaltung des Bestimmtheitsgebotes im Zusammenhang mit der Errichtung einer Patientenverfügung die wichtigste materielle Voraussetzung dar: § 4 Absatz 1 Satz 1 PatVG legt fest, dass *„die medizinischen Behandlungen, die Gegenstand der Ablehnung sind, konkret beschrieben sein oder eindeutig aus dem Gesamtzusammenhang der Verfügung hervorgehen (müssen)"*[1443]. In § 1901a Absatz 1 BGB n. F. wird angeführt, dass der Verfügende seine Einwilligung in oder Untersagung gegenüber *bestimmter*, zum Zeitpunkt der Errichtung noch nicht unmittelbar bevorstehender Untersuchungen seines Gesundheitszustandes, Heilbehandlungen oder ärztlicher Eingriffe in der Patientenverfügung schriftlich festgelegt haben muss[1444].

Grundsätzlich wird es im Wege der Errichtung einer Patientenverfügung nicht immer leicht sein, alle später hypothetisch eintretenden Krankheitssituationen abschließend hinreichend konkret zu beschreiben. Auch wird der Gesamtzusammenhang nicht immer einen eindeutigen Aufschluss über die medizinischen Behandlungen geben, die in einer Patientenverfügung gegenständlich

---

1440 Siehe unter **§ 3 C. I. 2. c. aa. ddd.**

1441 Siehe unter **§ 4 C. I. 2. a.**

1442 Siehe unter **§ 3 C. I. 2. c. aa. ddd.**

1443 Siehe unter **§ 3 C. I. 2. b. aa. aaa. (1).**

1444 Siehe unter **§ 4. C. I. 2. c. bb.**

sind. Insgesamt ist der Inhalt der Verfügung durch die Beteiligten somit im Wege der Auslegung zu ermitteln. Insbesondere gilt dies für unbestimmte Begriffe und Formulierungen[1445].

II. Die Vorsorgevollmacht

Sowohl in Rahmen des österreichischen[1446] als auch des deutschen Rechts[1447] kann die Ablehnung einer medizinischen Behandlung zum zulässigen Gegenstand einer Vorsorgevollmacht gemacht werden. Unterschiede ergeben sich jedoch in Hinsicht auf die materielle Ausgestaltung einer solchen Entscheidung des Vorsorgebevollmächtigten, da die Vorgaben und Grenzen für den medizinischen Behandlungsabbruch im Sachwalter- und Betreuungsrecht divergieren.

III. Sachwalter- und Betreuungsrecht

1. Subsidiarität der Vertreterentscheidung

In den §§ 268 ff. ABGB wurde im Wege des SWRÄG der Grundsatz der Subsidiarität der Sachwalterwalterbestellung im Falle des Vorliegens einer verbindlichen bzw. qualifiziert beachtlichen Patientenverfügung eingeführt,[1448] in Deutschland hingegen wurde auf eine diesbezügliche Klarstellung in den §§ 1901a f. BGB n. F. gänzlich verzichtet.

In § 268 Absatz 2 Satz 2 ABGB heißt es: „Ein Sachwalter darf auch dann nicht bestellt werden, soweit durch (…) eine verbindliche Patientenverfügung für die Besorgung der Angelegenheiten einer behinderten Person im erforderlichen Ausmaß vorgesorgt ist". Im deutschen Recht ist die Rechtslage, dass zwar eine Patientenverfügung im Sinne des § 1901a Absatz 1 Satz 1 BGB n. F. besteht, jedoch weder ein Betreuer noch ein Vorsorgebevollmächtigter benannt ist,[1449] ungeregelt geblieben. Die Kritik ist in beiden Fällen jedoch dieselbe: Liegt eine (verbindliche) Patientenverfügung vor und wurde noch kein Sachwalter bzw. Betreuer bestellt, obliegt die Umsetzung der Bestimmungen der Patientenverfügung allein dem behandelnden Arzt. Die Überprüfung bzw. Auslegung der Bestimmungen einer Patientenverfügung dahingehend, ob diese mit der aktuellen Lebens- und Behandlungssituation des betroffenen Patienten überein-

1445 Schöllhammer, S. 55 ff.

1446 Siehe unter **§ 3 C. II. 2. b.**

1447 Siehe unter **§ 4 C. II.**

1448 Siehe unter **§ 3 C. II. 3. a.**

1449 Höfling NJW 2009, S. 2849 (2850).

stimmen bzw. ob diese hinreichend bestimmt sind – eine solche überhaupt zur Anwendung gelangen kann – bedarf neben medizinischen Kenntnissen des behandelnden Arztes jedoch vielmehr auch juristischen Vorkenntnissen. Zwar wird auch ein Sachwalter, Betreuer oder Vorsorgebevollmächtigter nicht stets verlässlich in der Jurisprudenz bewandert sein. Eine zweite Entscheidungsinstanz ist jedoch gerade auch aus den folgenden Gesichtspunkten von erheblicher Relevanz: Insbesondere zum Zwecke der Vorbeugung eines etwaigen Missbrauchs solcher Verfügungen bedarf es in jedem Falle einer vom Arzt unabhängigen zweiten Entscheidungsinstanz. Im Wege dieser normierten Subsidiarität bzw. ungeregelten Rechtslage entsteht gegenwärtig vielmehr ein bereits vormals angeführtes Missverhältnis. Dem behandelnden Arzt wird durch die Subsidiarität des Sachwalterrechts bzw. die in diesem Zusammenhang in Deutschland gänzlich ungeregelte rechtliche Situation auf der einen Seite als alleiniger Kontrollinstanz zwar eine unbedingte und von jedem Zweifel erhabene Objektivität aufgebürdet, auf der anderen Seite hat er etwaige zivil-, strafsowie berufsrechtliche Konsequenzen im Falle einer Fehleinschätzung alleinig zu verantworten.

Da eine (verbindliche bzw. auch qualifiziert beachtliche) Patientenverfügung in den seltensten Fällen von vorneherein vollzugstauglich sein wird, und neben dem Arzt eine zusätzliche Kontrollinstanz aus Präventivgründen zu fordern ist, sollte von Seiten des Gesetzgebers diesbezüglich eine Änderung bzw. Klarstellung des PatVG sowie die Einfügung eines klarstellenden Passus im deutschen Betreuungsrecht der §§ 1901a f. BGB n. F. angedacht werden.

2. Die Ablehnung intensivmedizinischer Behandlungen durch den Vertreter

In § 283 Absatz 2 Zeile 1 ABGB ist die Möglichkeit der Zustimmung des Sachwalters in eine schwerwiegende medizinische Behandlung des Patienten geregelt. Diese wird unter das Erfordernis einer sog. *second opinion* gestellt bzw., wenn eine solche nicht vorliegt oder der betroffene entscheidungsunfähige Patient zu erkennen gibt, dass er eine solche ablehnt, § 283 Absatz 2 Zeile 2 ABGB, unter einen pflegschaftsgerichtlichen Genehmigungsvorbehalt[1450].

In Hinsicht auf die Nichteinwilligung des Sachwalters bzw. die Nichterteilung der Zustimmung in eine medizinische Maßnahme vorbenannten Ausmaßes ist festzuhalten, dass für diese Entscheidungsvariante im Wege des SWRÄG im Gegensatz zu § 1904 Absatz 2 BGB n. F.[1451] keine vergleichbare Regelung nor-

1450 Siehe unter **§ 3 C. IV. 2. b. aa.**

1451 Siehe unter **§ 4 III. 2. b. aa. bbb. (2).**

miert wurde[1452]. § 283 Absatz 2 Zeile 3 ABGB bestimmt lediglich: *„Erteilt der Sachwalter die Zustimmung zu einer medizinischen Behandlung nicht und wird dadurch das Wohl der behinderten Person gefährdet, so kann das Gericht die Zustimmung des Sachwalters ersetzen oder die Sachwalterschaft einer anderen Person übertragen"*. Hinsichtlich dieses Ungleichgewichts ist Folgendes anzumerken: Der Nichteinwilligung des Sachwalters in eine medizinische Behandlung und somit einer lebensverkürzenden Entscheidung wird nicht der gleiche Verbindlichkeitsgehalt zugute gehalten wie der Einwilligung des Sachwalters und somit einer lebensverlängernden Entscheidung, wenn man darauf verweist, dass eine nicht erteilte Zustimmung von Gesetzes wegen nicht gleichfalls wie die Einwilligung unter die Voraussetzung der Einholung einer second opinion bzw. einer pflegschaftsgerichtlichen Genehmigung gestellt wird. Vielmehr bestimmt § 283 Absatz 2 Zeile 3 ABGB, dass diese durch das Pflegschaftsgericht *ersetzt* oder aber die Sachwalterschaft einer anderen Person *übertragen* werden kann – es erfolgt somit keine vergleichbare Auseinandersetzung mit einer negierenden Sachwalterentscheidung. Die Ungleichbehandlung dieser beiden möglichen Betreuerentscheidungen überzeugt schon unter dem Gesichtspunkt nicht, dass eine Nichteinwilligung zumindest den gleichen Voraussetzungen unterliegen müsste wie sie an eine Einwilligung in schwerwiegende medizinische Maßnahmen gestellt wird, wenn man darauf verweist, dass sich die Nichteinwilligung in der Person des Patienten in der Regel lebensbeendend und somit absolut auswirken wird.

3. Gerichtlicher Genehmigungsvorbehalt für die Ablehnung medizinischer Maßnahmen

Sowohl das österreichische Sachwalterrecht[1453] als auch das deutsche Betreuungsrecht[1454] hat im Zuge des SWRÄG bzw. des *Dritten Gesetzes zur Änderung des Betreuungsrechts* zum Teil umfassende und grundlegende Novellierungen in Hinsicht auf die Frage nach der Erforderlichkeit eines gerichtlichen Genehmigungsvorbehalts für Entscheidungen des Sachwalters bzw. Betreuers im Zusammenhang mit intensivmedizinischen Maßnahmen erfahren. Insbesondere im Zusammenhang mit einer Entscheidung über intensivmedizinische Maßnahmen ist es von Erforderlichkeit, dass diese einem rechtsstaatlichen Verfahren und somit einer gerichtlichen Genehmigung zu unterziehen sind[1455], wenn auch die-

1452 Siehe unter **§ 3 C. IV. 2. b. bb.**

1453 Siehe unter **§ 3 C. IV. 2.**

1454 Siehe unter **§ 4 C. III. 2.**

1455 Siehe unter **§ 3 C. IV. 2. b. bb. ccc.**

ser Rückschluss, wie innerhalb der Ausführungen zum deutschen § 1904 BGB n. F. verdeutlicht wurde, nicht für jede Entscheidung des Vertreters Geltung beansprucht[1456].

Im Hinblick auf das österreichische Sachwalterrecht ist anzumerken, dass im Zuge des SWRÄG im Zusammenhang mit schwerwiegenden medizinischen Behandlungen ein pflegschaftsgerichtlicher Genehmigungsvorbehalt lediglich in den folgenden zwei Fällen normiert wurde: So bestimmt § 283 Absatz 2 Zeile 2 ABGB *„Wenn ein solches Zeugnis nicht vorliegt oder die behinderte Person zu erkennen gibt, dass sie die Behandlung ablehnt, bedarf die Zustimmung der Genehmigung des Gerichts"* und § 283 Absatz 2 Zeile 3 ABGB stellt wie folgt klar *„Erteilt der Sachwalter die Zustimmung zu einer medizinischen Behandlung nicht und wird dadurch das Wohl der behinderten Person gefährdet, so kann das Gericht die Zustimmung des Sachwalters ersetzen oder die Sachwalterschaft einer anderen Person übertragen"*. Festzuhalten ist somit, dass im SWRÄG *allein* die Zustimmung des Sachwalters in die Vornahme einer schwer wiegenden medizinischen Behandlung des Patienten zum Gegenstand einer gerichtlichen Genehmigung gemacht werden kann, die verweigerte Zustimmung des Sachwalters hingegen kann lediglich gerichtlich *ersetzt* werden.

Insbesondere durch die Regelung in § 283 Absatz 2 Zeile 3 ABGB wird jedoch nicht deutlich, dass das Gericht die Entscheidung des Sachwalters einer medizinischen Behandlung nicht zuzustimmen, anstelle sie zu ersetzen bzw. die Sachwalterschaft einer anderen Person zu übertragen, vielmehr auch zulässig genehmigen kann bzw. in Entsprechung des Selbstbestimmungsrechts des entscheidungsunfähigen Patienten auch zu genehmigen *hat*, wenn die gerichtliche Überprüfung besagter Sachwalterentscheidung ergibt, dass diese vielmehr rechtmäßig ist. Zwar wurde die Bestimmung in § 283 Absatz 2 Zeile 3 ABGB nicht als Pflicht zur Ersetzung bzw. anderweitigen Übertragung der Sachwalterschaft ausgestaltet, zur Klarstellung sollte hier jedoch neben den beiden aufgeführten Varianten ein Passus erfolgen, welcher verdeutlicht, dass auch die Ablehnung einer medizinischen Behandlung durch den Sachwalter von Seiten des Gerichts zum Gegenstand einer Genehmigung gemacht werden kann. Dieser könnte sich wie folgt ausgestalten: *„Erteilt der Sachwalter die Zustimmung zu einer medizinischen Behandlung nicht, so hat es das Gericht einer Überprüfung zu unterziehen, ob die Entscheidung des Sachwalters auf der Grundlage des Wohles des Patienten gleichwohl zu genehmigen ist; anderenfalls kann das Gericht die Zustimmung des Sachwalters ersetzen oder die Sachwalterschaft einer anderen Person übertragen"*. Vor einer solchen klarstellenden Regelung hat sich der österreichische Gesetzgeber jedoch allem Anschein nach gescheut.

1456 Siehe unter **§ 4 C. III. 2. b. aa. ccc.**

Anders gestaltet sich die Rechtslage in Deutschland[1457]. Durch das *Dritte Gesetz zur Änderung des Betreuungsrechts* wurde in § 1904 BGB n. F. ein gerichtlicher Genehmigungsvorbehalt in den folgenden Fällen normiert: Zum einen, wenn der Betreuer in eine Untersuchung des Gesundheitszustands, eine Heilbehandlung oder einen ärztlichen Eingriff *einwilligt* und die begründete Gefahr besteht, dass der Betreute auf Grund der Maßnahme stirbt oder einen schweren und länger dauernden gesundheitlichen Schaden erleidet, § 1904 Absatz 1 BGB. Zum anderen, wenn der Betreuer in eine Untersuchung des Gesundheitszustands, eine Heilbehandlung oder einen ärztlichen Eingriff *nicht einwilligt* oder seine vormals erteilte Einwilligung *widerruft*, wenn die Maßnahme medizinisch angezeigt ist und die begründete Gefahr besteht, dass der Betreute auf Grund des Unterbleibens oder des Abbruchs der Maßnahme stirbt oder einen schweren und länger dauernden gesundheitlichen Schaden erleidet, § 1904 Absatz 2 BGB n. F. Festzuhalten ist somit, dass sowohl für die Einwilligung als auch die Nichteinwilligung des Betreuer und somit für den Fall des Abbruchs intensivmedizinischer Maßnahmen *grundsätzlich* ein gerichtlicher Genehmigungsvorbehalt gesetzlich normiert wurde bzw. in Hinsicht auf die Einwilligung auch in § 1904 Absatz 1 BGB a. F. bereits nomiert gewesen ist.

Darüber hinaus ist in § 1904 Absatz 3 BGB n. F. eine Modifizierung dieses grundsätzlichen Genehmigungsvorbehaltes aufgeführt, indem dieser bestimmt: *„Die Genehmigung nach den Absätzen 1 und 2 ist zu erteilen, wenn die Einwilligung, die Nichteinwilligung oder der Widerruf der Einwilligung dem Willen des Betreuten entspricht"*. § 1904 Absatz 3 BGB n. F. ist somit die Fortführung des für den Betreuer bereits in § 1901a Absatz 2 BGB n. F. normierten Grundsatzes, dass der mutmaßliche Wille die Grundlage einer im Zusammenhang mit medizinischen Maßnahmen zu treffenden Entscheidung bildet. Folglich hat auch das Gericht seine Entscheidung über die Genehmigung einer Einwilligung, Nichteinwilligung sowie des Widerrufs einer vormals erteilten Einwilligung an dem ermittelten Patientenwillen auszugestalten. Im Ergebnis ist § 1904 Absatz 3 BGB n. F. somit als Ausdruck der Wahrung des Selbstbestimmungsrechts des Patienten auch für den Fall einzuordnen, dass dieser in der konkreten Behandlungssituation nicht mehr entscheidungsfähig ist.

Die in § 1904 Absatz 4 BGB n. F. erfolgende Klarstellung, dass *„eine Genehmigung nach den Absätzen 1 und 2 (...) nicht erforderlich (ist), wenn zwischen Betreuer und behandelndem Arzt Einvernehmen darüber besteht, dass die Erteilung, die Nichterteilung oder der Widerruf der Einwilligung dem nach § 1901a (BGB n. F., Anm. der Verfasserin) festgestellten Willen des Betreuten entspricht*", erfolgte in Anlehnung an die Rechtsprechung des BGH in seiner

1457 Siehe unter **§ 4 C. III. 2. b. aa. bbb.**

Entscheidung vom 08. Juli 2005[1458]. Sie grenzt den Tätigkeitsbereich des Betreuungsgerichts sinnvoll ein und ist als gewichtiger Fortschritt zur alten Rechtslage zu bezeichnen. Festzuhalten ist somit, dass es einer betreuungsgerichtlichen Genehmigung im Zusammenhang mit einer Entscheidung des Betreuers bzw. Vorsorgebevollmächtigten nach den Bestimmungen des Dritten Gesetzes zur Änderung des Betreuungsrechts lediglich dann bedarf, wenn zwischen den Parteien des behandelnden Arztes und dem Betreuer kein Konsens darüber besteht, ob die getroffene Entscheidung dem mutmaßlichen Willen des Betreuten entspricht.

D. Schlussbetrachtungen

Sowohl in Österreich mit dem *SWRÄG* und dem *PatVG* aus dem Jahre 2006 als auch in Deutschland mit dem *Dritten Gesetz zur Änderung des Betreuungsrechts* aus dem Jahre 2009 sind in den letzten vier Jahren umfangreiche Gesetznovellierungen in Kraft getreten, welche für die Patientengruppe des entscheidungsunfähigen Intensivpatienten und die Frage nach einem zulässigen Abbruch von medizinischen Maßnahmen in seiner Person von erheblicher Bedeutung sind - als in diesem Rahmen abschließend überzeugend ist jedoch keine der beiden Lösungen zu präsentieren. Auf der österreichischen Seite ist mit Blick auf das PatVG anzuführen, dass dieses in seiner Gesamtheit mit ärztlicher Aufklärung, Dokumentations- und Darlegungspflichten, der Pflicht zur Errichtung der Patientenverfügung vor einem Rechtsanwalt, Notar oder Mitarbeiter der Patientenvertretungen sowie verpflichtender juristischer Beratung nebst Dokumentation zu hohe formalistische Hürden für den Anwender aufstellt. Zudem ist die Unterscheidung zwischen verbindlichen und beachtlichen Patientenverfügungen aus den angeführten Argumenten nicht überzeugend und entspricht nicht der Intention, welche der österreichische Gesetzgeber mit dem PatVG erzielen wollte: Die Schaffung abschließender Rechtsklarheit für diesen Bereich. Auch die Bestimmungen zur Patientenverfügung im Rahmen des *Dritten Gesetzes zur Änderung des Betreuungsrechts* sind nicht ohne Kritik zu belassen. Vielmehr haben die Ausführungen gezeigt, dass sowohl eine ärztliche Aufklärung sowie eine juristische Beratung im Vorfelde der Errichtung einer Patientenverfügung für sich sinnvoll sind und somit von der deutschen Legislative als Gegenstand eines gesetzlichen Nachtrages überdacht werden sollten. Zwar existiert in Österreich ein Register für Patientenverfügungen bei der Österreichischen Rechtsanwaltskammer sowie ein Patientenverfügungsregister der Österreichischen Notariats-

1458 Siehe hierzu unter **§ 4 C. I. 1. a. bb.**

kammer und in Deutschland gibt es die Möglichkeit, Patientenverfügungen beim Zentralen Vorsorgeregister der Bundesnotarkammer sowie bei dem Humanistischen Verband Deutschland zu hinterlegen. In beiden Ländern sollte jedoch die Einrichtung eines zentralen Registers erfolgen, in welchem sowohl Patientenverfügungen als auch sonstige Vorsorgeinstitute einheitlich geführt werden. Ein solches Register bietet für alle Beteiligten eine Rückversicherung, ob eine Patientenverfügung o. ä. durch einen bestimmten Patienten errichtet wurde und sollte z. B. für Ärzte somit jederzeit einsehbar sein.

Eine andere Sprache sprechen hingegen die gefundenen Ergebnisse für den Umgang mit dem medizinischen Behandlungsabbruch im Sachwalter- und Betreuungsrecht: Während hier in Hinblick auf die österreichischen §§ 268 ff. ABGB, insbesondere jedoch den § 283 ABGB, in Gestalt des SWRÄG von 2006 festzuhalten ist, dass in diesem Bereich nach wie vor verschiedene Versäumnisse bestehen, ist die durch das *Dritte Gesetz zur Änderung des Betreuungsrechts* geschaffene Rechtslage als überwiegend überzeugend zu bezeichnen. Sowohl im Umgang mit Patientenverfügungen als auch für die Ermittlung des mutmaßlichen Willens des Patienten nehmen die §§ 1901 a f. BGB n. F. für Betreuer und Arzt wegweisende Funktionen wahr. Sie stellen abschließend klar, dass grundsätzlich der feststellbare Wille des Patienten die ausschlaggebende Entscheidungsinstanz ist. Zudem wurde im Wege des Gesetzes festgelegt, dass der Betreuer auf der Grundlage des Willens des Patienten in dessen weitere medizinische Behandlung sowohl rechtlich zulässig einwilligen als auch nicht einwilligen kann. Abschießende Rechtsklarheit wird zudem durch die Änderung des § 1904 BGB erzielt, in welchem de lege lata von dem Grundsatz des Vorbehaltes der pflegschaftsgerichtlichen Genehmigung einer Betreuerentscheidung im Zusammenhang mit der Untersuchung des Gesundheitszustandes, einer Heilbehandlung oder einem ärztlichen Eingriff in § 1904 Absatz 4 BGB n. F. auch eine klarstellende Ausnahme für den Fall normiert wurde, dass zwischen dem behandelnden Arzt und dem Betreuer ein Konsens über den festgestellten Willen des Patienten besteht. Sowohl in Hinblick auf die österreichische als auch die deutsche zivilrechtliche Rechtslage zu bemängeln ist hingegen die gegenwärtige Situation, welcher sich der behandelnde Arzt ausgesetzt sieht, wenn eine (verbindliche) Patientenverfügung vorliegt: Während er im österreichischen Recht aufgrund des Prinzips der Subsidiarität des Sachwalterrechts die Festlegungen in einer schriftlichen Vorausverfügung allein auszulegen hat, ist dieser Problemkreis im deutschen Recht sogar ungeregelt. Im Ergebnis ist übereinstimmend für beide Länder anzuführen, dass dem Arzt unter dem Gesichtspunkt des damit einhergehenden Haftungsrisikos nicht die alleinige Entscheidungskompetenz aufgebürdet werden kann.

Auch im Hinblick auf das Strafrecht ist die Rechtslage, nach welcher sich de lege lata die Vorgaben und Grenzen des medizinischen Behandlungsabbruches zu richten haben, in beiden Ländern nicht zufriedenstellend. Grundsätzlich entfalten die Bestimmungen des PatVG sowie die Neuregelungen im Bereich des Sachwalter- und Betreuungsrechts zwar auch Wirkung für das Strafrecht. Jedoch enthalten diese Vorschriften nicht etwa strafrechts-spezifische Regeln für die Abgrenzung erlaubter Sterbehilfe und verbotener Tötung[1459]. Wo die Grenze einer rechtfertigenden Einwilligung verläuft und der Bereich strafbarer Tötung auf Verlangen beginnt bzw. in welchen Fällen der Verzicht auf eine weitere lebensverlängernde Behandlung nicht durch die Bestimmungen des StGB zu sanktionieren ist, stellt eine rein strafrechtsspezifische Frage dar, über die zwar auch im Lichte der Verfassungsordnung und mit Blick auf die Regelungen anderer Rechtsbereiche zu befinden ist, die abschließende Entscheidung darüber ist jedoch im Grundsatz autonom nach materiell strafrechtlichen Kriterien zu treffen[1460]. Klarstellende Änderungen im Bereich des Strafrechts, welche es vermögen, den Abbruch intensivmedizinischer Maßnahmen für die Beteiligten rechtlich zu konturieren[1461], sind jedoch sowohl mit Blick auf das österreichische als auch das deutsche Recht nach wie vor fehlend: Trotz umfangreicher Reformbemühungen gerade in Deutschland, welche für den österreichischen Rechtsraum Signalwirkung hätten haben können, hat der Gesetzgeber in beiden Ländern bislang davon Abstand genommen, für den medizinischen Behandlungsabbruch im Strafrecht Vorgaben und Grenzen festzuschreiben. Zur Begründung des Verzichts auf einen gesetzlich geregelten Ausnahmetatbestand der aktiven Sterbehilfe durch den AE-Arbeitskreis im Entwurf von 2006 führen *Schöch/Verrell*[1462] an, dass dadurch Missbrauchsgefahren und Ausweitungstendenzen vermieden werden sollten, *„die beinahe zwangsläufig mit dem Versuch einer abstrakt-generellen Regelung der Zulässigkeit gezielter Patiententötungen verbunden und in den Niederlanden und Belgien sichtbar geworden sind“.* Im Falle des Auftretens extremer Ausnahmesituationen, welchen mit den Instrumentarien zulässiger Sterbehilfemaßnahmen nicht mehr begegnet werden kann, wird vielmehr auf die Regeln des rechtfertigenden Notstandes über § 34 StGB als mögliche Lösung sowie die Zuständigkeit der Gerichte verwiesen. Es sei deren Aufgabe, im Einzelfall eine gerechte Entscheidung zu treffen[1463]. Einzelne Entscheidungen bleiben jedoch stets Einzelfälle, so dass aus diesen für die allgemeine Praxis *keine* verbindliche und Rechtssicherheit schaffende Leitlinie ab-

1459 Vgl. BGH, Urt. v. 25.06.2010 – Az. 2StR 454/09.

1460 Unter Bezugnahme auf Verrel 66. DJT, C 34 ff. sowie 57 ff.

1461 Siehe hierzu die Ausführungen bei Schreiber NStZ 2006, S. 473 ff.

1462 Schöch/Verrel, GA 2005, S. 553 (583).

1463 Schöch/Verrel, GA 2005, S. 553 (583f.).

geleitet werden kann, weder für Deutschland, noch für Österreich. Gleiches gilt für den Bereich solcher Maßnahmen, welche bei einem irreversiblen Langzeitpatienten zur Behandlungsbegrenzung in Übereinstimmung mit dessen Willen erfolgen. Zwar besteht in diesem Zusammenhang insbesondere in Deutschland eine durchaus ausdifferenzierte höchstrichterliche Rechtsprechung und auch in Österreich erfolgten im Jahr 2008 reflektierte Ausführungen von höchstrichterlicher Seite, eine Modifizierung des geltenden Strafrechts für außergewöhnliche Konfliktfälle ist jedoch sowohl in Österreich als auch in Deutschland gleichfalls nach wie vor fehlend. Zum Zwecke der Rechtsklarheit und Rechtssicherheit ist eine solche gesetzliche Klarstellung jedoch von Nöten[1464], um die insbesondere für Ärzte bestehenden rechtlichen Unsicherheiten in diesem Bereich zu beheben. Wie aufgezeigt, gab es hierzu sowohl im Rahmen des AE-Sterbehilfe als auch im Rahmen des AE-Sterbebegleitung[1465] vielversprechende Ansätze, welche auch für das österreichische Recht eine Lösung darzustellen vermögen. Gegenwärtig sind hierzu jedoch in beiden Ländern noch keine Bestrebungen durch die Legislative zu verzeichnen, welche zumindest eine teilweise Umsetzung der vorgelegten Gesetzesentwürfe zum Gegenstand haben. Es ist somit nach wie vor ein Fragenkreis durch den Gesetzgeber unbeantwortet, für den Antworten von abschließender Wichtigkeit sind.

1464 Vgl. auch Schöch/Verrel GA 2005, S. 553 (580); Verrel 66. DJT, S. C 115.

1465 Hier insbesondere § 4 Sterbebegleitungsgesetz.

§ 6 Ausblick

Anhand einer Bestandsaufnahme zur aktuellen Akzeptanz der bestehenden Vorsorgeinstitute lassen sich für Österreich und Deutschland folgende Ergebnisse festhalten: Hinsichtlich der Patientenverfügung ist anzuführen, dass sie für die österreichische Bevölkerung eher die Ausnahme darstellt. Mit Stand vom 27. März 2009 zählte das Register für Patientenverfügungen bei der Österreichischen Rechtsanwaltskammer 1.270 Eintragungen von Verfügungen verbindlicher, beachtlicher sowie erneuerter Art. Das Patientenverfügungsregister der Österreichischen Notariatskammer wies zum 31. März 2009 zudem 2.161 von Notaren vorgenommene Registrierungen von verbindlichen, beachtlichen und erneuerten Patientenverfügungen auf[1466]. Insgesamt sind in beiden vorhandenen Registern somit ca. 3.400 Patientenverfügungen enthalten. Die Ergebnisse des empirischen Teils der Studie über die rechtlichen, ethischen und faktischen Erfahrungen nach In-Kraft-Treten des PatVG[1467] verdeutlichen, was diese Werte als Gegenstand von Prozentzahlen bedeuten: Derzeit haben etwas unter 4 % der österreichischen Bevölkerung eine Patientenverfügung errichtet, knapp ein Drittel davon sind solche verbindlicher Art. Somit kann mit *Ganner*[1468] zwar durchaus davon gesprochen werden, dass das Institut der Patientenverfügung als Kommunikationsinstrument, welches am Lebensende im Sinne des Patienten die Arzt-Patienten-Kommunikation fortsetzen soll[1469], von der Bevölkerung angenommen wird. Relevant wird sie jedoch bislang nur für eine kleine Gruppe von Personen: Wiederum unter Bezugnahme auf die Ergebnisse des empirischen Teils der Studie zum PatVG ist anzuführen, dass die größte Altersgruppe unter den Verwendern einer Patientenverfügung zwischen 60 und 69 Jahre alt ist. Festzuhalten ist somit, dass Patientenverfügungen vor allem für Sondersituationen und nicht als allgemeines Vorsorgeinstitut genutzt werden. Vergleichbare Zahlen mit vergleichbarem Fazit existieren auch für die Rechtsinstitute der Vorsorgevollmacht, der Sachwalterverfügung sowie der Vertretungsbefugnis nächster Angehöriger: Im Österreichischen Zentralen Vertretungsverzeichnis (ÖZVV) waren am 31. März 2009 9.108 Vorsorgevollmachten, Sachwalterverfügungen

1466 Vgl. die Angaben bei Ganner iFamZ 2009, S. 150 (151 f.).

1467 Studie über die rechtlichen, ethischen und faktischen Erfahrungen nach In-Kraft-Treten des Patientenverfügungs-Gesetzes, II. Empirischer Teil, S. 8 (25), abrufbar unter http://www.univie.ac.at/ierm/index.php?page=abgeschlossene-projekte (Stand: 03. September 2010).

1468 Siehe Fn. 1472.

1469 Studie über die rechtlichen, ethischen und faktischen Erfahrungen nach In-Kraft-Treten des Patientenverfügungs-Gesetzes, II. Empirischer Teil, S. 8 (26 f.).

sowie Vertretungsbefugnisse nächster Angehöriger verzeichnet. Da auf das Institut der Vorsorgevollmacht eine Gesamtzahl von 6.703 entfiel[1470], ist zu dem Ergebnis zu gelangen, dass dieses Vorsorgeinstitut im Verhältnis zur Patientenverfügung somit überwiegt.

Hinsichtlich der Beantwortung der Frage nach der aktuellen Akzeptanz der Vorsorgeinstitute in Deutschland kann in Bezug auf die Verbreitung von Patientenverfügungen auf verschiedene Umfragen verwiesen werden, welche unter Bezugnahme auf die Ausführungen bei *Janes/Schick*[1471] in den letzten 10 Jahren eine geringe Verbreitung bei jedoch steigender Tendenz nachgewiesen haben: Unter Zugrundelegung der Anzahl der im Zentralen Vorsorgeregister der Bundesnotarkammer sowie bei dem Humanistischen Verband Deutschland hinterlegten Patientenverfügungen ergibt sich, dass im Jahre 1999 8 % der deutschen Gesamtbevölkerung eine Patientenverfügung hatten, im Jahre 2003 waren es immerhin schon 10 %[1472] und bis zum Jahre 2005 stieg diese Zahl an auf 14 %[1473]. Bei einer Gesamtbevölkerung von 82.437.995 zum Ende des Jahres 2005 waren dies immerhin schon mehr als 11,5 Millionen Patientenverfügungen. Nach einer repräsentativen Umfrage des Marktforschungsinstituts GfK vom 07. Juli 2009 beläuft sich die Zahl gegenwärtig sogar auf 17,8 %[1474]. Für die kommenden Jahre kann somit eine positive Prognose für die Akzeptanz dieses Vorsorgeinstituts erwartet werden. Der höchste Bekanntheitsgrad und die größte Verbreitung von verfassten Patientenverfügungen bestehen innerhalb der Bevölkerungsgruppe der Personen über 60 Jahren. Zudem wollen weitere, gegenwärtig noch laufende Studien belegen, dass die Bekanntheit und die Quantität solcher Verfügungen mit dem jeweiligen Bildungsgrad zunehmen[1475]. Für den Bereich der Vorsorgevollmachten lässt sich anführen, dass im Zentralen Vorsorgeregister der Bundesnotarkammer am 31. Dezember 2008 823.765 Vorsorgevollmachten verzeichnet waren, bis zum 31. Dezember 2009 stieg diese Zahl auf insgesamt 1.011.227 Vollmachten an[1476]. In 78,57 % der Fälle im Jahre 2008 wurde zudem angegeben, dass auch eine Betreuungsverfügung besteht[1477]. Im

1470 Ganner iFamZ 2009, S. 150 (153).

1471 Janes/Schick NStZ 2006, S. 484 (486).

1472 www.dghs.de/hintergr/hintergr.htm#uebersicht (Stand: 28. August 2010).

1473 www.hospize.de/verweise/stellung.htm (Stand: 28. August 2010).

1474 Unter Verweis auf die Ausführungen von Beckmann MedR 2009, S. 582 (586, Fn. 32).

1475 Janes/Schick NStZ 2006, S. 484 (486).

1476 Siehe die Angaben in den Jahresberichten 2008 sowie 2009, abrufbar unter www.vorsorgeregister.de (Stand: 27. August 2010).

1477 Bezogen auf 181.233 Neueintragungen von Vorsorgevollmachten im Jahre 2008, vgl. den Jahresbericht 2008 des Zentralen Vorsorgeregisters bei der Bundesnotarkammer, aaO.

Ergebnis ist somit auch in Bezug auf die Verbreitung dieser Vorsorgeinstitute eine positive Prognose zu erwarten. Die Erhebungen in Bezug auf die Verbreitung von Vorsorgeinstituten, namentlich der Patientenverfügung, der Vorsorgevollmacht, der Betreuungsverfügung sowie der für Österreich speziellen Vertretungsbefugnis nächster Angehöriger sprechen eine deutliche Sprache: Sie wurden und werden von Seiten der Bevölkerung beider Länder durchaus angenommen, wobei die Vorsorgevollmacht trotz des in der Gesellschaft wesentlich höheren Bekanntheitsgrades der Patientenverfügung[1478] das am stärksten frequentierte Institut der antizipierten Selbstbestimmung des Einzelnen ist.[1479] Als Fazit ist in diesem Zusammenhang somit festzuhalten, dass die Bevölkerung sich mit zunehmender Tendenz dafür öffnet, ihr Leben im späteren Stadium der Entscheidungsunfähigkeit bereits im Voraus umfassend einer die Selbstbestimmung absichernden rechtlichen Regelung zu unterziehen.

Welcher Grad an Akzeptanz Sterbehilfemaßnahmen von der Bevölkerung beigemessen wird, zeigen zudem die folgenden Werte, die Gegenstand aktueller Umfragen in der österreichischen und deutschen Bevölkerung sowie innerhalb der deutschen Ärzteschaft sind: Nach einer repräsentativen Befragung im Auftrag der Medizinischen Universität Graz[1480] befürworteten 62 % der Befragten die aktive Herbeiführung des Todes durch den Arzt auf Patientenwunsch. Dabei zeigte sich ein merklicher Stimmungswandel innerhalb der vergangenen zehn Jahre. Bei vergleichbaren Befragungen des IMAS-Instituts in den Jahren 2000 und 2006 sprachen sich nur 49 % dafür aus. Laut einer Forsa-Umfrage wünschen sich auch 82 % der deutschen Bevölkerung eine klare gesetzliche Regelung der Sterbehilfe, angefangen von der Sterbebegleitung bis hin zur aktiven Sterbehilfe[1481]. Eine anonyme Umfrage des Meinungsforschungsinstituts TNS

1478 Vgl. Ganner iFamZ 2006, S. 150 (154).

1479 *Maurer* führt an, dass der Erfolg des Rechtsinstituts der gesetzlich geregelten Vorsorgevollmacht weitgehend von begleitenden (Werbe-) Maßnahmen und der Akzeptanz durch öffentliche Einrichtungen und die Wirtschaft, wie etwa Sozialversicherungsanstalten und Banken etc., abhängen wird, gleiches gilt für Krankenanstalten, vgl. Maurer Vor § 284f, Rdn. 6. Da die Vorsorgevollmacht in Deutschland aufgrund der restriktiven Praxis zum Rechtsberatungsgesetz lediglich dem Ehepartner oder einem engen Verwandten erteilt werden kann, ist zudem zu erwarten, dass insbesondere auch die Betreuungsverfügung mehr und mehr an Bedeutung erlangen wird, vgl. hierzu Ahrens BtPrax 2005, S. 163 f.

1480 Im Rahmen der Erhebung des Instituts für Sozialmedizin und Epidemiologie wurden 1.000 Österreicher ab 16 Jahren telefonisch befragt, wobei die Einstellung sowohl zur aktiven als auch zur passiven Sterbehilfe erhoben wurde, abbrufbar unter http://www.meduni-graz.at/?pageName=301&newsId=9389 (Stand: 01. September 2010).

1481 Abrufbar unter http://www.dghs.de/typo3/index.php?id=51 (Stand: 01. September 2010).

Healthcare unter Ärzten, die als Klinikfacharzt oder Hausarzt regelmäßig Schwerstkranke behandeln, zeichnen im Jahre 2008 ein vergleichbares Bild[1482]: Danach würde ein Drittel der befragten Ärzte eine gesetzliche Erlaubnis für den ärztlich assistierten Suizid begrüßen, über 16 % der Befragten bejahten dies auch für die aktive Sterbehilfe. Fast jeder Fünfte gab an, bereits ein- oder mehrmals in seinem Umfeld von Suizidbeihilfe erfahren zu haben. 44,5 % und somit fast jeder zweite Mediziner wünscht sich zudem, dass ihm bei einer eigenen schweren Krankheit ein ärztlicher Kollege beim Suizid helfen dürfte. Anhand dieser Zahlen wird deutlich, dass die Bevölkerung beider Länder sich nicht nur mit dem Bereich des Abbruchs medizinischer Maßnahmen auseinandersetzt, sondern vielmehr auch, dass sie der Durchführung solcher Maßnahmen nicht grundlegend ablehnend gegenübersteht – ein Fazit, welches übereinstimmend zu den herausgearbeiteten Forderungen im Bereich des Strafrechts jedoch dahingehend zu begrenzen ist, dass in diesem Zusammenhang verstärkt eine Konturierung durch das Gesetz gefordert wird.

1482 Siehe hierzu http://www.tns-healthcare.de/presse/studienergebnisse.html (Stand: 01. September 2010).

Literaturverzeichnis

A. Monographien

Aigner, Gerhard: Die Patientenverfügung de lege lata und de lege ferenda, in: Barta, Heinz / Kalchschmid, Gertrud (Hrsg.), Die Patientenverfügung – Zwischen Selbstbestimmung und Paternalismus, Wien 2005, S. 59 ff.
(zitiert: *Aigner* in: Barta/Kalchschmid)

Albertz, Heinrich: Am Ende des Weges: Nachdenken über das Alter, München 1989
(zitiert: Albertz)

Arzt, Gunther: Bürokratisierung der Hilfe beim Sterben und beim Suizid – Zürich als Modell, in: Festschrift für Hans-Ludwig Schreiber, Heidelberg 2003, S. 583 ff.
(zitiert: *Arzt* in: FS-Schreiber)

Bart, Peter / Ganner, Michael: Handbuch des Sachwalterrechts - Mit Angehörigenvertretung, Vorsorgevollmacht und Patientenverfügung, Wien 2007
(zitiert: *Bearbeiter* in: Barth/Ganner)

Baumann, Jürgen (Hrsg. et al.): Alternativentwurf eines Gesetzes über Sterbehilfe, Entwurf einer Arbeitsgruppe von Professoren des Strafrechts und der Medizin sowie ihrer Mitarbeiter, Stuttgart 1986
(zitiert: Baumann AE-Sterbehilfe)

Bernat, Erwin: Das Recht an der Grenze zwischen Leben und Tod, Zum Stand der Diskussion in den Vereinigten Staaten von Amerika, in: Bernat, Erwin (Hrsg.), Ethik und Recht an der Grenze zwischen Leben und Tod, Graz 1993, S. 141 ff.
(zitiert: *Bernat* in: Bernat)

Derselbe: Behandeln oder sterben lassen? Rechtsdogmatische und rechtsvergleichende Überlegungen zum Abbruch einer lebenserhaltenden medizinischen Behandlung, in: Festschrift für Erwin Deutsch, Köln 1999, S. 443 ff.
(zitiert: *Bernat* in: FS-Deutsch)

Derselbe: Der persistent vegetative state als ethisches und rechtliches Problem: weist das House of Lords den richtigen Weg? in: Bernat, Erwin/ Kröll, Wolfgang (Hrsg.), Intensivmedizin als Herausforderung für Recht und Ethik, Wien 1999, S. 47 ff.
(zitiert: *Bernat* in: Bernat/Kröll)

Derselbe: Rechte des Patienten, Pflichten des Arztes und Entscheidungen an der Grenze zwischen Leben und Tod – Ein österreichischer Diskussionsbei-

trag, in: Wienke, Albrecht/Lippert, Hans-Dieter (Hrsg.), Der Wille des Menschen zwischen Leben und Sterben - Patientenverfügung und Vorsorgevollmacht: Ausgewählte medizinrechtliche Aspekte, Heidelberg 2001, S. 119 ff.
(zitiert: *Bernat* in: Wienke/Lippert)

Derselbe: Nicht verbindlich - und dennoch beachtlich – Das österreichische Patientenverfügungs-Gesetz 2006 im Lichte der amerikanischen Rechtsentwicklung, in: Körtner Ulrich H. J. / Kopetzki, Christian / Kletecka-Pulker, Maria (Hrsg.), Das österreichische Patientenverfügungsgesetz, Ethische und rechtliche Aspekte, Wien, New York 2007, S. 43 ff.
(zitiert: *Bernat* in: Körtner u. a.)

Bertel, Christian/Schwaighofer, Klaus: Österreichisches Strafrecht Besonderer Teil 1, §§ 75 – 168b StGB, 10. Auflage, Wien 2008
(zitiert: Bertel/Schwaighofer BT 1)

Bismarck, Otto von: Gedanken und Erinnerungen, Band II, Stuttgart 1898
(zitiert: Bismarck)

Bockelmann, Paul: Strafrecht des Arztes, Stuttgart 1968
(zitiert: Bockelmann)

Derselbe: Strafrecht: Allgemeiner Teil, 4. Auflage, München 1987
(zitiert: Bockelmann AT)

Borttscheller, Georgia: Die Bedeutung des Patientenwillens im Bereich der Sterbehilfe, Bremen 2002
(zitiert: Borttscheller)

Bottke, Wilfried: Suizid und Strafrecht, Berlin 1982
(zitiert: Bottke)

Derselbe: Strafrechtliche Probleme am Lebensbeginn und am Lebensende. Bestimmungsrecht versus Lebenserhaltung, in: Bottke, Wilfried / Fritsche, Paul (Hrsg.), Lebensverlängerung aus medizinischer, ethischer und rechtlicher Sicht - Jahrestagung vom 30. September bis 2. Oktober 1994 in Wolfenbüttel, Deutsche Sektion der Internationalen Juristen – Kommission, Heidelberg 1994, S. 35 ff.
(zitiert: *Bottke* in: Bottke/Fritsche)

Brandstetter, Wolfgang: Die Begrenzung medizinischer Behandlungspflicht durch das Selbstbestimmungsrecht des Patienten, in: Mazal, Wolfgang (Hrsg.), Grenzenfragen der ärztlichen Behandlung, Wien 1998, S. 45 ff.
(zitiert: *Brandstetter* in: Mazal)

Brodführer, Diana: Die Regelung der Patientenverfügung – Rechtliche Kriterien und ausgewählte Regelungsvorschläge, Hamburg 2009
(zitiert: Brodführer)

Chong, Hyon-Mi: Sterbehilfe und Strafrecht. Ein deutsch-koreanischer Vergleich, Freiburg im Breisgau 1998
(zitiert: Chong)

Coeppicus, Rolf: Sterbehilfe, Patientenverfügung, Vorsorgevollmacht, Berlin 2006
(zitiert: Coeppicus)

Cramer, Peter: Ein Sondertatbestand für die eigenmächtige Heilbehandlung, Einige Bemerkungen zu §§ 229, 230 des Entwurfs eines 6. Gesetzes zur Reform des Strafrechts, in: Festschrift für Theodor Lenckner, München 1998, S. 761 ff.
(zitiert: *Cramer* in: FS-Lenckner)

Dauster, Manfred: Betreuungsrechtliche Aspekte des Arzt-Patienten-Verhältnisses in der letzten Lebensphase in: Wienke, Albrecht / Lippert, Hans-Dieter (Hrsg.), Der Wille des Menschen zwischen Leben und Sterben – Patientenverfügung und Vorsorgevollmacht. Ausgewählte medizinisch-rechtliche Aspekte, Berlin 2001, S. 89 ff.
(zitiert: *Dauster* in: Wienke/Lippert)

Dellingshausen, Ulrike von: Sterbehilfe und Grenzen der Lebenserhaltungspflicht des Arztes, Düsseldorf 1981
(zitiert: von Dellingshausen)

Deutsch, Erwin/Spickhoff, Andreas: Medizinrecht, 6. Auflage, Regensburg 2008
(zitiert: Deutsch/Spickhoff)

Duttge, Gunnar: Preis der Freiheit: Reichweite und Grenzen individueller Selbstbestimmung zwischen Leben und Tod, 2. Auflage, Thüngersheim 2006
(zitiert: Duttge)

Dworkin, Ronald: Die Grenzen des Lebens, Reinbek 1994
(zitiert: Dworkin)

Engisch, Karl: Aufklärung und Sterbehilfe bei Krebs, in: Festschrift für Paul Bockelmann, München 1979, S. 519 ff.
(zitiert: *Engisch* in: FS-Bockelmann)

Derselbe / Hallermann, Wilhelm: Die ärztliche Aufklärungspflicht aus rechtlicher und ärztlicher Sicht, Köln Berlin Bonn München 1970
(zitiert: Engisch/Hallermann)

Erhardt, H. E.: Euthanasie und Vernichtung „lebensunwerten“ Lebens, Stuttgart 1965
(zitiert: Erhardt)

Eser, Albin: Neues Recht des Sterbens? Einige grundsätzliche Betrachtungen, in: Eser, Albin (Hrsg.), Suizid und Euthanasie als human- und sozialwissenschaftliches Problem, Stuttgart 1976, S. 392 ff.
(zitiert: *Eser* in: Eser)

Derselbe: Lebenserhaltungspflicht und Behandlungsabbruch in rechtlicher Sicht, in: Auer, Alfons / Menzel, Hartmut / Eser, Albin (Hrsg.), Zwischen Heilauftrag und Sterbehilfe, Köln 1977, S. 75 ff.
(zitiert: *Eser* in: Auer/Menzel / Eser)

Derselbe / v. Lutterotti, Markus / Sporken, Paul (Hrsg.): Lexikon Medizin Ethik Recht, Freiburg Basel Wien 1989
(zitiert: *Bearbeiter* in: Eser/v. Lutterotti/Sporken)

Derselbe / Koch, Hans-Georg (Hrsg.): Materialien zur Sterbehilfe, Eine internationale Dokumentation (mit Bibliographien), Freiburg im Breisgau 1991
(zitiert: Eser/Koch)

***F**ink, Udo:* Selbstbestimmung und Selbsttötung. Verfassungsrechtliche Fragestellungen im Zusammenhang mit Selbsttötung, Köln 1992
(zitiert: Fink)

Fischer, Hans-Albrecht: Die Rechtswidrigkeit mit besonderer Berücksichtigung des Privatrechts, München 1911
(zitiert: Fischer)

Fischer, Kai: Die Zulässigkeit aufgedrängten staatlichen Schutzes vor Selbstschädigungen, Frankfurt a. M. 1997
(zitiert: Fischer)

Frauscher, Christiane: Rechtsprobleme des Patiententestaments, in: Linzer Medizinrechtliche Beiträge, Band 2, Linz 1998
(zitiert: Frauscher)

Fricke, Weddig: Patientenwille und Sterbehilfe – Ein Plädoyer für das Selbstbestimmungsrecht des Menschen am Ende des Lebens, München 2006
(zitiert: Fricke)

***G**anner, Michael:* Individuelle Selbstbestimmung, in: Barta, Heinz / Kalchschmid, Gertrud (Hrsg.), Die Patientenverfügung – Zwischen Selbstbestimmung und Paternalismus, Wien 2005, S. 132 ff.
(zitiert: *Ganner* in: Barta/Kalchschmid)

Geilen, Gert: Euthanasie und Selbstbestimmung – Juristische Betrachtungen zum *„Recht auf den eigenen Tod“*, Tübingen 1975
(zitiert: Geilen)

Gerkan, Roland: Euthanasie, Das monistische Jahrhundert – Wochenschrift für wissenschaftliche Weltanschauung und Weltgestaltung 2 (1913), S. 169ff.
(zitiert: Gerkan)

Gunzinger, Pierre-André: Sterbehilfe und Strafgesetz, Zürich 1978 (zitiert: Gunzinger)

Heyers, Johannes: Passive Sterbehilfe bei entscheidungsunfähigen Patienten und das Betreuungsrecht, Berlin 2001 (zitiert: Heyers)

Hiersche, Hans-Dieter: Referat, Strafrechtliche Abteilung, Thema: Recht auf den eigenen Tod. Strafrecht im Spannungsverhältnis zwischen Lebenserhaltung und Selbstbestimmung, in: Verhandlungen des 56. Deutschen Juristentages, Band II: Sitzungsberichte, München 1986, S. M 7 ff. (zitiert: *Hiersche* in: Taupitz 63. DJT)

Hirsch, Hans Joachim: Einwilligung und Selbstbestimmung, in: Festsschrift für Hans Welzel, Berlin 1974, S. 775 ff. (*Hirsch* in: FS-Welzel)

Derselbe: Behandlungsabbruch und Sterbehilfe, in: Festschrift für Karl Lackner, Berlin 1987, S. 597 ff. (zitiert: *Hirsch* in: FS-Lackner)

Höfling, Wolfram / Lang, Heinrich: Das Selbstbestimmungsrecht. Normativer Bezugspunkt im Arzt-Patienten-Verhältnis, In: Feuerstein, Günter / Kuhlmann, Ellen (Hrsg.), Neopaternalistische Medizin: der Mythos der Selbstbestimmung im Arzt-Patienten-Verhältnis, Bern 1999, S. 17 ff. (zitiert: *Höfling/Lang* in: Feuerstein/Kuhlmann)

Hohmann, Joachim: Der *„Euthanasie-Prozeß"* Dresden 1947. Eine zeitgeschichtliche Dokumentation, Frankfurt am Main 1993 (zitiert: Hohmann)

Ingelfinger, Ralph: Grundfragen und Grenzbereiche des Tötungsverbotes. Das Menschenleben als Schutzbereich des Strafrechts, Köln 2004 (zitiert: Ingelfinger)

Isensee, Josef / Kirchhof, Paul (Hrsg.): Handbuch des Staatsrechts der Bundesrepublik Deutschland, Band II: Verfassungsstaat, Heidelberg 2004; Band VI: Freiheitsrechte, Heidelberg 1998 (zitiert: *Bearbeiter* in: HdbStR)

Jakobs, Günther: Strafrecht, Allgemeiner Teil: Die Grundlagen und die Zurechnungslehre, 2. Auflage Berlin 1991 (zitiert: Jakobs AT)

Jenett, Bryan: Letting vegetative patients die, in: Keown, John (ed.), Euthanasia Examined: Ethical, Clinical and Legal Perspectives, Cambridge 1995, S. 169 ff. (zitiert: *Jenett* in: Keown)

Jellinek, Georg: Die sozialethische Bedeutung von Recht, Unrecht und Strafe, Berlin 1967 (Nachdruck der Ausgabe von 1878)
(zitiert: Jellinek)

Jörg, Johannes: Stichwort *„Apallisches Syndrom“*, in: Korff, Wilhelm / Beck, Lutwin / Mikat, Paul, Lexikon der Bioethik (Hrsg.), Band 1 (A-F), Gütersloh 1998, S. 184 ff.
(zitiert: *Jörg* in: Korff/Beck/Mikat)

Jonas, Hans: Technik, Medizin und Ethik. Zur Praxis des Prinzips Verantwortung, Frankfurt a. M. 1987
(zitiert: Jonas)

Kämpfer, Ulf: Die Selbstbestimmung Sterbewilliger, Sterbehilfe im deutschen und amerikanischen Verfassungsrecht, Berlin 2005
(zitiert: Kämpfer)

Kathrein, Georg: Regierungsvorlage für ein Patientenverfügungsgesetz, in: Memmer, Michael / Kern, Gerson (Hrsg.), Patientenverfügungsgesetz: Stärkung oder Schwächung der Patientenrechte, Wien 2006, S. 23 ff.
(zitiert: *Kathrein* in: Memmer/Kern)

Kaufmann, Arthur: Relativierung des strafrechtlichen Lebensschutzes, in: Festschrift für Claus Roxin, Berlin 2001, S. 841 ff.
(zitiert: *Kaufmann* in: FS-Roxin)

Kaufmann, Arthur: Rechtsphilosophie, 2. Auflage, München 1997
(zitiert: Kaufmann)

Kern, Gerson: Die religiös motivierte Patientenverfügung, in: Patientenverfügungsgesetz, Memmer, Michael / Kern, Gerson (Hrsg.), Wien 2006, S. 67 ff.
(zitiert: *Kern* in: Memmer/Kern)

Kerschner, Ferdinand / Kneihs, Benjamin / Vollmann, Jochen: Selbstbestimmung und Abhängigkeit, - Rechtsschutz in *„besonderen Rechtsverhältnissen“*, in: Frühjahrstagung der Österreichischen Juristenkommission, 25. bis 27. Mai 2006, Weißenbach am Attersee, Publikationen der Österreichischen Juristenkommission, Band 28
(zitiert: *Kerschner/Kneihs/Vollmann* in: ÖJK)

Kielstein, Rita / Sass, Hans Martin: Wertanamnese und Betreuungsverfügung. Instrumente zur Selbstbestimmung des Patienten und zur Entscheidungshilfe des Arztes und Betreuers, 3. Auflage, Bochum 1995
(zitiert: Kielstein/Sass)

Kienapfel, Diethelm: Arzthaftung und Aufklärungspflicht im österreichischen Strafrecht, in: Gramberg-Danielsen, Berndt (Hrsg.), Rechtsophtalmologie, Wien 1985, S. 29 ff.
(zitiert: *Kienapfel* in: Gramberg-Danielsen)

Derselbe (Begr.) / Schroll, Hans Valentin: Grundriss des Strafrechts Besonderer Teil, Band I: Delikte gegen Personenwerte, 5. Auflage, Wien 2003
(zitiert: Kienapfel/Schroll BT I)

Dieselben: Studienbuch Strafrecht, Besonderer Teil, Band I: Delikte gegen Personenwerte, 2. Auflage, Wien 2008
(zitiert: Kienapfel / Schroll Studienbuch BT 1)

Klee, Ernst: Euthanasie im NS-Staat. Die Vernichtung lebensunwerten Lebens, Frankfurt am Main 1985
(zitiert: Klee)

Kletecka, Andreas: Einwilligung, in: Aigner, Gerhard / Kletecka, Andreas / Kletecka-Pulker, Maria / Memmer, Michael (Hrsg.), Handbuch Medizinrecht für die Praxis, Wien 2007, I / 131 ff.
(zitiert: *Kletecka* in: Aigner/Kletecka/Kletecka-Pulker/Memmer)

Kneihs, Benjamin: Grundrechte und Sterbehilfe, Wien 1998
(zitiert: Kneihs)

Koch, Hans-Georg / Meran, Johannes Gobertus / Sass, Hans Martin: Patientenverfügung und stellvertretende Entscheidung in rechtlicher, medizinischer und ethischer Sicht, Bochum 1994
(zitiert: Koch/Meran/Sass)

Derselbe: Das Patiententestament, in: Oehmichen, Manfred (Hrsg.), Lebensverkürzung, Tötung und Serientötung – Eine interdisziplinäre Analyse der Euthanasie, Lübeck 1996, S. 131 ff.
(zitiert: *Koch* in: Oehmichen)

Koller, Peter: Personen, rechte und Entscheidungen über Leben und Tod, in: Bernat, Erwin (Hrsg.) Ethik und Recht an der Grenze zwischen Leben und Tod, Graz 1993, S. 71 ff.
(zitiert: *Koller* in: Bernat)

Koppernock, Martin: Das Grundrecht auf bioethische Selbstbestimmung – Zur Rekonstruktion des allgemeinen Persönlichkeitsrechts, Baden-Baden 1997
(zitiert: Koppernock)

Kopetzki Christian: Unterbringungsrecht, Band 1: Historische Entwicklung und verfassungsrechtliche Grundlagen, Wien 1995; Band 2: Materielles Recht, Verfahren und Vollzug, Wien 1995
(zitiert: Kopetzki UnterbR Bnd.)

Derselbe / Zahrl, Johannes: Behandlungsanspruch und Wirtschaftlichkeitsgebot, Wien 1998
(zitiert: Kopetzki/Zahrl)

Derselbe: Zivilrechtliche Regelungen zur Absicherung der Patientenautonomie am Ende des Lebens: Landesbericht Österreich, in: Taupitz, Jochen (Hrsg.), Zivilrechtliche Regelungen zur Absicherung der Patientenautonomie am Ende des Lebens - Eine internatonale Dokumentation, Berlin, Heidelberg, New York 2000, S. 1 ff.
(zitiert: *Kopetzki* in: Taupitz)

Derselbe: Verfassungs- und verwaltungsrechtliche Aspekte von Patientenverfügungen, in: Kopetzki, Christian (Hrsg.), Antizipierte Patientenverfügungen - *"Patiententestament"* und Stellvertretung in Gesundheitsangelegenheiten, Wien 2000, S. 38 ff.
(zitiert: *Kopetzki* in: Kopetzki Antiz. PatV)

Derselbe: Grundriss des Unterbringungsrechts, 2. Auflage, Wien 2005
(zitiert: Kopetzki Grundriss)

Derselbe: Patientenrechte in Österreich - Entwicklungen und Fehlentwicklungen, in: Kern, Gerson / Kopetzki, Christian (Hrsg.), Patientenrechte und ihre Handhabung, Wien 2006, S. 13 ff.
(zitiert: *Kopetzki* in: Kern/Kopetzki)

Derselbe: Das Patientenverfügungs - Gesetz im System der Rechtsordnung - Wirkungen und Nebenwirkungen, in: Körtner, Ulrich / Kopetzki, Christian / Kletecka-Pulker, Maria (Hrsg.), Das österreichische Patientenverfügungsgesetz - Ethische und rechtliche Aspekte, Wien 2007, S. 127 ff.
(zitiert: *Kopetzki* in: Körtner/Kopetzki/Kletecka-Pulker)

Derselbe: Planungssicherheit durch Patientenverfügungen? Zum neuen österreichischen Patientenverfügungs-Gesetz, in: Duttge, Gunnar (Hrsg.), Ärztliche Behandlung am Lebensende, Göttinger Schriften zum Medizinrecht, Band 2, Göttingen 2008, S. 79 ff.
(zitiert: *Kopetzki* in: Duttge)

Derselbe: Patientenverfügung: Ist alles Machbare auch rechtlich geboten? In: Festschrift für Helfried Metzler, Recht und Risikomanagement in Anästhesie und Intensivmedizin, Wien 2009, S. 38 ff.
(zitiert: *Kopetzki* in: FS-Metzler)

Derselbe: Abbruch der künstlichen Ernährung beim Wachkomapatienten, in: Kröll, Wolf gang / Schaupp, Walter (Hrsg.), Eluana Englarao – Wachkoma und Behandlungsabbruch – Medizinische – ethische – rechtliche Aspekte, Wien 2010, S. 61 ff.
(zitiert: *Kopetzki* in: Kröll/Schaupp)

Koslowski, Leo: Maximen in der Medizin, Stuttgart 1992
(zitiert: Koslowski/Bearbeiter)

Koziol, Helmut / Welser, Rudolf (Hrsg.): Grundzüge des bürgerlichen Rechts, Band 1: Allgemeiner Teil, Sachenrecht, Familienrecht, 13. Auflage, Wien 2006
(zitiert: *Bearbeiter* in: Koziol/Welser Bnd. 1)

Kremzow, Friedrich Wilhelm: Österreichisches Sachwalterrecht, Prugg 1984
(zitiert: Kremzow)

Kühl, Kristian: Strafrecht Allgemeiner Teil, 6. Auflage, München 2008
(zitiert: Kühl AT)

Kuhse, Helga: The sanctity-of-life doctrine in medicine. A critique, Oxford 1985
(zitiert: Kuhse)

Kutzer, Klaus: Maximale Schmerztherapie und ihre Abgrenzung vom Tötungsdelikt, In: Gedächtnisschrift für Ellen Schlüchter, Köln 2002, S. 347 ff.
(zitiert: *Kutzer* in: GS-Schlüchter)

Derselbe: Rechtliche Aspekte der Sterbehilfe, in: Kolb, Stephan / Härlein, Jürgen (Hrsg.), Medizin und Gewissen – Wenn Würde ein Wert würde, Frankfurt am Main 2002, S. 165 ff.
(zitiert: *Kutzer* in: Kolb/Härlein)

Langenfeld, Andrea: Vorsorgevollmacht, Betreuungsverfügung und Patiententestament nach dem neuen Betreuungsrecht, Konstanz 1994
(zitiert: Langenfeld)

Langer, Winrich: Rechtliche Aspekte der Sterbehilfe, in: Kruse, Torsten / Wagner, Harald (Hrsg.), Sterbende brauchen Solidarität, München 1986, S. 101 ff.
(zitiert: *Langer* in: Kruse/Wagner)

Larenz, Karl: Lehrbuch des Schuldrechts, II. Band: Besonderer Teil, 1. Halbband, 13. Auflage, München 1986
(zitiert: Larenz Schuldrecht Bnd.)

Laufs, Adolf / Uhlenbruck, Wilhelm: Handbuch des Arztrechts, 3. Auflage, München 2002
(zitiert: *Bearbeiter* in: Laufs/Uhlenbruck)

Laufs, Adolf / Katzenmeier, Christian / Lipp, Volker: Arztrecht, 6. Auflage, München 2009
(zitiert: *Bearbeiter* in: Laufs/Katzenmeier/Lipp)

Lautenschläger, Dunja: Die Gesetzesvorlagen des Arbeitskreises Alternativentwurf zur Sterbehilfe aus den Jahren 1986 und 2005, in: Lilie, Hans (Hrsg.), Schriftenreihe Medizin-Ethik-Recht, Band 3, Halle 2006, S. 1 ff.
(zitiert: *Lautenschläger* in: Lilie)

Lenckner, Theodor: Rechtfertigungsgründe und das Erfordernis pflichtgemäßer Prüfung, in: Festschrift für Helmuth Mayer, Berlin 1966, S. 165 ff.
(zitiert: *Lenckner* in: FS-Mayer)

Lewisch, Peter: Strafrecht, Besonderer Teil 1: §§ 75 – 168a, 2. Auflage, Wien 1999
(zitiert: Lewisch BT 1)

Lipp, Volker: Stellvertretende Entscheidungen bei *„passiver Sterbehilfe"*, in: May, Arnd T. u. a. (Hrsg.), Passive Sterbehilfe: Besteht gesetzlicher Regelungsbedarf? Impulse aus einem Expertengespräch der Akademie für Ethik in der Medizin e. V., Münster 2002, S. 37 ff.
(zitiert: *Lipp* in: May et al.)

Derselbe: Die Betreuungsverfügung als Instrument privater Vorsorge, in: Festschrift für Werner Bienwald, Bielefeld 2006, S. 177 ff.
(zitiert: *Lipp* in: FS-Bienwald)

Liszt, E. von: Die vorsätzlichen Tötungen, Wien 1919
(zitiert: v. Liszt)

Loewenich, Volker von: Ethische Fragen in der Perinatal-Medizin aus neonatologischer Sicht, in: Hegselmann, Rainer / Merkel, Reinhard (Hrsg.), Zur Debatte über Euthanasie, Frankfurt am Main 1991, S. 128 ff.
(zitiert: *v. Loewenich* in: Hegselmann/Merkel)

Lutterotti, Markus von: Ärztlicher Heilauftrag und Euthanasie, in: Eser, Albin (Hrsg.), Suizid und Euthanasie als human- und sozialwissenschaftliches Problem, Stuttgart 1976, S. 291 ff.
(zitiert: *v. Lutterotti* in: Eser)

Lynn, Joanne F. / Childress, James F.: Must Patients Always Be Given Food and Water?, in: Lynn, Joanne F. (editor): By No Extraordinary Means. The Choice to Forgoing Life-Sustaining Food and Water, Bloomington, Indianapolis 1989, S. 47 ff.
(zitiert: *Lynn/Childress* in: Lynn u. a.)

Markenstein, Loes F.: Country Report The Netherlands, in: Taupitz, Jochen (Hrsg.), Zivilrechtliche Regelungen zur Absicherung der Patientenautonomie am Ende des Lebens - Eine internationale Dokumentation, Berlin, Heidelberg 2000, S. 743 ff.
(zitiert: *Markenstein* in: Taupitz)

Maurach, Reinhart / Zipf, Heinz (Hrsg.): Strafrecht Allgemeiner Teil, Teilband 1: Grundlehren des Strafrechts und Aufbau der Straftat, 8. Auflage, Heidelberg 1992
(zitiert: Maurach/Zipf AT I)

Derselbe / Schroeder, Friedrich-Christian / Maiwald, Manfred (Hrsg.): Strafrecht Besonderer Teil, Teilband 1: Straftaten gegen Persönlichkeits- und Gemeinschaftswerte, 10. Auflage, Heidelberg 2009; Teilband 2: Straftaten gegen Gemeinschaftswerte, 9. Auflage, Heidelberg 2005
(zitiert: Maurach/Schroeder/Maiwald Bnd)

Maurer, Ewald: Das österreichische Sachwalterrecht in der Praxis, 3. Auflage, Wien 2007
(zitiert: Maurer)

Meisel, Alan: The Right to die, New York 1995
(zitiert: Meisel)

Memmer, Michael: Patiententestament und Stellvertretung in Gesundheitsangelegenheiten, in: Christian Kopetzki (Hrsg.), Antizipierte Patientenverfügungen - *"Patiententestament"* und Stellvertretung in Gesundheitsangelegenheiten, Wien 2000, S. 1 ff.
(zitiert: *Memmer* in: Kopetzki, Antiz. PatV)

Derselbe: Wann endet die Behandlungspflicht des Arztes? Unterlassung bzw. Abbruch einer Behandlung, in: Imago Hominis – Quartalsschrift für medizinische Anthropologie und Bioethik – Wien, Band 9, Heft 1: Ethische Herausforderungen in der Neonatologie, Wien 2002, S. 51 ff.
(zitiert: *Memmer* in: Imago Hominis Bnd. 9 1 / 2002)

Derselbe: Rechte und Pflichten – Patient und Behandler, in: Aigner, Gerhard / Kletecka, Andreas / Kletecka-Pulker, Maria / Memmer, Michael (Hrsg.), Handbuch Medizinrecht für die Praxis, I, Wien 2007, S. 27 ff.
(zitiert: *Memmer* in: Aigner / Kletecka / Kletecka-Pulker / Memmer)

Derselbe: Patientenverfügungen und Patientenrechte, in: Kern, Gerson / Kopetzki, Christian (Hrsg.), Patientenrechte und ihre Handhabung, Wien 2006, S. 45 ff.
(zitiert: *Memmer* in: Kern/Kopetzki)

Derselbe: Überlegungen zum Patientenverfügungs-Gesetz 2006, in: Memmer, Michael / Kern, Gerson (Hrsg.), Patientenverfügungsgesetz, Wien 2006, S. 31 ff.
(zitiert: *Memmer* in: Memmer/Kern)

Menzel, Hartmut: Kriterien für einen Behandlungsabbau, in: Eser, Albin (Hrsg.), Suizid und Euthanasie als human- und sozialwissenschaftliches Problem, Stuttgart 1976, S. 143 ff.
(zitiert: *Menzel* in: Eser)

Meran, Johannes / Geissendörfer, Sylke E. / May, Arnd T. / Simon, Alfred (Hrsg.): Möglichkeiten einer standardisierten Patientenverfügung - Gutachten im Auftrag des Bundesministeriums der Gesundheit, Münster 2002
(zitiert: Meran et al)

Merkel, Reinhard: Teilnahme am Suizid - Tötung auf Verlangen – Euthanasie. Fragen an die Strafrechtsdogmatik, in: Hegselmann, Rainer / Merkel, Reinhard (Hrsg.), Zur Debatte über Euthanasie, Frankfurt am Main 1991, S. 71 ff.
(zitiert: *Merkel* in: Hegselmann/Merkel)

Derselbe: Früheuthanasie rechtsethische und strafrechtliche Grundlagen ärztlicher Entscheidungen über Leben und Tod in der Neonatalmedizin, Baden-Baden 2001
(zitiert: Merkel)

Derselbe: Aktive Sterbehilfe - Anmerkungen zum Stand der Diskussion und zum Gesetzgebungsvorschlag des *„Alternativ-Entwurfs Sterbebegleitung"*, in: Festschrift für Friedrich-Christian Schroeder, Heidelberg 2006, S. 297 ff.
(zitiert: *Merkel* in: FS-Schroeder)

Möllering, Jürgen: Schutz des Lebens – Recht auf Sterben: zur rechtlichen Problematik der Euthanasie, Stuttgart 1977
(zitiert: Möllering)

Moos, Reinhard: Sterbehilfe, Selbstmord und die ärztliche Behandlungspflicht, in: Birklbauer, Alois (Hrsg.), Recht zu sterben oder Pflicht zu leben? Linzer Medizinrechtliche Beiträge, Band 4, Linz 2002, S. 15 ff.
(zitiert: *Moos* in: Birklbauer)

Müller-Busch, Hans-Christof: „Terminale Sedierung" - Ausweg im Einzelfall, Mittelweg oder schiefe Ebene? In: Kettler, Dietrich / Simon, Alfred / Anselm, Reiner / Lipp, Volker / Duttge, Gunnar (Hrsg.), Selbstbestimmung am Lebensende, Göttingen 2006, S. 124 ff.
(zitiert: *Müller-Busch* in: Kettler et al)

Müller, Gerhard A. / Knöbl, Jan: Der ärztliche Behandlungsabbruch, Änderung der Therapieziele am Lebensende - Rechtssicherheit für den Arzt?, in: Festschrift für Erwin Deutsch, Berlin Heidelberg 2009, S. 371 ff.
(zitiert: *Müller/Knöbl* in: FS-Deutsch)

Nacimiento, Wilhelm: Apallisches Syndrom, Wachkoma, persistent vegetative state: Wovon redet und was weiß die Medizin, in: Höfling, Wolfram (Hrsg.), Das sog. Wachkoma. Rechtliche medizinische und ethische Aspekte, Köln 2005, S. 29 ff.
(zitiert: *Nacimiento* in: Höfling)

Nauck, Friedemann / Jaspers, Birgit / Radbruch, Lukas: Terminale bzw. palliative Sedierung, in: Höfling, Wolfram / Brysch, Eugen (Hrsg.), Recht und Ethik der Palliativmedizin, Berlin 2007, S. 67 ff.
(zitiert: *Nauck/Jaspers/Radbruch* in: Höfling/Brysch)

Nowakowski, Friedrich: Das österreichische Strafrecht in seinen Grundzügen, Graz, Wien 1955
(zitiert: Nowakowski)

***O**pderbecke, H. W.:* Grenzen der ärztlichen Behandlungspflicht, in: Eser, Albin (Hrsg.), Suizid und Euthanasie als human- und sozialwissenschaftliches Problem, Stuttgart 1976, S. 136 ff.
(zitiert: *Opderbecke* in: Eser)

Otto, Harro: „Recht auf den eigenen Tod? Strafrecht im Spannungsverhältnis zwischen Lebenserhaltungspflicht und Selbstbestimmung", in: Verhandlungen des 56. Deutschen Juristentages, Band I: Gutachten, München 1986, S. D 1 ff.
(zitiert: Otto 56. DJT)

Derselbe: Grundkurs Strafrecht. Allgemeine Strafrechtslehre, 7. Auflage, Berlin 2004
(zitiert: Otto)

***P**ieroth, Bodo / Schlink, Bernhard:* Grundrechte Staatsrecht II, 23. Auflage, Heidelberg 2008
(zitiert: Pieroth/Schlink)

Proske, Manfred: Ärztliche Aufklärungspflicht und Einwilligung des Patienten aus strafrechtlicher Sicht, in: Dirnhofer, Richard / Schick, Peter (Hrsg.), Die Haftung des Arztes in zivil- und strafrechtlicher Sicht unter Einschluss des Arzneimittelrechts, Wien 1983, S. 101 ff.
(zitiert: *Proske* in: Dirnhofer/Schick)

***R**atzel, Rudolf / Luxenburger, Bernd:* Handbuch Medizinrecht, Bonn 2008
(zitiert: Ratzel/Luxenburger)

Rieger, Gregor: Die mutmaßliche Einwilligung in den Behandlungsabbruch, Frankfurt am Main 1998
(zitiert: Rieger)

Roellecke, Gerd: Gibt es ein *„Recht auf den Tod?"*, in: Eser, Albin (Hrsg.), Suizid und Euthanasie als human- und sozialwissenschaftliches Problem, Stuttgart 1976, S. 336 ff.
(zitiert: *Roellecke* in: Eser)

Roxin, Claus: An der Grenze von Begehung und Unterlassen, in: Festschrift für Karl Engisch, Frankfurt am Main 1969, S. 380 ff.
(zitiert: *Roxin* in: FS-Engisch)

Derselbe: Über die mutmaßliche Einwilligung, in: Festschrift für Hans Welzel, Berlin, New York 1974, S. 447 ff.
(zitiert: *Roxin* in: FS-Welzel)

Derselbe: Der Schutz des Lebens aus der Sicht des Juristen, in: Blaha, Herbert / Gutjahr-Löser, Peter / Niebler, Engelbert (Hrsg.), Schutz des Lebens – Recht auf Tod, München, Wien 1978, S. 85 ff.
(zitiert: *Roxin* in: Blaha et al)

Derselbe / Schroth Ulrich (Hrsg.): Handbuch des Medizinalstrafrecht, 3. Auflage, Stuttgart 2007
(zitiert: *Bearbeiter* in: Roxin/Schroth)

Samson, Erich: Begehung und Unterlassung in: Festschrift für Hans Welzel, Berlin 1974, S. 579 ff.
(zitiert: *Samson* in: FS-Welzel)

Schäfer, Anne: Richterliche Entscheidungsdeterminanten des Behandlungsabbruches bei sog. Wachkomapatienten, in: Höfling, Wolfgang (Hrsg.), Das sog. Wachkoma - Rechtliche, medizinische und ethische Aspekte, München 2005, S. 11 ff.
(zitiert: *Schäfer* in: Höfling)

Schick, Peter J.: Fremd- und Selbstbestimmungen zum Tode im Lichte strafrechtlicher Wertungen, in: Gedächtnisschrift für Heinz Zipf, Wien 1999, S. 393 ff.
(zitiert: *Schick* in: GedS-Zipf)

Derselbe: Todesbegriff, Sterbehilfe und aktive Euthanasie, Strafrechtsdogmatische und kriminalpolitische Erwägungen, in: Bernat, Erwin (Hrsg.), Ethik und Recht an der Grenze zwischen Leben und Tod, Graz 1993, S. 121 ff.
(zitiert: *Schick* in: Bernat)

Derselbe: Zur Rechtspflicht der Lebenserhaltung von PVS-Patienten, in: Pump, Gerald / Klobassa, Wolfgang (Hrsg.), Voitsberger Manuskripte - Betrachtungen über Menschen, 13 / 1999, Voitsberg 1999, S. 54 ff.
(zitiert: *Schick* in: Pump/Klobassa)

Derselbe: Die Einwilligungsfähigkeit aus strafrechtlicher Sicht, in: Kopetzki, Christian (Hrsg.), Einwilligung und Einwilligungsfähigkeit, Wien 2000, S. 54 ff.
(zitiert: *Schick* in: Kopetzki Einwilligung)

Schmidhäuser, Eberhard: Strafrecht, Allgemeiner Teil, Studienbuch, 2. Auflage, Tübingen 1984
(zitiert: Schmidhäuser AT)

Schmoller, Kurt: Lebensschutz bis zum Ende?, in: Schriftenreihe des Bundesministeriums der Justiz, *„Strafrechtliche Probleme der Gegenwart“*, Referate des 27. von der Vereinigung Österreichischer Richter veranstalteten Fortbildungsseminars aus Strafrecht und Kriminologie in Ottenstein 1999, Wien 1999, S. 1 ff.
(zitiert: *Schmoller* in: Strafrechtliche Probleme)

Schneider, Christian: Tun und Unterlassen beim Abbruch lebenserhaltender medizinischer Behandlung, Berlin 1998
(zitiert: Schneider)

Schöllhammer, Lutz: Die Rechtsverbindlichkeit des Patiententestaments, Berlin 1993
(zitiert: Schöllhammer)

Schork, Vanessa: Ärztliche Sterbehilfe und die Bedeutung des Patientenwillens, Frankfurt am Main 2008
(zitiert: Schork)

Schreiber, Hans-Ludwig: Sterbehilfe und Therapieabbruch, in: Festschrift für Ernst-Walter Hanack, Berlin 1999, S. 735 ff.
(zitiert: *Schreiber* in: FS-Hanack)

Derselbe: Ein neuer Entwurf für eine Richtlinie der Bundesärztekammer zur Sterbehilfe, in: Festschrift für Erwin Deutsch, Köln 1999, S. 773 ff.
(zitiert: *Schreiber* in FS-Deutsch)

Derselbe: Soll die Sterbehilfe nach dem Vorbild der Niederlande und Belgiens neu geregelt werden?, in: Festschrift für Hans-Joachim Rudolphi, Neuwied 2004, S. 543 ff.
(zitiert: *Schreiber* in: FS-Rudolphi)

Schroeder, Friedrich-Christian: Zur Legitimation des § 216 StGB, in: Festschrift für Erwin Deutsch, Berlin, Heidelberg 2009, S. 505 ff.
(zitiert: *Schroeder* in: FS-Deutsch)

Sporken, Paul: Darf die Medizin, was sie kann? Problem der medizinischen Ethik, Düsseldorf 1982
(zitiert: Sporken)

Stadler, Christian: Sterbehilfe – gestern und heute, Bonn 1991
(zitiert: Stadler)

Starz, Edgar: Rechtsethische Probleme der Neonatologie, in: Bernat, Erwin (Hrsg.), Ethik und Recht an der Grenze zwischen Leben und Tod, Graz 1993, S. 97 ff.
(zitiert: *Starz* in: Bernat)

Stellamor, Kurt, Steiner, Johannes Wolfgang (Hrsg.): Handbuch des österreichischen Arztrechts, Band 1: Arzt und Recht; Band 2: Arzt und Ethik, 2. Auflage, Wien 1999
(zitiert: Stellamor/Steiner Bnd.)

Stern, Klaus: Das Staatsrecht der Bundesrepublik Deutschland, Band IV / 1: Der Schutz und die freiheitliche Entfaltung des Individuums, München 2006
(zitiert: Stern Bnd.)

Sternberg-Lieben, Detlef: Selbstbestimmtes Sterben: Patientenverfügung und gewillkürte Stellvertretung, in: Festschrift für Theodor Lenckner, München 1998, S. 349 ff.
(zitiert: *Sterberg-Lieben* in: FS-Lenckner)

Derselbe: Begrenzung lebensverlängernder Maßnahmen aus strafrechtlicher Sicht, in: Festschrift für Albin Eser, München 2005, S. 1185 ff.
(zitiert: *Sternberg-Lieben* in: FS-Eser)

Stratenwerth, Günther: Zum Behandlungsabbruch bei zerebral schwerst geschädigten Langzeitpatienten, in: Festschrift für Hans-Ludwig Schreiber, Heidelberg 2003, S. 893 ff.
(zitiert: *Stratenwerth* in: FS-Schreiber)

Derselbe: Zum juristischen Begriff des Todes, in: Festschrift für Karl Engisch, Frankfurt am Main 1969, S. 534 ff.
(zitiert: *Stratenwerth* in: FS-Engisch)

Stürmer, Matthias Walter: Sterbehilfe: Verfügung über das eigene Leben zwischen Lebensrecht und Tötungsverbot, München 1989
(zitiert: Stürmer)

Taupitz, Jochen: „Empfehlen sich zivilrechtliche Regelungen zur Absicherung der Patientenautonomie am Ende des Lebens?“, in: Verhandlungen des 63. Deutschen Juristentages, Band I: Gutachten, München 2000, S. A 1 ff.
(zitiert: Taupitz 63. DJT)

Thias, Axel: Möglichkeiten und Grenzen eines selbstbestimmten Sterbens durch Einschränkung und Abbruch medizinischer Behandlung, Göttingen 2004
(zitiert: Thias)

Tiebe, Susanne: Strafrechtlicher Patientenschutz - Die Bedeutung des Strafrechts für die individuellen Patientenrechte, Frankfurt am Main 2005
(zitiert: Tiebe)

Tipold, Alexander: Die strafrechtliche Verantwortung, Rechtsfolgen bei Fehlverhalten von Ärzten und sonstigen Vertretern von Gesundheitsberufen, in: Aigner, Gerhard / Kletecka-Pulker, Maria / Kletecka, Andreas / Mem-

mer, Michael (Hrsg.), Handbuch des Medizinrechts für die Praxis, II. 2, 6. Lieferung, Wien 2007
(zitiert: *Tipold* in: Aigner u.a.)

Tolmein, Oliver: Selbstbestimmungsrecht und Einwilligungsfähigkeit – Der Abbruch der künstlichen Ernährung bei Patienten im vegetative state in rechtsvergleichender Sicht: Der Kemptener Fall und die Verfahren Cruzan und Bland, Frankfurt am Main 2004
(zitiert: Tolmein)

Derselbe: Die deutsche Diskussion um Sterbehilfe und das österreichische Patientenverfügungs- Gesetz, in: Körtner, Ulrich / Kopetzki, Christian / Kletecka-Pulker, Maria (Hrsg.), Das österreichische Patientenverfügungsgesetz - Ethische und rechtliche Aspekte, Wien 2007, S. 34 ff.
(zitiert: *Tolmein* in: Körtner/Kopetzki/Kletecka-Pulker)

Triffterer, Otto: Österreichisches Strafrecht, Allgemeiner Teil, 2. Auflage, Wien 1994
(zitiert: Triffterer Ö-Strafrecht AT)

Tröndle, Herbert: Der Hirntod, seine rechtliche Bedeutung und das neue Transplantationsgesetz, in: Festschrift für Hans-Joachim Hirsch, Berlin 1999, S. 779 ff.
(zitiert: *Tröndle* in: FS- Hirsch)

Uhlenbruck, Wilhelm: Die Rechtspflicht des Krankenhausarztes zur Schmerzbekämpfung und Leidensminderung, in: Festschrift für Helmut Narr, Berlin 1988, S. 159 ff.
(zitiert: *Uhlenbruck* in: FS-Narr)

Ulsenheimer, Klaus: Arztstrafrecht in der Praxis, 4. Auflage, Heidelberg 2008
(zitiert: Ulsenheimer)

Verrel, Torsten: „Patientenautonomie und Strafrecht bei der Sterbebegleitung", in: Verhandlungen des 66. Deutschen Juristentages, Band I: Gutachten, München 2006, S. C 1 ff.
(zitiert: Verrel 66. DJT)

Virt, Günter: Moraltheologische Erwägungen zur Therapiebegrenzung in der modernen Medizin, in: König, Otto / Wolkinger, A. (Hrsg.), Horizonte sittlichen Handelns, Graz 1991, S. 353 ff.
(zitiert: *Virt* in: König/Wolkinger)

Vollmert, Daniel: Richter über Leben und Tod? Die Rolle des Richters bei der Realisierung von Patientenautonomie am Lebensende, Hamburg 2005
(zitiert: Vollmert)

Wach, Joachim: Das Problem des Todes in der Philosophie unserer Zeit, Tübingen 1934
(zitiert: Wach)
Weimer, Tobias: Der tödliche Behandlungsabbruch beim Patienten im apallischen Syndrom, Frankfurt am Main 2004
(zitiert: Weimer)
Weissauer, Walter: Behandlungsverweigerung und fehlende Einwilligungsfähigkeit bei notwendigen ärztlichen Eingriffen, in: Mazal, Wolfgang (Hrsg.), Grenzfragen der ärztlichen Behandlung, Wien 1998, S. 24 ff.
(zitiert: *Weissauer* in: Mazal)
Wolfslast, Gabriele / Conrads, Christoph (Hrsg.): Textsammlung Sterbehilfe, Berlin, Heidelberg 2001
(zitiert: Wolfslast/Conrads)
Dieselbe: Rechtliche Neuordnung der Tötung auf Verlangen, in: Festschrift für Hans-Ludwig Schreiber, Heidelberg 2003, S. 916 ff.
(zitiert: *Wolfslast* in: FS-Schreiber)
Wolkinger, Alois: Todesbegriff, Sterbehilfe und aktive Euthanasie. Ein moraltheologischer Beitrag, in: Bernat, Erwin (Hrsg.), Ethik und Recht an der Grenze zwischen Leben und Tod, Graz 1993 S. 43 ff.
(zitiert: *Wolkinger* in: Bernat)
Wunder, Michael: Euthanasie und Sterbehilfe – Tötung auf wessen Verlangen? in: Holl, Adolf (Hrsg.), Neues vom Tod – heutige Umgangsformen mit dem Sterbenmüssen, Wien 1990, S. 25 ff.
(zitiert: *Wunder* in: Holl)

Zipf, Heinz: Einwilligung und Risikoübernahme im Strafrecht, Neuwied 1970
(zitiert: Zipf)

B. Periodika

I. Beiträge in Zeitschriften

Adensamer, Martin: Vorsorgevollmacht mit Auslandsberührung – Kollisionsrechtliche Beurteilung aus österreichischer Sicht, Interdisziplinäre Zeitschrift für Familienrecht 2009, S. 372 ff.
(zitiert: Adensamer iFamZ 2009)
Ahrens, Martin: Autonomie in Fesseln – Vorsorgevollmacht und Vorsorgeverhältnis an den Schranken des Rechtsberatungsgesetzes, Betreuungsrechtliche Praxis 2005, S. 163 ff.
(zitiert: Ahrens BtPrax 2005)

Ahronheim, Judith C. / Gasner, MR: The sloganism of starvation, Lancet 1990, S. 278 ff.
(zitiert: Ahronheim/Gasner Lancet 1990)

Aigner, Gerhard: Die Patientenverfügung – zur Entstehungsgeschichte des PatVG, Zeitschrift für Familienrecht 2006, S. 66 ff.
(zitiert: Aigner FamZ 2006)

Alfandari, Ellie / Pedrot, Philippe: La fin de vie et la lois du 22. avril 2005, Revue de Droit Sanitaire et Social 2005, S. 751 ff.
(zitiert: Alfandari/Pedrot RDSS 2005)

Anschütz, Felix: Der unheilbar Kranke und der sterbende Patient, Medizinrecht 1985, S. 17 ff.
(zitiert: Anschütz MedR 1985)

Arzt, Gunther: Die Delikte gegen das Leben, Zeitschrift für die gesamte Strafrechtswissenschaft 83 (1971), S. 1 ff.
(zitiert: Arzt ZStW 83)

***B**achinger, Gerald:* Das neue Patientenverfügungs-Gesetz in Österreich, Patienten Rechte 2006, S. 109 ff.
(zitiert: Bachinger PatR 2006)

Barta, Heinz / Kalchschmid, Gertrud: Die Patientenverfügung in Europa, Wiener klinische Woche 2004, S. 442 ff.
(zitiert: Barta/Kalchschmid WklW 2004)

Barth, Peter: Medizinische Maßnahmen bei Personen unter Sachwalterschaft, Österreichische Juristenzeitung, S. 57 ff.
(zitiert: Barth ÖJZ 2000)

Derselbe: Die Patientenverfügung und ihre praktischen Folgen für den behandelnden Arzt, Interdisziplinäre Zeitschrift für Familienrecht 2006, S. 72 ff.
(zitiert: Barth FamZ 2006)

Becker-Schwarze, Kathrin: Patientenautonomie aus juristischer Sicht, Familie Partnerschaft Recht 2007, S. 52 ff.
(zitiert: Becker-Schwarze FÜR 2007)

Beckmann, Rainer: Patientenverfügungen: Entscheidungswege nach der gesetzlichen Regelung, Medizinrecht 2009, S. 582 ff.
(zitiert: Beckmann MedR 2009)

Belling, Detlev W.: Die Entscheidungskompetenz für ärztliche Eingriffe bei Minderjährigen, Familie und Recht 1990, S. 68 ff.
(zitiert: Belling FuR 1990)

Benzenhöfer, Udo: "Euthanasie" und ärztliche Beihilfe zum Suizid - Verurteilt: Jack Kevorkian alias "Dr. Death", Deutsches Ärzteblatt 1999, S. A 1708 ff.
(zitiert: Benzenöfer DÄBl. 1999)

Berger, Christian: Privatrechtliche Gestaltungsmöglichkeiten zur Sicherung der Patientenautonomie am Ende des Lebens, Juristenzeitung 2000, S. 797 ff.
(zitiert: Berger JZ 2000)

Bernat, Erwin: Behandlungsabbruch und mutmaßlicher Patientenwille, Recht der Medizin 1995, S. 51 ff.
(zitiert: Bernat RdM 1995)

Derselbe: Die rechtlichen Grenzen der Sterbehilfe: gezeigt am Beispiel der amyotrophen Lateralsklerose, Wiener medizinische Wochenschrift 1996, S. 195 ff.
(zitiert: Bernat WmW 1996)

Derselbe: Kommentar zu OLG Frankfurt am Mai 15.7.1998, 20 W 224 / 98 (Zur Frage, ob die Zustimmung des Betreuer zum tödlichen Behandlungsabbruch der vormundschaftsgerichtlichen Genehmigungsbedarf), Recht der Medizin 1998, S. 188 ff.
(zitiert: Bernat RdM 1998)

Derselbe: Planungssicherheit am Lebensende? Anmerkungen zum Bundesgesetz über Patientenverfügungen sowie zur Stellvertretung in Gesundheitsangelegenheiten, Zeitschrift für Ehe und Familienrecht 2006, S. 42 ff. (Teil I), S. 74 ff. (Teil II)
(zitiert: Bernat EF-Z 2006 Teil)

Derselbe / Gaberc, Sabrina: Das österreichische Patientenverfügungs-Gesetz - Ein Schritt vorwärts, zwei Schritte zurück, Gesundheitsrecht 2007, S. 1 ff.
(zitiert: Bernat/Gaberc GesR 2007)

Derselbe: Grenzen der ärztlichen Behandlungspflicht bei einwilligungsunfähigen Patienten - Anmerkungen zu OGH 7. 7. 2008, 6 Ob 286 / 07p, Juristische Blätter 2009, S. 129 ff.
(zitiert: Bernat JBl 2009)

Bernsmann, Klaus: Der Umgang mit irreversibel bewusstlosen Patienten und das Strafrecht, Zeitschrift für Rechtspolitik 1996, S. 87 ff.
(zitiert: Bernsmann ZRP 1996)

Bienwald, Werner: Die Vorsorgevollmacht – ein gleichwertiger Ersatz der Betreuerbestellung?, Betreuungsrechtliche Praxis 1998, S. 164 ff.
(zitiert: Bienwald BtPrax 1998)

Binsack, Thomas: Ernährung und Flüssigkeitszufuhr bei Todkranken, Münchner Medizinische Wochenschrift 1994, S. 550 ff.
(zitiert: Binsack MMW 1994)

Borasio, Gian Domenico / Voltz, Raymond: Amyotrophe Lateralsklerose, Zeitschrift für Medizinische Ethik 1994, S. 143 f.
(zitiert: Borasio/Voltz ZME 1994)

Dieselben: Medizinische Stellungnahmen zum Fallbericht, Zeitschrift für Medizinische Ethik 1994, S. 145 ff.
(zitiert: Borasio/Voltz Fallbericht ZME 1994)

Bosch, F. W.: Volljährigkeit – Ehemündigkeit - Elterliche Sorge. Kritische Gedanken zu mehreren Gesetzesentwürfen, Zeitschrift für das gesamte Familienrecht 1973, S. 489 ff.
(zitiert: Bosch FamRZ 1973)

Brosey, Dagmar: Der Wille des Patienten entscheidet, Betreuungsrechtliche Praxis 2009, S. 175 ff.
(zitiert: Brosey BtPrax 2009)

Burgstaller, Manfred: Sterbehilfe und Strafrecht in Österreich, Juristische Ausbildung und Praxisvorbereitung 2009 / 10, S. 200 ff.
(zitiert: Burgstaller JAP 2009 / 10)

Coeppicus, Rolf: Behandlungsabbruch, mutmaßlicher Wille und Betreuungsrecht, Neue Juristische Wochenschrift 1998, S. 3381 ff.
(zitiert: Coeppicus NJW 1998)

Derselbe: 5460 DM jährlich für Betreuerfahrten zu den Eltern, Betreuungsrechtliche Praxis 2003, S. 164 ff.
(zitiert: Coeppicus BtPrax 2003)

Condie, Christopher J.: Comparison of the Living Will Statutes of the Fifty States, The Journal of Contemporary Law 1988, S. 105 ff.
(zitiert: Condie JCL 1988)

Cypionka, Bertram: Fortfall der Entmündigung Volljähriger - Auswirkungen auf den Rechtsverkehr, Neue Juristische Wochenschrift 1992, S. 207 ff.
(zitiert: Cypionka NJW 1992)

de Ridder, Michael: Wollen Sie, dass der Mensch, den Sie betreuen, verhungert?, Betreuungsrechtliche Praxis 2009, S. 14 ff.
(zitiert: de Ridder BtPrax 2009)

Deutsch, Erwin: Das Persönlichkeitsrecht des Patienten, in: Archiv für die civilistische Praxis, 192. Band, Tübingen 1992, S. 161 ff.
(zitiert: Deutsch in: AcP 192)

Dodegge, Georg: Die Entwicklung des Betreuungsrechts bis Anfang Juni 2009, Neue Juristische Wochenschrift 2009, S. 2727 ff.
(zitiert: Dodegge NJW 2009)

Dölling, Dieter: Zulässigkeit und Grenzen der Sterbehilfe, Medizinrecht 1987, S. 6 ff.
(zitiert: Dölling MedR 1987)

Dörner, Klaus: Hält der BGH die *„Freigabe der Vernichtung lebensunwerten Lebens"* wieder für diskutabel? Zeitschrift für Rechtspolitik 1996, S. 93ff.
(zitiert: Dörner ZRP 1996)

Duttge, Gunnar: Der Alternativ-Entwurf Sterbebegleitung (AE-Stb) 2005 - Ziel erreicht oder bloße Etappe auf dem Weg zu einer Gesamtregelung?, Goltdammer's Archiv für Strafrecht 2006, S. 573 ff.
(zitiert: Duttge GA 2006)

***E**ibach, Ulrich / Zirner, Klaus:* Künstliche Ernährung: Um welchen Preis? Ethik in der Medizin 1997, S. 558 ff.
(zitiert: Eibach/Zwirner Ethik Med 1997)

Elster, Alexander: Euthanasie (Sterbehilfe), Zeitschrift für die gesamte Strafrechtswissenschaft 36 (1915), S. 595 ff.
(zitiert: Elster ZStW 36)

Eser, Albin: Sterbehilfe und ärztliche Verantwortung. Zugleich Stellungnahme zum Urteil des BGH im Fall Dr. Wittig, Medizinrecht 1985, S. 6 ff.
(zitiert: Eser MedR 1985)

Derselbe: Freiheit zum Sterben – Kein Recht auf Tötung, Juristenzeitung 1986, S. 786 ff.
(zitiert: Eser JZ 1986)

***F**ischer-Czermak, Constanze:* Zur Handlungsfähigkeit Minderjähriger nach dem Kindschaftsrechts-Änderungsgesetz 2001, Österreichische Juristenzeitung 2002, S. 293 ff.
(zitiert: Fischer-Czermak ÖJZ 2002)

Füllmich, Reiner: Zur Ablehnung künstlich lebensverlängernder medizinischer Maßnahmen durch nicht entscheidungsfähige Patienten, Neue Juristische Wochenschrift 1990, S. 2301 ff.
(zitiert: Füllmich NJW 1990)

***G**amerith, Helmut:* Drei Jahre Sachwalterecht, Notariatszeitung 1988, S. 63 ff.
(zitiert: Gamerith NZ 1988)

Ganner, Michael: Rechtstatsächliches zur Patientenverfügung, Vorsorgevollmacht und gesetzlicher Vertretung durch nächste Angehörige – Erhebungen in Österreich und Deutschland zur Akzeptanz in der Bevölkerung, Interdisziplinäre Zeitschrift für Familienrecht 2009, S. 150 ff.
(zitiert: Ganner iFamZ 2009)

Geilen, Gert: Neue juristisch-medizinische Grenzprobleme, Juristenzeitung 1968, S. 145 ff.
(zitiert: Geilen JZ 1968)
Derselbe: Suizid und Mitverantwortung, Juristenzeitung 1974, S. 145 ff.
(zitiert: Geilen JZ 1974)
Geppert, Klaus: Urteilsanmerkung zu BGH JZ 1988, S. 1021, Juristenzeitung 1988, S. 1024 ff.
(zitiert: Geppert JZ 1988)
Giesen, Dieter: Ethische und rechtliche Probleme am Ende des Lebens, Juristenzeitung 1990, S. 929 ff.
(zitiert: Giesen JZ 1990)
Gitschthaler, Edwin: Einzelne Probleme des Sachwalterrechts und der Versuch einer Lösung, Österreichische Juristenzeitung 1985, S. 194 ff.
(zitiert: Gitschthaler ÖJZ 1985)
Gmeiner, Robert / Kopetzki, Christian: Österreich auf dem Weg zu einem Patientenverfügungs-Gesetz? Zeitschrift für Biopolitik 2005, S. 67 ff.
(zitiert: Gmeiner/Kopetzki ZBiopolitik 2005)

Hardwig, Werner: Betrachtungen zur Frage des Heileingriffs, Goltdammer's Archiv für Strafrecht 1965, S. 161 ff.
(zitiert: Hardwig GA 1965)
Helgerth: Anmerkung zum Urteil des BGH v. 16.12.1994 – IV ZR 35 / 93 (BGHZ 125, S. 135), Juristische Rundschau 1995, S. 338 ff.
(zitiert: Helgert JR 1995)
Herzberg, Rolf Dietrich: Der Fall Hackethal, Neue Juristische Wochenschrift 1986, S. 1635 ff.
(zitiert: Herzberg NJW 1986)
Derselbe: Sterbehilfe als gerechtfertigte Tötung im Notstand? Neue Juristische Wochenschrift 1996, S. 3043 ff. (Herzberg NJW 1996)
Derselbe: Zur Strafbarkeit der Beteiligung am frei gewählten Selbstmord, dargestellt am Beispiel des Gefangenensuizids und der strafrechtlichen Verantwortung der Vollzugsbediensteten, Zeitschrift für die gesamte Strafrechtswissenschaft 91 (1979), S. 557 ff.
(zitiert: Herzberg ZStW 91)
Derselbe: Vorsätzliche und fahrlässige Tötung bei ernstlichem Sterbebegehren des Opfers, Neue Zeitschrift für Strafrecht 2004, S. 1 ff.
(zitiert: Herzberg NStZ 2004)
Heun, Werner: The Right to Die – Terri Schiavo Assisted Suicide und ihre Hintergründe in den USA, Juristenzeitung 2006, S. 425 ff.
(zitiert: Heun JZ 2006)

Hirsch, Hans Joachim: Anmerkung zum Urteil des BGH v. 18.7.1978 – 1 StR 209 / 78, Juristische Rundschau 1979, S. 429 ff.
(zitiert: Hirsch JR 1979)

Derselbe: Der sterbende Mensch, Zeitschrift für Rechtspolitik 1986, S. 239 f.
(zitiert: Hirsch ZRP 1986)

Höfling, Wolfram: „Sterbehilfe“ zwischen Autonomie und Integrationsschutz, Juristische Schulung 2000, S. 111 ff.
(zitiert: Höfling NJW JuS 2000)

Derselbe / Rixen, Stephan: Vormundschaftsgerichtliche Sterbeherrschaft? Juristenzeitung 2003, S. 884 ff.
(zitiert: Höfling/Rixen JZ 2003)

Derselbe: Gesetz zur Sicherung der Autonomie und Integrität von Patienten am Lebensende (Patientenautonomie- und Integritätsschutzgesetz), Medizinrecht 2006, S. 25 ff.
(zitiert: Höfling MedR 2006)

Derselbe: Das neue Patientenverfügungsgesetz, Neue Juristische Wochenschrift 2009, S. 2849 ff.
(zitiert: Höfling NJW 2009)

Hoffmann, Birgit: Auslegung von Patientenverfügungen – zugleich eine Betrachtung des Gesetzesentwurfes von Stünker et al. (BT-Drs. 16 / 8442), Betreuungsrechtliche Praxis 2009, S. 7 ff.
(zitiert: Hoffmann BtPrax 2009)

Holzhauer, Heinz: Von Verfassungs wegen: Straffreiheit für passive Sterbehilfe, Zeitschrift für Rechtspolitik 2004, S. 41 ff.
(zitiert: Holzhauer ZRP 2004)

Hopf, Gerhard / Weitzenböck, Hans: „Schwerpunkte des Kindschafts-Änderungsgesetzes 2001“, (Teil 1), Österreichische Juristenzeitung 2001, S. 485 ff.
(zitiert: Hopf/Weitzenböck ÖJZ 2001)

Hufen, Friedhelm: In dubio pro dignitate – Selbstbestimmung und Grundrechtsschutz am Ende des Lebens, Neue Juristische Wochenschrift 2001, S. 849 ff.
(zitiert: Hufen NJW 2001)

Derselbe: Verfassungsrechtliche Grenzen des Richterrechts - Zum neuen Sterbehilfe-Beschluss des BGH, Zeitschrift für Rechtspolitik 2003, S. 248 ff.
(zitiert: Hufen ZRP 2003)

Ingelfinger, Ralph: Patientenautonomie und Strafrecht bei der Sterbebegleitung, Juristenzeitung 2006, S. 821 ff.
(zitiert: Ingelfinger JZ 2006)

Inthorn, Julia / Kletecka-Pulker, Maria: Ergebnisse der ersten Phase der Evaluationsstudie zum Patientenverfügungs - Gesetz, Die Patientenverfügung als ein Weg zum *„guten Sterben“*? Interdisziplinäre Zeitschrift für Familienrecht 2008, S. 139 ff.
(zitiert: Inthorn/Kletecka-Pulker iFamZ 2008)

***J**anes, Ingrid / Schick, Stefanie:* Sterbehilfe – im Spiegel der Rechtstatsachenforschung, Neue Zeitschrift für Strafrecht 2006, S. 484 ff.
(zitiert: Janes/Schick NStZ 2006)

Jenett, Bryan / Plum, Fred: Persistent vegetative state after brain damage. A syndrom in search of a name, Lancet 1972, I, S. 734 ff.
(zitiert: Jenett/Plum Lancet 1972)

Jud, Brigitta: Die Vorsorgevollmacht, Österreichisches Anwaltblatt 2007, S. 11 ff.
(zitiert: Jud öAnwBl 2007)

***K**alchschmid, Gertrud:* Die *„Patientenverfügung“* in Europa, Ein Kurzüberblick, Zeitschrift für Familienrecht 2006, S. 90 ff.
(zitiert: Kalchschmid FamZ 2006)

Kathrein, Georg: Das Patienten-Verfügungsgesetz, Österreichische Juristenzeitung 2006, S. 555 ff.
(zitiert: Kathrein ÖJZ 2006)

Kaufmann, Arthur: Euthanasie – Selbsttötung – Tötung auf Verlangen, Medizinrecht 1983, S. 121 ff.
(zitiert: Kaufman MedR 1983)

Keilbach, Heinz: Vorsorgeregelungen zur Wahrung der Selbstbestimmung bei Krankheit im Alter und am Lebensende, Zeitschrift für das gesamte Familienrecht 2003, S. 969 ff.
(zitiert: Keilbach FamRZ 2003)

Kerscher, Ferdinand: Arzthaftung bei Patientenverfügungen, Recht der Medizin 1998, S. 131 ff.
(zitiert: Kerschner RdM 1998)

Kert, Robert: Der rechtliche Rahmen für das Ende des Lebens, Juristische Ausbildung und Praxisvorbereitung 2005 / 06, S. 207 ff.
(zitiert: Kert JAP 2005 / 06)

Kielstein, Rita / Sass, Hans Martin: Using stories to assess values and establish medical direction, Kennedy Institute of Ethics Journal 1993, S. 303 ff.
(zitiert: Kielstein/Sass Kennedy Inst. Ethics 1993)

Kneihs, Benjamin: Pflegschaftsgerichtliche Genehmigung des lebensbeendenden Behandlungsabbruches? (Anmerkungen zu OLG Frankfurt / M = RdM 1999, 187) Recht der Medizin 1998, S. 30 f.
(zitiert: Kneihs RdM 1998)

Derselbe: Die Patientenverfügung als Instrument der Selbstbestimmung, juridicum 2005, S. 5 ff.
(zitiert: Kneihs juridicum 2005)

Kletecka, Andreas: Passive Sterbehilfe als Erbunwürdigkeitsgrund, Zivilrecht aktuell 2008, S. 332 ff.
(zitiert: Kletecka Zak 2008)

Körtner, Ulrich H.J.: Das österreichische Patientenverfügungsgesetz, Zeitschrift für evangelische Ethik 2006, S. 221 ff.
(zitiert: Körtner ZEE 2006)

Kopetzki, Christian: Patiententestament – Patientenverfügung – Willenserklärung, Endlich leben 2000, S. 18 ff.
(zitiert: Kopetzki Endlich leben 2000)

Derselbe: Einleitung und Abbruch der künstlichen Ernährung beim einwilligungsunfähigen Patienten, in: Bockenheimer-Lucius, Gisela (Hrsg.), Ethik in der Medizin 2004, S. 275 ff.
(zitiert: Kopetzki Ethik Med 2004)

Derselbe: Entscheidungsbesprechung: LG Krems 8. 9. 2006, 2 R 127 / 06y (Anwendungsbereich des HeimAufG in Krankenanstalten; Verhältnis zum Sachwalterrecht), Interdisziplinäre Zeitschrift für Familienrecht 2007, S. 87 f.
(zitiert: Kopetzki FamZ 2007)

Derselbe: Einleitung und Abbruch der künstlichen Ernährung beim einwilligungsunfähigen Patienten, Praktische Auswirkungen der gesetzlichen Neuerungen durch das PatVG und das SWRÄG, Interdisziplinäre Zeitschrift für Familienrecht 2007, S. 197 ff.
(zitiert: Kopetzki iFamZ 2007)

Derselbe: Behandlungsabbruch und Sterbehilfe, Art. 2, 3, 34 EMRK, Entscheidungsbesprechung EGMR 16. 12. 2008, Appl 55185 / 08 ua (Keine Beschwerdelegitimation am Verfahren unbeteiligter Dritter gegen gerichtliche Genehmigung eines Behandlungsabbruchs), Recht der Medizin 2009, S. 100 ff.
(zitiert: Kopetzki RdM 2009)

Kubiciel, Michael: Tötung auf Verlangen und assistierter Suizid als selbstbestimmtes Sterben? Juristenzeitung 2009, S. 600 ff.
(zitiert: Kubiciel JZ 2009)

Küpper, Georg: Der Täter als *"Werkzeug"* des Opfers? - BGH NJW 2003, 2326 und OLG Nürnberg NJW 2003, 454, Juristische Schulung 2004, S. 757 ff. (zitiert: Küpper JuS 2004)

Kunz, Peter / Gepart, Christian: Erteilung einer Vorsorgevollmacht für künftige medizinische Behandlungen, Interdisziplinäre Zeitschrift für Familienrecht 2006, S. 157 ff. (zitiert: Kunz/Gepart FamZ 2006)

Kusch, Roger: Tabu Sterbehilfe, Neue Juristische Wochenschrift 2006, S. 261 ff. (zitiert: Kusch NJW 2006)

Kutzer, Klaus: Strafrechtliche Grenzen der Sterbehilfe, Neue Zeitschrift für Strafrecht 1994, S. 110 ff. (zitiert: Kutzer NStZ 1994)

Derselbe: Wir brauchen keine neuen Gesetze zur Sterbehilfe, Zeitschrift für Rechtspolitik 1997, S. 117 ff. (zitiert: Kutzer ZRP 1997)

Derselbe: Sterbehilfeproblematik in Deutschland: Rechtsprechung und Folgen für die klinische Praxis, Medizinrecht 2001, S. 77 ff. (zitiert: Kutzer MedR 2001)

Derselbe: Die Auseinandersetzung mit der aktiven Sterbehilfe – Ein spezifisches Problem der Deutschen? Zeitschrift für Rechtspolitik 2003, S. 209 ff. (zitiert: Kutzer ZRP 2003)

Derselbe: Probleme der Sterbehilfe – Entwicklung und Stand der Diskussion, Familie Partnerschaft Recht 2004, S. 683 ff. (zitiert: Kutzer FPR 2004)

Derselbe: Hat der Patient das letzte Wort? - Es muss Rechtsklarheit geben – Für Ärzte und Patienten, Zeitschrift für Rechtspolitik 2008, S. 197 ff. (zitiert: Kutzer ZRP 2008)

Lachmann, Josef: Zur Bindungswirkung des Patiententestament, Österreichisches Anwaltsblatt 1991, S. 74 ff. (zitiert: Lachmann öAnwBl 1991)

Leonardy, Helmut: Sterbehilfe, Deutsche Richterzeitung 1986, S. 281 ff. (zitiert: Leonardy DRiZ 1986)

Lilie, Hans: Sterbehilfe. Juristische Aspekte eines ethischen Problems, Scientia halensis 2 / 1993, S. 23 ff. (zitiert: Lilie Scientia halensis 2 / 1993)

Lindemann, Michael: Zur Rechtsverwirklichung von Euthanasie und ärztlich assistiertem Suizid in den Niederlanden, Zeitschrift für das gesamte Strafrechtswesen, Band 117 (2005), S. 208 ff.
(zitiert: Lindemann ZStW 117)

Lipp, Volker: Anmerkung zum Beschluss des BGH vom 17.03.2003, XII ZB 2 / 03, Zeitschrift für Familienrecht 2003, S. 756 ff.
(zitiert: Lipp FamRZ 2003)

Derselbe: Betreuung: Rechtsfürsorge im Sozialstaat aus betreuungsrechtlicher Perspektive, Betreuungsrechtliche Praxis 2005, S. 6 ff.
(zitiert: Lipp BtPrax 2005)

Lorenz, Dieter: Aktuelle Verfassungsfragen der Euthanasie, Juristenzeitung 2002, S. 57 ff.
(zitiert: Lorenz JZ 2009)

Lotheissen, Wolfgang: Das ärztliche Aufklärungsproblem nach dem Strafgesetzbuch, Richterzeitung 1975, S. 2 ff.
(zitiert: Lotheissen RZ 1975)

Luther, Jörg: Fiat iustitia, pereat vita? Grundrechtskonflikte als Gewissenskonflikte, EuGRZ 2009, S. 198 ff.
(zitiert: Luther EuGRZ 2009)

Maleczky, Oskar: Unvernünftige Verweigerung der Einwilligung in die Heilbehandlung, Österreichische Juristenzeitung 1994, S. 681 ff.
(zitiert: Maleczky ÖJZ 1994)

Derselbe: Wenn Todgeweihte sterben möchten, Sterbehilfe aus strafrechtlicher Sicht, Interdisziplinäre Zeitschrift für Familienrecht 2008, S. 141 ff.
(zitiert: Maleczky iFamZ 2008)

Meisel, Alan: The Legal Consensus About Forgoing Life-Sustaining Treatments: Its Status and Its Prospects, Kennedy Institute of Ethics Journal, Volume 2 (1992), S. 309 ff.
(zitiert: Meisel Kennedy Inst Ethics 1992)

Memmer, Michael: Das Patiententestament im Alltag, Recht der Medizin 1996, S. 17 ff.
(zitiert: Memmer RdM 1996)

Derselbe: Das Patiententestament, Recht der Medizin 1996, S. 99 ff.
(zitiert: Memmer RdM 1996)

Derselbe: Das Patientenverfügungs-Gesetz 2006, Recht der Medizin 1996, S. 163 ff.
(zitiert: Memmer RdM 1996)

Derselbe: Patientenverfügungen im österreichischen Recht, Wiener medizinische Wochenschrift 1997, S. 135 ff.
(zitiert: Memmer WmW 1997)

Derselbe: Das Patientenverfügungs-Gesetz 2006, Recht der Medizin 2006, S. 163 ff.
(zitiert: Memmer RdM 2006)

Derselbe: Patientenverfügungen - Rechtslage nach dem 01. Juli 2006, Zeitschrift für Familienrecht 2006, S. 69 ff.
(zitiert: Memmer FamZ 2006)

Merkel, Reinhard: Tödlicher Behandlungsabbruch und mutmaßliche Einwilligung bei Patienten im apallischen Syndrom, Zeitschrift für die gesamte Strafrechtswissenschaft 107 (1995), S. 545 ff.
(zitiert: Merkel ZStW 107)

Derselbe: Ärztliche Entscheidungen über Leben und Tod in der Neonatalmedizin, Juristenzeitung 1996, S. 1145 ff.
(zitiert: Merkel JZ 1996)

Müller, Monika / Schöch, Heinz: Juristische Stellungnahme zur Sterbehilfe bei amyotropher Lateralsklerose, Zum Fallbericht von Borasio / Voltz in Zeitschrift für Medizinische Ethik 40 (1994), Zeitschrift für medizinische Ethik 1994, S. 321 ff.
(zitiert: Müller/Schöch ZME 1994)

***N**acimiento, Wilhelm:* Das apallische Syndrom. Diagnose, Prognose und ethische Probleme, Deutsches Ärzteblatt 1997, S. A 661 ff.
(zitiert: Nacimiento DÄBl. 1997)

Nölling, Torsten: Patientenverfügung - Der aktuelle Stand, Arztrecht 2009, S. 144 ff.
(zitiert: Nölling Arztrecht 2009)

***O**duncu, Fuat / Eisenmenger, Wolfgang:* Sterbehilfe - Sterbebegleitung. Eine kritische Bestandsaufnahme im internationalen Vergleich, Medizinrecht 2002, S. 327 ff.
(zitiert: Oduncu/Eisenmenger MedR 2002)

Oduncu, Fuat: Ärztliche Sterbehilfe im Spannungsfeld zwischen Medizin, Ethik und Recht, Medizinrecht 2005, Teil I: S. 437 ff.
(zitiert: Oduncu MedR 2005)

Ofner, Helmut: Gesetzliche Vertretung für psychisch Kranke und geistig Behinderte im internationalen Vergleich - Eine Modellanalyse, Österreichische Juristenzeitung 2005, S. 775 ff.
(zitiert: Ofner ÖJZ 2005)

Olzen, Dirk: Der gesetzliche Neuregelung der Patientenverfügung, Juristische Rundschau 2009, S. 354 ff.
(zitiert: Olzen JR 2009)

Otto, Harro: Die strafrechtliche Problematik der Sterbehilfe, Juristische Ausbildung 1999, S. 434 ff.
(zitiert: Otto Jura 1999)

Derselbe: Patientenautonomie und Strafrecht bei der Sterbebegleitung, Neue Juristische Wochenschrift 2006, S. 2217 ff.
(zitiert: Otto NJW 2006)

***P**eintinger; Michael:* Zum Stellenwert und zu den Aufgaben ärztlicher Aufklärung, Zeitschrift für Familienrecht 2006, S. 78 ff.
(zitiert: Peintinger FamZ 2006)

Pichler, Johannes W.: Stellungnahme zum Entwurf einer „Österreichischen Patientencharta" des Gesundheitsministers, Journal für Rechtspolitik 1994, S. 127 ff.
(zitiert: Pichler JRP 1994)

Popp, Andreas: Patientenverfügung, mutmaßliche Einwilligung und prozedurale Rechtfertigung, Goltdammer's Archiv für Strafrecht 2007, S. 639 ff.
(zitiert: Popp GA 2007)

***Q**uill, Timothy E. / Dresser, Rebecca / Brock, Dan W.:* The Rule of Double Effect - a critique of its role in end-of-life decision making, The New England Journal of Medicine 1997, S. 1768 ff.
(zitiert: Quill/Dresser/Brock N Engl J Med 1997)

***R**esch, Reinhard:* Freie Arztwahl in der allgemeinen Gebührenklasse im Umweg des Arzthaftungsrechts? Recht der Medizin 2004, S. 169 ff.
(zitiert: Resch RdM 2004)

Rieger, Hans-Jürgen: Zur ärztlichen Behandlungspflicht in Selbstmordfällen, Urteil des BGH vom 4.7.1984, Deutsche Medizinische Wochenschrift 1984, S. 1738 ff.
(zitiert: Rieger DMW 1984)

Roellecke, Gerd: Lebensschutz. Schutz von Ehe und Familie und Abtreibung, Juristenzeitung 1991, S. 1045 ff.
(zitiert: Roellecke JZ 1991)

Röthel, Anne / Heßeler, Benjamin: Vorsorgevollmacht und Patientenverfügung im englischen Erwachsenenschutzrecht: Mental Capacity Act 2005, Zeitschrift für das gesamte Familienrecht 2006, S. 529 ff.
(zitiert: Röthel/Hesseler FamRZ 2006)

Rudolphi, Hans-Joachim: Examensklausur Strafrecht, Juristische Ausbildung 1979, S. 39 ff.
(zitiert: Rudolphi Jura 1979)

Rutschmann, Nina / Kieckbusch, Dorthe: Gesetz muss sich in der Praxis beweisen, Hamburger Ärzteblatt 2009, S. 11 ff.
(zitiert: Rutschmann/Kieckbusch Hmb-Ärztebl 2009)

Saliger, Frank: Sterbehilfe nach Verfahren. Betreuungs- und strafrechtliche Überlegungen im Anschluss an BGHSt 40, 257, Kritische Vierteljahresschrift für Gesetzgebung und Rechtswissenschaft 1998, S. 118 ff.
(zitiert: Saliger KritV 1998)

Derselbe: Sterbehilfe ohne Strafrecht, Kritische Vierteljahresschrift für Gesetzgebung und Rechtswissenschaft 2001, S. 382 ff.
(zitiert: Saliger KritV 2001)

Derselbe: Sterbehilfe und Betreuungsrecht, Medizinrecht 2004, S. 237 ff.
(zitiert: Saliger MedR 2004)

Sax, Walter: Zur rechtlichen Problematik der Sterbehilfe durch vorzeitigen Abbruch einer Intensivbehandlung, Überlegungen zum *„Unterlassen durch Tun“*, zum *„Schutzzweck der Norm“* und zur *„scheinbaren Rechtsgutsverletzung“*, Juristenzeitung 1975, S. 137 ff.
(zitiert: Sax JZ 1975)

Derselbe: *„Tatbestand“* und Rechtsgutsverletzung (I), Juristenzeitung 1976, S. 80 ff.
(zitiert: Sax JZ 1976)

Schaffer, Wolfgang: Patientenautonomie am Ende des Lebens, Betreuungsrechtliche Praxis 2003, S. 143 ff.
(zitiert: Schaffer BtPrax 2003)

Schauer, Martin: Rechtssystematische Bemerkungen zum Sachwalterrecht idF KindRÄG 2001, Notariatszeitung 2001, S. 275 ff.
(zitiert: Schauer NZ 2001)

Derselbe: Vorsorgevollmacht und gesetzliche Angehörigenvertretung nach dem SWRÄG 2006, Zeitschrift für Familienrecht 2006, S. 148 ff.
(zitiert: Schauer FamZ 2006)

Derselbe: Schwerpunkte des Sachwalterrechts - Änderungsgesetzes (SWRÄG 2006) Österreichische Juristenzeitung 2007, Teil I, S. 173 ff; Teil II, S. 217 ff.
(zitiert: Schauer ÖJZ 2007 Teil)

Derselbe: „Zahlen gewünscht“? Zur Reichweite der Vertretungsbefugnis nächster Angehöriger bei Erfüllungshandlungen, Interdisziplinäre Zeitschrift für Familienrecht 2009, S. 205 ff.
(zitiert: Schauer iFamZ 2009)

Schmitt, Rudolf: Der Arzt und sein lebensmüder Patient, Juristenzeitung 1984, S. 866 ff.
(zitiert: Schmitt JZ 1984)

Schmoller, Kurt: Euthanasie und Rechtsordnung, Rahmenbedingungen einer juristischen Diskussion über Euthanasie, Imago Hominis 1999, S. 115 ff.
(zitiert: Schmoller Imago Hominis 1999)

Derselbe: Lebensschutz bis zum Ende? Strafrechtliche Reflexionen zur internationalen Euthanasiediskussion, Österreichische Juristenzeitung 2000, S. 361 ff.
(zitiert: Schmoller ÖJZ 2000)

Schneider, Günther: Patientenrechte, Medizinrecht 2000, S. 497 ff.
(zitiert: Schneider MedR 2000)

Schöch, Heinz: Menschenwürdiges Sterben und Strafrecht, Zeitschrift für Rechtspolitik 1986, S. 236 ff.
(zitiert: Schöch ZRP 1986)

Derselbe: Beendigung lebenserhaltender Maßnahmen - Zugleich eine Besprechung der Sterbehilfeentscheidung des BGH vom 13. 9. 1994, Neue Zeitschrift für Strafrecht 1995, S. 153 ff.
(zitiert: Schöch NStZ 1995)

Derselbe / Verrel, Torsten (et al): Alternativ-Entwurf Sterbebegleitung (AE-StB), Goltdammer's Archiv für Strafrecht 2005, S. 553 ff.
(zitiert: Schöch/Verrel GA 2005)

Schreiber, Hans-Ludwig: Das Recht auf den eigenen Tod. Zur gesetzlichen Regelung der Sterbehilfe, Neue Zeitschrift für Strafrecht 1986, S. 337 ff.
(zitiert: Schreiber NStZ 1986)

Derselbe: Das ungelöste Problem der Sterbehilfe - Zu den neuen Entwürfen und Vorschlägen, Neue Zeitschrift für Strafrecht 2006, S. 473 ff.
(zitiert: Schreiber NStZ 2006)

Schroth, Ulrich: Die berechtigte Geschäftsführung ohne Auftrag als Rechtfertigungsgrund im Strafrecht, Juristische Schulung 1992, S. 476 ff.
(zitiert: Schroth JuS 1992)

Schütz, Eveline: Sterbehilfe – Die vielen Facetten eines Problems, Österreichische Ärztezeitung 2007, S. 50 ff.
(zitiert: Schütz ÖÄZ 2007)

Schütz, Hannes: Abbruch der künstlichen Ernährung bei einer einwilligungsunfähigen Patientin vorsätzliche Tötung durch Unterlassen? Anmerkung zu

OGH 6 Ob 286 / 07p, aus strafrechtlicher Sicht, Interdisziplinäre Zeitschrift für Familienrecht 2009, S. 32 ff.
(zitiert: Schütz iFamZ 2009)

Schwalm, Georg: Juristische Aspekte der Sterbehilfe, Bayerisches Ärzteblatt 1975, S. 565 ff.
(zitiert: Schwalm BayÄBl. 1975)

Seibert, Achim: Zur Stärkung der Patientenautonomie in Frankreich, Zeitschrift für das gesamte Familienrecht 2006, S. 11 ff.
(zitiert: Seibert FamRZ 2006)

Seitz, Walter: Das OLG Frankfurt a. M. und die Sterbehilfe, Zeitschrift für Rechtspolitik 1998, S. 417 ff.
(zitiert: Seitz ZRP 1998)

Derselbe: Wohl und Wille als Handlungsnormen im Betreuungsrecht - Dargestellt vor allem anhand der Rechtsprechung, Betreuungsrechtliche Praxis 2005, S. 170 ff.
(zitiert: Seitz BtPrax 2005)

Simson, Gerhard: Fragen der Abtreibung und Sterbehilfe in Schweden, Juristenzeitung 1965, S. 636 ff.
(zitiert: Simson JZ 1965)

Spickhoff, Andreas: Anmerkung, Juristenzeitung 2003, S. 739 ff.
(zitiert: Spickhoff JZ 2003)

Stackmann, Nikolaus: Rechtliche Probleme der Behandlung Schwerkranker und Sterbender, Medizinrecht 2003, S. 490 ff.
(zitiert: Stackmann MedR 2003)

Steffen, Erich: Noch einmal: Selbstverantwortliches Sterben? Neue Juristische Wochenschrift 1996, S. 1581 ff.
(zitiert: Steffen NJW 1996)

Storr, Stefan: Der rechtliche Rahmen für die Entscheidung zum Therapieabbruch, Medizinrecht 2002, S. 436 ff.
(zitiert: Storr MedR 2002)

Strätling, Meinolfus / Fieber, Ulrich / Bartmann, Franz-Joseph / Sedemund-Adib, Beate / Scharf, Edwin / Schmucker, Peter: Therapiebegrenzung in Deutschland – Eine empirische Analyse der häufigsten medizinischen, rechtlichen und ethischen Unsicherheiten bei „Entscheidungen am Lebensende“, Medizinrecht 2005, S. 579 ff.
(zitiert: Strätling u.a. MedR 2005)

Tak, Peter J. P.: Das Niederländische Gesetz zur Kontrolle der Tötung auf Verlangen und der Beihilfe zum Selbstmord, Zeitschrift für die gesamte Strafrechtswissenschaft, Band 113 (2001), S. 905 ff.
(zitiert: Tak ZStW 113)

Tanzer, Markus: Wodurch ist die Tötung auf Verlangen als privilegierter Fall des Mordes gerechtfertigt? Juristische Blätter 1946, S. 417 ff.
(zitiert: Tanzer JBl 1946)

Taupitz, Jochen: Sterbehilfe im internationalen Vergleich, Juristische Blätter 2001, S. 557 ff.
(zitiert: Taupitz JBl 2001)

Tröndle, Herbert: Warum ist die Sterbehilfe ein rechtliches Problem? Zeitschrift für die gesamte Strafrechtswissenschaft 99 (1987), S. 25 ff.
(zitiert: Tröndle ZStW 99)

Uhlenbruck, Wilhelm: Der Patientenbrief - die privatautonome Gestaltung des Rechts auf einen menschenwürdigen Tod, Neue Juristische Wochenschrift 1978, S. 566 ff.
(zitiert: Uhlenbruck NJW 1978)

Derselbe: Recht auf den eigenen Tod? Zeitschrift für Rechtspolitik 1986, S. 209 ff.
(zitiert: Uhlenbruck ZRP 1986)

Ulsenheimer, Klaus: Therapieabbruch beim schwerstgeschädigten Neugeborenen, Medizinrecht 1994, S. 425 ff.
(zitiert: Ulsenheimer MedR 1994)

Verrel, Torsten: Selbstbestimmung contra Lebensschutz, Juristenzeitung 1996, S. 224 ff.
(zitiert: Verrel JZ 1996)

Derselbe: Mehr Fragen als Antworten. Besprechung der Entscheidung des XII. Zivilsenats des BGH vom 17.3.2003 über die Einstellung lebenserhaltender Maßnahmen bei einwilligungsunfähigen Patienten, Neue Zeitschrift für Strafrecht 2003, S. 449 ff.
(zitiert: Verrel NStZ 2003)

Derselbe: Sterbebegleitung – Eine Regelungsaufgabe des Strafrechts, Neue Juristische Wochenschrift 2006, Beilage zu Heft 22, S. 14 ff.
(zitiert: Verrel NJW 2006)

Veatch, Robert M.: Forgoing Life-Sustaining Treatment: Limits to the Consensus; Kennedy Institute of Ethics Journal, Volume 3 (1993), S. 3 ff.
(zitiert: Veatch Kennedy Inst Ethics 1993)

Vogel, Joachim / Hocke, Peter: Übungsklausur: Der Fall Theresa Marie Schiavo, Juristische Ausbildung 2005, S. 709 ff.
(zitiert: Vogel/Hocke Jura 2005)

***W**agenitz, Thomas:* Patientenverfügungen im geltenden und künftigen Recht, Zeitschrift für das gesamte Familienrecht 2005, S. 669 ff.
(zitiert: Wagenitz FamRZ 2005)

Wassermann, Rudolf: Das Recht auf den eigenen Tod, Deutsche Richterzeitung 1986, S. 291 ff. (Wassermann DRiZ 1986)

Wedler, Hans: Nutzen und Grenzen der Sondenernährung am Lebensende, in: Bockenheimer-Lucius, Gisela (Hrsg.), Ethik in der Medizin 2004, S. 211 ff.
(zitiert: Wedler Ethik Med 2004)

Weissauer, Walter / Opderbecke, Hans Wolfgang: Behandlungsabbruch bei unheilbarer Krankheit aus medikolegaler Sicht - Anmerkungen zum Urteil des 1. Strafsenats des BGH vom 13. September 1994 - 1 StR 357 / 194 - MedR 1995, 72, Medizinrecht 1995, S. 456 ff.
(zitiert: Weissauer/Opderbecke MedR 1995)

Dieselben: Ein Vorschlag für Leitlinien - Grenzen der intensivmedizinischen Behandlungspflicht, Medizinrecht 1998, S. 395 ff.
(zitiert: Weissauer/Opderbecke MedR 1998)

Wunder, Michael: Medizinische Entscheidungen am Lebensende und der *„mutmaßliche Wille“*, Medizinrecht 2004, S. 319 ff.
(zitiert: Wunder MedR 2004)

***Z**ielinski, Diethart:* Der Behandlungsabbruch bei entscheidungsunfähigen Patienten, Arztrecht 1995, S. 184 ff.
(zitiert: Zielinski ArztR 1995)

Zülicke, F.: Zur Praxis von Patientenverfügungen in den USA, Wiener medizinische Wochenschrift 1997, S. 139 ff.
(zitiert: Zülicke WmW 1997)

II. Kommentare

***B**ienwald, Werner / Sonnenfeld, Susanne / Hoffmann, Birgit (Hrsg.):* Betreuungsrecht Kommentar, 4. Auflage, Bielefeld 2005
(zitiert: Bienwald/Sonnenfeld/Hoffmann)

***D**enninger, Erhard (Hrsg.):* Kommentar zum Grundgesetz für die Bundesrepublik Deutschland, Reihe Alternativkommentare, 3. Auflage, Neuwied 2001
(zitiert: *Bearbeiter* in: AK)

Dittrich, Robert / Tades, Helmuth: Allgemeines Bürgerliches Gesetzbuch – Kommentar, 22. Auflage, Wien 2007
(zitiert: Dittrich/Tades)

Dodegge, Georg / Roth, Andreas (Hrsg.): Systematischer Praxiskommentar Betreuungsrecht, 2. Auflage, Köln 2005
(zitiert: *Bearbeiter* in: Dodegge/Roth)

Dreier, Horst (Hrsg.): Grundgesetz Kommentar, Band I: Artikel 1 – 19, Tübingen 1996
(zitiert: Dreier/*Bearbeiter*)

***F**eil, Erich / Marent, Karl-Heinz:* Außerstreitgesetz – Kommentar, 2. Auflage, Wien 2008
(zitiert: Feil/Marent)

Fischer, Thomas: Strafgesetzbuch und Nebengesetze, 56. Auflage, München 2009
(zitiert: Fischer)

Foregger, Egmont / Nowakowski, Friedrich: Wiener Kommentar zu Strafgesetzbuch, 1. Auflage, 22. Lieferung: §§ 75 – 79, Wien 1984
(zitiert: *Bearbeiter* in: WK 1. Aufl.)

Derselbe (Begr.) / Kodek, Gerhard (Begr.) / Fabrizy, Ernst Eugen (Hrsg.): Strafgesetzbuch Kurzkommentar, 9. Auflage, Wien 2006
(zitiert: Foregger/Kodek/Fabrizy)

***H**öpfel, Frank / Ratz, Eckhart (Hrsg.):* Wiener Kommentar zum Strafgesetzbuch, 2. Auflage, 17. Lieferung: §§ 88 – 110, Wien 2000; 33. Lieferung: § 75, Wien 2002
(zitiert: *Bearbeiter* in: WK)

Horn, Eckhard / Rudolphi, Hans-Joachim (et al) (Hrsg.): Systematischer Kommentar zum Strafgesetzbuch, Loseblatt-Ausgabe, Band 1: Allgemeiner Teil, §§ 1 – 37 (vor § 13: 33. Lieferung, 7. Auflage, September 2000); Band 2: Besonderer Teil, §§ 201 – 266b (§ 212: 50. Lieferung, 6. Auflage, April 2000; § 216: 50. Lieferung, 6. Auflage, April 2000), München 2007
(zitiert: SK/*Bearbeiter*)

***J**arass, Hans D. / Pieroth, Bodo (Hrsg.):* Grundgesetz für die Bundesrepublik Deutschland Kommentar, 10. Auflage, München 2009
(zitiert: *Bearbeiter* in: Jarass/Pieroth)

Jeschek, Hans-Heinrich: Leipziger Kommentar – Strafgesetzbuch Großkommentar, Band 5: §§ 185 – 262, 10. Auflage, Berlin 1989
(zitiert: LK/*Bearbeiter*)

Jürgens, Andreas (Hrsg.): Betreuungsrecht: Kommentar zum materiellen Betreuungsrecht, zum Verfahrensrecht und zum Vormünder- und Betreuungsvergütungsgesetz, 3. Auflage, München 2005
(zitiert: Jürgens/*Bearbeiter*)

Karl, Wolfram (Hrsg.): Internationaler Kommentar zur Europäischen Menschenrechtskonvention, 2. Lieferung, Köln, Berlin, München 1992
(zitiert: *Bearbeiter* in: Karl)

Kindhäuser, Urs / Neumann, Ulfried, Paeffgen, Hans-Ullrich (Hrsg.): Strafgesetzbuch – Nomos Kommentar, Band 2, 2. Auflage, Baden-Baden 2005
(zitiert: NK/*Bearbeiter*)

Knittel, Bernhard: Betreuungsgesetz, Kommentar, Loseblatt: Stand: 01. Februar 2007, Essen 2007
(zitiert: Knittel)

Koziol, Helmut / Welser, Rudolf: Bürgerliches Recht, Band 1, Allgemeiner Teil: Sachenrecht, Familienrecht, 13. Auflage, Wien 2006
(zitiert: *Bearbeiter* in: Koziol/Welser)

Koziol, Helmut / Bydlinksi, Peter / Bollenberger, Raimund (Hrsg.): Kurzkommentar zum ABGB, 2. Auflage, Wien 2007
(zitiert: *Bearbeiter* in: Koziol/Bydlinski/Bollenberger)

Kühl, Christian: Strafgesetzbuch Kommentar, 26. Auflage, München 2007
(zitiert: Kühl)

Langer, Hans: Außerstreitgesetz 2003, 2. Auflage, Wien, Graz 2007
(zitiert: Langer in: AußStrG)

Leukauf, Otto (Begr.) / Steininger, Herbert: Kommentar zum Strafgesetzbuch, 3. Auflage, Eisenstadt 1992
(zitiert: Leukauf/Steininger)

Mangoldt, Hermann von / Klein, Franz / Starck, Christian (Hrsg.): Das Bonner Grundgesetz – Kommentar, Band 1: Präambel, Artikel 1 – 19, 4. Auflage, München 1999
(zitiert: *Bearbeiter* in: v. Mangoldt/Klein/Starck)

Maunz, Theodor / Dürig, Günter: Grundgesetz Kommentar, Loseblatt, Band I, Art 1 - 5, 54. Lieferung, Stand: 1 / 2009, München 2009
(zitiert: *Bearbeiter* in: Maunz/Dürig)

Maurer, Ewald / Schrott, Robert / Schütz, Werner: Außerstreitgesetz Kommentar, Wien 2006
(zitiert: Maurer/Schrott/Schütz AußStrG)

Miebach, Klaus / Sander, Günther (Hrsg.): Münchener Kommentar zum Strafgesetzbuch, Band 3: §§ 185 – 262, München 2003
(zitiert: MüKo/*Bearbeiter*)

Münch, Ingo von / Kunig, Philip: Grundgesetz-Kommentar, Band 1: Präambel bis Artikel 19, 5. Auflage, München 2000
(zitiert: *Bearbeiter* in: v. Münch/Kunig)

Narr, Helmut (Begr.): Ärztliches Berufsrecht – Ausbildung, Weiterbildung, Berufsausübung, Band 2, 2. Auflage, 18. Ergänzungslieferung, Köln 2007
(zitiert: Narr Bnd.)

Palandt, Otto (Hrsg.): Bürgerliches Gesetzbuch, 69. Auflage, München 2010
(zitiert: Palandt/*Bearbeiter*)

Rixecker, Roland / Säcker, Franz-Jürgen (Hrsg.): Münchner Kommentar zum Bürgerlichen Gesetzbuch, Band 2: Schuldrecht Allgemeiner Teil, §§ 241-432, 5. Auflage, München 2007; Band 4: Schuldrecht Besonderer Teil II, §§ 611 – 704, 5. Auflage, München 2009; Band 8: Familienrecht II, §§ 1589 – 1921, 5. Auflage, München 2008
(zitiert: MüKo/*Bearbeiter*)

Rummel, Peter (Hrsg.): Kommentar zum Allgemeinen bürgerlichen Gesetzbuch, Band 1: §§ 1 bis 1174 ABGB, 3. Auflage, Wien 2000; Band 2: §§ 1175 bis 1502 ABGB, Teilband 2a: §§ 1293 bis 1312 ABGB, 3. Auflage, Wien 2007; 1. Ergänzungsband (zur Berücksichtigung des KindRÄG 2001), 3. Auflage, Wien 2003
(zitiert: *Bearbeiter* in: Rummel Bnd.)

Sachs, Michael: Grundgesetz Kommentar, 4. Auflage, München 2007
(zitiert: Sachs/*Bearbeiter*)

Schönke, Adolf / Schröder, Horst: Strafgesetzbuch Kommentar, 27. Auflage, München 2006
(zitiert: Schönke/Schröder/*Bearbeiter*)

Schwimann, Michael (Hrsg.): ABGB Praxiskommentar, Band 1: §§ 1 - 284 ABGB, 3. Auflage, Wien 2005; Band 5: §§ 1090 – 1292 ABGB, 3. Auflage, Wien 2006; Ergänzungsband und Gesamtstichwortverzeichnis, 3. Auflage, Wien 2007
(zitiert: *Bearbeiter* in: Schwimann Bnd.)

Staudinger, Julius von: Kommentar zum Bürgerlichen Gesetzbuch mit Einführungs- und Nebengesetzen, Buch 2: Recht der Schuldverhältnisse: §§ 611-615, 14. Bearbeitung, Berlin 2005; Buch 4: Familienrecht: §§ 1896 – 1921, Neubearbeitung 2006, Berlin 2006
(zitiert: Staudinger/*Bearbeiter*)

Triffterer, Otto (Hrsg.): Salzburger Kommentar zum Strafgesetzbuch, Band II: § 110 StGB, 5. Lieferung, Wien 1997
(zitiert: *Bearbeiter* in: Triffterer)

Westermann, Harm Peter (Hrsg.): Bürgerliches Gesetzbuch – Kommentar, Band 1, 12. Auflage, Köln 2008; Band 2: §§ 759 – 2385, 12. Auflage, Köln 2008
(zitiert: Erman/*Bearbeiter*)

Zierl, Hans Peter: Sachwalterrecht Kurzkommentar, Wien 2007
(zitiert: Zierl)

III. Sammelwerke

Pschyrembel, Willibald (Begr.): Pschyrembel Klinisches Wörterbuch, 261. Auflage, Berlin 2007
(zitiert: Pschyrembel)

Thiele, Günter (Hrsg.): Handlexikon der Medizin, L-Z, München, Wien, Baltimore 1980
(zitiert: Thiele)

Die Reihe RECHT UND MEDIZIN wird von den Professoren Deutsch (Göttingen), Kern (Leipzig), Laufs (Heidelberg), Lilie (Halle a.d. Saale), Schreiber (Göttingen) und Spickhoff (Göttingen) herausgegeben. Ihre Aufgabe ist es, Monographien und Dissertationen auf dem Gebiet des Medizinrechts zu veröffentlichen. Dieses Gebiet, das an Bedeutung noch zunehmen wird, umfaßt auf der juristischen Seite sowohl zivilrechtliche als auch straf- und öffentlich-rechtliche Fragestellungen. Die Fragen können von der juristischen oder von der medizinischen Seite aus untersucht werden. Übergreifendes Ziel ist es, den medizinrechtlichen Fragen nicht etwa ein gängiges juristisches Denkschema überzuwerfen, sondern die besonderen Probleme der Regelung medizinischer Sachverhalte eigenständig aufzufassen und darzustellen.

Manuskriptzusendungen an die Herausgeber bitte per Brief- bzw. Paketpost. Die Adressen der Herausgeber sind:

Prof. Dr. Dr. h.c. Erwin Deutsch (Zivilrecht und Rechtsvergleichung)
Höltystraße 8
37085 Göttingen

Prof. Dr. Bernd-Rüdiger Kern (Zivilrecht, Rechtsgeschichte und Arztrecht)
Universität Leipzig
Juristenfakultät / Lehrstuhl für Bürgerliches Recht, Rechtsgeschichte
und Arztrecht
Burgstraße 27
04109 Leipzig

Prof. Dr. Dr. h.c. Adolf Laufs (Zivilrecht, Medizinrecht und Rechtsgeschichte)
Kohlackerweg 12
69151 Neckargemünd

Prof. Dr. Hans Lilie (Strafrecht, Strafprozessrecht und Medizinrecht;
federführender Reihenherausgeber)
Martin-Luther-Universität Halle-Wittenberg
Juristische Fakultät: Strafrecht
Universitätsplatz 6
06108 Halle a.d. Saale
hans.lilie@jura.uni-halle.de

Prof. Dr. Dr. h.c. Hans-Ludwig Schreiber (Strafrecht und Rechtstheorie)
Grazer Str. 14
30519 Hannover

Prof. Dr. Andreas Spickhoff (Zivil- und Zivilprozessrecht, Internationales und
Vergleichendes Medizinrecht)
Georg-August Universität Göttingen
Juristische Fakultät
Platz der Göttinger Sieben 6
37073 Göttingen

RECHT UND MEDIZIN

Band 1 Erwin Deutsch: Das Recht der klinischen Forschung am Menschen. Zulässigkeit und Folgen der Versuche am Menschen, dargestellt im Vergleich zu dem amerikanischen Beispiel und den internationalen Regelungen. 1979.

Band 2 Thomas Carstens: Das Recht der Organtransplantation. Stand und Tendenzen des deutschen Rechts im Vergleich zu ausländischen Gesetzen. 1979.

Band 3 Moritz Linzbach: Informed Consent. Die Aufklärungspflicht des Arztes im amerikanischen und im deutschen Recht. 1980.

Band 4 Volker Henschel: Aufgabe und Tätigkeit der Schlichtungs- und Gutachterstellen für Arzthaftpflichtstreitigkeiten. 1980.

Band 5 Hans Lilie: Ärztliche Dokumentation und Informationsrechte des Patienten. Eine arztrechtliche Studie zum deutschen und amerikanischen Recht. 1980.

Band 6 Peter Mengert: Rechtsmedizinische Probleme in der Psychotherapie. 1981.

Band 7 Hazel G.S. Marinero: Arzneimittelhaftung in den USA und Deutschland. 1982.

Band 8 Wolfram Eberbach. Die zivilrechtliche Beurteilung der *Humanforschung*. 1982.

Band 9 Wolfgang Deuchler: Die Haftung des Arztes für die unerwünschte Geburt eines Kindes ("wrongful birth"). Eine rechtsvergleichende Darstellung des amerikanischen und deutschen Rechts. 1984.

Band 10 Hermann Schünemann: Die Rechte am menschlichen Körper. 1985.

Band 11 Joachim Sick: Beweisrecht im Arzthaftpflichtprozeß. 1986.

Band 12 Michael Pap: Extrakorporale Befruchtung und Embryotransfer aus arztrechtlicher Sicht; insbesondere: Der Schutz des werdenden Lebens in vitro. 1987.

Band 13 Sabine Rickmann: Zur Wirksamkeit von Patiententestamenten im Bereich des Strafrechts. 1987.

Band 14 Joachim Czwalinna: Ethik-Kommissionen - Forschungslegitimation durch Verfahren. 1987.

Band 15 Günter Schirmer: Status und Schutz des frühen Embryos bei der *In-vitro*-Fertilisation. Rechtslage und Diskussionsstand in Deutschland im Vergleich zu den Ländern des angloamerikanischen Rechtskreises. 1987.

Band 16 Sabine Dönicke: Strafrechtliche Aspekte der Katastrophenmedizin. 1987.

Band 17 Erwin Bernat: Rechtsfragen medizinisch assistierter Zeugung. 1989.

Band 18 Hartmut Schulz: Haftung für Infektionen. 1988.

Band 19 Herbert Harrer: Zivilrechtliche Haftung bei durchkreuzter Familienplanung. 1989.

Band 20 Reiner Füllmich: Der Tod im Krankenhaus und das Selbstbestimmungsrecht des Patienten. Über das Recht des nicht entscheidungsfähigen Patienten, künstlich lebensverlängernde Maßnahmen abzulehnen. 1990.

Band 21 Franziska Knothe: Staatshaftung bei der Zulassung von Arzneimitteln. 1990.

Band 22 Bettina Merz: Die medizinische, ethische und juristische Problematik artifizieller menschlicher Fortpflanzung. Artifizielle Insemination, In-vitro-Fertilisation mit Embryotransfer und die Forschung an frühen menschlichen Embryonen. 1991.

Band 23 Ferdinand van Oosten: The Doctrine of Informed Consent in Medical Law. 1991.

Band 24 Stephan Cramer: Genom- und Genanalyse. Rechtliche Implikationen einer "Prädiktiven Medizin". 1991.

Band 25 Knut Schulte: Das standesrechtliche Werbeverbot für Ärzte unter Berücksichtigung wettbewerbs- und kartellrechtlicher Bestimmungen. 1992.

Band 26 Young-Kyu Park: Das System des Arzthaftungsrechts. Zur dogmatischen Klarstellung und sachgerechten Verteilung des Haftungsrisikos. 1992.

Band 27 Angela Könning-Feil: Das Internationale Arzthaftungsrecht. Eine kollisionsrechtliche Darstellung auf sachrechtsvergleichender Grundlage. 1992.

Band 28 Jutta Krüger: Der Hamburger Barmbek/Bernbeck-Fall. Rechtstatsächliche Abwicklung und haftungsrechtliche Aspekte eines medizinischen Serienschadens. 1993.

Band 29 Alexandra Goeldel: Leihmutterschaft – eine rechtsvergleichende Studie. 1994.

Band 30 Thomas Brandes: Die Haftung für Organisationspflichtverletzung. 1994.

Band 31 Winfried Grabsch: Die Strafbarkeit der Offenbarung höchstpersönlicher Daten des ungeborenen Menschen. 1994.

Band 32 Jochen Markus: Die Einwilligungsfähigkeit im amerikanischen Recht. Mit einem einleitenden Überblick über den deutschen Diskussionsstand. 1995.

Band 33 Meltem Göben: Arzneimittelhaftung und Gentechnikhaftung als Beispiele modernen Risikoausgleichs mit rechtsvergleichenden Ausblicken zum türkischen und schweizerischen Recht. 1995.

Band 34 Regine Kiesecker: Die Schwangerschaft einer Toten. Strafrecht an der Grenze von Leben und Tod – Der Erlanger und der Stuttgarter Baby-Fall. 1996.

Band 35 Doris Voll: Die Einwilligung im Arztrecht. Eine Untersuchung zu den straf-, zivil- und verfassungsrechtlichen Grundlagen, insbesondere bei Sterilisation und Transplantation unter Berücksichtigung des Betreuungsgesetzes. 1996.

Band 36 Jens-M. Kuhlmann: Einwilligung in die Heilbehandlung alter Menschen. 1996.

Band 37 Hans-Jürgen Grambow: Die Haftung bei Gesundheitsschäden infolge medizinischer Betreuung in der DDR. 1997.

Band 38 Julia Röver: Einflußmöglichkeiten des Patienten im Vorfeld einer medizinischen Behandlung. Antezipierte Erklärung und Stellvertretung in Gesundheitsangelegenheiten. 1997.

Band 39 Jens Göben: Das Mitverschulden des Patienten im Arzthaftungsrecht. 1998.

Band 40 Hans-Jürgen Roßner: Begrenzung der Aufklärungspflicht des Arztes bei Kollision mit anderen ärztlichen Pflichten. Eine medizinrechtliche Studie mit vergleichenden Betrachtungen des nordamerikanischen Rechts. 1998.

Band 41 Meike Stock: Der Probandenschutz bei der medizinischen Forschung am Menschen. Unter besonderer Berücksichtigung der gesetzlich nicht geregelten Bereiche. 1998.

Band 42 Susanne Marian: Die Rechtsstellung des Samenspenders bei der Insemination / IVF. 1998.

Band 43 Maria Kasche: Verlust von Heilungschancen. Eine rechtsvergleichende Untersuchung. 1999.

Band 44 Almut Wilkening: Der Hamburger Sonderweg im System der öffentlich-rechtlichen Ethik-Kommissionen Deutschlands. 2000.

Band 45 Jonela Hoxhaj: Quo vadis Medizintechnikhaftung? Arzt-, Krankenhaus- und Herstellerhaftung für den Einsatz von Medizinprodukten. 2000.

Band 46 Birgit Reuter: Die gesetzliche Regelung der aktiven ärztlichen Sterbehilfe des Königreichs der Niederlande – ein Modell für die Bundesrepublik Deutschland? 2001. 2. durchgesehene Auflage 2002.

Band 47 Klaus Vosteen: Rationierung im Gesundheitswesen und Patientenschutz. Zu den rechtlichen Grenzen von Rationierungsmaßnahmen und den rechtlichen Anforderungen an staatliche Vorhaltung und Steuerung im Gesundheitswesen. 2001.

Band 48 Bong-Seok Kang: Haftungsprobleme in der Gentechnologie. Zum sachgerechten Schadensausgleich. 2001.

Band 49 Heike Wachenhausen: Medizinische Versuche und klinische Prüfung an Einwilligungsunfähigen. 2001.

Band 50 Thomas Hasenbein: Einziehung privatärztlicher Honorarforderungen durch Inkassounternehmen. 2002.

Band 51 Oliver Nowak: Leitlinien in der Medizin. Eine haftungsrechtliche Betrachtung. 2002.

Band 52 Christina Herrig: Die Gewebetransplantation nach dem Transplantationsgesetz. Entnahme – Lagerung – Verwendung unter besonderer Berücksichtigung der Hornhauttransplantation. 2002.

Band 53 Matthias Nagel: Passive Euthanasie. Probleme beim Behandlungsabbruch bei Patienten mit apallischem Syndrom. 2002.

Band 54 Miriam Ina Saati: Früheuthanasie. 2002.

Band 55 Susanne Schneider: Rechtliche Aspekte der Präimplantations- und Präfertilisationsdiagnostik. 2002.

Band 56 Uta Oelert: Allokation von Organen in der Transplantationsmedizin. 2002.

Band 57 Jens Muschner: Die haftungsrechtliche Stellung ausländischer Patienten und Medizinalpersonen in Fällen sprachbedingter Mißverständnisse. 2002.

Band 58 Rüdiger Wolfrum / Peter-Tobias Stoll / Stephanie Franck: Die Gewährleistung freier Forschung an und mit Genen und das Interesse an der wirtschaftlichen Nutzung ihrer Ergebnisse. 2002.

Band 59 Frank Hiersche: Die rechtliche Position der Hebamme bei der Geburt. Vertikale oder horizontale Arbeitsteilung. 2003.

Band 60 Hartmut Schädlich: Grenzüberschreitende Telemedizin-Anwendungen: Ärztliche Berufserlaubnis und Internationales Arzthaftungsrecht. Eine vergleichende Darstellung des deutschen und US-amerikanischen Rechts. 2003.

Band 61 Stefanie Diettrich: Organentnahme und Rechtfertigung durch Notstand? Zugleich eine Untersuchung zum Konkurrenzverhältnis von speziellen Rechtfertigungsgründen und rechtfertigendem Notstand gem. § 34 StGB. 2003.

Band 62 Anne Elisabeth Stange: Gibt es psychiatrische Diagnostikansätze, um den Begriff der schweren anderen seelischen Abartigkeit in §§ 20, 21 StGB auszufüllen? 2003.

Band 63 Christiane Schief: Die Zulässigkeit postnataler prädiktiver Gentests. Die Biomedizin-Konvention des Europarats und die deutsche Rechtslage. 2003.

Band 64 Maike C. Erbsen: Praxisnetze und das Berufsrecht der Ärzte. Der Praxisverbund als neue Kooperationsform in der ärztlichen Berufsordnung. 2003.

Band 65 Markus Schreiber: Die gesetzliche Regelung der Lebendspende von Organen in der Bundesrepublik Deutschland. 2004.

Band 66 Thela Wernstedt: Sterbehilfe in Europa. 2002.

Band 67 Axel Thias: Möglichkeiten und Grenzen eines selbstbestimmten Sterbens durch Einschränkung und Abbruch medizinischer Behandlung. Eine Untersuchung aus straf- und betreuungsrechtlicher Perspektive unter besonderer Berücksichtigung der Problematik des apallischen Syndroms. 2004.

Band 68 Jutta Müller: Ärzte und Pflegende, die keine Organe spenden wollen. Transplantatmangel muss nicht sein. 2004.

Band 69 Ihna Link: Schwangerschaftsabbruch bei Minderjährigen. Eine vergleichende Untersuchung des deutschen und englischen Rechts. 2004.

Band 70 Susann Tiebe: Strafrechtlicher Patientenschutz. Die Bedeutung des Strafrechts für die individuellen Patientenrechte. 2005.

Band 71 Jörg Gstöttner: Der Schutz von Patientenrechten durch verfahrensmäßige und institutionelle Vorkehrungen sowie den Erlass einer Charta der Patientenrechte. 2005.

Band 72 Oliver Jürgens: Die Beschränkung der strafrechtlichen Haftung für ärztliche Behandlungsfehler. 2005.

Band 73 Stephanie Gropp: Schutzkonzepte des werdenden Lebens. 2005.

Band 74 Clemens Winter: Robotik in der Medizin. Eine strafrechtliche Untersuchung. 2005.

Band 75 Barbara Eck: Die Zulässigkeit medizinischer Forschung mit einwilligungsunfähigen Personen und ihre verfassungsrechtlichen Grenzen. Eine Untersuchung der Rechtslage in Deutschland und rechtsvergleichenden Elementen. 2005.

Band 76 Anastassios Kantianis: Palliativmedizin als Sterbebegleitung nach deutschem und griechischem Recht. 2005.

Band 77 Ulrike Morr: Zulässigkeit von Biobanken aus verfassungsrechtlicher Sicht. 2005.

Band 78 Nora Markus: Die Zulässigkeit der Sectio auf Wunsch. Eine medizinische, ethische und rechtliche Betrachtung. 2006.

Band 79 Michael Benedikt Nagel: Die ärztliche Behandlung Neugeborener – Früheuthanasie. 2006.

Band 80 Regina Leitner: Sterbehilfe im deutsch-spanischen Rechtsvergleich. 2006.

Band 81 Martin Berger: Embryonenschutz und Klonen beim Menschen – Neuartige Therapiekonzepte zwischen Ethik und Recht. Ansätze zur Entwicklung eines neuen Regelungsmodells für die Bundesrepublik Deutschland. 2007.

Band 82 Amelia Kuschel: Der ärztlich assistierte Suizid. Straftat oder Akt der Nächstenliebe? 2007.

Band 83 Hans-Ludwig Schreiber / Hans Lilie / Henning Rosenau / Makoto Tadaki / Un Jong Pak (Hrsg.): Globalisierung der Biopolitik, des Biorechts und der Bioethik? Das Leben an seinem Anfang und an seinem Ende. 2007.

Band 84 Ralf Clement: Der Rechtsschutz der potentiellen Organempfänger nach dem Transplantationsgesetz. Zur rechtlichen Einordnung der verteilungsrelevanten Regelungen zwischen öffentlichem und privatem Recht. 2007.

Band 85 Sabine Lebert: Humanes Überschußgewebe – Möglichkeit der Verwendung für die Forschung? Analyse der rechtlichen, ethischen und biomedizinischen Voraussetzungen im Ländervergleich. 2007.

Band 86 Dietrich Wagner: Der gentechnische Eingriff in die menschliche Keimbahn. Rechtlich-ethische Bewertung. Nationale und internationale Regelungen im Vergleich. 2007.

Band 87 Britta Vogt: Methoden der künstlichen Befruchtung: „Dreierregel" versus „Single Embryo Transfer". Konflikt zwischen Rechtslage und Fortschritt der Reproduktionsmedizin in Deutschland im Vergleich mit sieben europäischen Ländern. 2008.

Band 88 Sebastian Rosenberg: Die postmortale Organtransplantation. Eine „gemeinschaftliche Aufgabe“ nach § 11 Abs. 1 S. 1 Transplantationsgesetz. Kompetenzen und Haftungsrisiken im Rahmen der Organspende. 2008.

Band 89 Julia Susanne Sundmacher: Die unterlassene Befunderhebung des Arztes. Eine Auseinandersetzung mit der Rechtsprechung des BGH. 2008.

Band 90 Martin Schwee: Die zulassungsüberschreitende Verordnung von Fertigarzneimitteln (Off-Label-Use). Eine Untersuchung vorwiegend im Bereich des Rechts der Gesetzlichen Krankenversicherung unter besonderer Berücksichtigung der sozialgerichtlichen Rechtsprechung. 2008.

Band 91 Jorge Guerra González: Xenotransplantation: Prävention des xenogenen Infektionsrisikos. Eine Untersuchung zum deutschen und spanischen Recht. 2008.

Band 92 Ulrike Beitz: Zur Reformbedürftigkeit des Embryonenschutzgesetzes. Eine medizinisch-ethisch-rechtliche Analyse anhand moderner Fortpflanzungstechniken. 2009.

Band 93 Dunja Lautenschläger: Der Status ausländischer Personen im deutschen Transplantationssystem. 2009.

Band 94 Annekatrin Habicht: Sterbehilfe – Wandel in der Terminologie. Eine integrative Betrachtung aus der Sicht von Medizin, Ethik und Recht. 2009.

Band 95 Ann-Kathrin Hirschmüller: Internationales Verbot des Humanklonens. Die Verhandlungen in der UNO. 2009.

Band 96 Henrike John: Die genetische Veränderung des Erbgutes menschlicher Embryonen. Chancen und Grenzen im deutschen und amerikanischen Recht. 2009.

Band 97 Christof Stock: Die Indikation in der Wunschmedizin. Ein medizinrechtlicher Beitrag zur ethischen Diskussion über „Enhancement“. 2009.

Band 98 Jochen Böning: Kontrolle im Transplantationsgesetz. Aufgaben und Grenzen der Überwachungs- und der Prüfungskommission nach den §§ 11 und 12 TPG. 2009.

Band 99 Stefanie Schulte: Die Rechtsgüter des strafbewehrten Organhandelsverbotes. Zum Spannungsfeld von Selbstbestimmungsrecht und staatlichem Paternalismus. 2009.

Band 100 Dorothea Maria Tachezy: Mutmaßliche Einwilligung und Notkompetenz in der präklinischen Notfallmedizin. Rechtfertigungsfragen und Haftungsfolgen im Notarzt- und Rettungsdienst. 2009.

Band 101 Annette Hergeth: Rechtliche Anforderungen an das IT-Outsourcing im Gesundheitswesen. 2009.

Band 102 Jussi Raafael Mameghani: Der mutmaßliche Wille als Kriterium für den ärztlichen Behandlungsabbruch bei entscheidungsunfähigen Patienten und sein Verhältnis zum Betreuungsrecht. 2009.

Band 103 Ocka Anna Böhnke: Die Kommerzialisierung der Gewebespende. Eine Erörterung des Resourcenmangels in der Transplantationsmedizin unter besonderer Berücksichtigung der Widerspruchslösung. 2010.

Band 104 Bernd-Rüdiger Kern / Hans Lilie (Hrsg.): Jurisprudenz zwischen Medizin und Kultur. Festschrift zum 70. Geburtstag von Gerfried Fischer. 2010.

Band 105 Ehsan Mohammadi-Kangarani: Die Richtlinien der Organverteilung im Transplantationsgesetz – verfassungsgemäß? 2011.

Band 106 Leonie Hübner: Umfang und Grenzen des strafrechtlichen Schutzes des Arztgeheimnisses nach § 203 StGB. 2011.

Band 107 Dörte Busch: Eigentum und Verfügungsbefugnisse am menschlichen Körper und seinen Teilen. 2012.

Band 108 Kathrin Decker: Der Abbruch intensivmedizinischer Maßnahmen in den Ländern Österreich und Deutschland. 2012.

www.peterlang.de